D1688901

Outlook 2000 – Kompendium

Outlook 2000

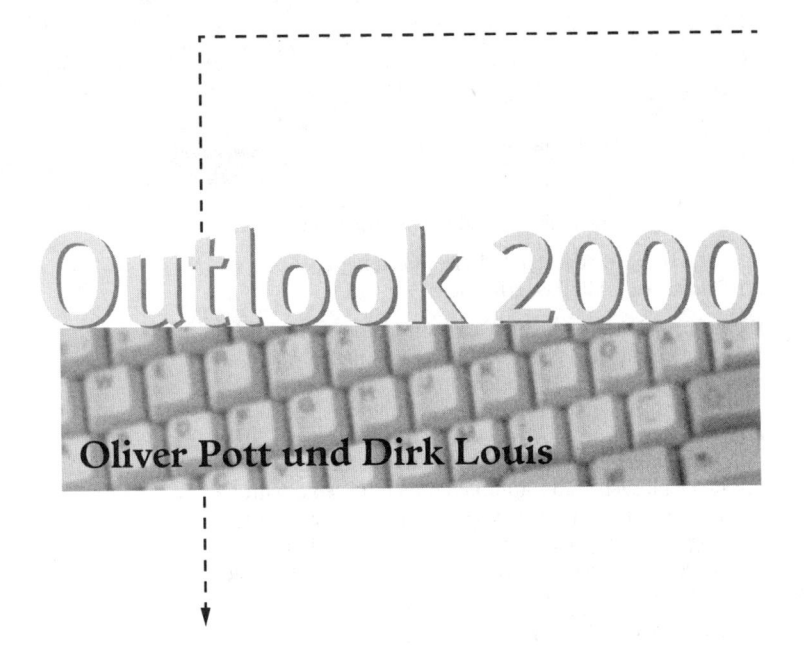

Oliver Pott und Dirk Louis

Intelligent organisieren,
kommunizieren, planen.

KOMPENDIUM

Markt+Technik Verlag

Die Deutsche Bibliothek – CIP-Einheitsaufnahme

Ein Titeldatensatz für diese Publikation ist bei
der Deutschen Bibliothek erhältlich

Die Informationen in diesem Buch werden ohne Rücksicht
auf einen eventuellen Patentschutz veröffentlicht. Waren-
namen werden ohne Gewährleistung der freien Verwendbarkeit benutzt. Bei der Zusammenstellung von Texten und
Abbildungen wurde mit größter Sorgfalt vorgegangen. Trotzdem können Fehler nicht vollständig ausgeschlossen werden.
Verlag, Herausgeber und Autoren können für fehlerhafte
Angaben und deren Folgen weder eine juristische Verantwortung noch irgendeine Haftung übernehmen. Für Ver-
besserungsvorschläge und Hinweise auf Fehler sind Verlag
und Herausgeber dankbar.

Alle Rechte vorbehalten, auch die der fotomechanischen
Wiedergabe und der Speicherung in elektronischen Medien.
Die gewerbliche Nutzung der in diesem Produkt gezeigten
Modelle und Arbeiten ist nicht zulässig.

Fast alle Hardware- und Software-Bezeichnungen, die in
diesem Buch erwähnt werden, sind gleichzeitig auch eingetragene Warenzeichen oder sollten als solche betrachtet werden.

Umwelthinweis:
Dieses Buch wurde auf chlorfrei gebleichtem Papier gedruckt.
Die Einschrumpffolie – zum Schutz vor Verschmutzung – ist
aus umweltverträglichem und recyclingfähigem PE-Material.

10 9 8 7 6 5 4 3 2 1

04 03 02 01 00

ISBN 3-8272-5761-1

© 2000 by Markt+Technik Verlag,
ein Imprint der Pearson Education Deutschland GmbH,
Martin-Kollar-Straße 10–12, D-81829 München/Germany
Alle Rechte vorbehalten
Lektorat: Jürgen Bergmoser, jbergmoser@pearson.de
Herstellung: Ulrike Hempel, uhempel@pearson.de
Einbandgestaltung: Grafikdesign Heinz H. Rauner, München
Satz: reemers publishing services gmbh, Krefeld
Druck und Verarbeitung: Bercker, Kevelaer
Printed in Germany

Inhaltsübersicht

	Vorwort	21
Teil I	Outlook kennen lernen und verstehen	25
1	Outlook contra Filofax	27
2	Die Outlook-Umgebung	33
3	Die wichtigsten Komponenten	37
4	Outlook-Crashkurs in 30 Minuten	49
5	Internet-Grundkurs	99
Teil II	Outlook installieren und einrichten	161
6	Outlook 2000 für Umsteiger	163
7	Installation	167
8	E-Mail-Konten einrichten	171
9	E-Mail im Intranet einrichten	181
10	Microsoft Faxdienst konfigurieren	197
11	Persönliche Einrichtung	205
12	Benutzerprofile erstellen	211

Teil III	Outlook als Kommunikationszentrum	215
Teil IV	Outlook als Verwaltungsmanager	339
Teil V	Outlook für Profis	599
Teil VI	Mit Outlook programmieren	699

- 13 E-Mail im Internet und Intranet. 217
- 14 Nachrichten und Newsgroups. 301
- 15 Der Faxdienst unter Outlook. 325
- 16 Der Kalender 343
- 17 Termine und Ereignisse 413
- 18 Besprechungen. 453
- 19 Aufgaben 487
- 20 Kontakte und Adressen 515
- 21 Journal. 559
- 22 Notizen 585
- 23 Einsatz von Mail-Filtern. 601
- 24 Die E-Mail-Netiquette 609
- 25 Erweiterte Druckfunktionen 615
- 26 Vorlagen 619
- 27 Ordner, Arbeitsplatz und Dokumente. 623
- 28 Archivierung. 669
- 29 Outlook und PDAs 683
- 30 Ordner. 703
- 31 VBScript und VBA 721
- 32 Anhang 745
- Stichwortverzeichnis 785

Inhaltsverzeichnis

	Vorwort	21
	Das Autorenteam	22
	Der Aufbau des Buchs	22
	Danksagungen	23
	Kooperation mit NOBOX.DE	24
	Kontakt zu den Autoren	24
Teil I	**Outlook kennen lernen und verstehen**	25
1	**Outlook contra Filofax**	27
1.1	Systematische Planung und effektive Organisation von Terminen und Projekten	28
1.2	Papier contra Programm	28
1.3	Der Outlook-Hauptbildschirm	29
1.4	PIM = Personal Information Manager	30
1.5	Ihre Chancen	31
1.5.1	Assistenten und Suchfunktionen	31
1.5.2	Zunächst zweigleisig fahren	32
2	**Die Outlook-Umgebung**	33
2.1	Sieben Bereiche	33
2.2	Die Titelleiste	34
2.3	Die Menüleiste	34
2.4	Die Symbolleiste	35
2.5	Die Outlookleiste	35

2.6	Informations- und Vorschaufenster	36
2.7	Die Ordnerliste	36
3	**Die wichtigsten Komponenten**	**37**
3.1	Outlook Heute	38
3.2	Posteingang	39
3.2.1	Der Posteingang – der große Bruder von Outlook-Express	40
3.3	Kalender	41
3.4	Kontakte	42
3.5	Aufgaben	43
3.6	Journal	45
3.7	Notizen	46
3.8	Gelöschte Objekte	47
4	**Outlook-Crashkurs in 30 Minuten**	**49**
4.1	Schnell Erfolg mit Outlook haben	50
4.2	Von nun an Outlook – der Einstieg	52
4.2.1	Der Posteingang	52
4.2.2	E-Mails verfassen und versenden	53
4.2.3	Neue E-Mails abrufen	54
4.2.4	Ordner für die Ordnung	54
4.2.5	Neuen Ordner anlegen	56
4.2.6	Ein eigenes Symbol für Ihren neuen Ordner	57
4.2.7	Nachrichten in die Ordner verschieben	57
4.3	Outlook heute	58
4.3.1	Die Outlook-Optik	59
4.3.2	Interaktivität in Outlook	60
4.3.3	Der Kalender	61
4.3.4	Terminplanung mit Outlook	61
4.3.5	Einen Termin eintragen	65
4.3.6	Umfangreiche Terminangaben	65
4.3.7	Terminserien mit Outlook anlegen	67
4.3.8	Terminplanung mit Outlook optimieren	68
4.3.9	Die Erinnerungsfunktionen – akustisch und/oder optisch	69
4.4	Die Kontakte	70
4.4.1	Kontaktdaten aufnehmen	71
4.4.2	Details zu Kontakten	72
4.4.3	Das Organisieren von Kontaktdaten	74
4.5	Die Aufgaben	74
4.5.1	Eine Aufgabe anlegen	74

4.5.2	Eine komplexe Aufgabe anlegen.	75
4.5.3	Dringlichkeitsstufen und Kategorien	76
4.5.4	Dringlichkeitsstufen generell zuweisen.	77
4.5.5	Eintragungen korrigieren.	78
4.5.6	Aufgaben im Kalender anzeigen.	80
4.5.7	Aufgaben als erledigt kennzeichnen	80
4.5.8	Aufgaben löschen.	81
4.5.9	Löschen von Aufgaben rückgängig machen	81
4.6	Journal	82
4.6.1	Geschäftlichen Anruf protokollieren	82
4.6.2	Journaleinträge unterschiedlich anzeigen	83
4.6.3	Telefonverbindungen automatisch aufbauen	84
4.7	Notizen.	86
4.7.1	Neue Notiz anlegen	86
4.7.2	Notizen vergrößern	88
4.7.3	Notizfarbe ändern.	88
4.7.4	Der Regel-Assistent.	89
4.7.5	Die Auto-Funktionen	90
4.8	Outlook für Arbeitsgruppen	91
4.9	Outlook und Office	92
4.10	Geschichte und Zukunft von Outlook	93
4.11	Zu guter Letzt	96
5	**Internet-Grundkurs**	**99**
5.1	Die Historie des Internets	99
5.1.1	Vier bedeutende Worte.	99
5.1.2	Militärisches Kalkül: Das ARPANET	100
5.1.3	Aus dem ARPANET entstand das Internet.	102
5.1.4	Das Prinzip der positiven Rückkopplung	102
5.2	Kommunikationsprotokolle sind die »Sprache« des Internets	103
5.2.1	TCP, das Internet-Protokoll.	103
5.2.2	Protokolle sind die Basis aller Netzwerke	104
5.2.3	Fehlerkorrektur mit TCP/IP.	105
5.2.4	IP-Pakete.	105
5.2.5	Ports	106
5.2.6	Koordiniertes Chaos: Routing	108
5.2.7	Übertragungssicherheit mit ICMP	111
5.3	Adresssysteme des Internets	112
5.3.1	IP-Adressen: Ihre »Postanschrift«.	112
5.3.2	Tracing: IP-Kontrolle mit System	118

5.3.3	Das Domain Name System	120
5.4	Was bietet das Internet?	127
5.4.1	Das World Wide Web	127
5.4.2	E-Mail	128
5.4.3	FTP	129
5.4.4	Das Usenet	130
5.4.5	Telnet	131
5.4.6	Suchdienste	132
5.4.7	IRC & Co.	134
5.5	Die magischen drei »W« des Internets	139
5.5.1	Das HTTP-Protokoll	140
5.5.2	Platzhirsch contra Newcomer: Browser	141
5.5.3	Das Dateiformat des WWW: HTML	142
5.5.4	Versions-Chaos im World Wide Web	143
5.5.5	Struktur eines WWW-Angebots	143
5.5.6	Elektronische Formulare	145
5.5.7	Drei Dimensionen: VRML	145
5.5.8	Java-Programme	146
5.5.9	Internet frei Haus: Push-Technologien	147
5.6	Globales Postamt: Der E-Mail-Dienst	147
5.6.1	E-Mail-Protokolle	147
5.6.2	Multimedialer Trend: HTML und E-Mail	149
5.6.3	Die E-Mail-Adresse	150
5.6.4	Struktur einer E-Mail	151
5.6.5	Digitaler Einbruch: Datensicherheit	153
5.7	Schwarzes Brett im Net: Newsgroups	155
5.8	Dateitransfer per FTP	156
5.9	Irgendwo müssen die Daten ja lagern …	157

Teil II Outlook installieren und einrichten 161

6 Outlook 2000 für Umsteiger 163

6.1	Historie	163
6.2	Das Office-2000-Paket	164
6.3	Neues in Outlook 2000	165
6.3.1	Optimale Integration und Kooperation	165
6.3.2	Selbstreparatur	165
6.3.3	Sprachmodell	166
6.3.4	Browserfunktionalität	166

7	**Installation**	167
7.1	Nachträgliche Änderungen	169
7.2	Outlook im Office-Paket	169
8	**E-Mail-Konten einrichten**	171
8.1	Installation und Konfiguration der E-Mail-Konten	171
8.2	E-Mail-Konto einrichten	173
8.3	Einstellungen der E-Mail ändern	175
8.4	E-Mails bei Internet-Providern	178
8.4.1	E-Mail-Konto bei T-Online	178
8.4.2	E-Mail-Konto bei CompuServe	180
9	**E-Mail im Intranet einrichten**	181
9.1	Automatische Installation	181
9.2	Exchange-Server-Dienst nachträglich installieren	186
9.3	Exchange Server-Dienst nachträglich konfigurieren	188
9.4	Microsoft Mail nachträglich installieren	190
9.5	Microsoft Mail nachträglich konfigurieren	191
9.6	Internet-E-Mail-Dienst nachträglich installieren	192
9.6.1	Register Allgemein	193
9.6.2	Register Server	193
9.6.3	Register Verbindung	194
9.6.4	Register Erweitert	194
9.7	Internet-E-Mail-Dienst nachträglich konfigurieren	195
10	**Microsoft Faxdienst konfigurieren**	197
10.1	Modem anschließen	198
10.2	Konfiguration des Faxmodems	198
10.3	Wahlparameter	201
10.4	Faxdienst installieren	202
10.5	Faxen mit der WinFax Starter Edition	203
11	**Persönliche Einrichtung**	205
11.1	Persönliche Ordner	205
11.2	Auch zur E-Mail gehört eine Visitenkarte	206
11.3	Junk-Mail und was man dagegen tun kann	208
12	**Benutzerprofile erstellen**	211
12.1	Profile einrichten	211

| 12.2 | Profile auswählen | 212 |
| 12.2.1 | 3. Teil – Outlook als Kommunikationszentrum | 213 |

Teil III Outlook als Kommunikationszentrum 215

13	**E-Mail im Internet und Intranet**	217
13.1	Snailmail contra E-Mail	217
13.2	Mailfunktionen gestalten	219
13.2.1	Ansicht des Posteingangs gestalten	221
13.2.2	Posteingang aufrufen	221
13.2.3	E-Mail-Anzeige gliedern	222
13.2.4	Möglichkeiten der E-Mail-Anzeige	223
13.2.5	AutoVorschau	226
13.3	Das Ordnerprinzip in Outlook	229
13.3.1	Eigene Ordner erstellen	230
13.3.2	Verschieben in Ordnern	231
13.3.3	Mailorganisation für Profis	233
13.3.4	E-Mails löschen	234
13.4	E-Mails verfassen	236
13.4.1	Eingabemaske für E-Mails aufrufen	237
13.4.2	E-Mail-Adresse gestalten	238
13.4.3	E-Mail-Text eingeben	243
13.5	E-Mail-Eigenschaften festlegen	250
13.5.1	Wichtigkeit	251
13.5.2	Vertraulichkeit	253
13.5.3	Lesebestätigung	254
13.5.4	Zur Nachverfolgung kennzeichnen	255
13.5.5	Sende- und Verfallsdaten	256
13.5.6	Antworten senden an	258
13.5.7	Nachrichten senden über	258
13.5.8	Gesendete Nachrichten speichern	259
13.6	E-Mails in Kategorien sortieren	260
13.6.1	Kategorien vergeben	260
13.6.2	Eigenschaften	262
13.7	E-Mails versenden	264
13.7.1	E-Mails im Postausgang deponieren	264
13.7.2	E-Mails übertragen	265
13.7.3	Geld sparen mit Automatik-Übertragung	266
13.7.4	Tipps zur Übertragung für Profis	269
13.7.5	E-Mails erneut senden	275

13.7.6	Bereits versandte E-Mails zurückholen	276
13.7.7	Mailentwürfe	277
13.8	E-Mails empfangen	279
13.8.1	Online-Verbindung aufbauen	279
13.8.2	E-Mails im Posteingangsfenster	281
13.8.3	Empfangene E-Mails lesen	282
13.8.4	Posteingangsfenster gestalten	284
13.9	E-Mails verwalten	290
13.9.1	Kontext-E-Mails suchen	290
13.9.2	Erweiterter Suchmodus	291
13.9.3	Kategorienvergabe	293
13.9.4	Verschieben in Ordner	293
13.9.5	Anlagen speichern	294
13.10	E-Mails beantworten	296
13.10.1	Antwort-E-Mails gestalten	296
13.10.2	E-Mails weiterleiten	298
13.10.3	Texte in E-Mails einbeziehen	298
14	**Nachrichten und Newsgroups**	**301**
14.1	Newsgroups und der Outlook Newsreader	301
14.1.1	Kurzer Rückblick: Newsgroups	302
14.1.2	Grundzüge des Newsreaders	304
14.2	Newsgroups abonnieren	305
14.3	Nachrichten abrufen	308
14.4	Zusätzliche Konfigurationen	312
14.5	Nachrichten verfassen	314
14.5.1	Nachrichten und Antworten schreiben	315
14.5.2	Sendeoptionen	317
14.6	Weiterleiten von Nachrichten	319
14.7	Nachrichten und Antworten professionell formatieren	320
15	**Der Faxdienst unter Outlook**	**325**
15.1	Ein Fax versenden	326
15.1.1	Fax absenden in der Installation via Internet	327
15.1.2	Fax absenden in der Installation Arbeitsgruppe oder Unternehmen	331
15.2	Ein Fax empfangen	334
15.3	Faxabruf	336

Teil IV Outlook als Verwaltungsmanager 339

16 Der Kalender 343
16.1	Die Komponenten des Kalenders	344
16.2	Wofür nutzt man den Kalender?	356
16.3	Den Kalender bedienen	357
16.4	Im Kalender suchen	362
16.5	Kalender drucken	370
16.6	Kalender exportieren und importieren	379
16.7	Den Kalender veröffentlichen	386
16.8	Den Kalender anpassen	390
16.9	Eigene Ansichten definieren	398

17 Termine und Ereignisse 413
17.1	Termine einrichten	414
17.2	Termine nachträglich bearbeiten	432
17.3	Termine stornieren	435
17.4	Termine drucken	436
17.5	Termine in Dateien speichern	437
17.6	Termine per E-Mail verschicken	437
17.7	Terminserien	440
17.8	Ereignisse	446

18 Besprechungen 453
18.1	Besprechungen planen	454
18.2	Teilnehmer auswählen	455
18.3	Einen Termin finden	459
18.4	Teilnehmer einladen	465
18.5	Besprechungsanfragen beantworten	466
18.6	Antworten der Teilnehmer auswerten	470
18.7	Besprechungsserien	472
18.8	Online-Besprechungen	473

19 Aufgaben 487
19.1	Aufgaben eintragen	488
19.2	Aufgabenstatus und Zeitaufwand protokollieren	493
19.3	Überblick über anstehende Aufgaben behalten .	497
19.4	Aufgaben delegieren	503
19.5	Aufgaben und Termine	508

19.6	Aufgabenserien	510
19.7	Allgemeine Bearbeitung von Aufgaben	513
19.8	Aufgaben und Aufgabenliste konfigurieren	513
20	**Kontakte und Adressen**	**515**
20.1	Kontakte erfassen	516
20.2	Kontakte anzeigen	534
20.3	Kontakte nutzen	540
20.4	Kontakte importieren und exportieren	549
20.5	Mit Outlook telefonieren	552
20.6	Verteilerlisten	553
20.7	Allgemeine Bearbeitung von Kontakten	556
20.8	Den Kontakte-Ordner konfigurieren	556
21	**Journal**	**559**
21.1	Das Journal	560
21.2	Manuelle Journaleinträge	562
21.3	Automatische Journaleinträge	569
21.4	Outlook-Elemente in Journaleinträge umwandeln	572
21.5	Das Journal auswerten	572
21.6	Arbeiten im Journal	582
21.7	Das Journal konfigurieren	583
22	**Notizen**	**585**
22.1	Notizen aufsetzen	585
22.2	Notizen im Auge behalten	589
22.3	Notizen bearbeiten	596
22.4	Allgemeine Einstellungen für Notizen	597
Teil V	**Outlook für Profis**	**599**
23	**Einsatz von Mail-Filtern**	**601**
23.1	Regeln definieren	601
23.2	Elektronischer Müll: Junk Mail	605
24	**Die E-Mail-Netiquette**	**609**
24.1	Der Online-Knigge	610
24.2	Tipps und Tricks	610
24.3	Stets kurz und bündig!	612

| 24.4 | Emoticons | 612 |
| 24.5 | Multimediales miteinander | 614 |

25 Erweiterte Druckfunktionen 615

| 25.1 | Elemente drucken | 616 |
| 25.2 | Druckformate anpassen | 617 |

26 Vorlagen 619

| 26.1 | Vorlagen erstellen | 620 |
| 26.2 | Vorlagen verwenden | 621 |

27 Ordner, Arbeitsplatz und Dokumente 623

27.1	Was sind Outlook-Ordner?	623
27.2	Die Ordnerliste	625
27.3	Ordner anlegen und bearbeiten	629
27.4	Elemente zwischen Ordnern kopieren	634
27.5	Ordner exportieren	637
27.6	Ordner importieren	645
27.7	Ordner öffentlich zugänglich machen	645
27.8	Ordnerdateien (.pst) in die Ordnerliste aufnehmen	658
27.9	Die Outlook-Leiste	659
27.10	Dateiverwaltung in Outlook	662

28 Archivierung 669

28.1	Grundlagen der Archivierung	669
28.2	Ordner manuell archivieren	672
28.3	Archivierte Daten reimportieren	675
28.4	Die AutoArchivierung	678

29 Outlook und PDAs 683

29.1	Timex DataLink	684
29.2	Windows CE	685
29.3	PalmPilot	686
29.3.1	E-Mails austauschen	688
29.3.2	Pocket Mirror	691
29.3.3	IntelliSync	693

| Teil VI | Mit Outlook programmieren | 699 |

30 Ordner ... 703

30.1	Ordner aus Sicht des Programmierers	703
30.2	Ordner erstellen	704
30.3	Formulare für Ordner	705
30.4	Ansichten für Ordner	707
30.5	Veröffentlichung und Berechtigungen	709
30.6	Regeln	710
30.7	Einrichtung eines öffentlichen Ordners für eine Umfrage	712

31 VBScript und VBA ... 721

31.1	Visual Basic Script	722
31.1.1	Ausprobieren der Beispiele	722
31.1.2	Der Skript-Editor	723
31.1.3	Das Objektmodell	724
31.1.4	Auf Ordnerfelder zugreifen	728
31.1.5	Auf Steuerelemente zugreifen	729
31.1.6	Konstanten und Variablen	729
31.1.7	Operatoren	731
31.1.8	Kontrollstrukturen	733
31.1.9	Funktionen und Subroutinen	735
31.1.10	Meldungsfenster	735
31.1.11	Kommentare	736
31.1.12	Klickereignis	736
31.1.13	Klickereignisse für Steuerelemente, die mit Ordnerfeldern verbunden sind	738
31.2	Visual Basic für Anwendungen	739
31.2.1	VBA-Routine als Makro anlegen	740
31.2.2	Im Visual Basic-Editor	740
31.2.3	Schaltfläche für Makro in Symbolleiste aufnehmen	742
31.2.4	Makros korrigieren	743

A Anhang ... 745

A.1	Die CD-ROM zum Buch	745
A.1.1	Verzeichnis \backs	745
A.1.2	Verzeichnis \palm-out	745
A.1.3	Verzeichnis \tools	745
A.2	Glossar	746
A.3	Kommunikation im Internet: Das OSI-Referenzmodell	772
A.3.1	Zielsetzung	772

A.3.2	Das Layer-Modell	774
A.3.3	Die physikalische Schicht	776
A.3.4	Die Verbindungsschicht	777
A.3.5	Die Netzwerkschicht	778
A.3.6	Die Transportschicht	779
A.3.7	Die Kommunikationssteuerungsschicht	779
A.3.8	Die Darstellungsschicht	779
A.3.9	Die Anwendungsschicht	780
A.4	Dateiendungen	780

Stichwortverzeichnis 785

»*Durch eine Kooperation mit NOBOX.DE erhält jeder Leser dieses Kompendiums einen Gutschein im Wert von 10,00 DM auf alle dort angebotenen Software-Produkte*«

Die Autoren

Vorwort

Unbestritten: Outlook ist Microsofts universellste Software und deckt ein besonders umfassendes Spektrum an Diensten und Funktionen ab. Solche Programme werden »Personal Information Manager« oder kurz »PIM« genannt und erheben den Anspruch, den geschäftlichen und privaten Alltag einfacher zu gestalten.

PIMs planen, organisieren, verwalten, koordinieren, verschicken Briefe, Faxe und Mails und erinnern Sie immer eindringlich dann, wenn Sie einen Termin oder eine Aufgabe zu vergessen drohen. Eines jedoch wird ein PIM Ihnen nie streitig machen: Ihren gesunden Menschverstand und die damit verbundene Flexibilität.

Ein derart umfassendes Buch wie das vorliegende Werk zu einer solchen Software zu schreiben, war eine Herausforderung. Wer unser ebenfalls im Markt+Technik-Verlag erschienenes Frontpage-Kompendium gelesen hat, kennt bereits die erprobte Vorgehensweise des Autorenteams: Statt einer simplen funktionellen Beschreibung der Möglichkeiten Outlooks, zeigen wir Ihnen anhand konkreter Beispiele und einfach nachvollziehbarer Schritt-für-Schritt-Anleitungen, wie sie ein Optimum aus Outlook herauskitzeln.

Fortgeschrittene und bereits mit den Grundfunktionen Outlooks vertraute Anwender kommen dabei ebenfalls nicht zu kurz: Umfassende und gründliche Profi-Kapitel beschreiben Outlook, dessen Umfeld, und enden auch bei komplizierten Themen wie der Programmierung nicht.

Das Autorenteam

Oliver Pott und Dirk Louis arbeiten seit mehreren Jahren zusammen. Ihre unterschiedlichen Kenntnisse führen dazu, ein Problem oder eine Aufgabenstellung aus unterschiedlichen Blickwinkeln zu beleuchten. Dass dies tatsächlich funktioniert, beweisen viele positive Rückmeldungen auf das Frontpage-Kompendium. Oliver Pott als Netzwerk-Experte und Ingenieur bringt fortgeschrittene Internet-Technologien in das Buch ein, während Dirk Louis sich mit den Details der Outlook-Programmierung befasst.

Ergänzt von mehreren Online-Experten, Autoren und erfahrenen Outlook-Anwendern zeigt dieses Kompendium alle Facetten des Programms. Christoph Quasten arbeitet als EDV-Leiter und verwendet in seinem Rechenzentrum seit vielen Jahren Outlook. Er hat wesentlich zu den Kapiteln über E-Mails beigetragen. Bernd Hartmann ist Windows-NT-Spezialist und hat das Autorenteam bei zahlreichen Detailfragen sowie dem Kapitel zur Outlook- und Exchange-Konfiguration professionell beraten. Andy Pohl als Multimedia-Autor hat interessante Aspekte insbesondere im Einsteiger-Teil eingebracht.

Sie haben damit die Gewissheit, dass die in diesem Buch vermittelten Informationen, Details und Tipps und Tricks in jedem Fall umfassend praxiserprobt und im Team diskutiert wurden.

Der Aufbau des Buchs

Die Methodik, mit der wir Sie mit Outlook vertraut machen, hat sich bereits im Frontpage-Kompendium bestens bewährt. Zahlreiche kritische und konstruktive Hinweise unserer Leser haben wir in diesem Buch umgesetzt.

Teil 1 des Buches setzt sich kritisch mit Outlook auseinander und vergleicht gewöhnliche Terminplaner mit der elektronischen Variante. Als Einsteiger lernen Sie in diesem Teil darüber hinaus Outlook erstmals kennen. Ein Internet-Grundkurs führt sie systematisch in die Grundlagen der weltweiten Kommunikation ein und ganz eilige Leser finden einen Crashkurs, der ihnen in rund einer halben Stunde die wichtigsten Funktionen Outlooks näherbringt.

Teil 2 zeigt die professionelle Installation und Konfiguration des Systems. Hierbei wird neben der Standard-Variante auch auf spezielle Installationen eingegangen, beispielsweise in Intranets oder in der Kooperation mit Exchange-Servern.

Der folgende Teil 3 bildet den ersten großen Schwerpunkt des Buchs. Er zeigt ihnen, wie Sie E-Mail-Funktionen im Internet und Intranet einsetzen, wie Sie mit Nachrichten und Newsgroups umgehen und wie Outlook darüber hinaus die Funktionen eines Faxgerätes übernimmt.

Der vierte Teil bildet den zweiten großen Schwerpunkt. Er zeigt, wie Ihnen Outlook hilfreich als Kalender, Terminsystem, Besprechungsplaner, Kontaktmanager und Notizblock sowie für weitere Funktionen des täglichen geschäftlichen oder privaten Alltags assistiert.

Profi-Anwender – oder solche, die es nach dem Studium der ersten Kapitel geworden sind – werden in den beiden folgenden Teilen fündig. Teil 5 zeigt zunächst fortgeschrittene Funktionen, wie beispielsweise die Interaktion mit transportablen Handheld-Computern. Teil 6 befasst sich eingehend mit der Programmierung unter Outlook.

Ein umfangreicher Anhang schließt das Buch. Er enthält neben einem Internet-Glossar auch weiterführende Quellen, sowie eine Beschreibung des Outlook zugrundeliegenden Netzwerk-Modells für eigene Programmierungen und Implementierungen in Firmennetzwerken.

Danksagungen

Damit Sie dieses Buch in den Händen halten, hat ein ganzes Team zusammengearbeitet. Es ist gute Sitte und bleibt seit jeher den Autoren überlassen, allen beteiligten Personen zu danken.

Gunter Wielage hat die technischen und organisatorischen Voraussetzungen für eine zeitgerechte Manuskriptabgabe geschaffen. Unser Lektor im Verlag, Jürgen Bergmoser, hat uns vom ersten konzeptionellen Gedanken bis hin zum fertig gedruckten Buch begleitet. Zahlreiche Fachlektoren und Korrektoren haben ihren Teil dazu beigetragen, dass dieses Buch in eine lesbare Form gebracht wurde.

Dank gilt ebenfalls dem gesamten Team des Markt+Technik-Verlags, das uns seit vielen Jahren mit Rat und Tat bei auftretenden Fragen und Problemen zu Seite steht.

Besonders bedanken möchten wir uns jedoch bei Ihnen, dem Leser, denn schließlich wurde dieses Buch für Sie geschrieben.

Kooperation mit NOBOX.DE

Wenn Sie Software im Kaufhaus- oder Händlerregal kaufen, bezahlen Sie rund 30% für die Distribution und die Verpackung. Als Internaut haben Sie die Möglichkeit, sich auf sehr elegante und Kosten sparende Weise mit brandneuer Software zu versorgen. Dabei sparen Sie rund 30% des Ladenpreises.

Wir sind selbst überzeugte NOBOX-Käufer, und haben daher eine besondere Leseraktion für Sie ins Leben gerufen. In Kooperation mit einem der größten deutschen Online-Software-Anbieter, eben NOBOX.DE, erhalten Sie einen Software-Gutschein im Wert von 10,00 DM, wenn Sie sich auf dieses Buch beziehen.

Kontakt zu den Autoren

Ein gutes Buch lebt von offener Kritik seiner Leser. Sofern sie Fragen, Anregungen, Hinweise und Kritik zu unserem Werk haben, erreichen Sie uns jederzeit im Internet.

Ihre E-Mails beantworten wir Ihnen gerne unter der Adresse outlook@pott-it.de. Weiterführende Fragen richten Sie bitte an unseren Verlag, der Leserpost gern an uns weiterleitet.

Viel Spaß mit diesem Buch und mit Outlook wünschen Ihnen

Oliver Pott und Dirk Louis
Paderborn und Saarbrücken

Outlook kennen lernen und verstehen

Teil I

1. Outlook contra Filofax
2. Die Outlook-Umgebung
3. Die wichtigsten Komponenten
4. Outlook-Crashkurs in 30 Minuten
5. Internet-Grundkurs

Dieser Teil dient als solider Einstieg und Grundlage für Ihre Arbeit mit Outlook. Sie finden eine komplette Einführung in die Thematik, eine Vorstellung der wichtigsten Outlook-Komponenten, einen etwa 30 Minuten beanspruchenden Crashkurs sowie eine Interneteinführung mit dem Schwerpunkt E-Mail.

Sofern Sie bereits mit Outlook gearbeitet haben und sich Detailkenntnisse aneignen möchten, können Sie diesen Teil (Kapitel 1 bis 5) überspringen.

Outlook contra Filofax

Kapitel 1

Nein, Ihr bisheriges Instrument zur Adress- und Termin-Verwaltung (Filofax) müssen Sie nicht abschaffen, wenn Sie mit Outlook 2000 professionell und erfolgreich arbeiten wollen.

Ganz im Gegenteil – verstehen Sie Outlook als optimale Ergänzung zu Ihrem »Filofax« oder Ihrem »Time-System«.

Mehr noch, mit Outlook haben Sie ein Programm vor sich, mit dem Sie wesentlich kompakter an die systematische Planung und die einfache und doch höchst effektive Organisation von privaten Angelegenheiten und beruflichem Erfolg gehen können. Und dies sogar in Verbindung mit Ihrem bisherigen Organizer.

Unter dem Oberbegriff Filofax sind all jene Hilfsmittel zusammengefasst, die – hervorgegangen aus dem einfachen Terminkalender – neben einer Datumsübersicht (täglich, wöchentlich und/oder monatlich) auch ein Register für die Telefonnummern von Familienangehörigen, Freunden und Geschäftspartnern besitzen.

Das Time/system, der gleichnamigen Firma ist ein für Manager optimierter Terminplaner. Dieses im Format DIN A5 angelegte Ringbuch besitzt neben den üblichen Registern auch eine Datenbank und die unterschiedlichsten Formblätter. Darunter sind solche für die Projektplanung, Vordrucke für die Urlaubsplanung, Memos und private Angelegenheiten.

Vieles wird durch Outlook jedoch nicht nur einfacher und übersichtlicher; die Möglichkeiten Termine, Adressen und Projekte zu verwalten sind zudem viel umfangreicher als bei einem Organizer aus Papier. Außerdem kommen hier die interaktiven Optionen, die Ihnen nur ein Computerprogramm bieten kann, voll zur Geltung. Das geht bis hin zur Netzwerkkommunikation.

1.1 Systematische Planung und effektive Organisation von Terminen und Projekten

So können Sie mit Outlook z.B. einfach und doch auf sehr komfortable Weise E-Mails und Faxe versenden und empfangen. Aber auch die Verwaltung Ihrer kompletten Korrespondenz übernimmt Outlook für Sie. Und neben hilfreichen Assistenten, die für Sie quasi die Urlaubsvertretung übernehmen, erledigen so genannte Auto-Funktionen für Sie lästige Routinearbeiten. Kann das Ihr bisheriger »analoger« Planer auch?

Wie das alles im Detail funktioniert und Sie sich die Leistungsvielfalt dieses digitalen Planungsinstrumentes optimal zunutze machen können, lesen Sie in diesem Buch.

An dieser Stelle möchten wir zunächst den Vergleich zwischen normalen Ringbuch-Planern und Outlook anstellen und Ihnen ein paar Tipps für die sinnvolle Kombination dieser beiden Systeme geben.

1.2 Papier contra Programm

Schauen wir uns dazu einmal die Seite eines üblichen Planers an – hier eine Doppelseite des Managementsystems der Firma Time/system, Hamburg.

Die Schwäche eines derartigen Systems (und sei es noch so durchdacht) liegt auf der Hand – damit Ihre Tages- und/oder Projektplanung so aussieht wie hier, müssen Sie sich sehr viel Mühe bei Ihren schriftlichen Eintragungen geben. Bei Outlook hingegen sehen Ihre Einträge immer sauber und ordentlich aus.

Andererseits ist es oft mühsam und verwirrend, zwischen Tages- und Monatsplanung sowie der ausführlichen Aufgabenverteilung oder dem Formblatt für die Geburtstage von Familienangehörigen und Freunden hin- und herzublättern.

Über die Oberfläche, den Hauptbildschirm von Outlook lassen sich demgegenüber alle hier übersichtlich angeordneten Menüpunkte anklicken und so für die Bearbeitung aufrufen. Zeitersparnis ist nur ein Schlagwort in diesem Zusammenhang.

1.3 Der Outlook-Hauptbildschirm

Schauen Sie sich nun den Hauptbildschirm von Outlook mit seinen im typischen Windows-Stil gestalteten Menüleisten, der Ordnerliste und den Vorschaufenstern an. Hier sehen Sie auf einen Blick, wie einfach es Ihnen dieses Programm durch seine Übersichtlichkeit macht.

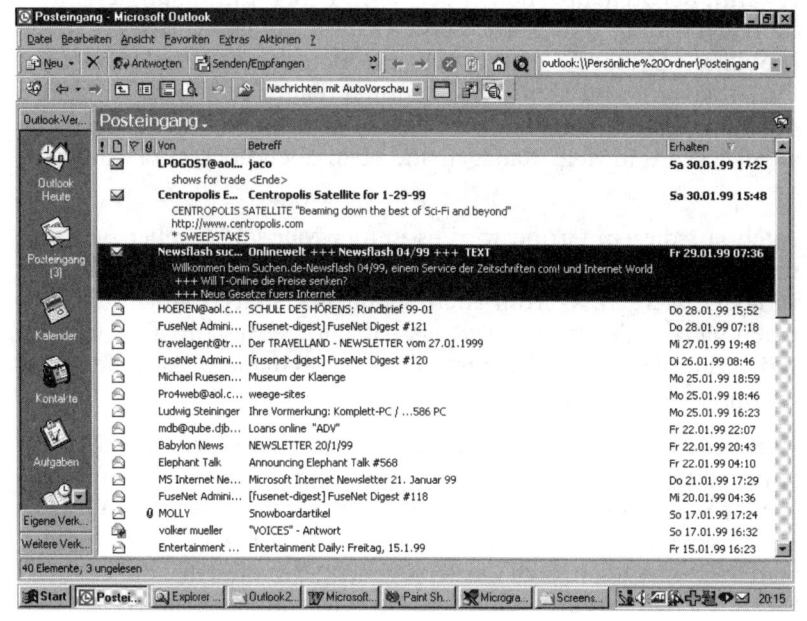

Bild 1.1: Sehr übersichtlich, intuitiv für eigene Projekte zu systematisieren und immer gut lesbar – die Outlook-Oberfläche. Damit macht das Planen und Organisieren Spaß.

Bleiben wir aber noch einen Moment bei dem Instrumentarium, mit dem viele Manager immer noch fast ausschließlich arbeiten, dem »Time- & Target-Organizer«, zu deutsch Zeit- und Zielorganisator.

1.4 PIM = Personal Information Manager

Ein neumodischer Begriff für derartige Systeme lautet auch »Personal Information Manager« (kurz: PIM). Hierbei handelt es sich um unterschiedliche Hilfsmittel, mit denen sich systematisch all die Informationen verwalten lassen, die für die berufliche Praxis – aber auch für den privaten Bereich – notwendig sind.

Manche haben ausschließlich ein Formblatt für die jeweilige Tagesplanung und ein Adressregister. Das A5-Management-System von Time/system wartet da schon mit vielfältigeren Möglichkeiten auf.

Neben den üblichen Formularen gibt es hier u.a. Aktivitäten-Checklisten, Vordrucke für Notizen, Memos und – als zentrales, individuell strukturierbares »Steuerungselement« – die DataBank.

Nachteil derartiger Managementsysteme ist, wie oben schon erwähnt der Zeitaufwand bei der schriftlichen Eintragung und dem oftmaligen hin- und herblättern. Unbestrittener Vorteil ist deren Mobilität. Diese ist zwar auch bei den kleinen elektronischen Datenbanken und den so genannten PalmPilots oder Palmtops gegeben, doch hier ist man entweder auf Batterie- oder Akkustrom angewiesen und viele Manager sind eben doch noch ein klein wenig altmodisch.

Auch aus diesem Grund wird es immer Menschen geben, die sich niemals nur auf ein elektronisches Ziel- und Zeitplanungssystem verlassen werden. Warum auch? Schließlich bietet einem das eine einen ganz anderen Nutzwert als das andere System. Wer will das schon, immer erst den PC anschalten, wenn man nur nach der Telefonnummer eines Freundes sucht.

Wirklichen Weitblick bewiesen in diesem Zusammenhang die Verantwortlichen bei Time/system, die einen so genannten Print-Manager entwickelten. Er ist die Schnittstelle zwischen dem Organizer dieser Hamburger Firma und dem Office Paket von Microsoft, zu dem bekanntlich auch Outlook gehört. Mit diesem Tool erstellen Sie in Microsoft Word und Microsoft Excel auf einfache Weise Ausdrucke, die Sie direkt in Ihren Timer integrieren können.

Verwenden Sie darüber hinaus noch die unterschiedlichen Time/system-Druckerpapiere, können Sie auf lästige Arbeitvorgänge wie Lochen und Kopieren verzichten. So nutzen Sie die Synergieeffekte, die sich aus dem kombinierten Einsatz zweier Produkte ergeben, optimal aus.

Das Drucken ist mit Outlook grundsätzlich kein Problem, denn alle Ordner sind hier in etwa nach dem gleichen Prinzip aufgebaut. Sie können einzelne Elemente ausdrucken aber auch komplette Ordnerinhalte.

Dazu müssen Sie nur alle Elemente vorher markieren. Mit dem Anwählen des Menübefehls Datei/Drucken öffnet sich das Dialog-Fenster, in dem Sie alle gewünschten Druckeinstellungen vornehmen können.

> *Outlook wird vor allem durch unterschiedliche Assistenten und Suchfunktionen zu einem optimalen Organisationstalent.*
> :-) TIPP

1.5 Ihre Chancen

Aber vergleichen wir doch einmal – welcher »PIM« bietet Ihnen mehr Möglichkeiten? Betrachten wir uns die detaillierte Vorgehensweise bei den Eintragungen in ein »Filofax-Formular« und die Eingabe von beruflichen und privaten Informationen in die Outlook-Oberfläche, so sehen wir vor allem eines: Durch das Microsoft-Produkt Outlook 2000 haben Sie erheblich mehr Chancen, den beruflichen Erfolg zu planen und zu organisieren, ohne die Privatsphäre zu vernachlässigen.

1.5.1 Assistenten und Suchfunktionen

Es sind nicht nur die vielen unterschiedlichen Ordner, auch die Assistenten und Suchfunktionen erleichtern dem Anwender die tägliche Arbeit auf vielfältige Weise. Und das ist vielleicht der auffälligste Vorteil dieses Programms gegenüber seinen »analogen Brüdern«.

> *Beispiele für den Einsatz von Assistenten wie dem Regel-Assistenten finden Sie später im ersten Teil.*
> INFO

Sie sehen, Outlook hat eine Menge zu bieten, doch die Fülle der Optionen sollte uns nicht darüber hinwegtäuschen, dass auch ein herkömmlicher Planer seine Stärken hat.

1.5.2 Zunächst zweigleisig fahren

Sagen Sie also Ihrem bisherigen Timer und der beliebt-berüchtigten Zettelwirtschaft nicht von jetzt auf gleich ade, sondern fahren Sie zunächst gewissermaßen zweigleisig. Arbeiten Sie sich in aller Ruhe in Ihren neuen Erfolgsplaner ein, lernen Sie Outlook 2000 und seine vielfältigen Möglichkeiten in aller Ausführlichkeit kennen.

Wir empfehlen Ihnen, bevor Sie Ihre komplette Ziel- und Zeitplanung ausschließlich mit Outlook organisieren, nach und nach Ihre privaten und beruflichen Datensätze und Planungsinformationen hier einzugeben. Fangen Sie mit den Kontakten an, die neu dazu kommen. Darauf greifen Sie immer dann zurück, wenn Sie ausschließlich im Büro arbeiten.

Die Informationen, die Sie bei Auswärtsterminen und auf Geschäftsreisen parat haben müssen – wichtige Telefonnummern, Termine und eine grobe Planungsübersicht – sollten Sie hingegen in Ihrem normalen Organizer belassen.

Mit der Zeit werden Sie sich ein ganz eigenes System für die Kooperation von Outlook und Ihrem Planer entwickeln. Bestimmt aber werden Sie auf diesem praktischen Weg merken, dass Outlook, dieses weltweit seit Jahren erfolgreich erprobte Programm, eine hervorragende Basis für die systematische Planung und die einfache und doch höchst effektive Organisation von privaten Angelegenheiten und beruflichem Erfolg ist.

Wer weiß, vielleicht reicht Ihnen irgendwann für unterwegs ein ganz kleiner Terminkalender mit Miniregister für die allerwichtigsten Telefonnummern.

Die Outlook-Umgebung

Kapitel 2

Da steht er nun vor Ihnen, der Outlook-Hauptbildschirm. Sein typischer Windows-Aufbau wird Ihnen das Zurechtfinden erleichtern. Aber natürlich gehört es auch zu den Aufgaben dieses Kompendiums, Sie mit allen Einzelheiten dieses Programms bekannt zu machen. Und da Ihre Kommunikation mit Outlook über die vielfältigen Funktionen des Hauptbildschirms laufen wird, stellen wir Ihnen dieses wesentliche Element gleich zu Beginn dieses Buches vor.

Schon ein erster Blick macht deutlich, dass der Hauptbildschirm im Wesentlichen in drei zentrale Bereiche eingeteilt ist: oben die Menü- und Standard-Leisten, links die Outlook-Leiste und rechts als größter Bereich das Informations- und Vorschaufenster.

2.1 Sieben Bereiche

Doch damit nicht genug. Denn wenn man es ganz genau nimmt, dann ist er in sieben einzelne Bereiche untergliedert:

Wie auf dem oberen Bild deutlich zu sehen ist, besteht der Hauptbildschirm aus sieben Bereichen:

1. Titelleiste
2. Menüleiste
3. Symbolleiste
4. Outlook-Leiste
5. Informationsfenster
6. Vorschaufenster
7. Ordnerliste

Kapitel 2: Die Outlook-Umgebung

*Bild 2.1:
Der Hauptbildschirm mit seinen sieben Bereichen*

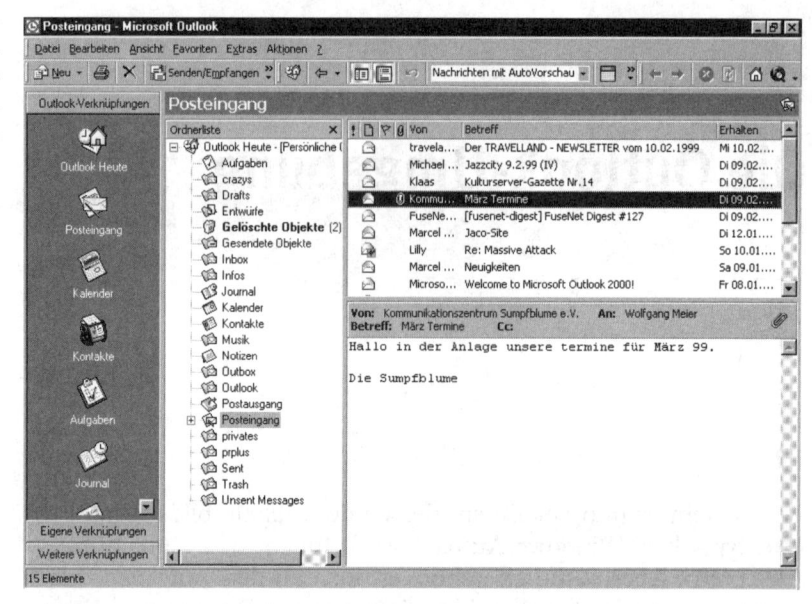

2.2 Die Titelleiste

Im Nachfolgenden möchten wir Ihnen die Aufgaben und die Bedienung dieser zentralen Bedienelemente vorstellen. Starten wir mit der Titelleiste: Sie zeigt Ihnen den Namen der Anwendung, also das Programm, in dem Sie sich gerade befinden, und die Bezeichnung des gegenwärtigen Arbeitsbereiches.

*Bild 2.2:
Die Titelleiste mit dem Namen der Anwendung und dem gegenwärtigen Arbeitsbereich*

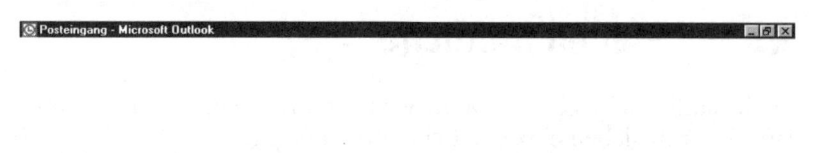

2.3 Die Menüleiste

Durch die Menüleiste können Sie auf all jene Befehle zugreifen, mit denen Sie in Outlook und seinen einzelnen Komponenten navigieren können. Auch hier stehen Ihnen wieder sieben Schaltflächen zur Verfügung.

Die Menüleiste können Sie entsprechend Ihrer persönlichen Arbeitsweise an jedem der vier Ränder Ihrer Windows-Oberfläche verankern oder sie frei auf dem Bildschirm schweben lassen. Gewöhnlich ist sie jedoch am oberen Bildschirmrand verankert.

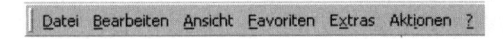

Bild 2.3:
Die Menüleiste mit den einzelnen Befehlen zum Navigieren

2.4 Die Symbolleiste

Ein typisches Windows-Element ist die Symbolleiste. Durch sie haben Sie besonders schnellen Zugriff auf die wichtigsten Befehle. Ein besonderes Feature der Symbolleiste ist die Möglichkeit, sie sich Ihren Bedingungen anzupassen.

Mit ein paar einfachen Klicks können Sie der Symbolleiste jederzeit weitere Schaltflächen – also Symbole – hinzufügen. Mit der Zeit werden Sie diese Leiste Ihren ganz persönlichen Bedingungen anpassen.

Bild 2.4:
Die Symbolleiste mit Ihren Schaltflächen

2.5 Die Outlookleiste

Das Element, durch das Sie komfortabel auf die einzelnen Arbeitsbereiche von Outlook zugreifen können, ist die Outlook-Leiste. Sie ist am linken Rand dieses Programms zu finden.

Hier stehen Ihnen sieben Schaltflächen für Ihre tägliche Arbeit zur Verfügung.

- Outlook Heute
- Posteingang
- Kalender
- Kontakte
- Aufgaben

- Journal
- Notizen

Über diese Schaltflächen erledigen Sie alle anstehenden Aufgaben mit wenigen Handgriffen. Und diese Schaltflächen sind es auch, die den Grundaufbau des Hauptbildschirms je nach Anforderung verändern.

2.6 Informations- und Vorschaufenster

Verändern heißt in diesem Zusammenhang auch: Je nachdem auf welche Schaltfläche Sie in der Outlook-Leiste klicken, verändert sich der Inhalt der großen Informations- und Vorschaufenster, die Sie auf der rechten Seite des Bildschirms sehen.

Wählen Sie beispielsweise die Outlook-Schaltfläche »Kalender«, so erscheint auf der rechten zentralen Seite des Hauptbildschirms der Kalender mit einem Blick auf den jeweiligen Tag und den Monat, in dem Sie sich gerade befinden.

Bild 2.5: Über die Schaltfläche »Kalender« wechseln Sie in den Outlook-Kalender.

2.7 Die Ordnerliste

Dieser Bereich ähnelt sehr stark dem Windows-Explorer. Zu öffnen ist dieser Bildschirmbereich über den Menübefehl ANSICHT/ORDNERLISTE. Wie Sie Ordner anlegen und in diese z.B. E-Mails verschieben, erklären wir Ihnen später.

Die wichtigsten Komponenten

Kapitel 3

Obwohl Sie die enorme Funktionsvielfalt von Outlook auf den ersten Blick vielleicht überwältigend finden, (was hier im positiven Sinne gemeint ist) können wir Sie beruhigen. Der erste Blick trügt ein wenig, denn schon nach kurzer Zeit werden Sie erkennen, dass Outlook zwar sehr viele Funktionen und Möglichkeiten zu bieten hat, dass es aber grundsätzlich sehr einfach und intuitiv zu bedienen ist.

Alle Komponenten dieses Programms wurden so angelegt, dass sich auch unerfahrene User nicht überfordert fühlen. Schon allein durch die typische Windows-Optik werden Sie sich hiermit schnell auskennen.

Outlook zu erlernen und dann mit ihm erfolgreich zu arbeiten, ist trotz aller Komplexität nicht schwieriger als z.B. das Zurechtfinden in einer Textverarbeitung. Beweis genug dafür ist die Übersichtlichkeit der Outlook-Leiste, mit der Sie während Ihrer Arbeit am meisten zu tun haben werden.

In diesem Kapitel möchten wir Ihnen die einzelnen in dieser Leiste vorhandenen Elemente dieses zukunftsweisenden und -ordnenden Programms vorstellen. Allerdings wollen wir Sie hier nicht mit zu vielen Details und sämtlichen Möglichkeiten dieses aktuellen »Personal Informations Managementsystems« konfrontieren.

In diesem Teil möchten wir Ihnen nur einen ersten Überblick über die wichtigsten Outlook-Komponenten geben. Allumfassend beschäftigen wir uns in den Teilen 4 (Outlook als Verwaltungsmanager) und 5 (Outlook für Profis) mit den für Sie erforderlichen Programmierungen. Dort steigen wir ganz intensiv ein in das erfolgreiche Arbeiten mit Outlook.

Kapitel 3: Die wichtigsten Komponenten

Im Einzelnen sehen Sie in der Outlook-Leiste die Icons (Symbole) mit folgenden Bezeichnungen:

- Outlook Heute
- Posteingang
- Kalender
- Kontakte
- Aufgaben
- Journal
- Notizen

Vernünftigerweise wurde hier von den Microsoft-Programmierern die »magische Zahl Sieben« nicht überschritten – (sieht man mal von dem zu vernachlässigenden Icon »Gelöschte Objekte« ab). Dies soll, so sagen Psychologen, genau die richtige Menge an Informationen sein, die über ein abgeschlossenes Menü erfolgreich kommuniziert werden kann.

Mehr als eine Anzahl von etwa sieben Bildern inklusive der dahinter verborgenen Informationen kann sich unser Kurzzeitgedächtnis auf die Schnelle nicht merken, sagen Kommunikationsspezialisten.

Das ist auch ein Grund dafür, warum die meisten Menüs von Internet-Präsenzen nicht über sieben Punkte hinausgehen.

Nun gut, kommen wir jetzt zu den detaillierten Beschreibungen der einzelnen Komponenten von Outlook:

3.1 Outlook Heute

Bild 3.1:
Outlook Heute –
was haben Sie
aktuell zu tun?

Nach einem Klick auf diesen Button erfahren Sie, natürlich nur wenn Sie Outlook zuvor »gefüttert« haben, welche Aufgaben und Termine für Sie an diesem Tag anliegen.

Hier präsentiert Ihnen Outlook alle wichtigen Informationen: von aktuellen Terminen, neuen E-Mails bis hin zu anstehenden Aufgaben und dem Geburtstag eines Freundes oder eines bedeutenden Kunden.

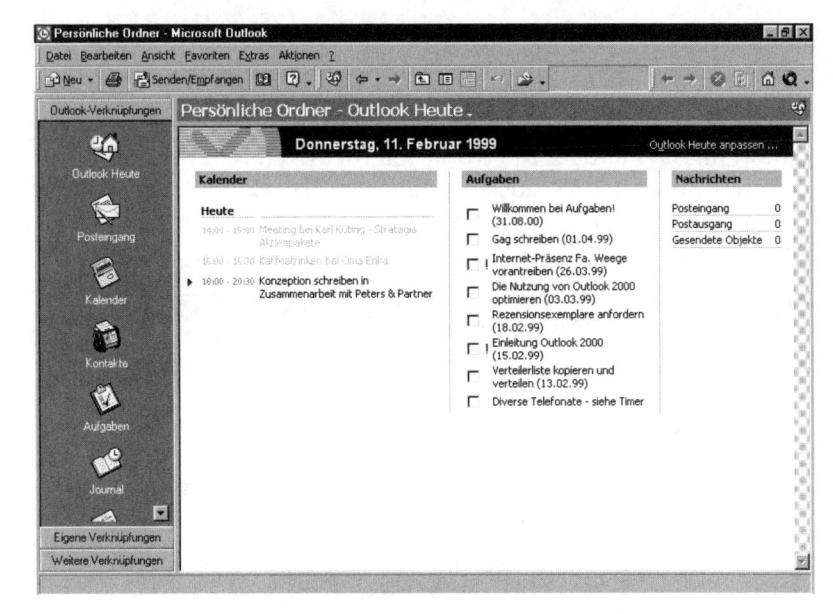

Bild 3.2:
So sieht Ihr Outlook-Heute-Ordner in der Gesamtansicht aus – alle wichtigen Informationen auf einen Blick

Dieses Element ist sozusagen Ihre elektronische Sekretärin, die Sie früh morgens nach allen Regeln einer erfolgreichen Unternehmensführung informiert. Nur dürfen Sie nicht vergessen, sie in Ihre Tagesplanung einzuweisen. Das heißt, je mehr Informationen Sie Ihrem Outlook anvertrauen, je umfassender kann die tägliche Info-Dosis sein.

3.2 Posteingang

Bild 3.3:
Das Posteingangs-Icon

Hinter diesem Button verbirgt sich Ihre Postzentrale. An dieser Stelle werden Ihre eingegangenen E-Mails und Faxe verwaltet. Damit Ihnen auch wirklich keine wichtige Korrespondenz entgeht, wurde hier eine Auto-Funktion eingerichtet, die Ihnen gleich nach Programmstart die eingegangenen E-Mails und Faxe anzeigt.

3.2.1 Der Posteingang – der große Bruder von Outlook-Express

Die Oberfläche dieses Programmparts dürfte Ihnen schon bekannt sein, wenn Sie mit dem Microsoft Internet Explorer arbeiten. Denn in diesen Browser ist sozusagen eine »abgespeckte Version« dieser Programmeinheit integriert, nämlich das E-Mail-Programm »Outlook Express«.

Bild 3.4:
Der Posteingangsbildschirm mit eingegangenen E-Mails. Oben rechts die schlichte Meldung und darunter der dazugehörige Text.

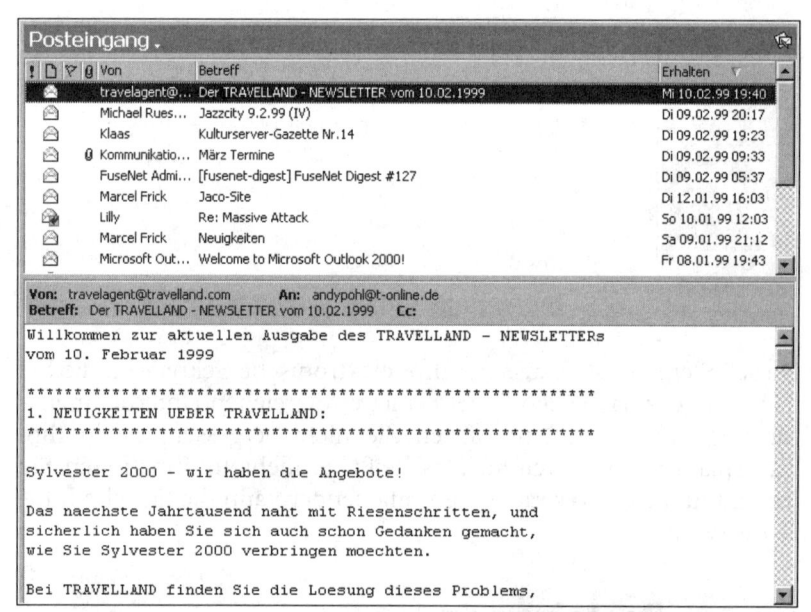

Neben der sehr nützlichen Auto-Funktion ist in Outlook eine weitere Option integriert, die Ihnen unter Umständen viel Zeit ersparen kann: der Regel-Assistent. Damit können Sie Ihre E-Mails vorsortieren.

So lassen Sie z.B. so genannte Junk- oder Werbe-E-Mails gleich in einen dafür vorgesehenen Ordner ablegen. Aber auch die elektronische Post von wichtigen Kunden oder aus bestimmten Interessengebieten lassen sich mit dieser Funktion wunderbar ordnen.

Gerade wenn Sie täglich zahlreiche E-Mails erhalten, ist das unumgänglich. Auf diese Weise rationalisieren Sie Ihre »Lesezeit« und haben so mehr Zeit für das Wesentliche.

Wie Sie bestimmte Regeln für eingehende E-Mails aufstellen, um Ihre elektronische Post vorzusortieren, können Sie in Teil 5 (Outlook für Profis) nachlesen.

3.3 Kalender

Der Kalender ist selbstverständlich ein zentraler Punkt in Outlook. In diesen tragen Sie auf sehr komfortable Weise alle Ihre Termine ein – egal, ob dies ganz aktuelle und einmalige Verabredungen sind, oder ob es sich um wöchentlich, monatlich oder gar jährlich wiederkehrende Termine wie die Müllabfuhr oder Geburtstage handelt.

Bild 3.5:
Das Kalender-Icon

Eine Besonderheit, die Sie nur bei einem Programm wie Outlook finden, ist die Möglichkeit, sich an bestimmte Termine auf akustische und optische Weise erinnern zu lassen. So etwas kann kein normaler Terminkalender.

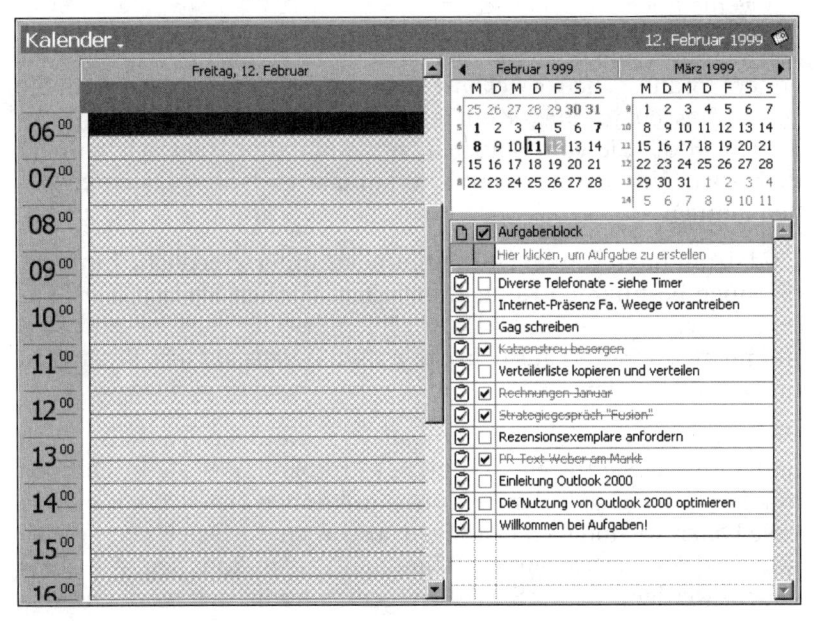

Bild 3.6:
Die Oberfläche des Kalenders, in den Sie sehr komfortabel sämtliche Daten und Termine eintragen können

Aber Outlook kann noch mehr: Für die oben beschriebenen wiederkehrenden Aufgaben und Termine können Sie einfach und doch sehr effizient eine so genannte Terminserie erzeugen. Damit verpassen Sie Ihren Hochzeitstag oder den Geburtstag Ihrer Mutter auf gar keinen Fall mehr.

Detailliert behandeln wir die Möglichkeiten des Kalenders in Teil 4. Dort finden Sie alle Informationen, die Sie für ein erfolgreiches Zeitmanagement mit Outlook benötigen.

3.4 Kontakte

Bild 3.7:
Das Kontakte-Icon

Zugegeben: Adressen – sowohl die privaten als auch die geschäftlichen – konnten Sie bisher auch in Ihrem normalen Organizer verwalten. Obwohl der Begriff »verwalten« in diesem Zusammenhang ein wenig hochgestochen klingt.

Mit Outlook hingegen eröffnen sich diesbezüglich aber noch ganz andere und ungeheuer vielfältige Möglichkeiten. Hier verwalten Sie Ihre Adressen in einer Kontaktdatenbank tatsächlich. Da gibt es Felder, in die Sie vom Spitznamen bis hin zum Vorgesetzten oder dem jeweiligen Partner sämtliche kontaktrelevanten Daten eintragen können.

Und damit nicht genug: Über einhundert unterschiedliche Einträge, die einen bestimmten Kontakt betreffen, können Sie in dieser Outlook-Abteilung zuordnen. Dazu zählen fast 20 Telefon- und Faxnummern, die sofort aus dem Programm heraus auf ihre Richtigkeit hin geprüft werden.

Wichtig ist die möglichst umfangreiche Kontaktverwaltung auch deshalb, weil Sie für ein komplettes Protokoll, das Sie in Outlook mit den unterschiedlichsten Journalfunktionen erstellen können, so viele Daten wie möglich benötigen: also auch die Daten aller Anrufe und E-Mails, die von einer bestimmten Person kommen. Alle diese Daten werden, wenn Sie es mögen, automatisch von Outlook gespeichert.

Darüber hinaus – und das ist wirklich eine praktische Option –, besteht hier die Möglichkeit zur Abspeicherung mehrerer E-Mail- und sogar der interaktiven Einbindung von WWW-Adressen. Außerdem ist es möglich, von hier aus ganz bequem z. B. E-Mails zu verschicken oder Briefe schreiben.

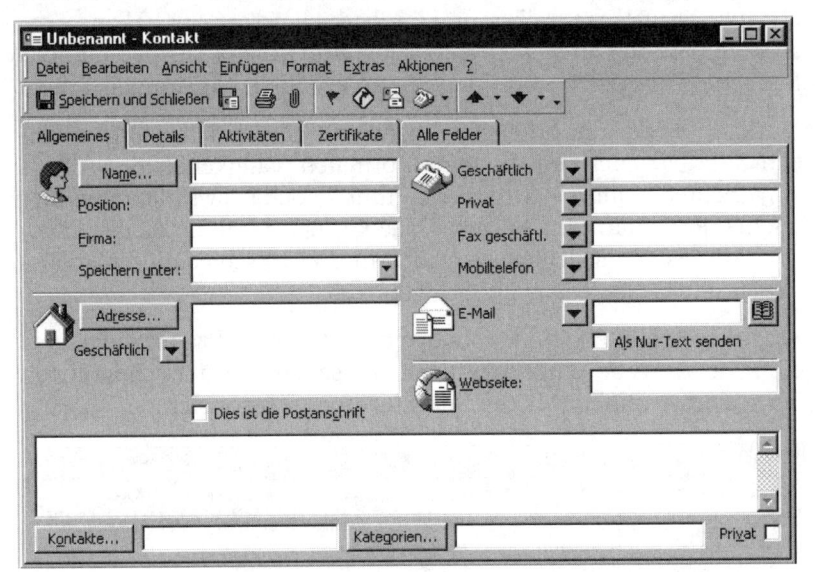

Bild 3.8:
Das Formular, in das Sie die wichtigsten Angaben zu einem Kontakt eintragen können

Da ist Platz für den Namen und die Telefonnummer des Assistenten, den Jahrestag der Geschäftsgründung und nicht zu vergessen den Geburtstag Ihres Geschäftspartners. Derartige Datenmengen kann kein herkömmlicher Planer aufnehmen.

Wie die anderen Formulare im Einzelnen aussehen, wie Sie einen Kontakt anlegen und wie Sie die Telefonnummer oder die Internet-Adresse direkt überprüfen, nachdem Sie diese Angaben in die entsprechenden Felder eingetragen haben, das können Sie in Teil 5 nachschlagen.

3.5 Aufgaben

Bild 3.9:
Der Aufgaben-Icon

Hier geht es darum, immer den optimalen Überblick über sämtliche anstehenden Aufgaben – jetzt und in der Zukunft – zu behalten.

Kapitel 3: Die wichtigsten Komponenten

Das beginnt bei der Planung von privaten Routineerledigungen, wie dem Einkauf für die nächste Party, und hört bei der detaillierten Auflistung von Stichworten für die Rede bei der Betriebsversammlung noch lange nicht auf.

Was nun eine Aufgabe oder ein normaler Termin ist, das werden Sie für Ihr Berufsleben selbst und individuell festgelegt haben. Entscheiden Sie dies auch weiterhin selbst und nutzen Sie die Outlook-Bereiche »Aufgaben« und »Termin« so wie Sie es für sinnvoll halten.

Outlook ist auf die unterschiedlichsten Fälle und die ungewöhnlichsten aber auch auf die ganz normalen Tätigkeiten des Alltags eingerichtet. Seine ganze Stärke kommt jedoch bei wirklich umfangreichen Projekten zum Tragen. Dazu können Sie u.a. Teilabschnitte von langfristig angelegten Aufgaben in drei verschiedene Prioritätsstufen unterteilen – je nach Dringlichkeit.

Bereits gleich nachdem Sie hier ein bestimmtes Projekt oder eine einfache Aufgabe eingetragen haben, sehen Sie den endgültigen Fertigungstermin im oberen Bildschirmbereich vor sich.

Bild 3.10: In dieses Formular werden alle Teilaspekte einer Aufgabe eingetragen.

			Betreff	Status	Fällig am	% Erledigt	Kategorien
			Hier klicken, um Aufgabe zu erstellen				
☑			Diverse Telefonate - siehe Timer	Nicht be...	Keine Angabe	0%	
☑	!		Internet-Präsenz Fa. Weege vorantreiben	In Bearb...	Fr 26.03.99	85%	
☑			Gag schreiben	In Bearb...	Do 01.04.99	0%	Ideen
☑			Katzenstreu besorgen	Erledigt	Keine Angabe	100%	
☑			Verteilerliste kopieren und verteilen	In Bearb...	Sa 13.02.99	50%	Verschiedenes
☑			Rechnungen Januar	Erledigt	Mo 01.02.99	100%	
☑	!		Strategiegespräch "Fusion"	Erledigt	Mi 17.03.99	100%	
☑			Rezensionsexemplare anfordern	In Bearb...	Do 18.02.99	25%	
☑	↓		PR-Text Weber am Markt	Erledigt	Fr 19.02.99	100%	
☑	!		Einleitung Outlook 2000	In Bearb...	Mo 15.02.99	75%	
☑			Die Nutzung von Outlook 2000 optimieren	Nicht be...	Mi 03.03.99	0%	
☑			Willkommen bei Aufgaben!	Nicht be...	Di 31.08.00	0%	

Darüber hinaus können Sie sich von Outlook genau zum einzuhaltenden Erledigungstermin optisch und akustisch – sogar schon Tage im Voraus – daran erinnern lassen. Diese Funktion ist gerade in solchen Zeiten nützlich, in denen sich die Ereignisse überschlagen und viele unterschiedliche Projekte nebeneinander laufen.

Die übersichtliche Optik dieses Programms lässt Sie keinen Teilaspekt vergessen, Sie müssen ihn nur vorher definiert und eingegeben haben. Wie das im Einzelnen geht und welche Möglichkeiten Sie noch durch dieses Outlook-Element haben können Sie im vierten Teil dieses Buches nachlesen.

3.6 Journal

Das Journal ist so etwas wie ein digitales Logbuch. Hier fließen alle Tätigkeiten, die Sie an Ihrem Computer erledigen, zusammen. Ob Sie Word-Dokumente bearbeiten, E-Mail verschicken oder an Projekten weiterarbeiten – Outlook »merkt« sich alles. Eigentlich könnte man dem Journal auch die Bezeichnung Protokoll geben, denn hier wird detailliert festgehalten, was Sie wann und wie lange gemacht haben.

Bild 3.11:
Das Journal-Icon

Wenn Sie z. B. protokollieren möchten, über welchen Zeitraum Sie während eines bestimmten Projektes eine aufwendige Telefonrecherche betrieben haben, brauchen Sie vor Beginn des Telefonates nur auf die Schaltfläche »Zeitmessung beginnen« drücken – nach Beendigung selbstverständlich auf die Schaltfläche »Zeitmessung beenden« drücken. Dies ist u.a. für die spätere Kostenabrechnung wichtig.

Sehr nützliche Dienste leistet das Journal auch bei der Suche nach Dateien oder E-Mails, die Sie an einem bestimmten Tag verschickt haben. Aber auch wenn Sie sämtliche Tätigkeiten, die Sie für einen Kunden erbracht haben, aufgelistet haben möchten, genügt die Eingabe seines Namens in das Suchfeld des Journals.

Falls Outlook in diesem Modus jedoch noch nicht fündig geworden ist, wechseln Sie einfach in die Maske der erweiterten Suche – irgendwo wird sich Ihre Datei sicher »aufhalten«.

Um alle Journal-Optionen zu erkunden, genügt ein Blick in Teil 4 – dort erfahren Sie auch, wie die Eingabe von Notizen in das Journal funktioniert.

| Kapitel 3: Die wichtigsten Komponenten

3.7 Notizen

Stellen Sie sich vor, Sie bearbeiten gerade in Outlook die Zeitplanung eines wichtigen Projektes. Plötzlich kommt Ihnen in den Sinn, dass Sie ja noch ihren Freund oder den Geschäftspartner XY anrufen wollten. Was tun? Einen Notizzettel und einen Kugelschreiber suchen und das Vorhaben notieren? Das kostet zuviel Zeit.

Bild 3.12:
Das Notizen-Icon

Klicken Sie einfach auf das Icon »Notizen« in der Menüleiste, dann auf Datei, Neu, Notiz oder den symbolisierten gelben Notizzettel und schon können Sie eine Kurznotiz verfassen.

Zwar ist diese Funktion eine Kopie der kleinen gelben Haftnotizen, doch hat Microsoft ein bisschen weiter gedacht und so kann man den elektronischen Zettelchen auch verschiedene Farben geben. Das ist praktisch, um z.B. private Notizen von beruflichen farblich zu trennen, um sie so besser unterscheiden zu können.

Bild 3.13:
Der Gesamtbildschirm »Notizen«. Auf der rechten Seite sehen Sie einige Notizzettel.

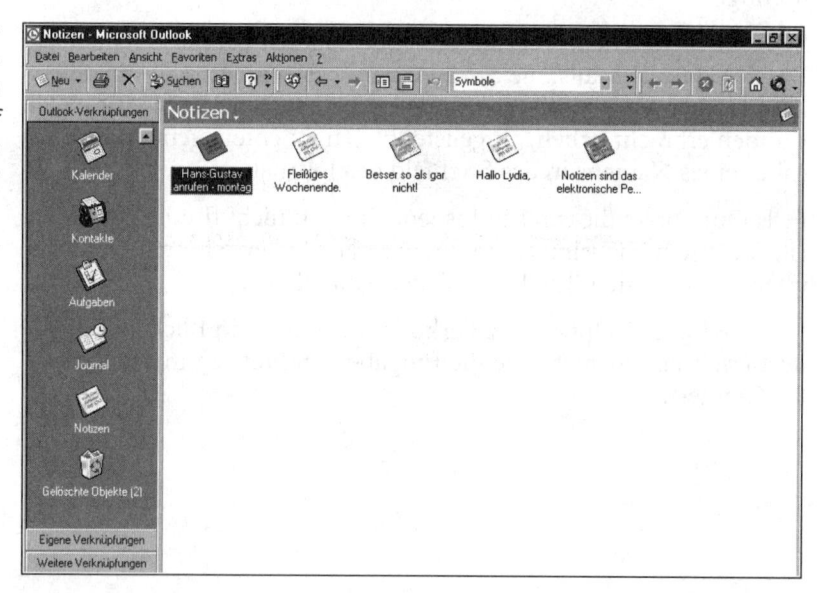

Der Praxiswert dieser Notizfunktion geht sogar noch einen Schritt weiter. Falls Sie den genauen Inhalt einer Notiz vergessen haben, können Sie Outlook ganz einfach danach suchen lassen. Ein Stichwort reicht für den Suchassistenten völlig aus. So müssen Sie nicht erst eine Notiz mit dem Inhalt schreiben, dass Sie eine Notiz geschrieben haben, die Sie noch suchen müssen.

Sie sollten sich jedoch bewusst sein, das die Notizfunktion eher einen spielerischen als einen wirklichen Praxiswert hat. Meistens wird man statt einer Notiz eine Aufgabe anlegen oder gleich ein entsprechendes Textverarbeitungsprogramm einsetzen.

3.8 Gelöschte Objekte

Diese Schaltfläche könnte ebenso gut auch die Bezeichnung »Outlook-Papierkorb« tragen. Hier herein werden alle die Daten – von einzelnen E-Mails bis hin zu ganzen Ordnern – verschoben, die Sie nicht mehr benötigen. Auch erledigte Aufgaben werden hier platziert.

Gestaltet ist die Oberfläche dieser Programmeinheit ähnlich wie der »Posteingang«: In der oberen Hälfte der rechten Bildschirmseite sehen Sie die einzelnen Dateien aufgelistet. Im unteren rechten Bereich hingegen können Sie sich den Inhalt der gelöschten Datei oder der gelöschten E-Mails anschauen und durchlesen.

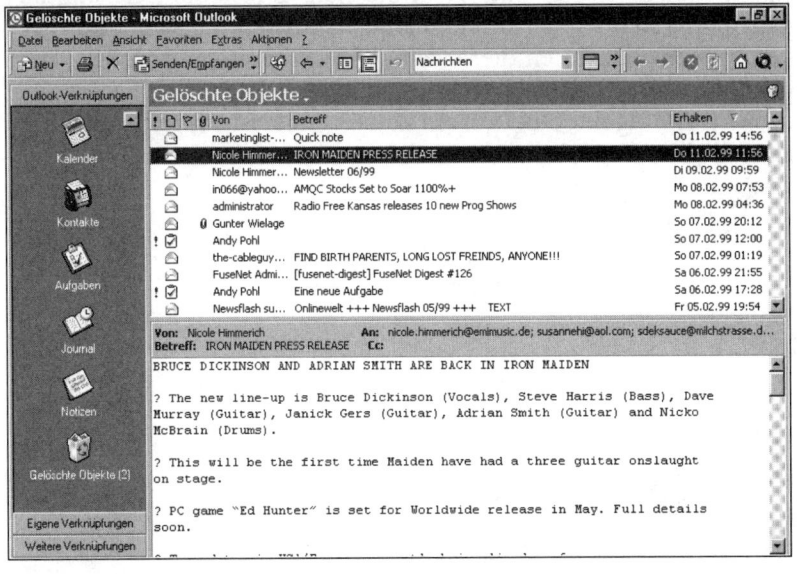

Bild 3.14:
Der Gesamtbildschirm »Gelöschte Objekte«. Oben rechts die Liste aller gelöschten Dateien und unten rechts der Inhalt der jeweiligen Datei.

Auf zwei Besonderheiten dieses Ordners möchten wir Sie schon an dieser Stelle hinweisen:

Erstens sind jene Objekte, die Sie zwar schon gelöscht haben und die sich in diesem Ordner befinden, noch nicht für immer verloren. Falls Sie sich einige Dateien doch noch einmal anschauen müssen, weil Sie vielleicht ein paar im Nachhinein wichtige Informationen enthalten, können Sie dies ganz einfach durch einen Doppelklick auf die jeweilige Datei tun.

Zweitens – und hier ist wirklich Vorsicht geboten –, umgeht dieser Ordner den Windows-Papierkorb. Sollten Sie irgendwann einmal aufräumen wollen im Ordner »Gelöschte Objekte« und betätigen dafür den Befehl Löschen, dann sind diese Informationen für immer verloren.

Um sich zu vergewissern, dass Outlook keine wichtigen Dateien ohne Ihr Wollen löscht oder verschiebt, gehen Sie auf die Schaltfläche Extras, klicken Sie hier auf Optionen und dann Weitere. Hier können Sie Löschfunktionen aktivieren oder deaktivieren.

Wie Sie sehen, ist die Basis von Outlook – die einzelnen Komponenten in der Outlook-Leiste – eine sehr übersichtliche und leicht verständliche Angelegenheit. Wenn Sie sich damit eine Zeit lang mit ganz konkreten Aufgaben beschäftigen, werden Sie sehr bald merken, wie einfach Ihnen die Arbeit dieses Programms von der Hand geht. Aber Sie werden auch merken, dass erfolgreiche Tages- und Projektplanung mit Outlook viel komfortabler ist, als mit einem herkömmlichen Organizer.

Outlook-Crashkurs in 30 Minuten

Kapitel 4

Wenn Sie sich besonders schnell in Outlook 2000 einarbeiten möchten, ohne auf Hunderten von Seiten jedes Detail nachzulesen, finden Sie auf den folgenden etwa 50 Seiten einen Outlook-Crashkurs, zu absolvieren in etwa 30 Minuten.

Details, Tipps und Tricks können Sie dann – je nach individuellem Anspruch – im jeweiligen Kapitel nachblättern.

Damit Sie sich schnell zurechtfinden, haben wir Ihnen einige Schlagwörter zusammengestellt, die Ihne zeigen, worum es in den folgenden Abschnitten gehen wird:

1. Der Posteingang

    neue E-Mails abholen, E-Mails verfassen und versenden, Ordner für die Ordnung, neuen Ordner anlegen, ein eigenes Symbol für Ihren Ordner, elektronische Nachrichten in die Ordner verschieben

2. Outlook Heute

    Kalender, Aufgaben, Nachrichten, die Outlook-Optik, Interaktivität in Outlook

3. Der Kalender

    Terminbereich, Datumswechsler, Aufgabenblock, Terminplanung mit Outlook optimieren, kurzfristige Terminplanung mit Outlook, einen Termin eintragen, umfangreiche Terminangaben, Terminserien mit Outlook anlegen, die Erinnerungsfunktion – akustisch und/oder optisch, Erinnerungsfunktion an- und ausschalten, Erinnerungssound – das Signal zum Termin, Interessante Geräusche per Doppelklick

4. Die Kontakte

   die Aufnahme von Kontaktdaten, Details zu Kontakten, das Organisieren von Kontaktdaten

5. Die Aufgaben

   Aufgabenbeispiele, eine Aufgabe anlegen, Eine Komplexe Aufgabe anlegen, Dringlichkeitsstufen und Kategorien, Dringlichkeitsstufen generell zuweisen, Eintragungen korrigieren, Dateien anfügen, Aufgabenserien anlegen, Aufgaben im Kalender anzeigen, Aufgaben als erledigt kennzeichnen, Aufgaben löschen, Löschen von Aufgaben rückgängig machen

6. Das Journal

   geschäftlichen Anruf protokollieren, Journaleinträge in verschiedenen Varianten anzeigen, Telefonverbindungen automatisch aufbauen

7. Die Notizen

   neue Notiz anlegen, Notizen vergrößern, Notizfarbe ändern

8. Der Regel-Assistent

   die Funktionsweise des Regelassistenten

9. Die Auto-Funktionen

   AutoVorschau, AutoDatum, AutoName, AutoArchivierung

10. Outlook für Arbeitsgruppen

11. Outlook und Office

12. Geschichte und Zukunft von Outlook

    aus zwei mach eins – die Bündelung von Stärken, Was war Schedule+?, Was war Microsoft Mail?, Die Geburtsstunde der PIMs, Innovation und Integration, Outlook der Zukunft

4.1 Schnell Erfolg mit Outlook haben

Nun möchten wir Ihnen anhand von konkreten Beispielen erläutern, wie Sie innerhalb kürzester Zeit mit Outlook u.a. Aufgaben organisieren, Termine planen und die tägliche Flut von E-Mails bewältigen und ordnen können.

> :-) **TIPP**
>
> *Es ist sinnvoll, wenn Sie Outlook tatsächlich sowohl für Ihre Termin- und Aufgabenkoordination als auch für das Versenden und Verwalten Ihrer E-Mails verwenden möchten, dieses Programm mit der Autostart-Funktion Ihres Computers öffnen zu lassen.*

Um Outlook in Zukunft gemeinsam mit Ihrem Computer starten zu lassen gibt es zwei vollkommen unterschiedliche Möglichkeiten.

1. Die Einsteiger-Version:

    Um diesen simplen Weg ausführen zu können, muss nur eine Voraussetzung erfüllt sein: Outlook 2000 muss bereits installiert und im Ordner Programme abgelegt sein.

    Wenn dem so ist, klicken Sie mit dem Cursor auf den START-Button, dann auf die Spalte EINSTELLUNGEN und dann auf das Feld TASK-LEISTE. Im Fenster zur Taskleiste rufen die das Register PROGRAMME IM MENÜ START auf. Dann auf ERWEITERT klicken und das Outlook-Symbol aus den Programmen einfach mit der gedrückten linken Maustaste in das rechte Feld AUTOSTART ziehen. Fertig – Outlook wird ab sofort bei jedem Neustart automatische hochgefahren.

2. Die Profi-Version

    Um den langen Weg zum Autostart von Outlook zu gehen, müssen Sie folgendermaßen vorgehen: Öffnen Sie die Startleiste von Windows via Klick auf die Schaltfläche START in der TASK-LEISTE, die sich üblicherweise unten links auf Ihren Desktop befindet. Wechseln Sie zur Spalte EINSTELLUNGEN, klicken Sie darauf und rufen Sie dann die Registerkarte PROGRAMME IM MENÜ »START« auf.

    Nachdem Sie dieses Register vor sich sehen, müssen Sie auf die Schaltfläche HINZUFÜGEN klicken und dann im Fenster VERKNÜPFUNG erstellen auf DURCHSUCHEN wechseln. Daraufhin sehen Sie das Fenster DURCHSUCHEN vor sich. Hier finden Sie unter PROGRAMME auch den Eintrag Microsoft Outlook – führen nun noch einen Doppelklick auf diesen Eintrag aus und bestätigen Sie dieses. Jetzt haben Sie es geschafft: Beim nächsten Computerstart öffnet sich Outlook gleich von Anfang an.

4.2 Von nun an Outlook – der Einstieg

Sie sitzen vor Ihrem Computer und möchten sich mit den wichtigsten Funktionen und Möglichkeiten von Outlook anhand realer Arbeitsschritte vertraut machen. Gut wäre es, wenn Sie sich ein wenig Zeit genommen haben, um sich ganz auf die kommenden Aufgaben konzentrieren zu können. Neben Ihnen liegt Ihr guter alter Timer, Ihr bisheriger Organizer oder Ihr Filofax genanntes Planungsinstrument. Das ist deshalb sinnvoll, um später erste konkrete Eintragungen wie die Aufnahme von Adressen und Telefonnummern vornehmen zu können.

Beginnen wir also genau dort, wo Sie zukünftig Ihre tägliche Arbeit mit den neuen Outlook 2000 starten

4.2.1 Der Posteingang

Direkt nach dem Outlook-Start zeigt sich Ihnen der Posteingang. Dort sehen Sie sofort Ihre neuesten E-Mails. Dies natürlich nur dann, wenn Sie schon einige Zeit mit Outlook als E-Mail-Programm arbeiten – direkt nach der Installation ist dieser Bereich noch leer. Doch gehen wir davon aus, dass Sie Outlook bereits fertig konfiguriert haben und die ersten E-Mails gleich danach bereits bei Ihnen eingegangen sind.

Nachdem Sie also Outlook für den Posteingang fertig eingerichtet haben und wenigstens schon einmal auf den Server zugegriffen haben, um Ihre elektronischen Nachrichten abzuholen, sieht der Posteingangs-Hauptbildschirm wie folgt aus (siehe Bild 4.1).

Im oberen Informationsfenster sehen Sie die Liste aller E-Mails, die Sie gerade oder in der letzten Zeit empfangen haben und noch nicht in Ordner verschoben und dort archiviert haben.

Die Bedeutung und Funktion der Ordner erklären wir Ihnen später.

Durch einen einfachen Klick auf eine dieser elektronischen Nachrichten wird Ihnen dann im unteren Vorschaufenster der Inhalt der E-Mail angezeigt.

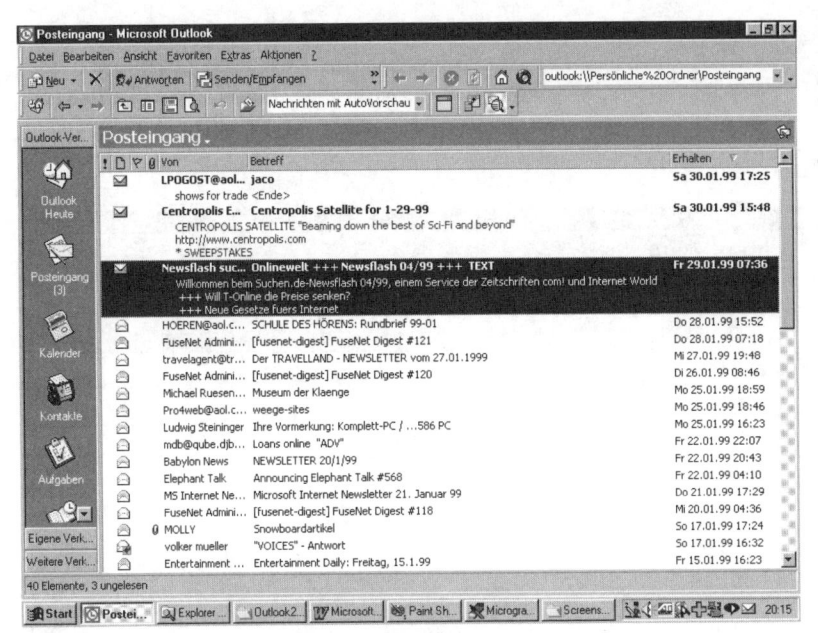

Bild 4.1:
Der Posteingang von Outlook, Ihr persönliches Amt für elektronische Post

Bild 4.2:
Das Informationsfenster des Posteingangs – hier sehen Sie sämtliche aktuellen E-Mails, die noch nicht in Ordnern archiviert sind

4.2.2 E-Mails verfassen und versenden

Wenn Sie eine neue E-Mail verfassen und versenden möchten, brauchen Sie sich nur an die Vorgehensweise zu erinnern, die Sie auch bei Ihrem Browser verwenden. In Outlook, genauer gesagt dem Outlook-Posteingang, geht das fast genauso.

Sie haben in Outlook zwei Möglichkeiten, um E-Mails zu schreiben:

1. Sie klicken in der Symbolleiste auf die Schaltfläche NEU.
2. Sie wechseln über den Menübefehl DATEI zu NEU und dann zu E-MAIL-NACHRICHT.

3. In beiden Fällen öffnet sich das Fenster UNBENANNT – NACHRICHT. In dieses Fenster füllen Sie Ihre Angaben ebenso ein wie in das E-Mail-Fenster Ihres Browsers. Nach dem Eintragen sämtlicher Angaben klicken Sie auf die Schaltfläche SENDEN und »ab geht die Post«.

Bild 4.3: Fast identisch mit dem E-Mail-Fenster Ihres Browsers – das Outlook-Fenster UNBENANNT – NACHRICHT

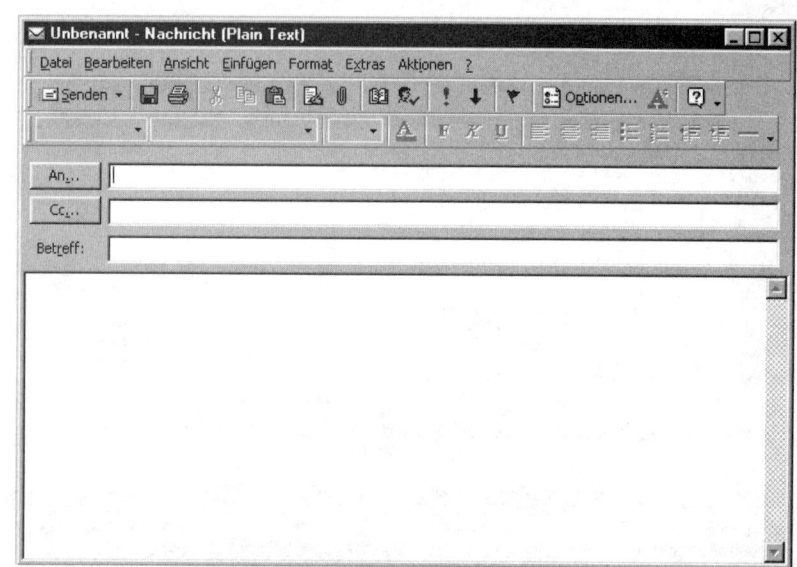

4.2.3 Neue E-Mails abrufen

Am einfachsten holen Sie Ihre E-Mails mit einem Klick auf die Schaltfläche SENDEN/EMPFANGEN ab – selbstverständlich müssen Sie zu diesem Zweck online sein.

Ein weiterer Weg, um an Ihre neue elektronische Post zu gelangen, ist der Aufruf des Menübefehls EXTRAS, dem erst ein Klick auf den Befehl SENDEN/EMPFANGEN und dann einer auf ALLE KONTEN folgen sollte (siehe Bild 4.4).

4.2.4 Ordner für die Ordnung

Im Volksmund heißt es zwar, »Wer Ordnung hält, ist nur zu faul zum Suchen«, doch bei der täglich wachsenden Informationsflut kommt man ohne Ordnung nicht mehr aus. So natürlich auch und vor allem im Bereich der E-Mails.

Von nun an Outlook – der Einstieg

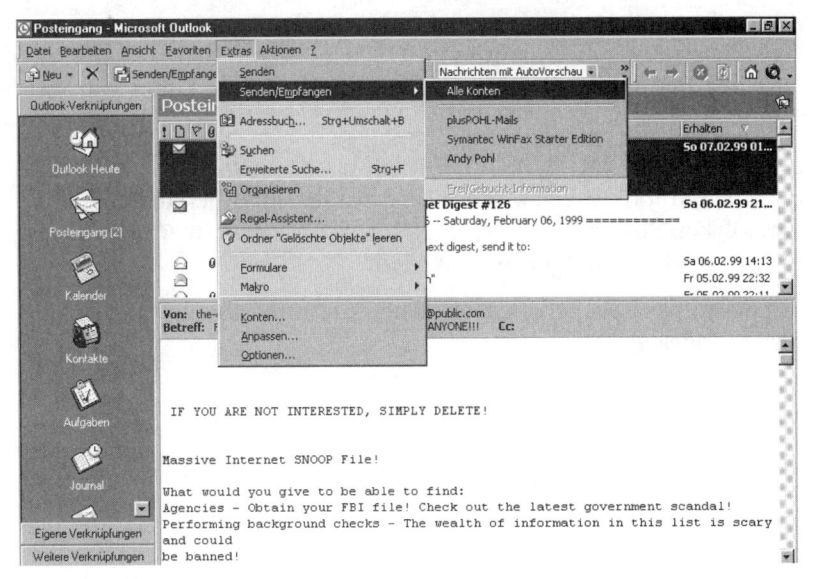

Bild 4.4:
Durch einen Klick auf den Befehl ALLE KONTEN, zu dem Sie über das Menü und den dortigen Befehl EXTRAS/SENDEN EMPFANGEN gelangen, genügt, um Ihre neuen E-Mails abzuholen

> Gerade hierfür sollten Sie sich rechtzeitig verschiedene Ordner anlegen, um regelmäßig die unterschiedlichen E-Mails in dafür vorgesehene Rubriken zu verschieben. Sonst platzt irgendwann Ihr E-Mail-Eingangfenster aus allen Nähten und Sie verlieren die Übersicht.

:-) TIPP

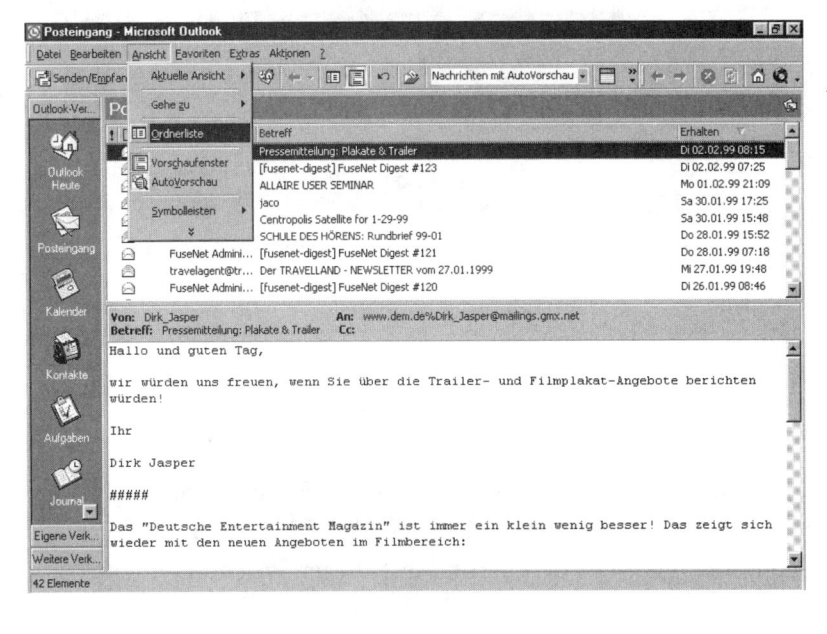

Bild 4.5:
Über den Befehl ANSICHT/ORDNERLISTE öffnen Sie den Bildschirmbereich ORDNERLISTE

Kapitel 4: Outlook-Crashkurs in 30 Minuten

Zumindest sollten Sie Ihre elektronische Post nach privaten und beruflichen Kategorien sortieren. Doch es ist mit dem neuen Outlook überhaupt kein Problem, auch differenziertere Unterteilungen vorzunehmen.

Das Programm hat dafür die Funktion ORDNERLISTE vorgesehen. Um das Outlook-Fenster um diesen zusätzlichen Bereich zu erweitern klicken Sie den Befehl ANSICHT in der Menüleiste und dann auf ORDNERLISTE im aufgeklappten Menü.

In diesem zusätzlichen Fenster sehen Sie nun alle die Ordner, die bereits angelegt wurden.

4.2.5 Neuen Ordner anlegen

Wie legen Sie nun einen neuen Ordner an? Gut, im Grunde geht das genauso vor sich, wie Sie es schon vom Explorer von Windows her kennen.

Gehen Sie mit dem Cursor auf DATEI/ORDNER/NEUER ORDNER und bestätigen Sie diesen Befehl. Daraufhin öffnet sich das Fenster NEUER ORDNER.

Bild 4.6:
Über den Befehl ANSICHT/ORDNERLISTE *öffnen Sie den Bildschirmbereich* ORDNERLISTE

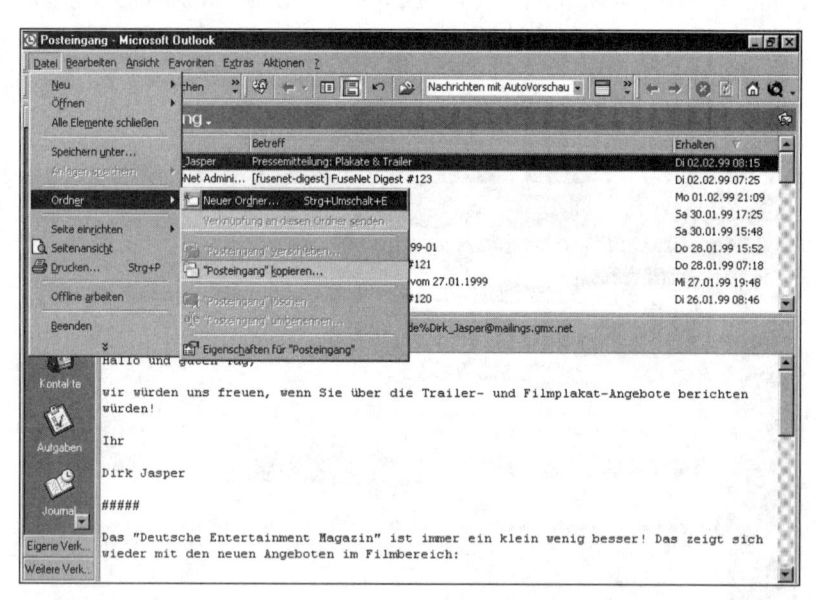

Über das aufgeklappte Menü gelangen Sie zum Fenster NEUEN ORDNER ERSTELLEN. Hier tragen Sie die Bezeichnung dafür ein.

Schließlich geht es noch darum, festzulegen welche Elemente sich zukünftig in Ihrem neuen Ordner befinden sollen. Sie haben die

Auswahl zwischen sechs verschiedenen Optionen. Klicken Sie dazu auf den Pfeil neben der Textspalte, und wählen Sie per Mausklick den von Ihnen gewünschten Eintrag aus.

> *Wenn Sie etwas anderes als E-Mails in Ihren Ordner speichern möchten, können Sie dieses über die Funktion Ordner enthält festlegen.*

4.2.6 Ein eigenes Symbol für Ihren neuen Ordner

Nachdem Sie einen neuen Ordner angelegt haben, werden Sie von Outlook durch ein Fenster gefragt, ob Sie diesen mit der Outlook-Leiste verknüpfen wollen.

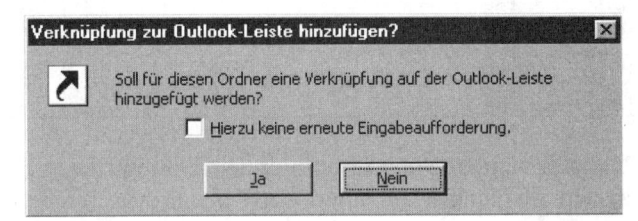

Bild 4.7: Um eine Verknüpfung mit der Outlook-Leiste zu erhalten, sollten sie diese Frage mit Ja bestätigen.

Sagen Sie ja dazu, dann wird daraufhin in der Outlook-Leiste EIGENE VERKNÜPFUNGEN ein neues Symbol erscheinen – es trägt den Namen des von Ihnen soeben angelegten Ordners.

In diesen Wunschordner können Sie fortan all das verschieben, was Ihrer Meinung nach dort hinein gehört – von A wie Auto bis zu Z wie Zaun erneuern.

4.2.7 Nachrichten in die Ordner verschieben

Jetzt müssen Sie nur noch wissen, wie Sie die unterschiedlichsten Nachrichten oder Notizen in die entsprechenden Ordner verschieben können. Bei den E-Mails ist das sehr simpel: Öffnen Sie dazu die Ordnerliste, Klicken Sie die zu verschiebende Nachricht mit der linken Maustaste an, halten Sie diese fest und ziehen Sie die E-Mail einfach in den Ordner, in dem sie archiviert werden soll.

Allerdings können Sie einzelne Nachrichten auch kopieren, anstatt sie gleich in den Ordner zu verschieben und so aus dem Sichtfeld des Informationsfensters Posteingang verschwinden zu lassen. Das geht folgendermaßen: Rufen Sie in der Menüleiste den Befehl BEARBEITEN auf und klicken Sie danach auf ORDNER KOPIEREN.

Bild 4.8:
Über den Menübefehl In ORDNER KOPIEREN können Ihre E-Mails verdoppelt und archiviert werden.

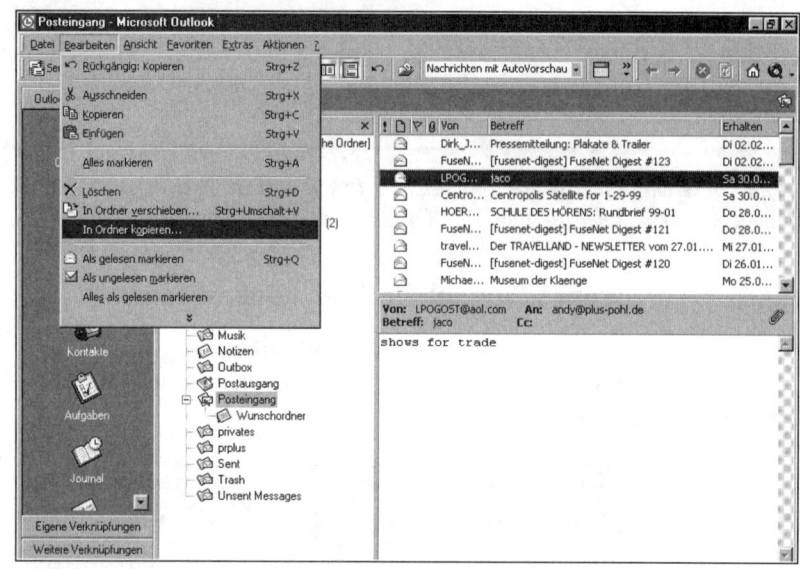

Danach wählen Sie im kommenden Dialogfenster den Ordner auf, in den die Nachricht kopiert werden soll. Anschließend wie gewohnt das Dialogfenster mit O.K. schließen.

So einfach ist es mit Outlook Ordnung zu halten und sich sein eigenes System zur Archivierung anzulegen. Probieren Sie es aus, Sie werden viel Freude an einem ordentlich durchstrukturierten Arbeitsplatz haben.

4.3 Outlook heute

OUTLOOK HEUTE, das ist Ihre persönliche Schaltzentrale, Ihre elektronische Sekretärin in allen Dingen rund um die Termin- und Aufgaben-Planung. Hier sehen Sie auf einen Blick, welche Tätigkeiten und Termine Sie am jeweils aktuellen Tag vor sich haben. Außerdem erfahren Sie hier, ob und wie viele E-Mails für Sie eingegangen sind, wie viele sich im Postausgang befinden usw.

Das sehr übersichtlich gestaltete Hauptfenster von OUTLOOK HEUTE ist in drei Bereiche unterteilt:

- Kalender

  Im Kalender-Bereich, den Sie in der Standardoptik auf der linken Seite des Outlook-Feldes finden, stehen die Start- und Ende-Zeiten sowie die von Ihnen eingegebenen Informationen zu dem jeweiligen Termin.

- Aufgaben

    In der Mitte stehen sämtliche relevante Aufgaben des aktuellen Tages mit dem entsprechenden Termin aufgeführt.

- Nachrichten

    Am rechten Rand des Bildschirms sind sämtliche Informationen zu den E-Mails aufgelistet. Sie können so schnell erkennen, ob sich entweder noch E-Mails im Posteingang befinden oder Sie vielleicht versäumt haben, Entwürfe fertig zu stellen oder aber bereits fertige Nachrichten zu verschicken.

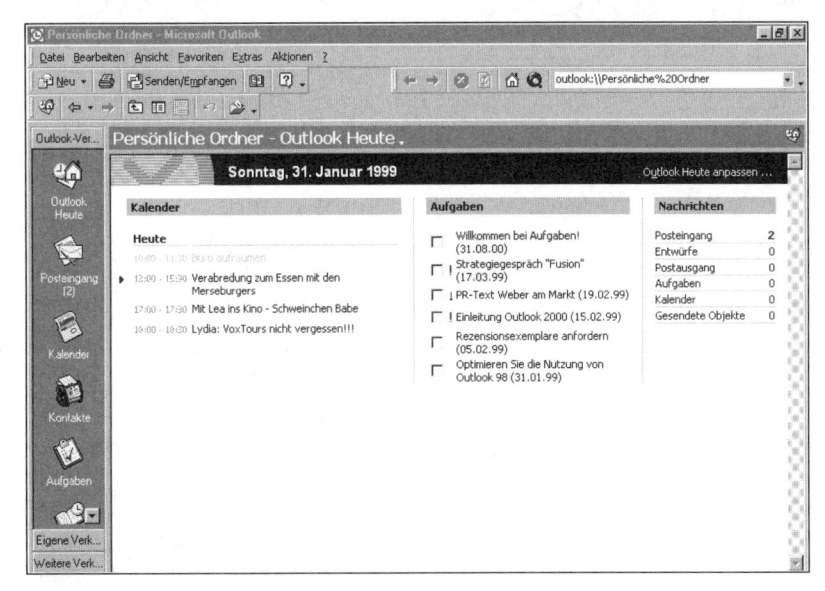

Bild 4.9:
OUTLOOK HEUTE - *Termine, Tätigkeiten und die elektronische Post im Überblick. Im Bild ist die Standardoptik zu erkennen.*

4.3.1 Die Outlook-Optik

Um Ihre Arbeit mit Microsoft Outlook nicht langweilig werden zu lassen, haben sich die Programmierer etwas ganz Besonderes einfallen lassen: Ganz nach persönlichem Geschmack können Sie die Oberfläche, d.h. den sichtbaren Bildschirm Ihres OUTLOOK HEUTE, individuell gestalten.

Gehen Sie dazu mit dem Cursor einfach auf die Schaltfläche OUTLOOK HEUTE ANPASSEN... – nach einem Klick darauf erscheint die Oberfläche, in der Sie alle gewünschten Änderungen vornehmen können.

Die Vielzahl gestalterischer Möglichkeiten fängt mit der Auswahl von Informationsfeldern für die E-Mails an und hört bei der Aus-

4.3.2 Interaktivität in Outlook

wahlmöglichkeit von verschiedenen optischen Feinheiten, wie einem Bildschirm für den Winter und einem für den Sommer, noch lange nicht auf.

Und noch eine Besonderheit weist dieser Bereich auf: Die Informationen im Hauptbildschirm von OUTLOOK HEUTE sind als interaktiver Link angelegt. Wenn Sie also mit dem Mauszeiger über einen bestimmten Termin, eine Aufgabe oder eine Spalte im Nachrichtenfeld fahren, dann wird diese Information unterstrichen dargestellt.

> *Ähnlich wie im Internet stellt Outlook Einträge hier als interaktiven Link dar. Ein Klick darauf genügt, um detailliertere Informationen zu dem ausgewählten Eintrag zu bekommen.*

Möchten Sie also mehr über einzelne Informationen erfahren, so brauchen Sie nur auf den jeweiligen Eintrag zu klicken und schon wird Ihnen die Ansicht dieses Bereiches angezeigt.

Beispielsweise können Sie sich so sehr schnell vergewissern, ob Sie auch nichts vergessen haben, was den aktuellen Termin angeht – egal, ob es sich um ein wichtiges berufliches Treffen oder eine Verabredung zu einem Sonntagsessen mit alten Freunden handelt.

Bild 4.10: Die TERMIN ANSICHT – hier sehen Sie sämtliche Informationen zu bestimmten Terminen.

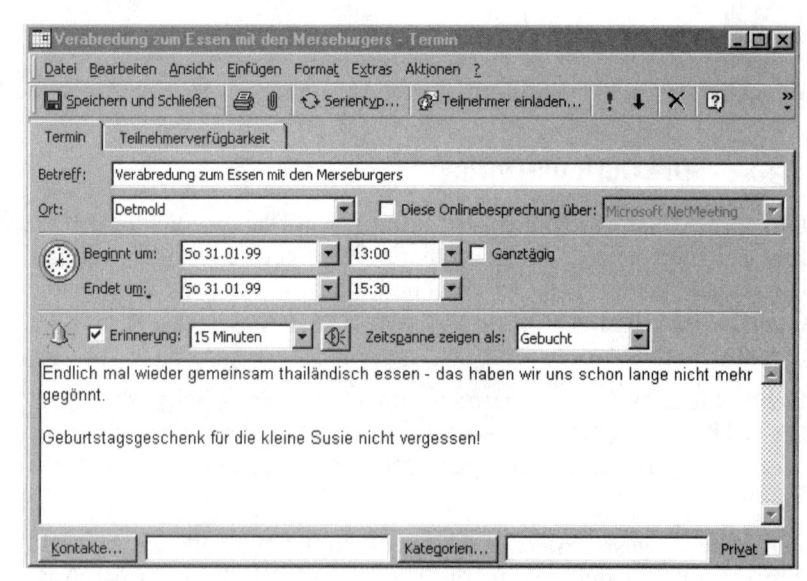

Selbstverständlich kann Sie OUTLOOK HEUTE aber nur über das informieren, das Sie ihm anvertraut haben. Je mehr Informationen Sie hier also einspeisen, desto größer ist auch der tagesaktuelle Überblick. Scheuen Sie sich also nicht, hier auch die nebensächlichsten Dinge einzutragen, denn auch kleine Erinnerungsstützen können wesentliche Informationen beherbergen.

4.3.3 Der Kalender

Kaum etwas ist im beruflichen wie auch im privaten Leben so wichtig geworden wie ein sorgsam geführter Terminkalender. Lange ist es her, als man sich seine freundschaftlichen Verabredungen noch im Kopf merken konnte. Heute geht es eher um die Präsentation eines Bauentwurfs, die Gestaltung einer Anzeigenkampagne oder Finanzierungsgespräche für das neue Computernetzwerk. Dies alles sind einmalige Termine, die nicht so schnell wiederkehren.

Outlook – für die Einmaligkeiten des Lebens gerüstet

Für das Erfassen und Einhalten derartiger Termine würde zwar ein normaler Terminkalender völlig ausreichen, doch auch für die Einmaligkeiten des Lebens ist Outlook bestens gerüstet.

Anders ist das mit wiederkehrenden Aufgaben wie der wöchentlichen Müllabfuhr, der regelmäßigen Vorbereitung der Buchungsunterlagen für den Steuerberater oder der allmonatlichen Stammtischrunde.

Gerade wenn es darum geht, ganze Terminserien anzulegen, kommt die ganze Stärke von Outlook zum Tragen.

Wir möchten Ihnen an dieser Stelle einen Überblick über die vielseitigen Funktionen des Kalenders von Outlook geben und Ihnen so helfen, in Zukunft keinen Termin mehr zu verpassen.

4.3.4 Terminplanung mit Outlook

Doch beschäftigen wir uns zunächst mit der kurzfristigen Variante der Terminplanung. Schauen wir uns dazu den OUTLOOK KALENDER an, wie er aussieht, wenn noch keine Eintragungen vorgenommen sind.

Kapitel 4: Outlook-Crashkurs in 30 Minuten

Bild 4.11:
Der OUTLOOK KALENDER ohne Eintragungen

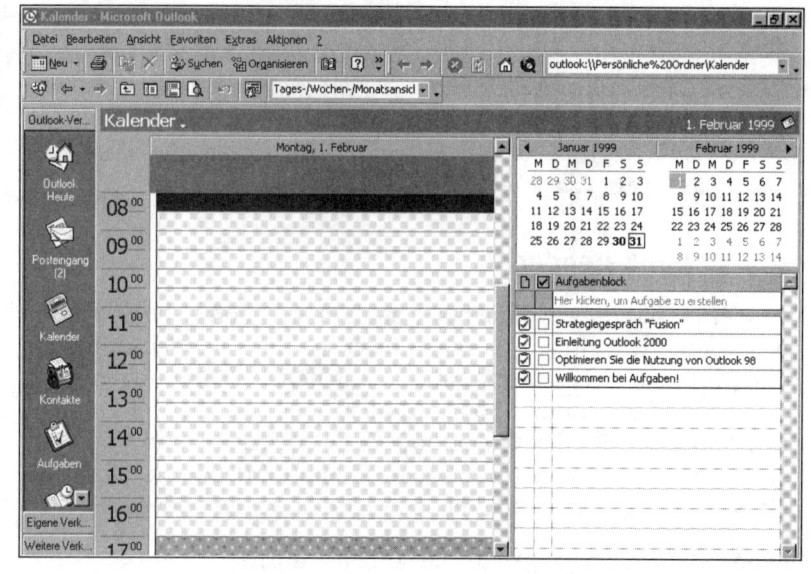

Wie Sie sehen, ist der Kalender in drei Bereiche unterteilt: Terminbereich, Datumswechsler und Aufgabenblock. Hier stellen wir Ihnen deren Inhalt und ihre Möglichkeiten kurz vor:

Der Terminbereich

Dieser Bereich ist mit einer Stundeneinteilung versehen, wobei eine Stunde jeweils durch einen Strich getrennt ist. Ein Arbeitstag beginnt bei Outlook um 8:00 Uhr und endet um 17:00 Uhr.

Bild 4.12:
Leerer Kalender

Die persönliche Stundeneinteilung

Selbstverständlich können Sie die Outlook-Stundeneinteilung aber auch auf Ihren individuellen Arbeitstag einstellen. Beginnen Sie Ihr Tagewerk beispielsweise schon um 6:00 Uhr in der Früh, so verfahren Sie wie folgt:

Fahren Sie mit dem Cursor auf die Schaltfläche EXTRAS und klicken Sie darauf, dann weiter auf OPTIONEN. In dem nun geöffneten Fenster wählen Sie die KALENDEROPTIONEN aus.

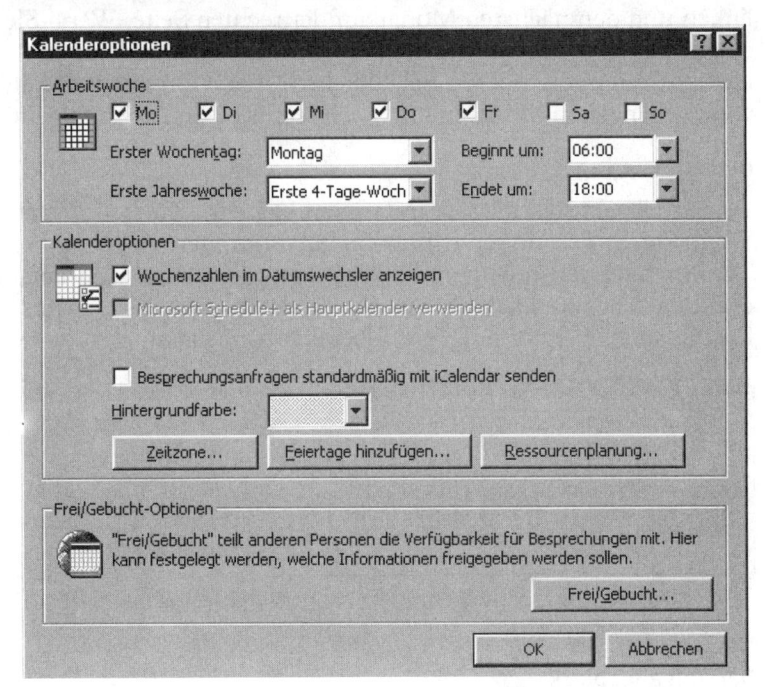

Bild 4.13: Über dieses Fenster können Sie die Feiertage anderer Länder in Ihre Terminplanungen integrieren.

Die Feiertage

> *Übrigens: Die Feiertage Deutschlands sind hier bereits vorinstalliert. Sie brauchen sich also keine Sorgen zu machen, dass Sie einen der deutschen Feiertage bei Ihrer Terminkoordination übersehen.*

Damit aber nicht genug, über dieses Fenster können Sie der Stundeneinteilung eine andere Farbe geben, können in eine andere Zeitzone wechseln und auch die Darstellung bzw. die Einstellung der Feiertage ist hier zu ändern.

Sie können, falls Sie mit einer Firma aus der Schweiz oder dem Libanon zusammenarbeiten, also auch die dortigen Feiertage in Ihre Planung aufnehmen. Klicken Sie dazu einfach auf FEIERTAGE HINZUFÜGEN und schön öffnet sich das dafür zuständige Fenster mit zahlreichen Ländern.

Der Datumswechsler

Der sehr praktische DATUMSWECHSLER bietet Ihnen die Ansicht von zwei Monaten auf einen Blick – den aktuellen sehen Sie auf der linken und den nächsten Monat auf der rechten Seite. Wenn Sie zu einem anderen Monat wechseln wollen, müssen Sie nur auf den kleinen Pfeil in der oberen Ecke klicken – nach links geht es zu den vorangegangenen Monaten und nach rechts zu den noch folgenden.

Der aktuelle Tag

Der jeweils aktuelle Tag ist mit einem kleinen Kästchen umrahmt. Wenn Sie im Terminbereich für einen bestimmten Tag einen neuen Termin eintragen möchten, so brauchen Sie nur auf den entsprechenden Tag zu klicken. Sie sehen dann, wie das gewünschte Datum auch im Kopf des Terminbereiches erscheint.

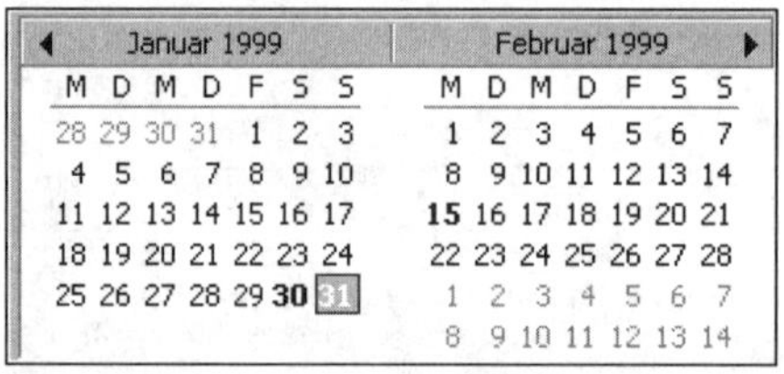

Bild 4.14: Der einfach zu bedienende DATUMSWECHSLER mit der Zweimonatsübersicht und dem eingerahmten aktuellen Tag

Der Aufgabenblock

Im Aufgabenblock sehen Sie alle Aufgaben an denen Sie derzeit arbeiten. Klicken Sie auf die zweite Spalte von oben (in der die Aufforderung dazu bereits steht), wenn Sie diesem Block eine Aufgabe hinzufügen möchten. Geben Sie dann eine stichwortartige Beschreibung der geplanten Tätigkeit und bestätigen Sie dies wie gewohnt mit der Return-Taste. Daraufhin erscheint diese Aufgabe dann in der unteren Liste.

Haben Sie eine der hier aufgeführten Tätigkeiten erledigt, so klicken Sie in das kleine Kästchen direkt vor dem Aufgabentext. Diese Aufgabe wird dann als »abgehakt« markiert und durchgestrichen.

Bild 4.15:
Der Aufgabenblock mit den aktuell zu bewältigenden Aufgaben. Mit einem Klick auf das kleine Kästchen unterhalb des Hakens markieren Sie die Aufgabe als erledigt.

> *Hier gilt die Ihnen bereits bekannte Outlook-Regel: Mit einem Doppelklick auf die ausgewählte Aufgabe erscheint ein großes Informationsfenster.*

In dieses Fenster können Sie alle wichtigen Informationen und notwendigen Maßnahmen – inklusive eines detaillierten Erinnerungstextes – eingeben oder ergänzen. So sind Sie immer bestens auf Ihre Aufgaben vorbereitet und auch die nachrangigste Kategorie ist nicht der Zufallserledigung überlassen.

4.3.5 Einen Termin eintragen

Die Eintragung eines Termins in diesen Terminbereich ist denkbar einfach: Sie klicken einfach auf die gewünschte Uhrzeit (dieses Feld wird dann selbständig eingefärbt) und tragen den Grund des Termins mit der Tastatur dort ein.

Handelt es sich um einen Termin, der länger als eine halbe Stunde dauert, dann müssen Sie mit dem Cursor den unteren Rand bis zu jenem Zeitpunkt ziehen, an dem der Termin voraussichtlich beendet ist. Dies ist die schnelle Variante der Terminplanung (siehe Bild 4.16).

4.3.6 Umfangreiche Terminangaben

Möchten Sie umfangreichere Informationen zu einer geplanten Verabredung eintragen, so verfahren Sie wie folgt: Führen Sie einen Doppelklick an genau der Stelle aus, an der Ihr Termin beginnen soll. Daraufhin öffnet sich das Fenster UNBENANNTER TERMIN, in welches Sie alle wichtigen Informationen zu Ihrem Termin eintragen können.

Bild 4.16:
Das Eintragen eines Termins direkt in den Terminbereich ist denkbar einfach. Das Glockensymbol vor dem Termin zeigt Ihnen die eingeschaltete Erinnerungsfunktion.

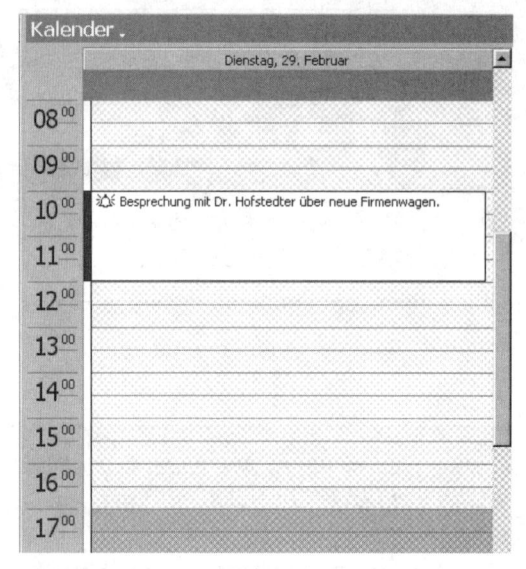

Bild 4.17:
In das Fenster UNBENANNTER TERMIN tragen Sie sämtliche Informationen ein, die für den speziellen Termin erforderlich sind.

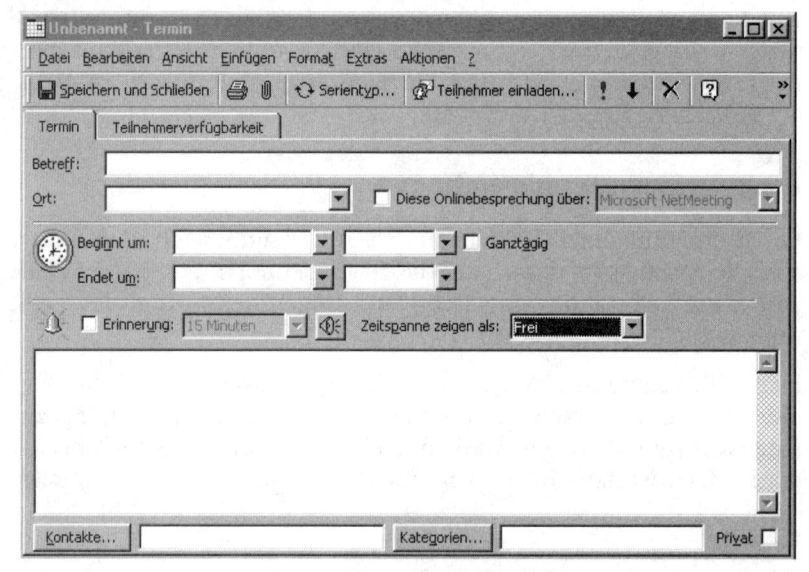

Die Optionen dieses Fensters erklären sich wieder von selbst – gehen Sie ganz intuitiv vor, um das einzutragen was Ihnen wichtig und notwendig erscheint.

Je mehr Informationen Sie haben und hier eintragen, desto einfacher wird es später für Sie, sich in die Thematik des Termins einzufühlen. Das ist vor allem dann nützlich, wenn der Termin weit in der Zukunft liegt.

Sobald Sie den Grund des Termins in den Terminbereich eingetragen haben und weitere Informationen dazu in Outlook aufnehmen möchten, genügt ein Doppelklick auf diesen Termin.

In der Titelzeile dieses Fensters erscheint dann automatisch schon der Anlass dieses Termins.

4.3.7 Terminserien mit Outlook anlegen

Mit Terminserien sind wöchentlich, monatlich oder jährlich wiederkehrende Termine gemeint, die alle denselben Titel tragen. Das kann das Erscheinen der Lieblingswochenzeitung ebenso sein wie das Herausstellen des Mülleimers zum üblichen Termin.

Und selbst so routinemäßige Tätigkeiten wie die allmonatliche Umsatzsteuervoranmeldung oder die regelmäßige Vertriebskonferenz wollen an Stellen notiert werden, die unvergessbar sein müssen. Das Verpassen derartiger Termine könnte schlimme Folgen haben.

Kein Problem für Outlook. Es gibt in diesem Programm Funktionen, die wiederkehrende Termine automatisch zu Terminserien machen. Das ist u.a. dann der Fall, wenn Sie der Kontaktliste die Angaben Geburtstag und/oder Jahrestag anvertrauen. Bei anderen Terminen geht es einzig darum, das genaue Intervall festzulegen.

Die einfachste Möglichkeit, eine Terminserie festzulegen, ist jene über das Kontextmenü. Fahren Sie dazu im gewünschten Kalenderblatt auf den genauen Zeitpunkt, klicken Sie auf die rechte Maustaste und dann im geöffneten Kontextmenü auf die Schaltfläche NEUE TERMINSERIE. Hier können Sie komfortabel alle diesbezüglichen Einträge vornehmen.

Falls Sie sich innerhalb einer Terminserie für ein ganztägiges Ereignis festgelegt und das im Dialogfenster Termin auch so angeklickt haben, erscheint als Dauer 1 Tag und als Beginn- und Endzeit automatisch die Angabe 0:00 Uhr.

Bild 4.18:
Über dieses Fenster legen Sie das Intervall einer Terminserie fest.

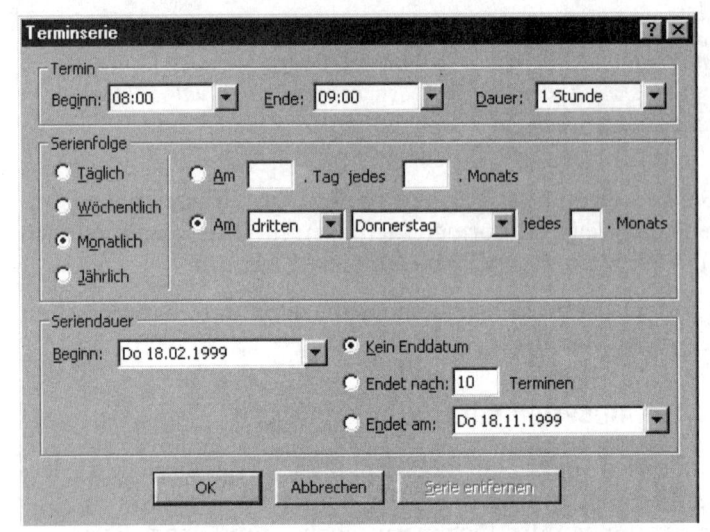

Auf eine Besonderheit des Terminbereichs möchten wir Sie zum Schluss hinweisen: Falls Sie mal einen Termin eintragen müssen, der z.B. um 9:45 Uhr beginnt und um 11:45 Uhr endet, werden trotzdem im Terminbereich die vollen (halben) Stunden angezeigt.

Also ist in diesem Fall die Zeitspanne von 9:30 Uhr bis 12:00 Uhr eingefärbt. Zur Sicherheit ist die genaue Zeitspanne aber auch textlich dargestellt.

4.3.8 Terminplanung mit Outlook optimieren

Oft entscheidet gewissenhafte Terminplanung über Erfolg oder Misserfolg. »Wer zu spät kommt, den bestraft das Leben«, heißt es in einem Sprichwort. Damit Ihnen das nicht passiert, machen Sie sich in aller Ruhe mit dem ausgesprochen einfach zu bedienenden Kalender von Outlook vertraut.

Der Zeitaufwand, sich darin zurechtzufinden und das Outlook-Kalendarium auf Ihre persönliche Planungsweise einzurichten, ist sicher etwas umfangreicher als bei einem kleinen Taschenkalender. Dafür sind zweifellos aber auch die hier vorhandenen Möglichkeiten vielseitiger und doch komfortabler.

Mehr noch: Mit dem OUTLOOK KALENDER können Sie Ihren Erfolg sehr langfristig planen – sogar bis weit in die Zukunft hinein.

Die visuelle Darstellung persönlicher Ziele und die wohl durchdachte Planung unternehmerischer Vorhaben wird Ihnen mit diesem Instrument viel Freude bereiten. Und ein jährliches Update, so wie Sie es von Ihrem gedruckten Organizer her kennen, entfällt bei Outlook auch.

4.3.9 Die Erinnerungsfunktionen – akustisch und/oder optisch

Apropos Erinnerungsfunktion: Über die Möglichkeit, sich von Outlook an das Einhalten eines wichtigen (oder auch nicht ganz so wichtigen) Termins akustisch erinnern zu lassen, schrieben wir ja schon.

Dies gilt übrigens für den Kalender ebenso wie für die Aufgabenkontrolle. Haben Sie sich also dafür entschieden, sich zu einem bestimmten Termin an die fristgerechte Erledigung einer Aufgabe akustisch erinnern zu lassen, dann wird Sie der Alarmton auch dann erreichen, wenn Sie sich gerade in Powerpoint oder Word befinden. Allerdings müssen Sie für diesen Fall sicherstellen, dass Outlook im Hintergrund läuft.

Möchten Sie sich von Outlook auch dann an Termine oder die fristgerechte Erledigung einer bestimmten Aufgabe erinnern lassen, während Sie in anderen Programmen arbeiten, dann sollten Sie es immer im Hintergrund laufen lassen. Nützlich ist dafür die Funktion AUTOSTART, denn auf dieses Weise werden Sie das Öffnen von Outlook nicht vergessen.

Jetzt möchten wir Ihnen beschreiben, wie die ganze Sache funktioniert und wie Sie diese Funktion an- und ausschalten können. Doch wir schildern Ihnen auch den Vorgang, der nötig ist, um in eine Ihnen angenehmere Sounddatei zu wechseln.

Die Erinnerungsfunktion ist standardmäßig aktiviert, sobald Sie einen neuen Termin in den Kalender eingetragen haben. Sie werden dann genau eine Viertelstunde vor dem jeweiligen Termin durch einen Signalton und ein Bildschirmfenster an Ihre Verabredung erinnert.

Das Ausschalten der Erinnerungsfunktion erfolgt über das kleine Kästchen mit dem Haken. Falls Sie ein anderes Erinnerungsintervall festlegen möchten, können Sie entweder auf den Pfeil neben dem Textfeld klicken – Ihnen werden dann verschiedene Zeitwerte angeboten –, oder Sie markieren die Angabe »15 Minuten« und überschreiben den Zeitwert mit einer Angabe Ihrer Wahl.

Neben dem Zeitwert sehen Sie das Lautsprechersymbol, das für den Klang der Erinnerungsmeldung zuständig ist. Wenn Sie auf dieses Symbol klicken, öffnet sich das Fenster ERINNERUNGSSOUND.

In diesem Beispielfall würden Sie mit dem Sound »Musica Stern« an die Einhaltung eines Termins oder die Erledigung einer Aufgabe erinnert.

Um einen anderen Sound auszuwählen, klicken Sie einfach auf die Schaltfläche DURCHSUCHEN und wechseln dann in die Datei C:\WINDOWS\MEDIA.

Dort finden Sie eine ganze Reihe interessanter Geräusche, auf die Sie alternativ oder öfter mal im Wechsel zugreifen können. Ein Doppelklick auf die Sounddatei Ihrer Wahl genügt, um Sie in das Erinnerungssound-Fenster zu übertragen.

Falls Sie sich den einen oder anderen Sound vorher anhören möchten, genügt ein Klick auf die rechte Maustaste und den Befehl WIEDERGABE. Vergessen Sie aber vorher nicht, die Lautsprecher anzuschalten.

> *Da heutzutage eine Soundkarte schon zum Standard von Computern gehört, erwähnen wir dies als Voraussetzung zum Abspielen von Klängen und Geräuschen nicht extra.*

4.4 Die Kontakte

> *Gute Kontakte sind das A und O im Business. Man muss sie pflegen wie eine zarte Pflanze, sonst hat man nicht lange Freude daran.*

Diese Regel haben Sie sich sicher auch zu Eigen gemacht. Zwar gibt es auch Kontakte, deren man sich nur hin und wieder bedient, doch viele gehören zum persönlichen Berufsumfeld unmittelbar dazu. Und gerade zu diesen wichtigen Kontakten gibt es eine Fülle oft entscheidender Informationen.

Die Kontakte

Die Eintragungen von Kontaktdaten beginnt bei der Adresse, geht über den Geburtstag und die private Telefonnummer und endet beim Namen der Sekretärin Ihres Geschäftspartners noch lange nicht.

Um nun alle wichtigen Informationen zu Verwandten, Freunden, Geschäftspartnern, Kunden usw. gut verwalten zu können, benötigt man entweder viele möglichst übersichtliche Formulare aus Papier oder eben das multifunktionale Outlook 2000.

Mit diesem Programm ist nicht nur die optimale Verwaltung von Adressdaten und Informationen rund um den großen Bereich der Kontakte möglich, mit Outlook haben Sie sich für eine Instrument entschieden, das noch viel mehr kann.

> *Es ist beispielsweise möglich, aus der Outlook-Kontakt-Datenbank heraus E-Mails zu versenden oder sich an das Betriebsjubiläum eines wichtigen Kunden akustisch erinnern zu lassen.*

4.4.1 Kontaktdaten aufnehmen

Beginnen wir mit der Aufnahme sämtlicher Informationen zu einem bestimmten Kunden. Um das Hauptfenster KONTAKTE zu öffnen, klicken Sie einmal auf das Symbol KONTAKTE in der Outlook-Leiste. Vor sich sehen Sie nun die Liste all der Kontakte, die Sie Ihrem Outlook bereits anvertraut haben. Hier ein Beispiel:

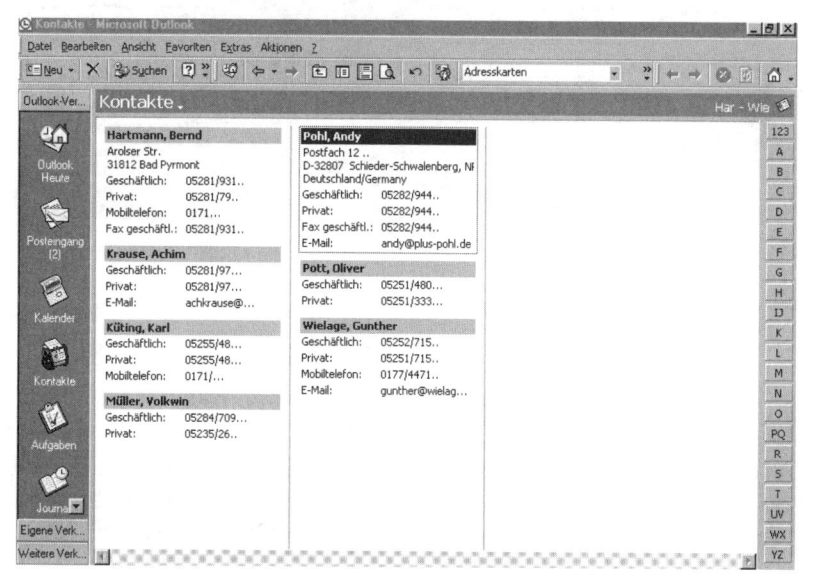

Bild 4.19: Das Hauptfenster KONTAKTE mit den Kontaktdaten mit denen Sie Outlook bereits »gefüttert« haben

Kapitel 4: Outlook-Crashkurs in 30 Minuten

Natürlich braucht Outlook, bevor Sie all diese Angaben in seinem KONTAKTE-Hauptfenster sehen können, den dementsprechenden Input. Dies ist jedoch eine der leichtesten Übungen überhaupt. Schließlich haben sich die Microsoft-Programmierer nicht nur an den gängigsten Organizern orientiert – sie haben sogar einige Schritte weitergedacht.

Sie werden z.B. nach der Eingabe einer Telefonnummer via Dialog-Fenster gefragt, ob Outlook die Nummer oder die Adresse überprüfen soll. Wenn Sie also auf »Nummer sicher« gehen wollen, genügt die Bestätigung der Frage und Outlook kann eine Online-Verbindung herstellen. Außerdem werden eine E-Mail-Adresse und die Internet-URLs direkt als interaktive Links angelegt. Doch dazu später mehr.

Möchten Sie also einen neuen Kontakt aufnehmen, führen Sie einfach einen Doppelklick an einer leeren Stelle auf der Arbeitsfläche von Outlook KONTAKTE aus. Dann sehen Sie das hier abgebildete KONTAKTE Eingabe-Fenster.

Bild 4.20:
Das erste und wichtigste Eingabe-Fenster für die elementaren Angaben zu Ihren Kontakten

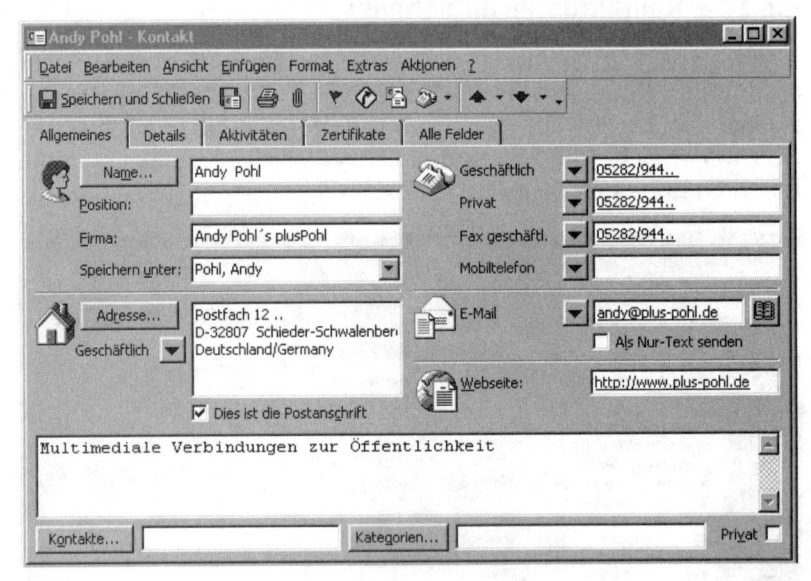

4.4.2 Details zu Kontakten

Dies ist jedoch nur das Fenster für die wichtigsten Angaben zur Person. Wenn Sie, nachdem Sie hier alle Eingaben vorgenommen haben, auf der Registerkarte die Schaltfläche DETAILS wählen, können Sie eben diese Details – von Assistent bis Jahrestag – hier eingeben.

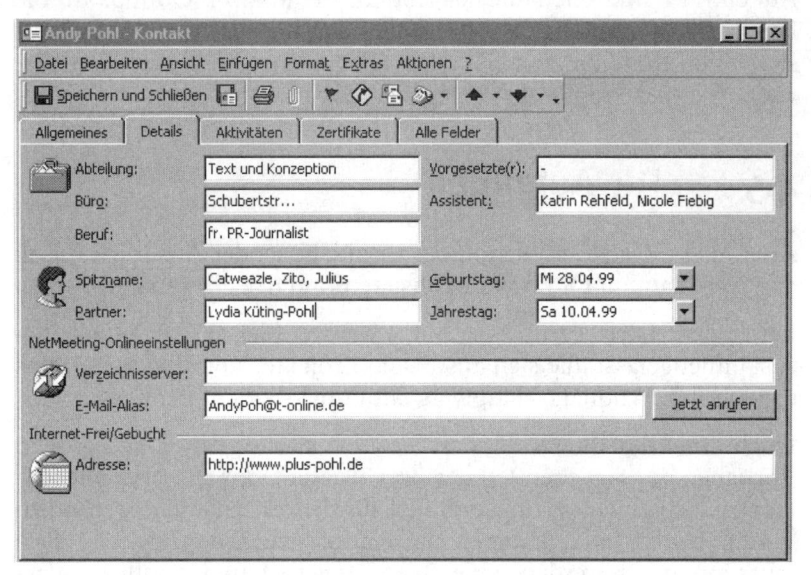

Bild 4.21:
Die Details zu einer Person können auf dieser Registerkarte eingetragen werden

Etwas komfortabler wird das Eintragen bestimmter Angaben, wenn Sie auf die Schaltflächen neben den einzelnen Feldern innerhalb der Eingabefenster klicken.

Wenn Sie z.B. auf die Schaltfläche NAME... klicken, erscheint eine kleine und übersichtliche Zusatzkarte für den Namen.

Bild 4.22:
In diese kleinen Zusatzkarten lassen sich einzelne Informationen komfortabler eingeben.

Klicken Sie hingegen auf das Feld mit der Bezeichnung ADRESSE, so öffnet sich eine kleine Karte, in der Sie ganz bequem Ihre Eintragungen vornehmen können.

4.4.3 Das Organisieren von Kontaktdaten

Auf einige Funktionen, die das Kontaktelement von Outlook für Sie bereit hält, werden Sie erst viel später zugreifen. So wird das Organisieren von Kontaktdaten erst dann fällig, wenn Sie all Ihre Kontakte auch in dieses Programm eingegeben haben.

4.5 Die Aufgaben

AUFGABEN, das ist fast schon ein verniedlichender Ausdruck für all das, was man mit Outlook organisieren und delegieren kann.

Unter dem Oberbegriff AUFGABEN werden hier all die Tätigkeiten zusammengefasst, die sich ansonsten Projekte, Konzeptionen, Strategien oder Aktionärs-Hauptversammlungs-Bericht nennen.

Doch unter AUFGABEN können Sie auch all die kleinen und großen Vorhaben des täglichen Lebens organisieren. Um z.B. eine Silberne Hochzeit zu einem gelungenen Fest für die ganze Familie werden zu lassen, bedarf es umfangreicher Planungen: Ein geeigneter Saal muss reserviert werden, eine Band engagiert und sämtliche Verwandten eingeladen werden. Auch für derartige Organisationsarbeiten eignet sich Outlook 2000.

Weitere Aufgabenbeispiele sind u.a.: »Bis Mittwoch Andy anrufen«, »Bis Ende der Woche Kapitel 2 des Kinderbuches schreiben«, »bis Samstag blumiges Geschenk für Lydia kaufen«, oder »Im kommenden Monat einen Ölwechsel am Auto durchführen lassen«.

Das Outlook-Element AUFGABEN kann Ihnen also nützliche Dienste bei der Organisation sämtlicher Tätigkeiten leisten, die für Ihren privaten und beruflichen Erfolg förderlich sein können.

Wie das im Einzelnen funktioniert, werden wir Ihnen hier anhand von unterschiedlichen Optionen aufzeigen.

4.5.1 Eine Aufgabe anlegen

Um nun Ihre erste Aufgabe unter Outlook anzulegen, gehen Sie folgendermaßen vor:

Klicken Sie in der Outlook-Leiste auf das Symbol AUFGABEN. Das vor Ihnen geöffnete Fenster der Standardansicht ist als große übersichtliche Liste gestaltet. Am oberen Ende – gleich unterhalb der Menü- und Symbolleiste – steht der Text: Hier Klicken, um Aufgabe zu erstellen.

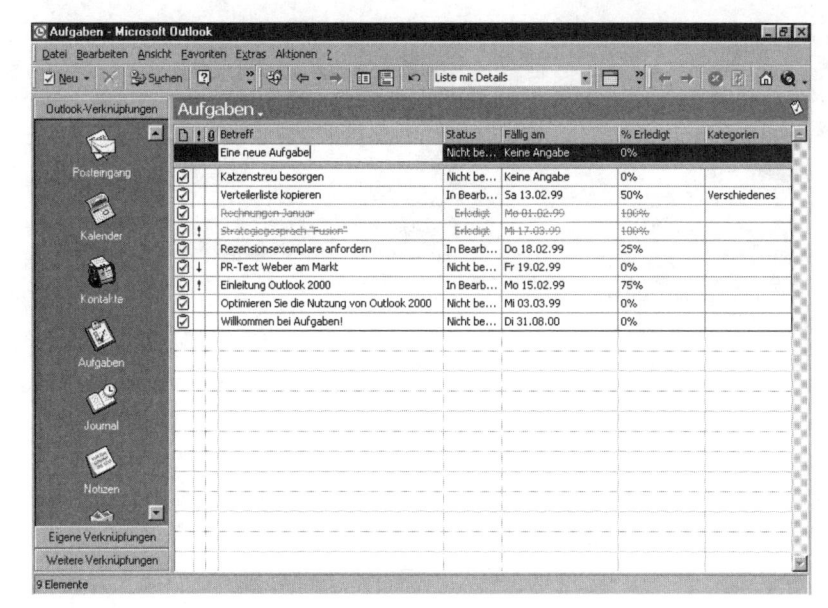

Bild 4.23:
Die Standardansicht des Aufgaben-Bereichs – in die obere Textspalte tragen Sie Ihre neue Aufgabe ein

Sobald Sie Ihre Aufgabe mit einem kurzen prägnanten Text erfasst haben, bestätigen Sie dies. Gleich darauf rutscht die neue Aufgabe in die Liste unterhalb der Textspalte. Dies ist der schnellste Weg zur Eintragung einer relativ einfachen Aufgabe. Um einzutragen, dass Sie heute noch neues Katzenfutter besorgen müssen, reicht das völlig.

4.5.2 Eine komplexe Aufgabe anlegen

Möchten Sie weitere Informationen und Angaben zu dieser Aufgabe eingeben oder daraus eine etwas komplexere Aufgabe machen, genügt ein Doppelklick auf diese Aufgabe. Dann öffnet sich das Dialog-Fenster, in das Sie sämtliche Details zu Ihrer neuen Aufgabe eintragen können.

Durch einen Klick auf das Symbol NEUE AUFGABE in der Symbolleiste kommen Sie noch schneller zur Dialogbox UNBENANNT-AUFGABE – dies ist der einfachste Weg, um ohne Umwege Eintragungen zu einer komplexeren Aufgabe vorzunehmen.

:-)
TIPP

Bild 4.24:
Das Dialog-Fenster zur Aufgabe. Geben Sie all die Informationen ein, die zur erfolgreichen Bewältigung einer komplexen Aufgabe erforderlich sind.

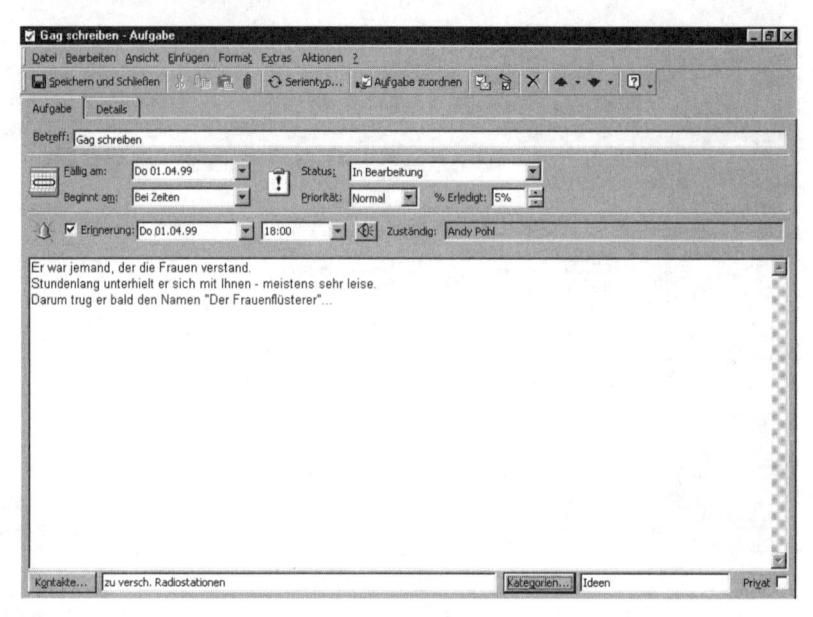

> **TIPP** *Möchten Sie von der Standardansicht in eine Ansicht wechseln, die Ihnen mehr Informationen über den Aufgabenstatus auf einen Blick offenbart, so brauchen Sie sich nur über die Schaltfläche AKTUELLE ANSICHT eine Ansicht Ihres Wunsches anzeigen lassen. Sie haben hier die Auswahl zwischen 10 verschiedenen Ansichten. Ein anderer Weg, um in verschiedene Ansichten zu wechseln, geht über den Menübefehl ANSICHT/AKTUELLE ANSICHT.*

4.5.3 Dringlichkeitsstufen und Kategorien

Manchmal ist es wichtig, den einzelnen Aufgaben so genannte Dringlichkeitsstufen und Kategorien zuzuordnen. Schließlich hat nicht jede Aufgabe gleich die oberste Priorität und verschiedene Kategorien von Aufgaben gibt es auch.

Um nun eine herausragende Aufgabe auch als solche erkennbar darzustellen, fahren Sie mit dem Cursor im Dialogfenster UNBENANNT AUFGABE zunächst auf die Schaltfläche PRIORITÄT. An dieser Stelle – in der Mitte im oberen Teil des Fensters – haben Sie drei verschiedene Abstufungen zur Auswahl. Sie können sich entscheiden zwischen NIEDRIG, NORMAL und HOCH.

Nachdem Sie Ihrer Aufgabe die entsprechende Dringlichkeitsstufe zugeteilt haben, geht es darum, die Kategorie Ihrer Aufgabe festzustellen. Dazu führen Sie einen Einfachklick auf die Schaltfläche

KATEGORIEN aus, die Sie ganz unten rechts in diesem Fenster finden. Daraufhin öffnet sich eine lange Liste mit verschiedenen Auswahlmöglichkeiten. Sie können Wählen zwischen Favoriten, Geschäftlich, Privat usw. In unserem Fall haben wir es ganz wichtig gemacht.

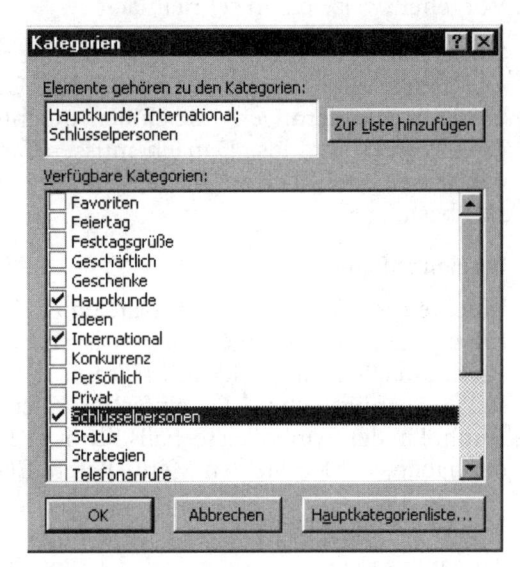

Bild 4.25:
Innerhalb dieses Fensters können Sie die Kategorien für eine komplexere Aufgabe auswählen.

4.5.4 Dringlichkeitsstufen generell zuweisen

Dringlichkeitsstufen können jedoch nicht nur für Aufgaben vergeben werden – auch für bestimmte E-Mails oder natürlich Termine ist diese Funktion anwendbar. Schließlich ist eine geschäftliche E-Mail von einem Ihrer Hauptkunden wichtiger als die Nachricht über ein neues Mitglied Ihres Stammtisches.

Sie sollten sich deshalb angewöhnen, Dringlichkeitsstufen generell zuzuweisen. Warten Sie nicht damit, sonst versäumen Sie vielleicht einen besonders wichtigen Termin oder lassen eine E-Mail viel zu lange unbeantwortet im Posteingang.

> *Vergeben Sie immer gleich zu Beginn einer neuen Aufgabe auch eine Dringlichkeitsstufe und verfahren Sie ebenso beim Eingang einer E-Mail oder der Vergabe eines Termins. Das schafft klare Abgrenzungen gegenüber den weniger wichtigen Angelegenheiten.*

:-)
TIPP

4.5.5 Eintragungen korrigieren

Oft muss man seine Eintragungen, seine Angaben zu bestimmten Aufgabenfeldern korrigieren. Hier möchten wir beschreiben, wie Sie vorgehen, wenn Sie Aufgabenteile ändern wollen. Im Grunde ist die Vorgehensweise dahin sehr einfach.

Öffnen Sie über einen Doppelklick auf die zu ändernde Aufgabe das AUFGABEN FENSTER, gehen Sie mit dem Cursor auf die Textspalte, in der Sie Änderungen vornehmen möchten und führen Sie dort Ihre Korrekturen aus. Danach müssen Sie diese Korrekturen nur noch mit einem Klick auf die Schaltfläche SPEICHERN UND SCHLIESSEN bestätigen.

Dateien anfügen

Möchten Sie Ihren Aufgaben Dateien einfügen, die unmittelbar zur Erledigung, zum besseren Organisieren benötigt werden oder aber auch, um allen Mitglieder Ihres Teams Ihren Konzeptentwurf zuzustellen, genügt schon ein einfacher Klick auf das Büroklammer-Symbol in der Symbolleiste. Falls Sie diese Leiste jedoch nicht geöffnet haben, wählen Sie den Menü-Befehl EINFÜGEN/DATEI aus.

Aufgabenserien anlegen

Aufgabenserien unterscheiden sich von Terminserien nur unwesentlich. Es liegt ganz an Ihrer Definition, ob Sie das allwöchentliche Herausstellen der Mülltonne eher als Termin- oder als Aufgabenserie empfinden und dementsprechend einstufen.

Doch die Programmierer von Microsoft haben eben an beide Möglichkeiten gedacht und machen Ihnen die Arbeit noch leichter, Ihre in unterschiedlichen Intervallen wiederkehrenden Aufgaben oder Termine auch so zu unterscheiden.

Und es ist tatsächlich eine große Arbeitserleichterung, regelmäßige Aufgaben nicht immer wieder von neuem einzutragen zu müssen. In Outlook brauchen Sie z.B. die fast schon traditionelle Aufgabe des Lottospielens nicht für jeden Freitag neu einzutragen – machen Sie daraus einfach eine Aufgabenserie.

Zuerst wechseln Sie in die Aufgabenliste – am einfachsten über das Symbol AUFGABEN in der Outlook-Leiste. Öffnen Sie über die Schaltfläche NEU das Dialogfenster zu einer neuen Aufgabe. Hier herein tragen Sie Ihr Vorhaben: Lottospielen, beginnend – wie im Beispiel – am kommenden Freitag.

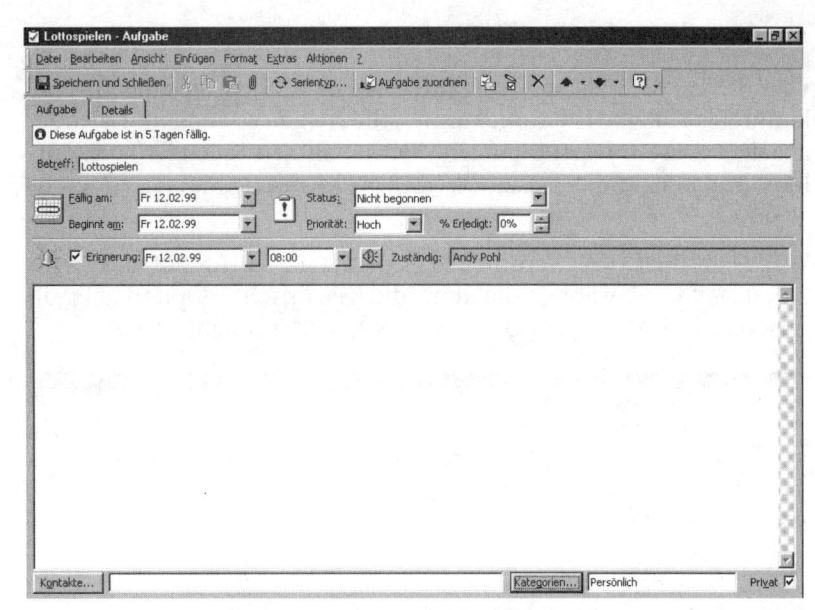

Bild 4.26:
Wie bei einer normalen Aufgabe auch, so tragen Sie in das Dialogfenster AUFGABE zunächst den Aufgabengrund ein.

Nachdem Sie hier alle Angaben eingetragen haben, wechseln Sie über die Schaltfläche SERIENTYP in das Dialogfenster AUFGABENSERIE. Hier können Sie nun das Intervall festlegen, der für das regelmäßige Lottospielen erforderlich ist. In unserem Fall ist das wöchentlich.

Bild 4.27:
Das Aktivieren einer wöchentlich wiederkehrenden Aufgabe erfolgt einfach mit einem Mausklick über den kleinen Punkt vor dieser Angabe.

Auf diese Art und Weise können Sie tägliche, wöchentliche, monatliche und jährliche Aufgabenserien erzeugen. Und auch den Starttag sowie die Seriendauer können Sie beliebig auswählen. Alles mit einem einzigen Klick.

4.5.6 Aufgaben im Kalender anzeigen

Damit Sie keine einzige Aufgabe vergessen, auch diejenigen ohne konkretes Fälligkeitsdatum, können Sie sich diese auch im Kalender anzeigen lassen. Dazu brauchen Sie nur in den Kalender von Outlook und dort in die TAGES-/WOCHEN-/MONATSANSICHT zu wechseln.

Wechseln über den Menübefehl ANSICHT in die ANSICHT AUFGABENBLOCK und wählen Sie dort die gewünschte Option aus. In unserem Fall AUFGABEN OHNE FÄLLIGKEITSDATUM ANZEIGEN.

Bild 4.28:
Über dieses Menüfenster wechseln Sie in die von Ihnen gewünschte Kalenderansicht.

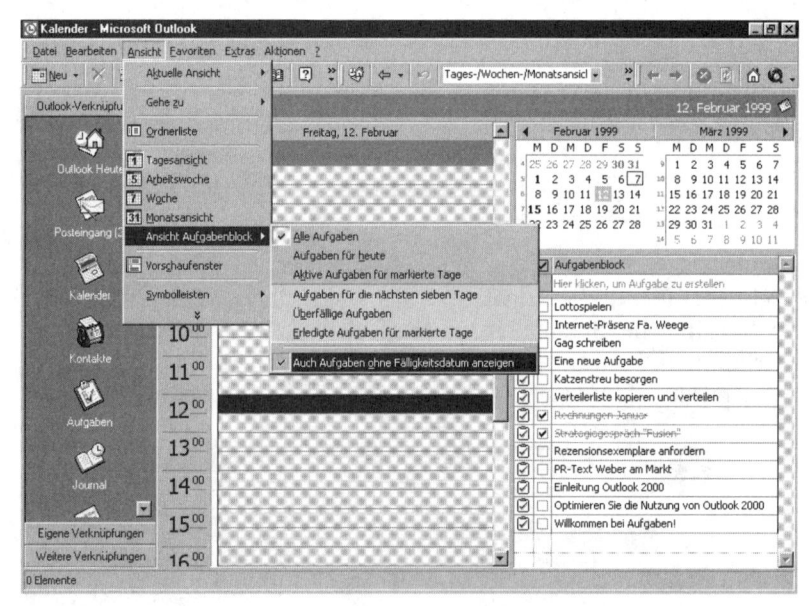

4.5.7 Aufgaben als erledigt kennzeichnen

Wie heißt es immer so schön: Viele Wege führen nach Rom ... So gibt es denn auch unterschiedliche Möglichkeiten, erledigte Aufgaben auch als solche zu kennzeichnen.

Am einfachsten kennzeichnet man eine Aufgabe über das kleine Kontrollkästchen ERLEDIGT – ein Mausklick darauf genügt und die Aufgabe wird mit einem Häkchen versehen und automatisch durchgestrichen. Ein weiterer Weg, der sich sehr unkompliziert umsetzen lässt, ist der über das Kontextmenü. Klicken Sie dazu auf die rechte Maustaste und klicken Sie dort auf das Feld ALS ERLEDIGT MARKIEREN.

Bild 4.29:
Relativ einfach können Sie eine Aufgabe als erledigt über das Kontextmenü kennzeichnen.

4.5.8 Aufgaben löschen

Nachdem Sie Ihre erledigten Aufgaben auch als solche gekennzeichnet haben und Sie diese noch ein kurze Frist auf Ihrem Desktop – in der Outlook-Oberfläche – belassen haben, um beispielsweise die Abrechnung noch vorzunehmen, brauchen Sie diese nur noch zu löschen.

Auch für den Löschvorgang haben sich die Outlook-Macher unterschiedliche Wege ausgedacht.

- Nach dem Markieren der zu löschenden Aufgabe im Menü den Befehl BEARBEITEN und dann LÖSCHEN anklicken.
- In der Symbolleiste nach dem Markieren die Schaltfläche X anwählen.
- Löschen Sie die markierte Aufgabe mit der Entf-Taste.
- Wählen Sie nach einem Klick auf die jeweilige Aufgabe mit der rechten Maustaste das Kontextmenü und dort den Befehl LÖSCHEN aus.
- Oder ziehen Sie die Aufgabe, in der Sie die linke Maustaste gedrückt halten, auf das Symbol GELÖSCHTE OBJEKTE, das Sie links unten in der Outlook-Leiste finden.

4.5.9 Löschen von Aufgaben rückgängig machen

Natürlich kann es jedem einmal passieren, dass man eine Aufgabe versehentlich löscht, oder dass man gar die falsche Aufgabe in den elektronischen Papierkorb verbannt hat.

Keine Panik in einem derartigen Fall, denn Outlook besitzt eine Reihe von Optionen, um an die fälschlicherweise gelöschte Aufgabe wieder heranzukommen.

- In der Outlook-Leiste auf das Symbol GELÖSCHTE OBJEKTE klicken, die versehentlich gelöschte Aufgabe markieren und anschließend mit gedrückter linker Maustaste auf das Symbol AUFGABEN ziehen. Auf diese Art fügt Outlook diese Aufgabe wieder an den ursprünglichen Platz in der Aufgabenliste ein.
- Falls Sie nach dem Löschen der Aufgabe keine weitere Aktion ausgeführt haben, wählen Sie den Menübefehl BEARBEITEN auf und klicken dann auf RÜCKGÄNGIG.
- Auch mit der Tastenkombination Strg + Z können Sie das Löschen einer Aufgaben rückgängig machen.

Und nun wünschen wir Ihnen viel Erfolg beim Bewältigen all Ihrer Aufgaben.

4.6 Journal

Das Outlook-Journal könnte in Zukunft für Sie ein wichtiges Bindeglied zwischen dem Auftragseingang und der abschließenden Rechnungsstellung sein. Vor allem dann, wenn Sie z.B. bei Recherchen nicht den Überblick über die angefallenen Stunden verlieren wollen. Aber auch, um nach einem umfangreichen Projekt die gesamte Korrespondenz – sowohl die Telefonate als auch die Faxe und die E-Mails – nachvollziehen zu wollen. Outlook übernimmt für Sie das komplette Protokollieren Ihrer Arbeitsabläufe.

Oder ein anderes Beispiel aus der täglichen Praxis: Es erreicht Sie gerade ein Telefonanruf und Sie wollen sich detaillierte Notizen dazu machen und außerdem Zeit und Datum genau protokollieren. Gehen Sie dann wie folgt vor:

Klicken Sie im Journal auf die Schaltfläche NEU. In das dann geöffnete Fenster geben Sie all die Informationen ein, die Ihnen z.B. bei einem privaten Telefonat durch den Kopf gehen oder die Sie mit dem Anrufer oder der Anruferin verabreden. Klicken Sie auf ZEITMESSUNG BEGINNEN, wenn Sie die Dauer des Telefonates stoppen möchten oder wählen Sie im Anschluss an das Telefonat eine Zeitspanne aus dem Auswahlmenü aus (siehe Bild 4.30).

4.6.1 Geschäftlichen Anruf protokollieren

Bei einem geschäftlichen Anruf gehen Sie in der gleichen Weise vor. In einem derartigen Fall sollten Sie jedoch nicht vergessen, die Firma, von der dieser Anruf stammt, und die diesbezügliche Kategorie einzutragen bzw. auszuwählen.

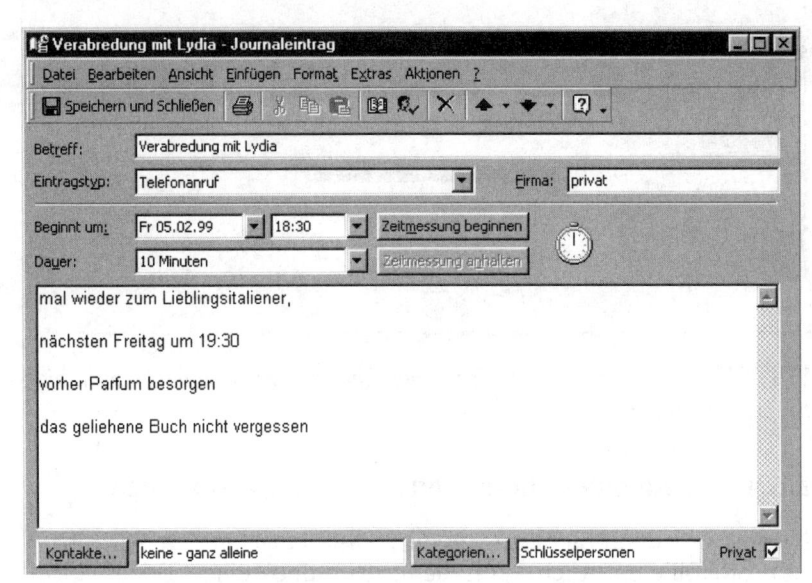

Bild 4.30:
In die vorgesehenen Felder tragen Sie alle wichtigen Informationen ein und stoppen gegebenenfalls die Zeit über die Schaltfläche ZEITMESSUNG BEGINNEN.

Oftmals ist es wichtig, neben Angaben zu Betreff, Eintragstyp und Dauer des Journaleintrages zusätzliche Gesprächsnotizen festzuhalten. Für derartige Angaben stellt Ihnen Outlook im unteren Teil des Dialogfensters ausreichend Platz zur Verfügung. Sie brauchen den Text einfach in das große untere Feld einzugeben.

Nachdem sämtliche Informationen für den neuen Journaleintrag eingegeben sind, sollten Sie Ihre Eingaben speichern. Hierzu klicken Sie üblicherweise auf die Schaltfläche SPEICHERN und SCHLIESSEN.

4.6.2 Journaleinträge unterschiedlich anzeigen

Standardmäßig können die mit Outlook verwalteten Journaleinträge in sechs verschiedenen Varianten angezeigt werden. Gehen Sie folgendermaßen vor, um die von Ihnen favorisierte Anzeige Ihrer Journaleinträge zu wählen.

Indem Sie den Menübefehl WECHSELN ZU/JOURNAL aufrufen, wechseln Sie in das Journal-Register. Als Alternative dazu können Sie aber auch in der Outlook-Leiste auf das Symbol JOURNAL klicken.

Klicken Sie dann entweder auf die Schaltfläche ORGANISIEREN oder rufen Sie den Menübefehl EXTRAS auf und klicken Sie dann auf ORGANISIEREN.

So erweitert Outlook das Fenster um einen weiteren Bereich. Klicken Sie hier auf ANSICHTEN VERWENDEN, und wählen Sie per Mausklick die von Ihnen gewünschte Ansicht aus.

Bild 4.31:
Sechs verschiedene Varianten stehen Ihnen zur Auswahl, um Einträge im Journal anzuzeigen.

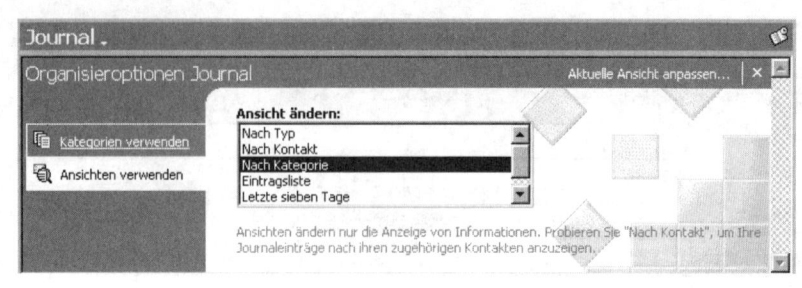

Viel mehr Informationen zu all den Möglichkeiten, die Ihnen das Journal bietet, erhalten Sie im vierten Teil dieses Buches.

4.6.3 Telefonverbindungen automatisch aufbauen

Nun ist es jedoch nicht nur möglich, Ihre eingehenden Telefonate zu protokollieren. Auch wenn Sie über Outlook einen Telefonanruf vornehmen und sich zu diesem Notizen machen möchten, können Sie sich seiner Funktionalität bedienen.

Folgende Voraussetzungen sollte Ihr Computer jedoch erfüllen, um die Wählen-Funktion von Outlook nutzen zu können:

1. Die Modem-Version:

    Falls Sie im Besitz eines Modems sind, das eine Phone-Buchse hat, haben Sie Möglichkeit, hier ein Telefon anzuschließen. Das mit Ihrem Computer verbundene Modem übernimmt dann das über Outlook eingestellte Anwählen. Sprechen können Sie hingegen wie gewohnt über das Telefon.

Wenn Sie sich unsicher sind, ob Ihr Modem dafür ausgestattet ist, nehmen Sie das dazugehörige Handbuch zur Hilfe.

2. Die ISDN-Version:

    Leider gibt es für die Besitzer von ISDN-Apparaten nur sehr beschränkt die Möglichkeit der Outlook-Anruffunktion, da es bisher nur eine geringe Auswahl von Telefonen gibt, die diese Option unterstützen.

Auch hier der Hinweis: Schauen Sie in Ihrem Handbuch nach, ob Ihr Telefon dementsprechend ausgerüstet ist. Oft hilft auch ein Anruf bei Ihrem Telefonhändler oder die gezielte Suche nach derartigen Informationen im Internet.

Falls Ihr Computer, Ihr Modem und/oder Ihr Telefon jedoch die technischen Voraussetzungen für die automatische Anwahl besitzt und Sie sich eben dieser Möglichkeit bedienen möchten, sollten Sie zunächst in die Outlook-Kontaktliste wechseln.

Wählen Sie dort denjenigen Kontakt aus dieser Liste aus, mit dem Sie jetzt ein Telefonat führen möchten – dies geschieht über einen Einfachklick auf den Eintrag. Danach rufen Sie im Menü AKTIONEN den Befehl KONTAKT ANRUFEN aus.

Rechts im Bildschirm erscheinen die von Ihnen eingegebenen Telefonnummern. Aus dieser Liste wählen Sie per Mausklick die jetzt von Outlook zu wählende Nummer aus und warten, bis Sie mit dem gewünschten Kontakt verbunden werden. Dieser Vorgang sollte eigentlich nicht sehr lange dauern.

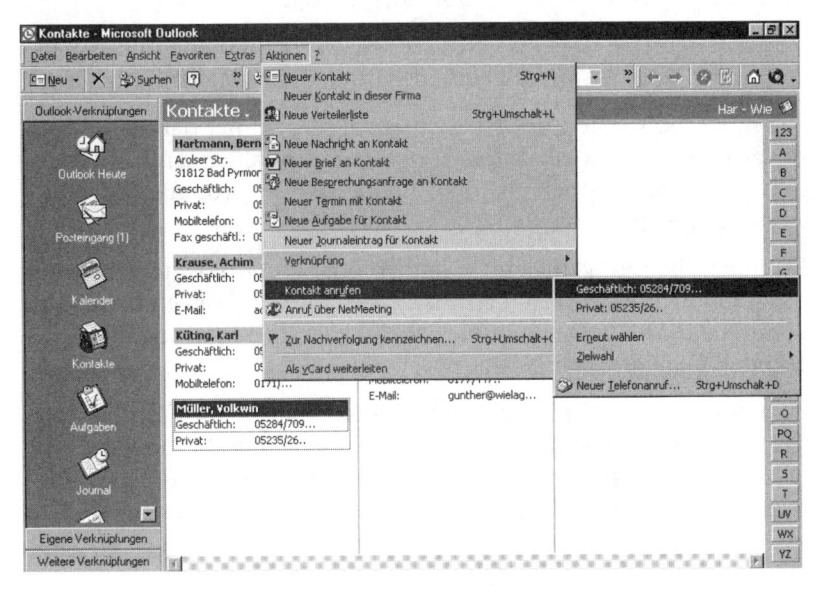

Bild 4.32: Mit wenigen Mausklicks können Sie von Outlook einen Telefonanruf ausführen lassen.

Sobald Sie eine der im Fenster KONTAKT ANRUFEN aufgeführten Nummern ausgewählt haben, führt Outlook die Anwahl des Gesprächspartners aus.

Falls Sie für das bevorstehende Telefonat automatisch einen Journaleintrag vornehmen lassen wollen, brauchen Sie nur auf das Kontrollkästchen BEI ANRUFBEGINN NEUEN JOURNALEINTRAG ERSTELLEN zu klicken.

> *Diesen Hinweis sollten Sie als Warnung verstanden wissen: Auch alle Aktivitäten, die Sie in anderen Office-Programmen ausführen (Word/Excel etc.), werden standardmäßig in Outlook protokolliert. Das bedeutet u. a. eine eventuell unerwünschte genaue Aufzeichnung von Arbeitsaktivitäten.*

4.7 Notizen

Diese Szene kennen sicher auch Sie: »Haben Sie mal einen Stift und einen Zettel, das muss ich mir unbedingt notieren ...« Mal bekommen Sie einen Bierdeckel, mal die Ecke einer Zeitung und mal eine Visitenkarte gereicht, um Wichtiges aufzuschreiben. In Zukunft werden Sie vor dem Computer sitzen und Ihre Gedanken den elektronischen Notizen von Outlook anvertrauen.

Vorteil dessen ist, dass Ihre Notizzettelchen nicht mehr an den Rändern Ihres Bildschirmes kleben oder Ihren Schreibtisch bevölkern.

Die moderne Version der Notizen bietet sich immer dann an, wenn es darum geht, schnelle Infos zu notieren. Vor allem dann, wenn es sich um Informationen handelt, für die Sie so spontan kein Outlook-Register parat haben.

Sammeln Sie Ihre genialen Gedanken oder die urplötzliche Erinnerung an einen wichtigen Termin schnell als Outlook-Notiz. Später können Sie dessen Inhalt immer noch ordentlich in die dafür vorgesehenen Dialogfenster eintragen.

Darüber hinaus können Sie Ihre Notizen später mit der rechten Maustaste kinderleicht auf jedes andere Element in Outlook ziehen. Und noch etwas: Notizen können auch in Microsoft Word oder Exel kopiert werden. Das geht sehr einfach mithilfe der Befehle im Menü BEARBEITEN.

4.7.1 Neue Notiz anlegen

Gehen Sie folgendermaßen vor, um eine neue Notiz anzulegen:

Im Menü DATEI zuerst die Schaltfläche NEU und dann NOTIZ aufrufen. Schon hat Outlook ein Notizfenster eingeblendet, das fast originalgetreu den bekannten kleinen, gelben Zettelchen nachempfunden wurde. Hier geben Sie einfach Ihren Geistesblitz wie gewohnt über die Tastatur ein.

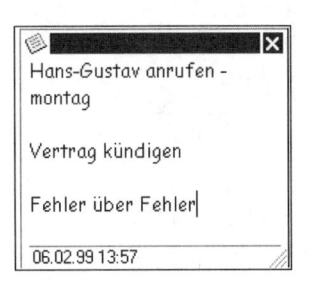

Bild 4.33:
Wie die bekannten kleinen Klebezettelchen – eine Outlook-Notiz

Nachdem Sie Ihre Eingaben abgeschlossen haben, schließen Sie den digitalen Notizzettel einfach per Mausklick auf die Schaltfläche mit dem X in der rechten oberen Ecke des Fensters.

Gleich danach wird die neu angelegte Notiz auf dem Hauptbildschirm abgelegt – die erste Zeile der Notiz wird automatisch als Symbolunterschrift angezeigt. Hier finden Sie sämtliche Notizen der letzten Zeit – natürlich nur alle die, die Sie noch nicht gelöscht haben. Aber selbstverständlich können Sie hier so viele gelbe Notizzettel unterbringen wie Sie mögen.

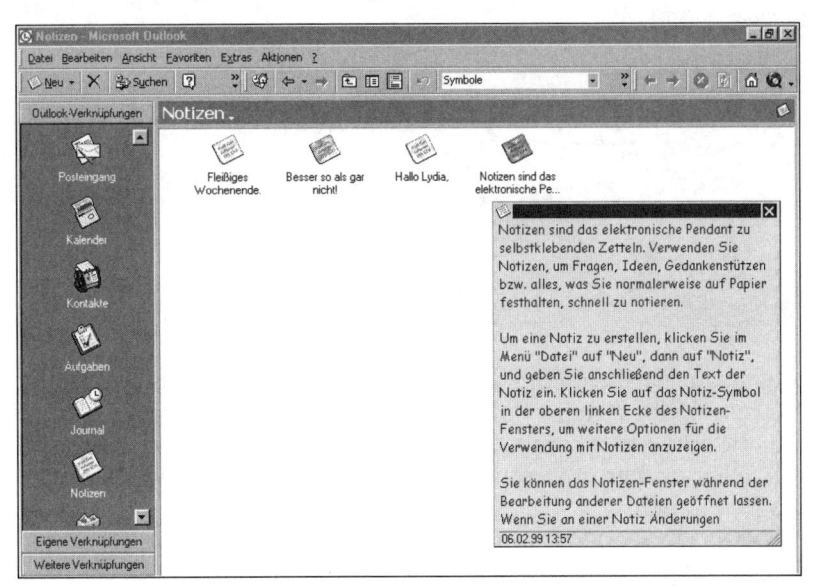

Bild 4.34:
Im Hauptfenster von NOTIZEN sehen Sie auf einen Blick sämtliche elektronische Zettel.

4.7.2 Notizen vergrößern

Outlook wäre jedoch nicht Outlook, wenn es nicht auch aus den guten alten Notizzetteln mehr rausholen könnte als bis hierher beschrieben. Falls z.B. der zur Verfügung stehende Platz auf den elektronischen Notizen nicht ausreicht, können Sie das Notizfenster beliebig vergrößern.

Hierzu platzieren Sie den Mauszeiger in der rechten unteren Ecke des Notizfensters. Der Mauszeiger verwandelt sich daraufhin im schräg schraffierten Bereich in einen kleinen Doppelpfeil.

Durch das Halten der linken Maustaste können Sie den Rahmen des Fensters beliebig vergrößern – einfach solange ziehen, bis Sie Ihre Idee hier unterbringen können oder der Notizzettel die erforderliche Größe hat.

4.7.3 Notizfarbe ändern

Und noch eine Sonderfunktion hat dieses Element von Outlook: Sie können dem Notizzettel auch eine andere Farbe geben.

Dazu wählen Sie im Menü den Befehl EXTRAS, dann den Befehl OPTIONEN und im nun geöffneten Fenster die Schaltfläche NOTIZENOPTIONEN.

Bild 4.35: Über dieses Fenster können Sie den Notizen unterschiedliche Farben zuweisen.

Interessant ist diese Farbfunktion z.B. für die Kategorisierung von Notizen. Gelbe Zettel könnten Sie für die berufliche Belange benutzen, die rosa Farbe könnte alle Gedanken rund um die Partnerschaft darstellen und grün werden die Notizen immer dann, wenn es um das Hobby geht.

Für alle Aufgaben verwendet man besser gleich den Bereich AUFGABEN, für alle Notizen, die mit Kontakten zusammenhängen, gleich das Feld unter KONTAKTE nutzen. Die Notizfunktion verwenden Sie wirklich nur für relativ simple und zusammenhanglose NOTIZEN. Wenn man Outlook konsequent einsetzt, sollten nicht allzuviele Notizen entstehen. Sagen Sie auch der digitalen Zettelwirtschaft adé.

4.7.4 Der Regel-Assistent

Bisher haben wir Ihnen nur die deutlich sichtbaren Elemente des Outlook-Posteingangs beschrieben. Viele andere Funktionen verbergen sich im Hintergrund. Als vielleicht wichtigstes Instrument – sozusagen als Vorsortierungshilfe – ist da der REGEL-ASSISTENT zu nennen.

Durch den REGEL-ASSISTENTEN haben Sie viele unterschiedliche Möglichkeiten, Ihre elektronische Post vorzusortieren.

Ob Sie nun bestimmte Junk-Mails gleich in eine Ablage verschoben haben möchten, oder ob Sie sämtliche E-Mails, die berufliche Angelegenheiten und Nachrichten, die Ihr Hobby betreffen, gleich nach Eingang sortiert haben wollen, Outlook macht das für Sie.

Hier drei Beispiele zur Verdeutlichung der Funktionsweise des Regelassistenten:

1. Sie haben einen regelmäßigen Newsletter erstellt und möchten die wöchentlichen Ausgaben nicht zwischen Ihren persönlichen E-Mails finden.

2. Sie möchten alle E-Mails von Kunden in einem eigenen Ordner vorfinden.

3. Sie möchten nicht ungefragt E-Mails mit langen Dateianhängen erhalten und lassen E-Mails mit einer Größe über 1 MB gleich ohne Übertragung vom Server löschen. (WARNUNG: Nicht vergessen!)

Zum dafür vorgesehenen Regel-Assistenten gelangen Sie über die Schaltfläche EXTRAS in der Menüleiste, die Sie üblicherweise am oberen Rand Ihres Bildschirms finden. Nach einem Klick auf diese Schaltfläche sehen Sie das aufgeklappte Menü vor sich. Ziemlich in der Mitte – an dritter Stelle – sehen Sie die Schaltfläche REGEL-ASSISTENT.

Wenn Sie auf diese Schaltfläche klicken, erscheint das erste Fenster, welches beim neuen Outlook noch ohne jede Eintragung dasteht.

Bild 4.36:
Zu dem Menü, das Sie zum Regel-Assistenten führt, gelangen Sie über die Schaltfläche EXTRAS.

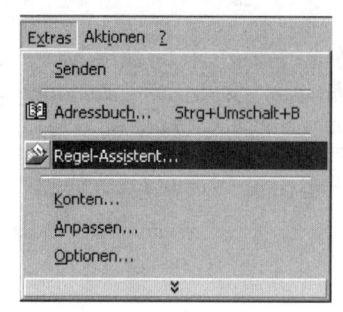

Möchten Sie den Regel-Assistenten konfigurieren, so müssen Sie zunächst auf die Schaltfläche NEU klicken – machen Sie sich auch mit diesem Outlook-Element in aller Ruhe vertraut, denn vieles erklärt sich ganz von allein. Auch das liegt an der intuitiv-erlernbaren Oberfläche dieses Programms.

4.7.5 Die Auto-Funktionen

Vorstellen möchten wir Ihnen hier auch die so genannten Auto-Funktionen: Hierbei handelt es sich um Arbeitserleichterungen, die Sie während der Arbeit mit Outlook von zeitraubenden Routinetätigkeiten entlasten und Ihnen wichtige Informationen bereits auf den ersten Blick offenbaren.

Zwar müssen Sie diese Funktionen nicht unbedingt ausführen, um mit Outlook einfach und komfortabel arbeiten zu können. Und übermäßig sind die Arbeitserleichterungen, die ein Teil der Autofunktionen bieten, auch nicht gerade, doch wir möchten Sie wenigstens darauf hingewiesen haben. In einem Kompendium sollten schließlich auch die noch so versteckten Optionen beschrieben werden.

- AutoVorschau. Informativ im wahrsten Sinne des Wortes ist z.B. die AutoVorschau im Posteingangs-Bereich. Um Ihnen schnell anzuzeigen, ob es sich bei der gerade eingetroffenen E-Mail um ein wichtiges Dokument oder nur um eine Junk-Mail (eine dieser unzähligen Werbe-E-Mails) handelt, können Sie im Posteingangsfenster – unterhalb der Betreffzeile – bereits die ersten Zeilen der eingegangenen E-Mail lesen. So wissen Sie, ob es sich lohnt, diese E-Mail zu öffnen oder sie gleich zu löschen. Haben Sie sich jedoch für das Öffnen der E-Mail entschieden, werden von Outlook die AutoVorschau-Zeilen automatisch ausgeblendet. Beim nächsten Öffnen des Outlook-Posteingangs erscheinen diese Zeilen dann nicht mehr.

- AutoDatum. Probieren Sie diese Auto-Funktion einmal aus, Sie werden verblüfft sein, wie fix Outlook Ihre Angaben in das richtige Datum umwandelt. Geben Sie dazu in die Textspalte für das Datum z.B. einfach die Bezeichnung »nächsten Donnerstag« ein. Im Nu verwandelt Outlook diese Angabe in das korrekte Datum.

- AutoName. Hilfreich ist auch die Funktion AutoName, die für die Arbeit des korrekten Ausfüllens der Textfelder übernimmt. Auf die Probe stellen Sie diese Funktion, indem Sie in die Textspalte für den Namen einfach mal Frau Erika Küting schreiben – wie von Geisterhand sortiert Outlook die Angaben nach Anrede, Vorname und Nachname (mit der Vergabe eines Kommas) ein.

- AutoArchivierung. Letzten Endes handelt es sich bei dieser Funktion um eine »Speicherplatz-Einsparmaßnahme«. Sie können Outlook nämlich auch daraufhin programmieren, dass sich bestimmte Daten nach einer vorher festgelegten Zeit wie von selber löschen oder ins Archiv verschoben werden. Damit das passiert, sollten Sie jedoch zuvor für jeden einzelnen Ordner bestimmen, was wann mit welchen Daten geschehen soll.

4.8 Outlook für Arbeitsgruppen

Man könnte Outlook auch als *Groupware* bezeichnen, als Software also, die sich bestens für ganze Gruppen eignet.

Was ist Groupware? Der Ausdruck Groupware ist ein Kunstwort aus group (deutsch: Gruppe) und Software. Es handelt sich hier um einen Sammelbegriff für alle die Programme, die die Zusammenarbeit von Arbeitsgruppen in einem Netz erlauben und erleichtern. Derartige Software ermöglicht den Datenaustausch innerhalb einer Gruppe und zwischen verschiedenen Arbeitsgruppen. Weiterhin gehört der Versand von E-Mails und eine gemeinsame Dokumentenverwaltung oder ein Terminplaner zum Leistungsumfang einer Groupware. Oft ist in diesem Zusammenhang auch von computer aided teamwork oder workgroup computing die Rede. (Quelle: Das M&T Computer-Lexikon)

Outlook ist also nicht nur für eine »One-Mann-Show« ausgelegt, denn dieser Personal Informations Manager eignet sich tatsächlich für Sie und Ihr gesamtes Personal.

Ob es sich nur um eine kleine Arbeitsgruppe, eine ganze Abteilung oder das gesamte Unternehmen handelt, mit Outlook können Sie auch die komplexesten Aufgaben planen und verwalten.

Mit Outlook lassen sich bequem die unterschiedlichsten Informationen miteinander verknüpfen. Wollen Sie beispielsweise verschiedene Mitarbeiter zu einem Strategiegespräch einladen, so können Sie die dafür notwendigen Adressdaten, die Sie im Ordner KONTAKTE archiviert haben, und den Outlook-Kalender mit dem Wunschtermin in einer E-Mail zusammenführen und an alle Teilnehmer zeitgleich verschicken.

Die Angeschriebenen (sofern sie mit Outlook arbeiten) bekommen dann eine Terminanfrage und können diese bestätigen – sie wird dann automatisch in den Outlook-Terminkalender eingetragen und die Bestätigung per E-Mail zurückgesendet. Bestätigte Termine werden beim Empfänger auch wieder automatisch in den Kalender eingefügt.

4.9 Outlook und Office

Und noch aus einem ganz anderen Grund steht Outlook in der Microsoft-Produktfamilie nicht allein da: Dieses Programm funktioniert zwar einerseits vollkommen selbständig ist andererseits aber auch ein zentraler Bestandteil des Microsoft-Office-Paketes. Deshalb können z. B. sämtliche in Outlook zusammengetragene Adressdaten auch in den anderen Office-Programmen verwendet werden.

Beispielsweise können Sie die in Outlook-Kontakte gespeicherte Adresse in einem mit MS Word verfassten Brief übertragen.

Da das windowsübergreifende Adressbuch von Outlook verwaltet wird, können Sie auch Umschläge und Etiketten, die Sie mit Word erstellen, mit den Adressen beschriften lassen, die Sie in der Kontaktdatenbank von Outlook gespeichert haben.

Gehen Sie dazu in Word auf die Schaltfläche EXTRAS, klicken Sie auf UMSCHLÄGE UND ETIKETTEN und rufen über das nun aufgegangene Fenster das Adressbuch auf – dieses ist anzuwählen über das kleine Buchsymbol neben dem Eintrag EMPFÄNGER- BZW. ABSENDERADRESSE. Dort sind alle die Kontakte zu finden, die Sie Outlook vorher anvertraut haben.

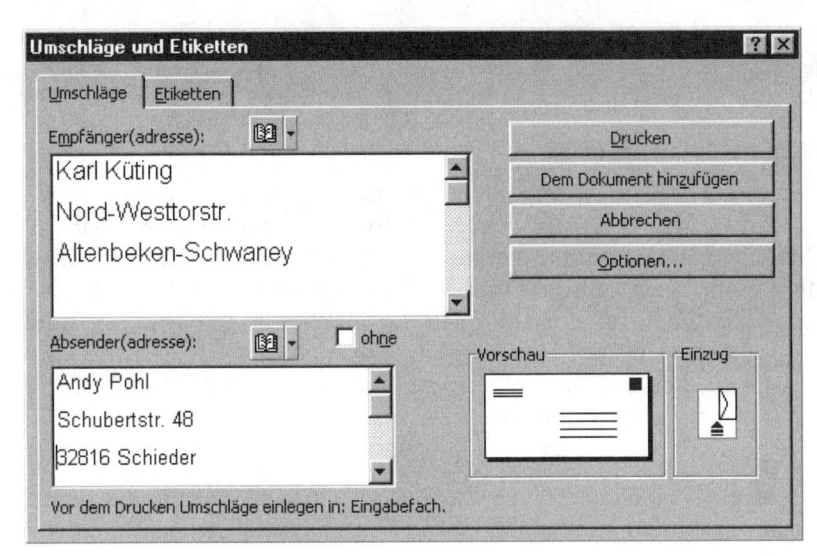

Bild 4.37:
Über dieses Word-Fenster gelangen Sie zum Outlook-Adressbuch – das Übernehmen von Adressdaten für Ihre Korrespondenz vereinfacht sich so sehr.

4.10 Geschichte und Zukunft von Outlook

Betrachten wir zum Schluss des ersten Teils dieses Buches einmal die Herkunft und den möglichen Werdegang von Outlook. Begonnen hat die steile Karriere dieses Programms mit der Version Outlook 97.

Aus zwei mach eins – die Bündelung von Stärken

Sozusagen als »verschmolzener« Nachfolger von Microsoft Mail und Schedule+ wurde es zusammen mit den Versionen des Office-97-Paketes vertrieben. Dieses gestattete es dem Anwender z.B. erstmalig, per Drag&Drop E-Mails aus einfachen Notizen zu erstellen.

Was war Schedule+?

Schedule+ für Windows 95 war Microsofts erstes echtes Programm zur effizienten Verwaltung von Terminplänen, Aufgaben und Daten oder dem Austausch dieser Daten innerhalb von Arbeitsgruppen.

Über die Schnittstelle zu Microsoft Project konnte man schon mit diesem Programm Informationen zu Tätigkeiten aus Projekten in die persönliche Terminplanung übernehmen.

Auch verschiedene Datenformate wurden unterstützt. Man konnte Daten zu beruflichen und privaten Kontakten aus anderen Programmen wie Microsoft Access und Microsoft Excel importieren und exportieren.

Sogar mobile Anwender konnten mit Schedule+ schon To Do-Listen, Termine und Telefonnummern auf Laptop-PCs und elektronische Terminplaner oder in die Timey Data Link Watch laden.

Was war Microsoft Mail?

Microsoft Mail war Bestandteil einer umfangreichen Kommunikations-Software, die den Namen Microsoft Exchange trug. Das war ein Messaging-Server mit integrierter Groupware, der die Kommunikation einfacher machte. Microsoft Exchange integrierte E-Mail, persönliche und Gruppenterminplanung, elektronische Formulare und Groupware-Anwendungen aus einer gemeinsamen Client-Server-Plattform heraus, die mit einem zentralen Administrationsprogramm verwaltet werden konnte.

Microsoft Exchange Server war darauf ausgerichtet, vor allem das Messaging einfacher, zuverlässiger und für Unternehmen jeder Größe skalierbar zu machen.

Als wesentliches Element des Internet Mail Connectors wurde MS Mail schnell zu einem weitverbreiteten E-Mail-Programm. Denn da der Exchange Internet Mail Connector Zugang zu SMTP-basierten Mail-Systemen (Simple Mail Transfer Protocol) bot, konnten damit Millionen von Internet-Mail-Benutzern das Internet als transparentes Backbone zur Verbindung zweier Exchange Server benutzen.

Ebenso konnte ein Exchange Client über das Internet mit einem Exchange Server kommunizieren. Der Internet Mail Connector unterstützte auch die SMTP-Erweiterung MIME (Multipurpose Internet Mail Extension), die das Versenden beliebiger Anlagen erlaubte.

Die Geburtsstunde der PIMs

Microsoft hat also mit Outlook gewissermaßen die Stärken von zwei Programmen gebündelt, die einerseits ursprünglich für die reine Termin- und Projektplanung und andererseits ausschließlich mit dem Versenden von elektronischen Nachrichten gedacht waren.

Das war die Geburtsstunde der PIMs, denn durch die Verbindung der beiden oben genannten Vorläufer-Programme und Office 97 entstand ein wirklich leistungsfähiges Personal Information System.

Doch die Microsoft-Programmierer feilten weiter an der Funktionsvielfalt und der Benutzerfreundlichkeit von Outlook. Zwischenzeitlich veröffentlichte man mit Outlook-Express, einem abgespeckten Tool, das in den kostenlos vertriebenen Internet Explorer (Version 4) integriert war (und immer noch ist), eine Software, die überwiegend für die komplette Korrespondenz und die systematische Verwaltung von E-Mails entwickelt wurde.

Damit wurde der Name Outlook einem Massenpublikum bekannt und der kommerzielle Erfolg konnte seinen Lauf nehmen. Kurze Zeit später kam dann Outlook 98 auf den Markt. Endlich hatte man damit ein vollwertiges Instrument geschaffen, mit dem man alle Anwendungen, die man an ein zeitgemäßes Personal Informations Managementsystem stellt, komfortabel, sicher und effektiv bewältigen kann.

Das beginnt einerseits bei der Verwaltung von Adressen (sowohl Postanschrift, als auch E-Mail- und Internet-Adressen) von Geschäftspartnern, Kunden und Kollegen und andererseits von Freunden, Bekannten und Verwandten, geht weiter über die punktgenaue und aufgabenspezifizierte Projektorganisation und hört bei der Kontrollmöglichkeit und Archivierung von Post-, Fax- und/oder E-Mail-Aus- und Eingängen noch lange nicht auf.

Outlook 2000 – Innovation und Integration

Nun liegt also Outlook 2000 vor und wieder haben sich die Programmierer in Redmond viel Mühe gegeben, in Richtung User zu denken. Wichtig war dabei natürlich die Benutzerfreundlichkeit dieses Programms.

Dabei hat man auch in Sachen Innovation und Integration Entwicklungssprünge gemacht, aber der Servicegedanke stand ganz klar im Vordergrund. Schließlich versteht sich auch Microsoft als Dienstleister.

Service bedeutet in diesem Zusammenhang die Erleichterung umfangreicher und komplizierter Planungsschritte und die Befreiung von oftmals lästigen Routinetätigkeiten.

Das Outlook der Zukunft

Aber wohin geht die Reise? Vielleicht liegt die Zukunft von Outlook in der alleinigen Eingabe von Daten und Informationen via Spracheingabe? Ade gute alte Tastatur, tschüs liebe Maus – herzlich willkommen in der Zukunft. Hier, wo einen eine freundliche Stimme aus dem Computer an dringende Termine und den wohlverdienten Feierabend erinnert.

Mit welchen Innovationen Outlook 2000 im Detail aufwartet, das können Sie in diesem Buch nachlesen. Sie dürfen sich aber schon jetzt bewusst sein, dass Sie mit diesem PIM ein hochmodernes und qualitativ hochwertiges Instrument für die Verwaltung von Daten und Informationen und die weltweite Kommunikation Ihr Eigen nennen können.

4.11 Zu guter Letzt

Wie Sie diesem umfangreichen Kapitel entnehmen konnten, ist Outlook so ziemlich jeder Anforderung an ein modernes Personal Information Management gewachsen. Natürlich kann man in einem Kapitel wie diesem, das nur einen groben Überblick über die Möglichkeiten dieses überaus umfangreichen Programmes geben soll, nicht jede einzelne Funktion aufzeigen. Wir haben jedoch versucht, Sie schon hier mit den wesentlichsten Elementen und Optionen insoweit bekannt zu machen, dass Ihrer erfolgreichen Arbeit mit diesem multifunktionalen Programm nichts mehr im Wege steht. Viel Erfolg!

NOBOX.DE & die Autoren dieses Buchs schenken Ihnen 10 DM!

Als Leser dieses Buchs haben Sie zweifelsfrei einen Internet-Anschluss – Sie können sich nun die Software-Verpackung sparen, und wir schenken Ihnen obendrein einen 10-Mark-Software-Gutschein!

Wußten Sie, dass Sie rund 30% für die Verpackung und den Vertrieb einer durchschnittlichen Software bezahlen? Nur rund 70% ist die Software also wert, die Sie im Computershop kaufen – egal, um welches Programm es sich handelt. Internet-Benutzer sind eindeutig im Vorteil: Mit bis zu 50% Rabatt erhalten Sie bei uns die neuesten Programmversionen zum sofortigen Download.

Sofern Sie sich diesen Gutschein anrechnen lassen, erhalten Sie außerdem zusätzlich einmalig 10 DM gutgeschrieben!

Das sind Ihre persönlichen Vorteile:

- 20–50% Rabatt. Sie sparen bares Geld. Unsere Produkte sind garantiert mindestens 20% preiswerter als im Computershop, weil wir auf eine aufwendige, teure Verpackung und den Vertrieb verzichten. Selbstverständlich entsprechen unsere Programmversionen exakt den Regalversionen, alle Funktionen stehen also uneingeschränkt zur Verfügung.

- Download sofort. Unsere Software steht Ihnen sofort zur Verfügung. Nach der Bezahlung laden Sie das Programm einfach per Klick auf Ihren Rechner herunter; anschließend wird es auf Ihrem PC automatisch installiert und eingerichtet.

- Garantiert neueste Versionen. Sie erhalten stets die brandneuste Programmversion. Software, die normalerweise im Regal lange Monate auf Käufer wartet, ist oft schon beim Kauf veraltet – wir aktualisieren unsere Versionen, sobald eine neue Fassung erscheint.

- Bestens informiert. Wir liefern Ihnen umfassende Informationen zu jedem Produkt, so dass Sie eine objektive Kaufentscheidung treffen können. Wir beschreiben jedes Produkt ausführlich und vergleichen es mit Konkurrenzprogrammen.

Und so geht's: Registrieren Sie sich unter www.nobox.de bei uns, und lassen Sie sich unter Angabe der Referenznummer MUTOL2KKOMP-222000 Ihren 10-Mark-Gutschein freischalten!

Internet-Grundkurs

Kapitel 5

5.1 Die Historie des Internets

5.1.1 Vier bedeutende Worte

In den Augen einiger Computerexperten mindestens so bedeutend wie die erste bemannte Mondfahrt am 20. Juli 1969 war ein Ereignis am 21. November 1969; und einen vielleicht ebenso zukunftsweisenden Schritt für die Menschheit legten in diesem Jahr nicht nur die Astronauten Buzz Aldrin und Neil Armstrong, sondern auch der amerikanische Computerprofessor Leonard Kleinrock zurück.

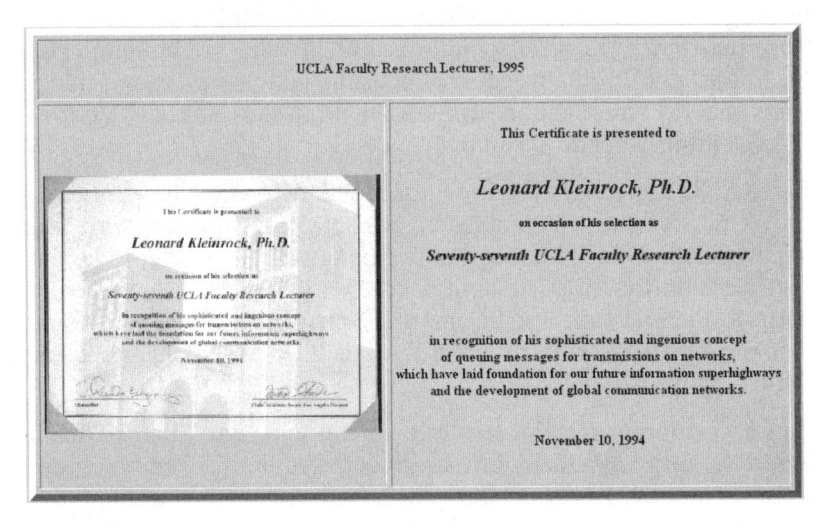

Bild 5.1:
Leonard Kleinrock hat für seine Forschungsarbeit eine Ehrenurkunde erhalten.

Kleinrock tippte die vier Worte, die eine vernetzte Revolution in Aussicht stellten. Er saß, umringt von Studenten, an der Universität von Los Angeles und tippte »Sehen Sie diese Zeichen?« in sein Computerterminal. Kurze Zeit später traf die ersehnte Antwort des Empfängers aus San Francisco, 380 Meilen weit entfernt von Kleinrock, ein: »Ja«.

Damit war das Zeitalter der vernetzten Kommunikation eingeleitet. Statt Computerinformationen auf Magnetbändern oder Lochkarten zu speichern und diese per Post anderen Computerbenutzern zu übermitteln, konnten digitale Daten nun hunderte oder gar tausende von Kilometern mit nur geringer zeitlicher Verzögerung übermittelt werden.

5.1.2 Militärisches Kalkül: Das ARPANET

1968, inmitten des Kalten Krieges zwischen der damaligen Sowjetunion und den Vereinigten Staaten, befasste sich die amerikanische Verteidigungsbehörde *DARPA* (*Defense Advanced Research Projects Agency*) mit einem neuen wissenschaftlichen Projekt. In diesem Projekt sollten die Möglichkeiten der sicheren Computervernetzung im Fall eines atomaren Holocausts untersucht werden.

Die Militärs hatten die strategisch zentrale Funktion des Computers erkannt, so dass Gefahr in dem Fall drohte, wenn die Verbindung zwischen Rechenzentren zum Beispiel durch einen Bombeneinschlag unterbrochen wurde. Ein Netzwerk sollte jede strategisch wichtige Einrichtung, einzelne Militärstützpunkte ebenso wie Kasernen oder Kontrollzentralen, miteinander verbinden. Das grundsätzliche Problem jedoch blieb: Im Falle eines Atomschlags wäre die Kommunikation unterbrochen, wenn einzelne Verbindungsleitungen zerstört wären.

Die RAND Corporation wurde von der DARPA mit der Entwicklung eines Netzwerk-Prototyps beauftragt. Paul Baran war Projektleiter bei RAND und überlegte sich eine unorthodoxe Methode: Ein Netzwerk durfte seiner Ansicht nach über keine Zentrale verfügen, denn in dieser ist die Intelligenz des Netzwerks konzentriert. Eine Zerstörung dieses Kontrollorgans schließlich bedeutete das Ende der Kommunikation.

Baran ersann in der Konsequenz ein System, das über keinerlei Kontroll- und Steuer-Hauptquartier verfügte und in dem auch der Ausfall einzelner Rechner oder ganzer Teilsysteme die Funktion des Gesamt-Netzwerks sichergestellt war.

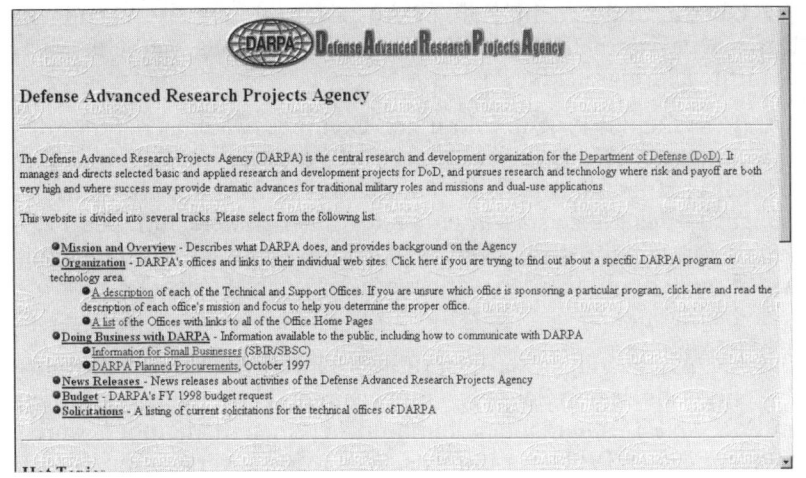

Bild 5.2:
Die Homepage der DARPA nennt auch noch heute Details zur Historie des Internets.

Der RAND-Projektleiter verband in der Theorie die einzelnen Computer miteinander. Statt jedoch Informationen in einem zentralen Datenspeicher zu hinterlegen, presste jeder einzelne Rechner seine Informationen in die Leitungen des Netzwerks, und zwar in Form kleiner Informationspakete. Passierte ein solches Paket nun einen anderen Computer, prüfte dieser die Empfängerangabe am »Kopf« des Pakets. War das Paket für den Computer bestimmt, speicherte er es auf einem lokalen Datenträger, ansonsten beließ er es unangetastet im Netz.

Bild 5.3:
Die RAND Corporation ist ein nichtkommerzielles Institut.

Fiel dieser Rechner aus, konnten ihm keine Pakete mehr zugestellt werden; alle anderen Rechner jedoch blieben nach wie vor erreichbar. Weil jeder einzelne Rechner die Pakete prüfte, nahm diese Form der Übermittlung mehr Zeit in Anspruch als andere Lösungen. Dafür aber war die Kommunikation sicher, und das war schließlich das Entwicklungsziel Barans.

RAND stellte das Prinzip führenden Computerwissenschaftlern des renommierten *Massachusetts Institute of Technology (MIT)* vor. Der Wissenschaftler Vinton G. Cerf setzte das bislang nur theoretische Konstrukt des Netzwerks in ein erstes Testnetzwerk um, das 1971 seinen Betrieb aufnahm. Weil die DARPA zu diesem Zeitpunkt in ARPA umbenannt worden war, wurde das neue Netzwerk als *ARPANET* bezeichnet.

Das ARPANET gilt als der Ursprung des Internets, Vinton Cerf entsprechend als dessen Schöpfer. Immerhin 30 Universitäten konnten im ARPANET miteinander kommunizieren, und dennoch waren die technischen Probleme immens. Weil jede Universität ihr eigenes Rechenzentrum mit einem eigenen Betriebssystem verwaltete, musste das gemeinsame Kommunikationsprotokoll für jedes System neu entwickelt werden.

1972 stellte das Forschungsteam das ARPANET einem größeren Experten-Kreis vor. Der Erfolg war derart überwältigend, dass sich ein neues Forschungsteam, die *International Network Working Group (INWG)* zusammenfand, dessen Vorsitzender Vinton Cerf war.

5.1.3 Aus dem ARPANET entstand das Internet

Diese Forschungsgruppe arbeitete weiter an der Entwicklung eines Kommunikationsnetzes, und schon 1973 wurde ein erster Entwurf des neuen *TCP-Protokolls* veröffentlicht. TCP stand für *Transmission Control Protocol* und sollte vor allem mit jedem Computer und jedem Betriebssystem zusammenarbeiten.

1975 beendete die RAND Corporation ihre Arbeit an dem Netzwerk und präsentierte damit gewissermaßen den »Großvater des Internets«.

5.1.4 Das Prinzip der positiven Rückkopplung

Das Wachstum des Netzes war zunächst noch sehr gering, denn die Vorteile der weltweiten Kommunikation wurden zu einem großen Teil durch die sehr umständlich Bedienung zunichte gemacht. Knapp 10 Jahre schlummerte das Netz und wurde lediglich zur militärischen und universitären Kommunikation genutzt.

Bill Gates beschreibt in seinem Buch »Der Weg nach vorn« das Prinzip der positiven Rückkopplung, die auch das Internet beeinflusste. Erst wenn der Anwender einen konkreten Nutzeffekt erkennt und die Bedienung einer neuen Technik dazu unkompliziert ist, wird er sich für die regelmäßige Anwendung bzw. deren Kauf entscheiden. Weil zunächst nur eine Handvoll Server und damit wenige Informationen im Internet verfügbar waren, stieß das neue Medium auf nur geringes Interesse. Erst mit langsam steigender Zahl an Servern waren auch mehr Personen bereit, sich als regelmäßige Anwender dem Internet anzuschließen. Entsprechend mehr Anbieter entschlossen sich in der Folge, eigene Informationen mit einem Server bereitzustellen, was wiederum mehr Benutzer dazu veranlasste, im Internet auf Recherche zu gehen.

Als Konsequenz entwickelte sich die Benutzerzahl explosionsartig. 1984 waren erst über 1.000 Server, die Daten im Internet bereitstellten, angeschlossen. 1990 wurden im Internet rund eine halbe Million Server gezählt; Ende 1998 beläuft sich deren Zahl auf schätzungsweise über 15 Millionen – mit steigendem Trend.

5.2 Kommunikationsprotokolle sind die »Sprache« des Internets

5.2.1 TCP, das Internet-Protokoll

Das Internet ist, wie Sie aus der Einleitung schließen können, eine bloße Ansammlung von weltweit verlegten Kabeln, Kommunikationssatelliten und diverser Netzwerk-Hardware. Damit alle angeschlossenen Rechner miteinander in Verbindung treten können, ist eine einheitliche »Sprache« notwendig. Als Kommunikationsbasis dient in der Computerwelt das *Übertragungsprotokoll* oder kurz *Protokoll*. In der Einleitung haben wir Ihnen bereits das im Internet ursprünglich verwendete Protokoll vorgestellt: TCP, die Kurzform für *Transfer Control Protocol*.

Zwei Rechner können nur dann miteinander in digitalen Kontakt treten, wenn sie mit dem gleichen Protokoll ausgestattet sind. Stellen Sie sich als passende Analogie ein Gespräch zwischen zwei Freunden vor: Beide können sich nur dann unterhalten, wenn zumindest einer die Sprache des anderen spricht und versteht.

5.2.2 Protokolle sind die Basis aller Netzwerke

Übertragungsprotokolle sind keine Entwicklung, die erst das Internet hervorgebracht hat; sie sind vielmehr zu Dutzenden in der Computerwelt verbreitet. Die überwiegende Zahl dieser Protokolle wurde von namhaften Computerfirmen entwickelt, die sich auf die Vernetzung von Rechnern spezialisiert haben. Der weltweite Marktführer Novell beispielsweise hat passend zu seinem Netware-Server das Netzwerk-Protokoll NETX entwickelt, und Microsoft-Netzwerke arbeiten serienmäßig mit NetBEUI, einem Microsoft-Standard.

Bild 5.4: Netzwerkprotokolle; hier sind zwei unterschiedliche Protokolle eingebunden

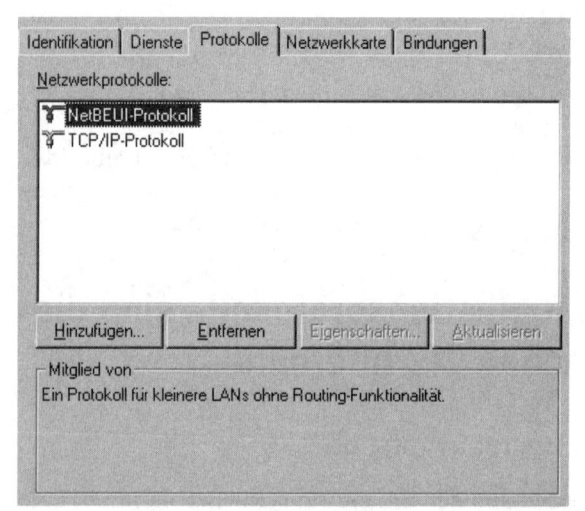

Weil die Firmen in die Entwicklung viel Kapital investiert haben, muss der Anwender für deren Nutzung mitunter tief in die Tasche greifen. Außerdem sind die meisten Netzwerkprotokolle nicht zueinander kompatibel, so dass Probleme beim parallelen Betrieb zweier Netzwerke auftreten.

Mit dem Internet-Protokoll werden beide Probleme elegant umgangen. Zum einen ist TCP von staatlichen Einrichtungen entwickelt worden und steht seitdem lizenz- und gebührenfrei zur Verfügung. Durch die exakte Normierung ist zum Zweiten der konfliktfreie Betrieb unterschiedlicher Netzwerke möglich, sofern alle beteiligten Instanzen TCP verstehen.

Weil die Vorteile offensichtlich sind, kehren immer mehr Netzwerkanwender proprietären Lösungen den Rücken zu und entscheiden sich für TCP/IP. Geschlossene Firmennetzwerke, die mit Internet-Technologien arbeiten, werden als Intranets bezeichnet.

Während bisher stets von »TCP« die Rede war, muss dies nun präzisiert werden. Das Entwicklerteam um Vinton Cerf entdeckte bei den Tests, dass Daten bei schlechter Leitung nur unvollständig oder gar nicht bei der Gegenseite eintrafen. Nachdem die Experten über dieses Problem diskutiert hatten, wurde TCP um einen Kontrollmechanismus ergänzt und inTCP/IP umbenannt. Fortan übermittelte der IP-Teil des Protokolls die Daten, während TCP den vollständigen und fehlerfreien Transfer sicherstellte. In der Kombination dieser Fähigkeiten war TCP/IP auch bei schlechten Übertragungsleitungen imstande, die gewünschten Informationen sicher zu übermitteln.

5.2.3   Fehlerkorrektur mit TCP/IP

Technisch elegant gelöst wurde die Problemstellung, »defekte« Teile einer Datei zu rekonstruieren. Wenn beispielsweise eine mehrere Megabyte umfassende Datei nur eine Fehlstelle aufwies, müsste die gesamte Datei komplett neu übertragen werden. Diese sehr ineffiziente Art der Übermittlung ersetzten die Ingenieure durch das Verfahren der Paketübermittlung, welches TCP/IP zugrunde liegt. Vor der Übertragung wird jede Information in kleine Pakete mit definierter Größe zerstückelt, und anschließend in dieser Form über das Internet geschickt. Der Empfänger-Computer setzt die Fragmente wieder zusammen, so dass im Ergebnis die vollständige Information übermittelt wurde.

Ist nun eines dieser Pakete fehlerhaft, muss nur dieses erneut transferiert werden – eine offenbar gut durchdachte und in der Praxis funktionierende Form des Informationstransfers.

5.2.4   IP-Pakete

Ein Internet-Paket wird als IP-Paket bezeichnet und besteht aus einem *Header* und einem Datenteil. Während der Datenteil die zu übermittelnde Information umfasst, sind im Header die Absender- und Empfängeradresse sowie zahlreiche weitere technische Parameter hinterlegt. Anhand des IP-Headers wird also der Zielcomputer eindeutig identifiziert und die Informationen korrekt übermittelt.

Welche Information ein IP-Paket enthält, ist hinsichtlich der Übermittlung unerheblich. Es kann eine elektronische Nachricht ebenso enthalten wie eine Binärdatei oder einen Diskussionsbeitrag an einem »schwarzen Brett« des Internets, das wir Ihnen später vorstellen werden.

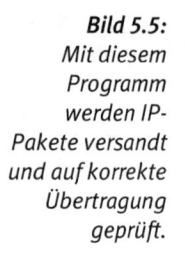

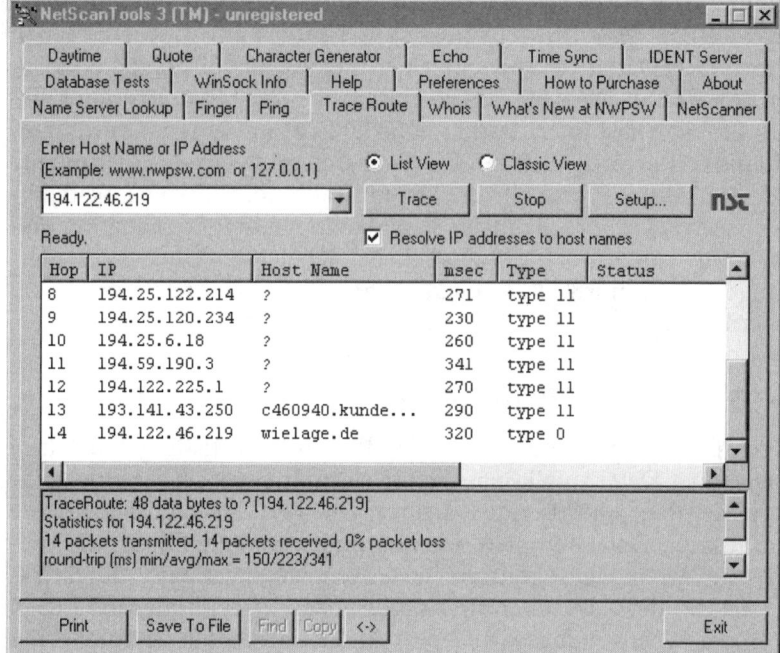

Bild 5.5:
Mit diesem Programm werden IP-Pakete versandt und auf korrekte Übertragung geprüft.

```
NetScanTools 3 (TM) - unregistered

Daytime    Quote    Character Generator   Echo    Time Sync    IDENT Server
Database Tests    WinSock Info    Help    Preferences    How to Purchase    About
Name Server Lookup    Finger    Ping    Trace Route    Whois    What's New at NWPSW    NetScanner

Enter Host Name or IP Address
(Example: www.nwpsw.com or 127.0.0.1)    (•) List View   ( ) Classic View
194.122.46.219                          Trace      Stop      Setup...    nst

Ready.                           [✓] Resolve IP addresses to host names

Hop  IP              Host Name         msec  Type      Status
8    194.25.122.214  ?                 271   type 11
9    194.25.120.234  ?                 230   type 11
10   194.25.6.18     ?                 260   type 11
11   194.59.190.3    ?                 341   type 11
12   194.122.225.1   ?                 270   type 11
13   193.141.43.250  c460940.kunde...  290   type 11
14   194.122.46.219  wielage.de        320   type 0

TraceRoute: 48 data bytes to ? [194.122.46.219]
Statistics for 194.122.46.219
14 packets transmitted, 14 packets received, 0% packet loss
round-trip (ms) min/avg/max = 150/223/341

Print    Save To File   Find   Copy   <->                        Exit
```

5.2.5 Ports

Es muss also eine Art »Filter« vorhanden sein, um beispielsweise einen Brief von einer Binärdatei unterscheiden zu können. Weil IP-Pakete beliebige Informationen enthalten können, müssen diese zunächst klassifiziert und anschließend an die geeignete Anwendung weitergereicht werden.

Dies ist nicht besonders effizient. Stellen Sie sich zum Vergleich ein Unternehmen vor, dessen Postverteiler zunächst die Briefe öffnen muss, um sie an die entsprechenden Abteilungen weiterzuleiten. Eine Angabe auf dem Briefumschlag würde diesen selektiven Prozess vereinfachen: Briefe könnten direkt an die Abteilungen weitergeleitet werden, ohne dass die Poststelle zuvor die Briefe öffnen muss.

Auch im Internet bestehen gewissermaßen »Abteilungen«, an die Daten passend adressiert werden müssen. Jede »Abteilung« entspricht dabei einem Anwendungsprogramm Ihres Computers. Ebenso wie eine Grafik mit einem Grafikprogramm aufgerufen werden muss und ein Textdokument mit einer Textverarbeitung geöffnet werden kann, muss ein elektronischer Brief an das zuständige Programm weitergeleitet werden.

Die innerhalb der TCP/IP-Spezifikation verwendete Methode zur eindeutigen Zuordnung einer Information zu einem Dienst heißt *Portsystem*. Jeder Internet-Anwendung wird dabei ein *Port* zugewiesen, dieser Port vom TCP/IP-Empfänger abgefragt und die im IP-Paket enthaltene Information entsprechend einer Anwendung zugeordnet.

Für den Internet-Anwender sind TCP/IP-Ports transparent und daher unbedeutend. Das mit TCP/IP ausgerüstete Betriebssystem kontrolliert den TCP/IP-Datenstrom selbstständig und leitet die enthaltenen Informationen im Hintergrund an die betreffende Applikation weiter. Als Outlook-Anwender ist es mitunter jedoch hilfreich und sogar erforderlich, die Portnummern der wichtigsten Dienste zu kennen, beispielsweise des E-Mail-Dienstes.

Einen Überblick über die wichtigsten Anwendungen und Portnummern gibt Ihnen die folgende Tabelle. Die hier enthaltenen Informationen stellen nur einen Ausschnitt über mehrere hundert spezifizierte Internet-Dienste dar. Die Dienste der Tabelle stellen wir Ihnen in einem späteren Kapitel im Detail vor.

Port	Kürzel	Dienstname	Beschreibung
21	ftp	File Tranfer Protocol	Über diesen Port findet der Dateitransfer statt, beispielsweise, um einen neuen Treiber aus dem Internet auf Ihre Festplatte zu überspielen.
23	Telnet	Telnet	Der Telnet-Dienst ermöglicht die Fernkontrolle anderer Computer und entstammt der Unix-Welt, die in den Anfängen des Internets dominierte.
24	Pms	Private Mail System	Unabhängig vom folgenden SMTP-Protokoll können über Port 24 eigene Mailsysteme realisiert werden.
25(*)	smtp	Simple Mail Transfer Protocol	Über diesen Dienst werden E-Mails vermittelt. Das ältere SMTP-Protokoll wird zunehmend jedoch durch modernere Dienst abgelöst.
37	time	Time	Über diesen Port kann der Server die aktuelle Systemuhrzeit übermitteln. Wird für einige Spezialanwendungen und daher nur selten verwendet.

Tabelle 5.1:
TCP/IP-Ports und zugeordnete Dienste

Port	Kürzel	Dienstname	Beschreibung
70	gopher	Gopher	Der Gopher-Dienst ermöglicht die gezielte Suche nach Informationen im Internet, wird jedoch zunehmend durch moderne Suchmaschinen des WWW verdrängt.
79	finger	Finger	Über Finger können Sie feststellen, welche anderen Teilnehmer auf Ihrem oder einem beliebigen anderen Webserver angemeldet sind.
80	WWW	World Wide Web	Die Hauptapplikation des Internets wird über den Port 80 abgewickelt.
109	pop2	Post Office Protocol, Version 2	Das POP2-Protokoll hat gegenüber SMTP zahlreiche Vorteile und konnte dieses daher nahezu vollständig ablösen.
110(*)	pop3	Post Office Protocol, Version 3	Der moderne Nachfolger POP3 hat sich mittlerweile als Standard gefestigt und wird von den meisten Internet-Providern als Quasi-Standard für die Übermittlung von Nachrichten verwendet.
118	sqlserv	SQL Services	Datenbankabfragen als SQL-Server werden über diesen Port realisiert.
110(*)	nntp	Network News Transfer Protocol	Gewissermaßen ein »Schwarzes Brett« überdimensionaler Ausmaße bildet das Usenet, dessen Informationen über das NNTP-Protokoll übertragen werden.

Die mit einem Stern (*) gekennzeichneten Protokolle sind für Ihre Arbeit mit Outlook 2000 von Interesse.

5.2.6 Koordiniertes Chaos: Routing

Die weltweite Koordination eines derart umfassenden Netzwerkes wie das Internet erfordere ein Höchstmaß an Logistik, um der großen Anzahl an verbundenen Rechnern und der hohen Datenlast Rechnung zu tragen – das ist die naheliegende Vermutung jedes Internet-Newbies.

Wir haben Ihnen jedoch im einleitenden Abschnitt bereits erläutert, dass dem Internet mit dem Hintergrund der abgesicherten Kommunikation eine zentrale Koordinationsstelle fehlt. Stattdessen übernehmen einige tausend »Verteilerstellen« die Weiterleitung der im Internet kreisenden IP-Pakete. Eine solche Knotenstelle heißt *Router* und verbindet kleine Teilnetze miteinander, die sich zum Internet zusammenfügen.

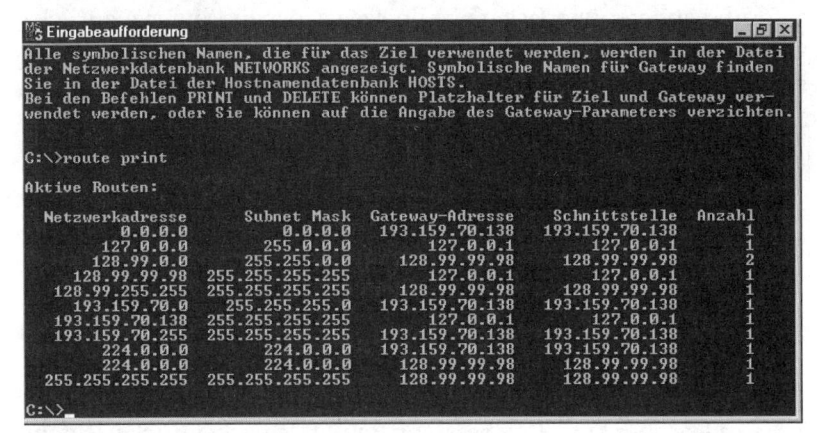

```
Eingabeaufforderung

Alle symbolischen Namen, die für das Ziel verwendet werden, werden in der Datei
der Netzwerkdatenbank NETWORKS angezeigt. Symbolische Namen für Gateway finden
Sie in der Datei der Hostnamendatenbank HOSTS.
Bei den Befehlen PRINT und DELETE können Platzhalter für Ziel und Gateway verwendet werden, oder Sie können auf die Angabe des Gateway-Parameters verzichten.

C:\>route print
Aktive Routen:
    Netzwerkadresse      Subnet Mask   Gateway-Adresse     Schnittstelle  Anzahl
          0.0.0.0          0.0.0.0    193.159.70.138     193.159.70.138       1
        127.0.0.0        255.0.0.0        127.0.0.1          127.0.0.1       1
        128.99.0.0      255.255.0.0     128.99.99.98       128.99.99.98       2
     128.99.99.98  255.255.255.255        127.0.0.1          127.0.0.1       1
    128.99.255.255  255.255.255.255     128.99.99.98       128.99.99.98       1
     193.159.70.0    255.255.255.0    193.159.70.138     193.159.70.138       1
    193.159.70.138  255.255.255.255        127.0.0.1          127.0.0.1       1
    193.159.70.255  255.255.255.255    193.159.70.138     193.159.70.138       1
        224.0.0.0        224.0.0.0    193.159.70.138     193.159.70.138       1
        224.0.0.0        224.0.0.0     128.99.99.98       128.99.99.98       1
   255.255.255.255  255.255.255.255     128.99.99.98       128.99.99.98       1
C:\>_
```

Bild 5.6:
Router-Tabelle, in der alle Routerverbindungen gespeichert sind

Ein solcher Router speichert in einer internen Tabelle ein Verzeichnis, das grobe Informationen über den geographischen Standort des Empfängercomputers enthält. Trifft nun ein IP-Paket beim Router ein, prüft dieser anhand seiner Tabelle, an welches Subnetz diese Nachricht weitergeleitet werden muss, um den Empfänger schnellstmöglich zu erreichen.

Weil der Router stets an mehreren Subnetzen angeschlossen ist, kann er mehrere Wege auswählen. Als intelligenter IP-Paket-Verteiler kann er beispielsweise den Datendurchsatz eines Subnetzes messen und damit Staus auf dem Datenhighway umgehen. Der schnellste Weg einer elektronischen Nachricht von Hamburg nach Westenholz oder Neuenkirchen kann daher über London, Tokio, und Moskau führen, wenn innereuropäische Internet-Pfade zurzeit der Übermittlung überlastet sind.

Das RIP-Protokoll

Alle Internet-Router stehen untereinander mit einem speziellen Protokoll in Verbindung, dem *Routing Information Protocol* (kurz *RIP*). Dies ist erforderlich und sinnvoll, weil das Internet als ausgesprochen dynamisches Netzwerk täglich wächst. Wird im Internet ein neuer Router in Betrieb genommen, kann sich dieser selbständig bei den bereits betriebenen Routern anmelden und damit die Effizienz des Internets steigern.

»Lebenszeit« eines IP-Pakets

Es zeichnet sich ab, dass IP-Pakete im ungünstigen Fall unnötig lange im Internet bewegt werden und den Datendurchsatz damit verringern. Bei hoher Datenlast kann sich der Router A beispielsweise dafür entscheiden, ein IP-Paket an Router B zu übermitteln, der das Paket aufgrund anderer überlasteter Teilnetze wieder zu Router A zurückwirft. Beide Router spielen gewissermaßen »Ping-Pong« mit dem IP-Paket; eine Eigenart des Routings, das nicht umgangen wird.

Bild 5.7:
Die letzte Spalte zeigt die Lebensdauer der IP-Pakete an.

IP	Bytes	msec	TTL
194.122.46.219	48	410	46
194.122.46.219	48	360	46
194.122.46.219	48	450	46
194.122.46.219	48	371	46
194.122.46.219	48	261	46

Zwei wirksame Kontrollmechanismen sind im Internet verbreitet, um Endlosschleifen fehlgeleiteter IP-Pakete zu umgehen. Die erste Technik prägt jedem IP-Paket den Wert 256 auf; eine Zahl, die als *Time To Life* oder kurz *TTL* bezeichnet wird. Je nach zurückgelegtem Internet-Weg verringern Router diesen Wert um einen bestimmten Betrag; ist der TTL-Wert auf Null gesetzt und damit die »Lebenszeit« des IP-Pakets abgelaufen, wird es sofort gelöscht und beim Absender eine neue Kopie angefordert.

Bild 5.8:
Die Anzahl der Hops kann unter Windows NT 4 Server eingestellt werden.

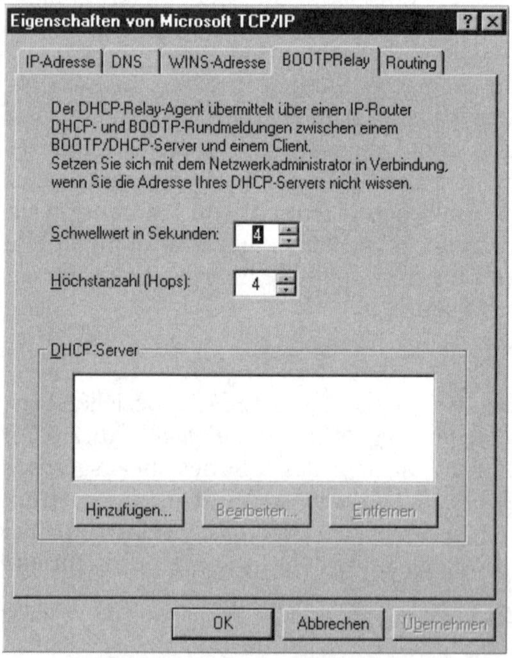

Eine zweite Kontrolle des Routingwegs ist über so genannte *Hops* möglich, wird aber in der Praxis nur für die Verfolgung des Routings verwendet. Ein Hop (etwa mit »Hüpfer« zu übersetzen) bezeichnet einen Pfad zwischen genau zwei Routern; passiert ein IP-Paket zwischen Sender und Empfänger also 13 Router, hat es eine entsprechende Zahl Hops zurückgelegt. In der internen Tabelle der Router wird unter anderem verzeichnet, wie viele Hops ein Router entfernt ist, so dass dessen geografische Entfernung abgeschätzt werden kann.

5.2.7 Übertragungssicherheit mit ICMP

Der TTL-Wert wird von einem weiteren Protokoll kontrolliert, das den Namen *ICMP* als Kurzform für *Internet Control Message Protocol* trägt. Ein solches Protokoll ist erforderlich, denn schließlich möchten Sie als Internet-Anwender es nicht dem Zufall überlassen, ob Ihre Nachrichten oder Daten beim Empfänger eintreffen.

ICMP kommuniziert direkt mit Ihrem Computer und teilt diesem mit, wenn ein Fehler aufgetreten ist. Im vorherigen Abschnitt haben wir bereits kurz erwähnt, das ICMP auch verlorene Datenpakete anfordern kann, um den Transfer Ihrer Daten sicherzustellen.

Einige typische Rückmeldungen, die ICMP an Ihren Rechner übermittelt, haben wir in der folgenden Tabelle zur Übersicht zugesammengestellt.

Rückmeldung an Sender	Bedeutung
Redirect	Das Datenpaket wurde über einen weiteren Router an den Empfänger umgelenkt.
Destination unreachable	Der Empfänger konnte nicht erreicht werden, beispielsweise, weil der TTL-Wert abgelaufen war.
Source Quench	Die Datenquelle muss langsamer senden, weil keine Ausweichroute zur Verfügung steht und die Datenlast im Internet aktuell hoch ist.

Tabelle 5.2: Charakteristische ICMP-Meldungen

5.3 Adresssysteme des Internets

5.3.1 IP-Adressen: Ihre »Postanschrift«

Einzelne Computer müssen innerhalb des Internets eindeutig identifiziert werden, damit Daten beliebiger Art korrekt zugestellt werden können. Eine solche Adresse ist im Prinzip vergleichbar mit Ihrer Postanschrift, unter der Sie ebenfalls weltweit erreichbar sind.

Dass dennoch zahlreiche Unterschiede bestehen, liegt auf der Hand. Unser Post-Adresssystem hat sich derart eingeprägt, dass Sie die Syntax auswendig kennen. Dem Vor- und Nachnamen folgt die Straße samt Hausnummer und der Wohnort mit Postleitzahl. Eine Internet-Computeradresse beispielsweise sieht wie folgt aus:

00101000110101010010100111010100

Diese Adresse umfasst genau 32 Nullen und Einsen; in der Informatik-Fachsprache sagt man, diese Zahl bestehe aus 32 Bit. In diesem Format wäre eine Internet-Adresse jedoch sehr unhandlich, und Sie wären kaum imstande, die Nummer Ihres Internet-Computers auswendig zu reproduzieren.

Bild 5.9:
IP-Adressen, hier unter Windows 98

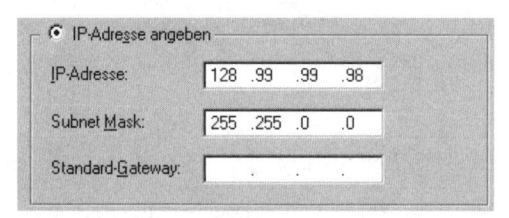

Aufbau einer IP-Adresse

Ein besser handhabbares System haben sich die Internet-Gründer einfallen lassen und als Teil des TCP/IP-Protokolls als festen Standard normiert. Eine solche *IP-Adresse* (kurz für *Internet-Paketadresse*) hat beispielsweise folgendes Aussehen:

131.234.22.30

Unter dieser Adresse ist übrigens das Rechenzentrum der Universität in Paderborn weltweit im Internet erreichbar. Der vierzahlige Zahlencode umfasst vier einzelne Nummern, die jeweils durch einen Punkt voneinander getrennt werden müssen. Eine IP-Adresse darf weltweit im Internet nur einmal vergeben werden, damit die Eindeutigkeit der Adressierung gewährleistet ist – ebenso geriete ein Postbote durcheinander, wenn zwei Personen eines Namens unter der gleichen Adresse erreichbar wären.

Die einzelnen Ziffernblöcke können Zahlenwerte zwischen 0 und 255 annehmen; insgesamt also 256 verschiedene Werte. Einzelne Segmente müssen nicht dreistellig sein; auch die IP-Adresse *1.1.2.255* ist gültig.

Netzwerk- und Rechneradressen

Anhand der IP-Adresse lassen sich einige Aussagen über das Netzwerk treffen, an dem der jeweilige Rechner angebunden ist. Die ersten drei Nummernblöcke werden als *Netzwerkadresse* bezeichnet und sind innerhalb eines Subnetzes stets gleich. Folgende Computer befinden sich beispielsweise innerhalb des Rechenzentrums der Universität Paderborn:

131.234.22.99
131.234.22.234
131.234.22.8

Das jeweils letzte Segment, in den obigen Beispielen also 99, 234 und 8, wird als *Rechneradresse* bezeichnet und charakterisiert einen Computer innerhalb des Netzwerks. Zwei besondere Rechneradressen sind jedoch reserviert und dürfen einem Computer nicht zugewiesen werden: Die Rechneradresse 0 ist dem Netzwerk selbst zugeordnet und wird für administrative Zwecke benutzt; Adresse 255 spricht alle Rechner des Netzwerks gleichzeitig an, um beispielsweise ein elektronisches Rundschreiben abzusetzen.

Unterhalb einer Netzwerkadresse können offenbar genau 254 Computer angeschlossen werden, deren Rechneradresse mit 1 beginnt und bei 254 endet. Umfasst ein Netzwerk mehr als 254 Computer, muss eine zweite Netzwerkadresse verwendet werden.

Größe eines Subnetzes

Von der IP-Adresse eines Computers können Sie auf die Größe des Subnetzes schließen. Das erste Segment der Netzwerkadresse gibt Auskunft über die maximale Anzahl anschließbarer Rechner. Folgende Tabelle zeigt Ihnen, welche Netzwerkgrößen verwendet werden.

Klasse	Adressraum	max. Rechner	Beschreibung
A	1 bis 127	16.387.064	sehr großes, selten verwendetes Rechner-Subnetz
-	10.0.0.0 bis 10.255.255.255	-	reservierter Adressraum innerhalb der A-Klasse für Intranets

Tabelle 5.3: Netzwerk-Klassen und reservierte Nummern

Klasse	Adressraum	max. Rechner	Beschreibung
B	128 bis 191	64.516	mittleres Subnetz, häufig verwendet
-	172.16.0.0 bis 172.31.255.255	-	reservierter Adressraum innerhalb der B-Klasse für Intranets
C	192 bis 224	254	kleines Netzwerk
-	192.168.0.0 bis 192.168.255.255	-	reservierter Adressraum innerhalb der C-Klasse für Intranets

Einer Organisation, die ihr eigenes Rechnernetz an das Internet anbinden will, wird also entsprechend der Anzahl der anzuschließenden Computer ein freier IP-Adressraum zugewiesen.

Ein in der Praxis zu berücksichtigendes Problem zeigt folgendes Beispiel: Ein Unternehmen betreibt im Firmennetz knapp 200 Rechner und ist damit in einem Klasse-C-Netz registriert. Nachdem die Firma eine neue Zweigstelle eingerichtet hat, wurde das Firmennetz um 100 Computer aufgestockt.

Weil die innerhalb eines C-Netzes mögliche Anzahl an Computern überschritten wurde, ist eine Umklassifizierung notwendig. Unsere Beispiel-Firma könnte ein Klasse-B-Netz beanspruchen; dann jedoch wäre erstens eine komplette Umstellung der bisherigen Rechner erforderlich und zweitens würde die große Zahl der über 60.000 möglichen IP-Adressen eines B-Netzes brachliegen.

Sinnvoller ist in diesem Fall die Einrichtung eines zweiten C-Netzes, das vom ersten Rechnernetz völlig unabhängig arbeitet. Damit werden IP-Adressen eingespart; eine kosten- und administrationsintensive Umstellung der bisherigen Rechner ist nicht erforderlich.

Wer vergibt IP-Adressen?

IP-Adressen werden innerhalb Deutschlands durch das *Deutsche Network Information Center* (*DENIC*) vergeben, das die Autorität über alle IP-Systeme im innerdeutschen Gebiet hat. In späteren Kapiteln werden wir Ihnen die Beantragung eines IP-Adressraums detaillierter Schildern.

Das oberste Gremium, das mit der Vergabe von IP-Adressen weltweit befasst ist, heißt *InterNIC* und teilt seinerseits IP-Räume den NICs der einzelnen Länder zu.

Adresssysteme des Internets

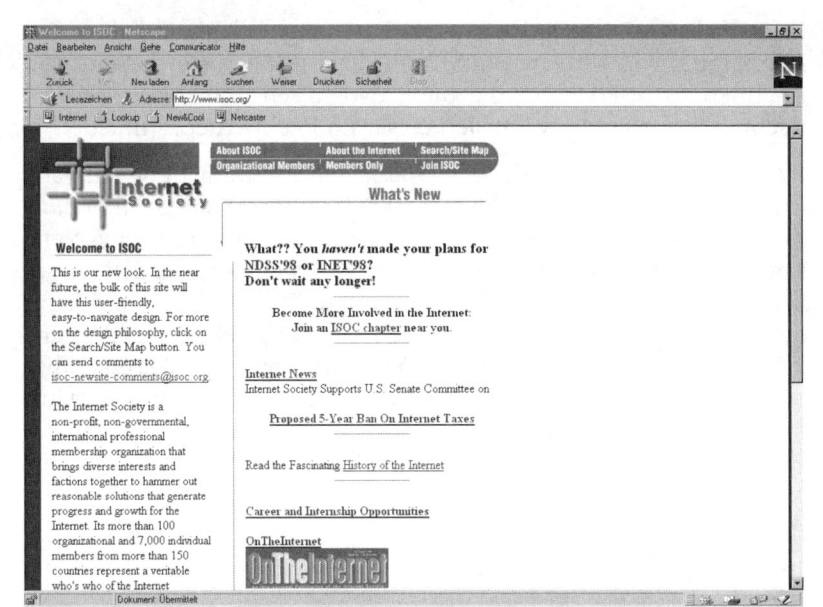

Bild 5.10:
Die Domänenadressen werden von der InterNIC vergeben, die von der Internet Society beauftragt wurden.

IP-Adressen sind knapp

Warum ist es nun erforderlich, mit IP-Adressräumen sparsam umzugehen? In der Gründerzeit des Internet war ein derzeitiger Boom des neuen Mediums weder abzusehen noch geplant.

Die Kapazität der IP-Adressen ist mittlerweile an der oberen Grenze angelangt und längst nicht jeder Wunsch nach IP-Räumen kann erfüllt werden. Zwar wären genügend IP-Adressen vorhanden, aber die logistisch notwendige Aufteilung in Subnetze mehrerer Klassen lässt es nicht zu, IP-Adressen wahlfrei zu vergeben.

Dynamische und statische IP-Adressen

Einen Ausweg bieten hier Systeme, die IP-Adressen nur bei Bedarf vergeben und damit der IP-Knappheit vorbeugen. Ein charakteristisches Beispiel für die *dynamische IP-Vergabe* zeigt folgende Schilderung aus der Praxis:

Unsere Beispiel-Firma hat ihr Netzwerk von 200 auf 300 Rechnerplätze erhöht und ist damit dem Bereich eines Klasse-C-Netzwerks entgegengewachsen. Wird jedem einzelnen Rechner eine IP-Adresse zugeordnet, wären entsprechend 300 Adressen (*statische IP-Adressen*) notwendig.

Untersuchungen im Haus haben jedoch gezeigt, dass niemals alle Computer gleichzeitig am Internet angeschlossen sind. Selbst zu Spitzenlastenzeiten arbeiten höchstens 100 und damit rund ein

Kapitel 5: Internet-Grundkurs

Drittel aller Systeme im Netzwerk. Es genügt in diesem Fall, einen Adressraum von 100 oder, um für die Zukunft gerüstet zu sein, 150 Adressen zu reservieren und diese dynamisch immer dann einem Rechner zuzuweisen, wenn sich dieser im Rechnernetz anmeldet.

Ein spezieller Rechner, der mit Spezial-Software für diese Aufgabe vorbereitet wurde, heißt *DHCP-Server* (kurz für *Dynamic Host Configuration Protocol*) und überwacht das gesamte firmeninterne Netz. Loggt sich ein neuer Rechner in das Netzwerk ein, fordert dieser beim DHCP-Server eine bislang unbelegte IP-Adresse an und kann mit dieser solange arbeiten, bis er sich wieder abmeldet. Der Anwender kann, sofern dies erforderlich ist, seine eigene IP-Adresse über das Betriebssystem abfragen. Die Vergabe der IP-Adresse verläuft für den Anwender vollkommen transparent, so dass ihm nach dem Einwählen automatisch sämtliche Netzwerkfunktionen zur Verfügung stehen.

Bild 5.11:
Dynamische Adressvergabe: In der Windows-98-Konfiguration kann auf die Eingabe von IP-Adressen verzichtet werden

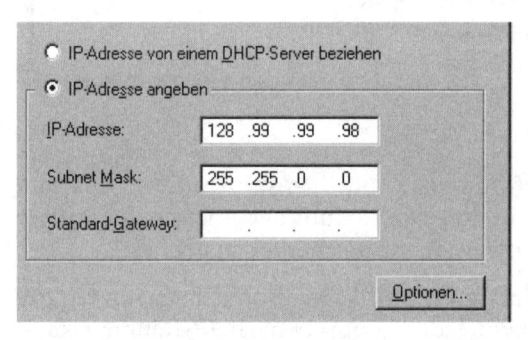

Der DHCP-Server arbeitet zu diesem Zweck mit einer Adressraum-Liste, in der er den gesamten verfügbaren Adressraum mit den aktuell belegten Adressen vergleicht. Das DHCP-System ist mittlerweile sehr verbreitet und hat sich als sinnvolle Maßnahme zur IP-Vergabe etablieren können. Das Internet-fähige Betriebssystem Windows NT 4 Server beispielsweise wird serienmäßig mit einer DHCP-Software ausgeliefert.

Auch große Internet-Provider arbeiten heute überwiegend mit dem DHCP-System. Sie reservieren eine bestimmte Anzahl an IP-Adressen beim NIC, allerdings nur einen bestimmten Prozentsatz der angeschlossenen Kundenzahl. Weil sich nicht alle Kunden gleichzeitig mit dem Provider verbinden, ist diese Form der IP-Vergabe sehr effektiv und kostensparend.

Als Anwender werden Sie im Allgemeinen während der Konfiguration aufgefordert, die IP-Adresse Ihres Rechners einzutragen. Wenn Sie mit dynamischen IP-Adressen arbeiten, können Sie als IP-Adresse meist 0.0.0.0 eintragen, um DHCP zu aktivieren oder alternativ eine Schaltfläche *DHCP-System verwenden* wählen.

Die nächste IP-Generation

Das Problem der verknappenden IP-Adressen ruft schon seit vielen Jahren heftige Diskussionen in Expertenkreisen hervor. Schon 1992 hat das Expertengremium *Internet Engineering Task Force* (*IETF*) vorhergesagt, IP-Adressen seien in absehbarer Zukunft knapp.

Zwei Jahre arbeiteten die Wissenschaftler und Ingenieure an einem neuen Adressformat und präsentierten als Ergebnis der Entwicklungsarbeit 1994 die neue IP-Generation. Das neue Adressformat *IPv6* (IP-Adressformat in der Version 6) wird in einigen Literaturstellen auch als *IPnG* (IP-Adressformat der neuen Generation) bezeichnet und den Adressbereich in gänzlich andere Dimensionen verschieben . Die IP-Knappheit ist damit auf Dauer beseitigt.

Wir haben Ihnen in den vorherigen Abschnitten das 32-Bit-System des konventionellen IP-Adresssystems vorgestellt. Eine IPv6-Adresse unterscheidet sich schon auf den ersten Blick davon und umfasst 128 Bit:

123:78:1:34:78:23:4:12:45:223:16:12:78:126:23:123

Aus den Trennpunkten wurden Doppelpunkte, und außerdem ist die Adresskette viermal länger geworden, um 128 Bit darstellen zu können.

Weil die IETF-Experten das IP-System gründlich überarbeitet haben, wurden gleichzeitig einige weitere typische Schwachpunkte des bisherigen IP-Systems beseitigt. So kann IPv6-Paketen nun ein sicherer Chiffriercode aufgeprägt werden und die Übertragung im Internet damit abhörsicher gestaltet werden. Praktisch ist auch die Möglichkeit, IPv6-Pakete von Ihrem Rechner aus an mehrere Empfänger absenden zu können. Die folgende Tabelle zeigt Ihnen im Überblick die technischen Unterschiede zwischen beiden IP-Formaten.

	IP	IPv6
Verwendung seit	parallele Entwicklung zum TCP/IP-Protokoll	1994 vom IETF vorgestellt
Segment-Trennzeichen	Punkt	Doppelpunkt

Tabelle 5.4: IP und IPv6 im Überblick

	IP	IPv6
Anzahl der Segmente	4	12
Bitbreite	32 Bit	128 Bit
Anzahl maximal adressierbarer Systeme	10^9	10^{38}

Die Vorteile des neuen IPv6-Adresssystems sind offenkundig – warum also hat sich dieses Format, das schließlich bereits vor drei Jahren entwickelt wurde, bisher nicht weltweit durchgesetzt? Das Problem ist weniger technischer als vielmehr administrativer Natur und lässt sich mit dem Chaos bei der bundesdeutschen Umstellung der Postleitzahlen vergleichen. Statt vierstelliger Zahlenkombinationen wurden nun fünfstellige Leitzahlen verwendet, was zu erheblichen logistischen Problemen und zeitweise zu einem Chaos führte – von den mit der Umstellung verbundenen Kosten in Millionenhöhe ganz zu schweigen.

Soll Software mit IPv6 arbeiten, muss diese imstande sein, über IPv6-Pakete zu kommunizieren. Dies erfordert nicht nur eine Umstellung der Software, sondern auch des Protokolls, das IPv6-Pakete in TCP/IP einbindet. Weil die Vielzahl moderner Betriebssysteme mit dem herkömmlichen IP-System arbeitet, wird es vermutlich noch einige Zeit dauern, bis sich IPv6 umfassend durchgesetzt hat.

5.3.2 Tracing: IP-Kontrolle mit System

IP-Testpakete können im Internet verwendet werden, um die aktuelle Verbindungslage abschätzen zu können. Zu Zeiten hoher Auslastung können damit erstens Engpässe umgangen und zweitens festgestellt werden, an welchem Ort des Globus ein möglicher Verbindungsfehler seine Ursache hat.

PING

Aus der Unix-Urzeit des Internets stammt ein praktisches Werkzeug. *PING* »klopft« gewissermaßen beim gewünschten Empfänger an und stellt fest, ob dieser betriebsbereit ist. Der Empfänger eines solchen, nur 32 Byte kurzen IP-Pakets sendet das empfangene Paket an den Absender zurück. PING prüft den Inhalt und misst außerdem die Reaktionszeit in Millisekunden.

Adresssysteme des Internets

Je kürzer diese Zeit, desto geeigneter sind die Leitungsverhältnisse zwischen Sender und Empfänger. Mit Windows 95/98 und Windows NT wird ein PING-Tool ausgeliefert, das während der Netzwerk-Installation automatisch eingerichtet wird und integraler Bestandteil des TCP/IP-Sockels ist.

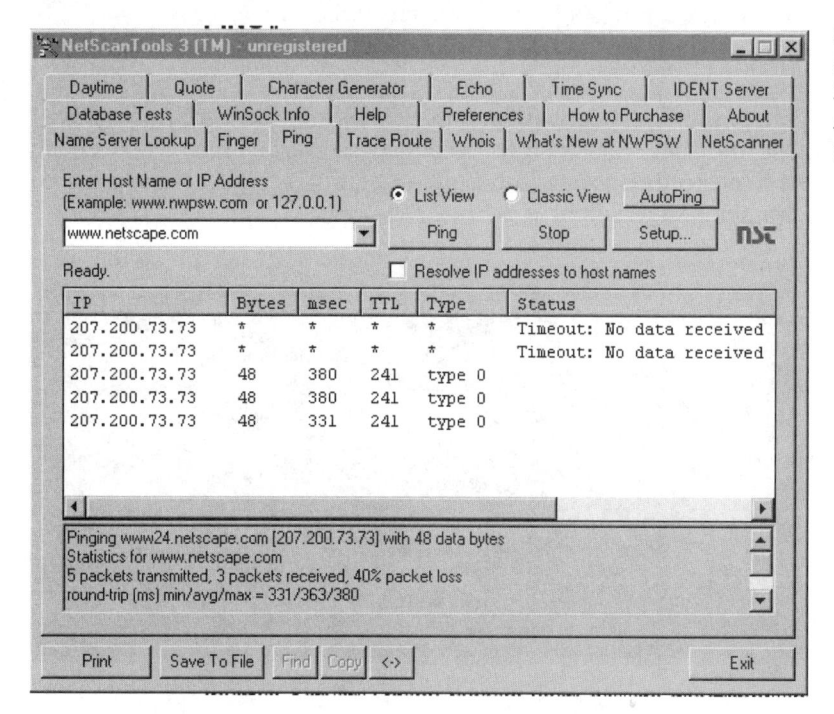

Bild 5.12:
PING »klopft« bei Servern an und stellt die Übertragung sicher.

PING ist ausschließlich über die Kommandoebene von Windows zugänglich. Falls Sie PING verwenden möchten, öffnen Sie ein Eingabefenster und geben folgende Befehlszeile ein:

```
PING x.x.x.x
```

x.x.x.x entspricht dabei der IP-Adresse des Empfängers. Diese Syntax wird von allen wichtigen Plattformen unterstützt, darunter Unix und das Mac-OS.

Traceroute

PING liefert zwar Angaben über die Verfügbarkeit und Erreichbarkeit eines Internet-Servers, nicht jedoch über dessen geografische Lage. Das Internet-Werkzeug *Traceroute* ermöglicht eine detaillierte Aufstellung über alle Router, die eine Testpaket-Serie bis zum Empfänger passiert.

Mit den erhaltenen Angaben können Sie als Anwender den exakten Weg Ihrer Daten nachvollziehen und damit Defektstellen im Internet ausfindig machen. Ebenso wie PING ist auch Traceroute Bestandteil der Windows-Betriebssysteme und nur über die Kommandoebene zugänglich. Öffnen Sie, wenn Sie mit Traceroute experimentieren möchten, ein Eingabefenster und geben Sie ein:

```
TRACERT x.x.x.x
```

Traceroute ermöglicht außerdem eine spezifische Verbindungsdiagnose, die über die Befehlssyntax angepasst werden kann. Verwenden Sie Traceroute mit der Option /?, um eine Liste aller verwendbaren Parameter zu erhalten.

Bild 5.13: Mit Traceroute kann die Internet-Route nachvollzogen werden und Fehler aufgespürt werden.

5.3.3 Das Domain Name System

IP-Adressen als technische Basis der Adressierung bergen einen Nachteil: Sie sind umständlich handzuhaben. Zwar sind IP-Nummern komfortabler zu benutzen als binäre Null-Eins-Codes, aber dennoch verbesserungsbedürftig.

Domänennamen

Der *Domain Name Service* oder kurz *DNS* des Internets schafft hier Abhilfe. Er ist gewissermaßen das »Telefonbuch des Internets« und ermöglicht dessen einfache Anwendung. In einem konventionellen Telefonbuch ist jeweils einer Person eine eindeutige Telefonnummer zugeordnet. Wenn Sie die Telefonnummer von »Mario Krüssmann« aus »Delbrück« nicht kennen, können Sie im entsprechenden örtlichchen Verzeichnis nachschlagen und die Nummer anwählen.

Sicher könnten Sie sich auch die Telefonnummern direkt merken; dies bleibt jedoch nur einigen Nummern, vielleicht von Freunden oder Verwandten, vorbehalten.

Auch im Internet existieren Pendants der Telefonnummern – IP-Adressen. Damit Sie sich als Anwender IP-Nummern nicht notieren oder merken müssen, wurde DNS installiert. DNS ist, wie auch PING, keine eigene Internet-Anwendung, sondern vielmehr ein Internet-Service, der Ihnen den Umgang mit dem Netz erleichtert.

Jeder IP-Adresse wird im DNS-System ein *Domänenname* (englisch: *Domain Name*) zugewiesen, der einen Server wie eine IP-Adresse eindeutig identifiziert. Ein solcher Domänenname sieht beispielsweise wie folgt aus:

www.uni-paderborn.de

Dieser Name ist gleichbedeutend mit der IP-Adresse, so dass beide Adressarten völlig unabhängig voneinander verwendet werden können – mit dem einzigen Unterschied, dass sich Domänennamen intuitiv merken und damit bequemer anwenden lassen. Die Adresssysteme sind derart kompatibel zueinander, dass die meisten Internet-Programme eine alternative Verwendung zulassen.

Ein DNS-Server wird von unterschiedlichen Internet-Organisationen, hauptsächlich jedoch von großen Providern, betrieben. Jeder DNS-Server wird mit einer festen IP-Adresse ausgestattet und muss dem TCP/IP-Protokoll unbedingt bekannt sein, wenn DNS verwendet werden soll. Während der Konfiguration Ihres Internet-Zugangs mussten Sie eine DNS-Adresse angeben; der spätere Betrieb ist jedoch transparent und wird auf der Protokollebene gehandhabt.

DNS-Auflösung

Im DNS-Server ist eine sehr umfassende Liste, die so geso genannte *Zonendatei*, aller weltweit betriebenen Server gespeichert. Eine solche Liste ist simpel aufgebaut und besteht aus einer zweispaltigen Tabelle, in der jedem Domänennamen eine IP-Adresse zugeordnet wird.

Wenn Sie in einem beliebigen Internet-Programm einen Domänennamen eingeben, wird dieser zunächst über TCP/IP an den während der Konfiguration festgelegten DNS-Server übertragen. Dieser prüft anhand der Zonendatei, ob der Server registriert ist und setzt den Namen in eine IP-Adresse um. Dieser Vorgang wird als *DNS-Auflösung* bezeichnet und entsprechend sagt man »Der Domänenname wird in eine IP-Adresse aufgelöst«.

Bild 5.14:
Die DNS-Auflösung setzt Domänennamen in IP-Adressen um.

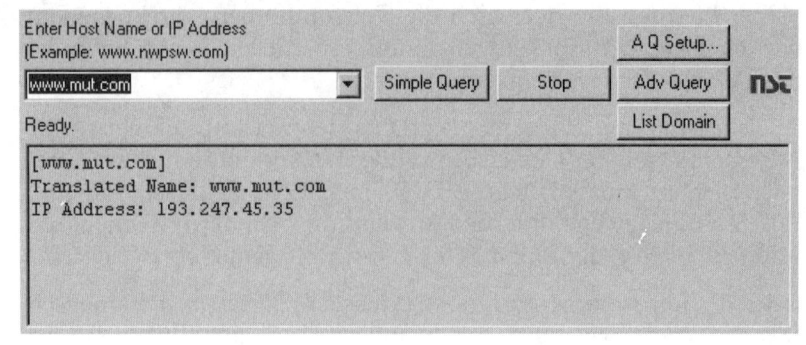

```
[www.mut.com]
Translated Name: www.mut.com
IP Address: 193.247.45.35
```

Top-Level-Domains

Einen typischen Domänennamen haben wir Ihnen exemplarisch bereits vorgestellt:

www.uni-paderborn.de

Bereits aus diesem Namen lassen sich einige Aussagen über die Beschaffenheit des Servers treffen. Dass sich der Server an der Universität Paderborn befindet, ist dem Mittelteil des Namens zu entnehmen.

Der Suffix »de« weist auf den geografischen Standort des Servers hin, im Beispiel »Deutschland«. Der letzte Teil der Domänenadresse wird als *Top-Level-Domain* bezeichnet und ist die höchste Hierarchie des Domänensystems, das von hinten beginnend interpretiert werden muss. Die folgende Adresse enthält jedoch eine Top-Level-Domain, die nicht den Standort, sondern die Art der betreibenden Organisation charakterisiert:

www.microsoft.com

»com« ist die Abkürzung des englischen Wortes für »kommerziell« und umreißt Microsoft damit als Unternehmen, das sich im Internet präsentiert. Ein weiteres Beispiel für eine organisationelle Top-Level-Domain ist die Endung »org«, die auf eine Internet-eigene Institution hindeutet:

www.ietf.org

Es sind zahlreiche Top-Level-Domains bekannt, die vom InterNIC allgemein verbindlich vorgegeben sind und entweder den geografischen Standort oder den Charakter der Organisation beschreiben. Die folgende Tabelle zeigt einige weit verbreitete Domains.

Top-Level-Domain	Land
DE	Deutschland
CH	Schweiz
FR	Frankreich
NL	Niederlande
UK	Großbritannien
US	Vereinigte Staaten
AT	Österreich
AU	Australien
JP	Japan

Tabelle 5.5: Wichtige geografische Top-Level-Domains

Top-Level-Domain	Abkürzung für	Bedeutung
COM	commercial	kommerzielle Organisationen
GOV	governmental	Internet-Daten der US-amerikanischen Regierung
ORG	organisational	nichtkommerzielle Organisation
NET	Network	Internet-interne Verwaltung
MIL	military	Top-Level-Domain des amerikanischen Militärs
EDU	educational	amerikanische öffentliche Bildungseinrichtungen

Tabelle 5.6: Wichtige organisationelle Top-Level-Domains

Neben den aufgeführten Domains ist die Einführung neuer Top-Level-Domains geplant, beispielsweise »firm« für »Firma«. Entsprechende Spezifikationen gibt InterNIC frei und weist diese regionalen NICs zu.

Eine Frage muss zum Ende dieses Abschnitts noch geklärt werden: Welche Top-Level-Domain erhält eine Organisation, die sowohl kommerziell arbeitet als auch in Deutschland beheimatet ist? Folgende beiden Namen wären denkbar:

www.firma.de
www.firma.com

Im Allgemeinen können Sie sich, wenn Sie eine eigene Domain beanspruchen, für eine der beiden Möglichkeiten entscheiden. Wenn Sie Ihr Unternehmen als weltweit operierenden, kommerziellen Konzern herausheben möchten, empfiehlt sich die Top-Level-Domain »com«. Als kleineres, nationales Unternehmen sollten Sie jedoch die Endung »de« bevorzugen, um den regionalen Bezug zu unterstreichen.

In einigen Fällen kann es übrigens vorkommen, dass eine der Domains bereits belegt ist und sich die Wahl damit erübrigt. Das deutsche Unternehmen »Kroning« beispielsweise kann die deutsche Domain reservieren, während die internationale kommerzielle Domain bereits einer anderen Firma zugewiesen wurde.

Es ist übrigens technisch möglich und wird oft genutzt, beide Top-Level-Domains zu belegen und diese auf ein Internet-Angebot umzulenken. Damit ist gewährleistet, dass ein Internet-Benutzer bei der Eingabe eines der beiden Top-Level-Domains automatisch zu Ihrem Angebot geleitet wird.

Second-Level-Domains

Eine besondere Bedeutung kommt der *Second-Level-Domain* zu, weil Sie den Auftritt Ihres Unternehmens oder Ihrer Person nachhaltig beeinflusst. Im Beispiel der Universität Paderborn ist die Second-Level-Domain *uni-paderborn*.

Weil Domänennamen weltweit eindeutig sein müssen, kann eine Second-Level-Domain nur *einer* Organisation zugeordnet werden. Second-Level-Domains sind entsprechend knapp, weil sie möglichst prägnant und einprägsam sein sollten. Unser Tipp daher: Reservieren Sie sich Ihre eigene Domäne möglichst schnell, bevor sie von jemand anderen beansprucht wird.

Die optimale Domäne für Ihren eigenen Auftritt entspricht folgendem Beispiel:

www.name.de

oder alternativ

www.name.com

Name entspricht dabei einer möglichst kurzen Bezeichnung, im Idealfall Ihrem Firmennamen oder einem verbreiteten Markenzeichen. Bedenken Sie, dass ein Internet-Auftritt nur dann erfolgreich sein kann, wenn der Benutzer Ihr Angebot auch findet.

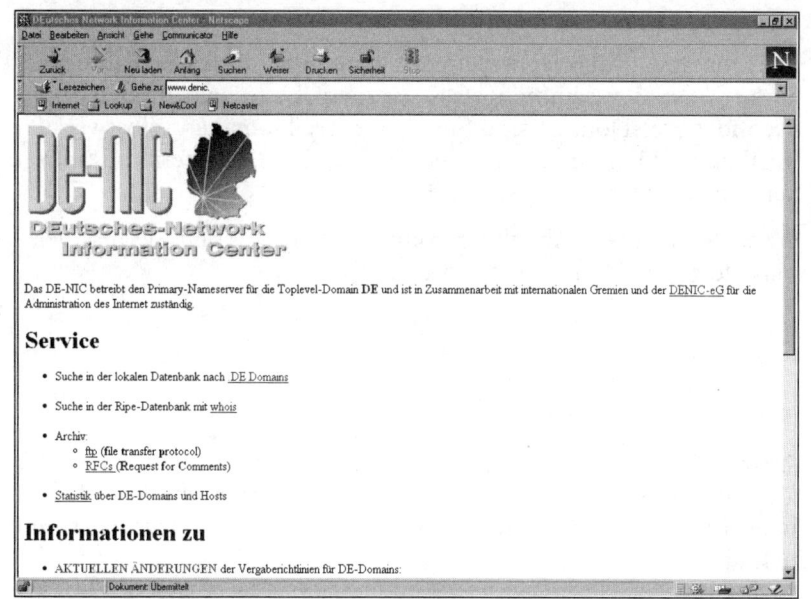

Bild 5.15:
Die DENIC-Organisation ist für die Registrierung aller Domänen unterhalb der DE-Domäne zuständig.

Für die Vergabe der Second-Level-Domains unterhalb der Top-Level-Domain »de« für Deutschland ist das DeNIC verantwortlich. Sie können dort jederzeit prüfen, ob eine gewünschte Domain bereits belegt ist:

www.denic.de

Second-Level-Domains können Sie als Anwender jedoch nicht selbst reservieren, sondern nur bei größeren Anbietern, die dem DeNIC angeschlossen sind. Weitere Informationen finden Sie beim Web-Expertenunternehmen Wielage, das sich auf die Vergabe von Domänennamen spezialisiert hat:

www.wielage.de

Eine eigene Second-Level-Domain schlägt monatlich mit etwa 50 bis 500 Mark zu Buche, je nachdem, welcher Provider Ihnen die Domäne reserviert und Ihnen gleichzeitig Server-Speicher zur Verfügung stellt.

Bei der Registrierung wird Ihre Domäne automatisch im DNS-Verzeichnis eingetragen, so dass Sie fortan weltweit erreichbar sind. Hieraus ergibt sich, dass Sie völlig unabhängig vom Server sind, der Ihre Internet-Daten speichert: Sollte dieser Konkurs anmelden oder aus einem anderen Grund offline gehen, können Sie mit Ihrer Domäne problemlos zu einem beliebigen anderen Anbieter wechseln.

Further Domains

Die Domänensyntax sieht weitere Ebenen vor, die unter dem Begriff *further domains* zusammengefasst werden. Unterhalb ihrer eigenen Second-Level-Domain sind Sie für weitere Domänen selbst verantwortlich und können diese jederzeit einrichten, löschen und umbenennen. Weitere Kosten fallen dabei nicht an.

Wenn Sie mehrere Abteilungen unterhalten, können Sie beispielsweise folgende Domänenstruktur wählen:

```
finanz.kirschner_gmbh.de
kundensupport.kirschner_gmbh.de
technik.kirschner_gmbh.de
leitung.kirschner_gmbh.de
```

Prinzipiell ließen sich Domänennamen auch in einer vierten oder fünften Ebene wählen. Weil die Namen damit aber unhandlich und schwer zu merken sind, wird auf tiefere Schachtelungen meist verzichtet.

Eine beliebte Ausnahme besteht jedoch darin, jeden Mitarbeiter mit einer individuellen Domäne auszustatten, für die er dann selbst verantwortlich zeichnet. In Ihrer Firma könnten Sie beispielsweise folgende Domänenstruktur wählen:

```
gregor.finanz.kirschner_gmbh.de
hermanni.finanz.kirschner_gmbh.de
altmann.finanz.kirschner_gmbh.de
seewald.finanz.kirschner_gmbh.de
```

In dieser Weise bieten Ihnen einige Provider an, Ihre Firma als Drittlevel-Domäne zu führen. Weil der Provider für alle Domänen unterhalb seiner eigenen verantwortlich ist, sind solche Präsenzen stets sehr preiswert möglich. Ein solcher Domänenname sieht beispielsweise wie folgt aus:

```
www.hutsch-transporte.provider.de
```

Bedenken Sie jedoch, dass Sie in dieser Form im Gegensatz zur eigenen Domäne von Ihrem Provider abhängig sind.

Verzeichnisstrukturen

Im professionellen Bereich kaum mehr verwendet wird die Möglichkeit, ein Festplattenverzeichnis Ihres Providers zu erhalten und dort eine bestimmte Datenmenge (das so genannte *Quotas*) hinterlegen zu können. Eine solche Adresse lautet beispielsweise:

```
www.provider.de/gutenberg
```

Der Schrägstrich, übrigens nicht mit dem unter DOS-Umgebungen verwendeten Backslash zu verwechseln, weist auf das Verzeichnis *gutenberg* der Festplatte des Providers hin. Auch hier sind Sie von Ihrem Provider abhängig – schließt dieser seine Pforten, ist auch Ihre Adresse ungültig.

Weil der Provider lediglich ein neues Verzeichnis einrichten und Ihnen ein paar Megabyte Speicherplatz reservieren muss, ist diese Form des Internet-Auftritts nahezu zum Nulltarif erhältlich. Aus diesem Grund findet man gerade im privaten Bereich häufig Verzeichnis-basierte Internet-Adressen, die gewissermaßen als »elektronische Visitenkarten« verwendet werden.

Viele große Provider richten ihren Teilnehmern gleich beim Anmelden einen kleinen Speicherbereich auf einer Serverfestplatte ein, in dem sich ein Mini-Auftritt schnell realisieren lässt. Eine solche Adresse kann beispielsweise lauten:

```
www.online.de/home/meier
```

5.4 Was bietet das Internet?

Eine häufig gestellte Frage zielt auf den konkreten Nutzwert des Internets. Was also lässt sich konkret mit dem neuen Medium anfangen, welche Vorteile und Dienste sind möglich?

Nachdem wir Ihnen auf den letzten Seiten technische Hintergründe geschildert haben, stellen wir Ihnen in den folgenden Abschnitten zunächst die wichtigsten Internet-Dienste vor, so dass Sie einen Überblick erhalten. Auf den folgenden Seiten vertiefen wir dann die einzelnen Dienste.

5.4.1 Das World Wide Web

Die Killerapplikation schlechthin ist das *World Wide Web* oder kurz *WWW*. Es bringt Grafiken, Musik, Formatierungsmerkmale, indirekt auch eine Mausbedienung und vor allem eine geordnete Struktur in Textdokumente des Internets.

Rund 60% des gesamten im Internet transferierten Datenvolumens geht auf das Konto des WWW, so dass von einer regelrechten »Killerapplikation« die Rede sein muss. Erst nach der Einführung dieses Dienstes entwickelte sich das Internet derart rasant, weil das WWW die Bedienung auch Anwendern gestattete, die über nur geringe Computerkenntnisse verfügten.

Als Konsequenz der hohen Verbreitung des WWW wird dieses oft synonym mit »Internet« verwendet – als einer unter zahlreichen Diensten des Internet ist dies jedoch sachlich falsch.

Bild 5.16: Das W3C-Consortium ist für die WWW-Spezifikation verantwortlich.

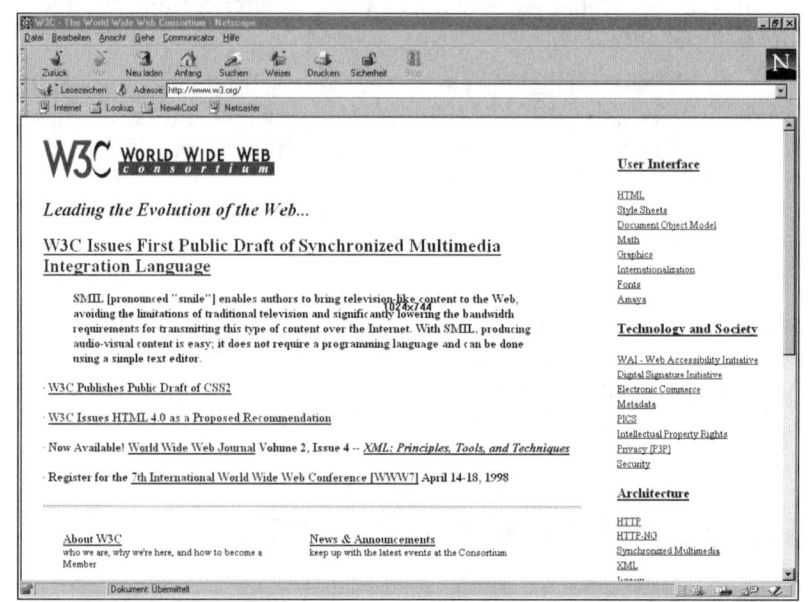

Das WWW zentralisiert viele andere Internet-Dienste, beispielsweise E-Mail oder FTP. Diese Dienste können mit dem WWW verbunden werden und stehen damit über das WWW zur Verfügung. Der Anwender muss sich als Folge nicht länger mit unterschiedlichen, dienstspezifischen Programmen auseinander setzen, sondern kann einen Großteil der Dienste über eine Oberfläche benutzen.

5.4.2 E-Mail

Dies ist schnelle und preiswerte Kommunikation. Mit elektronischen Briefen, so genannten *E-Mails*, können Informationen in Sekundenschnelle weltweit übermittelt werden. Im Gegensatz zu einem normalen Brief sind E-Mails viel schneller am Zielort und daher auch für geschäftliche Kontakte von großer Bedeutung, bei denen Zeit bekanntermaßen oft mit Geld gleichgesetzt wird.

Terminwünsche, die an Sie via E-Mail herangetragen werden, können Sie annehmen oder ablehnen. Sagt Ihnen der Termin nicht zu, schreiben Sie dies dem Absender und haben einige Minuten später einen Alternativvorschlag im Postfach.

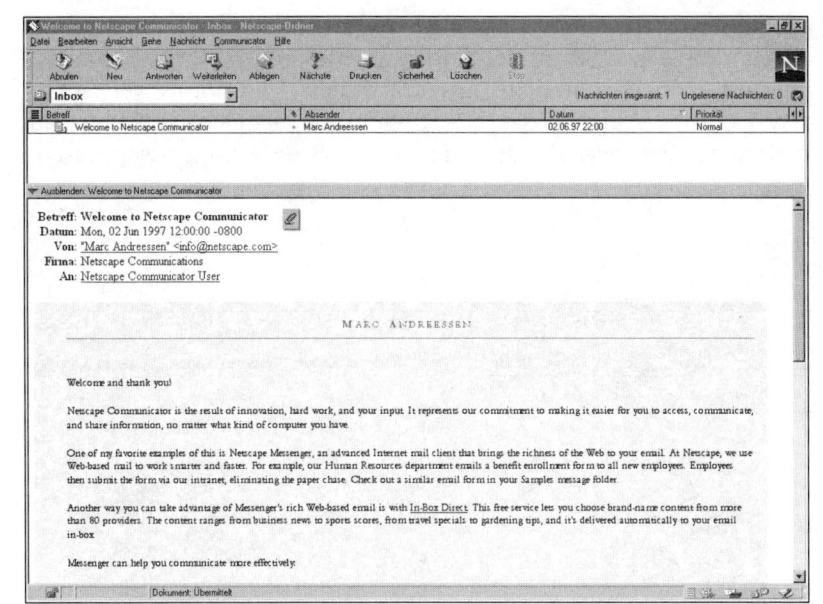

Bild 5.17:
Typische E-Mail

Die E-Mail-Kommunikation hat einen weiteren erheblichen Vorteil. Neben der hohen Geschwindigkeit ist eine elektronische Nachricht auch extrem kostengünstig. Fallen für einen normalen Brief Porto und für ein Fax Telefongebühren an, belaufen sich die effektiven Kosten für eine E-Mail auf wenige Pfennige pro Exemplar. Gerade für Serienbriefe findet die E-Mail-Kommunikation daher breiten Einsatz in der Wirtschaft.

Spätere Kapitel befassen sich sehr detailliert mit E-Mails, die ein großer Schwerpunkt der Arbeit mit Outlook 2000 darstellen.

5.4.3 FTP

Um Dateien eines Server auf Ihre eigene Festplatte zu überspielen, dient das *File Transfer Protocol* oder kurz *FTP*. Es integriert auf Protokollebene eine Möglichkeit, defekte Binärpakete unabhängig von TCP/IP erneut anzufordern.

Wenn Sie beispielsweise einen neuen Treiber für Ihre Grafikkarte oder ein Sitzungsprotokoll der letzten Vorstandstagung auf Ihren Rechner übertragen, arbeitet im Hintergrund FTP.

FTP ist für Sie als Anwender fast immer transparent. Wenn Sie mit der Maus über die WWW-Oberfläche auf eine gewünschte Datei klicken, wird automatisch das FTP-Protokoll aktiviert und das Programm kopiert. FTP ist stets integraler Bestandteil Ihres Browsers. Es sind jedoch zahlreiche ausgezeichnete *FTP-Clients* verfügbar, deren einzige Aufgabe das Übertragen von Dateien ist. Hier sind zahlreiche Features zu finden, die aktuelle Browser vermissen lassen.

Bild 5.18: FTP-Server, hier von Microsoft. Dateien können per Mausklick ausgewählt und auf die eigene Festplatte kopiert werden.

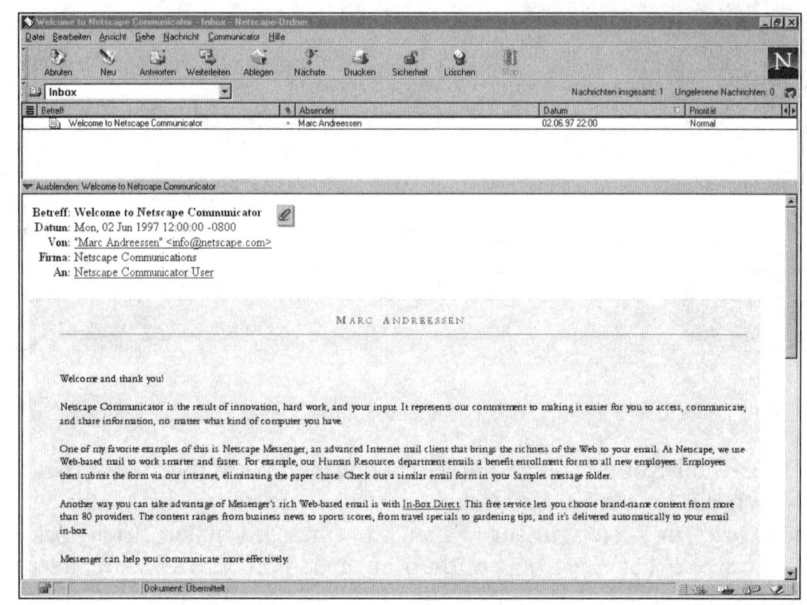

Für Sie als zukünftigen Web-Autor hat das FTP-Protokoll außerdem eine besondere Bedeutung, weil mit dessen Hilfe zu veröffentlichende Daten auf die Festplatte eines Servers übertragen werden müssen.

5.4.4 Das Usenet

Gewissermaßen ein überdimensionales »Schwarzes Brett« bildet das *Usenet*. In Diskussionsforen, die als *Newsgroups* bezeichnet werden, diskutieren Internet-Anwender miteinander. Das Ausmaß dieser Dikussionen ist in der Tat beeindruckend, auch für Nicht-Internauten: Über 10.000 einzelne, thematisch geordnete Newsgroups speichern einige Millionen Nachrichten und sind damit die Grundlage für weltumspannende Diskussionen.

Das Spektrum ist dabei weitgefasst: Neben Computerthemen findet man Newsgroups zu Politik, Sport, Religion und zahlreichen anderen Bereichen. Über das Usenet können nicht nur Texte, sondern auch Binärdateien wie Grafiksammlungen oder Musikstücke, umfassend publiziert werden.

Außerdem ist das Usenet eine riesige Datenbank, in der sich nach Textpassagen recherchieren lässt und interessante Informationen mittels einer Filter-Software automatisch aussortiert werden können. Kleinanzeigen können weltweit oder regional beschränkt abgesetzt oder ein beispielsweise schwer erhältliches Produkt als Suchanzeige annonciert werden.

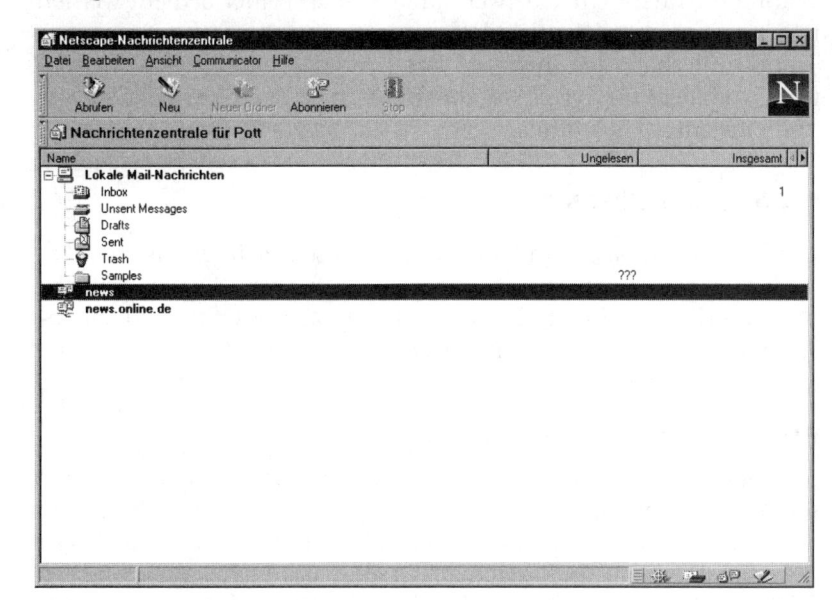

Bild 5.19:
Ein UseNet-Client ist Voraussetzung für die Nutzung der Newsgroups.

Die Diskussionsforen werden nicht moderiert, so dass das Usenet leider auch zentraler Treffpunkt für Kriminelle ist. Manchmal trifft man auf Stellen, die pornographisches, rechts- wie linksradikales und anderes verbotenes Material bereitstellen. Wohl aus diesem Grund ist der Fokus der Medienöffentlichkeit auf das Internet gerichtet, denn das Aufdecken krimineller Machenschaften in den Bahnen des Usenets interessiert die Leser und sorgt für höhere Auflagen.

Outlook 2000 unterstützt direkt die Kontaktaufnahme mit dem Usenet und stellt die notwendigen Funktionen zur Verfügung. Spätere Kapitel schildern Ihnen im Detail den Umgang mit Newsgroups.

5.4.5 Telnet

Heute kaum mehr verwendet und nur noch für Spezial- und Verwaltungszwecke eingesetzt wird *Telnet*. Dieser Dienst entstammt der Unix-Welt und dient zum Fernsteuern eines Rechners. Über eine

Terminalemulation kann sich der Anwender damit von einem beliebigen Computer über die Internet-Leitungen in einen Server einwählen, sich dort mit Namen und Passwort autorisieren und sich anschließend auf der Festplatte bewegen, als wäre diese im eigenen Rechner eingebaut.

Während frühere Unix-Anwendungen über Telnet bedient werden konnten, arbeiten heutige Programme überwiegend transparent. Telnet innerhalb des Internets hat durchaus eine gewisse Bedeutung; vor allem für Systemadministratoren ist es ein unverzichtbares und effizientes Hilfsmittel.

5.4.6 Suchdienste

Um der Datenmasse und Informationsflut des Internets Herr zu werden, wurden *Suchdienste* ins Leben gerufen. Deren Aufgabe besteht primär darin, das Internet zu systematisieren und zu katalogisieren. Neu im Internet integrierte Daten müssen erfasst und neu indexiert werden.

WWW-Suchmaschinen

Sie können sich vorstellen, dass die Verwaltung eines derart umfassenden Datenbestandes eine komplexe Aufgabe darstellt. Innerhalb des WWW stehen Suchmaschinen zur Verfügung, die als *Roboter* bezeichnet werden und systematisch aktiv das Internet nach neuen Stichwörtern durchkämmen. Solche Dienste sind direkt über das WWW zugänglich. Nach dem Eingeben eines oder mehrerer Suchbegriffe erhalten Sie die Auswertung der Datenbank und können über eine für Sie zusammengestellte Liste die Treffer per Mausklick anwählen.

Bekannte und große Suchdienste dieser Gattung haben wir in der untenstehenden Tabelle zu Ihrem Überblick zusammengetragen.

Tabelle 5.7: Bedeutende WWW-Suchmaschinen

Suchmaschine	WWW-Adresse	Anzahl registrierter Seiten
Alta Vista	www.altavista.com	rund 30 Millionen
Crawler Deutschland	www.crawler.de	400.000
Excite	www.excite.de	über 50 Millionen
Lycos	www.lycos.de	4 Millionen

Was bietet das Internet?

Ein generelles Problem ist die Menge der gefundenen Begriffe. Weil Roboter die Informationen und Querverweise nicht kontextsensitiv erfassen, werden sie keinem bestimmten Thema zugeordnet. Der Großteil der imaginären Fundstellen enthält damit Informationen, die mit Ihre Suchintention nichts gemein haben. Redaktionell betreute Suchangebote klassifizieren die registrierten Begriffe, so dass die erhaltenen Querverweise qualitativ hochwertiger sind.

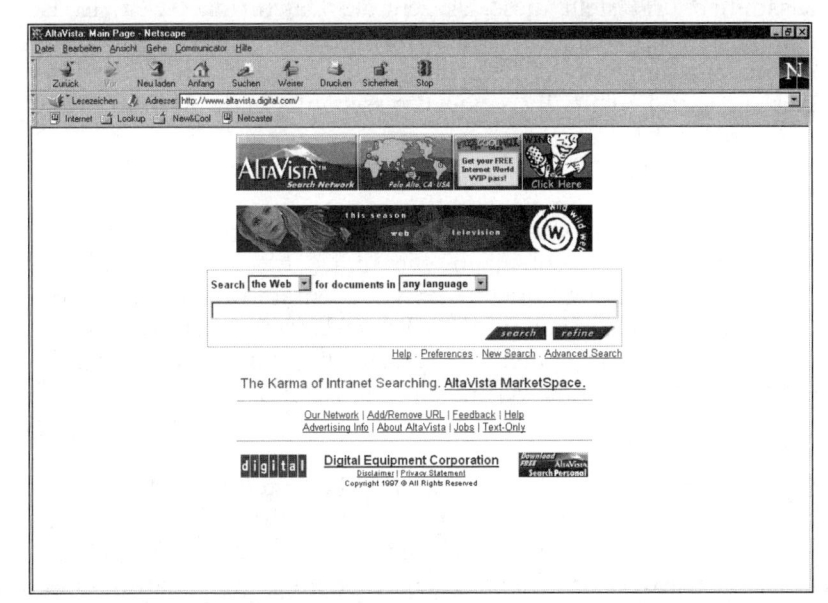

Bild 5.20:
Der Suchdienst Altavista archiviert über 30 Millionen Internet-Angebote

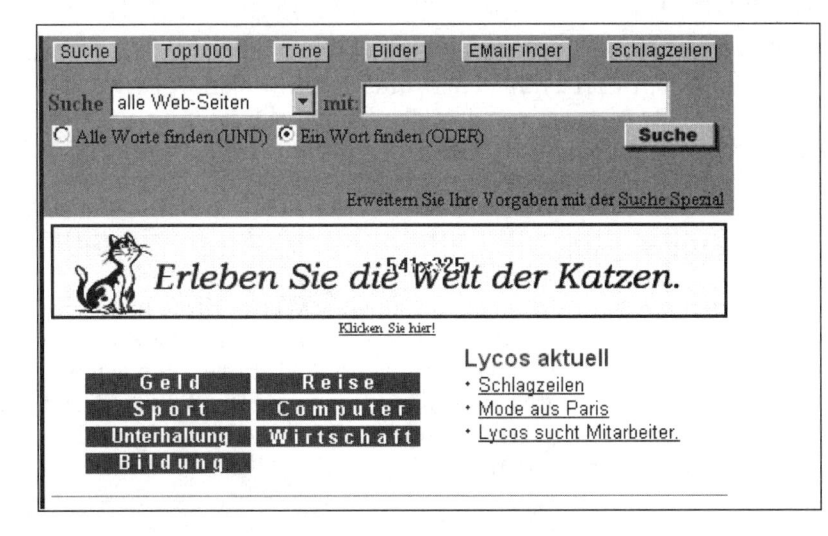

Bild 5.21:
Der Suchdienst Lycos sortiert Internet-Indizierungen in Kategorien.

Archie

Um nach Dateien zu suchen, müssen FTP-Server durchsucht werden. Dateisuchdienste wie das weltweit größte Shareware-Verzeichnis (www.shareware.com) listen nur Dateien auf, die die eigenen Festplatten enthalten.

Der Suchdienst *Archie* fasst Indexdateien wichtiger FTP-Server zusammen und stellt diese als zentrale Datenbank bereit. Er ist damit gewissermaßen das Datei-Analogon einer WWW-Suchmaschine; allerdings ist die Bedienung nur mit separaten Client-Programmen und nicht über eine Browser-integrierte Menüführung möglich.

WAIS

Das *Wide Area Information System,* oder kurz *WAIS,* zentralisiert unterschiedliche Datenbanken, die unter der Telnet-Oberfläche arbeiten. Anwendung findet WAIS vor allem im wissenschaftlichen und technischen Bereich, in dem Telnet-Datenbanken noch anzutreffen sind. Wenn Sie auf diese Spezialanwendungen nicht zurückgreifen, ist WAIS für Sie vermutlich uninteressant.

Gopher

Gopher entstammt dem Englischen und bedeutet dort »Biber«. Mit Gopher können Sie nach Textdateien auf beliebigen Internet-Servern suchen. Eine solche Suchfunktion wird auch als *Textretrieval* bezeichnet, jedoch nur noch bezüglich weniger Spezialanwendungen verwendet.

Gopher ist möglicherweise interessant, wenn Sie mit Windows NT 4 Server und dem dort enthaltenen Internet Information Server 2.0 arbeiten. Er integriert serienmäßig den Gopher-Dienst und assistiert Mitarbeitern vor allem im firmeneigenen Intranet bei der Suche nach gewünschten Informationen.

5.4.7   IRC & Co.

Das Internet ermöglicht Ihnen auf vielfältige Weise, »live« mit anderen Teilnehmern Kontakt aufzunehmen. Während alle bisher vorgestellten Onlinedienste zeitverzögert (wenn auch nur einige Millisekunden) Daten übermitteln und damit eine gewisser Reaktionszeit des Gegenübers bedingen, können über *Echtzeit-Anwendungen* Liveschaltungen realisiert werden.

IRC

Die einfachste Form einer solchen direkten Kommunikation ist der *Internet Relay Chat* oder kurz *IRC*. Im *IRC-Space* treffen sich Gleichgesinnte, die über ein bestimmtes Thema Gedanken austauschen oder einfach ein wenig Entspannung im internetalen Smalltalk suchen.

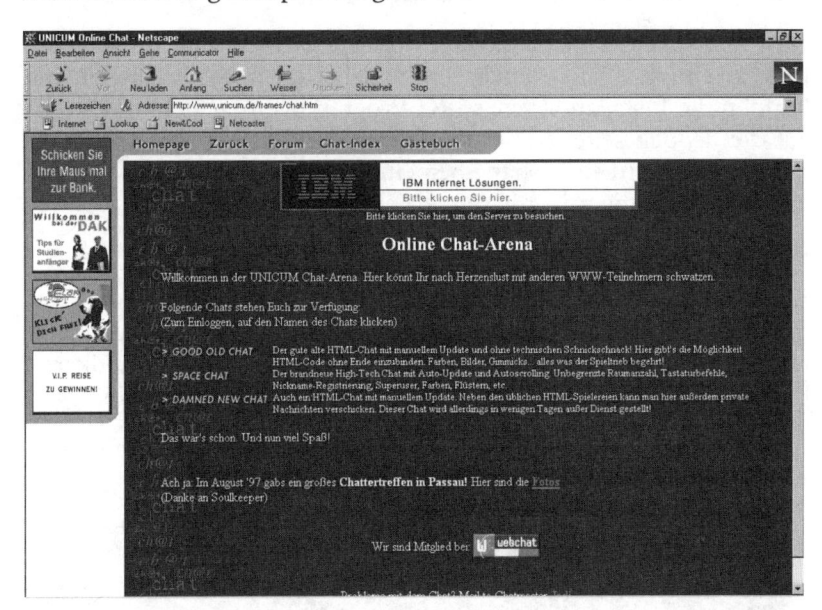

Bild 5.22: Chatraum, hier der Universitäts-Zeitung »Unicum«, der dem Informationsaustausch dient

Nach der Installation eines separaten IRC-Programms meldet sich Ihr Computer selbständig auf einem der zahlreichen verfügbaren IRC-Server an und weist Sie einer Benutzergruppe zu, in der Sie anschließend diskutieren können.

Ein mehrteiliges Fenster zeigt anschließend Ihre Gesprächspartner und deren Gesprächsbeiträge. Sie können jederzeit selbst eingreifen und Ihre Meinung äußern, indem Sie einen Text eintippen und auf einen Button ABSENDEN klicken. Allen weiteren Gesprächsteilnehmern wird Ihr Beitrag nun eingeblendet, so dass sie darauf Bezug nehmen können.

Die hauptsächliche Kommunikationssprache ist Englisch, weil die Diskussionsteilnehmer durchaus über den gesamten Globus verstreut sein können. Es existieren jedoch auch deutschsprachige Server, auf denen entsprechend in Deutsch »gesprochen« wird. Ein typischer Chat hat etwa folgenden Verlauf:

```
Hajo>> Hallo, ich suche Blumenerde für Geranien. Meine sind mir im
letzten Herbst eingegangen, vielleicht weil die Erde nicht gut
genug war.
```

```
Mario>> Du musst die Blumen öfter mal gießen, auch im Herbst...
Hajo>> Haha! Das habe ich natürlich längst gemacht!
Sandra>> In Berlin gibt's hier in der Nähe einen Spezialladen. Gib'
mir doch mal Deine E-Mail-Adresse, vielleicht kann ich Dir die
Geranienerde ja besorgen.
Hajo>> Das mache ich gerne. Danke schonmal für Deine Hilfe!
```

Aus dem IRC-Chat sind bereits viele persönliche Bekanntschaften und in einigen Fällen auch Partnerschaften hervorgegangen. Sie können die Installation eines IRC-Programms umgehen, indem Sie auf die (jedoch seltenere) Variante des *Java-Chats* zurückgreifen. In diesem Fall wird der Chat über eine Oberfläche des WWW und damit Ihren Standard-Browser geführt.

Webphoning

Eine leistungsfähigere Variante des IRCs ist das *Webphoning*, das Telefonieren im Internet. Mit Spezial-Software wie Vocaltec Internet Phone können Sie sich mit Ihrem Rechner, einer Soundkarte, Lautsprechern und einem Mikrofon in Telefonie-Server einloggen und dort in Kontakt mit anderen Telefonbenutzern treten.

Bild 5.23: Net2Phone, der weltweit größte Internet-Telefonie-Dienst, ist unter www.net2-phone.de

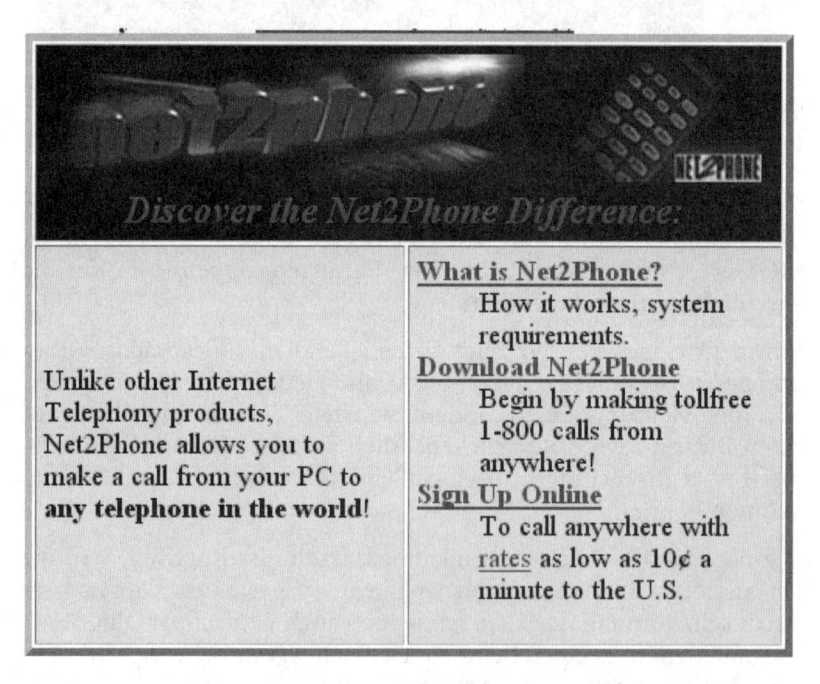

Hier wird jedoch nicht mehr über die Tastatur, sondern tatsächlich live über Mikrofon und Soundkarte diskutiert. Der Kontakt ist entsprechend nur mit einem Partner möglich; in unseren eigenen Tests haben wir beispielsweise mit einem Australier gesprochen und uns dort über die aktuellen Ozonwerte bei bestem Sonnenwetter informiert.

Diese sehr faszinierende Technologie ist mittlerweile derart ausgereift, dass Sie jedes normale Telefon der Erde über das Internet heraus anrufen können. Damit ist es nicht länger erforderlich, dass Ihr Gesprächspartner ebenfalls über einen Computer und Internet-Zugang verfügt. Ein Telefonserver dient in diesen Systemen gewissermaßen als Übergang zwischen dem Internet auf der einen und dem normalen Telefonnetz auf der anderen Seite. Ihr Gespräch wird über das Mikrofon aufgezeichnet, über die Internet-Leitungen transportiert und auf der Gegenseite auf den Lautsprechern ausgegeben.

Die Brisanz dieser Technik wird deutlich, wenn man sich die Gebührenersparnisse vor Augen führt. Während die üblichen Telekommunikationstarife mehrere Mark pro Minute betragen, können über das Internet Einsparungen von über 90% möglich sein.

Netfax

Auch das Faxen über das Internet ist möglich und tatsächlich nur eine prinzipielle Erweiterung des Webphonings. Unter dem Begriff *Netfax* werden Dienste zusammengefasst, die den weltweiten Versand von Faxen über das Internet gestatten. Auch hier sind die Gebührenersparnisse enorm.

Als Absender registrieren Sie sich zunächst bei einem Netfax-Dienst und installieren anschließend einen Netfax-Druckertreiber. Sie können damit aus einer beliebigen Windows- oder Macintosh-Applikation »drucken« und damit ein Fax absetzen.

Bild 5.24: FaxSav ermöglicht das Versenden von Internet-Faxen – weltweit ausgesprochen günstig.

Nach dem erfolgreichen Faxtransfer erhalten Sie eine E-Mail-Nachricht, die die korrekte Übermittlung bestätigt.

Videokonferenzen

Noch im Entwicklungsstadium begriffen sind Internet-gestützte Videokonferenzsysteme. Während bislang Videokonferenzen nur über High-Speed-ISDN-Leitungen möglich waren, soll in Zukunft auch das Internet als Transfermedium Verwendung finden.

Weil neben Sprache zeitgleich auch Live-Bilder übertragen werden müssen, setzen Videokonferenzsysteme optimale Internet-Leitungen voraus. Vocaltech liefert mit dem Internet Phone ein System aus, das beeindruckende Resultate zeigt. Auch Microsoft hat mit Netmeeting ein entsprechendes Videokonferenzsystem im Programm.

Outlook 2000 ist Netmeeting-fähig. Spätere Kapitel zeigen Ihnen im Detail, wie Outlook mit Netmeeting kooperiert und Sie eine Konferenz über die Internet-Leitungen abhalten können.

Emoticons

Ein generelles Problem der nichtpersönlichen Kommunikation ist das Fehlen von Gestik und Mimik. Wie wollen Sie Ihrem Gegenüber beispielsweise verständlich machen, dass Sie Ihre Äußerung sarkastisch meinen oder sich über einen Kommentar sehr ärgern?

Die findige Internet-Gemeinde hat daher auch eine eigene Sprache hervorgebracht, wie Sie bei eigenen Chat-Sitzungen schnell feststellen werden. Fragen Sie erfahrene Internet-Chatter, die Ihnen gerne tatkräftig und erklärend zur Seite stehen.

Emoticons oder *Smilies* sollen die Mimik der Gesprächspartner ersetzen und damit Missverständnissen vorbeugen. In der anschließenden Tabelle haben wir einige Grundtypen der Smilies zusammengestellt. Wenn Ihnen die Bedeutung nicht sofort offensichtlich wird, neigen Sie den Kopf um 90 Grad nach links – das erste Symbol beispielsweise zeigt dann ein lachendes Gesicht.

Tabelle 5.8: Smilies / Emoticons

Smilie	Mimik	Bedeutung
:-)	lachendes Gesicht	Der Anwender freut oder amüsiert sich über eine Äußerung.
:-(	trauriges Gesicht	Der Anwender ärgert sich über eine Bemerkung.
=:-(	Haare sträuben sich.	Der Anwender ärgert sich sehr über eine Bemerkung.

Smilie	Mimik	Bedeutung
;-)	Augen zwinkern	Der Anwender schmunzelt über einen Kommentar.
#-)	»Brett vorm Kopf«	Der Anwender war gerade begriffsstutzig.

5.5 Die magischen drei »W« des Internets

Als Vinton Cerf das Internet erfand, blieb dessen Benutzung aus zwei Gründen Studenten vorbehalten: Zum einen war das universitär-militärische Netzwerk von außen nicht zugänglich, und zum anderen war die Bedienung alles andere als komfortabel.

Der Internet-Anwender musste seinen Rechner mit kryptisch-unverständlichen Befehlen füttern, so dass das Internet einem kleinen, auserwählten Kreis vorbehalten blieb. Von grafischen Bedieneroberflächen à la Windows also keine Spur, und so dümpelte das Internet rund zwanzig Jahre in der Online-Szene herum.

Dies änderte sich erst, als 1990 in der Schweiz ein neuer Internet-Standard geschaffen wurde. Die drei magischen Buchstaben WWW des neuen Standards, die für World Wide Web stehen und heute untrennbar mit dem Internet verbunden sind, haben das Netz der Netze benutzerfreundlich und darüber hinaus salonfähig gemacht.

Blicken wir ein wenig zurück, an die Anfänge des World Wide Webs. Am Schweizer Kernforschungszentrum CERN arbeitete zu dieser Zeit Tim Berners-Lee, der das Internet für wissenschaftliche Zwecke nutzte. Ihm missfiel die spartanische Bedienung und er vermisste darüber hinaus eine Indexstruktur. Stieß man bei der Suche nach einer bestimmten Information auf eine Fundstelle, musste diese erst umständlich angewählt werden. Eine Recherche erinnerte daher an ein Ping-Pong-Spiel, bei dem der Benutzer zwischen den Informationen hin- und herspringen musste.

Zwar war zu dieser Zeit die Masse der im Internet gespeicherten Information bereits erheblich, aber das völlige Fehlen einer Struktur ließ eine professionelle Informationsrecherche nur sehr begrenzt zu. In der Konsequenz entwickelte Berners-Lee ein System, das eine einfach erlernbare Bedieneroberfläche mit einer als *Hyperlink* bezeichneten Querverweisfunktion verband.

Das Prinzip eines solchen Querverweises ist einfach, verleiht dem Internet jedoch automatisch eine Struktur: Ähnlich dem Querverweis eines Lexikons verzweigt auch ein Hyperlink an eine andere Stelle. Während der Benutzer eines Lexikons selbst nachschlagen muss, genügt im World Wide Web ein Klick auf den Hyperlink, um an die neue Information zu gelangen.

5.5.1 Das HTTP-Protokoll

Der Datentransfer des WWW wird, wie jeder andere Internet-Dienst auch, über das TCP/IP-Protokoll abgewickelt. Wir haben Ihnen in diesem Zusammenhang bereits das Prinzip der Ports vorgestellt, so dass die unterschiedlichen Dienste parallel verwendet werden können.

Auf den Port 80 des WWW greift ein weiteres Protokoll zu, das direkt oberhalb des TCP/IP-Protokolls liegt und mit diesem kommuniziert. Diese Art des Datentransfers über mehrere Protokolle heißt *Schichtenmodell* und lässt sich im Aufbau etwa mit einem Hamburger vergleichen: Einzelne Protokollschichten liegen übereinander und tauschen in einer festen Hierarchie Daten aus. Diese Grundlage jedes Netzwerks ist fortgeschrittenes Internet-Wissen, das wir besonders interessierten Mitgliedern im Anhang vermitteln. Dort schildern wir Ihnen die Zusammenhänge anhand des international verbreiteten *OSI-Referenzmodells*.

Das Protokoll des WWW heißt *Hyper Text Transfer Protocol* oder kurz *HTTP*. Mit diesem Protokoll werden Hypertext-Dokumente übertragen. Eine charakteristische Adresse, die auf ein Dokument des WWW verweist, lautet beispielsweise:

http://www.microsoft.com/fp

Den letzten Teil dieser Adresse, *www.microsoft.com/fp*, haben wir Ihnen bereits auf den vorangegangenen Seiten erläutert. Dieser Teil wurde offenbar um den Präfix *http://* ergänzt.

Die gesamte Adresse setzt sich aus zwei Teilen zusammen. Während der erste Teil *Protokollpräfix* genannt wird, heißt der zweite Teil *Adressteil*. Eine derart strukturierte Adresse wird als *URL-Adresse* bezeichnet, das zugrunde liegende System heißt entsprechend *Universal Resource Locator* (URL).

Bild 5.25:

5.5.2 Platzhirsch contra Newcomer: Browser

Um das WWW benutzen zu können, benötigen Sie eine entsprechende Software, den *Browser* (von englisch »to browse« = »stöbern, schnüffeln«). Er ist die Zentrale für Ihren Internet-Zugang und damit notwendige Voraussetzung für die Nutzung des WWW.

Der Markt der Browser ist sehr überschaubar. Während andere Software-Segmente, vor allem der Markt der Textverarbeitungen, eine Unzahl von Konkurrenzunternehmen und -produkten hervorgebracht hat, buhlen auf dem Browser-Markt nur zwei Konkurrenten um die Gunst der Internauten.

Bild 5.26:
Alle aktuellen Browser können direkt unter www.browser.com bezogen werden.

Der bisherige »Platzhirsch« und derzeitige Marktführer heißt *Netscape*. Dem *Netscape Navigator 3* folgte in der vierten Generation im Sommer 1997 der *Netscape Communicator 4*, der neben einem Browser auch einen E-Mail- und Usenet-Client sowie einen Web-Editor umfasst. Netscape hat einen erheblichen Technologievorsprung, weil die Firma als weltweiter Markführer des Online-Segments gilt und jahrelange Forschungs- und Entwicklungsarbeit in die eigenen Produkte investiert hat.

Microsoft ist der große Konkurrent Netscapes. Mit kurzer Verzögerung hat auch Microsoft einen Browser der vierten Generation, den *Microsoft Internet Explorer 4* herausgegeben. Zukünftige Microsoft-Betriebssysteme werden den Internet Explorer serienmäßig integrieren und in funktionelle Elemente wie den Windows-Desktop darüber hinaus Internet-Funktionen umfassen. Der aktuelle Internet-Explorer 5 ist bereits jetzt integraler Bestandteil des Office-2000-Pakets.

Für welchen der beiden Browser Sie sich entscheiden, bliebt Ihren persönlichen Vorlieben und Anforderungen überlassen. Zwar sollten beide Browser aktuelle Webseiten gleichwertig darstellen können; dass dies in der Praxis leider häufig misslingt, schildern wir Ihnen in einem späteren Abschnitt dieses Kapitels.

5.5.3 Das Dateiformat des WWW: HTML

Ähnlich einer Textverarbeitung können in WWW-Dokumenten multimediale Informationen und Schriftformatierungen eingebunden werden. Statt bloßer Textinformation kann ein solches Dokument daher multimedial, beispielsweise mit Grafiken und Videosequenzen, aufbereitet und außerdem mit einer übersichtlichen Struktur versehen werden.

Ein WWW-Dokument muss, genau wie andere Textverarbeitungs-Dateien auch, in einem definierten Format abgelegt werden. Ein solches Format umfasst neben der reinen Information auch Auskünfte über Schriftformatierungen (»blau, 12-Punkt, Arial-Schriftart, kursiv«) und eingebundene Multimedia-Elemente (»Grafik der Größe 80×30 Bildpunkte an Position x/y«).

Das Format des WWW heißt *Hyper Text Markup Language* oder kurz *HTML*. Es existieren jedoch einige technische Unterschiede zwischen konventionellen Formaten, mit denen beispielsweise Word arbeitet, und HTML. Der größte Unterschied und zugleich Vorteil besteht in der systemunabhängigen Verwendbarkeit; infolge der unterschiedlichen Konzeption wird HTML nicht als Textverarbeitungsformat, sondern als Seitenbeschreibungssprache bezeichnet.

Ein typisches HTML-Dokument erscheint auf den ersten Blick beinahe chaotisch, folgt jedoch bei näherer Betrachtung einer strengen

Syntax. Die folgenden Zeilen zeigen ein solches Dokument. Wie Sie selbst HTML-Dokumente manuell erstellen und damit fortgeschrittene Elemente einfügen können, zeigen wir Ihnen in einem separaten Kapitel.

```
<!DOCTYPE HTML PUBLIC "-//IETF//DTD HTML//EN">
<html>
<head>
<meta http-equiv="Content-Type"
content="text/html; charset=iso-8859-1">
<meta name="GENERATOR" content="Microsoft FrontPage 2000">
<title></title>
</head>
<body>
<p><br>
<font size="7">Hallo &amp; Herzlich Willkommen! </font> <br>
```

5.5.4 Versions-Chaos im World Wide Web

Die Vorteile überzeugen auf den ersten Blick und erklären den großen Erfolg von HTML. Ein in der Praxis oft schmerzlich spürbarer Nachteil jedoch ist die Versionsvielfalt. Infolge der raschen Weiterentwicklung sind nach der originären Version 1.0 eine Folgeversion 2.0 und die heute aktuellen Versionen 3.0 und 3.2 verfügbar. Während also zahlreiche Versionsnummern im Internet geistern und HTML 4.0 kurz vor der Verabschiedung steht, können die meisten Internet-Browser lediglich Versionen bis 3.0 und oft sogar nur 2.0 entschlüsseln. Zeichenchaos erwartet den Benutzer also dann, wenn Sie Ihren eigenen Internet-Auftritt in HTML 3.2 realisieren, Ihre Besucher jedoch nur mit der Version 3.0 arbeiten können.

Hinzu kommt eine gewisse eigenwillige Auslegung der HTML-Normen seitens Microsoft und Netscape: Beide Hersteller implementieren zwar HTML, erweitern ihre Browser jedoch um einige zusätzliche Features. In der Konsequenz bedeutet dies, dass gerade grafisch und multimedial aufwändige Seiten entweder nur vom Internet Explorer oder vom Netscape Communicator korrekt interpretiert werden.

5.5.5 Struktur eines WWW-Angebots

Um ein WWW-Angebot effizient einzurichten und für den Benutzer sinnvoll nutzbar zu gestalten, ist eine Struktur notwendig. Eine solche Struktur muss bereits in der Phase der Konzeption gründlich überlegt sein, um spätere aufwendige Umstrukturierungsmaßnahmen zu vermeiden.

Kapitel 5: Internet-Grundkurs

Die oberste Hierarchieebene bildet die *Homepage*, die oftmals synonym mit dem gesamten Internet-Angebot, der *Website*, verwendet wird. Korrekt ist jedoch, dass die Homepage nur ein einzelnes HTML-Dokument ist, das auf andere Dokumente der Website verzweigt. Eine Website ist damit in einer Baumstruktur sortiert, deren Wurzel die Homepage bildet und die einzelnen HTML-Dokumente ast- oder zweigähnlich aus dieser hervorgehen.

Die Homepage ist also die Startseite Ihres Angebots und damit gleichzeitig die repräsentative »Visitenkarte« Ihres Auftritts. Der Benutzer tritt als Erstes mit ihr in Kontakt, und weil der erste Eindruck bekanntlich der prägendste ist, legen professionelle Webdesigner auf die Gestaltung der Homepage besonders viel Wert.

Bild 5.27: Einfallsreiche und gestylte Homepages ziehen Internet-Besucher in ihren Bann und erhöhen die Anwender-Anzahl.

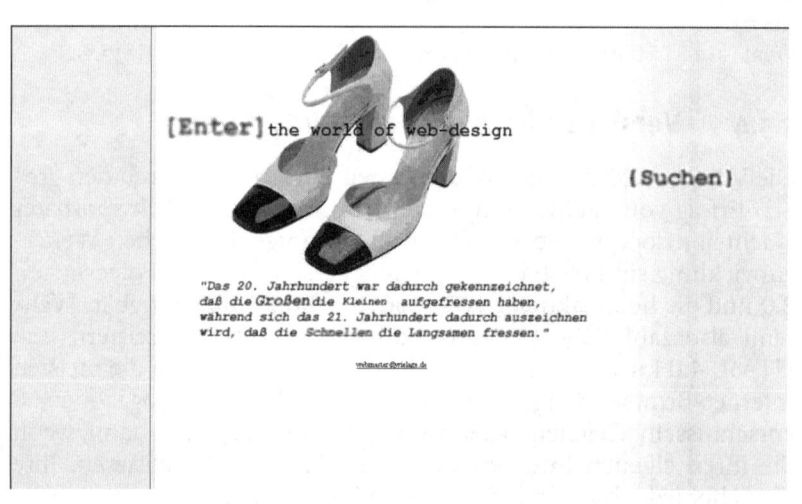

Von der Homepage kann der Besucher direkt die Inhalte Ihrer Website anwählen. Bei einer Firmen-Website sollte er sich beispielsweise über die Unternehmensstrategie oder die Mitarbeiter informieren können. Er kann als weiteres Angebot Produkte ordern und Dienstleistungen beanspruchen oder sich über aktuelle Sonderangebote informieren.

Innerhalb der Website können außerdem Hyperlinks zu anderen Diensten eingefügt werden; so können Sie Ihrer Kundschaft beispielsweise aktuelle Software oder eine Anfahrtsskizze bereitstellen. Außerdem kann der Betreuer der Website, Ihre Support-Abteilung oder die Bestellannahme direkt per E-Mail erreicht werden.

5.5.6 Elektronische Formulare

Vielleicht ist Ihnen beim Studium der letzten Kapitel aufgefallen, dass eine Interaktivität bisher fehlte: Zwar bot das WWW die Möglichkeit, über Hyperlinks andere Seiten und Angebote zu erreichen, aber wie können Sie selbst mit dem Anbieter einer Website in Kontakt treten?

Über den *CGI-Standard* (kurz für *Common Gateway Interface*) steht innerhalb des WWW eine Eingabeschnittstelle zur Verfügung, die sich mit »elektronischen Formularen« vergleichen lässt. *CGI-Skripts* sind die Programme, die auf einem Webserver ausgeführt werden können und beispielsweise Formularfelder erzeugen können.

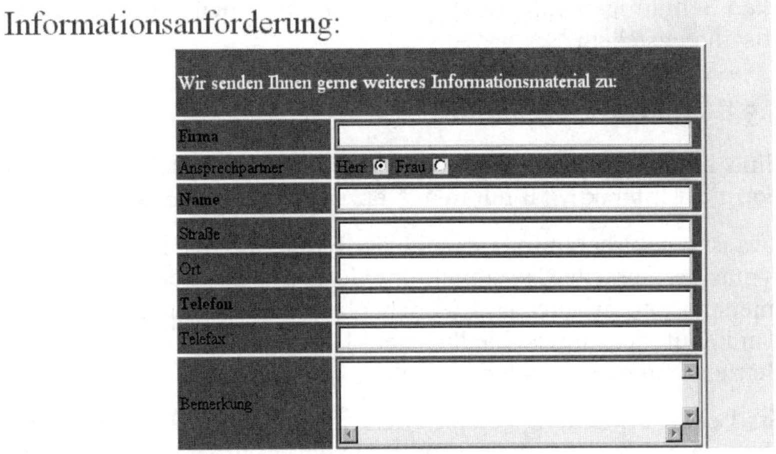

Bild 5.28:
Ein typisches Kontaktformular ermöglicht es den Besuchern einer Website, weiterführende Informationen anzufordern.

5.5.7 Drei Dimensionen: VRML

Aus der zweidimensionalen Welt des Bildschirms und damit auch des Internets soll, glaubt man den Vorstellungen einiger Experten, in Zukunft eine dreidimensionale Umgebung hervorgehen.

Interessante Ansätze und konkrete Umsetzungen sind derzeit zwar noch die Ausnahme, dennoch sind die Resultate erstaunlich. Mit der Programmiersprache *VRML* (*Virtual Reality Modeling Language*) steht ein System zur Verfügung, mit dem der Internet-Surfer in einer virtuellen Umgebung via Maus spazieren gehen kann.

In einem Cyber-Museum beispielsweise kann er Gänge und Flure durchschreiten und sich interessante Gemälde betrachten. VRML bildet dabei eine virtuelle Umgebung ab, die mit der Maus »begehbar« wird. Um dreidimensionale Räume darstellen zu können, ist ein großes Maß an Rechenleistung notwendig. Außerdem sind die

Datenmengen, die bei der Konstruktion einer dreidimensionalen Welt anfallen, enorm. Diese über die Internet-Kanäle zu bewegen kann zum zeitraubenden Unterfangen werden.

Sowohl der Internet Explorer 4 als auch der Communicator 4 integrieren VRML-Module, um entsprechend dreidimensionale Umgebungen abbilden zu können. Frühere Browser benötigen für die Darstellung Spezial-Software, die jedoch kostenfrei über das Internet bezogen werden kann.

Zunehmender Beliebtheit erfreut sich VRML hingegen im Intranet. Hier sind die Datentransferraten deutlich höher als im Internet, so dass der Transfer auch größerer Datenmengen unproblematisch ist. In einer virtuellen Firma können Mitarbeiter beispielsweise an virtuellen Schulungen teilnehmen und sich individuelle Seminarinhalte zusammenstellen.

5.5.8 Java-Programme

Eine besonders interessante und darüber hinaus sehr verbreitete Form der Interaktivität mit dem Netz sind *Java-Programme*.

Java ist eine Programmiersprache der Firma Sun, die in der Befehlssyntax der Sprache C++ ähnelt. Im Gegensatz zu anderen Programmiersprachen arbeitet Java jedoch plattformunabhängig und kann damit auf der unterschiedlichsten Hardware und verschiedenen Betriebssystemen verwendet werden.

Statt eine Anwendung beispielsweise für Windows 95/98 zu entwickeln und diese anschließend mit immensem Programmieraufwand auf den Apple Macintosh anzupassen, genügt eine einzige Entwicklung unter Java. Die Vorteile sind inhärent, und sicher ist der Java-Markt ein zukunftssicheres Internet-Segment.

Der Vorteil der Plattformunabhängigkeit prädestiniert Java geradezu als ideale Programmiersprache des Internets. Auf zahlreichen Internet-Seiten findet man daher kleine Java-Programme, die als *Applets* bezeichnet werden. Jeder Java-fähige Browser, darunter der Internet Explorer und der Communicator, ist imstande, das Java-Programm auszuführen.

So finden sich im Internet kleine Spielchen bis hin zu komplexen Anwendungen, beispielsweise Zins-Berechnungen für die Kundschaft großer Finanzinstitute.

5.5.9 Internet frei Haus: Push-Technologien

Eine klassische Internet-Session erfordert ein hohes Maß an Interaktivität: Sie loggen sich ein, besuchen eine oder mehrere gewünschte Seiten, durchstöbern diese nach Neuigkeiten und loggen sich anschließend aus.

Netscape und Microsoft haben einen neuen Trend ins Leben gerufen, der Bestandteil sowohl des Communicators 4 als auch des Internet Explorers 4 ist. Mit der *Push-Technologie* erhalten Sie gewünschte Internet-Angebote gleichsam einem Cyber-Abonnement direkt auf Ihre Festplatte überspielt, können anschließend die Online-Verbindung trennen und offline ohne Zeitdruck nach Neuigkeiten suchen.

Schon kurz nach dem Veröffentlichen der vierten Browsergeneration haben sich zahlreiche Hersteller entschlossen, ein Push-Angebot einzurichten. In der Praxis hakt das Verfahren an der Inkompatibilität beider Browser. Ein für den Netscape Communicator eingerichtetes Angebot kann von Internet-Explorer-Benutzer nicht verwendet werden – und umgekehrt.

5.6 Globales Postamt: Der E-Mail-Dienst

Der E-Mail-Dienst ist der älteste Internet-Dienst. Er ist heute ein Zeuge unserer Zeit und geistert in Form der E-Mail-Adresse auf Visitenkarten und Briefköpfen unserer Geschäftspartner.

Es scheint fast »in«, eine E-Mail-Adresse sein Eigen zu nennen. Tatsächlich jedoch sind die Vorteile enorm, und die finanzwirtschaftlichen Abteilungen größerer Firmen haben längst das Potential dieses Kommunikationsmediums erkannt. »Hohe Geschwindigkeit zum Nulltarif« charakterisiert eine E-Mail und bereits in der Einführung haben wir Ihnen diese beiden Hauptaspekte vorgestellt.

5.6.1 E-Mail-Protokolle

Im Gegensatz zu HTTP und FTP existiert mehr als nur ein Transferprotokoll für die Übermittlung von E-Mails.

Das zu den Anfangszeiten verwendete Protokoll wurde *SMTP* (*Simple Mail Transfer Protocol*) genannt. Mit ihm konnten lediglich Textinformationen übermittelt werden; auf Formatierungen wie Fettschrift oder Blocksatz musste ebenso verzichtet werden wie auf die Darstellung länderspezifischer Sonderzeichen (ä, ö, ü, ß oder

Kapitel 5: Internet-Grundkurs

Akzente). Auch heute noch wird vielfach SMTP statt modernerer Protokolle eingesetzt, weil sich dieses Verfahren in den Jahren entsprechend entwickelt und auch auf Anwenderseite durchgesetzt hat.

Vor allem klassische Unix-Umgebungen verzichten auf Formatierungen, Sonderzeichen und Multimedia-Elemente und senden elektronische Post im Rohformat ab.

Um Binärdateien versenden zu können, wurde SMTP erweitert. Zugrunde lag das Problem, dass zwar Textnachrichten, aber keine rein digitalen Informationen wie Programmfiles oder Grafikdateien versendet werden konnten. Ein Standard namens *MIME (Multipurpose Mail Extension)* wurde geschaffen, der beliebige Daten an eine normale Textnachricht anfügt. Ein solches *Attachment* kann das E-Mail-Programm des Empfängers decodieren und die angehängte Nachricht anschließend auf seiner eigenen Festplatte speichern. Im Gegensatz zum FTP-Dateiprotokoll, bei dem der Empfänger den Datentransfer selbst initiieren muss, liefert MIME Dateien gewissermaßen »frei Haus«.

Bild 5.29: Mit MIME-Attachments können einer E-Mail Dateien angehängt werden.

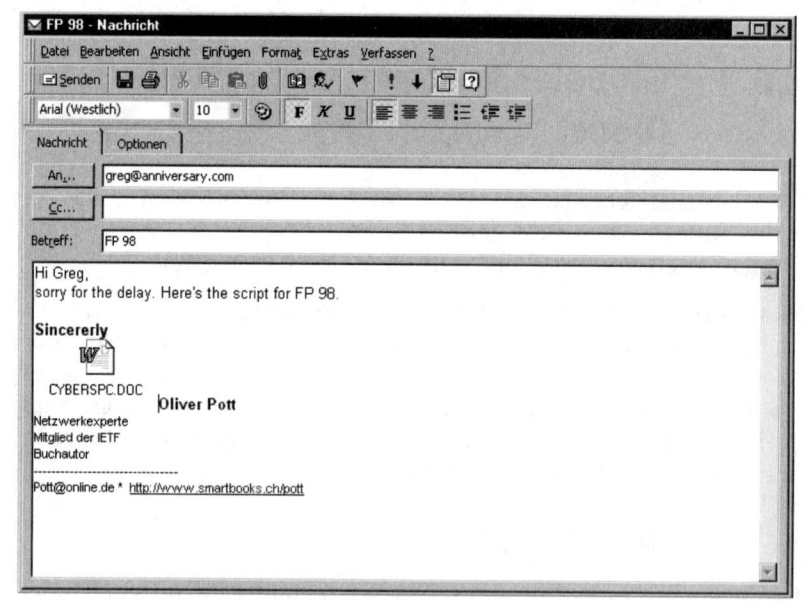

MIME-Anhänge kann der Empfänger jedoch nur dann entschlüsseln, wenn er mit einem entsprechenden E-Mail-Programm ausgestattet ist. Wenn Sie Binärdateien übermitteln möchten, sollten Sie sicherstellen, dass der Adressat mit einem moderneren E-Mail-System ausgestattet ist.

Das moderne *POP* (*Post Office Protocol*) in der Version 3 hat SMTP heute weitläufig ersetzt. Dieses Protokoll gleicht zahlreiche Nachteile aus, mit denen SMTP behaftet war, wird jedoch noch nicht von allen Internet-Providern unterstützt. Mit welchem der Protokolle Ihr Provider arbeitet, können Sie beim Postmaster erfragen, der für alle Details zum E-Mail-System verantwortlich zeichnet.

Um E-Mails empfangen und senden zu können, wird ein E-Mail-Client verwendet, der den Mailtransfer transparent umsetzt. Solche Clients sind mittlerweile überall erhältlich und zum Großteil bereits integraler Bestandteil moderner Betriebssysteme. Windows 95/98 beispielsweise ist mit *Microsoft Mail* ausgestattet, und Windows NT 4.0 arbeitet mit der leistungsfähigeren Variante *Microsoft Exchange*. Auch der Netscape Communicator ist mit dem *Messenger* ausgerüstet, und der Internet Explorer arbeitet ebenfalls mit dem internen Mailsystem *Outlook Express*.

Outlook 2000 stellt sowohl SMTP als auch POP zur Verfügung, außerdem weitere Protokolle, die wir Ihnen in späteren Teilen dieses Buchs vorstellen werden.

Die meisten dieser Mailsysteme sind mit fortgeschrittenen Technologien ausgestattet. So können Sie Serienbriefe an mehrere Empfänger gleichzeitig versenden, Empfangsbestätigungen anfordern oder unliebsame Nachrichteninhalte mithilfe von Mailfiltern löschen lassen.

5.6.2 Multimedialer Trend: HTML und E-Mail

Zwischen Dokumenten des WWW und empfangenen E-Mails bestehen erhebliche Unterschiede: Während E-Mails nur unformatierten Rohtext übertragen, sind WWW-Dokumente, die bekanntlich in HTML verfasst wurden, multimedial und optisch ansprechend aufgebaut.

Ein interessanter Trend zeichnet sich daher seit einiger Zeit ab: Werden HTML-Dokumente in E-Mails übertragen, können Mails mit allen HTML-Vorzügen versehen werden. Die technische Basis muss dafür kaum geändert werden, denn schließlich liegt HTML ebenfalls ASCII-Rohtext zugrunde.

Der E-Mail-Client muss nach dem Empfangen einer Mail lediglich imstande sein, diese entweder an einen Browser weiterzuleiten oder mit einem internen HTML-Decoder zu öffnen. Im Ergebnis können Sie Ihre E-Mails beispielsweise mit Word 97 verfassen, so dass

Ihnen alle Word-Stil- und Designelemente zur Verfügung stehen. Der Word-Text wird nun im HTML-Format abgelegt und via E-Mail-Client an den Empfänger übermittelt. Sofern dieser mit einem HTML-fähigen Mailclient ausgestattet ist, erhält er einen optisch ansprechenden Brief.

Bild 5.30:
Eine Rich E-Mail ermöglicht beispielsweise Schriftformatierungen.

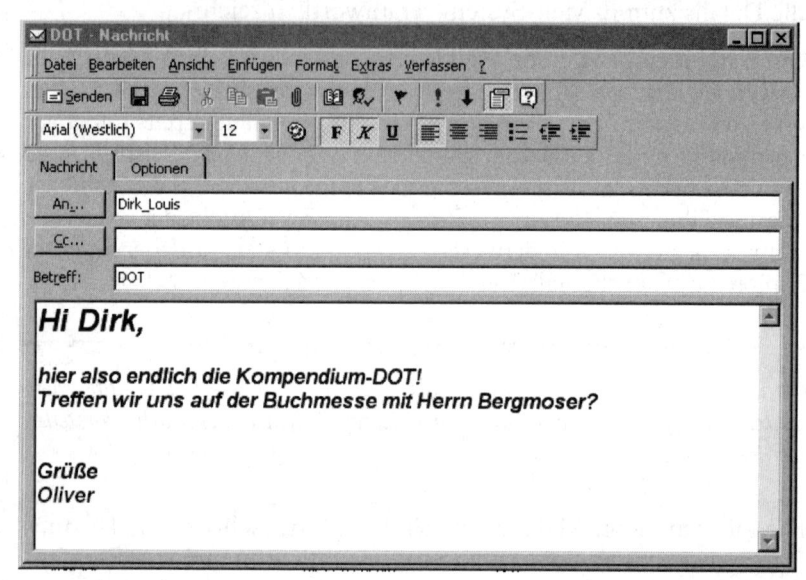

Netscape bezeichnet HTML-integrierende Nachrichten als *Rich E-Mails* und sieht darin den Trend der Zukunft. Der Netscape Messenger ist ebenso wie Outlook 2000 befähigt, HTML-Dokumente zu verfassen und zu empfangen.

Outlook bietet darüber hinaus die Möglichkeit, E-Mails mit Word zu verfassen und transparent im HTML-Format zu speichern. Der interne Texteditor wird dabei durch Word ersetzt.

Wenn Sie Rich E-Mails versenden möchten, sollten Sie unbedingt zuvor mit den Empfängern Kontakt aufnehmen – und zwar im Rohtextformat. Ein Empfänger, der nicht über ein Rich-E-Mail-System verfügt, kann Ihre Nachrichten ansonsten möglicherweise nicht im Klartext lesen.

5.6.3 Die E-Mail-Adresse

Für Ihre Arbeit mit Outlook 2000 ist Ihre E-Mail-Adresse von besonders großer Bedeutung, denn schließlich ist sie die Zentrale Ihrer Internet- und Intranet-Kommunikation.

Der Aufbau einer E-Mail-Adresse gleicht in groben Zügen dem URL-Format, weicht jedoch notwendigerweise geringfügig von diesem ab. Wir haben Ihnen bei der Vorstellung des World Wide Webs bereits die dynamische IP-Vergabe erläutert, bei der jeder Internet-Computer beim Login mit einer wechselnden IP-Adresse versehen wird.

E-Mails können also offensichtlich nicht an eine IP-Adresse geleitet werden, denn diese ändert sich stetig. Außerdem können an einem Computer durchaus mehrere Personen arbeiten, denen separate E-Mail-Postfächer zugeteilt werden müssen.

E-Mails werden daher an den Empfänger geleitet, der mit einer von der IP-Adresse unabhängigen E-Mail-Adresse ausgerüstet ist. Diese Adresse wird von einem E-Mail-Server ausgewertet, der die zentrale E-Mail-Koordination eines Servers übernimmt. Der Benutzer kann sich anschließend über SMTP oder POP3 mit einem Passwort und Benutzernamen autorisieren und seine E-Mails in Empfang nehmen. Das Abrufen von E-Mails wird im Jargon als *Polling* bezeichnet.

Eine typische E-Mail-Adresse ist in der folgenden Zeile abgedruckt:

oliver@pott-it.de

Dem URL-Domänennamen *pott-it.de* ist der Benutzername *oliver* vorangestellt, an den die E-Mail adressiert wird. Der Benutzername kann völlig frei gewählt werden und muss keinesfalls Ihrem Realnamen entsprechen. Mehrere Möglichkeiten haben sich bewährt, den Benutzernamen zu vergeben. Folgende Tabelle zeigt typische Benutzernamen.

allgemeine Syntax	Beispiel-Adresse
Nachname	Meier@server.de
Vorname.Nachname	Herbert.Meier@server.de
Kurzname	Herbie@server.de
Pseudonym	Batman@server.de

Tabelle 5.9: Typische E-Mail-Benutzernamen

5.6.4 Struktur einer E-Mail

Eine typische E-Mail unterteilt sich in drei primäre Strukturelemente, denen jeweils eine bestimmte Aufgabe zukommt.

- Header (von englisch »head« = »Kopf«). Im Klartext der E-Mail ist der eigentlichen Nachricht der *Header* vorangestellt. Hier finden Sie administrative Angaben zur Herkunft der Mail, zum Absender und zum Datum. Wichtige einzelne Felder haben wir in der folgenden Tabelle aufgeführt;
- Body (von englisch »body« = »Körper«). Im *Body* ist die eigentliche Nachricht hinterlegt;
- Footer (von englisch »foot"="Fuß«) Der *Footer* ist eine kurze Mailunterschrift, die jeder Nachricht automatisch angehängt wird. Der Footer wird von Ihnen manuell erstellt und kann einen beliebigen Text enthalten. Beliebt sind Footer, die beispielsweise die Kontaktdaten (Adresse, Telefon- und Faxnummer, Homepage-URL etc.) nennen.

Der Header enthält wichtige Daten und Angaben zur Herkunft der Nachricht, die Sie interpretieren können sollten. In der folgenden Tabelle haben wir Ihnen die vier typischen und vom Mailsystem unabhängigen Felder des Headers zusammengestellt. Wenn Sie einen englischen E-Mail-Client verwenden oder die Nachricht von jemandem stammt, der eine englisches E-Mail-System benutzt, finden Sie hier entsprechend die englischen Begriffe.

Inhalte eines typischen Headers:

Deutsches Feld	Englisches Feld	Bedeutung
VON	FROM	Hier finden Sie die E-Mail-Adresse des Absenders. Für eine Antwort an den Empfänger wertet Ihr Mailsystem diese Zeile aus.
TO	AN	Hier ist Ihre E-Mail-Adresse zu finden. Wenn Sie über mehrere Adressen verfügen, können Sie hier die Originaladresse entnehmen.
SUBJECT	BETREFF	Die Betreffzeile umreißt den Inhalt der Nachricht kurz und sollte daher möglichst kurz und treffend gewählt werden.
CC	KOPIE	Wenn Sie einen Serienbrief erhalten haben, finden Sie hier die E-Mail-Adressen aller weiterer Empfänger.

5.6.5 Digitaler Einbruch: Datensicherheit

Eine stetige Kritik der Internet-Kritiker fußt auf der fehlenden Datensicherheit. Die Bahnen des Internets sind für jedermann frei zugänglich; Sicherungsmechanismen auf Protokollebene sieht TCP/IP nicht vor. Zwar ist der Sicherheitsaspekt kein alleiniges Problem der E-Mail-Kommunikation, aber gerade in diesem Zusammenhang fragen Internet-Anwender nach der Möglichkeit einer geschützten Datenübermittlung.

Vorsicht, Datenklau!

Berücksichtigen Sie bei Ihren eigenen Surftrips: Daten, die Sie im Internet transferieren, können prinzipiell von jedem anderen Internet-Teilnehmer eingesehen werden. Outlook 2000 bietet leistungsfähige Möglichkeiten, E-Mails zu verschlüsseln.

Um sensible Daten im Internet zu bewegen, sind offenbar Sicherheitsheitmechanismen notwendig, um geheime Informationen vor den Augen Unbefugter zu schützen. Dabei wird die im Klartext abgelegte Information noch vor dem Einspeisen in das Internet mit einem Passwort chiffriert. Zwar kann weiterhin jeder Internet-Anwender die chiffrierten IP-Pakete auf seinen eigenen Rechner überspielen, kann diese jedoch nicht decodieren. Nur ein autorisierter Empfänger, der sich im Besitz des Passwortes befindet, kann die Nachricht entschlüsseln.

Solche Verschlüsselungsverfahren sind mittlerweile sehr sicher. In der Diskussion bemängeln Kritiker stets, prinzipiell seien alle Datenchriffrier-Algorithmen unsicher und können bei ausreichender Rechnerleistung und Know-how »gehackt« werden. Im Kern ist diese Aussage zweifelsfrei korrekt, berücksichtigt jedoch nicht die praktischen Gegebenheiten. Im Prinzip besteht zwischen der Datensicherheit und konventionellen Schutzmechanismen des alltäglichen Lebens kein Unterschied: Auch der sicherste Tresorraum ist im Prinzip angreifbar; allerdings steht der dafür erforderliche Aufwand in keinem sinnvollen Verhältnis zum Nutzen.

Die Sicherheitsstufe eines Chriffrierverfahrens wird in der Bitlänge des codierenden Schlüssels angegeben. So ist die Geheimnummer Ihrer EC-Karte beispielsweise mit einem 56-Bit-Verfahren gesichert; moderne Datencodierverfahren arbeiten mit einer Bitlänge von 128 Bit und gelten auch in Expertenkreisen als völlig sicher. Die für ein Auflösen ohne Kennwort benötigte Rechenleistung ist auch in Zukunft nicht verfügbar.

Kapitel 5: Internet-Grundkurs

*Bild 5.31:
Moderne E-Mail-
Programme
integrieren
Kryptographie-
module, um
E-Mails zu
verschlüsseln.*

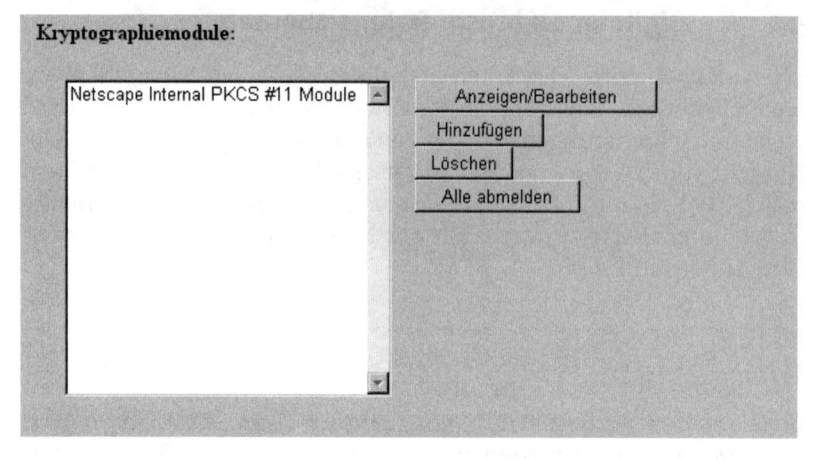

Der 128-Bit-Code ist auch in der deutschen Version des Netscape Communicators verfügbar und ermöglicht ein transparentes Verschlüsseln abgesendeter Nachrichten. Bislang durften bestimmte Datencodiersysteme nicht aus den USA exportiert werden: Als Relikt aus den vergangenen Tagen des »Kalten Krieges« stellte die US-Judikative den Export von Datenchiffrierverfahren mit Waffenhandel gleich. Netscape hat jedoch eine Genehmigung erhalten und bietet damit im Communicator den sicheren Datentransfer an.

Mehrere Kryptographieverfahren haben sich, unabhängig von der Bitlänge, etabliert. Der Empfänger einer verschlüsselten Nachricht kann diese nur dann entschlüsseln, wenn er über ein Programm verfügt, das diesen Code zu decodieren versteht – und natürlich mit dem passenden Kennwort ausgestattet ist. Die *RSA*-Methode ist weit verbreitet, außerdem das *Data Encryption System (DES)*. *PGP (Pretty Good Privacy)* bietet ebenfalls einen leistungsfähigen Codiermechanismus, der sogar um eine digitale Signatur ergänzt werden kann. Damit kann der Empfänger den Absender eindeutig identifizieren und sicherstellen, dass er nicht mit Falschdaten beliefert wurde.

Neben diesen Offline-Chriffrierverfahren sind Methoden etabliert, um WWW-Verbindungen sicher zu unterhalten. Statt dem Port 80 des WWW verwendet beispielsweise das *HTTPS-Protokoll* den separaten Port 443, über den eine sichere Verbindung hergestellt wird. Eine solche gesicherte Verbindung markiert Ihr Browser mit einem Schlüsselsymbol; die Übertragung von Kreditkartennummer und anderen sensiblen Daten sollte nur in diesen Fällen erfolgen.

5.7 Schwarzes Brett im Net: Newsgroups

Rund 10.000 thematisch geordnete Diskussionsforen bilden ein weltumspannendes Forum zum Meinungsaustausch. Das *Usenet* des Internets ist die Kommunikationsbasis für die *Newsgroups* (Diskussionsgruppen).

Weil das Benutzerspektrum vom Technik-Freak über Neueinsteiger, Professoren, Studenten, Schülern, Hausfrauen, Angestellten jeder Couleur bis hin zum 80-jährigen Oldie reicht, ist die Meinungsvielfalt beachtlich. Sie können im Usenet technische Ratschläge einholen, über Politik, Sport, Religion und nahezu jedes andere Thema diskutieren oder Kleinanzeigen aufgeben.

Viele Internet-Freaks sehen im Usenet den eigentlichen Zweck des Internets: die weltweit uneingeschränkten Kommunikation, deren ureigene Philosophie sich von politischen, religiösen und ethischen Ansichten löst.

Das im Usenet verwendete Protokoll heißt *NNTP* oder *Network News Transfer Protocol*. Es wird von einem *Newsclient* bereitgestellt, das ebenso wie ein E-Mail-Client mittlerweile zum Umfang der beiden Browser zählt. So stellt beispielsweise der Netscape Communicator mit *Netscape Collabra* einen leistungsfähigen Newsclient zur Verfügung, und selbstverständlich bietet auch Outlook 2000 einen Newsclient.

Um das Thema einer Newsgroup zuordnen zu können, lässt sich am Namen des jeweiligen Forums eine Aussage über deren Inhalt machen. In der folgenden Tabelle haben wir zur Übersicht einige typische Newsgroup-Inhalte zusammengestellt.

Newsgroup	Inhalt
alt	Alternative Foren, deren Themen sich in keine der anderen Bereiche einfügen
bin	Binäre Gruppen, die dem Datenaustausch (Grafiken, Audiodaten. Cliparts etc.) dienen
comp	Foren, in denen Computerthemen zur Diskussion gelangen
sci	Gruppen, die wissenschaftlich-technische Themen zum Inhalt haben

Tabelle 5.10: Die wichtigsten Newsgroup-Kategorien

Newsgroup	Inhalt
talk	Lockere Gesprächsrunden, gewissermaßen der »Kaffeeklatsch« des Internets
news	Administratives Forum, beschreibt Neuerungen und Änderungen innerhalb des Usenets

5.8 Dateitransfer per FTP

Um Dateien aus dem Internet auf Ihre eigene Festplatte überspielen zu können, benötigen Sie ein weiteres Protokoll, das *File Transfer Protocol* oder kurz *FTP*. Diesen Dienst, den wir Ihnen in der Einführung bereits kurz vorgestellt haben, arbeitet über eine separate Portnummer und ist damit völlig unabhängig vom WWW.

Eine terminologische Eigenart wohnt dem Dateitransferdienst inne: sowohl der Dienst selbst als auch das Protokoll heißen FTP. Das FTP-Protokoll ist direkt TCP/IP überlagert und damit das FTP-Pendant zu HTTP. Die URL-Syntax gleicht sich entsprechend, mit dem Unterschied, dass ein neuer Protokollpräfix verwendet wird:

ftp://shsonline.shs

Während der überwiegende Teil der WWW-Server völlig frei zugänglich ist und die gespeicherten Angebote für jedermann offenliegen, sind zahlreiche FTP-Server nur registrierten Benutzern zugänglich. Bevor Sie Dateien via FTP herunterladen können, müssen Sie sich mit Ihrem Benutzernamen und einem Passwort autorisieren und haben erst dann Zugriff auf die Daten.

Viele öffentlich zugängliche Server wie die weltweit größte Shareware-Programmsammlung *cdrom.com* werden daher als anonyme FTP-Server betrieben; ein Anmelden ohne Bekanntgabe der eigenen Identität wird entsprechend als *anonymous Session* (übersetzt »anonyme Sitzung«) bezeichnet.

Der Zugriff auf die gespeicherten Dateien erfolgt nach dem Anmelden über einen *FTP-Client,* eine spezielle Software also. Aktuelle Browser integrieren jedoch stets das FTP-Protokoll, so dass Sie auf die Installation einer zusätzlichen Software im Allgemeinen verzichten können.

Bereits in der Einführung haben wir Sie auf die besondere Bedeutung des FTP-Dienstes in Bezug auf das Web-Publishing hingewiesen.

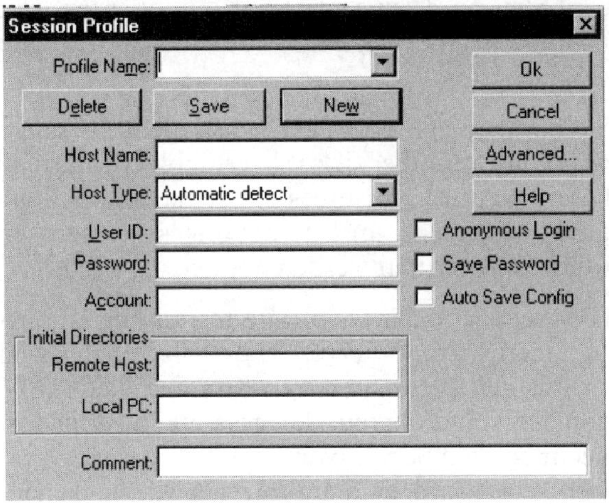

Bild 5.32:
Mit externen FTP-Clients sind Funktionen zugänglich, die Browsern meist fehlen. Im Bild wird mit WS_FTP gearbeitet.

Um Ihre Daten trotzdem publizieren zu können, muss das gesamte erstellte Web mittels FTP-Protokoll an den Server übermittelt werden.

5.9 Irgendwo müssen die Daten ja lagern ...

Beim Surfen auf den Wogen des Internets ist die Herkunft der Informationen zunächst nicht offensichtlich. Sie tippen eine Internet-Adresse ein und wenige Sekunden später präsentiert Ihnen der Bildschirm die angeforderte Information. Die »Lagerstätte« der Daten ist für Sie als Anwender unerheblich.

In gewisser Weise gleicht das Prinzip der Übermittlung unserem herkömmlichen und gewohnten Postsystem: Sie notieren auf dem Briefumschlag die Empfängeradresse und werfen ihn in den nächsten Briefkasten. Einige Tage später landet der Brief beim Empfänger, ohne dass Ihnen der Weg, den die Post durchlaufen hat, bekannt ist.

Auch wenn Sie für das Abrufen von Daten im Internet kaum Wissen über den technischen Hintergrund benötigen, ist dieser für eine eigene Präsentation erforderlich.

Die Überschrift dieses Abschnitts wirft die Kernfrage auf, die sich hinter Ihrem Webauftritt verbirgt: Wo eigentlich ist die unüberschaubare und gigantische Menge der Informationen abgelegt? In der Einleitung haben wir Ihnen vom Internet als diffuse und uneinheitliche Kombination sehr unterschiedlicher Rechnertechniken berichtet, und eine dieser Komponenten sind Massenspeicher, hauptsächlich Festplatten, auf denen die Bibliothek »Internet« gespeichert ist.

Sie können sich vorstellen, dass mehr als nur eine Festplatte notwendig ist, um die Vielzahl verfügbarer Informationen speichern zu können. Außerdem muss eine Festplatte an einem Computer und dieser seinerseits am Internet angeschlossen sein, damit die Daten weltweit abgerufen werden können.

Hier zeigt sich der wichtigste technische Unterschied des Internets zu anderen Computerverbunden als Folge des militärischen Hintergrunds der störunanfälligen Kommunikation. Während in konventionellen Netzwerken die gesamte Informationsmasse auf einem Rechner, dem Server (von englisch »to serve« = »bedienen«), zusammengefasst sind, sind am Internet zehntausende Server angeschlossen.

Jeder einzelne dieser Server ist damit integraler Bestandteil des Internet-Speichers, oder anders formuliert besteht das Internet vor allem aus Servern – und Verbindungsleitungen zwischen ihnen.

Jede Person und Organisation der Erde kann einen eigenen Server an eine solche Verbindungsleitung knüpfen und damit zu einem Teil des Internets werden. Im Prinzip erweitert sich das Internet auch dann um die Ressourcen Ihres Computers, wenn Sie sich per Modem in das Netz einwählen. Gerade aus diesem Grund ist das Internet ein außergewöhnlich dynamisches Netzwerk, dessen Gesamt-Ressourcen sekündlich schwanken.

Während ein Server also Daten irgendeiner Art bereitstellt, fordert die Gegenseite der Verbindung diese Informationen an. Ein Rechner, dem Daten aus einem Netzwerk bereitgestellt werden, heißt Client. Ein Internet-Server wird speziell als Webserver bezeichnet.

Die Konsequenz des Client-Server-Konzepts heißt für Sie, dass Sie einen Server benötigen, um sich im Internet zu präsentieren. Zwei Möglichkeiten bestehen, um Speicherplatz von einem Webserver zu erhalten:

- Sie kaufen einen Computer, richten diesen als Webserver ein und binden ihn über eine Standleitung an das Internet an. Sie haben auf diese Weise jederzeit die Kontrolle über Ihren Server. Nachteilig sind die immensen Kosten, die der laufende Betrieb des Servers mit sich bringt. Neben den Gebühren für eine gemietete Standleitung ist der administrative Aufwand für die Wartung und Pflege des Servers erheblich. Ein weiteres Problem ist die Planung der Kapazität; ein zu geringer Datendurchsatz bedingt erhöhte Wartezeiten seitens Ihrer Besucher. Zu knapp bemessene Kapazitäten halten daher viele Surfer von weiteren Besuchen ab

↪ Die probate Alternative heißt »Outsourcing«: Sie mieten gegen eine monatliche Pauschale oder Nutzungsgebühr Speicherplatz eines Anbieters. Weil dieser vielen Kunden Webspace – so wird der Speicherplatz eines Servers im Jargon bezeichnet – vermietet, ist diese Lösung im Allgemeinen preiswerter und entsprechend weit verbreitet. Die Rechnerausstattung und die Internet-seitige Übertragungsgeschwindigkeit wird aufgrund des großen Konkurrenzdrucks außerdem ständig aktualisiert, so dass Sie Warte- und Ladezeiten vermeiden.

Outlook installieren und einrichten

Teil II

6. Outlook 2000 für Umsteiger
7. Installation
8. E-Mail-Konten einrichten
9. E-Mail im Intranet einrichten
10. Microsoft Faxdienst konfigurieren
11. Persönliche Einrichtung
12. Benutzerprofile erstellen

Teil II: Outlook installieren und einrichten

Sofern Sie Outlook erstmals auf Ihrem Rechner installieren, vermittelt Ihnen dieser Teil das dazu notwendige Wissen. Im Gegensatz zu den meisten anderen Büroanwendungen lässt sich Outlook nur mit gewissen Vorkenntnissen installieren, denn schließlich soll das System später auf unterschiedliche und ausgefeilte Art mit Ihrem Computer und dem Internet kommunizieren.

Dieser Teil zeigt Ihnen, wie Sie E-Mail-Konten im Internet und Intranet funktionsfähig installieren, erläutert Ihnen die Kooperation mit Microsoft Exchange und nennt Ihnen fortgeschrittene Konfigurationen.

Outlook 2000 für Umsteiger

Kapitel 6

Microsoft geht zunehmend dazu über, bislang einzeln erhältliche Produkte in das Office-Paket zu integrieren. Diese Politik ist die Konsequenz aus der erstarkten Konkurrenz, denn neben Microsoft bieten auch Lotus, Stardivision sowie einige weitere kleinere Hersteller Office-Komplettpakete an.

Entsprechend ist Outlook 2000 Bestandteil des Office-2000-Pakets. Dennoch lässt sich Outlook auch einzeln erwerben, sofern Sie ausschließlich Outlook einsetzen möchten.

6.1 Historie

Im Computerbereich von »Historischem« zu sprechen, meint einen Rückblick auf den Zeitraum meist nur weniger Jahre. Der hohe Innovationsgrad der Computertechnik sowie strategische Gründe haben dazu geführt, dass Microsoft – wie die meisten anderen Software-Hersteller auch – in regelmäßigen Abständen neue Versionen veröffentlicht.

Dass hierbei nicht immer die Integration neuer Funktionen im Vordergrund steht, zeigt Outlook 2000. Gegenüber der Vorgängerversion 98 sind nur wenige Funktionen tatsächlich neu. Die Gesamtfunktionalität wurde stattdessen im Detail verbessert; die Konsequenz ist ein ausgereiftes Produkt. Wirklich revolutionäre Neuerungen lässt Outlook 2000 jedoch vermissen.

Inwiefern sich Programmfehler bei der Erstellung des Outlook-Quellcodes eingeschlichen haben, werden insbesondere die Anwender der allerersten Versionen feststellen.

| Kapitel 6: Outlook 2000 für Umsteiger

Ein Marketingtrick hat zu einer sprunghaften Zunahme der mit Outlook arbeitenden Computeranwender geführt. Ende 1998 hat Microsoft Gratis-Lizenzen von Outlook 98 verteilt. So fand der ebenso überraschte wie erfreute Computeranwender auf der Heft-CD-ROM des »Sterns« eine uneingeschränkt nutzbare Outlook-98-Vollversion.

Outlook 98 war als »Zwischenversion« konzipiert, um die in Outlook 97 aufgetretenen Probleme, Fehler und mangelnden Funktionen abzufangen. In Outlook 2000 nun sind die für den Alltag eines »Personal Information Managers« notwendigen Funktionen ausgereift und vollständig implementiert.

6.2 Das Office-2000-Paket

Outlook teilt sich seine Aufgaben mit übrigen Applikationen des Office-Pakets. Als Folge der vollständigen Integration kooperiert Outlook 2000 optimal mit anderen Office-Anwendungen.

Word 2000 beispielsweise kann als E-Mail-Editor verwendet werden – für Anwender mit hohen optischen Ansprüchen an Nachrichten. Falls Sie Outlook entsprechend eingerichtet haben, verzweigt Outlook 2000 automatisch zu Word, wenn Sie eine Mail verfassen möchten.

Welche Funktionen Outlook als Bestandteil des Office-Pakets übernimmt und die Microsoft die übrigen Applikationen strategisch positioniert, zeigt die folgende Tabelle.

Tabelle 6.1: Outlook und die übrigen Office-Applikationen

Office-Applikation	Funktionalität
Outlook 2000	»Personal Information Manager«, integriert Termin-, Kontakt- und Aufgabenmanagement sowie einen kompletten E-Mail-Client.
Word 2000	Textverarbeitungssystem
Excel 2000	Tabellenkalkulationsprogramm
Access 2000	Datenbanksystem
Powerpoint 2000	Präsentationsprogramm
FrontPage 2000	Webverwaltungs- und -gestaltungssystem
PhotoDraw 2000	einfacher Bildeditor zur Grafikverarbeitung, integriert in allen Office-Programmen

Alle Office-Anwendungen sind mittlerweile Internet- und Intranetfähig. So unterstützen sie das Abspeichern von Dokumenten im HTML-Format sowie die direkte Dateiablage auf Internet- und Intranet-Servern per FTP-Protokoll.

Technische Details schildert Ihnen der Internet-Einsteigerkurs, der sich neben grundlegenden Techniken schwerpunktmäßig mit E-Mail-Techniken auseinandersetzt.

6.3 Neues in Outlook 2000

Die wichtigsten Neuerung Outlooks betreffen nicht alleine Outlook; vielmehr hat Microsoft das gesamte Office-Paket umgearbeitet und homogenisiert.

Die folgenden Abschnitte zeigen im Überblick Neuerungen von Outlook 2000 gegenüber der Vorgängerversion 98. Sofern Neuerungen übergreifend auch das Office-Paket betreffen, finden Sie einen entsprechenden Hinweis.

6.3.1 Optimale Integration und Kooperation

Outlook 2000 ist optimal in das Office-Paket integriert. Word beispielsweise kann die Outlook-Adressdatenbestände einlesen und diese für Serienbriefe und Adressaufkleber verwenden. Auch Access und Excel können in unterschiedlichen Arten mit Outlook-Informationen umgehen.

Darüber hinaus verwendet auch Outlook die Funktionen anderer Programme. Mails beispielsweise können, wie bereits erwähnt, von Word verfasst und anschließend von Outlook gehandhabt werden.

6.3.2 Selbstreparatur

Outlook kann sich selbst überprüfen und einfachere Fehler reparieren. Gerade ein derart komplexes System wie die unterschiedlichen Office-Produkte verankern sich tief im Betriebssystem.

Störungen wie gelöschte Systemdateien oder beschädigte Datenbestände haben in der Vergangenheit oft dazu geführt, dass sensible und wichtige Informationen im Digitalnirwana landeten. Outlook ist insofern toleranter gegenüber Störungen geworden.

Eine implementierte Reparaturroutine kann gestartet werden, um Fehler automatisch zu beseitigen.

6.3.3 Sprachmodell

Das neue Office-Paket integriert ein neues Sprachmodell. Firmen müssen nicht länger regionalisierte Lizenzen erwerben; vielmehr wird ein Office-Modul installiert und mittels einer speziellen, mitgelieferten Software der Landessprache angepasst.

Dies ist – neben Installationen in internationalen Firmen – insbesondere praktisch, wenn Benutzer unterschiedlicher Nationalität und Sprache an einem Rechner arbeiten sollen.

6.3.4 Browserfunktionalität

Eine Mail mit einem integrierten Hyperlink auf eine Website konnte auch in Vorgängerversionen verwendet werden, um komfortabel und bequem per Mausklick direkt zur entsprechenden Website zu verzweigen.

Bislang wurde der Hyperlink dazu jedoch an einen externen Browser übergeben, der die HTML-Seite darstellte. Outlook 2000 integriert einen einfachen Webbrowser direkt im Programm, so dass auf Hyperlinks schneller reagiert werden kann.

Installation

Kapitel 7

Vielleicht werden Sie sich fragen: »Läuft Outlook überhaupt auf meinem Rechner?« Die Antwort darauf ist fast immer »ja«. Mindestvoraussetzungen ist lediglich ein 486er Rechner mit 66 Mhz. Diese Konfiguration dürfte wohl überall vorhanden sein.

Systemanforderungen für die Installation von Outlook sind ein Pentium-90-Rechner mit mind. 16 Mb Arbeitsspeicher und 90 Mb freien Festplattenspeicher. Weiterhin sollten Sie über ein CD-Laufwerk verfügen und als Betriebssystem Windows 95 bzw. 98 installiert haben.

Vor der Installation schließen Sie bitte alle Anwendungen. Legen Sie jetzt Ihre Installations-CD in Ihr CD-Laufwerk ein. Sollte sich das Installationsprogramm nicht automatisch starten, öffnen Sie den Windows-Explorer, wählen Ihr CD-Laufwerk an und starten das Programm *SETUP.EXE* mit einem Doppelklick.

Als Nächstes öffnet sich das Outlook-Installatonsfenster. Wählen Sie hier den Punkt INSTALLATION VON OUTLOOK 2000. Nach dem Hinweis darauf, dass vorherige Versionen von Outlook ersetzt werden, öffnet sich das Fenster mit dem Lizenzvertrag. Für die weitere Installation ist es notwendig, diesem zuzustimmen. Nun folgt die Registrierungsroutine. Die Angaben zu Name und Firma werden aus den Windows-Informationen übernommen. Ihren CD-Key finden Sie auf dem Aufkleber auf der Rückseite Ihrer CD-Hülle.

Jetzt folgt die eigentliche Installation für die Ihnen drei Einstellungen zur Verfügung gestellt werden:

1. Minimum: Outlook 2000 und Internet Explorer 5.01 ohne Online Hilfe
2. Standard: Outlook 2000 und Internet Explorer 5.01 mit Online Hilfe
3. Vollständig: Outlook 2000 komplett

> *Sollten Sie sich nachträglich für eine Änderung der Installation entschließen, starten Sie erneut das Setup-Programm. Anstelle des Installationsfensters erscheint nun der Wartungs-Assistent. Hier können Sie NEUE KOMPONENTEN HINZUFÜGEN, DAS SETUP ERNEUT AUSFÜHREN oder OUTLOOK 2000 ENTFERNEN.*

Ihr System wird jetzt nach vorhandenen E-Mail-Systemen durchsucht, um E-Mails nach Outlook 2000 zu importieren. Im Fenster E-MAIL-AKTUALISIERUNGSOPTIONEN wählen Sie nun den Eintrag Ihres alten E-Mail-Programmes.

Im nächsten Fenster wird abschließend nach dem Speicherpfad für Outlook gefragt. Nachdem Sie bestätigt haben, wird der Assistent Outlook installieren.

> *Installationsdateien können auch direkt aus dem Internet abgefragt werden. Obwohl dieses mit etwas Vorsicht zu genießen ist. Man kann leider nicht genau nachvollziehen, welche Daten zur Systemanalyse durchs Netz geschickt werden. Deshalb bleiben Sie am besten bei der CD-Installation.*

Die Abfrage zur Aktualisierung der neuen Komponenten brauchen Sie nur zu bestätigen. Sollten Funktionsstörungen bei der Installation oder im späteren Betrieb von Outlook auftreten, müssen Sie hier die Option ALLES NEU INSTALLIEREN wählen.

Nach einigen Minuten sind alle Dateien auf ihren Rechner übertragen und Sie werden aufgefordert, Ihren Rechner jetzt neu zu starten.

Nach dem Hochfahren sind die einzelnen Komponenten gespeichert und die Installation ist abgeschlossen. Auf Ihrem Desktop finden Sie nun die Verknüpfung mit Outlook 2000.

7.1 Nachträgliche Änderungen

Für nachträgliche Änderungen stellen Sie sicher, dass sich die Outlook-Installations-CD in Ihrem CD-Laufwerk befindet. Starten Sie nun das *Outlook-Setup*-Programm, entweder über CD oder von Ihrer Festplatte. Im sich jetzt öffnenden Fenster, dem WARTUNGS-ASSISTENTEN von Outlook, können Sie auswählen, ob Sie NEUE KOMPONENTEN HINZUFÜGEN, OUTLOOK NEU INSTALLIEREN oder KOMPLETT LÖSCHEN wollen.

Wenn Sie auf die Schaltfläche NEUE KOMPONENTEN HINZUFÜGEN klicken, startet automatisch der Internet-Explorer. Er stellt die augenblickliche Konfiguration fest und gibt Ihnen anschließend die Möglichkeit, mithilfe eines sehr übersichtlichen Dialogfeldes, die Änderungen auszuführen.

7.2 Outlook im Office-Paket

Sofern Sie Outlook 2000 mit dem Office-2000-Pakets erworben haben, wird Outlook bei der Installation des Pakets eingerichtet. Einzelne Komponenten können Sie nachinstallieren, indem Sie auf FEATURES HINZUFÜGEN/ENTFERNEN klicken. Im Pull-down-Menü *Outlook* können Sie die gewünschten Komponenten auswählen.

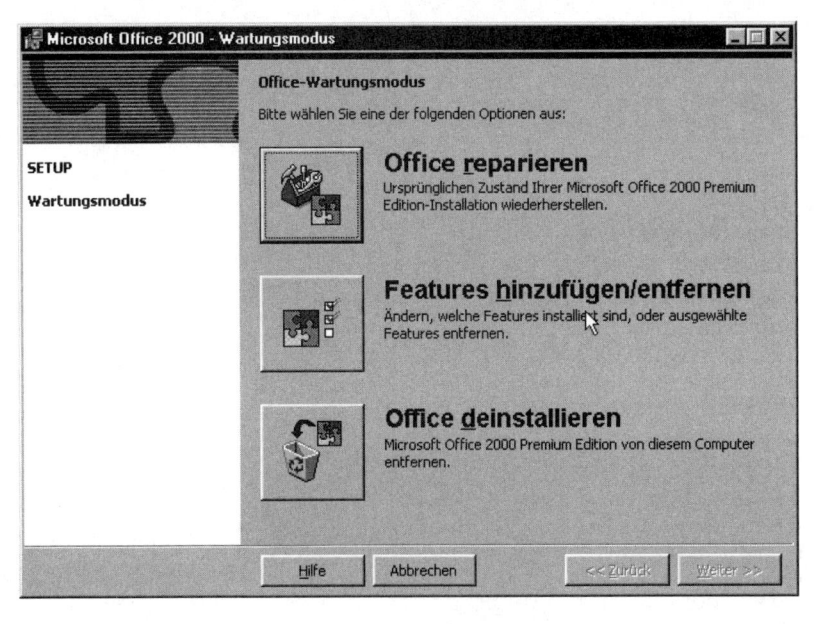

Bild 7.1:
Wählen Sie die Schaltfläche Features hinzufügen/entfernen...

Kapitel 7: Installation

*Bild 7.2:
... im Pull-down-Menü Outlook können Sie nun einzelne Komponenten nachträglich installieren und deinstallieren.*

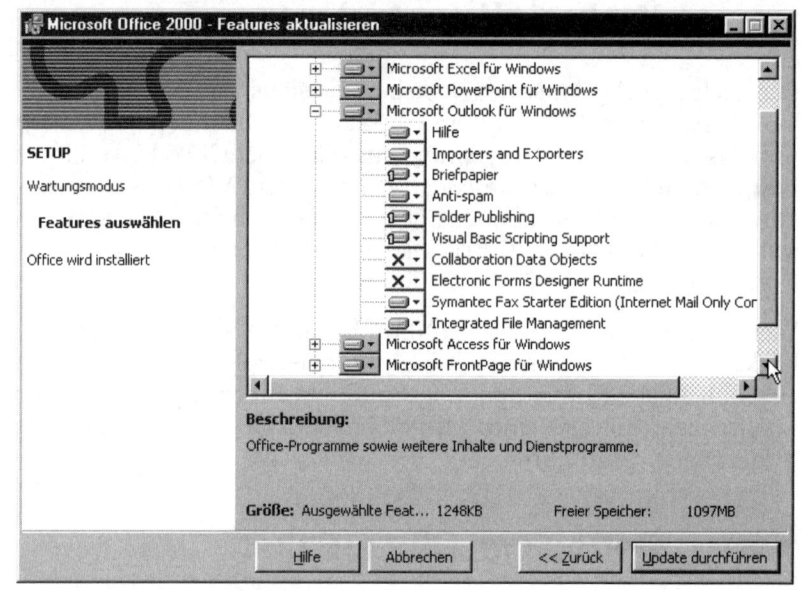

E-Mail-Konten einrichten

Kapitel 8

Datenkommunikation via E-Mail (elektronische Post) ist die wichtigste elektronische Kommunikationsform. In kürzester Zeit erreichen Ihre Nachrichten Ihre Partner in der ganzen Welt. Nicht nur Texte, sondern auch Bilder und Programme können ohne Probleme verschickt werden. Sollte der Empfänger kein E-Mail-Konto haben, lässt sich Ihre Nachricht auch per Fax empfangen.

8.1 Installation und Konfiguration der E-Mail-Konten

Während der Installation von Outlook 2000 können Sie entscheiden, welchen E-Mail-Dienst Sie konfigurieren möchten. Hier gibt es drei Möglichkeiten:

> *Letztere Wahl macht die wenigste Arbeit beim Einrichten, da Outlook mit dieser Einstellung keine Option für das Versenden von E-Mails und Faxen installiert. Sie sollten diese Einstellung allerdings nur wählen, wenn Sie über keinen Internet-Zugang verfügen, da die Funktionen Outlooks sonst nicht voll ausgenutzt werden.*
>
> :-) TIPP

Kapitel 8: E-Mail-Konten einrichten

Bild 8.1:
Der E-Mail-Assistent

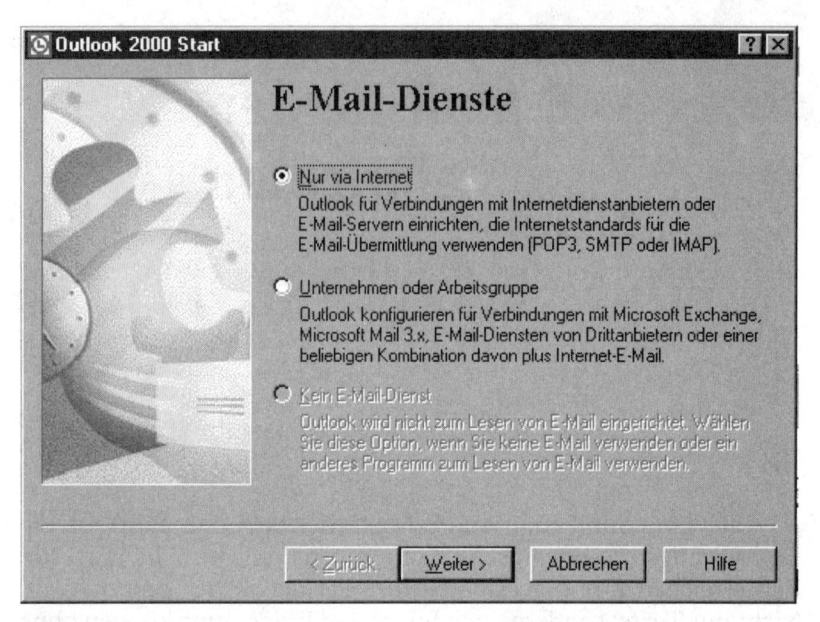

Mit der Auswahl NUR VIA INTERNET können Sie ausschließlich E-Mail-Konten für das Internet einrichten. Aber nicht nur E-Mails können hier verschickt werden, sondern auch mit vCalendar Besprechungsanfragen oder mit iCalendar Informationen zu Terminen. Die grundlegenden Techniken haben Sie bereits im Grundlagenteil kennen gelernt; die folgende Liste fasst die wichtigsten Punkte erneut zusammen:

- POP3 (Post Office Protocol) ist im Prinzip nichts anderes als ein Postfach auf einem Zentralrechner. Hier werden ankommende Nachrichten von einem Pop-Server zwischengespeichert und können vom Internet-Anwender nach Anwahl auf seinen Rechner runtergeladen werden.

- SMTP (Simple Mail Transfer Protocol) ist ein textorientiertes E-Mail-Protokoll. Es ist nur dann sinnvoll, wenn die beteiligten Rechner jeder Zeit im Internet zu erreichen sind, wie z.B. der Postrechner Ihres Providers. Sollte eine E-Mail nicht zugestellt werden können, weil der Rechner abgeschaltet ist, wird sie mit einer Fehlermeldung zurückgeschickt.

- IMAP (Internet Message Access Protocol) bietet die Möglichkeit, E-Mails auf einem Server genau so zu verwalten wie auf der eigenen Festplatte. Online lassen sich E-Mails lesen, herunterladen oder in andere Ordner verschieben. Vorteil hierbei ist, dass, egal von welchem Rechner man auf den Server zugreift, der

Briefkasten überall die gleichen E-Mails enthält. Allerdings muss hierbei auch der Internet-Anbieter dieses Protokoll unterstützen – fragen lohnt sich!

Für die Konfiguration Ihres E-Mail-Kontos brauchen Sie einige Daten und Informationen von Ihrem Internet-Provider: den Namen des Mail-Servers (bzw. dessen IP-Adresse), der die Verwaltung der Nachrichten übernimmt – und Ihren Benutzernamen sowie Ihr persönliches Kennwort für den Zugang zu dem Mail-Server Ihres Providers.

8.2 E-Mail-Konto einrichten

Mit den Daten Ihres Providers können Sie fortfahren. Zuerst starten Sie Outlook 2000. Dann klicken Sie mit dem Pfeil auf die Menüzeile EXTRAS. Im nun erscheinenden Popup-Fenster wählen Sie den Begriff KONTEN... an.

Bild 8.2:
Wählen Sie hier »Konten« an

Sollte der Begriff KONTEN nicht angezeigt werden, liegt das daran, dass Sie sich bei der Installation von Outlook nicht für die Option NUR VIA INTERNET entschieden haben.

Es erscheint das Fenster INTERNETKONTEN. Um ein E-Mail-Konto einzurichten, klicken Sie auf HINZUFÜGEN. Im Untermenü wählen Sie nun E-MAIL.

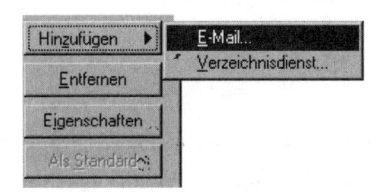

Bild 8.3:
Entscheiden Sie sich für »E-Mail«.

Kapitel 8: E-Mail-Konten einrichten

Jetzt öffnet sich der ASSISTENT FÜR DEN INTERNETZUGANG, hier geben Sie Ihren Vor- und Zunamen ein und bestätigen mit WEITER.

Im nächsten Fenster geben Sie Ihre E-Mail-Adresse ein, die sie von Ihrem Internet-Provider bekommen haben. Wichtig ist die Schreibweise, vergessen Sie nicht den Punkt zwischen dem Provider-Namen und der Top-Level-Domain. Das @ Zeichen bekommen Sie mit der Tastenkombination [AltGr] + [Q].

Bild 8.4:
Die Maildaten Ihres Internet-Providers

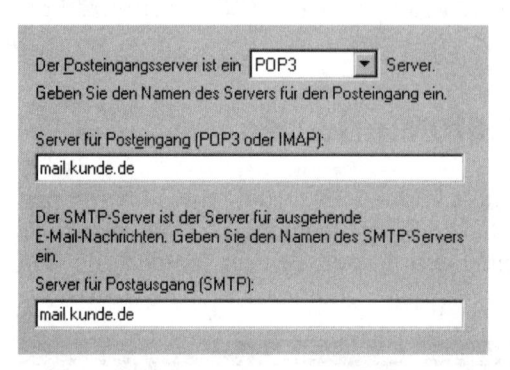

Geben Sie im folgenden Fenster den Servernamen oder die IP-Adresse des POP3-Servers ein. Auch diese Information haben Sie von Ihrem Provider bekommen. Bestätigen Sie mit WEITER.

Im nächsten Fenster geben Sie den POP-Kontonamen, mit dem Sie sich bei dem Mail-Server Ihres Providers anmelden wollen, ein. Jetzt fehlt noch Ihr Passwort. Hier erscheinen bei der Eingabe lediglich kleine Sternchen, damit Ihre Eingabe nicht ausgespäht werden kann.

Mit WEITER kommen Sie zur Vergabe des Internet Mail-Kontonamens. Dieser kann frei gewählt werden, z.B. »E-Mail-Eingang«. Bestätigen Sie die Eingabe mit WEITER. Jetzt müssen Sie den VERBINDUNGSTYP AUSWÄHLEN, sprich, wie Sie ins Internet kommen möchten, ob mit Modem oder über ein schon installiertes Netzwerk.

Bild 8.5:
Der Verbindungstyp wird eingetragen

Wählen Sie die Option ÜBER MODEM VERBINDEN und bestätigen mit WEITER. In der folgenden Liste können Sie Ihr installiertes Modem auswählen. Auch hier bestätigen Sie mit WEITER.

Mit NEUE DFÜ-NETZWERKVERBINDUNG ERSTELLEN können Sie eine neue Verbindung zum Internet einrichten. Wenn Sie schon über eine DFÜ-Netzwerkverbindung verfügen, klicken Sie bitte AUF VORHANDENE DFÜ-NETZWERKVERBINDUNG VERWENDEN und wählen die gewünschte Verbindung aus. Wenn nicht, müssen Sie als Erstes die Rufnummer Ihres Providers eintragen. Als Nächstes werden Sie nach Ihrem Benutzernamen und Ihrem Passwort gefragt. Beides sollten Sie in den Unterlagen von Ihrem Provider finden. Klicken Sie auf WEITER.

Im nächsten Fenster verneinen Sie die Änderung der weiteren Einstellungen. Sollten Sie die Einstellungen jedoch ändern wollen, wenden Sie sich bitte an Ihren Internet-Anbieter. Mit WEITER kommen Sie zur Namensvergabe der DFÜ-Netzwerkverbindung.

Hier können Sie einen beliebigen Namen eingeben, sinnvoll wäre der Name Ihres Internet-Anbieters. Klicken Sie auf WEITER. Mit der nächsten Bestätigung werden Ihre Einstellungen gespeichert und ein neues E-Mail-Konto ist konfiguriert. Sollten Sie über mehrere E-Mail-Adressen verfügen, wiederholen Sie die Schritte und erstellen so viele E-Mail-Konten wie benötigt werden.

8.3 Einstellungen der E-Mail ändern

Natürlich können Sie bereits konfigurierte E-Mail-Konten nachträglich nach Ihren Wünschen ändern.

Rufen Sie EXTRAS/KONTEN auf. Im Dialogfenster E-MAIL werden alle eingerichteten E-Mail-Konten angezeigt. Wählen Sie per Mausklick das zu ändernde E-Mail-Konto an und klicken Sie auf EIGENSCHAFTEN. Die Schaltfläche ALS STANDARD legt fest, welches Ihrer E-Mail-Konten standardmäßig Ihre E-Mails verschickt. Hinter dem ausgewählten Konto erscheint der Eintrag »Standard«.

Mit ENTFERNEN können Sie alle nicht mehr benötigten E-Mail-Konten löschen. Im nun erscheinenden Register lassen sich alle Einstellungen kontrollieren und gegebenenfalls ändern.

Im Register ALLGEMEIN können Sie den Namen Ihres E-Mail-Kontos ändern oder eine neue E-Mail-Adresse einstellen. Im Feld ANTWORTADRESSE tragen Sie die E-Mail-Adresse ein, bei der die Nachrichten auf Ihre versandten E-Mails eingehen sollen. Das muss nicht ihre erstgenannte Adresse sein.

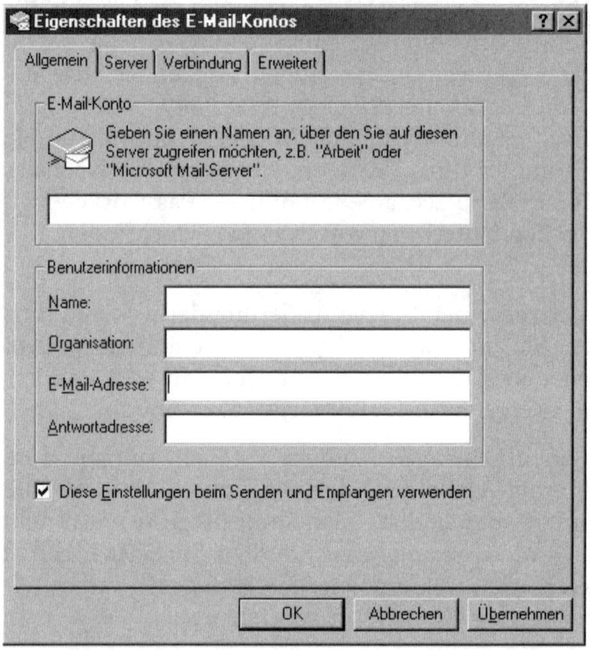

Kapitel 8: E-Mail-Konten einrichten

Bild 8.6:
Eigenschaften des Mail-Kontos

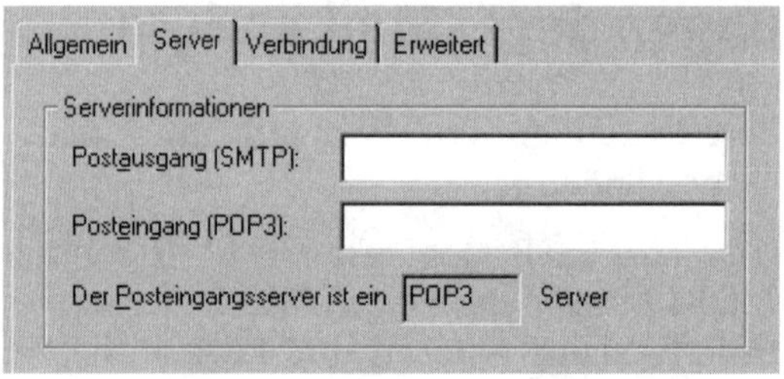

Bild 8.7:
Serverinformationen müssen eingetragen werden.

Unter SERVERINFORMATIONEN tragen Sie die Adressen des Mail-Servers Ihres Internet-Anbieters ein. Der SMTP-SERVER kümmert sich um die ausgehenden E-Mail-Nachrichten, der POP3-SERVER verwaltet die eingehenden Nachrichten. Die entsprechenden IP-Adressen erhalten Sie von Ihrem Internet-Anbieter.

Um Zugang zum POSTEINGANGSSERVER zu erhalten, müssen Sie sich mit Ihrem Passwort, das Sie von Ihrem Internet-Anbieter erhalten haben, identifizieren. Das Passwort wird bei der Eingabe nur durch kleine Sternchen dargestellt. Sollte nicht nur der POSTEIN-GANGSSERVER Ihres Providers, sondern auch der POSTAUSGANGS-SERVER durch ein Passwort gesichert sein, nehmen Sie unter SERVER ERFORDERT AUTHENTIFIZIERUNG die gewünschten Einstellungen vor. Auch diese Angaben erhalten Sie von Ihrem Internet-Provider.

Entscheiden Sie hier, wie die von Ihnen gewünschte Verbindung zum Internet bzw. zum E-Mail-Server Ihres Internet-Providers erfolgen soll. Wählen Sie NETZWERKVERBINDUNG (LAN), wenn Ihr Rechner über ein lokales Netz ans Internet angeschlossen ist. Sollten Sie es vorziehen, die Verbindung zum Internet manuell herzustellen, z. B. über das DFÜ-Netzwerk von Windows, wählen Sie die Option MANUELLE VERBINDUNG.

Möchten Sie über ein Modem ins Internet, muss schon eine DFÜ-Netzwerkverbindung konfiguriert sein, die Sie im unteren Teil des Dialogfensters anwählen können. Hier können Sie auch eine neue Netzwerkverbindung hinzufügen. Wenn Sie jetzt unter Outlook E-Mails versenden möchten, baut Outlook automatisch die Verbindung zum Internet auf, wenn Sie im Verbindungsfenster auf die Schaltfläche VERBINDEN klicken.

Geben Sie nun die Portnummern ein. Als Standard für SMTP ist der Anschluss 25 und für den POP3 der Anschluss 110 eingestellt. Sollten andere Anschlussnummern benutzt werden, können Sie diese hier jederzeit ändern.

Bei Verbindungen über eine sichere SSL-Verbindung müssen zusätzlich die entsprechenden Kontrollkästchen angeklickt werden.

Im Feld ZEITLIMIT DES SERVERS stellen Sie die Wartezeit ein, die Outlook maximal auf Antwort vom Server wartet, bis die Nachrichtenübermittlung automatisch abgebrochen wird. Sind Sie über eine sehr langsame Leitung mit Ihrem Mail-Server verbunden, verstellen Sie die Zeit mit dem Schieberegler in Richtung HOCH.

Nach erfolgreicher Übertragung der E-Mails an Outlook werden diese auf dem Mail-Server gelöscht. Möchten Sie, dass eine Kopie erhalten bleibt, kreuzen Sie das Kästchen KOPIE ALLER NACHRICHTEN AUF DEM SERVER BELASSEN an. Bei manchen Internet-Anbietern ist das noch nicht möglich, Outlook gibt dann allerdings eine entsprechnede Meldung.

Natürlich sollte man sich auch hierbei über die anfallenden Datenmengen Gedanken machen, deshalb kann man ältere Kopien von E-Mails automatisch nach einigen Tagen löschen lassen. Dazu kreuzen Sie das Kästchen VOM SERVER NACH X TAGEN ENTFERNEN an. Mit AUS »GELÖSCHTE OBJEKTE« ENTFERNTE E-MAIL AUF DEM SERVER LÖSCHEN entfernt Outlook alle Kopien vom Server, die im Ordner GELÖSCHTE OBJEKTE gelöscht werden.

Kapitel 8: E-Mail-Konten einrichten

> **STOP**
>
> *Daten verschicken kostet Zeit und somit Geld. Möchten Sie sich vor zu großen Datenmengen schützen, lassen Sie Outlook nachschauen, wie groß die zu enpfangene Nachricht ist, indem Sie im Feld SENDEN ankreuzen NACHRICHTEN AUFTEILEN, DIE GRÖSSER SIND ALS X KB. Überschreitet eine Mail den von Ihnen eingestellten Wert, bekommen Sie von Outlook eine entsprechnde Meldung.*

Mit OK übernimmt Outlook die von Ihnen gewünschten Änderungen.

8.4 E-Mails bei Internet-Providern

Sofern Sie Benutzer der Internet-Provider T-Online und CompuServe sind, können Sie Outlook ebenfalls direkt für Ihren Mailverkehr verwenden. Anwender von AOL müssen stattdessen auf den AOL-eigenen Mailclient zurückgreifen.

8.4.1 E-Mail-Konto bei T-Online

Sollten Sie sich für T-Online entschieden haben, können Sie ohne Probleme Ihre E-Mails mit Outlook versenden und empfangen.

Bild 8.8:
Als Kunde bei
T-Online

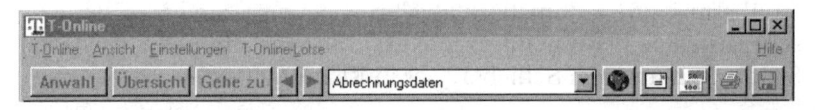

Hierzu rufen Sie unter EXTRAS den Eintrag KONTEN auf. Im folgenden Fenster klicken Sie auf HINZUFÜGEN und wählen E-MAIL aus.

Als Erstes müssen Sie den Namen eintragen, der auf den verschickten E-Mails erscheinen soll. Mit WEITER kommen Sie zum Eintrag für die E-MAIL-ADRESSE. Hier geben Sie bitte Ihre T-Online-E-Mail-Adresse ein. Anschließend bestätigen Sie mit WEITER.

In das Feld SERVER für Posteingang (POP3 oder IMAP) geben Sie die Adresse POP.BTX.DTAG.DE ein. Im Feld SERVER FÜR POSTAUSGANG (SMTP) geben Sie ein MAILTO.BTX.DTAG.DE ein. Danach klicken Sie auf WEITER.

Im nächsten Fenster unter ANMELDUNG UNTER VERWENDUNG VON geben Sie in die Felder POP-KONTONAME und KENNWORT nur einen Punkt ein und bestätigen mit WEITER. Der INTERNET MAIL-KONTONAME ist frei zu wählen, sollte jedoch schon einen Bezug zum Internet-Anbieter aufweisen. Mit WEITER kommen Sie zur Auswahl des Verbindungstypen, wählen Sie hier ÜBER MODEM VERBINDEN. Nachdem Sie auf WEITER geklickt haben, können Sie im nächsten Fenster Ihren Modemtyp auswählen und diesen wieder mit WEITER bestätigen.

Um Ihre E-Mails vom T-Online-Server abholen zu können, ist es notwendig, über eine T-Online-Verbindung im Internet zu sein, deshalb sollten Sie, falls schon eine DFÜ-Netzwerkverbindung über T-Online besteht, diese anwählen bzw. eine neue Verbindung speziell für T-Online konfigurieren. Hierfür wählen Sie den Punkt NEUE DFÜ-NETZWERKVERBINDUNG ERSTELLEN an und bestätigen mit WEITER.

Im kommenden Dialogfenster löschen Sie die ORTSKENNZAHL und tragen unter RUFNUMMER die Telefonnummer 0191011 ein. Klicken Sie danach auf die Schaltfläche WEITER.

Unter BENUTZERNAME müssen Sie die von T-Online mitgelieferte Anschlusskennung mit Ihrer Telefonnummer, einem Nummernzeichen »#« und der Ziffer eins eintragen.

Das kann folgendermaßen aussehen:

- Ihre Telefonnummer ist z. B.: (04321)1234.
- Ihre Anschlusskennung von T-Online ist z. B.: 00123456789.
- Dann ist Ihr BENUTZERNAME: 00123456789043211234#0001.

In das Feld KENNWORT tragen Sie jetzt noch das von T-Online mitgelieferte T-Online-Passwort ein und bestätigen die Angaben mit WEITER. Bei den weiteren Einstellungen wählen Sie NEIN und klicken auf WEITER.

Wählen Sie jetzt noch einen Namen für die Internetverbindung. Auch hierbei sollte ein klar definierter Name benutzt werden. Klicken Sie anschließend auf WEITER. Mit einem Klick auf die SCHALTFLÄCHE FERTIG STELLEN wird Ihr neues E-Mail-Konto gespeichert.

Outlook baut jetzt automatisch beim Abholen Ihrer E-Mail eine Verbindung mit dem Mail-Server von T-Online auf.

Manuell lässt sich die Verbindung wie folgt aufbauen: Klicken Sie auf den Startbutton, gehen Sie unter PROGRAMME auf ZUBEHÖR und wählen dort DFÜ-NETZWERK. In dem erscheinenden Fenster klicken Sie doppelt auf die von Ihnen angelegte T-Online-Verbindung.

Kapitel 8: E-Mail-Konten einrichten

8.4.2 E-Mail-Konto bei CompuServe

Haben Sie sich als Kunde von CompuServe registrieren lassen, können Sie Ihre E-Mail auch mit Outlook empfangen.

Bild 8.9:
Als Kunde bei CompuServe

Um Outlook für CompuServe zu konfigurieren, müssen Sie das POP3-Protokoll einstellen. Hierfür starten Sie Ihre CompuServe-Software. Danach bauen Sie eine Internet-Verbindung zu CompuServe auf und klicken auf die Schaltfläche GO.

Im erscheinenden Fenster geben Sie in die Zeile DIENST, `popmail` ein und bestätigen mit OK. Im nächsten Fenster wählen Sie per Doppelklick ACTIVATE YOUR POP3 MAIL ACCOUNT (WWW) an. Tragen Sie Ihre Benutzerdaten ein und bestätigen Sie mit OK. Folgen Sie den Anweisungen des Installations-Assistenten und nach wenigen Konfigurationen ist das POP3-Protokoll für CompuServe eingerichtet.

Jetzt müssen Sie nur noch im Outlook-Programm ein E-Mail-Konto für CompuServe einrichten, hierzu lesen Sie den Abschnitt E-MAIL-KONTEN EINRICHTEN in diesem Buch.

> *Wichtig: Ihre E-Mail-Adresse hat den Zusatz* `@csi.com`. *Der Posteingang ist* `pop.site1.csi.com`, *der Postausgang ist* `smtp.site1.csi.com`.

E-Mail im Intranet einrichten

Kapitel 9

In einem großen Unternehmen ist die schnelle Information sehr wichtig. Deswegen haben viele der Unternehmen firmeninterne Netzwerke, so genannte Intranets, installiert. Hier kann Outlook eine wichtige Rolle übernehmen. Der Exchange-Server bietet eine Menge von Funktionen im Bereich der direkten Kommunikation an. Über die Gruppen-Terminplanung bis zu erweiterten E-Mail-Funktionen, wie z.B. den Rückruf von zugestellten E-Mails.

9.1 Automatische Installation

Bei der ersten Installation von Outlook können Sie entscheiden, welcher E-Mail-Dienst Ihnen zur Verfügung stehen soll, unter anderem auch UNTERNEHMEN ODER ARBEITSGRUPPE. Um die Mail-Funktionen nutzen zu können, müssen als Erstes die Informationsdienste installiert und konfiguriert werden.

Der Setup-Assistent für Microsoft Outlook.

Sie haben drei Dienste zur Auswahl:

- MICROSOFT EXCHANGE SERVER: für die Anbindung an einen Exchange Server in zumeist sehr großen Netzwerken
- MICROSOFT MAIL: für die elektronische Post in einem lokalen Netzwerk
- INTERNET E-MAIL: für den Austausch von Nachrichten im WWW

Kapitel 9: E-Mail im Intranet einrichten

Bild 9.1:
Der Setup-
Assistent

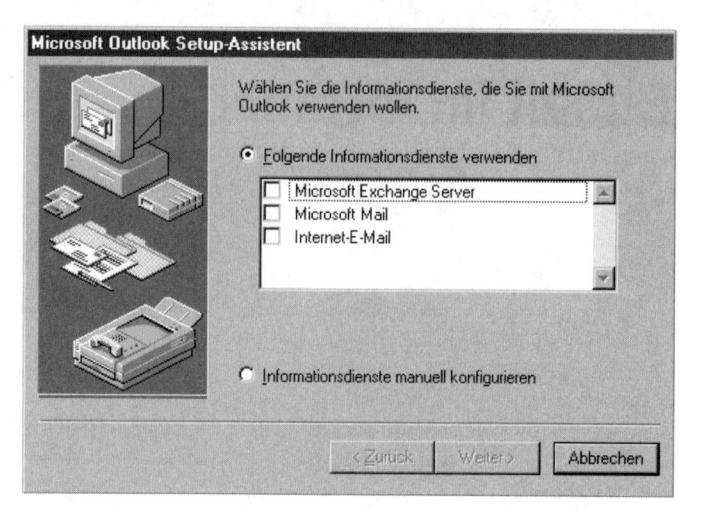

> **INFO**
> *Sollten Sie in der Vergangenheit schon mit einer Version von Outlook bzw. Microsoft Exchange gearbeitet haben, erscheint kein ASSISTENT-Fenster, denn Outlook übernimmt alle bereits getätigten Einstellungen und Sie können direkt Ihre Mail-Dienste nutzen.*

Sollten im SETUP-ASSISTENT nicht alle Informationsdienste angezeigt werden, liegt das daran, dass Sie Outlook nicht vollständig installiert haben. Sie können die fehlenden Dienste aber nachträglich manuell einstellen. Haben Sie sich entschieden, bestätigen Sie mit einem Klick auf den Button WEITER

Bild 9.2:
Geben Sie den
Namen des
Exchange-
Servers an.

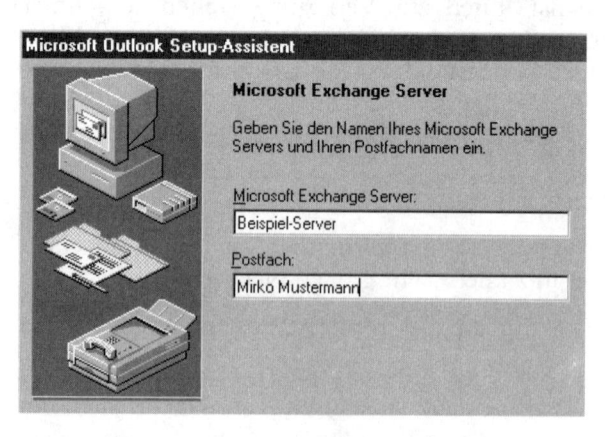

Beim MICROSOFT EXCHANGE SERVER müssen Sie zunächst dem Netzwerk-Administrator in Ihrem Betrieb mitteilen, dass er für Sie ein Postfach anlegt. Von ihm erhalten Sie alle Informationen, um im

folgenden Fenster den Namen des Exchange-Server-Computers und Ihren Postfach- bzw. Bennutzernamen eingeben zu können.

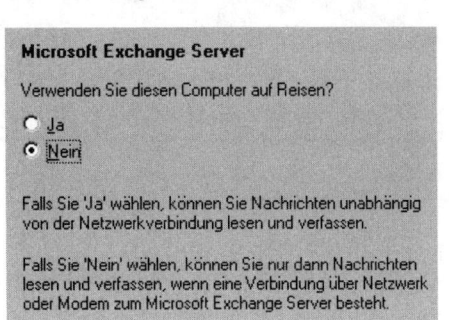

Bild 9.3:
Optionen für
mobile Rechner,
z. B. Notebooks

Tragen Sie als Nächstes ein, ob Sie mit einem Notebook oder einem Desktop-Computer arbeiten. Wählen Sie beim Notebook die Option JA und beim Netzwerk-Computer die Option NEIN.

Wenn Sie sich für MICROSOFT MAIL als Informationsdienst entscheiden, geben Sie den Pfad zu Ihrem Post-Office-Ordner an. Sie können auch mit DURCHSUCHEN einen Ordner per Mausklick anwählen. Bestätigen Sie mit WEITER.

Im MICROSOFT-MAIL-Fenster stehen alle Mail-Benutzer; sollte Ihr Name dort noch nicht aufgeführt sein, übermitteln Sie dem Mail-Administrator in Ihrem Betrieb eine kurze Nachricht, damit er dies möglichst schnell nachholt. Sind die Daten eingetragen, markieren Sie Ihren Namen.

Ihr Mail-Administrator muss Ihnen auch ein persönliches Passwort für Ihr Postfach gegeben haben nachdem Sie es eingetragen haben, bestätigen Sie mit WEITER.

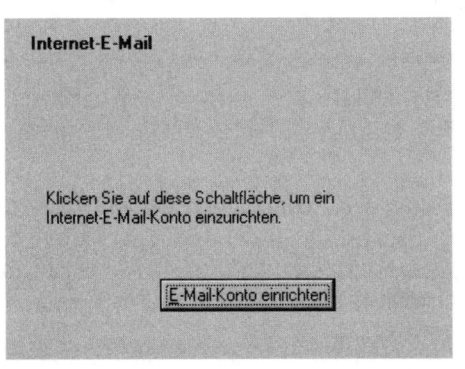

Bild 9.4:
Intranet schließt
Internet nicht
aus.

Beim Informationsdienst INTERNET E-MAIL klicken Sie zunächst auf den Button E-MAIL-KONTO EINRICHTEN.

Kapitel 9: E-Mail im Intranet einrichten

Bild 9.5:
Das Mailkonto

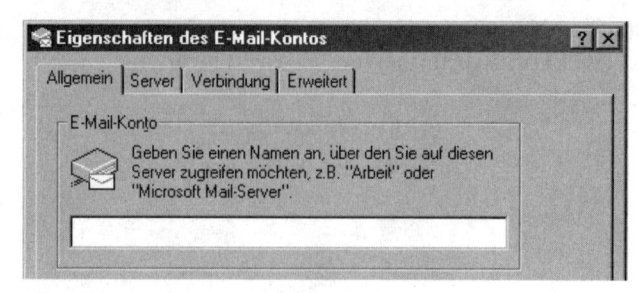

Im nächsten Dialogfenster geben Sie unter dem Register ALLGEMEIN im ersten Eingabefeld den Namen Ihres Internet-E-Mail-Kontos ein. Dieser Name ist frei zu wählen. Tragen Sie unter Benutzerinformationen Ihren Namen, falls nötig den Namen Ihrer Firma, Ihre E-MAIL-ADRESSE und Ihre ANTWORTADRESSE ein. Ihre E-Mail-Adresse erfahren Sie von Ihrem Internet-Provider oder fragen Sie Ihren Netzwerk-Administrator. Die Antwortadresse muss nicht mit der Ihren übereinstimmen. Sie können Antworten auf Ihre E-Mails hier bequem umleiten.

Im ersten Eingabefeld des Registers SERVER, unter SERVERINFORMATIONEN geben Sie die Adresse oder die IP-Nummer des Postausgangs-Servers Ihres Internet-Providers an. In das nächste Feld kommt die Adresse des Posteingangsservers bzw. die entsprechende IP-Nummer.

Für den Posteingang ist Ihr Kontoname und persönliches Kennwort erforderlich. Das Kennwort wird beim Eingeben aus Sicherheitsgründen mit kleinen Sternchen angezeigt. Manche Provider bieten eine geschützte Übertragung des Kennwortes an, in solch einem Fall wählen Sie zusätzlich die Option ANMELDUNG DURCH GESICHERTE KENNWORT-AUTHENTIFIZIERUNG an.

> *SPA »Secure Password Authentication« dient zur sicheren Übermittlung Ihres Passwortes. Fragen Sie Ihren Provider bzw. Netzwerk-Administrator.*

Sollte der Postausgangsserver Ihres Internet-Anbieters auch eine Authentifizierung benötigen, kreuzen Sie SERVER ERFORDERT AUTHENTIFIZIERUNG an und klicken auf die Schaltfläche EINSTELLUNGEN. Hier nehmen Sie die nötigen Einträge vor und bestätigen mit OK.

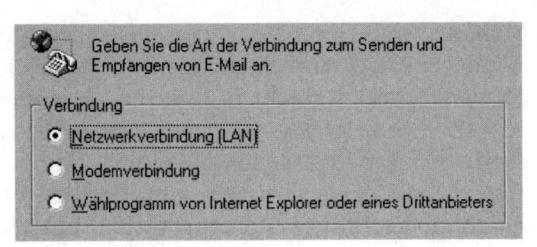

Bild 9.6:
Wie verbinden Sie sich mit dem Intranet?

Im Register VERBINDUNG haben Sie die Wahl zwischen folgenden Optionen zur Einwahl ins Internet:

- Netzwerkverbindung (LAN): Für die Verbindung mit dem Internet benutzen Sie das lokale Netzwerk Ihres Beriebes.

- MODEMVERBINDUNG: Mit dieser Einstellung verbindet Sie Outlook automatisch über ein Modem mit dem Internet. Sofern Sie schon eine DFÜ-Netzwerkverbindung konfiguriert haben, wählen Sie diese im unteren Teil des Fensters aus, damit Outlook beim nächsten Postversand automatisch die Verbindung zum Internet herstellen kann. Sie brauchen dann nur noch mit Verbinden bestätigen.

- WÄHLVERBINDUNG: Hierbei müssen Sie manuell die Verbindung zum Internet herstellen, z.B. mithilfe des DFÜ-Netzwerkes von Windows.

Im Register ERWEITERT geben Sie die Anschlussnummern »Ports« für den Zugang zu Ihrem Mail-Server an. Standard-»Ports« sind für den Postausgang (SMTP) die 25 und für den Posteingang (POP3) die 110. Benutzt Ihr Server andere Nummern können Sie diese hier manuell eintragen. Fragen Sie Ihren Provider, ob er eine gesicherte Verbindung zum Server anbietet. Wenn ja, dann kreuzen Sie bitte zusätzlich die Option DIESER SERVER ERFORDERT EINE SICHERE VERBINDUNG (SSL).

> *Mit dem Schieberegler im nächsten Feld stellen Sie das Zeitlimit für den Server ein. Wenn der Server eine Zeit lang nicht antwortet, bricht Outlook automatisch die Verbindung ab. Benutzen Sie einen langsamen Zugang ins Internet, sollten Sie die Wartezeit mithilfe der gedrückt gehaltenen Maustaste höher stellen.*
>
> :-) TIPP

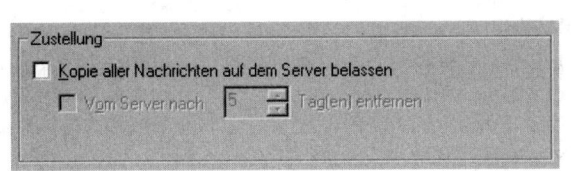

Bild 9.7:
Nicht zu viele Kopien auf dem Server belassen!

Manche Mail-Server bieten an, von erhaltenen E-Mails Kopien anzulegen, die dann nach dem Herunterladen für bestimmte Zeit auf dem Server verbleiben. Kreuzen Sie Kopie ALLER NACHRICHTEN AUF DEM SERVER BELASSEN an, wenn Sie aus Sicherheitsgründen davon Gebrauch machen möchten. Sollte Ihr Server nicht über diese Möglichkeit verfügen, gibt Outlook bei der nächsten Nachrichtenübermittlung eine entsprechende Meldung ab.

Damit der Server nicht überfüllt wird, sollten Sie angeben, nach wie vielen Tagen die Kopien Ihrer E-Mails vom Server gelöscht werden dürfen. Bestätigen Sie nun zweimal mit OK und schließen Sie das Fenster DIENSTE auch wieder mit OK.

Die Einstellungen werden erst nach einem Neustart von Outlook aktiv.

Haben Sie einen der Informationsdienste konfiguriert, müssen Sie noch den Pfad zu Ihrem persönlichen Adressbuch angeben. Sie können die Einstellung von Outlook übernehmen oder einen eigenen Ordner anlegen. Bestätigen Sie mit WEITER. Anschließend bestimmen Sie den Pfad und Ordnernamen für Ihren persönlichen Ordner. Sie können aber auch wieder die Einstellungen von Outlook übernehmen. Bestätigen Sie Ihre Einstellungen wieder mit WEITER.

Wenn Sie regelmäßig mit Outlook arbeiten, ist es ratsam, Outlook in die Gruppe Autostart aufzunehmen. Wählen Sie hierfür den PUNKT MICROSOFT OUTLOOK DER GRUPPE 'AUTOSTART' HINZUFÜGEN. Mit dieser Einstellung startet Outlook automatisch bei jedem Start von Windows.

Nachdem Sie mit WEITER bestätigt haben, wird Ihnen eine Liste der installierten Dienste gezeigt. Um die Installation abzuschließen klicken Sie auf FERTIGSTELLEN.

9.2 EXCHANGE-SERVER-DIENST NACHTRÄGLICH INSTALLIEREN

Um den Exchange-Server-Dienst nutzen zu können, müssen Sie sich bei der Installation von Outlook für die EINSTELLUNG UNTERNEHMEN ODER ARBEITSGRUPPE entschieden haben, ansonsten können Sie diesen Dienst nicht nutzen.

Wählen Sie in Outlook EXTRAS/DIENSTE an. Unter dem Register DIENSTE sehen Sie alle bisher installierten Informationsdienste. Klicken Sie mit der Maus auf das Optionsfeld HINZUFÜGEN. Im folgenden Fenster DIENST ZUM PROFIL HINZUFÜGEN wählen Sie MICROSOFT EXCHANGE SERVER an und bestätigen mit OK.

EXCHANGE-SERVER-DIENST NACHTRÄGLICH INSTALLIEREN

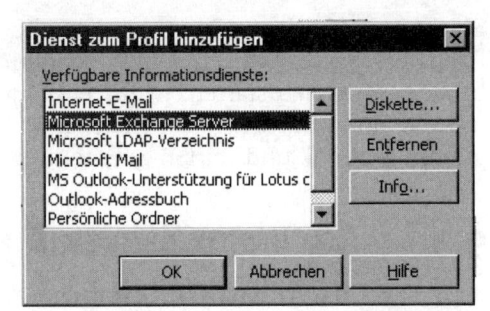

Bild 9.8:
So fügen Sie den Exchange-Dienst hinzu.

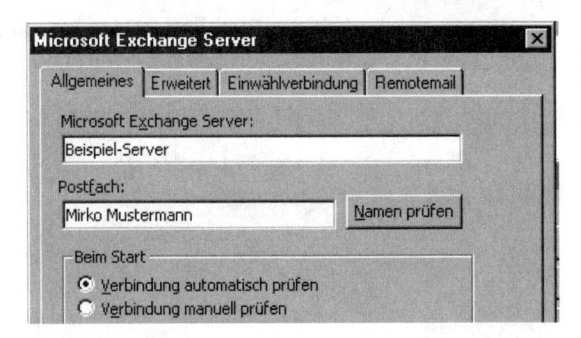

Bild 9.9:
Erfragen Sie die nötigen Einträge bei Ihrem Netzwerkadministrator.

Im nachfolgenden Dialogfenster geben Sie im Register ALLGEMEINES unter MICROSOFT EXCHANGE SERVER den Namen des Rechners ein, der als Exchange Server fungiert. Im Feld POSTFACH tragen Sie anschließend Ihren Benutzernamen ein. Klicken Sie auf die Schaltfläche NAME ÜBERPRÜFEN, damit Outlook die Einträge beim Exchange Server überprüfen kann. Sind die Einträge korrekt, werden sie unterstrichen dargestellt.

Mit dem Feld BEIM START, bestimmen Sie, ob Outlook gleich nach dem Starten die Verbindung automatisch kontrolliert, oder ob Sie die Verbindung manuell prüfen möchten. Wenn Sie die Verbindung selbst prüfen möchten, können Sie auswählen, ob Outlook gleich beim Start eine NETZWERKVERBINDUNG HERSTELLEN soll oder erst dann, wenn Sie die Verbindung benötigen. Wählen Sie hierfür OFFLINE ARBEITEN; EINWÄHLVERBINDUNG VERWENDEN.

> :-)
> TIPP
>
> *Wenn Outlook bei jedem Start erst fragen soll, ob die Netzwerkverbindung hergestellt werden soll, oder ob Sie offline arbeiten, dann klicken Sie zusätzlich das Kästchen VERBINDUNGSTYP BEI JEDEM START AUSWÄHLEN an. Sie behalten dann besser im Blick, wenn eine Verbindung aufgebaut wird*

Bestätigen Sie Ihre Einträge mit OK. Um den eingerichteten Exchange-Server-Dienst nutzen zu können, müssen Sie Outlook beenden und neu starten. Dafür bestätigen Sie das Hinweisfenster mit OK und schließen das Fenster DIENSTE. Beenden Sie das Programm Outlook und starten es erneut.

9.3 EXCHANGE SERVER-DIENST NACHTRÄGLICH KONFIGURIEREN

Sie können auch nach der Installation des Exchange Servers Einstellungen bzw. Optionen ändern oder erweitern.

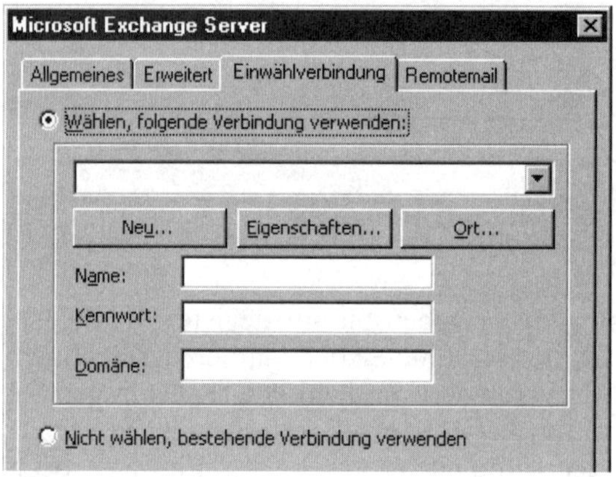

Bild 9.10: Rufen Sie den Microsoft Exchange Server auf.

Rufen Sie EXTRAS/DIENSTE auf. Im erscheinenden Dialogfenster wählen Sie den MICROSOFT EXCHANGE SERVER an und klicken auf EIGENSCHAFTEN.

Die Einstellungen für das Register ALLGEMEINES können Sie im vorherigen Kapitel nachlesen. Im Register ERWEITERT können Sie weitere Postfächer hinzufügen, haben die ursprünglichen Besitzer Ihnen den Zugriff darauf gewährt, können Sie diese mitverwalten. Klicken Sie auf HINZUFÜGEN und tragen Sie im nachfolgenden Fenster das Postfach »Benutzernamen« ein und bestätigen Sie mit OK.

Möchten Sie wichtige Daten zusätzlich bei der Übertragung verschlüsseln, wählen Sie die Verschlüsselung je nach Verbindung an. Wenn Sie beim Anmelden an den Exchange Server Ihre aktuellen Benutzernamen und Passwort verwenden möchten wählen Sie unter ANMELDUNG-NETZWERKSICHERHEIT: NT-KENNWORTAUTHENTIFIZIERUNG an. Unter EINSTELLUNGEN OFFLINEORDNER können Sie die Einstellungen für die Arbeiten mit dem Exchange Offlineordner konfigurieren.

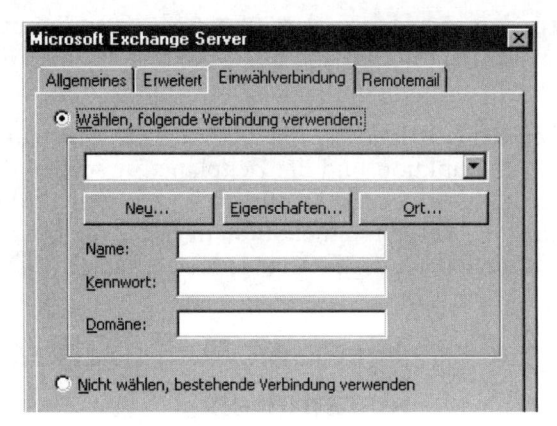

Bild 9.11:
Das Register
EINWÄHLVER-
BINDUNG

Im Register EINWÄHLVERBINDUNG können Sie einstellen, wie Sie die Verbindung zum Exchange Server herstellen möchten. Sind Sie direkt mit dem Server über ein lokales Netz verbunden, wählen Sie die OPTION NICHT WÄHLEN, BESTEHENDE VERBINDUNG VERWENDEN an.

Sind Sie z.B. mit einem transportablen Computer unterwegs, klicken Sie WÄHLEN, FOLGENDE VERBINDUNG VERWENDEN an und wählen aus der Liste eine bereits bestehende DFÜ-Verbindung aus. Mit der Schaltfläche EIGENSCHAFTEN können Sie die bereits gemachte Einstellungen für diese Verbindung neu konfigurieren; unter ORT können Sie die Einstellungen für den aktuellen Standort modifizieren. Wählen Sie NEU, um eine neue DFÜ-Netzwerkverbindung ins Listenfeld mitaufzunehmen.

Bild 9.12:
Hier nehmen Sie die Einstellungen für die Remote-Mail-Funktionen von Outlook vor.

Kapitel 9: E-Mail im Intranet einrichten

In den nächsten Feldern tragen Sie Ihren Benutzernamen, Ihr Kennwort und die Domäne Ihres NT-Servers ein. Diese Angaben können Sie bei Ihrem Netzwerkadministrator erfragen.

Im Register REMOTEMAIL können Sie Einstellungen für die Remote-Mail-Funktion und die Zeitpläne für solche Verbindungen einstellen. Haben Sie alle Konfigurationen für den MICROSOFT EXCHANGE SERVER vorgenommen, bestätigen Sie die Einstellungen mit OK und schließen Sie das Fenster DIENSTE auch mit OK.

9.4 Microsoft Mail nachträglich installieren

Bevor Sie den Microsoft-Mail-Dienst nutzen können, muss ein Postoffice anlegt sein, fragen Sie hierzu Ihren Netzwerkadministrator.

Um den Microsoft-Mail-Dienst nutzen zu können, müssen Sie sich bei der Installation von Outlook für die EINSTELLUNG UNTERNEHMEN ODER ARBEITSGRUPPE entschieden haben, ansonsten können Sie diesen Dienst nicht nutzen.

Bild 9.13: Rufen Sie Microsoft Mail auf.

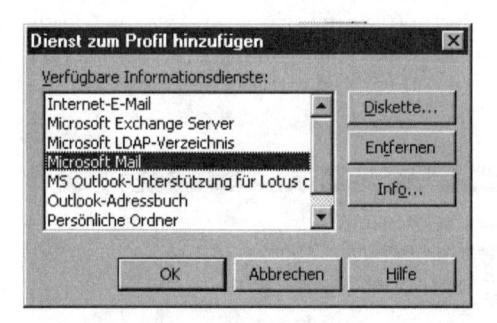

Wählen Sie EXTRAS/DIENSTE an. Im Register DIENSTE sehen Sie alle bisher installierten Informationsdienste. Klicken Sie mit der Maus auf das Optionsfeld HINZUFÜGEN. Im folgenden Fenster DIENST ZUM PROFIL HINZUFÜGEN wählen Sie MICROSOFT MAIL an und bestätigen mit OK.

Im folgenden Fenster geben Sie im Register VERBINDUNG den Pfad zu Ihrem Postoffice ein oder wählen Ihn unter DURCHSUCHEN manuell an.

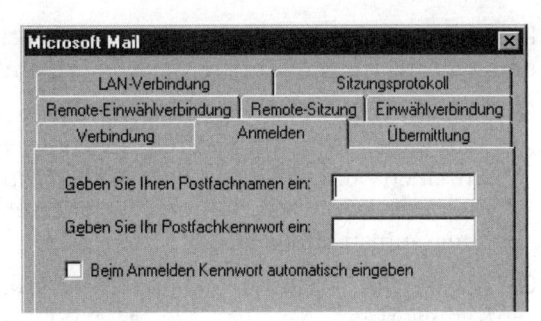

Bild 9.14:
Die Mailkonfiguration

Im Register ANMELDEN tragen Sie Ihren POSTFACHNAMEN und Ihr POSTFACHKENNWORT ein, beide Angaben erhalten Sie von Ihrem Netzwerkadministrator. Wenn Sie möchten, dass Outlook Ihr Kennwort automatisch übermittelt, klicken Sie das KÄSTCHEN BEIM ANMELDEN KENNWORT AUTOMATISCH EINGEBEN an.

Schließen Sie das Fenster mit OK und bestätigen Sie den folgenden Hinweis wieder mit OK. Schließen Sie anschließend das Fenster DIENSTE auch wieder mit OK. Beenden Sie das Programm unter DATEI/BEENDEN UND ABMELDEN und starten Sie Outlook danach neu.

9.5 Microsoft Mail nachträglich konfigurieren

Microsoft Mail ist ein sehr vielseitiger Dienst und dementsprechend kann man auch nach der Installation die Einstellungen recht vielseitig modifizieren.

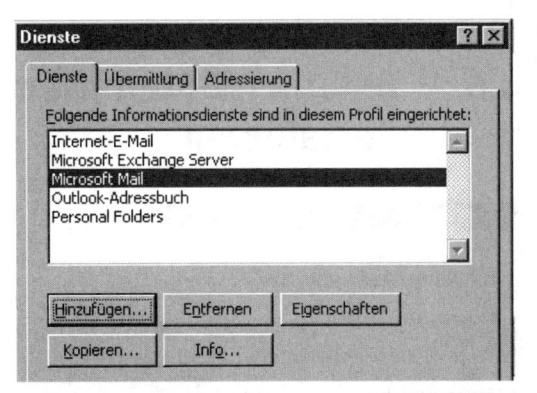

Bild 9.15:
Der Maildienst

Wählen Sie EXTRAS/DIENSTE auf. Im erscheinenden Dialogfenster wählen Sie MICROSOFT MAIL an und klicken auf EIGENSCHAFTEN.

Im folgenden Fenster können Sie unter den einzelnen Registern die nötigen Änderungen für den Mail-Dienst konfigurieren.

- VERBINDUNG – Hier geben Sie den Pfad zu Ihrem Postoffice ein, oder wählen Ihn unter Durchsuchen per Mausklick an. Bei den einzelnen Punkten zum TYP DER VERBINDUNG, DIE BEIM START HERGESTELLT WIRD, können Sie auswählen, wie Ihr Verbindungsaufbau erfolgen soll.

- ANMELDEN – Geben Sie hier Ihren Postfachnamen und Ihr Kennwort ein. Möchten Sie, dass Windows automatisch diese Einträge beim Start von Outlook übermittelt, klicken Sie das Kästchen BEIM ANMELDEN KENNWORT AUTOMATISCH EINGEBEN an. Das Postfachkennwort ändern ist nur bei einer bestehenden Verbindung zum Postoffice möglich.

- ÜBERMITTLUNG – Konfigurieren Sie hier, wann und wie Outlook Nachrichten an das Postoffice schickt bzw. empfängt.

- EINWÄHLVERBINDUNG – Wählen Sie hier, mit welcher DFÜ-Netzwerkverbindung Sie den Remote-Zugriff auf Ihr Postoffice herstellen wollen.

- LAN-VERBINDUNG – Mit diesen Einstellungen legen Sie unter Anderem fest, ob Sie lediglich die Betreff-Zeilen Ihrer Nachrichten übermittelt haben wollen und sich dann entscheiden, ob Sie auch den Rest der Nachricht abholen möchten.

- SITZUNGSPROTOKOLL – Um die Arbeiten mit Microsoft-Mail nachvollziehen zu können, stellen Sie hier ein Sitzungsprotokoll ein. Hiermit können Sie jeden Arbeitsschritt nachlesen.

Nachdem Sie die Änderungen vorgenommen haben, bestätigen Sie mit OK.

9.6 Internet-E-Mail-Dienst nachträglich installieren

Bild 9.16: Rufen Sie Internet-E-Mail auf.

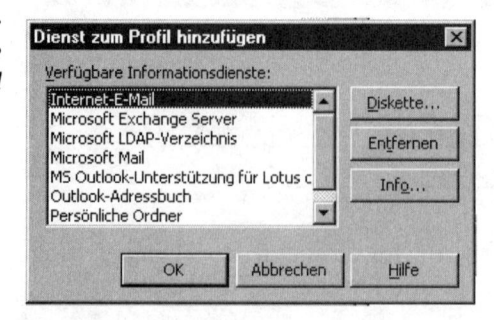

Internet-E-Mail-Dienst nachträglich installieren

Klicken Sie EXTRAS/DIENSTE an.

Fehlt hier der Eintrag, haben Sie sich bei der Installation nicht für die Option UNTERNEHMEN ODER ARBEITSGRUPPE entschieden, sondern für NUR VIA INTERNET.

Unter dem Register DIENSTE sehen Sie alle bisher installierten Informationsdienste. Klicken Sie mit der Maus auf das Optionsfeld HINZUFÜGEN. Im folgenden Fenster DIENST ZUM PROFIL HINZUFÜGEN wählen Sie INTERNET-E- MAIL an und bestätigen mit OK.

Erfragen Sie folgende Angaben bei Ihrem Netzwerk-Administrator oder Ihrem Internet-Provider: Servername oder IP-Adresse des Mail-Servers, der die Nachrichtenverwaltung übernimmt. Ihre E-Mail-Adresse, damit die für Sie bestimmten Nachrichten auch bei Ihnen landen. Einen Benutzernamen und ein Passwort für den Zugang zum Internet-Mail-Server.

Im folgenden Dialogfenster tragen Sie in den Registern alle notwendigen Angaben für die Optionen des Internet-Mail-Dienstes ein.

9.6.1 Register Allgemein

Hier tragen Sie den Namen Ihres E-Mail-Kontos, sowie Ihre persönlichen Angaben und Ihre E-Mail-Adresse ein. Im Feld ANTWORTADRESSE tragen Sie die E-Mail-Adresse ein, bei der die Nachrichten auf Ihre versandten E-Mails eingehen sollen. Das muss nicht ihre erstgenannte Adresse sein.

9.6.2 Register Server

Unter SERVERINFORMATIONEN tragen Sie die Adresse des Mail-Servers Ihres Internet-Anbieters ein. Der SMTP-SERVER kümmert sich um die ausgehenden E-Mail-Nachrichten, der POP3-SERVER verwaltet die eingehenden Nachrichten. Die entsprechenden IP-Adressen erhalten Sie von Ihrem Internet-Anbieter.

Um Zugang zum POSTEINGANGSSERVER zu erhalten, müssen Sie sich mit Ihrem Passwort, das Sie von Ihrem Internet-Anbieter erhalten haben, identifizieren. Das Passwort wird bei der Eingabe nur durch kleine Sternchen dargestellt. Sollte nicht nur der POSTEINGANGSSERVER Ihres Providers, sondern auch der POSTAUSGANGSSERVER durch ein Passwort gesichert sein, nehmen Sie unter SERVER ERFORDERT AUTHENTIFIZIERUNG die gewünschten Einstellungen vor. Auch diese Angaben erhalten Sie von Ihrem Internet-Provider.

9.6.3 Register Verbindung

Entscheiden Sie hier, wie die von Ihnen gewünschte Verbindung zum Internet bzw. zum E-Mail-Server Ihres Internet-Providers erfolgen soll. Wählen Sie NETZWERKVERBINDUNG (LAN), wenn Ihr Rechner über ein lokales Netz ans Internet angeschlossen ist. Sollten Sie es vorziehen die Verbindung zum Internet manuell herzustellen, z.B. über das DFÜ-Netzwerk von Windows, wählen Sie die Option MANUELLE VERBINDUNG.

Möchten Sie über ein Modem ins Internet, muss schon eine DFÜ-Netzwerkverbindung konfiguriert sein, die Sie im unteren Teil des Dialogfensters anwählen können.

Hier können Sie auch eine neue Netzwerkverbindung hinzufügen. Wenn Sie jetzt unter Outlook E-Mails versenden möchten, baut Outlook automatisch die Verbindung zum Internet auf, wenn Sie im Verbindungsfenster auf die Schaltfläche VERBINDEN klicken.

9.6.4 Register Erweitert

Hier geht es um die Anschlussnummern »Ports« zum Mail-Server. Als Standard für SMTP ist der Anschluss 25 und für den POP3 der Anschluss 110 eingestellt. Sollten andere Anschlussnummern benutzt werden, können Sie diese hier jederzeit ändern.

Bei Verbindungen über eine sichere SSL-Verbindung müssen zusätzlich die entsprechenden Kontrollkästchen angeklickt werden.

Im Feld ZEITLIMIT DES SERVERS stellen Sie die Wartezeit ein, die Outlook maximal auf Antwort vom Server wartet, bis die Nachrichtenübermittlung automatisch abgebrochen wird. Sind Sie über eine sehr langsame Leitung mit Ihrem Mail-Server verbunden, verstellen Sie die Zeit mit dem Schieberegler in Richtung HOCH.

Nach erfolgreicher Übertragung der E-Mails an Outlook werden diese auf dem Mail-Server gelöscht. Möchten Sie, dass eine Kopie erhalten bleibt, kreuzen Sie das Kästchen KOPIE ALLER NACHRICHTEN AUF DEM SERVER BELASSEN an. Bei manchen Internet-Anbietern ist das noch nicht möglich, Outlook gibt dann allerdings eine entsprechende Meldung.

Natürlich sollte man sich auch hierbei über die anfallenden Datenmengen Gedanken machen, deshalb kann man ältere Kopien von E-Mails automatisch nach einigen Tagen löschen lassen. Dazu kreuzen Sie das Kästchen VOM SERVER NACH X TAGEN ENTFERNEN an.

Mit OK übernimmt Outlook die von Ihnen gewünschten Einstellungen. Bestätigen Sie auch das folgende Hinweisfenster mit OK und schließen das Fenster DIENSTE wieder mit OK.

Schließen Sie das Programm und starten Sie es anschließend erneut, um die Einstellungen zu aktivieren.

9.7 Internet-E-Mail-Dienst nachträglich konfigurieren

Auch nach der Installation des Internet-E-Mail-Dienstes können Sie Einstellungen bzw. Optionen ändern oder erweitern.

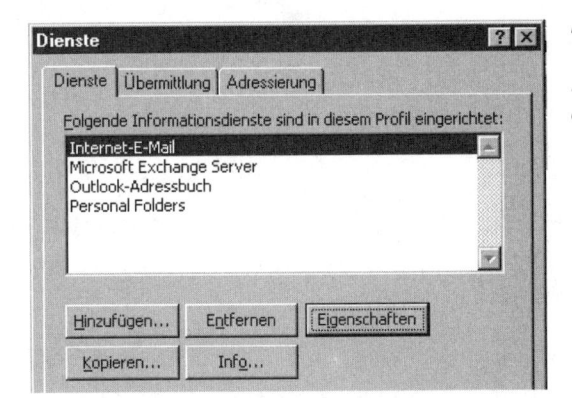

Bild 9.17: Wählen Sie Internet-E-Mail an.

Rufen Sie EXTRAS/DIENSTE auf. Im erscheinenden Dialogfenster wählen Sie den INTERNET-E-MAIL an und klicken auf EIGENSCHAFTEN. Im nachfolgenden Fenster können Sie in den einzelnen Registern alle nötigen Änderungen in den Einstellungen vornehmen.

Microsoft Faxdienst konfigurieren

Kapitel 10

Immer noch ist das Faxgerät das verbreitetste Medium zum weltweiten Dokumentenaustausch. Aber wer kennt ihn nicht, den Frust, den dieses Gerät verbreiten kann. Die Angst vor dem Papierstau kann jeder nachvollziehen, man kann ihn jedoch getrost vergessen, wenn man ein Modem besitzt.

Vorteile beim Faxen mit dem Computer sind nicht nur die Umweltfreundlichkeit (es wird kein Papier verbraucht), sondern auch die Wirtschaftlichkeit: In der Nacht ist das Faxen billiger. Ein auf Faxe wartender PC verbraucht zwar Strom und es entsteht Lärm durch Lüfter und Netzteil, aber auch das lässt sich in den Griff bekommen.

Autarke Faxempfänger lösen dieses Problem. Man teilt sie in zwei Gruppen: zunächst die reinen Faxempfänger, die zwischen dem PC und das Faxmodem geschaltet werden. Die ankommenden Faxe werden hier im eigenen RAM-Speicher zwischengespeichert und später abgerufen. Die zweite Gruppe sind Modems mit integrierter Empfangsfunktion. Sie sparen Platz und Kabel, Modem & Co.

10.1 Modem anschließen

!! STOP

Zuerst stellen Sie sicher, dass Ihr Computer ausgeschaltet ist und das Netzkabel nicht in der Steckdose steckt.

Schließen Sie nun das Modem an die serielle Schnittstelle (entweder COM 1 oder COM 2) Ihres Computers an. Sollten Sie sich für eine Modemkarte entschieden haben, bauen Sie diese bitte nach den Angaben des Herstellers in Ihren Computer ein.

Nachdem Sie alle Stecker wieder an die richtigen Stellen gesteckt haben, starten Sie Ihr Modem und Ihren Rechner. Nachdem Windows hochgefahren ist, klicken Sie mit dem Mauszeiger auf den START-Button. Unter EINSTELLUNGEN/SYSTEMSTEUERUNG klicken Sie auf MODEMS.

Jetzt können Sie ein neues Modem installieren. Mit WEITER überprüft Windows, welches Modem angeschlossen ist. Sie können aber auch gleich mit MODEM AUSWÄHLEN das richtige Gerät hinzufügen. Bestätigen Sie mit WEITER die Angaben.

Jetzt installiert Windows die passenden Treiber für Ihr Modem. Wenn Sie im nachfolgenden Fenster mit WEITER bestätigen, erscheint Ihr Modem in der Modemliste.

10.2 Konfiguration des Faxmodems

Nicht alle Standardkonfigurationen von Windows sind optimal, deshalb sollte man die Einstellungen überprüfen und gegebenenfalls für seine Bedürfnisse ändern.

Klicken Sie auf den START-Button. Unter EINSTELLUNGEN/SYSTEMSTEUERUNG wählen Sie mit einem Doppelklick MODEMS an.

Im nachfolgenden Fenster wählen Sie Ihr Modem aus und klicken auf EIGENSCHAFTEN. Im Register EIGENSCHAFTEN können Sie festlegen, an welchem seriellen ANSCHLUSS »COM1 oder COM2« Ihr Modem angeschlossen ist. COM1 ist meist schon von der Maus belegt.

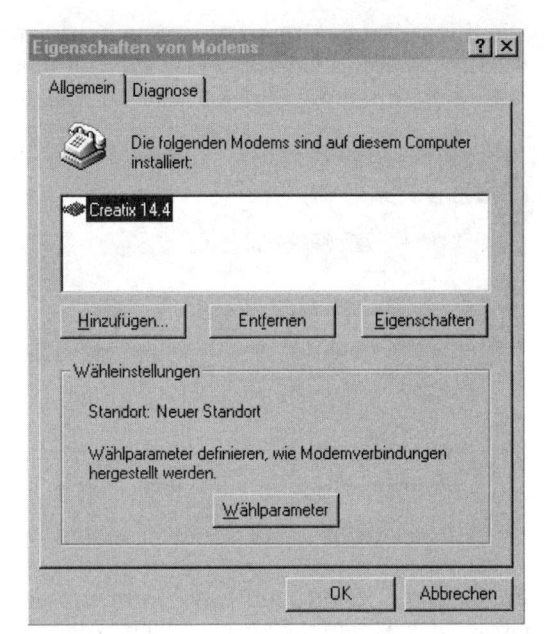

Bild 10.1:
Wählen Sie Ihr Modem aus.

> **TIPP** :-) Fast jedes Modem verfügt über einen eingebauten Lautsprecher. Um während der Arbeit seine Ruhe zu haben, sollten Sie die LAUTSTÄRKE mithilfe des Schiebereglers und der linken Maustaste auf LEISE stellen.

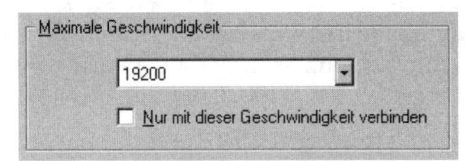

Bild 10.2:
Die maximale Übertragungsgeschwindigkeit finden Sie in den technischen Unterlagen zu Ihrem Modem.

Die MAXIMALE GESCHWINDIGKEIT ist die höchstmögliche Geschwindigkeit Ihres Modems, gemessen in Bits pro Sekunde. Entnehmen Sie diese Einstellung bitte dem Handbuch Ihres Modems. Wenn Sie in diesem Feld nichts eintragen, passt sich Ihr Modem automatisch der Geschwindigkeit der Gegenstelle an. Gerade für den Faxbetrieb sollten diese Einstellung deaktiviert bleiben, da es immer wieder Gegenstellen geben wird, die eine andere Geschwindigkeit eingestellt haben.

Kapitel 10: Microsoft Faxdienst konfigurieren

Die Einstellung NUR MIT DIESER GESCHWINDIGKEIT VERBINDEN wird nicht von allen Modem-Typen unterstützt. Falls Ihr Modem dies nicht unterstützt, bleibt das Kontrollkästchen grau.

Bild 10.3: Hier können Sie weitere technische Einstellungen konfigurieren.

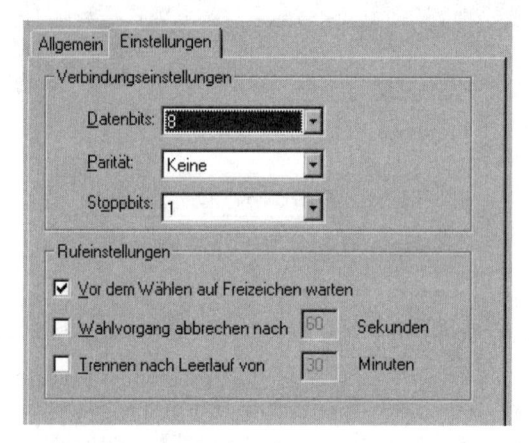

Im Register EINSTELLUNGEN können Sie unter DATENBITS die Größe der Datenpakete einstellen. Allerdings sollten Sie für den Faxbetrieb die 8 verwenden. Bei der PARITÄT handelt es sich um eine Überprüfung der Datenübertragung. Beim Faxbetrieb ist keine PARITÄT erforderlich. Unter STOPPBITS versteht man Zeitintervalle zwischen den Datenübertragungen. Faxgeräte arbeiten mit einem Stoppbit.

Unter den Rufeinstellungen klicken SIE VOR DEM WÄHLEN AUF FREIZEICHEN WARTEN an; ist Ihr Modem an einer Nebenstelle angeschlossen, müssen Sie im Fenster EIGENSCHAFTEN FÜR MODEMS UNTER WAHLPARAMETER die Amtskennzahl (meist die Ziffer 0) eingeben.

Weiterhin haben Sie die Möglichkeit, den Wahlvorgang nach einer erfolglosen Anwahl automatisch abbrechen zu lassen. Geben Sie z. B. 60 SEKUNDEN ein, stoppt Windows den Wahlvorgang nach dieser Zeit, wenn bis dahin noch keine Verbindung zustande gekommen ist. Sollte Ihr Modem während der Übertragung einige Zeit keine Nachrichten bekommen, stellen Sie im Feld TRENNEN NACH LEERLAUF die gewünschte Wartezeit ein, um Telefonkosten einzusparen.

> **INFO**
>
> *Die beiden Schaltflächen ANSCHLUSSEINSTELLUNGEN und ERWEITERT können Sie bei der Faxeinstellung unberücksichtigt lassen.*

10.3 Wahlparameter

Zur korrekten Modemverbindung ist es wichtig, dass Sie die Wahlparameter richtig konfigurieren. Es hat z.B. wenig Erfolg, einen Anschluss an einer Nebenstellenanlage zu installieren, wenn Sie keine Amtskennzahl eingestellt haben.

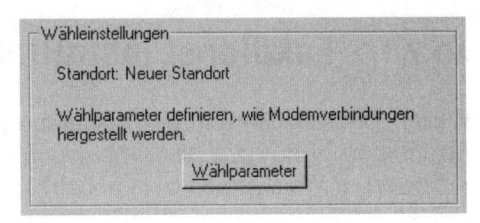

Bild 10.4: Wähleinstellungen

Wählen Sie unter START/EINSTELLUNGEN/SYSTEMSTEUERUNG mit einem Doppelklick auf MODEMS die EIGENSCHAFTEN FÜR MODEMS aus. Im sich öffnenden Dialogfenster klicken Sie im Register ALLGEMEIN auf WAHLPARAMETER.

:-) TIPP

Besitzen Sie einen tragbaren Computer und sind viel auf Reisen, empfiehlt es sich, neben dem Standardstandort weiter Standorte einzurichten. Falls gewünscht, klicken Sie hierfür auf NEU. Haben Sie Ihre Standorte dann wie folgt eingerichtet, wählt Windows gleich die benötigten Landes- bzw. Ortsvorwahlen an.

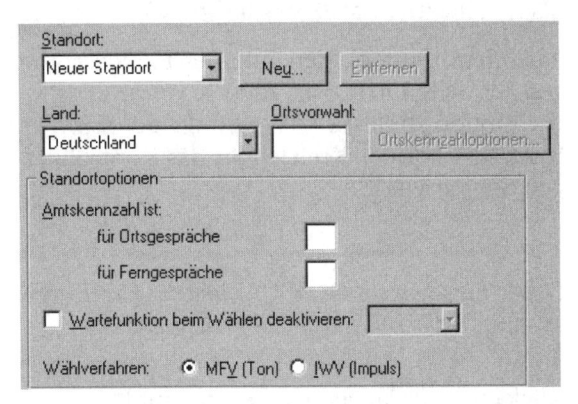

Bild 10.5: Eine Frage des Standorts

Für die benötigten Angaben tragen Sie bitte Ihre Ortskennzahl ein, sprich Ihre Vorwahl, und wählen Sie unter Land den Eintrag Deutschland aus.

Sind Sie mit Ihrem Modem an eine Nebenstelle angeschlossen, müssen Sie Amtskennzahl für die Orts- und Ferngespräche eintragen. Die deutschen Vermittlungsstellen arbeiten auf Grund der Digitalisierung alle mit dem Tonwahlverfahren, deshalb wählen Sie die Option MFV (Ton) an. Bestätigen Sie Ihre Einstellungen mit OK.

10.4 Faxdienst installieren

Wenn Sie sich während der Installation von Outlook 2000 für die Installation NUR VIA INTERNET entschieden haben, können Sie die SYMANTEC WINFAX STARTER EDITION installieren. Sie ist eine abgespeckte Version von WinFax Pro und gehört zum Lieferumfang von Outlook 2000.

> *Anwender mit dem Betriebssystem Windows 98 müssen auf die Faxfunktion verzichten, wenn Sie sich bei der Installation von Outlook für die Option UNTERNEHMEN UND ARBEITSGRUPPEN entschieden haben. Leider ist die Faxfunktion nicht mehr in Windows 98 verfügbar.*

Um die Starter Edition zu installieren, wählen Sie unter START/EINSTELLUNGEN/SYSTEMSTEUERUNG das Symbol SOFTWARE mit einem Doppelklick an. In der Liste der bereits installierten Software markieren Sie MICROSOFT OUTLOOK 2000 und klicken auf die Schaltfläche HINZUFÜGEN/ENTFERNEN.

Nachdem Outlook den Internet-Explorer gestartet hat, finden Sie auf der Seite OUTLOOK 2000 KOMPONENTEN-INSTALLATION unter der Option MAIL-KOMPONENTEN den Eintrag SYMANTEC WINFAX STARTEREDITION. Kreuzen Sie das Kontrollkästchen an und bestätigen Sie mit WEITER.

> *Haben Sie schon mit Outlook 98 und der Fax-Funktion gearbeitet, finden Sie an dieser Stelle eine Faxaktualisierungsoption.*

Klicken Sie im folgenden Fenster auf JETZT INSTALLIEREN.

Die Daten werden auf die Festplatte kopiert, bestätigen Sie im Anschluss mit OK. Danach werden Sie aufgefordert, Ihren Computer neu zu starten, bestätigen Sie mit JA.

Ist Ihr Computer neu gestartet, öffnen Sie das Programm Outlook 2000 mit einem Klick auf das entsprechende Icon oder rufen Sie es unter START/PROGRAMME/MICROSOFT OUTLOOK auf.

Es erscheint der Setup-Assistent für die SYMANTEC WINFAX STARTER EDITION, bestätigen Sie im ersten Fenster mit WEITER. Im nächsten Fenster geben Sie Ihren Namen und Ihre Faxnummer ein und klicken danach auf WEITER.

Wenn Sie nicht nur Faxe verschicken, sondern auch empfangen möchten, klicken Sie das Kästchen FAX AUTOMATISCH EMPFANGEN an. Im Feld darunter geben Sie an, nach wie vielen Rufzeichen Outlook den Ruf entgegennehmen soll. Geben Sie unter WIEDERHOLUNGEN an, wie oft Sie eine Faxwiederholung wünschen, sollte der erste Versuch fehlschlagen. Geben Sie hier auch die Länge der Pausen zwischen den Wiederholungen an.

Unter MODEM EINRICHTEN kommen Sie zum Eigenschaften-Fenster und können hier noch einmal Änderungen in den Einstellungen vornehmen. Bestätigen Sie mit WEITER.

Möchten Sie vor jedem Ihrer Fax-Nachrichten ein Deckblatt senden, markieren Sie das Kästchen DECKBLATT SENDEN und wählen aus der Liste VORLAGE ein beliebiges aus. Mit BEENDEN ist die WinFax Starter Edition eingerichtet und Outlook startet automatisch.

Überprüfen Sie jetzt Ihr Modem. Im Outlook-Programm wählen Sie unter EXTRAS/OPTIONEN an und wechseln in das Register FAX. Klicken Sie mit der Maus auf die Schaltfläche MODEM, und schließen Sie das Fenster wieder mit OK. Ist das Modem noch nicht von WinFax überprüft worden, erscheint jetzt ein Hinweis-Fenster, das Sie bestätigen. Nach der Prüfung Ihres Modems zeigt das Dialogfenster ERGEBNIS Ihnen die Leistungen Ihres Modems an.

Klicken Sie auf WEITER und anschießend auf BEENDEN.

10.5 Faxen mit der WinFax Starter Edition

Details zur Nutzung des Faxdienstes unter Outlook 2000 finden Sie im Teil 3 dieses Buchs

Da es sich bei der WinFax Starter Edition um eine Windows-Komponente handelt, können Sie auch aus anderen Anwendungen darauf zurückgreifen. Bei Textprogrammen beispielsweise »drucken«

Sie Ihr Fax: Achten Sie darauf, dass Sie Ihren Text auf dem »Drucker« Symantec WinFax Edition ausgeben. Sie können auch per Drag-and-Drop Ihr Fax verschicken. Wenn das Drucker-Icon auf Ihrem Desktop liegt, ziehen Sie einfach Ihre Datei auf das Symbol.

Bild 10.6: Ein Fax aus Outlook

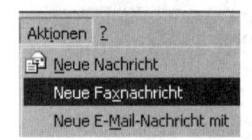

Wenn Sie aus Outlook faxen möchten, rufen Sie unter DEM MENÜ/ NEU/FAXNACHRICHT auf, oder Sie wechseln zum POSTAUSGANG und wählen unter AKTIONEN den Befehl NEUE FAXNACHRICHT an. Danach öffnet sich ein Mail-Fenster, in dem Sie Ihre Nachricht verfassen können.

Bild 10.7: »O« für ein Amt und ein »w«, falls auf ein Freizeichen gewartet werden soll.

Tragen Sie im Feld AN vor die Faxnummer fax@ ein. Benutzen Sie einen Nebenstellenanschluss muss vor die Nummer noch die Ziffer 0 und soll auf ein Freizeichen gewartet werden, tragen Sie zwischen der 0 und der Faxnummer noch ein w ein, z.B. »fax@0w1234-56789«.

Sie können die Faxnummer auch aus Ihrem ADRESSBUCH nehmen, indem Sie auf die Schaltfläche AN klicken und im ADRESSBUCH die gewünschte Nummer markieren. Danach klicken Sie im ADRESSBUCH auf AN, um den Empfänger in Ihre Kontaktliste aufzunehmen. Schließen Sie Ihr Adressbuch mit OK.

Nachdem Sie Ihre Nachricht eingegeben haben, wählen Sie SENDEN und das Fax ist auf seinem Weg. Im Statusfenster können Sie den Verlauf des Versandes genau verfolgen.

Persönliche Einrichtung

Kapitel 11

11.1 Persönliche Ordner

In persönlichen Ordnern werden alle persönlichen Informationen gespeichert. All Ihre Nachrichten oder Termine, Ihre Notizen oder Kontakte – alle Einträge landen hier.

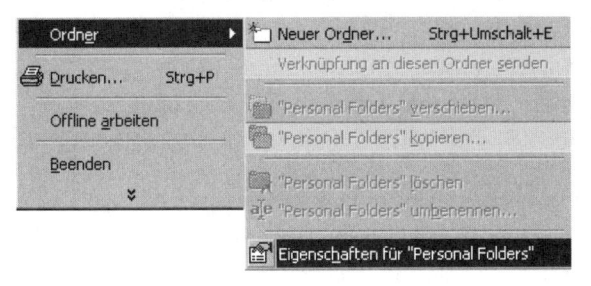

Bild 11.1: Hier können Sie die Eigenschaften Ihres Persönlichen Ordners ändern.

Zur Konfiguration dieses Informationsdienstes, wählen Sie im Outlook-Programm, im Menü DATEI, unter ORDNER, EIGENSCHAFTEN FÜR »PERSÖNLICHE ORDNER« an.

Im Register ALLGEMEINES bekommen Sie eine Kurzinformation zu Ihrem Ordner. Um Einstellungen zu ändern, wählen Sie die Schaltfläche ERWEITERT an. Es öffnet sich das Dialogfenster PERSÖNLICHE ORDNER, in dem Sie im Register ALLGEMEINES manuell Änderungen vornehmen können. Weiterhin erhalten Sie Informationen über den Speicherpfad und die Verschlüsselung des Ordners.

Kapitel 11: Persönliche Einrichtung

*Bild 11.2:
Hin und wieder sollte das Kennwort geändert werden.*

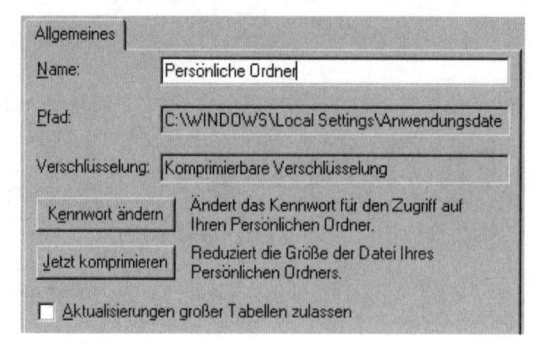

Falls Ihnen PERSÖNLICHE ORDNER nicht zusagt, ändern Sie im ersten Feld den Namen. Wenn Sie Ihre Daten vor Dritten schützen möchten, geben Sie unter KENNWORT ÄNDERN Ihr persönliches Passwort ein. Hin und wieder sollten Sie Ihr Passwort ändern, denn man weiß nie, wer einem über die Schulter geschaut hat. Dazu geben Sie hier Ihr ALTES KENNWORT ein, wählen im nächsten Feld ein neues, das Sie im dritten Feld bestätigen. Möchten Sie sich die Mühe sparen und nicht bei jedem Aufruf von Outlook Ihr Passwort für Ihren persönlichen Ordner eingeben, wählen Sie per Mausklick DAS KENNWORT IN DER KENNWORTLISTE SPEICHERN. Bestätigen Sie die Eingaben mit OK.

Um die Größe Ihres persönlichen Ordners etwas zu verkleinern – je mehr Sie damit arbeiten, desto größer wird er –, reduziert Outlook mit JETZT KOMPRIMIEREN die Daten auf ein Minimum.

> **TIPP** *Möchten Sie noch einige Anmerkungen zu Ihrem Ordner notieren, können Sie unter KOMMENTARE einige wichtige Stichpunkte notieren. Danach bestätigen Sie mit OK.*

Unter dem Register HOMEPAGE finden Sie den Speicherpfad, auf dem die Outlook-Internet Seite auf Ihrem Rechner abgespeichert ist. Mit einem Klick auf OK bestätigen Sie Ihre Eingaben.

11.2 Auch zur E-Mail gehört eine Visitenkarte

Es gehört heute schon zum guten Ton, überall seine Visitenkarte zu hinterlassen. Beim Austausch von elektronischer Post können Sie mithilfe der SIGNATUR automatisch Ihre Visitenkarte mit Grußformeln verschicken.

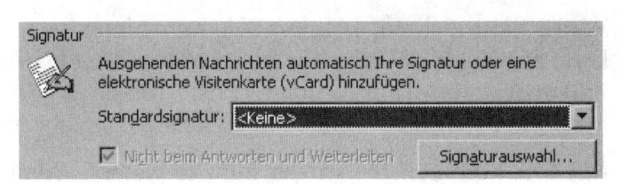

Bild 11.3:
Die Signatur als netter Gruß

Wählen Sie im Menü unter EXTRAS/OPTIONEN das Register E-MAIL-FORMAT an. Unten finden Sie die Schaltfläche SIGNATURAUSWAHL. Klicken Sie auf den Button und es öffnet sich ein Fenster, in dem Sie Ihre Signaturen erstellen bzw. schon vorhandene Signaturen auswählen können. Möchten Sie eine neue Signatur erstellen, wählen Sie NEU. Im folgenden Fenster vergeben Sie unter der Ziffer 1 einen Namen, z.B. *Peter*.

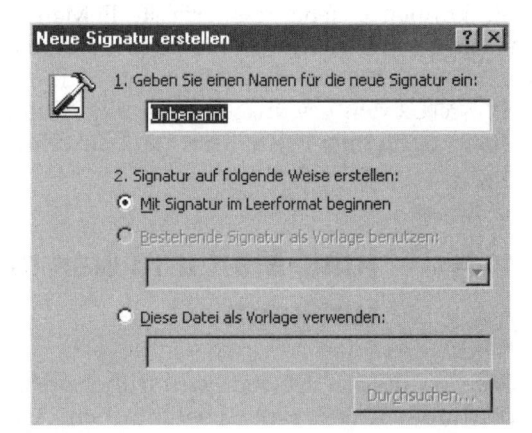

Bild 11.4:
Hier stellen Sie Ihre Signatur ein.

Unter der Ziffer 2 können Sie wählen, ob Sie eine bereits bestehende Signatur als Vorlage benutzen wollen. Bestätigen Sie Ihre Auswahl mit WEITER.

Im erscheinenden Fenster SIGNATUR BEARBEITEN, können Sie im Schreibfeld Ihren gewünschten Text eingeben. Möchten Sie auch die Schriftart und die Absätze bearbeiten, markieren Sie die Textzeile und klicken Sie auf die entsprechende Schaltfläche. Die Schaltfläche ERWEITERTES BEARBEITEN ermöglicht die Bearbeitung des Textes in einem anderen Editor.

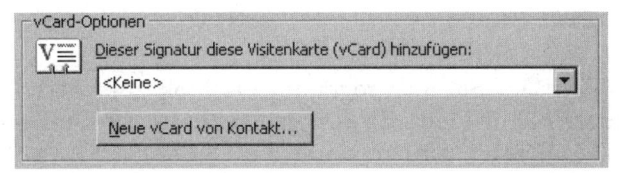

Bild 11.5:
Am besten Sie hängen Ihre Visitenkarte an Ihre Mails.

Wenn Sie möchten, können Sie Ihrer Signatur auch Ihre Visitenkarte anhängen. Wählen Sie hierfür NEUE VCARD VON KONTAKT an und markieren im folgenden Fenster einen gewünschten Eintrag. Mit FERTIG STELLEN schließen Sie das Dialogfenster.

Mit OK kommen Sie wieder zum Register-E-Mail-Format, indem Sie jetzt eine Ihrer Signaturen auswählen können, die Outlook automatisch an Ihre E-Mails anfügen soll. Wählen Sie den Eintrag KEINE, wenn Sie E-Mails ohne Signatur verschicken wollen.

Möchten Sie beim Beantworten und Weiterleiten von E-Mails auf die Signatur verzichten, klicken Sie zudem auf das Kästchen NICHT BEIM ANTWORTEN UND WEITERLEITEN. Bestätigen Sie Ihre Einstellungen mit OK.

Sie können in jede neu verfasste E-Mail eine bestehende Signatur einfügen. Dafür bringen Sie den Cursor an die Stelle an der die Signatur eingefügt werden soll und wählen im Menü unter EINFÜGEN/SIGNATUR den gewünschten Eintrag. Das funktioniert auch, wenn Sie in der Symbolleiste SIGNATUR anwählen und sich dort für eine Signatur entscheiden.

11.3 Junk-Mail und was man dagegen tun kann

Wer im Internet arbeitet, wird früher oder später mit dem Problem der Junk-Mails Bekanntschaft machen. Agenturen, die sich auf den Vertrieb von E-Mail-Adressen spezialisiert haben, verteilen Ihre E-Mail-Adresse an Werbetreibende. Einmal erfasst, bekommen Sie nun regelmäßig Post. Der Erfolg ist, wie im wahren Leben auch: Ihr »Briefkasten« quillt über mit Werbesendungen.

Gegen solche E-Mail-Fluten ist leider kein Kraut gewachsen, aber Sie können sie zumindest einschränken. Hierfür gibt es in Outlook die so genannte Junk-Mail-Funktion.

Der folgende Abschnitt gibt einen Überblick über die Junk-Mail-Optionen. Details und Profi-Wissen finden Sie in den Teilen 3 und 5.

Wechseln Sie im Programm Outlook zum POSTEINGANG. Unter dem Menü-Punkt EXTRAS gehen Sie auf die Option ORGANISIEREN. Das Fenster wird nun um die ORGANISIEROPTION POSTEINGANG erweitert.

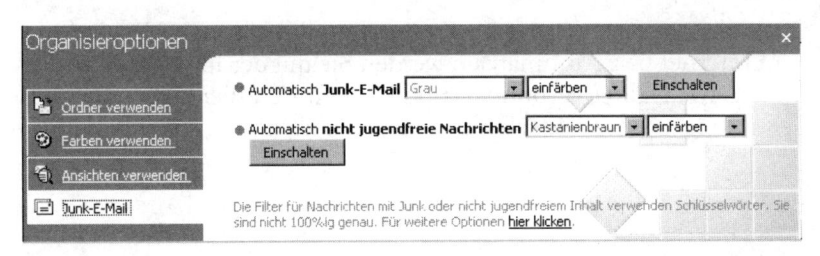

Bild 11.6:
So verhindern Sie Junk-Mail.

Klicken Sie auf die Option JUNK-E-MAIL. In der rechten Hälfte des Fensters können Sie nicht nur unerwünschte Werbesendungen, sondern auch NICHT JUGENDFREIE NACHRICHTEN farbig darstellen lassen oder entscheiden, ob diese E-Mails verschoben werden sollen. Wählen Sie im Listenfeld hierfür den Ordner, wohin die Nachricht verschoben werden soll und die Option VERSCHIEBEN an. Aktivieren Sie diese Befehle, indem Sie mit dem Button EINSCHALTEN bestätigen.

Am besten Sie wählen gleich den Ordner GELÖSCHTE OBJEKTE an, damit diese lästigen Nachrichten erst gar nicht Ihre Festplatte belasten. Mit diesen Einstellungen haben Sie festgelegt, was mit den störenden E-Mails geschehen soll. Damit Outlook auch noch die richtigen Nachrichten herausfiltern kann, müssen Sie nur noch festlegen, welcher Versendertyp zu den Junk-Mails bzw. nicht jugendfreien Nachrichten gehört.

Wählen Sie mit der rechten Maustaste die Nachrichten an, die Sie stören und gehen Sie in dem sich öffnenden Fenster unter die Option JUNK-E-MAIL. Wählen Sie dort noch einmal aus, welcher Gruppe dieser Absender ab sofort zugeordnet werden soll. Outlook wird Sie, nachdem Sie mit OK bestätigt haben, von nun an von E-Mails dieser Absenderadresse verschonen.

Bild 11.7:
Ein Online-Bonbon von Outlook

Outlook bietet in diesem Zusammenhang noch ein kleines Bonbon. Sie können sich aus dem Internet eine aktuelle Liste der Massen-E-Mail-Verschicker herunterladen. Hierzu wechseln Sie zum Posteingang und rufen im Menü unter EXTRAS – ORGANISIEREN auf. Wählen Sie Junk-Mail an und klicken im rechten Fenster auf die Option HIER KLICKEN. Unter dem dritten Punkt wählen Sie die Verknüpfung zur OUTLOOK-WEBSITE an.

Outlook startet den Internet-Explorer und stellt eine Verbindung zum Internet her. Automatisch werden Sie mit der Internet-Seite für Junk-E-Mail-Filter verbunden und können sich hier ausreichenden Schutz gegen ungewünschte Nachrichten holen.

Benutzerprofile erstellen

Kapitel 12

Sollen mehrere Anwender einen Computer benutzen, empfiehlt es sich, für jeden ein eigenes Outlook-Profil zu erstellen. So können die Anwender die Mail-Dienste Ihren persönlichen Bedürfnissen anpassen. Die Einstellungen der anderen Nutzer werden nicht modifiziert. Auch wenn Sie über mehrere Internet-Mail-Accounts verfügen, benötigen Sie für jeden Internet-Account ein eigenes Profil.

12.1 Profile einrichten

Natürlich können Sie alle Profile jederzeit nach Belieben modifizieren. Auch das Standardprofil, welches Outlook bei der Installation automatisch angelegt hat, kann im Nachhinein auf Ihre persönlichen Bedürfnisse angepasst werden.

Und so richten Sie neben dem Standardprofil weitere Profile ein: Nachdem Windows gestartet wurde, klicken Sie mit dem Mauszeiger links unten auf den START-BUTTON. Rufen Sie unter EINSTELLUNGEN den Menüpunkt SYSTEMSTEUERUNG auf.

Dann machen Sie bitte einen Doppelklick auf das Symbol MAIL. Im sich jetzt öffnenden Dialogfenster werden alle eingerichteten Mail-Profile angezeigt.

Mit HINZUFÜGEN wird ein neues Profil erstellt. Mithilfe des Setup-Assistenten führt Sie Windows problemlos durch die Installationsroutine des neuen Profils.

Kapitel 12: Benutzerprofile erstellen

Bild 12.1:
Profileinrichtung

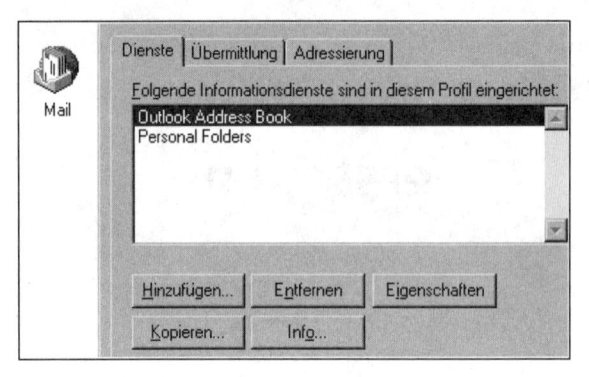

Um Konfigurationen an erstellten Profilen vorzunehmen, müssen Sie dieses anwählen und auf die Schaltfläche EIGENSCHAFTEN klicken. In den folgenden Dialogfenstern können Sie dann die gewünschten Änderungen bzw. Einstellung vornehmen.

Mit der Option STANDARD wählen Sie aus, welches Profil Outlook beim Start benutzen soll. Mit einem Klick auf SCHLIESSEN beenden Sie die Einrichtung.

12.2 Profile auswählen

Hat man mehrere Profile zur Auswahl kann man im Programm Outlook unter EXTRAS/OPTIONEN im Register E-MAIL-DIENSTE einstellen, mit welchem Profil man arbeiten möchte.

Bild 12.2:
Profilauswahl

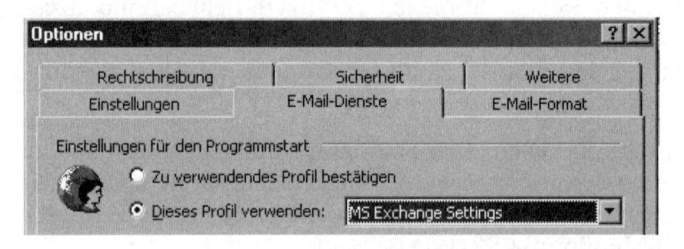

Mit der Einstellung DIESES PROFIL VERWENDEN bestimmen Sie das Profil, das Sie standardmäßig benutzen möchten. Outlook wird dann immer mit diesem Profil die Arbeit beginnen.

Arbeiten Sie jedoch mit mehreren Profilen, wählen Sie die Einstellung ZU VERWENDENDES PROFIL BESTÄTIGEN. Outlook wird dann nach dem Start ein Optionsfenster öffnen, in dem Sie das gewünschte Profil auswählen können. Unter Optionen erweitert sich das Fenster und Sie können hier das von Ihnen gewählte Profil als Standardprofil einstellen, falls Sie auf die Abfrage verzichten wollen. Mit EIGENSCHAFTEN JEDES INFORMATIONSDIENSTES ANZEIGEN blendet Outlook alle Einstellungen dieses Profils nacheinander ein.

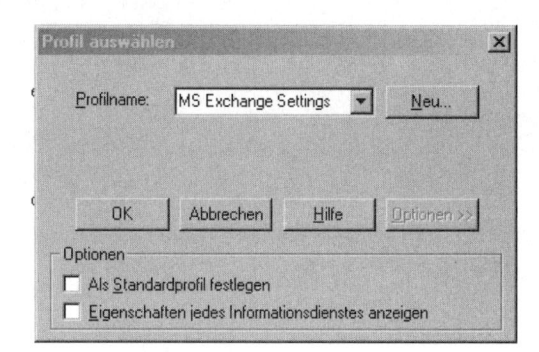

Bild 12.3:
Hier können Sie sich die Eigenschaften anzeigen lassen.

12.2.1 3. Teil – Outlook als Kommunikationszentrum

Mit Outlook verfügen Sie über ein Programm, mit dem Sie zentrale Aufgaben erledigen. Outlook erleichtert Ihre Kommunikation über E-Mail oder auch im herkömmlichen Faxbereich. Outlook unterstützt Sie in der optimalen Verwaltung Ihres Terminkalenders, Ihres Adressverzeichnisses oder Ihres Aufgabenkatalogs.

Im ersten Teil haben Sie bereits einen Überblick über das Leistungsspektrum von Outlook erhalten. Outlook stellt Ihr Zeitmanagement auf eine neue Basis. Sie integrieren die wesentlichen Teilbereiche des Zeitmanagements in Ihr Office-Paket. Outlook wird Ihr wichtigstes Kommunikationszentrum und ein unverzichtbarer Verwaltungsmanager.

Der zweite Teil hat sich mit der Installation von Outlook beschäftigt. Sie haben das Programm individuell auf Ihre Bedürfnisse und Anliegen eingestellt.

Der dritte Teil nun stellt Ihnen Outlook als Kommunikationszentrum vor. Mit Outlook können Sie auf bequeme und effektive Weise E-Mails verfassen und bearbeiten, abschicken, empfangen und beantworten. Mit dem Newsreader von Outlook können Sie Nachrichten aus Newsgroups, bei denen Sie sich vorher angemeldet haben, empfangen und sich an Diskussionsrunden beteiligen.

Wenn Sie per Faxmodem ein Fax abschicken wollen, unterstützt Sie Outlook dabei. So können Sie beispielsweise ohne das Faxdokument auszudrucken direkt aus einer Anwendung wie Word heraus das Dokument als Fax abschicken. Allerdings ist diese Faxfunktion nur aktiv, wenn Sie Outlook unter Windows 95 oder Windows 98 installiert haben.

Outlook als Kommunikations-zentrum

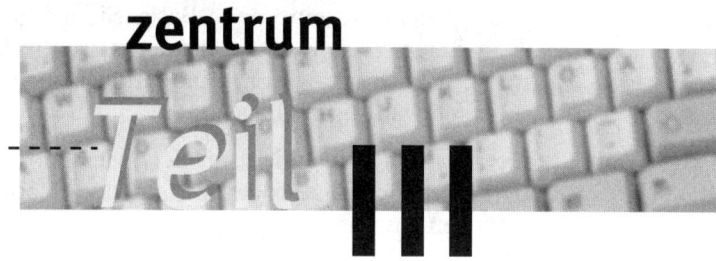

Teil III

13. E-Mail im Internet und Intranet
14. Nachrichten und Newsgroups
15. Der Faxdienst unter Outlook

Mit Outlook verfügen Sie über ein Programm, mit dem Sie zentrale Aufgaben erledigen. Outlook erleichtert Ihre Kommunikation über E-Mail oder auch im herkömmlichen Faxbereich. Outlook unterstützt Sie bei der optimalen Verwaltung Ihres Terminkalenders, Ihres Adressverzeichnisses oder Ihres Aufgabenkatalogs.

Im ersten Teil dieses Buches haben Sie bereits einen Überblick zum Leistungsspektrum von Outlook erhalten. Outlook stellt Ihr Zeitmanagement auf eine neue Basis. Sie integrieren die wesentlichen Teilbereiche des Zeitmanagements in Ihr Office-Paket. Outlook wird Ihr wichtigstes Kommunikationszentrum und ein unverzichtbarer Verwaltungsmanager.

Der zweite Teil hat sich mit der Installation von Outlook beschäftigt. Sie haben das Programm individuell auf Ihre Bedürfnisse und Anliegen eingestellt.

Dieser dritte Teil nun stellt Ihnen Outlook als Kommunikationszentrum vor. Mit Outlook können Sie auf bequeme und effektive Weise E-Mails verfassen und bearbeiten, abschicken, empfangen und beantworten. Mit dem Newsreader von Outlook können Sie Nachrichten aus Newsgroups, bei denen Sie sich vorher angemeldet haben, empfangen und sich an Diskussionsrunden beteiligen.

Wenn Sie per Faxmodem ein Fax abschicken wollen, unterstützt Sie Outlook dabei. So können Sie beispielsweise, ohne das Faxdokument auszudrucken, direkt aus einer Anwendung wie Word heraus das Dokument als Fax abschicken. Allerdings ist diese Faxfunktion nur aktiv, wenn Sie Outlook unter Windows 95 oder Windows 98 installiert haben.

E-Mail im Internet und Intranet

Kapitel 13

Von allen Diensten des Internets hat neben dem *Word Wide Web (WWW)* die E-Mail-Funktion mittlerweile die größte Bedeutung erhalten. Mit dieser elektronischen Post verbinden Sie die Vorteile der konventionellen Briefpost mit denjenigen des Faxens und vermeiden gleichzeitig die Nachteile beider Kommunikationsarten.

13.1 Snailmail contra E-Mail

Mit der herkömmlichen Briefpost – im Internet-Jargon auch als *Snailmail* (»Schneckenpost«) bezeichnet – können Sie entsprechend gestaltete Unterlagen an den Empfänger versenden, der sie dann weiterverwenden kann. Bis zur Übermittlung der Nachricht müssen Sie natürlich eine gewisse Postlaufzeit einkalkulieren, die in Deutschland im optimalen Fall einen Tag beträgt, gelegentlich auch mehr; für weiter entfernte Ziele können die Postwege auch schon einmal erheblich länger dauern.

Hinzu kommen dann noch die Portokosten, die immer dann zum Hindernis werden können, wenn die Zahl der Empfänger größer ist. Das Fax hat zwar den Vorteil, dass die entsprechenden Dokumente unmittelbar nach dem Absenden dem Empfänger zur Verfügung stehen, die Qualität der Übermittlung ist – zumal bei der Verwendung von Thermopapier – eher schlecht und Faxe sind auf Dauer nicht archivierbar. Auch kann mit einem Fax nur ein Printdokument übermittelt werden und keine Dateien.

Mit der elektronischen Post stellen Sie dem Adressaten unmittelbar nach dem Absenden bereits die Dokumente zur Verfügung. Dabei müssen Sie sich nicht auf Printdokumente beschränken, sondern

Kapitel 13: E-Mail im Internet und Intranet

können auch Dateien versenden. Diese stehen dann dem Empfänger als elektronisches, editierbares Dokument zum Ausdruck oder zur weiteren Bearbeitung zur Verfügung.

Bild 13.1:
Ein erster Blick auf die Outlook-Mailfunktion

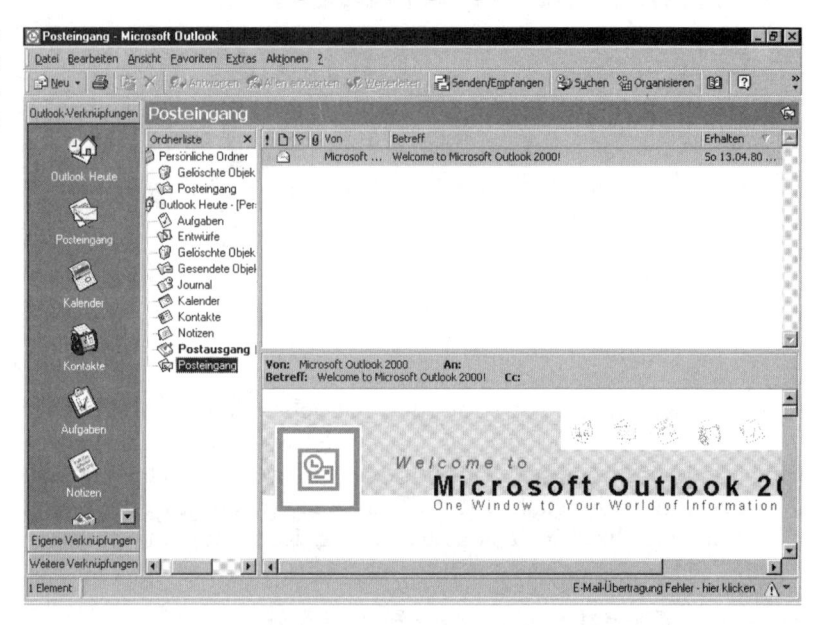

Mit E-Mail professionalisieren Sie Ihr schriftliches Kommunikationsverhalten. Outlook ist ein unverzichtbarer Begleiter bei diesem Prozess. Sie können mit Outlook Ihre E-Mail schreiben, wie Sie es von WORD gewohnt sind. Den Adressaten tragen Sie einfach in das entsprechende Feld ein oder fügen ihn aus dem Outlook-Adressbuch durch Anklicken hinzu; sollen andere eine Kopie der E-Mail erhalten, werden Sie ebenfalls in das entsprechende Feld eingetragen oder im Adressverzeichnis markiert.

Sie brauchen Ihre Mail nur noch zu versenden, sie steht dann unmittelbar danach allen Adressaten bereits zur Verfügung.

> :-)
> TIPP
>
> *Übrigens: E-Mail ersetzt nicht alle Formen menschlicher Kommunikation, sondern sie ergänzt die vorhandenen um ein zusätzliches Mittel. Es gibt auch Situationen, in denen ein Telefonat oder ein persönliches Gespräch sinnvoller ist.*

Eine E-Mail können Sie Ihrem Gesprächspartner aber jederzeit zusenden; für ein Telefonat muss Ihr Gegenüber erreichbar sein und Zeit haben. Ein Telefonat kann ein Störfaktor in Ihrem persönlichen Zeitmanagement oder dem Ihres Ansprechpartners sein, vor allem dann, wenn Sie einen Gesprächspartner mehrmals vergeblich angerufen haben oder mehrere Gesprächsteilnehmer beispielsweise nur über einen Termin informieren wollen.

Eine Mail kann sich der Adressat anschauen, wenn er Zeit dazu hat. Sie kommen mit einer E-Mail daher nie ungelegen.

13.2 Mailfunktionen gestalten

Outlook bietet im Zeit- und Projektmanagement zahlreiche Funktionen, die Sie in einer Übersichtsdarstellung im ersten Teil bereits kennen gelernt haben. Mit der Funktionalität POSTEINGANG/POSTAUSGANG stellt Outlook Ihnen nun eine Kommunikationszentrale zur Verfügung. Hier sehen Sie auf einem Blick, welche E-Mails Sie erhalten haben. Hier öffnen Sie die empfangenen Mails und lesen sie, hier antworten Sie rasch auf Mailanfragen.

Wenn Sie mit dem Mailing beginnen, werden Sie sicherlich noch wenige Nachrichten erhalten. Dies ändert sich aber erfahrungsgemäß nach einiger Zeit. Die Zahl der erhaltenen E-Mails steigt rapide. Das Bearbeiten und Strukturieren würde ohne Hilfe zu viel Zeit in Anspruch nehmen. Die Effizienz des Mailing-Prinzips wäre verloren. Daher haben Sie mit dem Posteingang/ Postausgang von Outlook zahlreiche Möglichkeiten, die Ansichtsform der E-Mails zu gestalten. Sie legen fest, wie die empfangenen E-Mails präsentiert und nach welchen Kriterien sie sortiert werden.

Da die Funktionalität des Postein- und -ausgangs im Wesentlichen gleich ist und sich vor allem hinsichtlich der Zielbestimmung der E-Mails unterscheidet – zu empfangende und abzusendende Nachrichten – konzentriert sich die Beschreibung zur Vermeidung von Doppelungen der Einfachheit halber auf das Posteingangsfenster. Die getroffenen Aussagen treffen aber größtenteils auch auf das Postausgangsfenster zu.

Darüber hinaus bietet der Posteingang noch *weitere Funktionalitäten*. Sie können die erhaltenen E-Mails *strukturieren* und in vorab definierte Ordner *ablegen*. Dieses Verfahren kennen Sie bereits aus der Arbeit mit anderen Office-Produkten wie Word oder Excel.

Es entspricht im Prinzip der Aktenablage konventioneller Schriftstücke und stellt daher eine unverzichtbare Hilfe dar, um Dokumente wieder aufzufinden. Dabei unterstützt Sie auf Wunsch ein *Regelassistent*, der Ihnen die routinemäßige Arbeit des Ordnens in weiten Teilen abnimmt.

| **Kapitel 13: E-Mail im Internet und Intranet**

Bild 13.2:
Der Posteingang
zeigt alle
empfangenen
Mails an.

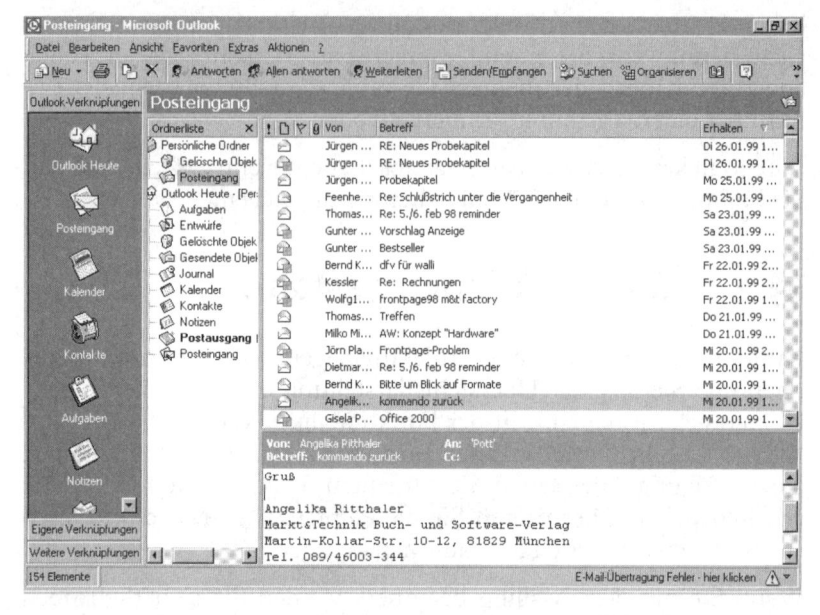

Eine der wichtigsten Funktionen des Posteingangs ist das *Löschen* von E-Mails. Nicht alles ist aufbewahrungswürdig. Gerade kürzere aktuelle Mails sind schnell überholt. Haben Sie keine Hemmungen, diese Informationen zu löschen. Schließlich bewahren Sie auch nicht jede kleine briefliche Anfrage oder Notiz auf.

Wer kennt Sie nicht, die Flut unerwünschter Werbesendungen, die mit der Post ins Haus kommt. Schützen können Sie sich mit einem Aufkleber am Briefkasten, der jeden darauf hinweist: Werbung unerwünscht. Eine ähnliche Möglichkeit gibt es auch für den elektronischen Briefkasten. Mit der *Junk-Mail-Funktion* bringen Sie einen elektronischen Hinweis an, hier sind bestimmte Mails *unerwünscht* und werden *abgewiesen*. Im Junk Mail des Posteingangs – Junk bedeutet soviel wie Plunder, alter Kram –, definieren Sie, welche E-Mails von vorne herein abgewiesen werden.

:-)
TIPP

Der Ordner POSTEINGANG informiert Sie allerdings nur über erhaltene E-Mails. Wollen Sie dagegen wissen, welche E-Mails Sie verfasst haben, im Postausgang sendebereit liegen oder bereits abgesendet sind, klicken Sie in der Leiste Outlook-Verknüpfungen auf EIGENE VERKNÜPFUNGEN. Hier finden Sie in den Ordnern ENTWÜRFE, POSTAUSGANG, GESENDETE OBJEKTE eine Übersicht zu den erwähnten Anfragen.

13.2.1 Ansicht des Posteingangs gestalten

Nachdem Sie Outlook gestartet haben, erscheint der Ordner OUTLOOK HEUTE, der einen ersten Einstieg in die mit Outlook erfassten Aufgaben des heutigen Tages ermöglicht. Mit der Verknüpfungsleiste am linken Bildschirmrand wechseln Sie dann in den POSTEINGANG.

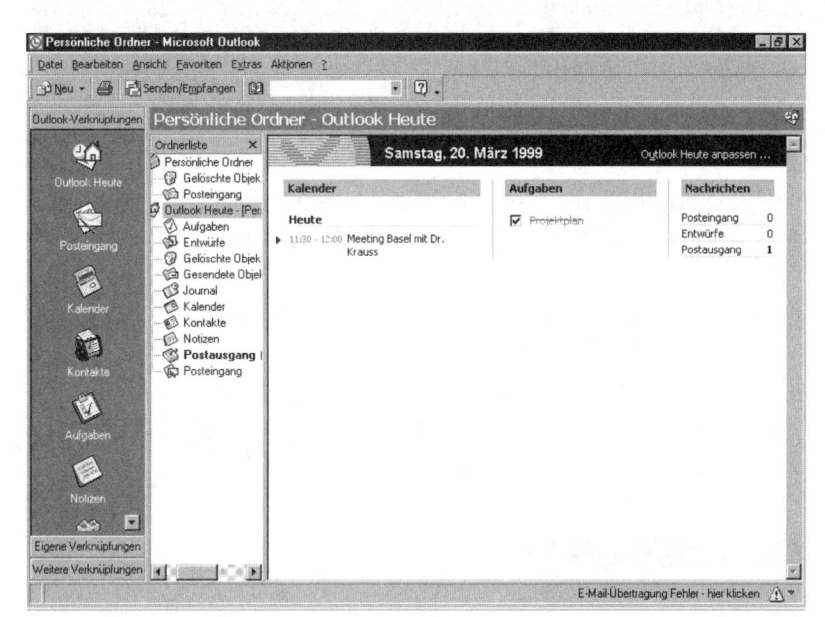

Bild 13.3: Nach dem Start können Sie den Status über »Outlook heute« erfassen.

13.2.2 Posteingang aufrufen

Ist diese Verknüpfungsleiste nach dem Start nicht sichtbar, so hat Outlook in der Ansicht eine andere Voreinstellung, die Sie aber jederzeit ändern oder wiederherstellen können.

- Um diese Ansicht zu ändern, gehen Sie in der Menüleiste auf ANSICHT und markieren Sie mit einem Mausklick den Punkt OUTLOOK-LEISTE, an dem sich dann ein Häkchen befindet.

- Ab sofort wird auf dem Bildschirm die *Verknüpfungsleiste* angeboten, in der Sie rasch und unkompliziert zwischen den einzelnen Outlook-Funktionen wechseln können.

Wie Sie die Ansicht grundsätzlich gestalten, liegt an Ihnen. Wollen Sie häufig zwischen den verschiedenen Programmteilen von Outlook wechseln, empfiehlt sich vor allem in der Anfangsphase der Arbeit mit dem Programm, die Verknüpfungsleiste einzublenden.

Kapitel 13: E-Mail im Internet und Intranet

Verzichten Sie auf diese Leiste, haben Sie den Vorteil, dass auf dem Bildschirm mehr Platz ist für die Darstellung der jeweiligen Funktion.

> **TIPP** *Sie können natürlich auch ohne Verknüpfungsleiste in die verschiedenen Ordner von Outlook gelangen, indem Sie das Menü ANSICHT/GEHE ZU aufrufen. In diesem Untermenü stehen Ihnen dann ebenfalls die Verknüpfungen von Outlook zur Verfügung.*

13.2.3 E-Mail-Anzeige gliedern

Der Posteingang von Outlook bietet Ihnen insgesamt zehn Kriterien, nach denen Sie die *Anzeige* eingegangener E-Mails gestalten können.

- Sie gelangen in das Auswahlfenster, indem Sie in der *Symbolleiste* auf das Icon ORGANISIEREN gehen.

- Ist die Schaltfläche ORGANISIEREN in der Leiste nicht vorhanden, gehen Sie auf den Pfeil am Ende der Leiste. Dort können Sie dann den Befehl zum Organisieren des Posteingangs aufrufen.

Bild 13.4:
Bild Start der Outlook-Programmteile mit ANSICHT/GEHE ZU

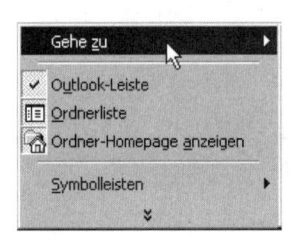

- Das Fenster bietet Ihnen mehrere Möglichkeiten zur Gestaltung des *Posteingangs* an. Wählen Sie die Option ANSICHTEN VERWENDEN. Sie erhalten nun 10 Möglichkeiten, sich eingegangene E-Mails anzeigen zu lassen.

- Markieren Sie das *Anzeigekriterium*, für das Sie sich entschieden haben.

- Gehen Sie zum Abschluss erneut auf die Schaltfläche ORGANISIEREN in der Symbolleiste. Danach steht Ihnen die gewählte Anzeige zur Verfügung.

- Alternativ können Sie diese 10 Ansichtskriterien auch mit dem Menübefehl ANSICHT/AKTUELLE ANSICHT aufrufen.

Für welches der zehn Kriterien Sie sich entscheiden, hängt von Ihren Informationserfordernissen, der Zahl und der Art der eingegangenen E-Mails und vielleicht auch von Ihren persönlichen Vorlieben ab. Unabhängig von der getroffenen Wahl können Sie jederzeit die E-Mail-Ansicht ändern.

13.2.4 Möglichkeiten der E-Mail-Anzeige

Sie werden kaum alle von Outlook angebotenen Möglichkeiten der E-Mail-Anzeige nutzen können. Zu groß ist die Auswahl, die noch erweitert wird, da sich verschiedene Anzeigen mit der Option AUTOVORSCHAU UND VORSCHAUFENSTER kombinieren lassen. Die von Outlook im POSTEINGANG angebotenen Anzeigekriterien haben folgenden Inhalt und Vorteil:

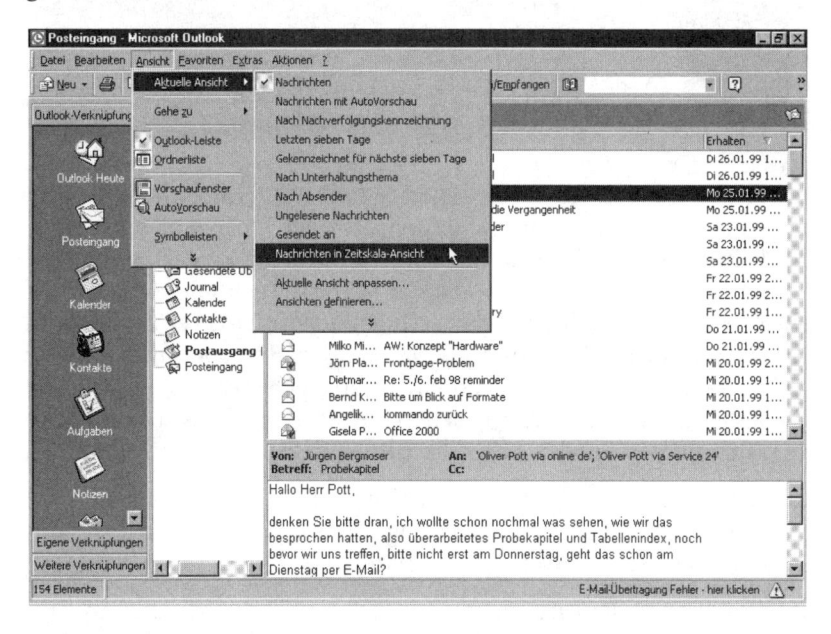

Bild 13.5: Outlook bietet verschiedene Möglichkeiten, Mails zu gliedern.

- NACHRICHTEN: Diese Anzeigeform ist die schlichteste. Alle eingegangenen E-Mails werden in einer tabellarischen Liste angezeigt.

- NACHRICHTEN MIT AUTOVORSCHAU: Zusätzlich zur tabellarischen Liste werden von ungeöffneten E-Mails jeweils die ersten drei Zeilen angezeigt. Sie können sich daher schon in einem ersten Überblick zum Inhalt der Nachricht informieren.

Kapitel 13: E-Mail im Internet und Intranet

Bild 13.6:
Die Normalansicht führt alle Mails in einer Liste auf.

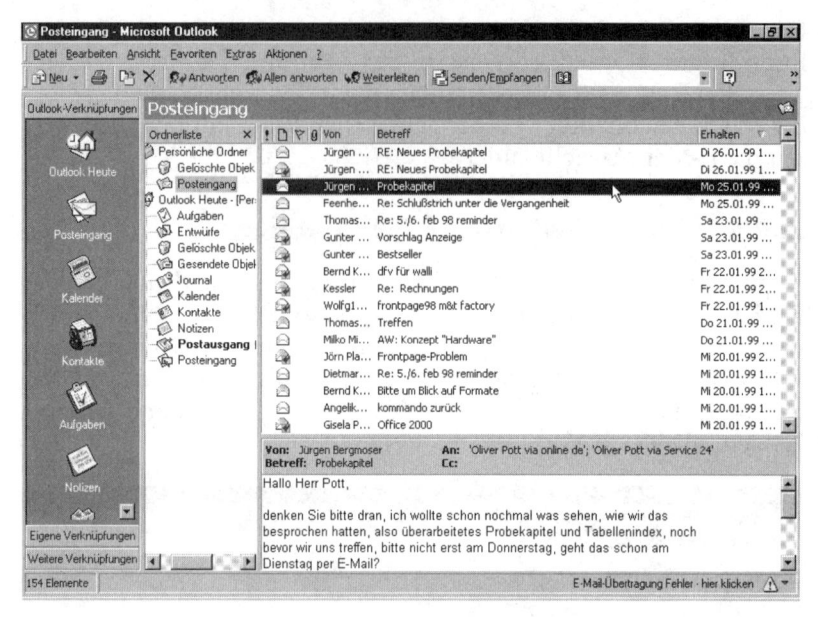

- NACH NACHVERFOLGUNGSKENNZEICHEN: Eine E-Mail mit Nachverfolgungskennzeichen wird in der Übersicht mit einem Fähnchen-Symbol gekennzeichnet. Es zeigt eine Zusatzinformation zur Nachricht an, die der Verfasser beim Schreiben oder Absenden hinzufügen kann. Üblicherweise bittet er den Adressaten um eine Reaktion (*Bitte um Antwort, Bitte um Anruf*), möglicherweise terminiert bis zu einem angegebenen Zeitpunkt. Mit dieser E-Mail-Einstellung sehen Sie auf einen Blick, bei welchen Nachrichten Sie der Absender um eine Reaktion gebeten hat.

- LETZTE SIEBEN TAGE: Vor allem wenn Sie viele E-Mails erhalten, lohnt sich diese Einstellung, die sich auf den Posteingang der letzen sieben Tage beschränkt.

- GEKENNZEICHNET FÜR NÄCHSTE SIEBEN TAGE: Mit diesem Kriterium lassen Sie sich E-Mails anzeigen, die ein Nachverfolgungskennzeichen aufweisen, das in der nächsten sieben Tagen fällig wird. Sie stellen beispielsweise fest, auf welche Nachrichten Sie innerhalb der nächsten sieben Tage durch eine Antwort-Mail oder einen Anruf reagieren sollten. Allerdings werden diejenigen E-Mails nicht aufgeführt, die kein Nachverfolgungskennzeichen oder eines ohne Datumsangabe haben.

- NACH UNTERHALTUNGSTHEMEN: Mit dieser Option haben Sie die Möglichkeit, die eingegangenen E-Mails inhaltlich zu gliedern, um zusammengehörende Mails für einen schnellen Überblick untereinander aufgelistet zu bekommen.

- NACH ABSENDER: Wollen Sie die E-Mails nach Absendern auflisten, wählen Sie dieses Kriterium.

- UNGELESENE NACHRICHTEN: Diese Einstellung empfiehlt sich ebenfalls dann, wenn Sie viele E-Mails erhalten und sich rasch über den Inhalt der noch nicht gelesenen informieren wollen.

- GESENDET AN: Wenn alle E-Mails unmittelbar an Sie gerichtet sind, kommt dieses Kriterium nicht in Frage. Übernehmen Sie allerdings eine Verteilfunktion beispielsweise für Ihre Abteilung in der Firma, haben Sie hier die praktische Möglichkeit, Mails nach ihren Adressaten zu sortieren und anschließend zu verteilen.

- NACHRICHTEN IN ZEITSKALA-ANSICHT: Bei der Wahl dieser Option blendet der POSTEINGANG einen Datumsstrang ein, auf dem ersichtlich ist, welche Nachricht wann eingetroffen ist. Diese chronologische, optisch aufbereitete Darstellung kann von Interesse sein, wenn Sie die Reihenfolge des E-Mail-Eingangs rekonstruieren wollen.

Schnelle Wechsel in der Sortierreihenfolge der E-Mails gestalten Sie am einfachsten mit den Schaltflächen am oberen Rand des Posteingansfensters, die die gebräuchlichsten Kriterien zur Verfügung stellen.

Mit einem Mausklick auf dieses Symbol sortieren Sie die E-Mails nach dem Kriterium *Wichtigkeit*. Der Absender hat die Möglichkeit, beim Absenden der Mail drei Wichtigkeitsstufen zu vergeben. Sie lesen diejenigen Nachrichten mit der höchsten Wichtigkeitsstufe zuerst. Das Kriterium wird allerdings wertlos, wenn E-Mail-Absender alle selbst verfassten Nachrichten stets mit der höchsten Wichtigkeitsstufe versehen.

Mit dem Fähnchen-Symbol filtern Sie die Nachrichten heraus, die mit einem Nachverfolgungskennzeichen versehen sind. Hier erfolgt eine Auflistung der Mails, die mit einer *Anlage* verknüpft sind.

- VON: Die Auflistung erfolgt geordnet nach den Absenderangaben.

- BETREFF: Die Betreffzeile ist das Sortierkriterium.

- ERHALTEN: Die Reihenfolge der Nachrichten richtet sich nach dem Datum, an dem Sie bei Ihnen eingetroffen sind.

Zusätzlich können Sie diese Kriterien noch mit einem Mausklick auf die rechte Taste individuell gestalten. So legen Sie beispielsweise fest, ob die Sortierung auf- oder absteigend erfolgen soll.

| Kapitel 13: E-Mail im Internet und Intranet

13.2.5 AutoVorschau

Diese Mail-Ansichten lassen sich mit einer weiteren Option kombinieren, der AUTOVORSCHAU. Sie ermöglicht eine weitere Differenzierung der E-Mail-Ansicht, falls Sie nicht ohnehin schon die Option NACHRICHTEN MIT AUTOVORSCHAU gewählt haben.

Bild 13.7:
In der Vorschau-Ansicht werden auch Mailinhalte sichtbar.

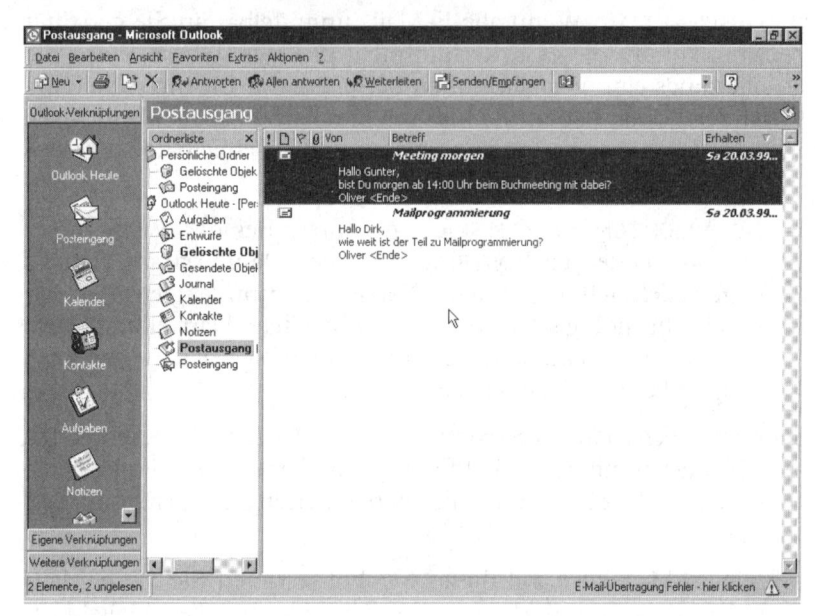

- Wählen Sie eine von Ihnen bevorzugte E-Mail-Ansicht aus.

- In der Menüleiste gelangen Sie mit ANSICHT/AKTUELLE ANSICHT/AKTUELLE ANSICHT ANPASSEN auf die Schaltfläche WEITERE EINSTELLUNGEN.

- Hier können Sie die AUTOVORSCHAU aktivieren. Dabei haben Sie die Wahl, ob diese nur für ungelesene oder für alle E-Mails gelten soll.

- Zusätzlich können Sie den Text der AUTOVORSCHAU mit der Schaltfläche SCHRIFTART in einer anderen Schrifttype, -größe und -farbe gestalten. Sie heben den Text der AUTOVORSCHAU damit besser von der E-Mail-Meldung ab und gestalten sich die Vorschau übersichtlicher.

- Wenn Ihnen diese Angaben als erste Informationen noch nicht ausreichen, können Sie mit dem Untermenü VORSCHAU noch in der unteren Bildschirmhälfte ein zusätzliches Fenster öffnen, das

Mailfunktionen gestalten

Ihnen den gesamten Wortlaut der markierten Mail anzeigt. Um doppelte Angaben zu vermeiden, sollten Sie hier die Option wählen KOPFZEILENINFORMATION AUSBLENDEN.

→ Bestätigen Sie die beiden geöffneten Fenster mit einem Mausklick auf die OK-Taste und die Änderungen werden wirksam.

Erproben Sie einfach anhand von E-Mail-Beispielen, welche Anzeigeform mit welcher Option in welcher Gestaltung Ihnen in Ihrer täglichen Arbeit am meisten entgegenkommt. Gestalten Sie Ihre Anzeigen nicht zu bunt und zu aufwendig, da Ihre Konzentration gestört wird. Bedenken Sie: Je mehr Elemente Sie sich anzeigen lassen, desto unübersichtlicher wird letzten Endes Ihr E-Mail-Überblick.

Wenn Sie Änderungen eingeben wollen, können Sie mit dem Menübefehl ANSICHT und den entsprechenden Optionen entscheiden, ob Sie mit einem Mausklick und dem entsprechenden Häkchen das VORSCHAUFENSTER und die AUTOVORSCHAU aktivieren wollen oder nicht.

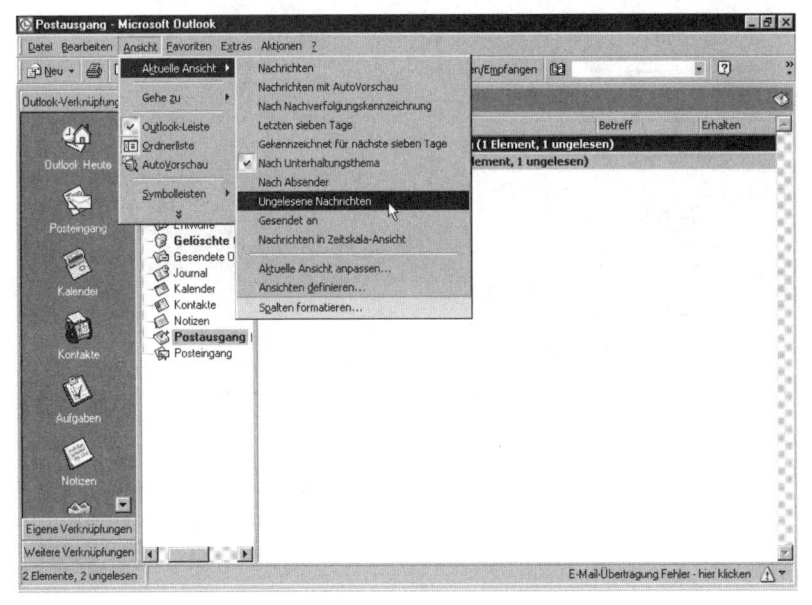

*Bild 13.8:
Klicken Sie die gewünschte Ansicht im Ansichtsmenü direkt an.*

Zusätzlich zu den vielen Konfigurationsmöglichkeiten können Sie auch das Vorschaufenster konfigurieren.

Der Menübefehl EXTRAS/OPTIONEN bietet Ihnen ein Untermenü mit *Karteikartenreitern*, von denen Sie das Register WEITERE auswählen. Die Schaltfläche VORSCHAUFENSTER öffnet ein Dialogfenster,

Kapitel 13: E-Mail im Internet und Intranet

mit dem Sie die bevorzugten Optionen festlegen, die Ihnen die Arbeit mit dem Vorschaufenster erheblich erleichtern. Die Option NACHRICHTEN IM VORSCHAUFENSTER ALS GELESEN MARKIEREN begrenzt die Zeit, in der die markierte E-Mail im Vorschaufenster eingeblendet bleibt. Diese Zeit können sie selbst einstellen.

Da E-Mails unterschiedlich umfangreich sein können, wollen Sie vielleicht auf die Zeitoption verzichten. Daher ermöglicht Ihnen die Option ELEMENT ALS GELESEN MARKIEREN, WENN NEUE AUSWAHL ERFOLGT unabhängig von einer zeitlichen Begrenzung das Lesen einer Mail. Sehr effizient ist die Aktivierung der OPTION EINZELTASTENLESEN MIT LEERTASTE, da Sie Ihnen mithilfe der Leertaste erlaubt, die jeweils nächste Mail zu markieren und zu lesen. Sie ersparen sich damit das Markieren mit der Maus.

Ferner haben Sie in der Rubrik VORSCHAU-KOPFZEILE noch ergänzend die Möglichkeit, mit der Auswahl von Schriftart und -größe eine individuelle Konfiguration vorzunehmen.

Bild 13.9: Konfigurieren Sie individuell Ihr Vorschaufenster.

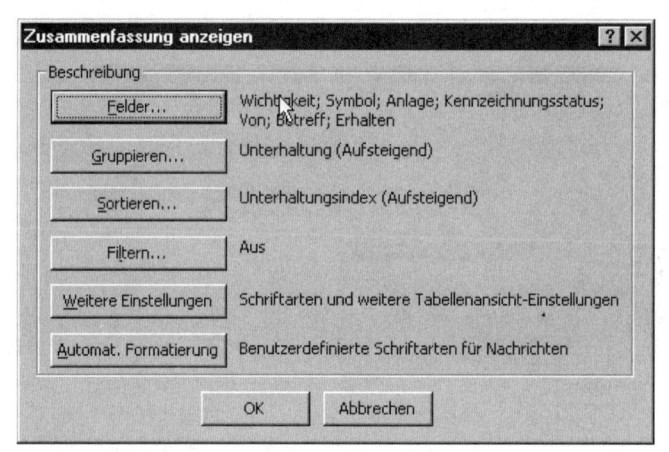

Probieren Sie anhand von Praxisbeispielen die Handhabbarkeit verschiedener Einstellungen aus. Sie können sie jederzeit wieder ändern. Benutzen Sie verschiedene Kombinationsmöglichkeiten, je nachdem welche Art von Übersicht Sie sich verschaffen wollen.

Schon jetzt hat sich der Posteingang von Outlook als zentraler Kommunikationsort erwiesen. Neben der Konfiguration der Ansicht von E-Mails und ihrer Sortierung verwalten Sie die eingehenden Nachrichten. Sie erleichtern sich damit wesentlich den Umgang mit Ihren Mails.

Daher werden Sie in den folgenden Abschnitten kurz das Ordnersystem von Outlook und seine Bedeutung für den Posteingang sowie den Regelassistenten kennen lernen. Die Junk-Mail-Funktion soll Sie vor unliebsamer elektronischer Post schützen.

13.3 Das Ordnerprinzip in Outlook

In Teil 1 dieses Buches haben Sie bereits die wichtigsten Komponenten von Outlook kennen gelernt. Jede Komponente verfügt über einen eigenen Ordner. So ist zum Beispiel die Kalenderfunktion im Ordner KALENDER, die Kontaktefunktion im Ordner KONTAKTE. Sie können sich die Verzeichnisstruktur auf verschiedenen Wegen anzeigen lassen:

Das Menü ANSICHT/ORDNERLISTE aktiviert die Einblendung der *Ordnerstruktur*. Schneller verfügen Sie über die *Ordnerliste*, wenn Sie auf den Titel des jeweiligen Outlookfensters klicken.

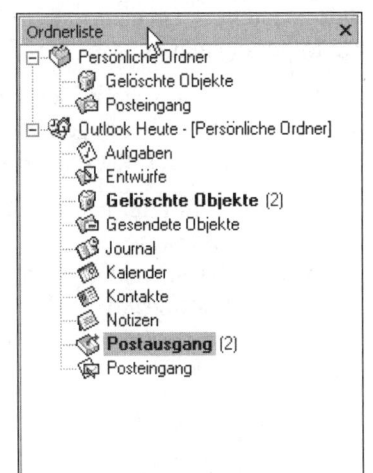

Bild 13.10:
Die Outlook-Ordnerliste

Sie schließen übrigens das Fenster, wenn Sie auf das X in der rechten oberen Ecke gehen. Die Einblendung der Ordnerliste verkleinert natürlich Ihr Informationsfenster. Sie sollten sich daher die Ordnerstruktur nur einblenden, wenn Sie sie wirklich brauchen.

:-) TIPP

Nachdem Sie einige Zeit mit OUTLOOK gearbeitet haben, werden Sie schnell feststellen, dass die Zahl der E-Mails zunimmt. Die Liste im POSTEINGANG wird daher lang und unübersichtlich. Sie sollten daher spätestens jetzt darüber nachdenken, in welchen Ordnern Sie die Mails aufbewahren wollen. Dort können Sie die Nachrichten thematisch geordnet archivieren und sich jederzeit anschauen.

OUTLOOK unterstützt Sie bei dieser Aufgabe und bietet Ihnen standardmäßig das Verzeichnis PERSÖNLICHE ORDNER an. Hier können Sie nicht nur die von Ihnen geschriebenen E-Mails, sondern auch die für Sie eingegangenen speichern. Legen Sie unter der Rubrik PERSÖNLICHE ORDNER weitere Ordner an; Sie strukturieren damit Ihre abgespeicherten Mails und können mit ihnen effektiv arbeiten.

Haben Sie Outlook mit dem Informationsdienst *Microsoft Mail* oder als *Exchange Server* installiert, so stehen Ihnen mit den Ordnern MICROSOFT MAIL – GEMEINSAME ORDNER bzw. ÖFFENTLICHE ORDNER Ablagen zur Verfügung, auf die alle Teilnehmer des *Intranet* gemeinsam zugreifen können.

13.3.1 Eigene Ordner erstellen

Beim Erstellen von eigenen Ordnern oder sogar Unterordnern gehen Sie folgendermaßen vor:

1. Kennzeichnen Sie in der Ordnerliste die Stelle, an der Sie einen neuen Ordner anlegen wollen. Normalerweise sollte dies der PERSÖNLICHE ORDNER sein.

2. Der Aufruf in der Menüzeile DATEI/NEU/ORDNER fragt Sie nach der Bezeichnung des neuen Ordners. Schneller gelangen Sie in dieses Dialogfenster, wenn Sie mit der rechten Maustaste den bereits markierten Ordner anklicken und im Untermenü den Befehl NEUER ORDNER wählen. Geben Sie nun den Namen des neuen Ordners ein.

Bild 13.11: Das Optionsmenü erreichen Sie mit der rechten Maustaste.

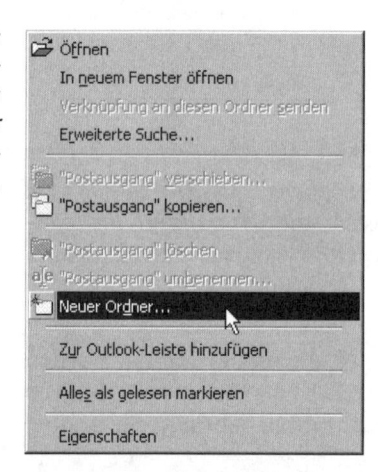

Das Ordnerprinzip in Outlook

3. Wollen Sie diesen Ordner in die Outlookleiste EIGENE VERKNÜPFUNGEN aufnehmen, damit er Ihnen unkompliziert und effektiv zur Verfügung steht, beantworten Sie die folgende Dialogbox mit *Ja*. Der neu angelegte Ordner wird nun in den EIGENEN VERKNÜPFUNGEN der Outlookliste angezeigt.

4. Wenn Sie einen neu erstellten Ordner zu einem späteren Zeitpunkt Ihrer Outlookleiste hinzufügen wollen, gehen Sie mit einem Mausklick der rechten Taste auf den Ordner in der Ordnerhierachie. Hier steht Ihnen dann mit ZUR OUTLOOK-LEISTE HINZUFÜGEN der entsprechende Befehl zur Verfügung.

5. Dieses Untermenü bietet Ihnen darüber hinaus die wichtigsten Befehle zur Konfiguration der Ordner. Hier können Sie Verzeichnisse löschen, an eine andere Stelle im Ordnerverzeichnis kopieren oder verschieben sowie umbenennen.

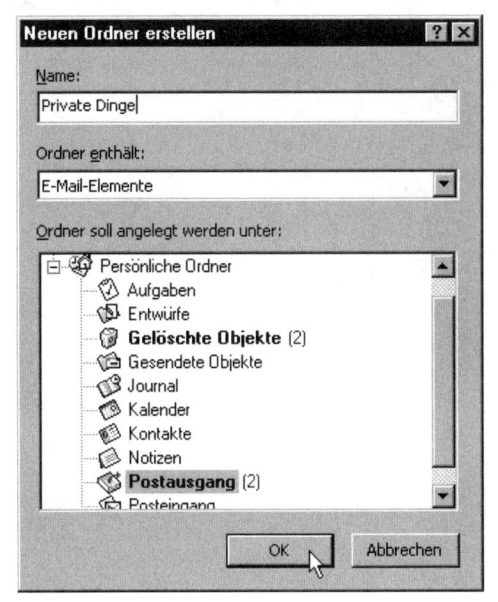

Bild 13.12: Hier geben Sie den Ordnernamen und weitere Details ein.

13.3.2 Verschieben in Ordnern

Sie haben nun die notwendige Infrastruktur geschaffen, um Ihre E-Mails aus dem Posteingangsfenster übersichtlich in Ordnern zu verwalten. Wollen Sie Ihr *Postein-* oder *-ausgangsfenster* leeren, müssen Sie die E-Mails verschieben. Wählen Sie die Option KOPIEREN, bleiben Sie in den jeweiligen Fenstern erhalten. Sie können auf verschiedenen Wegen E-Mails in Ordner befördern:

Kapitel 13: E-Mail im Internet und Intranet

1. Kennzeichnen Sie im Posteingang die E-Mail, die Sie in einen Ordner verschieben wollen.
2. Wählen Sie in der Menüleiste BEARBEITEN/IN ORDNER VERSCHIEBEN.
3. Wollen Sie statt *verschieben* die Nachricht in einen Ordner *kopieren*, gehen Sie im selben Menü auf IN ORDNER KOPIEREN.
4. Wählen Sie aus der Ordnerhierarchie im nächsten Fenster den in Frage kommenden Ordner aus.

Bild 13.13:
Ganz einfach:
das Verschieben
von Mails in
neue Ordner

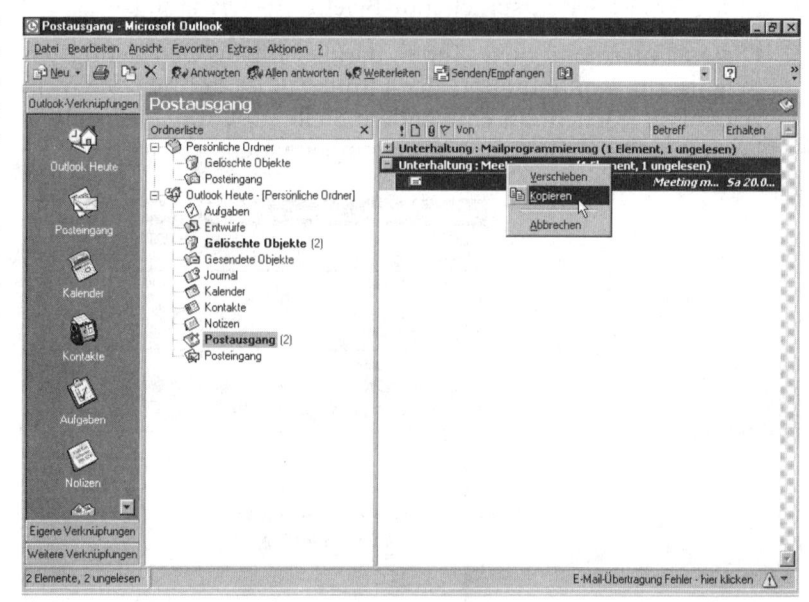

Alternativ steht Ihnen in der Symbolleiste ein direkter Weg zur Verfügung, eine Mail in einen Ordner zu verschieben. Den Hierarchiebaum können Sie ebenfalls mit der Tastenkombination `Strg`+`⇧`+`V` einblenden.

Mit Drag&Drop als der einfachsten und schnellsten Möglichkeit können Sie eine E-Mail in den gewünschten Ordner verschieben.

Markieren Sie die entsprechende Nachricht und halten die linke Maustaste gedrückt. Gehen Sie mit gedrückter Maustaste auf die obere Fensterzeile POSTEINGANG; OUTLOOK öffnet nun die Ordnerliste. Gehen Sie bei weiterhin gedrückter Maustaste auf den Ordner, den Sie öffnen wollen. Wenn Sie die Taste loslassen, wird die Nachricht in den geöffneten Ordner verschoben.

13.3.3 Mailorganisation für Profis

Als weitere Möglichkeit bietet Ihnen Outlook an, E-Mails mithilfe der Schaltfläche ORGANISIEREN zu verschieben:

1. Wählen Sie die Schaltfläche ORGANISIEREN in der Symbolleiste oder über EXTRAS/ORGANISIEREN in der Menüleiste.

2. Markieren Sie von den vier angebotenen Optionen die Verknüpfung ORDNER VERWENDEN.

3. Das Kontextmenü *Organisieren* hat Ihre E-Mail-Anzeige in die untere Hälfte des Bildschirms verschoben. Wählen Sie dort die zu verschiebende Nachricht aus. Dieses Verfahren eignet sich besonders, wenn Sie mehrere E-Mails in denselben Ordner verschieben wollen.

4. Mit dem *Pfeil* bei VERSCHIEBEN DER UNTEN AUSGEWÄHLTEN NACHRICHTEN öffnen Sie eine Liste der vorhandenen Ordner. Wählen Sie den gewünschten durch Mausklick aus. Die Option ANDERE ORDNER öffnet das bekannte Kontextmenü ORDNER AUSWÄHLEN und bietet Ihnen den gesamten *Hierachiebaum*.

5. Aktivieren Sie die gewählten Einstellungen und klicken Sie auf die Schaltfläche VERSCHIEBEN.

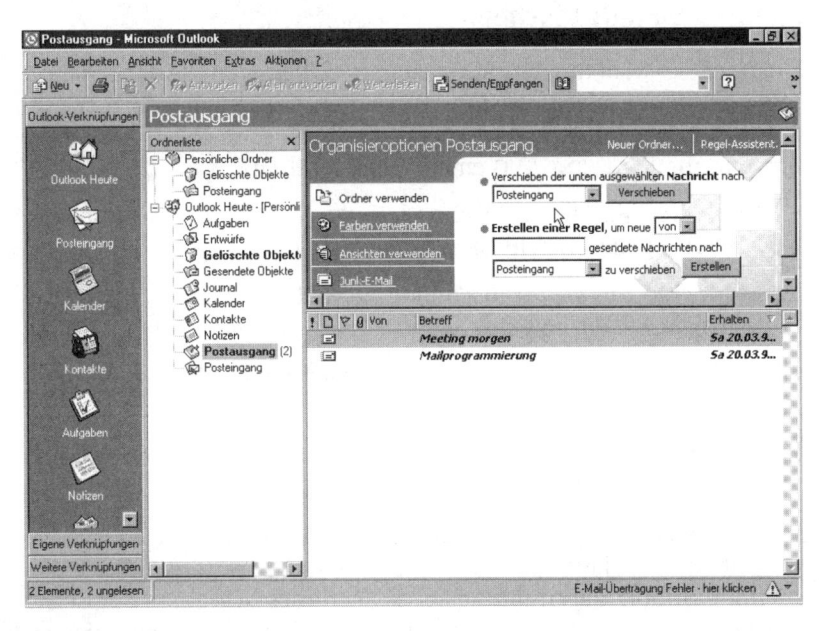

Bild 13.14: Verschieben für Profis: E-Mails mit der Option »Organisieren«

OUTLOOK erleichtert Ihnen die Arbeit und listet die letzten sieben Ordner, in die Sie E-Mails verschoben haben, auf. Sie finden diese Ordner, wenn Sie die Nachrichten mithilfe des Befehls IN ORDNER VERSCHIEBEN aus der Symbolleiste anwählen. Ist der gewünschte Ordner nicht unter den aufgeführten, gehen Sie einfach auf die letzte Zeile mit dem Befehl IN ORDNER VERSCHIEBEN.

Bild 13.15: Outlook bietet Ihnen die zuletzt benutzten Ordner an.

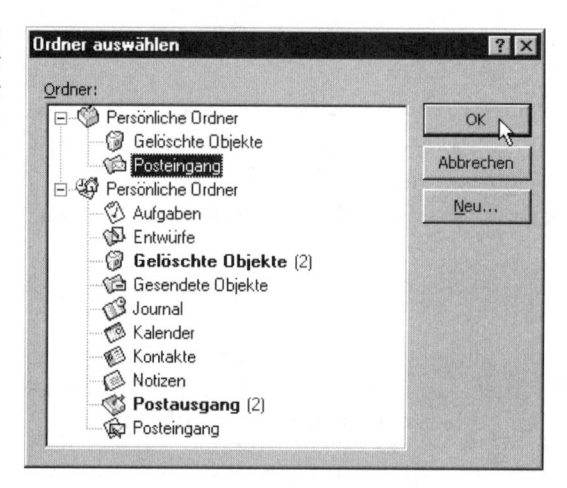

13.3.4 E-Mails löschen

Nicht jede E-Mail müssen Sie speichern. Überlegen Sie daher schon bevor Sie einen Nachrichtentext in einen Ordner verschieben, ob sich die Arbeit lohnt. Sie können auf verschiedenen Wegen in der Anwendung POSTEINGANG eine E-Mail löschen:

1. Markieren Sie die zu löschende E-Mail und wählen Sie in der Menüleiste den Befehl BEARBEITEN/LÖSCHEN.

2. Markieren Sie die zu löschende E-Mail und wählen Sie in der Symbolleiste das Symbol X.

3. Am einfachsten löschen Sie die markierte E-Mail mit der `Entf`-Taste.

4. Klicken Sie mit der rechten Maustaste auf die markierte Nachricht und wählen Sie im geöffneten Menü den Befehl LÖSCHEN.

5. Verschieben Sie die zu löschende E-Mail mit *Drag&Drop* bei gedrückter Maustaste auf das Symbol GELÖSCHTE OBJEKTE in der Outlook-Verknüpfungsleiste. Ist dieses Symbol in der Leiste nicht sichtbar, da es normalerweise am Ende steht, gehen Sie an den unteren Rand der Leiste. Sie bekommen dann auch die weiteren Objekte angezeigt.

Das Ordnerprinzip in Outlook 235

Bild 13.16:
Ein Klick mit der rechten Maustaste gestattet auch das Löschen von Mails.

6. Haben Sie irrtümlich eine E-Mail *gelöscht* und wollen diese wieder aus dem Papierkorb *herausholen*, klicken Sie das Symbol GELÖSCHTE OBJEKTE in der Outlook-Leiste an. Wählen Sie aus den angezeigten E-Mails diejenige aus, die Sie wiederherstellen wollen. Ziehen Sie mit *Drag&Drop* diese Nachricht auf das Symbol POSTEINGANG. Damit steht Ihnen die Nachricht wieder im Posteingangsfenster zur Verfügung.

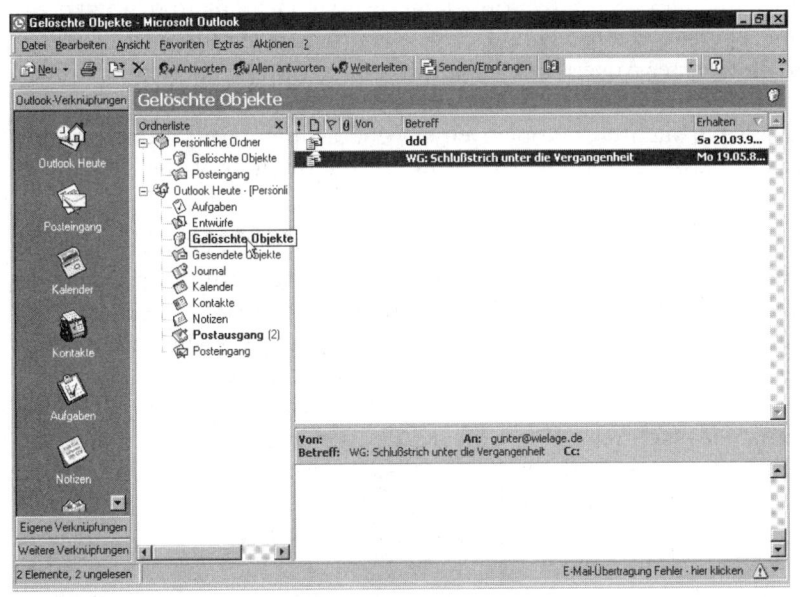

Bild 13.17:
Vorsicht, Falle: Mails werden nicht wirklich gelöscht, sondern in den Ordner »Gelöschte Objekte« verschoben.

STOP *Endgültig löschen Sie eine E-Mail, indem Sie sie im Ordner GELÖSCHTE OBJEKTE markieren und erneut die Löschfunktion betätigen. Der Papierkorb ist damit entleert. Im Menü EXTRAS/OPTIONEN können Sie die Registerkarte WEITERE wählen. Dort können Sie einstellen, ob OUTLOOK nach der Programmbeendigung die gelöschten Objekte endgültig eliminiert. Bei der Aktivierung dieser Option können Sie einen Irrtum nicht mehr rückgängig machen. Allerdings entfällt dann auch das manuelle Entleeren des Papierkorbs.*

13.4 E-Mails verfassen

Das Schreiben von E-Mails mit OUTLOOK ist vergleichbar mit dem Abfassen eines Dokuments in WORD und verlangt daher von Ihnen nur eine geringe Umgewöhnung. Ihnen stehen die gewohnten Formatierungsmöglichkeiten wie Schriftart und -größe, Fett- und Kursivdruck sowie Blocksatz, Zentrierung oder Rechts-/Linksbündigkeit in den meisten Formaten außer dem Nur-Text-Format zur Verfügung. Zusätzlich können Sie Dateien aus anderen Anwendungen wie WORD oder EXCEL an Ihre E-Mail hängen und sogar eine Verknüpfung zu einer Internet-Adresse angeben.

Optimieren Sie Ihr persönliches Zeitmanagement und nutzen Sie die Vorteile des E-Mailing. Ihre Nachrichten sind nicht nur innerhalb weniger Augenblicke beim Empfänger und stehen ihm zur weiteren Bearbeitung als Datei zur Verfügung; sie senden ohne den Aufwand mehrerer Kopien einer Mail an mehrere Empfänger und sparen zusätzlich die Portokosten für die Briefe bzw. die Telefongebühren für die Faxe.

Sie haben im vorherigen Abschnitt erfahren, dass es für die Nutzung der E-Mail-Funktion am zweckmäßigsten ist, wenn Sie zunächst in der Outlook-Leiste die Verknüpfung POSTEINGANG wählen. Hier stehen Ihnen die wichtigsten Befehle für die E-Mail-Funktion direkt zur Verfügung. Ferner sehen Sie im POSTEINGANG, welche Nachrichten für Sie eingegangen sind und die wichtigsten Informationen zu jeder Nachricht. Das Vorschaufenster in der unteren Hälfte des Bildschirms zeigt Ihnen den vollständigen Inhalt der im oberen Fenster markierten E-Mail.

E-Mails verfassen | 237

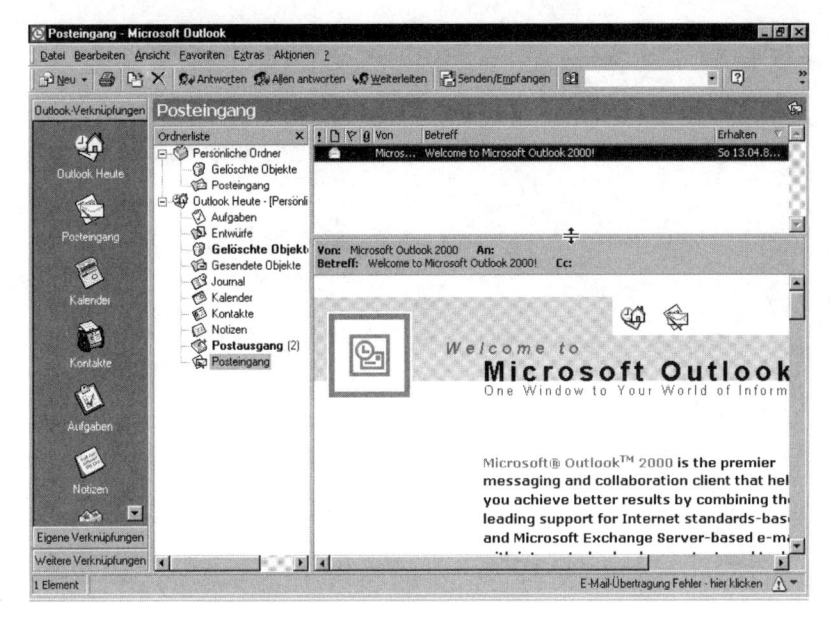

Bild 13.18:
Der »Postein-
gang« steuert
die E-Mail- Funk-
tion von Outlook
und gibt Ihnen
den besten Über-
blick zu einge-
gangenen
E-Mails.

13.4.1 Eingabemaske für E-Mails aufrufen

Sie können auf verschiedenen Wegen die Eingabemaske für das Schreiben von E-Mails aufrufen. Im POSTEINGANG stehen Ihnen folgende Möglichkeiten zur Verfügung:

↪ Wählen Sie in der *Menüleiste* den Befehl DATEI/NEU/E-MAIL-NACHRICHT.

↪ Wählen Sie in der *Symbolleiste* den Befehl NEU (mit dem Briefsymbol) oder gehen Sie neben diesem Befehl auf den kleinen nach unten gerichteten Pfeil und wählen im Untermenü ebenfalls den Befehl E-MAIL-NACHRICHT.

↪ Die schnellste und kürzeste Möglichkeit ist die Tastenkombination STRG+N oder klicken Sie mit der rechten Maustaste auf eine freie Fläche. Aus dem Menü können Sie dann den Befehl NEUE NACHRICHT auswählen.

Sie können selbstverständlich auch aus allen anderen Outlook-Anwendungen Ihr E-Mail-Formular aufrufen. Gehen Sie dazu entweder in das Menü DATEI/NEU in der Menüleiste oder auf den abwärts gerichteten Pfeil neben dem Befehl NEU in der Symbolleiste. Am einfachsten rufen Sie die E-Mail-Maske mit der Tastenkombination [Strg]+[⇧]+[M] *auf.*

Bild 13.19:
Mit dem Befehl Datei/Neu/ E-Mail-Nachricht steht Ihnen die Eingabemaske für E-Mails zur Verfügung.

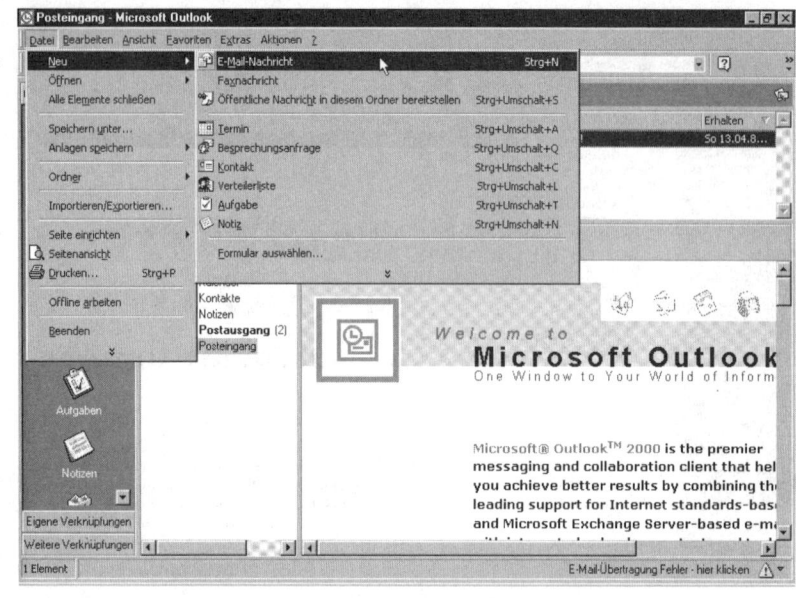

13.4.2 E-Mail-Adresse gestalten

Wenn Sie das E-Mail-Formular aufgerufen haben, gestalten Sie zunächst den *Kopf* Ihrer E-Mail, vergleichbar mit dem Briefkopf eines herkömmlichen Briefes. Als Erstes tragen Sie in das Feld AN den Adressaten ein. Sie können wahlweise den Namen oder die korrekte E-Mail-Adresse eingeben. Dabei unterstützt Sie das Adressverzeichnis. Wollen Sie eine Kopie dieser Mail an einen zweiten oder mehrere Adressaten schicken, tragen Sie in das Feld *CC* die entsprechenden Namen bzw. Adressen ein. In der Zeile BETREFF beschreiben Sie mit kurzen, aber prägnanten Worten den Inhalt Ihrer Mail.

Adressat eingeben

OUTLOOK bietet Ihnen mehrere Möglichkeiten, den Adressaten in das Feld AN einzugeben. Gleichzeitig überprüft Outlook die Eintragung mit den eingetragenen Namen im Adressverzeichnis. Vergessen Sie getrost Ihre unübersichtliche Zettelsammlung von E-Mail-Adressen.

Outlook akzeptiert Ihre Adresseneintragung, egal ob Sie den vollständigen Namen oder etwa nur den Familiennamen eingeben. Selbstverständlich können Sie auch direkt die richtige E-Mail-Adresse eingeben. Outlook vergleicht Ihre Eintragung mit den gespeicherten Namensangaben im Adressverzeichnis, den KONTAKTEN. Findet sich in den KONTAKTEN eine eindeutige Eintragung, erscheint der vollständige Name grün unterstrichen.

E-Mails verfassen | 239

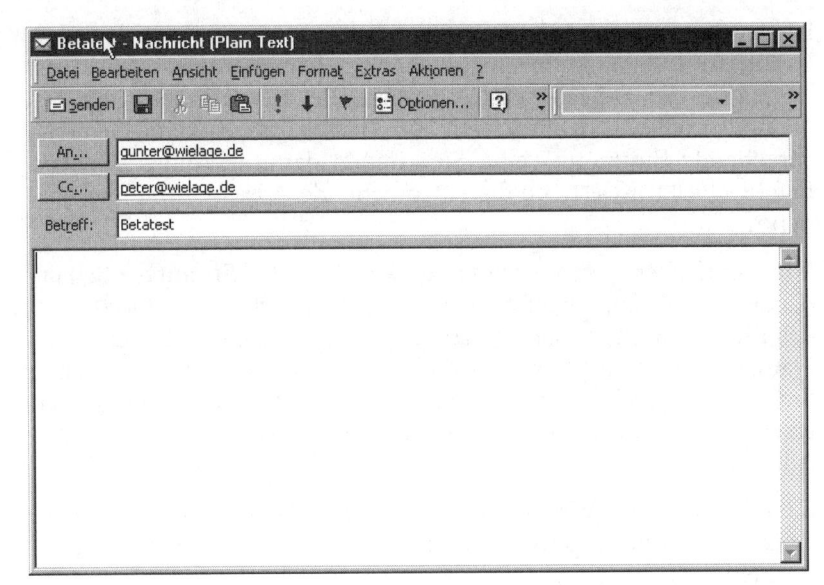

Bild 13.20:
In den »Kopf«
Ihrer E-Mail
tragen Sie den
Adressaten, die
Empfänger
möglicher
Kopien und die
Betreffzeile ein.

Ist der eingegebene Namen nicht eindeutig identifizierbar, erscheint er mit einer roten Schlängellinie. Klicken Sie mit der rechten Maustaste auf diesen Namen, so bietet Ihnen das Menü eine Namensliste mit Eintragungen an, die der eingegebenen Adresse am nächsten kommt. Kommt keiner der angegebenen Namen in Frage, können Sie mit dem Menüpunkt NEUE ADRESSE ERSTELLEN eine neue Eintragung im Adressverzeichnis eingeben.

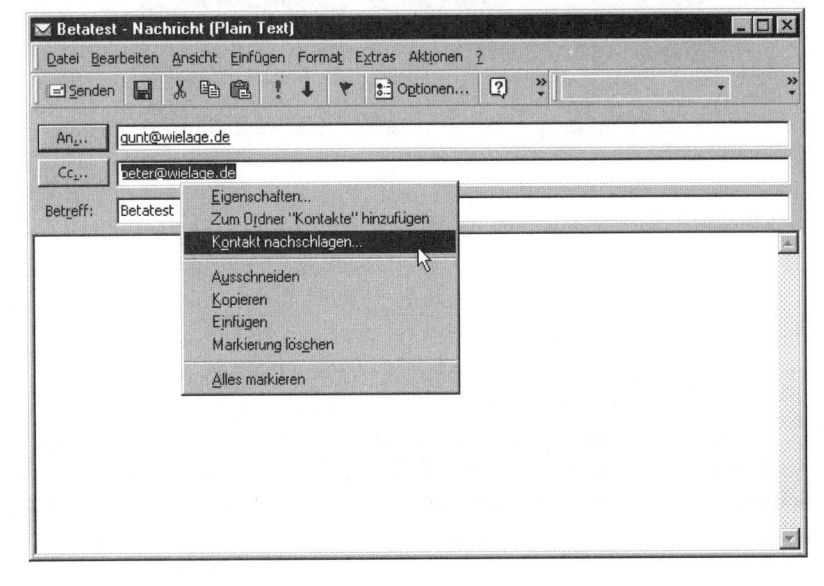

Bild 13.21:
Ein eingege-
bener Name
kann als dauer-
hafter Kontakt
gespeichert
werden.

Ist der angegebene Namen im Kontaktverzeichnis gänzlich unbekannt, so erscheint ein entsprechendes Kontextmenü spätestens, wenn Sie die E-Mail senden wollen. Bei der Überprüfung des Namens stellt das Kontaktverzeichnis fest, dass es keine dementsprechende Eintragung gibt. Sie können dann allerdings mit dem Befehl NEUER KONTAKT die entsprechende Adresseintragung vornehmen.

Noch einfacher tragen Sie eine Adresse ein, wenn Sie auf die Schaltfläche AN klicken. Sie öffnen das Kontaktverzeichnis von OUTLOOK, das Ihnen eine Adressenliste anbietet, aus der Sie den betreffenden Namen auswählen können. Markieren Sie den Namen und klicken Sie anschließend auf die Schaltfläche AN. Der markierte Namen erscheint nun im Feld NACHRICHTENEMPFÄNGER unter der ersten Adresse.

Sie können in die Adresszeile auch mehrer Namen eintragen. Diese sind dann allerdings jeweils durch ein Semikolon voneinander abzutrennen.

Geben Sie in das Adressfeld eine E-Mail-Adresse ein – also beispielsweise pott@service24.de –, die im Kontaktverzeichnis nicht bekannt ist, genügt ein Klick mit der rechten Maustaste auf diese Eintragung, um im Kontextmenü unter dem Befehl IN DEN ORDNER KONTAKTE EINTRAGEN für diese E-Mail-Adresse eine komplette Adresse einzutragen.

Bild 13.22: Mit der rechten Maustaste vervollständigen Sie die Adressangaben für eine im Kontaktverzeichnis unbekannte E-Mail-Adresse.

Weitere Adresseneinträge

Verschicken Sie Ihre E-Mail noch an weitere Empfänger, tragen Sie stattdessen besser diese Adressaten in das Feld CC ein. Die Angabe CC steht für *Carbon Copy* und bedeutet soviel wie Kohlekopie. Diese Bezeichnung stammt aus einer Zeit, in der Durchschläge auf der Schreibmaschine mithilfe eines eingelegten Kohlepapiers angefertigt wurden. Gehen Sie bei der Eintragung der Empfänger weiterer Kopien genauso vor wie bei der Eingabe des ersten Adressaten.

E-Mails verfassen

Schicken Sie eine *E-Mail* an einen größeren Empfängerkreis, rufen Sie sich am besten das *Adressverzeichnis* der *Kontaktliste* auf (Klick auf die Schaltfläche AN oder CC). Markieren Sie den gewünschten Adressaten und fügen Sie ihn durch einen Klick auf die Schaltfläche CC der Rubrik *Nachrichtenempfänger* zu.

Wollen Sie weitere Empfänger eingeben, die eine Kopie der Mail erhalten sollen, fügen Sie diese durch einen weiteren Klick auf die Schaltfläche CC hinzu. Die in der Rubrik CC genannten Empfänger sind für den gesamten Adressatenkreis sichtbar. Jeder weiß, an wen die Nachricht ebenfalls abgeschickt worden ist.

Wollen Sie dies aus welchen Gründen auch immer vermeiden, so steht Ihnen das Feld BCC zur Verfügung. Der hier eingetragene Empfänger erscheint im Adressfeld der versendeten Mail nicht, er bleibt verborgen (daher der Begriff *Blind Carbon Copy*). Nur in Ihrer gespeicherten Mail erfolgt der Nachweis des verdeckten Empfängers.

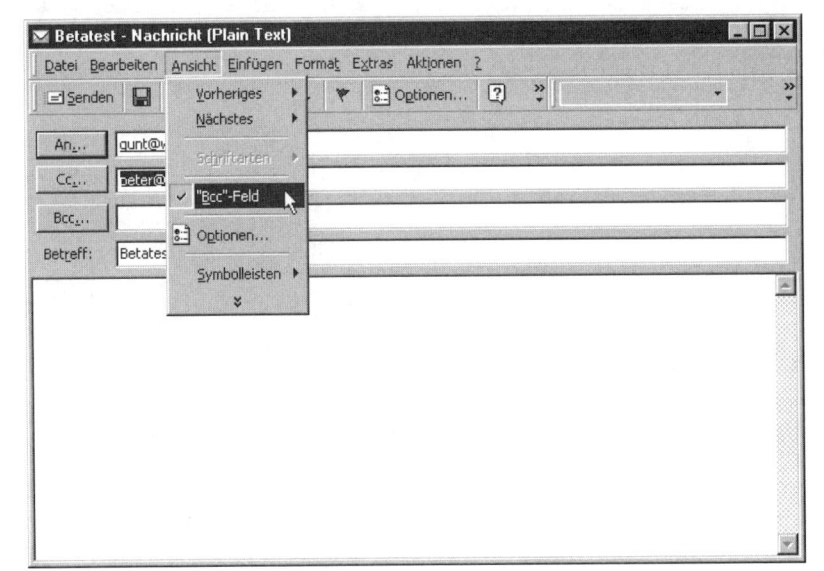

Bild 13.23: Das BCC-Feld

Es kann allerdings sein, dass das Feld BCC nicht sichtbar ist. In diesem Fall gehen Sie in der Menüleiste auf ANSICHT *und im aufgeblendeten Menü auf* BCC-FELD. *Nach der Markierung erscheint dieses Feld zukünftig in jeder »E-Mail-Kopfzeile«.*

Wählen Sie für das BCC-FELD eine Eintragung aus dem Adressverzeichnis der Kontaktliste aus, so erscheint das BCC-FELD in der E-Mail automatisch mit dem markierten Namen.

Betreff-Zeile

Wer hat sich nicht schon einmal über die umständlich formulierte *Betreff-Zeile* in Behördenbriefen geärgert oder zumindest mit dem Kopf geschüttelt, in der mit vielen Worten Überflüssiges oder kaum Verständliches ausgesagt wurde. Trotz dieser Erfahrung sollten Sie die Bedeutung der *Betreff-Zeile* einer E-Mail in OUTLOOK nicht unterschätzen.

Bild 13.24: Bringen Sie möglichst viel Information in der Betreffzeile unter.

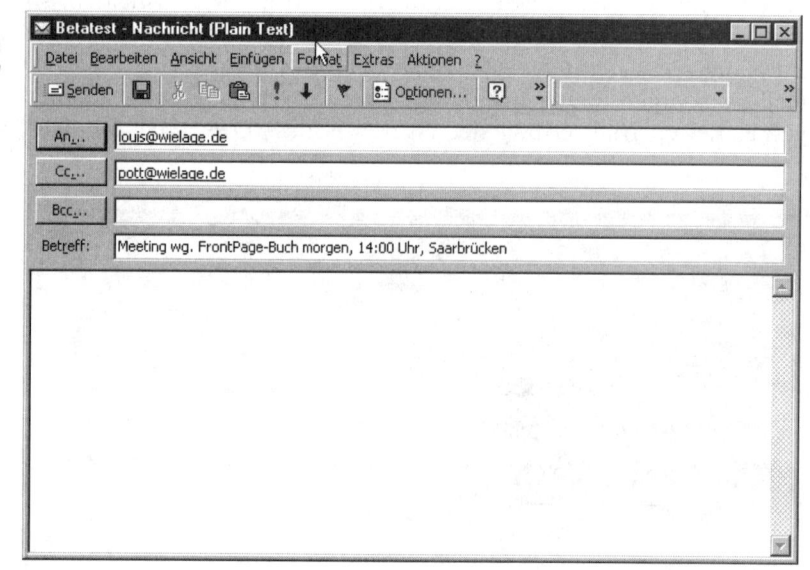

Mit der *Betreff-Zeile* geben Sie beim Empfänger die Visitenkarte Ihrer Mail ab. Gerade wenn jemand viele E-Mails bekommt, kann dieser erste Eindruck wichtig sein, damit der Empfänger gerade Ihre Mail zur Kenntnis nimmt. Eine gut gestaltete *Betreff-Zeile* mit prägnanter Aussage über den Inhalt der gesamten Nachricht erleichtert dem Empfänger die Auswahl, welche er zuerst lesen möchte.

Bei der Vorstellung des Vorschaufensters im POSTEINGANG hatten Sie bereits verschiedene Gestaltungsmöglichkeiten kennen gelernt. Sie können den *Regelassistenten* beispielsweise anweisen, Mails mit einem bestimmten Inhalt in einen vordefinierten Ordner zu verschieben.

Als Schlüsselbegriff nimmt der *Regelassistent* Begriffe, die in der *Betreff-Zeile* vorkommen können. Mit einer aussagekräftig formulierten *Betreff-Zeile* erleichtern Sie sich und ihrem Empfänger die tägliche E-Mail-Handhabung.

13.4.3 E-Mail-Text eingeben

Nachdem Sie nun den Kopf Ihrer Nachricht gestaltet haben, können Sie mit der Texteingabe und der Formulierung Ihrer Nachricht beginnen. Wenn sich der Cursor noch in der Betreff-Zeile befindet, wechseln Sie mit TAB oder ENTER in das freie Nachrichtenfeld. Hier können Sie Ihren Text eingeben, wie Sie es von WORD gewohnt sind.

Diese vielfältigen Formatierungsmöglichkeiten stehen Ihnen in der Symbolleiste zur Verfügung. Sollten Sie hier nicht die aus Word gewohnten Schaltflächen sehen, so können Sie sich diese Icons einblenden. Gehen Sie mit der Maus auf den abwärts gerichteten Pfeil der Symbol- und der darunter liegenden Zeile.

Dahinter verbirgt sich die Option WEITERE SCHALTFLÄCHEN. Versehen Sie diejenigen Schaltflächen mit einem Häkchen, von denen Sie glauben, dass Sie sie häufig zur Formatierung brauchen werden. Der Einfachheit halber können Sie auch alle Optionen anklicken. Sie können diese Entscheidung jederzeit wieder korrigieren.

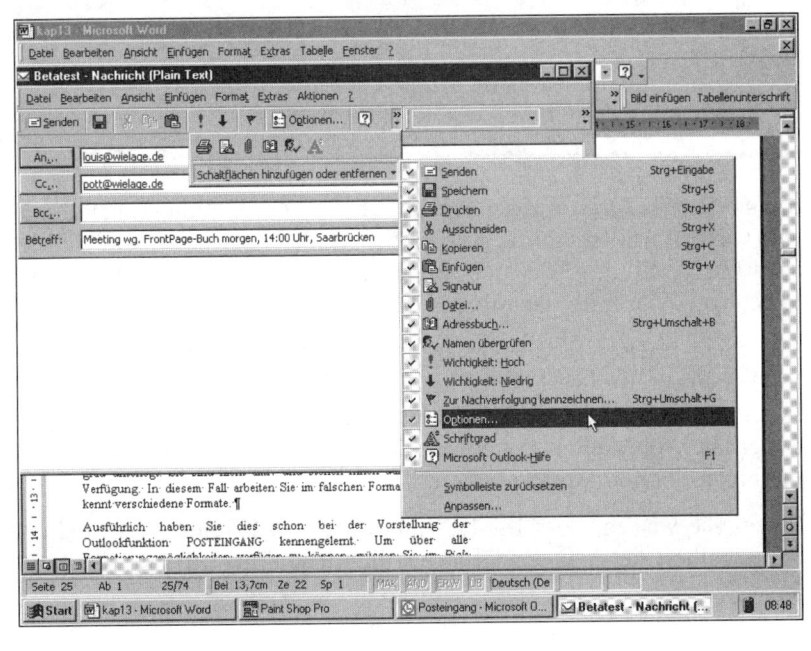

Bild 13.25:
»Word-Feeling«:
Schaltflächen
können Sie ein-
und ausblenden.

Das Rich Text Format

Es kann allerdings sein, dass Sie zwar in der Symbolleiste die entsprechenden Formatierungsbefehle aufrufen können, diese sind aber grau unterlegt: Sie sind nicht aktiv und stehen Ihnen daher nicht zur Verfügung. In diesem Fall arbeiten Sie im falschen Format. OUTLOOK kennt verschiedene Textformate.

Ausführlich haben Sie dies schon bei der Vorstellung der Outlookfunktion POSTEINGANG kennen gelernt. Um über alle Formatierungsmöglichkeiten verfügen zu können, müssen Sie im *Rich Text Format* (RTF) arbeiten.

Bild 13.26: RTF kann aktiviert werden.

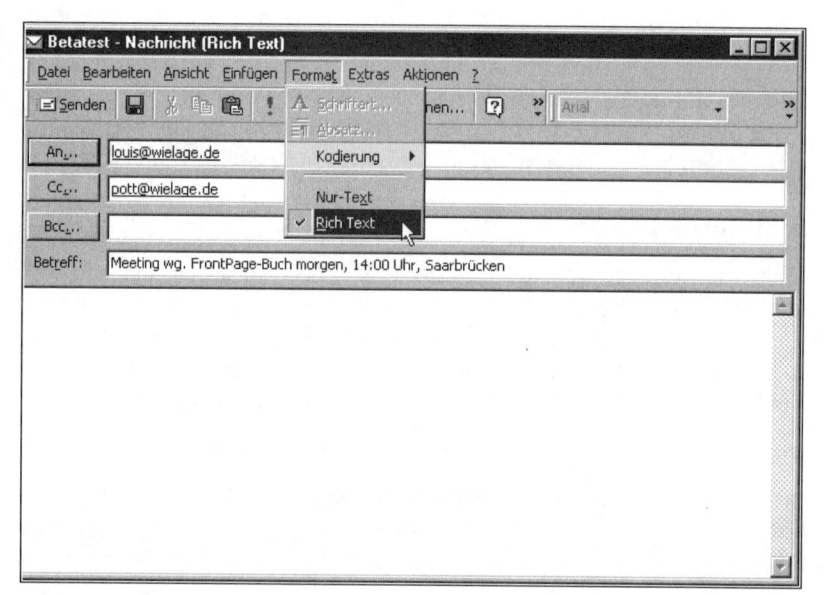

Sie stellen *RTF ein*, indem Sie im Menü FORMAT die Einstellung RICH TEXT wählen. Nun stehen Ihnen alle Formatierungsbefehle aktiv zur Verfügung. Damit können Sie Ihre E-Mail so gestalten, wie Sie es von WORD her gewohnt sind.

Allerdings müssen Sie bedenken, dass nicht alle Empfänger über ein E-Mail-Programm verfügen, das für das *Rich Text Format* geeignet ist. In diesem Fall gehen alle Formatierungen verloren und der Empfänger erhält Ihre Mail als einfachen Text oder mit zusätzlichen, für ihn unverständlichen Steuerzeichen.

Wenn Sie wissen, dass Ihr E-Mail-Adressat *RTF* nicht verarbeiten kann, sollten sie als E-Mail-Format die Einstellung NUR-TEXT wählen.

Rechtschreibprüfung

Natürlich verfügt die E-Mail-Funktion von OUTLOOK auch über ein Rechtschreibprogramm. Damit können Sie Ihren Text auf orthographische Fehler hin untersuchen lassen.

- Sie aktivieren das Rechtschreibprogramm, indem Sie im Menü EXTRAS den Befehl RECHTSCHREIBUNG wählen.
- Alternativ können Sie das Rechtschreibprogramm auch mit F7 starten.

Wie von WORD bekannt, ist diese Rechtschreibprüfung lernfähig. Ist ein im Text vorkommendes Wort dem Wörterbuch unbekannt, wird es sogleich im Text rot unterschlängelt. Das Programm bietet nach dem Aufruf der RECHTSCHREIBPRÜFUNG entweder Wortalternativen an oder es schlägt gleich vor, diesen Begriff in das Wörterbuch aufzunehmen.

Die Rechtschreibprüfung bewahrt Sie zwar auch nicht im Zeitalter der Rechtschreibreform vor allen Fallstricken deutscher Orthographie, Grammatik und Zeichensetzung. Sie verfügen aber über eine komfortable Möglichkeit, Flüchtigkeitsfehler oder Zweifelsfälle rasch und unkompliziert erkennen und lösen zu können.

E-Mail-Vorlagen

Wenn Sie bereits mit Word gearbeitet haben, ist Ihnen der Einsatz von *Dokumentvorlagen* schon vertraut. Mit diesen Vorlagen gestalten Sie für den jeweiligen Einsatzzweck passend Ihr elektronisches Briefpapier, das beispielsweise den Briefkopf enthält oder zusätzlich Formschreiben, die Sie nur noch ergänzen müssen.

Ähnlich können Sie auch bei der Gestaltung von E-Mails in Outlook vorgehen. Schreiben Sie öfters Mails an eine bestimmte Adressatengruppe, so können Sie eine entsprechende Vorlage gestalten, die die wesentlichen Adresseneinträge bereits enthält. Benutzen Sie häufig Standardtexte, so können Sie diese Formulierungen als Vorlage speichern und bei Bedarf aufrufen.

- Sie gestalten eine Vorlage, indem Sie den Text der Mail oder die Adressenangaben wie üblich schreiben. Haben Sie Ihre Vorlage fertig gestellt, gehen Sie auf DATEI/SPEICHERN UNTER. Wählen Sie im Feld DATEITYP das Format OUTLOOK-VORLAGE (*.OFT). In das Feld DATEINAME geben Sie einen markanten Vorlagenamen ein, mit dem Sie zukünftig diese Vorlage identifizieren können. Bestätigen Sie den Entwurf Ihrer Mail-Vorlage mit SPEICHERN.

Bild 13.27:
Outlook kann Mailvorlagen speichern.

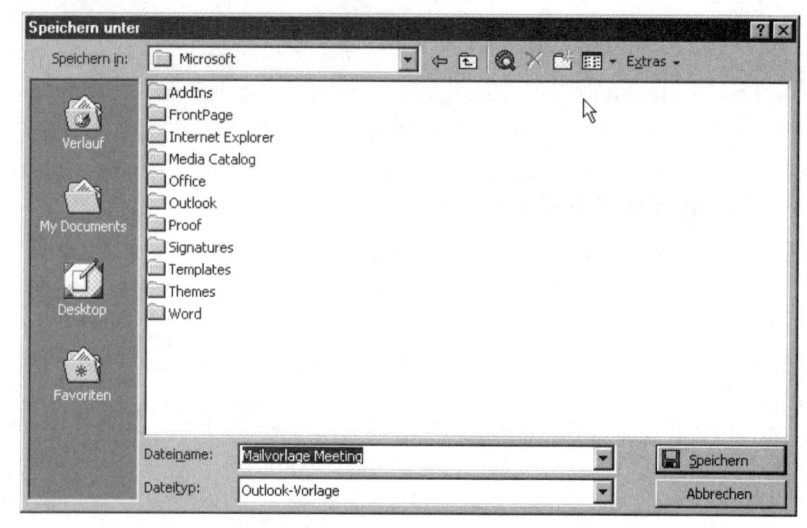

→ Wollen Sie eine gespeicherte Vorlage nutzen, gehen Sie auf DATEI/NEU/FORMULAR AUSWÄHLEN. Normalerweise werden die Vorlagen im Ordner VORLAGEN IM DATEISYSTEM gespeichert und können dort aufgerufen werden.

E-Mail mit anderen Objekten verknüpfen

Die besondere Stärke der E-Mail-Funktion von OUTLOOK besteht sicherlich darin, dass Sie mit Ihrer Nachricht andere Objekte verknüpfen können. Sie übermitteln elektronisch diese zusätzlichen Objekte mit Ihrer E-Mail, ähnlich wie Sie auch Ihrem konventionellen Brief eine Anlage beifügen können. Neben konventionellen Dateien können dies auch Internet-Adressen oder Elemente aus OUTLOOK sein.

Dabei stehen Ihnen verschiedene Möglichkeiten zur Verfügung. Sie können beispielsweise den Text einer WORD-*Datei* oder eine Tabelle aus EXCEL in den Text Ihrer *E-Mail* an einer beliebigen Stelle einfügen oder als Anlage zu Ihrer Nachricht gestalten.

In diesem Fall bleibt die Formatierung des Dokuments erhalten, auch wenn der Empfänger mit seinem E-Mail-Programm nicht in der Lage ist, Dokumente im *Rich Text Format* zu bearbeiten. Er lädt das Dokument im Anhang einfach in das entsprechende Anwendungsprogramm und kann dort das Dokument lesen und weiterverarbeiten.

1. Gehen Sie mit dem Cursor an die Stelle in Ihrer E-Mail, an der die Datei eingefügt werden soll. Mit dem Befehl EINFÜGEN/ DATEI in der Menüleiste rufen Sie eine Ordnerliste auf, aus der Sie die gewünschte Datei heraussuchen können.

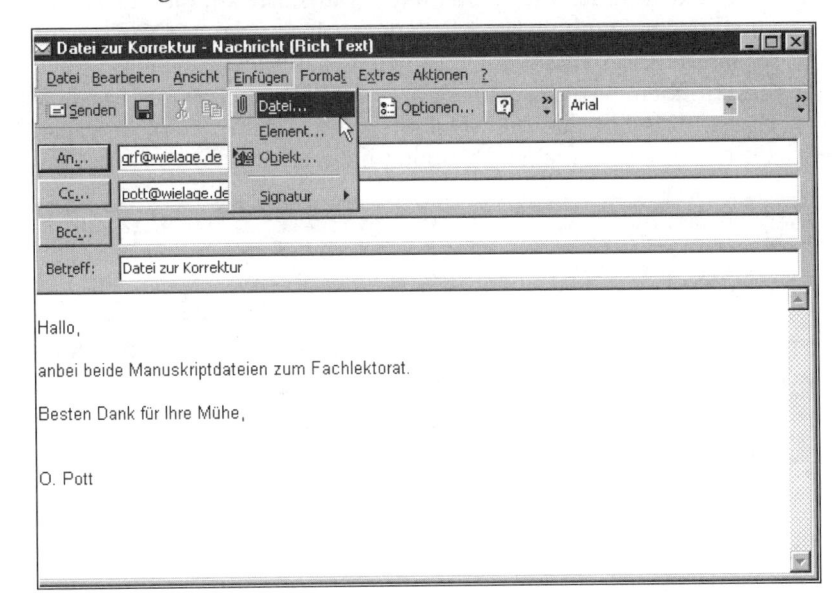

Bild 13.28: Klikken Sie auf Einfügen/Datei...

2. Mit dem Feld EINFÜGEN legen Sie fest, ob die Datei an der markierten Stelle in Ihrer E-Mail eingefügt oder als Anhang an Ihre Nachricht angefügt werden soll.

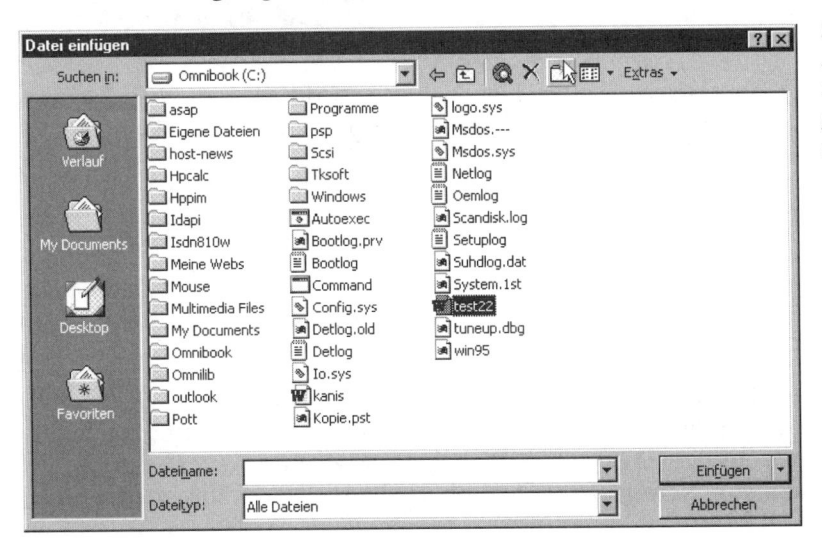

Bild 13.29: ...und markieren Sie die gewünschte Datei.

Kapitel 13: E-Mail im Internet und Intranet

3. Schließen Sie diesen Vorgang mit OK ab. Je nach der gewählten Option taucht die Datei nun im Text auf oder wird als Anhang der E-Mail beigefügt.

4. Alternativ können Sie auch mit der Maustaste auf die Büroklammer in der Symbolleiste klicken. Sie rufen dann ebenfalls die erwähnte Ordnerliste auf und gehen dann weiter vor wie oben beschrieben. Voraussetzung für diese Vorgehensweise ist allerdings, dass Sie sich die Symbolleiste mit dem Befehl WEITERE OPTIONEN entsprechend gestaltet haben.

Bild 13.30:
Die angehängte Datei wird an den Empfänger übertragen.

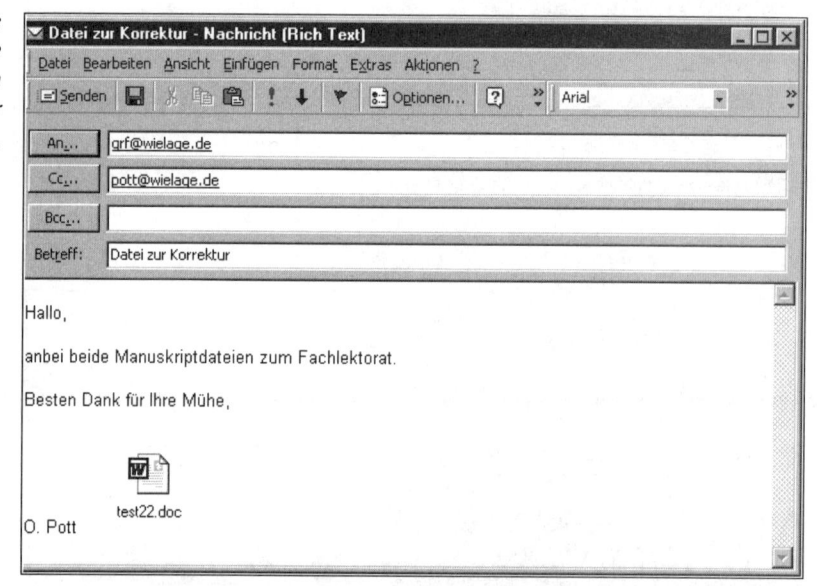

Noch einfacher in der Handhabung ist die *Drag & Drop-Funktion*. Verkleinern Sie sich Ihr Mail-Fenster mit einem Mausklick auf das mittlere Symbol in der rechten oberen Bildschirmecke und rufen Sie das Outlook-Hauptprogramm auf. In der Verknüpfungsleiste finden Sie die Option WEITERE VERKNÜPFUNG, mit der Sie sich den *Arbeitsplatz* anzeigen lassen können. In den hier angezeigten Ordnern wählen Sie die entsprechende Datei aus. Gehen Sie mit der Maus auf diese Datei und ziehen sie mit gedrückter Maustaste als Anhang in Ihre E-Mail.

Sie können Objekte als Verknüpfung in Ihren E-Mail-Text einarbeiten. Diese Verknüpfung ist vor allem sinnvoll bei Internet-Adressen aus dem World Wide Web, bei E-Mail-Adressen oder bei Adressen von Newsgroups. Outlook sendet die Verknüpfung, die hinter diesen Adressen liegt, mit. Zur besseren Erkennung kennzeichnet Outlook diese Angaben blau. Der Empfänger kann in der gesendeten Mail mit einem Doppelklick diese Adressen direkt aufrufen.

Arbeiten Sie in einem lokalen Netzwerk und haben Outlook als *Exchange Server* installiert, können Sie diese Verknüpfungsfunktion auch auf Dateien ausdehnen, deren Ressourcen im Netz verfügbar sind.

Da Outlook die Verknüpfung sendet, genügt es daher, wenn Sie sowohl Internet-Adressen oder Dateinamen in einem lokalen Netzwerk als Text der Mail eingeben. Der Empfänger öffnet diese Verknüpfung einfach mit einem Doppelklick.

Darüber hinaus stellt Ihnen die E-Mail-Funktion die Möglichkeit zur Verfügung, Elemente aus Outlook an einen Empfänger zu mailen. So können Sie beispielsweise Teile Ihres Terminkalenders, Ihres Adressverzeichnisses oder einer Projektbeschreibung aus Outlook Ihrem Adressaten per E-Mail übermitteln.

1. Gehen Sie mit dem Cursor in Ihrer E-Mail an die Stelle, an der das Outlook-Element eingefügt werden soll.

2. Gehen Sie in der Menüzeile auf EINFÜGEN/ELEMENT. Öffnen Sie einen der gewünschten angezeigten Ordner und wählen Sie im unteren Teil des Vorschaufenster die entsprechende Angabe aus. Mehrere Eintragungen markieren Sie mithilfe der gedrückten STRG-Taste und der Maus.

3. Um dem Empfänger eine direkte Weiterverarbeitung Ihres Outloook-Elements zu ermöglichen, sollten Sie im Feld EINFÜGEN ALS die Option ANLAGE wählen.

4. Beenden Sie den Vorgang mit OK. Das ausgewählte Outlook-Element steht Ihnen als Anhang Ihrer Mail zur Verfügung.

Der Empfänger bindet das Outlook-Element auf umgekehrte Weise mit *Drag & Drop* in seine Outlook-Anwendung ein. Mit gedrückter Maustaste zieht er das übermittelte Outlook-Element in das passende Verzeichnis seines Outlook-Programms. Hat er beispielsweise den Teil eines Adressverzeichnisses übernommen, zieht er diese Datei in seinen Outlook-Ordner KONTAKTE. Dieser übernommene Teil des Adressverzeichnisses steht ihm dann sofort zur Verfügung.

Bild 13.31:
Auch Outlook-Elemente können übertragen werden.

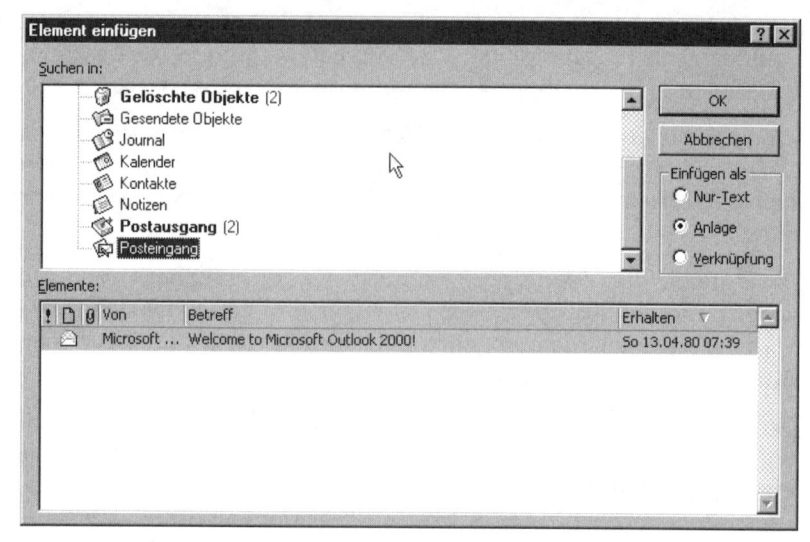

13.5 E-Mail-Eigenschaften festlegen

Nachdem Sie nun den Text Ihrer E-Mail geschrieben und sie richtig adressiert haben, möglicherweise noch ein anderes Dokument in den Text eingebunden oder als Anhang mit auf die elektronische Reise geschickt haben, steht dem elektronischen Versand nun nichts mehr im Wege.

Vor dem endgültigen Senden können Sie Ihre Nachricht noch mit einigen weiteren *Optionen* versehen, die Ihnen und dem Adressaten wertvolle Hinweise geben. Auch wenn dies etwas kompliziert und umständlich klingt und Sie nicht stets bei jeder E-Mail mit allen Optionen arbeiten, sinnvoll ist die Beschäftigung mit den E-Mail-Optionen dennoch.

Ähnlich ist es auch mit einer herkömmlichen Postsendung. Die meisten Briefe werden Sie einfach in den nächsten Briefkasten werfen. Bei besonderen Postsendungen werden Sie vielleicht auch Überlegungen anstellen, mit welchem der vielen Postdienste und mit welcher Beförderungsart Ihre Sendung den Empfänger optimal erreicht.

Wichtig für die Vergabe der E-Mail-Optionen ist das Menü NACHRICHTENOPTIONEN. Sie haben eine E-Mail geschrieben und befinden sich im Menü NACHRICHT. Von hier aus rufen Sie die E-Mail-Optionen auf.

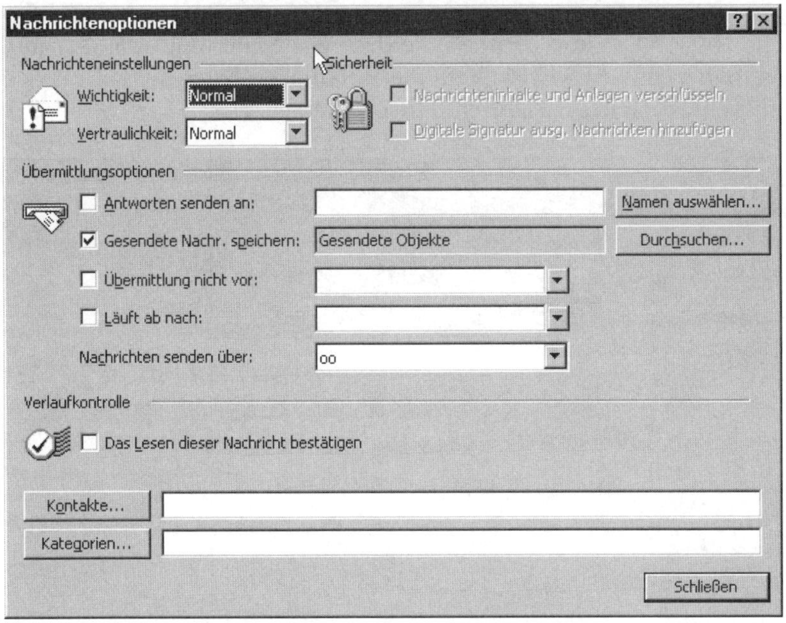

E-Mail-Eigenschaften festlegen

Bild 13.32: Versehen Sie Ihre E-Mails mit wichtigen Optionen.

Sie gelangen auf folgenden Wegen in das Menü NACHRICHTENOPTIONEN:

1. Gehen Sie aus dem Fenster Nachrichtentext in die Menüzeile auf ANSICHT/OPTIONEN.

2. In der Symbolleiste rufen Sie dieses Optionsmenü mit der Schaltfläche OPTIONEN auf. Sollte diese Schaltfläche nicht zur Verfügung stehen, gehen Sie auf den Pfeil am Ende der Zeile. Dort öffnet sich ein Untermenü, in dem Sie die Befehle anklicken können, die in der Symbolleiste zur Verfügung stehen sollen.

3. Verschiedene Optionsbefehle wie GRAD DER WICHTIGKEIT oder NACHVERFOLGUNGSKENNZEICHEN benötigen Sie besonders häufig. Sie stehen Ihnen daher auf Wunsch direkt in der Symbolleiste zur Verfügung. Die Konfiguration erfolgt ebenfalls über die Schaltfläche mit dem nach unten gerichteten Pfeil am Ende der Zeile.

13.5.1 Wichtigkeit

Wollen Sie dem Adressaten Ihrer E-Mail mitteilen, dass Sie ihm eine äußerst wichtige Mitteilung machen wollen, kennzeichnen Sie diesen Status mithilfe der Schaltfläche WICHTIGKEIT.

Kapitel 13: E-Mail im Internet und Intranet

Gehen Sie in das Optionsmenü (ANSICHT/OPTIONEN oder Schaltfläche OPTIONEN) und blenden Sie das Fenster bei WICHTIGKEIT auf. Sie haben drei Möglichkeiten, die Wichtigkeit Ihrer E-Mail für den Empfänger zu kennzeichnen: *Niedrig, Normal, Hoch*.

Bild 13.33: Veränderung der Prioritätsstufe einer Nachricht

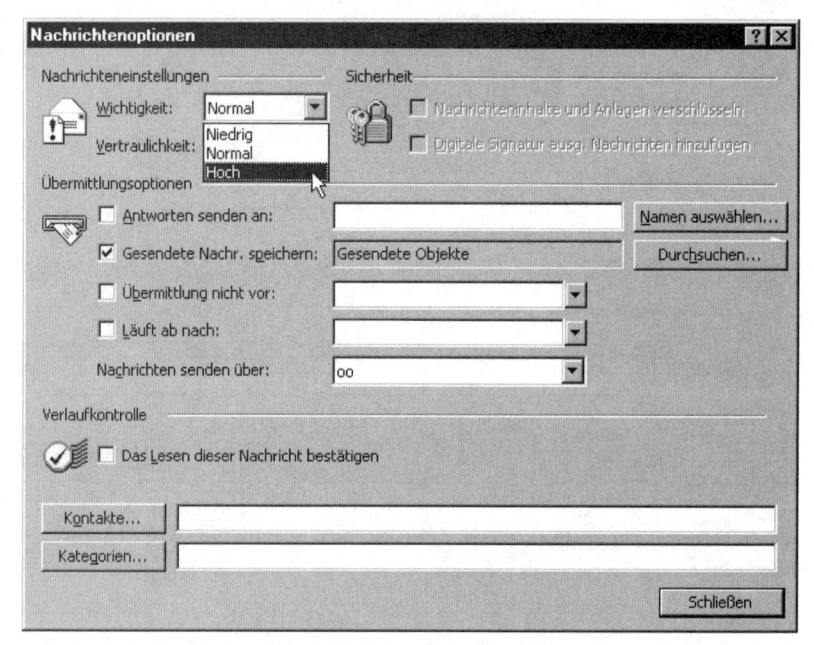

Im Posteingangsfenster des Empfängers erhält diese Nachricht ein rotes Ausrufungszeichen, wenn Sie sie mit HOCH gekennzeichnet haben, oder einen blauen abwärts gerichteten Pfeil für Mails von niedriger Wichtigkeit. Stufen Sie den Charakter des Inhalts als normal ein, braucht keine Kennzeichnung zu erfolgen.

Neigen Sie nicht dazu, alle E-Mails Ihrerseits mit einer hohen Wichtigkeit zu klassifizieren. Sie laufen Gefahr, dass Ihre Adressaten diese Einstufung nicht mehr ernst nehmen.

Die Geschwindigkeit der elektronischen Übermittlung lässt sich durch die Einstufung der Wichtigkeit natürlich nicht beeinflussen. Sie signalisieren dem Empfänger lediglich im Posteingangsfenster den Bedeutungsgrad des Inhalts und helfen ihm, Wichtiges von Unwichtigem zu unterscheiden.

13.5.2 Vertraulichkeit

Ähnlich wie im herkömmlichen Briefverkehr gibt es auch bei E-Mails die Möglichkeit, verschiedene Stufen der *Vertraulichkeit* anzugeben. Sie vermeiden wenigstens appellativ, dass E-Mails von Unbefugten gelesen werden.

Über die standardmäßig eingestellte Vertraulichkeitsstufe hinausgehend können Sie Nachrichten als PERSÖNLICH oder PRIVAT einstufen. Die genauere Differenzierung soll jedem Anwender überlassen bleiben. Persönliche Mails müssen nicht unbedingt dem privaten Bereich zugeordnet sein, sondern können auch eine dienstliche Relevanz aufweisen und sind daher unmittelbar an den Adressaten gerichtet.

Unbefugte sollten die Nachricht nicht öffnen. Im Unterschied zu dieser Einstufung hat eine mit privat gekennzeichnete Nachricht in jedem Fall ausschließlich privaten Charakter. Sie kann weder bei der Beantwortung geändert noch an andere weitergeleitet werden. Mit dieser Klassifizierung ist daher ein gewisser Vertrauenscharakter gewährleistet.

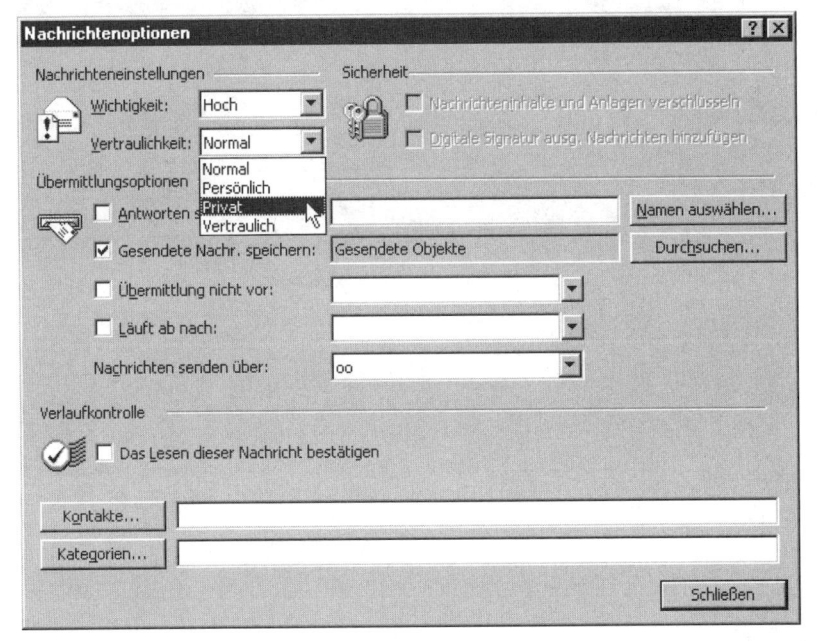

Bild 13.34: Vertrauliche Mails können gekennzeichnet werden.

Mit VERTRAULICH markierte Nachrichten sollten nur von den tatsächlich autorisierten Personen geöffnet werden. Hier gelten die Regeln, die auch für die Briefpost in Ihrer Firma verabredet sind.

Kapitel 13: E-Mail im Internet und Intranet

Alle über NORMAL hinausgehenden Vertraulichkeitsebenen werden im Posteingangsfenster entsprechend angezeigt.

> **INFO**
> *Die Angabe der Vertraulichkeit kann allerdings keine Gewähr bieten, dass Ihre E-Mails nicht doch von Unbefugten gelesen werden. Die Vertraulichkeitsangabe beinhaltet keine Chiffrierung.*

13.5.3 Lesebestätigung

Es kann Fälle geben, in denen es Ihnen darauf ankommt, dass Sie eine Bestätigung erhalten, sobald der Empfänger die Nachricht gelesen hat. Dieses Verfahren der Lesebestätigung ist beim Postverkehr vergleichbar mit einem Einschreibebrief mit Rückschein, mit dem der Adressat durch Unterschrift den Empfang quittiert.

Im Unterschied dazu ist die elektronische Lesebestätigung allerdings juristisch nicht anerkannt, da nicht belegt werden kann, wer letzten Endes die E-Mail geöffnet und gelesen hat.

Bild 13.35: Digitales »Einschreiben mit Rückschein«: Die Empfangsbestätigung

Im Untermenü NACHRICHTENOPTIONEN finden Sie die Rubrik VERLAUFKONTROLLE. Setzen Sie zur Aktivierung der Option LESEBESTÄTIGUNG mit einem Mausklick ein Häkchen an die entsprechende Stelle.

13.5.4 Zur Nachverfolgung kennzeichnen

Hier bietet Ihnen Outlook eine weitere Möglichkeit, Ihre E-Mail nach dem Absenden nicht aus den Augen zu verlieren. Oftmals haben Sie mit dem Inhalt der Nachricht eine Reaktion Ihres Adressaten verknüpft.

Diese kann reichen von der Bitte um telefonische oder schriftliche Reaktion bis hin zu weitergehenden, zeitlich terminierten Arbeitsaufträgen. Es fällt schwer, bei herkömmlichen Briefwechseln oder Telefonaten immer nachzuhalten, wer bis wann wie reagieren muss.

Outlook ermöglicht Ihnen eine elektronische Kontrolle Ihrer E-Mails, wenn Sie sie zur NACHVERFOLGUNG gekennzeichnet haben. Um diese Möglichkeit zu nutzen gehen Sie folgendermaßen vor:

1. Erstellen Sie eine E-Mail oder öffnen Sie eine vorhandene.
2. Wählen Sie in der Menüzeile den Befehl AKTIONEN/ZUR NACHVERFOLGUNG KENNZEICHNEN. Alternativ können Sie auch in der Symbolzeile auf die Schaltfläche mit dem roten Fähnchen gehen.
3. Im nachfolgenden Dialogmenü steht Ihnen unter KENNZEICHNUNG eine Auswahlliste zur Verfügung, aus der Sie das in Frage kommende Kennzeichen auswählen. Entspricht keines Ihrer Anliegen, geben Sie einfach einen eigenen Text ein, der Ihnen zukünftig in der Auswahlliste erhalten bleibt.
4. Benötigen Sie Angaben in der Liste Nachverfolgungskennzeichen nicht, löschen Sie diese einfach mit der Taste `Entf`.
5. Zusätzlich können Sie unter der Rubrik FÄLLIG ein Datum eingeben, bis zu dem die von Ihnen angegebene Reaktion erfolgt sein sollte. Das Dialogmenü unterstützt Sie durch die Einblendung eines Kalenders, aus dem Sie das passende Datum wählen können. Wahlweise ist auch eine manuelle Eingabe des Datums und der Uhrzeit möglich. Standardmäßig wird diejenige Uhrzeit eingegeben, die im Kalendarium als Ende des Arbeitstages angegeben wird.

Wollen Sie eine E-Mail versenden, landet Sie zunächst im Ordner POSTAUSGANG, nach der erfolgten Sendung im Ordner GESENDETE OBJEKTE.

Der Auflistung der Nachrichten können Sie entnehmen, ob die jeweilige Mail mit einem Nachverfolgungskennzeichen versehen ist. In diesem Fall sind sie mit einem roten Fähnchen versehen. Öffnen Sie die E-Mail, so ist dem Nachrichtentext der Inhalt des Nachverfolgungskennzeichen vorangestellt. Hat Ihr E-Mail-Partner rechtzeitig reagiert und beispielsweise den von Ihnen erbetenen Rückruf geführt, können Sie die Nachverfolgung als erledigt kennzeichnen.

Markieren Sie die betreffende E-Mail mit der rechten Maustaste. Im geöffneten Kontextmenü wählen Sie den Befehl ALS ERLEDIGT KENNZEICHNEN. Diese E-Mail wird nun mit einem grau unterlegten Fähnchen dargestellt, das Ihnen anzeigt, ob die Nachverfolgung jetzt erledigt ist. Alternativ können Sie im Kontextmenü auch die Kennzeichnung löschen.

> **INFO** *Ist in der Nachverfolgung eine Frist eingegeben und reagiert Ihr Partner nicht fristgerecht, erscheint die gesamte E-Mail in der Übersicht im* POSTAUSGANG *bzw. im Ordner* GESENDETE OBJEKTE *rot gekennzeichnet.*

Ähnliches gilt auch für E-Mails, die an Sie gesendet werden. Im Ordner POSTEINGANG erhalten Sie stets den Überblick, da auch hier die mit einem Nachverfolgungskennzeichen versehenen E-Mails mit einer roten kleinen Fahne markiert sind.

Öffnen Sie die Mail, erscheint der Inhalt der Nachverfolgung. Führen Sie diesen Nachverfolgungsauftrag Ihres E-Mail-Partners aus, erscheint auch hier eine grau unterlegte Fahne, sobald sie die Nachverfolgung als erledigt kennzeichnen. Reagieren Sie auf eine angegebene Frist nicht termingerecht, warnt Sie OUTLOOK mit einer rot gekennzeichneten E-Mail.

13.5.5 Sende- und Verfallsdaten

Im Menü NACHRICHTENOPTIONEN hatten wir uns bisher die Nachrichteneinstellungen – also die Einstufung der Wichtigkeit und Vertraulichkeit – sowie die Verlaufskontrolle – also die Bestätigung des Lesens einer Nachricht – angesehen. Die Eingabe von Nachverfolgungskennzeichen ist eine weitere Möglichkeit, E-Mails zu klassifizieren.

Das Menü NACHRICHTENOPTIONEN beinhaltet mit den ÜBERMITTLUNGSOPTIONEN weitere interessante Optionsmöglichkeiten. So können Sie festlegen, zu welchem Zeitpunkt eine E-Mail gesendet werden soll. Manchmal kann es sinnvoll sein, eine Nachricht jetzt schon vollständig oder als Entwurf zu verfassen, aber noch nicht sofort abzusenden, sondern erst zu einem späteren Zeitpunkt.

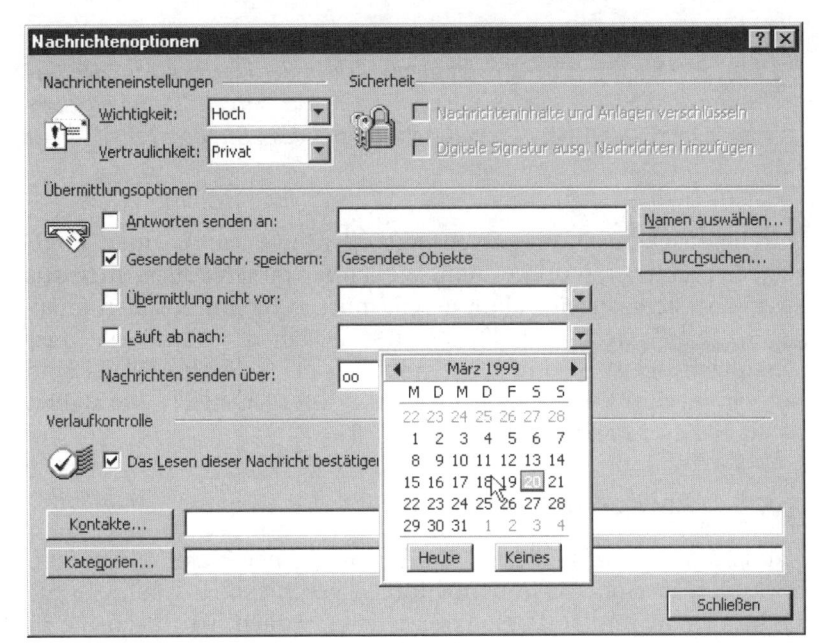

Bild 13.36:
Auch Mails haben ein »Verfallsdatum«

Wechseln Sie in die Erfassungsmaske für eine E-Mail oder öffnen Sie eine vorhandene Nachricht. Mit ANSICHT/OPTIONEN in der Menüleiste bzw. der Schaltfläche OPTIONEN in der Symbolleiste öffnen Sie das Menü NACHRICHTENOPTIONEN. Versehen Sie durch einen Mausklick das Feld ÜBERMITTLUNG NICHT VOR mit dem gewünschten Datum und der Uhrzeit. Der Pfeil neben dem Datum öffnet einen Kalender, aus dem Sie ebenfalls die Datumsangabe ermitteln können.

In den Übermittlungsoptionen bietet Ihnen OUTLOOK auch die Möglichkeit, sich automatisch von E-Mail-Ballast zu befreien. Viele Nachrichten mit einer kürzeren Antwort oder Ankündigungen von Ereignissen bedürfen keiner Aufbewahrung. Sie werden daher in Ihrem Outlook-Ordner GESENDETE OBJEKTE oder in dem von Ihnen angegebenen Ordnern gelöscht.

Diesen Löschauftrag nimmt die E-Mail auch zu Ihrem Empfänger mit. Auch auf der Empfängerseite wird Ihre Nachricht zum angegebenen Zeitpunkt gelöscht. Geben Sie in das Feld LÄUFT AB NACH ein, zu welchem Zeitpunkt die E-Mail gelöscht werden soll. Auch hier unterstützt Sie wieder die Kalenderfunktion von OUTLOOK.

> *Auf diesem Weg abgelaufene E-Mails werden in der Übersichtsanzeige beispielsweise des Postein- oder -ausgangsfensters grün dargestellt und durchgestrichen. Diese Darstellung signalisiert Ihnen, dass Sie den Inhalt dieser Nachrichten vernachlässigen können.*

Durchgestrichene Mails lassen sich allerdings durch einen Doppelklick reaktivieren und öffnen. Wollen Sie diesen Ballast auch aus Ihrer Übersichtsanzeige eliminieren, müssen Sie ihn löschen (markieren und Taste `Entf`, DATEI/LÖSCHEN in der Menüzeile oder Schaltfläche LÖSCHEN in der Symbolleiste). Gelöschte Mails sind dann immerhin noch im Ordner GELÖSCHTE OBJEKTE verfügbar, bis auch dieser Papierkorb entleert wird.

13.5.6 Antworten senden an

Standardmäßig ist in dieser Option Ihr eigener Name eingestellt. Erwarten Sie eine Antwort auf Ihre abgeschickte E-Mail, die Sie direkt an eine andere Person weiterleiten wollen, so tragen Sie in dieser Option ihren Namen ein. Hinterlegt sind die Adressbücher von Outlook, die Sie mit der Schaltfläche NAMEN AUSWÄHLEN öffnen.

Dort können Sie dann mit allen Suchmöglichkeiten der Outlook-Adressverzeichnisse den gesuchten Namen mit den dazugehörigen Angaben wie der E-Mail-Adresse auswählen und per Mausklick auf die Schaltfläche ANTWORT AN in die Option ANTWORT SENDEN AN eintragen. Vergessen Sie nicht, die Option über einen Mausklick mit einem Häkchen zu aktivieren.

13.5.7 Nachrichten senden über

Wenn Sie OUTLOOK im Internet installiert haben, haben Sie sich bei einem Provider wie T-Online, AOL, CompuServe oder einem anderen Anbieter angemeldet. Die Bezeichnung des Servers für den Postausgang ist hier standardmäßig eingetragen.

Sind Sie im Normalfall bei einem Provider angemeldet und stimmt der bei der Installation von OUTLOOK eingetragene Servername, ignorieren Sie dieses Feld. Verfügen Sie über mehrere Provider, können Sie mithilfe des Rollfensters festlegen, welchen Postausgangsserver Sie benutzen wollen.

13.5.8 Gesendete Nachrichten speichern

Legen Sie fest, in welchem Ordner die gesendeten Nachrichten gespeichert werden sollen. OUTLOOK sieht üblicherweise vor, dass Ihre E-Mails in den Ordner GESENDETE OBJEKTE abgelegt werden. Hier haben Sie dann einen Überblick, welche Mail Sie wem zu welchem Zeitpunkt geschickt haben.

Im Kapitel *Posteingang gestalten* haben Sie bereits erfahren, wie Sie neue Ordner anlegen, um Informationen beispielsweise zu einem Thema gesammelt ablegen zu können. Im Menü NACHRICHTENOPTIONEN steht Ihnen mit dem Auswahlfeld GESENDETE NACHRICHTEN SPEICHERN eine Möglichkeit zur Verfügung, thematisch zusammenhängende, ausgehende E-Mails in einem Verzeichnis zusammenzufassen.

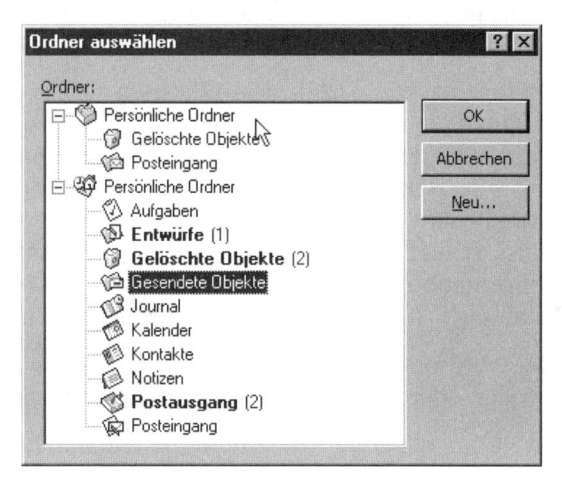

Bild 13.37:
Im Bild wird der Speicherort festgelegt.

Tragen Sie in das Feld GESENDETE NACHRICHTEN SPEICHERN den Ordner ein, in den Sie diese Mail ablegen wollen. Ein Mausklick auf die Schaltfläche DURCHSUCHEN präsentiert Ihnen den Verzeichnisbaum mit den angelegten Ordnern. Mit der Schaltfläche NEU legen Sie bei Bedarf einen neuen Ordner an. Beachten Sie dabei, dass der neue Ordner stets als Unterverzeichnis des von Ihnen markierten angelegt wird.

Legen Sie keinen Wert auf den Nachweis Ihrer abgesendeten E-Mails, deaktivieren Sie das Feld GESENDETE NACHRICHTEN SPEICHERN, indem Sie mit einem Mausklick das Häkchen entfernen.

13.6 E-Mails in Kategorien sortieren

Zur besseren Übersicht können Sie Ihre gesendeten und empfangenen E-Mails beispielsweise nach thematischen Gesichtspunkten in Ordnern ablegen. Wenn Sie allerdings programmübergreifend in Outlook alle Informationen zu einem Thema oder Projekt erschließen wollen, vergeben Sie *Kategorien*. Außerdem können Sie Maileigenschaften festlegen.

13.6.1 Kategorien vergeben

Unabhängig davon, in welchem Ordner und in welcher Outlook-Anwendung Sie Informationen zu einem Themenkomplex gespeichert haben, Sie führen sie mit der Vergabe von *Kategorien* in einer Übersicht zusammen. Dabei bleiben sie natürlich in ihrem jeweiligen Verzeichnis gespeichert.

Betreuen Sie zum Beispiel in Ihrer Firma ein größeres EDV-Projekt, können Sie mit der Kategorienvergabe alle entworfenen, gesendeten und empfangenen E-Mails, alle Notizen und alle Aufgaben der betreffenden Kategorie zuordnen. Die Kategorienwahl ist die ideale Möglichkeit, alle relevanten Informationen unabhängig von ihrem Ordner und ihrer Outlook-Anwendung zusammenzuführen. Ist die Information für mehrere Bereiche wichtig, können Sie selbstverständlich auch mehrere Kategorien vergeben.

Sie vergeben einer E-Mail, unabhängig davon, ob Sie sie senden wollen oder empfangen haben, folgendermaßen eine Kategorie:

1. Öffnen Sie eine Nachricht, die Sie mit einer Kategorie versehen wollen. Wählen Sie in der Menüzeile ANSICHT/OPTIONEN oder in der Symbolleiste die Schaltfläche OPTIONEN. Sie befinden sich wieder im Fenster NACHRICHTENOPTIONEN. Alternativ können Sie die Mail mit der rechten Maustaste anklicken.

2. In der unteren Zeile finden Sie die Schaltfläche KATEGORIEN. Ein Mausklick öffnet die Kategorienliste, in der Sie die gewünschte Kategorie markieren können.

3. Die von OUTLOOK vorbelegte Kategorienliste können Sie ergänzen. Eigene Kategorienbezeichnungen geben Sie in die HAUPTKATEGORIENLISTE ein, die Sie mit der gleichnamigen Schaltfläche öffnen. Mit dem Befehl HINZUFÜGEN steht Ihnen die neue Kategorie dann in der Auflistung zur Verfügung.

E-Mails in Kategorien sortieren

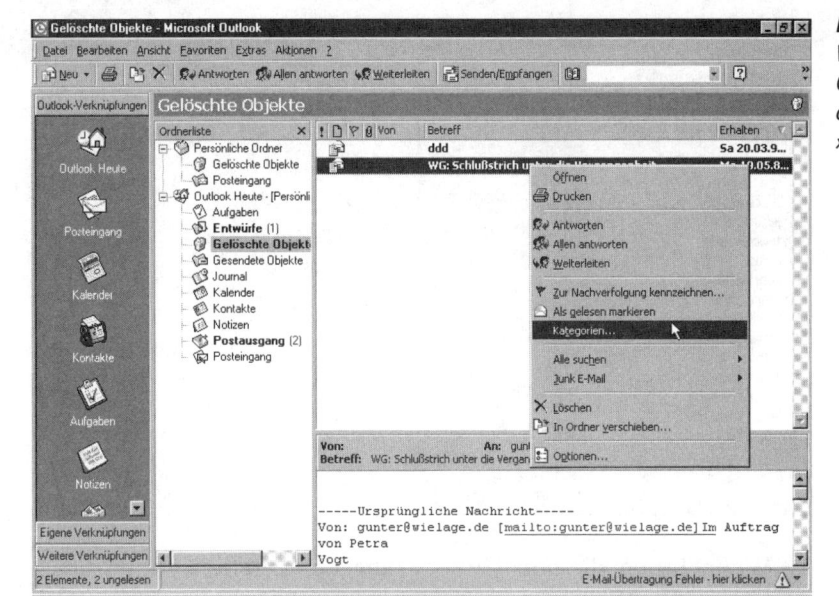

Bild 13.38:
Wählen Sie im Optionsmenü den Eintrag »Kategorien«.

Bild 13.39:
Kategorien können mit der Maus ausgewählt werden.

Bild 13.40:
Die Hauptkategorienliste

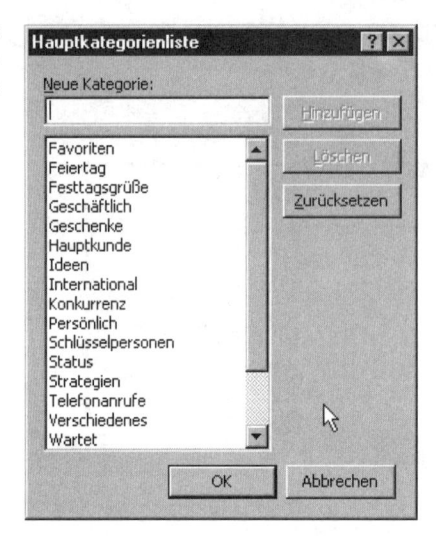

4. Wenn Ihnen die von Outlook angebotenen Kategorien überhaupt nicht zusagen, löschen Sie markierte Kategorien mit einem Mausklick auf der Schaltfläche LÖSCHEN in der Hauptkategorienliste.

5. Wenn Sie bereits mit der Kategorienvergabe vertraut sind, können Sie die gewünschte Kategorie im Menü NACHRICHTENOPTIONEN auch direkt in das Textfeld neben der Schaltfläche KATEGORIEN eingeben. Mehrere Kategorien trennen Sie mit Semikolon ab. Beachten Sie allerdings, dass eine eingegebene Kategorie, die noch nicht in der Hauptkategorienliste eingetragen ist, nicht in diese übernommen wird und daher nicht dauerhaft zur Verfügung steht.

Auch im Postein- bzw. -ausgangsfenster haben Sie die zusätzliche Möglichkeit, auf eine effektive Weise E-Mails mit Kategorien zu versehen.

13.6.2 Eigenschaften

Outlook bietet Ihnen im Menü EIGENSCHAFTEN die Gelegenheit, sich über die wichtigsten Optionen Ihrer E-Mail zu informieren, und sie gegebenenfalls noch zu ändern.

Öffnen Sie eine Nachricht und gehen Sie mit DATEI/EIGENSCHAFTEN in die Anzeige EIGENSCHAFTEN. Hier sehen Sie noch einmal im Überblick den Titel der E-Mail, ihr Sendeformat, die Größe und in welchem Ordner sie gespeichert ist sowie die Sende- und Änderungsdaten. Die wichtigsten Optionen wie Wichtigkeit und Vertraulichkeit werden angezeigt und können mithilfe des Rollfensters geändert werden. Ferner sehen Sie anhand der aktivierten Schaltfläche, ob für diese E-Mail eine AutoArchivierung, eine Speicherung der gesendeten Nachricht und eine Lesebestätigung vorliegen. Mit einem Mausklick können Sie diese Optionen rasch ändern.

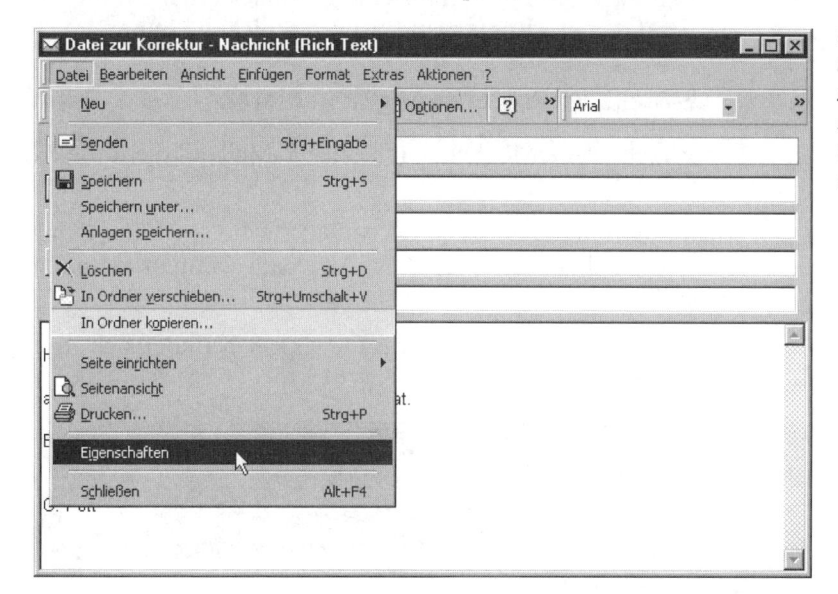

Bild 13.41:
Klicken Sie zunächst auf »Datei« und wählen Sie dort Eigenschaften...

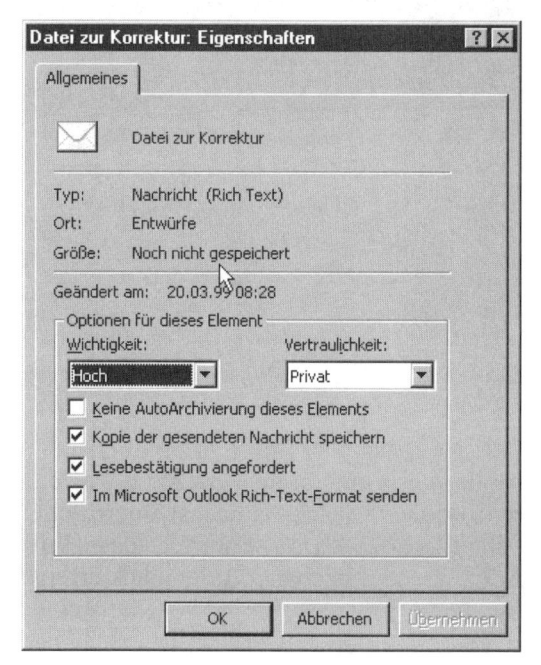

Bild 13.42:
...die Maileigenschaften werden hier angezeigt und können verändert werden.

Kapitel 13: E-Mail im Internet und Intranet

13.7 E-Mails versenden

Sie haben nun Ihre E-Mail geschrieben und adressiert sowie zahlreiche Optionen kennen gelernt, die Sie Ihrer Nachricht mit auf den Weg geben können. Nun sollten Sie einen Einblick erhalten, wie Sie Ihre E-Mail auf den elektronischen Postweg schicken können.

13.7.1 E-Mails im Postausgang deponieren

Sie haben verschiedene Möglichkeiten, ihre E-Mail auf die Reise zu schicken:

1. Wählen Sie in der Menüzeile DATEI/SENDEN oder in der Symbolleiste die Schaltfläche SENDEN. Alternativ können Sie auch über den Tastaturbefehl [Strg]+[↵] gehen.

2. Die E-Mail wird geschlossen und OUTLOOK befindet sich nun im Fenster POSTAUSGANG.

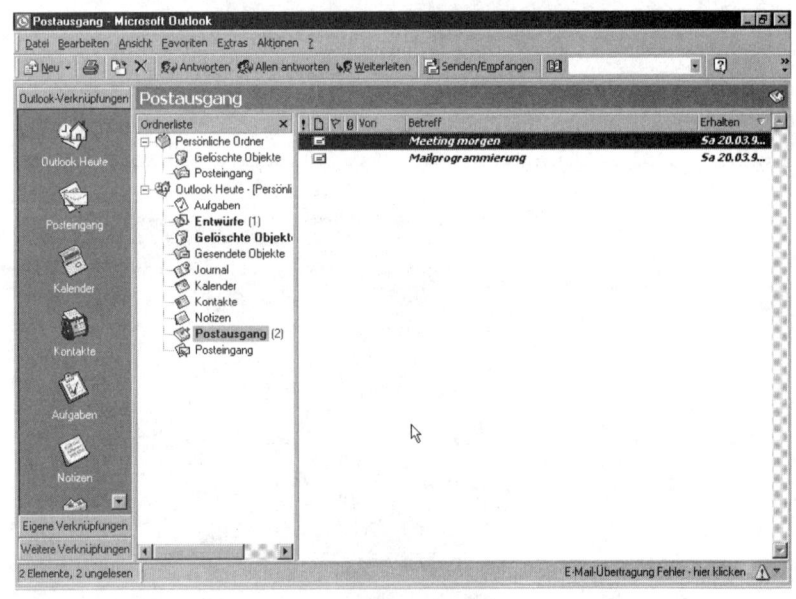

Bild 13.43: Der Postausgangsordner speichert Mails bis zum Übertragen ins Internet.

OUTLOOK hat also Ihre E-Mail noch nicht tatsächlich abgesendet, sondern erst einmal im POSTAUSGANG bereitgelegt. Dieses Verfahren hat Sie vielleicht zunächst überrascht, hatten Sie doch bei der Schaltfläche SENDEN erwartet, dass Ihre Mail via Internet den Adressaten im nächsten Augenblick erreicht.

Der sinnvolle Hintergrund für dieses Verfahren besteht darin, dass normalerweise die Internetverbindung über Modem oder ISDN-Karte erst aufgebaut werden muss. Schreiben Sie mehrere E-Mails und schicken jede einzeln ab, ist dies ein umständliches und aufwändiges Verfahren. Stattdessen sammelt der Postausgang erst einmal alle Mails.

Vergleichbar ist dieses Verfahren mit der konventionellen Briefpost. Wollen Sie einen Brief abschicken, befördert ihn die Post oder andere Zusteller auch nicht einzeln. Sie werfen den Brief in den Briefkasten als Sammelpunkt. Die eigentliche Beförderung beginnt erst, wenn der Briefkasten geleert ist und der Brief in die Postverteilung geht.

Wollen Sie OUTLOOK beenden, obwohl noch E-Mails im Postausgang liegen, weist Sie das Programm darauf hin und gibt Ihnen Gelegenheit, die Nachrichten noch abzusenden.

13.7.2 E-Mails übertragen

Sie senden Ihre elektronischen Nachrichten aus den Outlook-Verknüpfungen POSTEIN- bzw. -AUSGANG ab:

1. Rufen Sie in einem der beiden Fenster das Menü EXTRAS/SENDEN auf. Alternativ können Sie auch in der Symbolleiste die Schaltfläche SENDEN/EMPFANGEN wählen.

2. Haben Sie E-Mail-Dienste mehrerer Anbieter installiert, können Sie im nachfolgenden Untermenü den von Ihnen gewünschten *Postausgangsserver* wählen, falls Sie bei der Festlegung der Nachrichtenoptionen nicht schon einen Anbieter ausgewählt haben. Verfügen Sie über ein einziges E-Mail-Konto, brauchen Sie sich um diesen Punkt nicht weiter zu kümmern.

OUTLOOK nutzt also die aufgebaute Datenfernübertragung, um gleichzeitig E-Mails abzusenden und nachzufragen, ob Nachrichten für Sie eingetroffen sind. In diesem Fall werden eingehende Mails geladen und nach Ihrer Information im Posteingang bereit gestellt.

Gibt es Probleme beim Absenden der E-Mails, informiert Sie OUTLOOK über die Gründe in einem Hinweisfenster. Versuchen Sie das Problem zu beheben oder informieren Sie den Systemadministrator.

Bild 13.44:
Outlook-Fehlermeldung

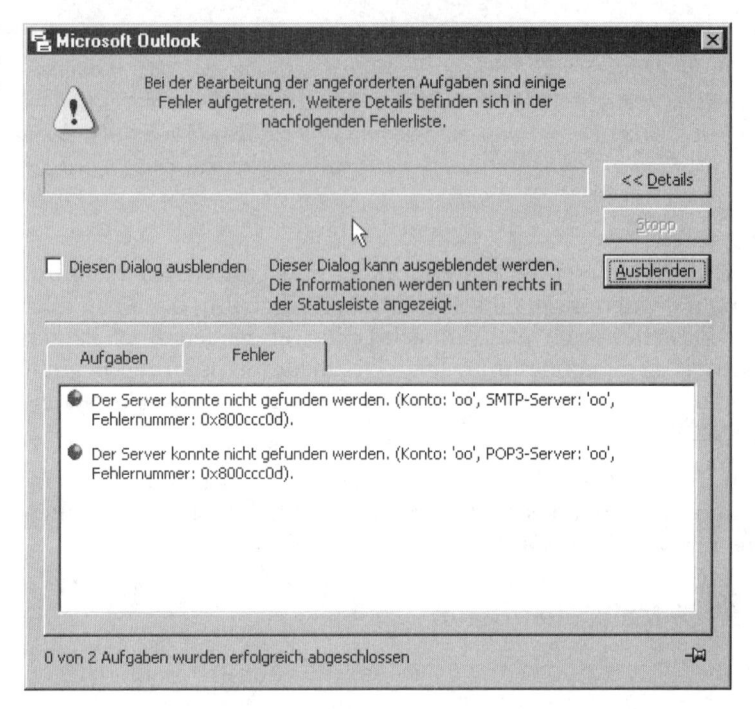

Dieses Hinweisfenster können Sie auch mit einem entsprechenden Schalter ausblenden. Dann weist Sie in der rechten unteren Ecke des Fensters die MELDUNG E-MAIL ÜBERTRAGUNG FEHLER – HIER KLICKEN *auf ein Problem hin. Ein Mausklick auf diese Meldung führt Sie in das bereits gezeigte Hinweisfenster.*

Ist die Übertragung erfolgreich abgeschlossenen, alle E-Mails versendet und empfangen worden, trennt OUTLOOK die Datenfernübertragung. Versendete E-Mails werden im Ordner GESENDETE OBJEKTE aufgelistet, sofern Sie keine andere Option eingegeben haben.

13.7.3 Geld sparen mit Automatik-Übertragung

OUTLOOK bietet Ihnen die Möglichkeit, das Zeitintervall, in dem Sie E-Mails senden und empfangen, selbst festzulegen. Standardmäßig ist das Programm auf 10 Minuten eingestellt, Sie können aber einen Wert von 1 bis 9999 Minuten wählen.

Der gewählte Wert hängt nicht nur davon ab, wie oft Sie eine Internet-Verbindung herstellen wollen, um eigene Mails zu senden und nachzuprüfen, ob Nachrichten für Sie angekommen sind. Sie sollten auch den Kostenaspekt beachten, denn der Aufbau einer Verbindung ist stets mit Kosten verbunden.

1. Sie befinden sich in der Outlook-Anwendung POSTEIN- oder -AUSGANG. Wählen Sie in der Menüzeile den Befehl EXTRAS/ OPTIONEN. Sie gelangen in das Untermenü OPTIONEN, das Ihnen auch bei anderen Outlook-Anwendungen wie KALENDER, AUFGABEN, KONTAKTE, NOTIZEN Detaileinstellungen ermöglicht und in den jeweiligen Kapiteln noch vorgestellt wird. Konzentrieren wir uns auf die E-Mail-Optionen.

2. Wählen Sie die Registerkarte E-MAIL-ÜBERTRAGUNG. Dort können Sie unter der Rubrik *E-Mail-Kontooptionen* die Zeiteinstellungen zum Senden und Empfangen von E-Mails vornehmen.

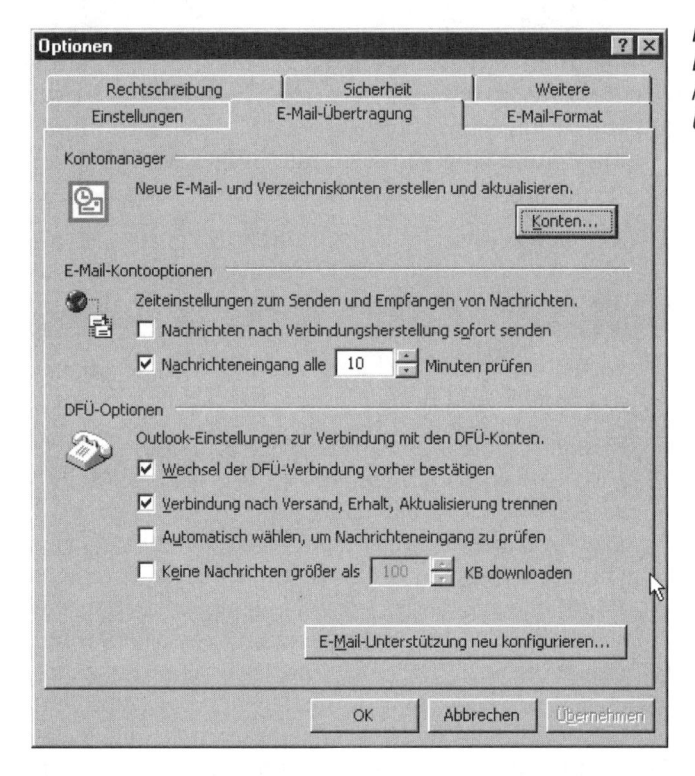

Bild 13.45:
Das Optionen-Menü »E-Mail-Übertragung«

3. Aktivieren Sie die erste Option NACHRICHTEN NACH VERBINDUNGSHERSTELLUNG SOFORT SENDEN, wird Ihre E-Mail nicht im POSTAUSGANG abgelegt und nicht erst bei der Wahl des

Befehls SENDEN/EMPFANGEN gesendet. Sobald Sie den Befehl im Nachrichtenfenster SENDEN geben, geht Ihre Nachricht an den Empfänger. Sie ersparen sich einen nochmaligen Sendebefehl im Postausgangsfenster, bauen allerdings nach Fertigstellung jeder E-Mail bei jedem Befehl SENDEN eine kostenpflichtige Online-Verbindung auf.

4. Die Option NACHRICHTENEINGANG ALLE XX MINUTEN PRÜFEN veranlasst OUTLOOK, im angegebenen Zeitintervall eine Internet-Verbindung aufzubauen und nachzusehen, ob mittlerweile E-Mails für Sie eingegangen sind.

5. Die erste Einstellung WECHSEL DER DFÜ-VERBINDUNG VORHER BESTÄTIGEN ist für Sie nur interessant, wenn Sie die Adressen mehrerer Postausgangsserver installiert haben. Haben Sie dieses Feld aktiviert, informiert OUTLOOK Sie vorab über den Wechsel der DFÜ-Verbindung und bittet Sie um Bestätigung.

6. Aktivieren Sie die Option VERBINDUNG NACH ERHALT, VERSAND, AKTUALISIERUNG TRENNEN, veranlassen Sie OUTLOOK, die Internet-Verbindung nach erfolgter Versendung und Erhalt von E-Mails auch zu beenden. Diese Option ist sicherlich sinnvoll, wenn Sie verhindern wollen, dass eine Online-Verbindung über einen längeren Zeitraum aufgebaut bleibt, auch wenn Sie sie im Augenblick unmittelbar nicht nutzen.

7. Mit der Aktivierung der Option AUTOMATISCH WÄHLEN, UM NACHRICHTENEINGANG ZU PRÜFEN weisen Sie OUTLOOK an, die Verbindung zum Internet-Server aufzubauen, sobald Sie den Befehl SENDEN/EMPFANGEN geben. Haben Sie gleichzeitig die vorherige Option gewählt, wird die Verbindung nach Abschluss des Sende- und Empfangsvorgangs automatisch getrennt.

8. Mit der Option KEINE NACHRICHT GRÖSSER ALS XX KB DOWNLOADEN vermeiden Sie, von allzu großen E-Mails, die oft unerwünschte Junk Mails sind, belästigt zu werden. Bedenken Sie allerdings bei der Einstellung des KB-WERTES, dass Ihr E-Mail-Partner verzweifelt, wenn es ihm trotz richtig eingestellter DFÜ-Werte nicht gelingt, wie vorher abgesprochen eine E-Mail zu schicken, die aber nie ankommt, weil sie über dem eingetragenen Wert liegt. Die Suche nach der Ursache kann dann möglicherweise längere Zeit dauern. Die Einstellung eines zutreffenden Wertes ist daher Erfahrungssache. Sollten Sie einmal eine E-Mail aus unerfindlichen Gründen nicht erhalten, denken Sie an die KB-Option, deren Wert zu niedrig eingestellt gewesen sein könnte.

E-Mails versenden

Zwei weitere Einstellungsmöglichkeiten dieses Optionsmenü sollen an dieser Stelle zumindest angedeutet werden. Im Kontomanager können Sie mit einem Klick auf die Schaltfläche KONTEN neue E-Mail-Konten und Verzeichnisse erstellen und aktualisieren. Näheres haben Sie bereits im Kapitel *E-Mail-Konten einrichten* erfahren.

Bei der Installation von OUTLOOK haben Sie grundsätzlich entschieden, ob Sie eine Einrichtung der E-Mail-Dienste nur *via Internet*, als *Unternehmen oder Arbeitsgruppe* oder ob Sie *keine E-Mail-Funktion* vornehmen wollen. Mit der Schaltfläche E-MAIL-UNTERSTÜTZUNG NEU KONFIGURIEREN haben Sie die Gelegenheit, die bei der Erstinstallation vorgenommene E-Mail-Installation zu ändern.

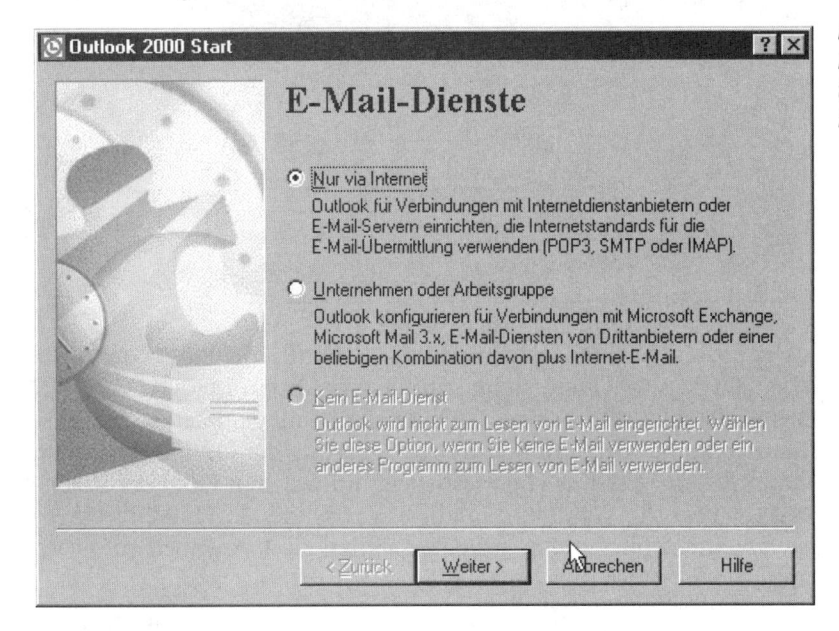

Bild 13.46: Neukonfiguration der E-Mail-Einstellungen

13.7.4 Tipps zur Übertragung für Profis

Sie haben im Menü OPTIONEN detailliert kennen gelernt, wie Sie mit der Registerkarte E-MAIL-ÜBERTRAGUNG weitere Sendeoptionen eingeben können. Dieses Menü beinhaltet aber noch fünf weitere Registerkarten, die Sie hinsichtlich ihrer Relevanz für das Absenden von E-Mails sich jetzt näher ansehen können:

Fortgeschrittene Mailkonfiguration

Gehen Sie aus der Outlook-Verknüpfung POSTEINGANG oder -AUSGANG in das Menü EXTRAS/OPTIONEN und wählen Sie dort auf der Registerkarte EINSTELLUNGEN in der Rubrik E-Mail die Schaltfläche E-MAIL-OPTIONEN.

Bild 13.47:
Fortgeschrittene E-Mail-Optionen

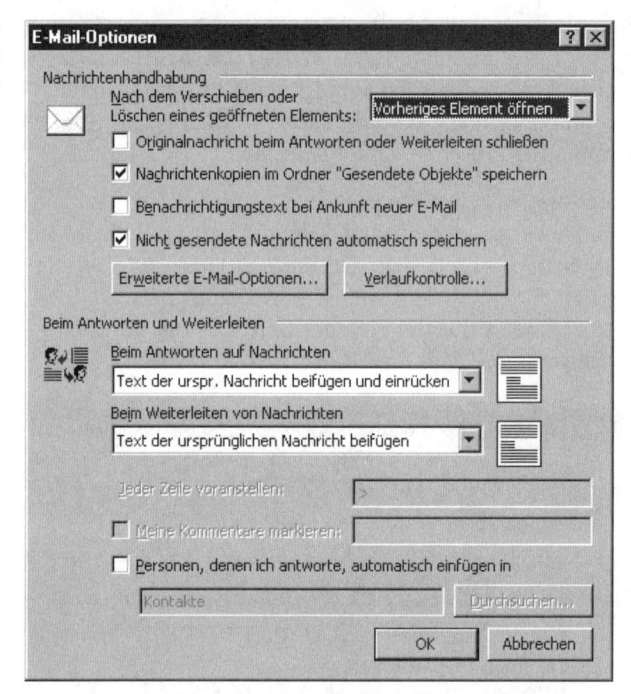

Im nächsten Fenster wählen Sie die Schaltfläche ERWEITERTE E-MAIL-OPTIONEN. Dort stehen Ihnen im Abschnitt BEIM SENDEN EINER NACHRICHT noch einige Einstellungsmöglichkeiten zur Verfügung. Sie können jeweils durch Aktivierung der Option mit einem Mausklick auf das Kästchen festlegen, auf welchen Grad der WICHTIGKEIT und VERTRAULICHKEIT Ihre abzusendenden E-Mails eingestellt werden sollen. Standardmäßig stehen diese Angaben auf NORMAL.

➔ Ferner legen Sie fest, ob OUTLOOK das Komma als Adresstrennzeichen bei der Eingabe mehrerer Namen zulassen und die Namen in den Adressfeldern automatisch mit den Adressbüchern vergleichen soll. Arbeitserleichternd ist auch die Option BESPRECHUNGSANFRAGEN NACH ANTWORT AUS POSTEINGANG LÖSCHEN, die Ihnen das manuelle Löschen von Antworten auf Besprechungsanfragen abnimmt (siehe Bild 13.48).

Verlaufkontrolle

Aktivieren Sie im Fenster E-MAIL-OPTIONEN die Schaltfläche VERLAUFKONTROLLE. Hier haben Sie die zusätzliche Möglichkeit zu überprüfen, an welchem Tag und zu welcher Zeit der Empfänger eine Nachricht erhalten hat, und festzulegen, wie Sie auf Anfragen für Lesebestätigungen antworten (siehe Bild 13.49).

Bild 13.48:
Seltener benötigte E-Mail-Optionen

Bild 13.49:
Outlook kann den Mailverlauf kontrollieren

Kehren Sie zurück in das Untermenü OPTIONEN mit den sechs Registerkarten. Vom POSTEIN- bzw. -AUSGANGSFENSTER erreichen Sie dieses Fenster mit dem Menübefehl EXTRAS/OPTIONEN. Wählen Sie die Registerkarte E-MAIL-FORMAT:

Nachrichtenformate

In der Rubrik *Nachrichtenformat* legen Sie fest, in welchem Format Sie Ihre E-Mails absenden. Das einfachste Format NUR TEXT bietet Ihnen das Abfassen eines Textes im Wesentlichen ohne Formatierungsmöglichkeiten, hat aber den Vorteil, von allen Empfängern auch ohne OUTLOOK und WORD gelesen zu werden.

Das Sendeformat MICROSOFT OUTLOOK RICH TEXT gewährleistet die Übermittlung weitergehender Formatierungen (Zeichen- und Absatzformatierung), ist allerdings darauf angewiesen, beim Empfänger auch mit OUTLOOK oder WORD gelesen werden zu können.

Die weitestgehenden Formatierungsmöglichkeiten bietet Ihnen das HTML-Format, mit dem gewöhnlich auch Web-Seiten im Internet mit Grafiken, Bildern und Farben gestaltet werden. Auch hier muss Ihr Adressat dieses Format verarbeiten können. Aktivieren Sie dieses HTML-Format, wird gleichzeitig die darunter liegende Rubrik BRIEFPAPIER UND SCHRIFTARTEN aktiviert.

Bild 13.50: Das Register »E-Mail-Format« legt Standard-Einstellungen des Maileditors fest.

Diese bietet Ihnen zahlreiche Möglichkeiten der grafischen Gestaltung Ihrer Nachricht. Zusätzlich können Sie Ihre E-Mail mit WORD bearbeiten. Dann stehen Ihnen alle Formatierungsmöglichkeiten von WORD zur Verfügung. Bei der Aktivierung dieser Option können Sie in der mittleren Rubrik auf DATEIEN UND VORLAGEN in WORD zurückgreifen.

Rechtschreibprüfung

Mit der Registerkarte RECHTSCHREIBUNG legen Sie Details der Rechtschreibprüfung fest. Dabei können Sie OUTLOOK u.a. anweisen, vor dem Senden immer eine Rechtschreibprüfung durchzuführen. Sie haben damit eine gewisse Sicherheit, dass Sie die Rechtschreibprüfung vor dem Absenden Ihrer Nachricht nicht vergessen.

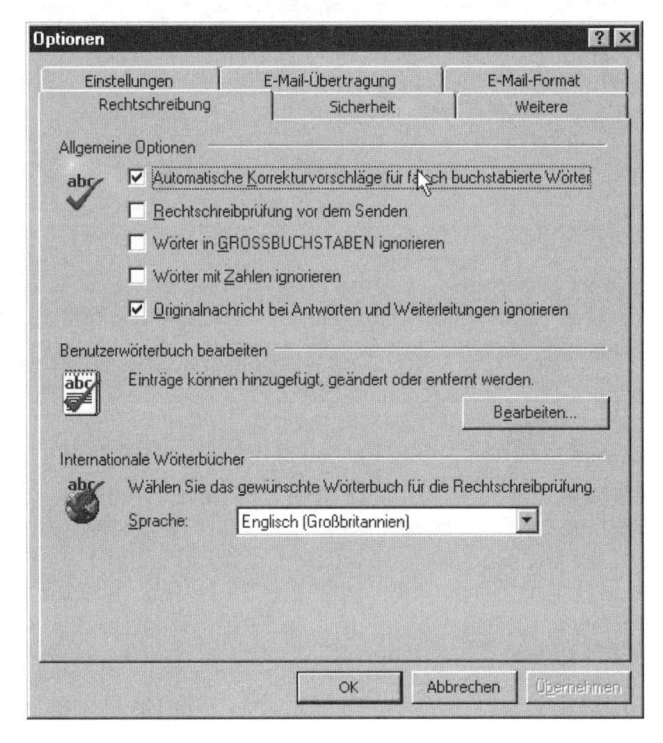

Bild 13.51: Konfigurationsregister der Rechtschreibprüfung

Sinnvoll ist es auch, die Option ORIGINALNACHRICHT BEI ANTWORTEN UND WEITERLEITEN IGNORIEREN von der Rechtschreibprüfung auszunehmen, da Sie die empfangenen Dokumente im Originalzustand erhalten sollten. Eine Verbesserung könnte schnell als Besserwisserei aufgefasst werden.

Unter ALLGEMEINES weisen Sie Outlook an, bei Programmbeendigung den Ordner GELÖSCHTE OBJEKTE zu leeren. Alle in diesem Ordner noch vorhandenen gelöschten Elemente einschließlich der E-Mails werden eliminiert und stehen Ihnen nicht mehr zur Verfügung.

Kapitel 13: E-Mail im Internet und Intranet

Bild 13.52:
Allgemeine Mail-
optionen

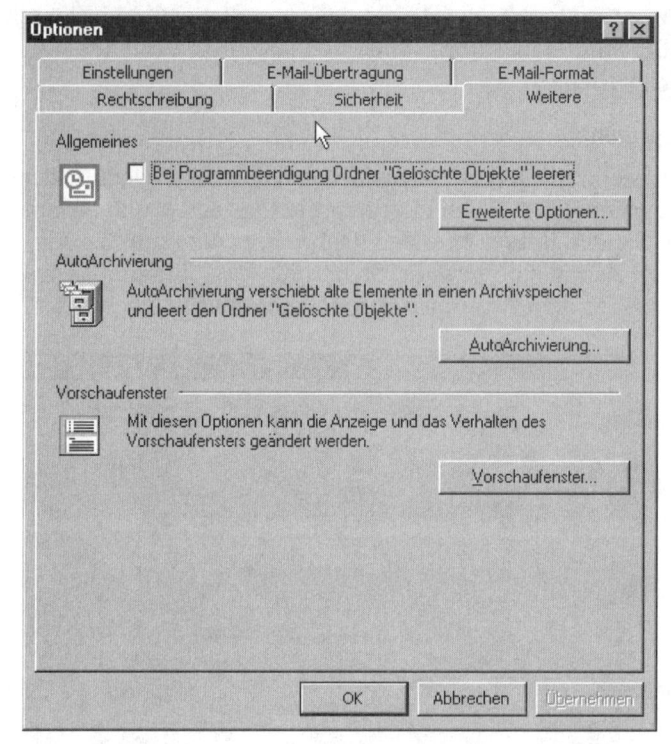

Autoarchivierung

Die weniger radikale Lösung bietet Ihnen Outlook mit der zweiten Variante der AUTOARCHIVIERUNG, bei deren Aktivierung die erste radikale Löschoption deaktiviert sein sollte. Auch hier wird der Ordner GELÖSCHTE OBJEKTE geleert; der Inhalt wird aber in einer Archivdatei aufbewahrt und kann im Bedarfsfall wieder zurückgeholt werden.

Klicken Sie auf die Schaltfläche AUTOARCHIVIERUNG und aktivieren Sie das erste Kästchen, können Sie das Zeitintervall der Papierkorbleerung und damit der AutoArchivierung wählen. Zusätzlich können Sie entscheiden, ob auch als abgelaufen gekennzeichnete E-Mails dennoch archiviert oder gelöscht werden. Diese AutoArchivierungsfunktion steht Ihnen auch mit einem Klick auf die rechte Maustaste mit der Auswahl EIGENSCHAFTEN/REGISTERKARTE AUTOARCHIVIERUNG zur Verfügung.

Mit dem Mausklick markieren Sie jeweils den Ordner, dessen Auto-Archivierung Sie konfigurieren wollen.

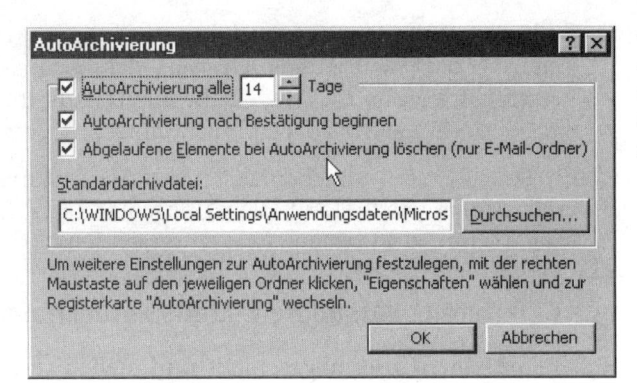

Bild 13.53:
Die Autoarchivierung sichert selbständig Ihre Mailordner.

13.7.5 E-Mails erneut senden

Sie haben Ihre E-Mail abgeschickt. Diese ist im Ordner GESENDETE OBJEKTE oder einem anderen von Ihnen definierten Ordner gespeichert. Doch Ihr E-Mail-Partner teilt Ihnen mit, dass die angekündigte Nachricht bei ihm nie angekommen ist. Worauf diese Panne auch immer zurückzuführen ist, OUTLOOK stellt sich darauf ein, dass Sie die Nachricht zum zweiten Mal an Ihren Adressaten schicken können.

1. Suchen Sie den Ordner, in dem die gesendete, aber nicht angekommene E-Mail abgelegt ist. Je nach Option ist dies der Ordner GESENDETE OBJEKTE oder ein anderes Verzeichnis. Sie erkennen daran, dass es sinnvoll ist, abgesendete Nachrichten mindestens im Ordner GESENDETE OBJEKTE zu speichern und als Kopie in einem anderen. Sie wechseln den Ordner je nach Einstellung am einfachsten über die linke Outlook-Verknüpfungsleiste oder in der Menüleiste über ANSICHT/GEHE ZU/ORDNER erscheint die Ordnerstruktur.

2. Haben Sie die in Frage kommende Nachricht gefunden, öffnen Sie sie durch einen Doppelklick oder durch DATEI/ÖFFNEN/AUSGEWÄHLTE ELEMENTE.

3. Nun können Sie mit dem Menübefehl AKTIONEN/DIESE NACHRICHT ERNEUT SENDEN die E-Mail zum zweiten Mal auf die elektronische Reise schicken. Sie landet je nach Konfiguration dann im Postausgang und wird durch die Schaltfläche SENDEN/EMPFANGEN endgültig abgeschickt.

4. Bevor die E-Mail abgeschickt wird, steht Sie Ihnen in einem *Editierfenster* noch einmal zur Verfügung, um auf einfache Weise Änderungen, die in der Zwischenzeit notwendig oder sinnvoll geworden sind, eingeben zu können.

5. Sollte der Versendeirrtum auf Ihrer Seite liegen, erscheint in der Kopfzeile der Nachricht der Hinweis, dass die E-Mail noch nicht verschickt worden ist. Auch steht Ihnen dann im Menü AKTIONEN der erneute Sendebefehl nicht aktiv zur Verfügung.

6. OUTLOOK warnt Sie ebenfalls, wenn Sie irrtümlich versuchen, eine empfangene E-Mail, die naturgemäß nicht Ihren Absender tragen kann, zum zweiten Mal zu versenden.

13.7.6 Bereits versandte E-Mails zurückholen

Haben Sie einen Brief abgeschickt und stellen fest, dass Sie dem Empfänger den falschen Inhalt mit unzutreffenden oder unbeabsichtigten Informationen geschickt haben, gibt es keine Möglichkeit, diese Briefsendung noch zu stoppen. Die E-Mail-Funktion von OUTLOOK bietet Ihnen unter bestimmten Umständen die Möglichkeit, eine bereits abgeschickte Mail zurückzuholen. Grundsätzlich gilt jedoch, dass Outlook in der Option UNTERNEHMEN ODER ARBEITSGRUPPE installiert worden ist. Folgende Bedingungen müssen erfüllt sein:

- Der Adressat empfängt seine E-Mails ebenfalls mit OUTLOOK.
- Die zurückzuholende E-Mail muss sich noch im POSTEINGANG befinden. Sie darf weder geöffnet noch gelesen oder in einen anderen Ordner verschoben worden sein.
- Outlook muss beim Empfänger in der EXCHANGE SERVER- ODER MICROSOFT-MAIL-VERSION installiert sein

Wenn diese Bedingungen erfüllt sind, steht Ihnen der Befehl E-MAIL ZURÜCKRUFEN zur Verfügung. Sie gehen folgendermaßen vor.

Suchen Sie die gesendete Nachricht, die Sie zurückrufen wollen. Je nach Konfiguration finden Sie sie im Ordner GESENDETE OBJEKTE oder in dem Verzeichnis, in dem Sie die Mail gespeichert haben. Öffnen Sie die E-Mail.

Wählen Sie in der Menüleiste den Befehl AKTIONEN/DIESE NACHRICHT ZURÜCKRUFEN. Sie haben nun die Wahl, ob Sie die E-Mail ersatzlos zurückrufen oder durch eine andere ersetzen wollen. Entscheiden Sie sich für die Option Austausch der E-Mails, erscheint ein Editierfenster, in das Sie dann den neuen Text eingeben.

Vergessen Sie nicht, mit dem Befehl SENDEN die Rückruf bzw. Austauschaktion zu starten und anschließend im Postausgangsfenster mit dem Befehl NACHRICHTEN SENDEN UND EMPFANGEN auch zum Abschluss zu bringen.

Wenn Sie Glück haben, verläuft diese Aktion unbemerkt von Ihrem Adressaten, da die Information über die Rückruf- bzw. Austauschaktion nur für wenige Minuten im Posteingangsfenster sichtbar bleiben.

13.7.7 Mailentwürfe

Sie haben eine E-Mail verfasst, stellen aber fest, dass Sie sie aus den verschiedensten Gründen doch noch nicht abschicken wollen. Vielleicht haben Sie noch nicht alle benötigten Informationen zusammen oder Sie wollen den Empfänger erst zu einem späteren Zeitpunkt informieren. War Ihre Arbeit also vergeblich? Natürlich nicht, denn OUTLOOK bietet Ihnen die Möglichkeit, die geschriebene E-Mail im Ordner ENTWÜRFE zu speichern und zu einem späteren Zeitpunkt wieder zu aktivieren, möglicherweise zu ergänzen und dann endgültig abzusenden.

1. Sie haben den Text für eine E-Mail verfasst, wollen ihn aber nicht versenden, sondern als Entwurf speichern. Wählen Sie in der Menüleiste den Befehl DATEI/SCHLIESSEN (als Tastaturbefehl [Alt]+[F4]).

2. Wollen Sie den Text als Entwurf speichern, antworten Sie auf das folgende Dialogmenü (MÖCHTEN SIE ÄNDERUNGEN SPEICHERN) mit JA; wollen Sie auf den Text in Zukunft verzichten mit NEIN.

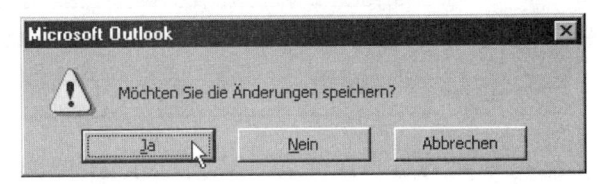

Bild 13.54: Wählen Sie hier »Ja«.

3. Haben Sie mit JA geantwortet, speichert OUTLOOK diesen Text im Ordner ENTWÜRFE. Diese Option können Sie allerdings selbst konfigurieren. Gehen Sie beispielsweise in der Outlook-Verknüpfung POSTAUSGANG auf EXTRAS/OPTIONEN und wählen dann in der Registerkarte EINSTELLUNGEN die Schaltfläche E-MAIL-OPTIONEN, so können Sie den Befehl zur automatischen Entwurfsspeicherung nicht gesendeter E-Mails wahlweise aktivieren oder deaktivieren.

Kapitel 13: E-Mail im Internet und Intranet

Bild 13.55:
Der Entwurfsordner speichert Mails, die noch nicht endgültig fertiggestellt wurden.

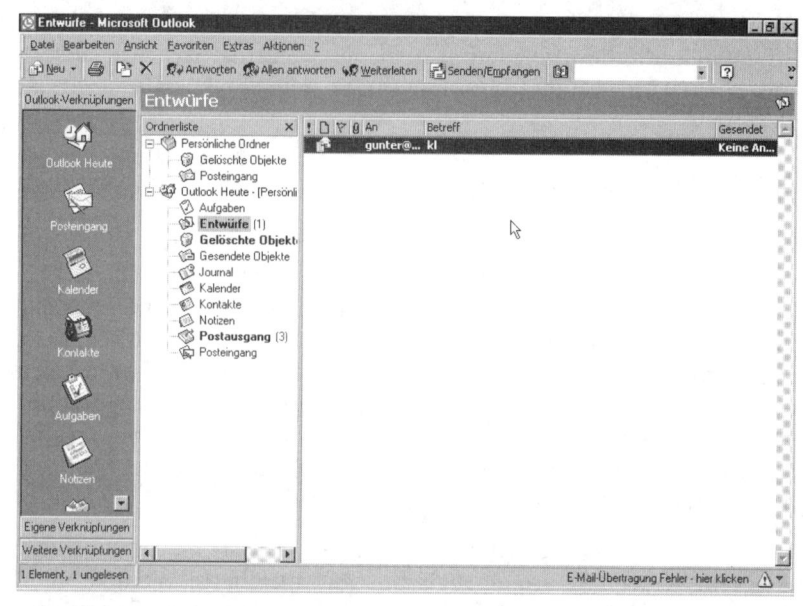

Bild 13.56:
Die Kopfzeile weist Sie darauf hin, dass Sie mit einem Entwurf arbeiten.

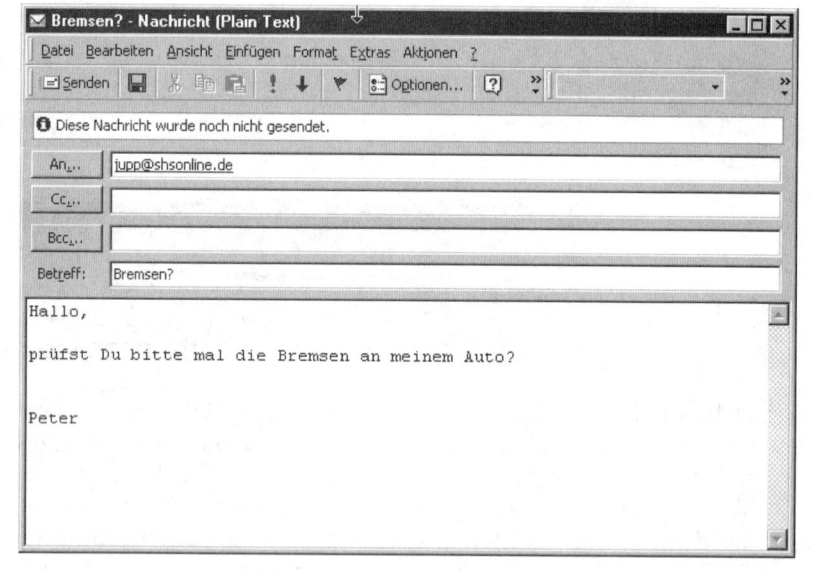

4. E-Mails im Entwurfsstadium können Sie genauso behandeln wie die übrigen Mails. Wollen Sie beispielsweise alle E-Mails zu einem Projekt in einem Ordner speichern, so können Sie auch Entwürfe in den gewünschten Ordner verschieben (DATEI/IN ORDNER VERSCHIEBEN oder DATEI/IN ORDNER KOPIEREN, alternativ rechte Maustaste im Fenster ENTWÜRFE) oder ihn mit

einer *Kategorienbezeichnung* versehen (ANSICHT/OPTIONEN/KATEGORIEN, alternativ im Fenster ENTWÜRFE markieren mit der rechten Maustaste).

5. Stets werden Sie im Kopf der E-Mail in einem kleinen Informationsfenster darüber unterrichtet, dass die Nachricht noch nicht gesendet worden ist.

13.8   E-Mails empfangen

In den bisherigen Kapiteln zum Thema E-Mail haben Sie sich mit Ihrer aktiven Rolle im elektronischen Nachrichtenwesen beschäftigt. Mit der Gestaltung des Postein- und -ausgangsfensters haben Sie die E-Mail-Funktion in OUTLOOK grundlegend konfiguriert. Sie haben gelernt, E-Mails zu verfassen und zu senden. *Kommunikation* ist aber immer ein wechselseitiger Prozess. Der aktive Kommunikationspartner wird zum passiven, zum Empfänger. Ergänzen Sie daher Ihr E-Mail-Wissen auch um den Aspekt: Wie empfange ich E-Mails?

Um E-Mails überhaupt empfangen zu können, müssen Sie mit Ihrem Modem oder ISDN-Karte des PCs eine Online-Verbindung zum Server Ihres Providers herstellen. Sie können dies manuell vornehmen oder diese Aufgabe an OUTLOOK übertragen. Die beiden grundsätzlichen Möglichkeiten haben Sie bereits kennen gelernt; sie sollen daher nur kurz wiederholt werden:

13.8.1   Online-Verbindung aufbauen

Sinnvollerweise starten Sie, da Sie E-Mails empfangen wollen, im *Posteingangsfenster*.

➔ Wählen Sie in der Menüzeile EXTRAS/SENDEN/EMPFANGEN oder alternativ in der Symbolleiste die Schaltfläche SENDEN/EMPFANGEN. OUTLOOK baut nun die Online-Verbindung auf. Liegen E-Mails im Postausgang, werden Sie gleichzeitig mit verschickt.

➔ Verfügen Sie über mehrere Internet-Provider, müssen Sie Outlook über ein weiteres Untermenü informieren, welchen Posteingangsserver Sie benutzen wollen.

Aus Kostengründen ist der *bedarfsweise* Aufbau der Online-Verbindung durch OUTLOOK sinnvoll, da Sie den Internetserver Ihres Providers nur kontaktieren, wenn Sie E-Mails senden bzw. empfangen

Kapitel 13: E-Mail im Internet und Intranet

wollen. Sie können Outlook allerdings auch anweisen, in bestimmten Zeitabständen eine Verbindung aufzubauen, unabhängig davon, ob E-Mails zum Senden bereit liegen.

➔ Wählen Sie im Posteingangsfenster das Menü EXTRAS/OPTIONEN. Mit der Registerkarte E-MAIL-ÜBERTRAGUNG gelangen Sie in die E-MAIL-KONTOOPTIONEN. Aktivieren Sie den Befehl NACHRICHTENEINGANG ALLE XX MINUTEN PRÜFEN mit einem Mausklick, können Sie das gewünschte Zeitintervall eingeben.

Wenn Sie sich für die Aktivierung dieser Option entscheiden, beachten Sie, dass jeder Aufbau einer Online-Verbindung Kosten verursacht.

➔ Aktivieren Sie im gleichen Optionsmenü unter der Rubrik DFÜ-Optionen die EINSTELLUNG VERBINDUNG NACH VERSAND, ERHALT, AKTUALISIERUNG TRENNEN, um sicherzugehen, dass die Online-Verbindung nach Abschluss der Sende- und Empfangsaktion wieder getrennt wird.

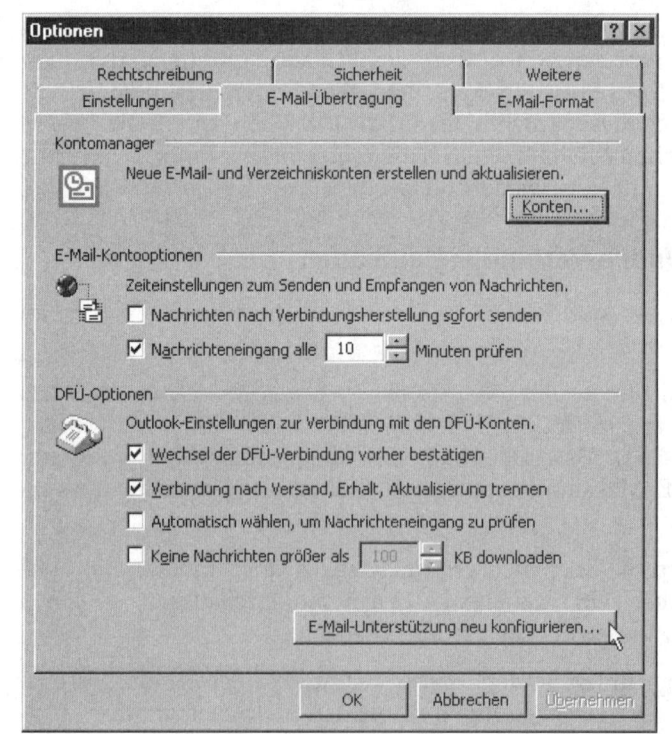

Bild 13.57: Outlook kann automatisch Ihre Mails empfangen.

13.8.2 E-Mails im Posteingangsfenster

Das Posteingangsfenster mit seinen verschiedenen Konfigurationsmöglichkeiten listet die eingegangenen E-Mails mit den wichtigsten Informationen auf. Zur besseren Unterscheidung von den bereits gelesenen formatiert OUTLOOK die ungelesenen fett. OUTLOOK informiert Sie optisch und akustisch über das Eintreffen neuer E-Mails, auch wenn Sie in anderen Programmen wie Word, Excel, Access arbeiten:

- OUTLOOK informiert Sie durch ein akustisches Signal, vorausgesetzt Sie haben eine Soundkarte installiert. In der Taskleiste rechts unten erscheint ein Trichterlautsprecher.

- OUTLOOK blendet ebenfalls rechts unten in der Taskleiste einen geschlossenen Briefumschlag ein. Gehen Sie mit dem Mauszeiger auf das Umschlagsymbol, erhalten Sie die Meldung SIE HABEN NEUE UNGEÖFFNETE ELEMENTE.

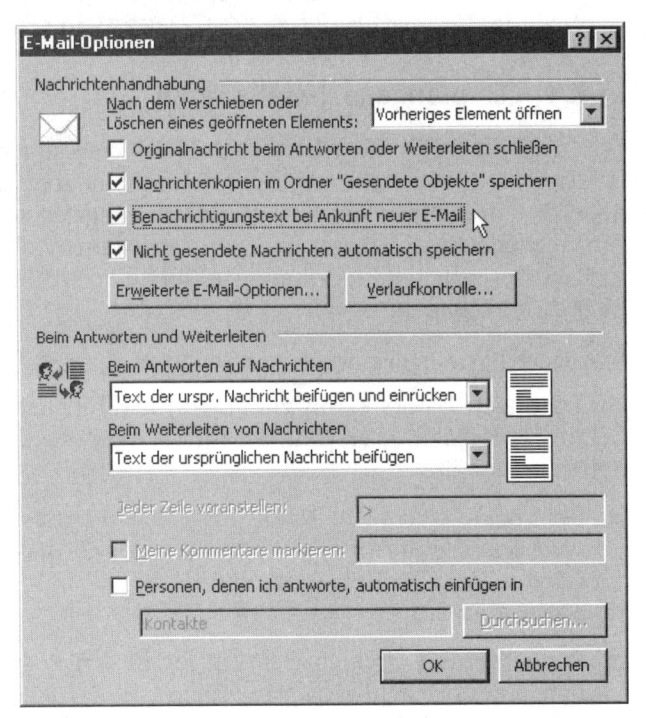

Bild 13.58: Outlook informiert Sie auf Wunsch zusätzlich durch ein Benachrichtigungsfenster.

Reichen Ihnen diese dezenten Hinweise nicht aus, können Sie zusätzlich sich von OUTLOOK *durch ein Benachrichtigungsfenster auf dem Bildschirm informieren lassen. Dieses Dialogfenster ist optional und muss daher erst aktiviert werden.*

- Im Posteingangsfenster aktivieren Sie diese Informationsbox durch den Menübefehl EXTRAS/OPTIONEN. In der Registerkarte EINSTELLUNGEN klicken Sie in der Rubrik E-MAIL auf die Schaltfläche E-MAIL-OPTIONEN. Dort setzen Sie mit einem Mausklick vor dem Befehl BENACHRICHTIGUNGSTEXT BEI ANKUNFT NEUER E-MAIL die Informationsbox in Aktion. Diese Information wird auch eingeblendet, wenn Sie gerade nicht in OUTLOOK arbeiten.

- Arbeiten Sie in OUTLOOK und haben die Verknüpfungsleiste eingeblendet, werden Sie durch die Anzeige der Zahl neuer E-Mails im Ordner EINGEGANGENE OBJEKTE informiert.

13.8.3 Empfangene E-Mails lesen

OUTLOOK hat für Sie mehrere E-Mails empfangen, im Ordner POSTEINGANGSFENSTER gespeichert und Sie über das Eintreffen neuer Nachrichten informiert. Im Posteingangsfenster haben Sie in verschiedenen Konfigurationen vor dem Öffnen die Möglichkeit, sich die wesentlichen Informationen über eine Nachricht mit einem Blick zu verschaffen.

E-Mails im Posteingangsfenster lesen

Die wichtigste Outlook-Anwendung für den Einstieg in die E-Mail-Lektüre ist der POSTEINGANG, der für Sie die wesentlichen Informationen bereithält.

- Sofern Sie sich nicht schon im Posteingangsfenster befinden, wechseln Sie dorthin, indem Sie das Menü ANSICHT/GEHE ZU oder in der Outlook-Verknüpfungsleiste direkt den POSTEINGANG wählen.

- Schneller und direkter gelangen Sie in den Posteingang durch den Tastaturbefehl `Strg`+`⇧`+`I`.

- Arbeiten Sie gerade nicht in OUTLOOK, sondern in einer anderen Anwendung, genügt ein Doppelklick auf das Briefsymbol in der Taskleiste.

> Ist die Leiste mit den Outlook-Verknüpfungen im linken Bildschirmdrittel nicht sichtbar, blenden Sie sie durch den Menübefehl ANSICHT/OUTLOOK-LEISTE ein. Diese Ansichtsvariante hat den Vorteil, dass Sie rasch und unkompliziert in andere Outlook-Anwendungen wechseln können. Wollen Sie das Posteingangsfenster allerdings vergrößern, um einen ausführlicheren Überblick der neu eingetroffenen E-Mails zu ermöglichen, blenden Sie mit ANSICHT/OUTLOOK-LEISTE die Verknüpfungsanzeige wieder aus.

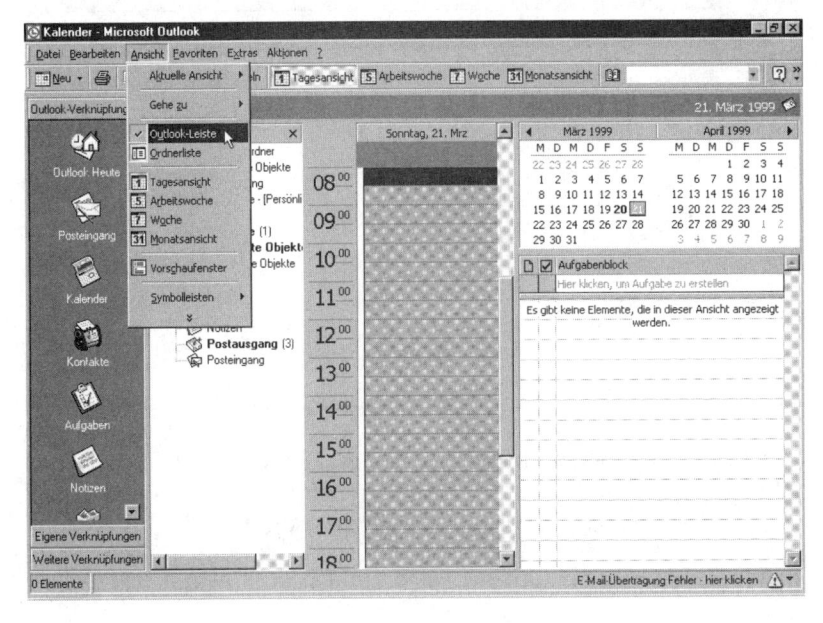

Bild 13.59: Einblenden der Outlook-Leiste

Sie erkennen eine neue, ungelesene Nachricht an der fetten Formatierung. Öffnen Sie die E-Mail mit einem Doppelklick, können Sie den Text der Nachricht lesen. Im Kopf der E-Mail erscheinen die Adressfelder, die Sie im Kapitel E-MAILS VERFASSEN bereits ausführlich kennen gelernt haben.

Neben dem Absender, der eigentlichen Adressangabe und möglicherweise vorhandenen weiteren Adressaten erfahren Sie in der Betreff-Zeile den wesentlichen Inhalt der Nachricht und das Sendedatum mit Uhrzeit.

Über dem Adressfeld befindet sich im Bedarfsfall eine kleine Informationsbox – gekennzeichnet mit einem blauen Informationssymbol – der Sie beispielsweise das vom Absender eingegebene Nachverfolgungskennzeichen entnehmen können.

Kapitel 13: E-Mail im Internet und Intranet

Kommen im Text *Internet-Adressen* vor, sind diese mit blauer Texttype gekennzeichnet. Outlook sendet die Internetverknüpfungen dieser Angaben mit. Wollen Sie die angegebene Adresse aufrufen, reicht ein Doppelklick auf die Angaben.

Bild 13.60: Internet-Adressen werden blau und unterstrichen abgehoben und können angeklickt werden.

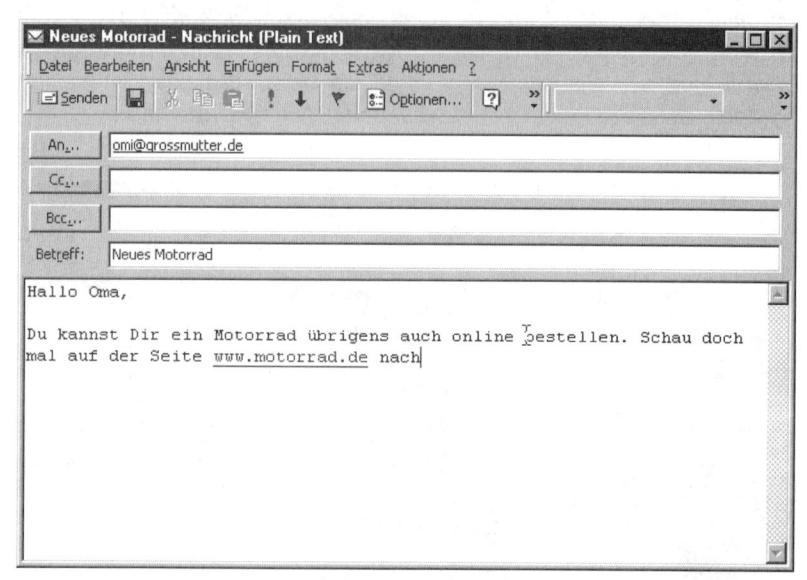

Zur besseren Übersicht erscheinen ungelesene E-Mails in fetter Schrifttype. Haben Sie die Nachricht geöffnet und gelesen, wird sie wieder in normaler Schrifttype dargestellt. Wollen Sie aus irgendwelchen Gründen eine gelesene E-Mail nachträglich wieder als ungelesen kennzeichnen, können Sie auf manuellem Weg vorgehen:

Markieren Sie die entsprechende E-Mail und wählen Sie in der Menüleiste den Befehl BEARBEITEN/ALS UNGELESEN markieren. Hier steht Ihnen im Bedarfsfall auch der umgekehrte Befehl ALS GELESEN MARKIEREN zur Verfügung.

13.8.4 Posteingangsfenster gestalten

Erhalten Sie nur wenige E-Mails, brauchen Sie sich mit diesem Thema nicht sehr ausführlich zu beschäftigen. Bei vielen ankommenden Nachrichten oder wenn sich nach einer längeren, vielleicht urlaubsbedingten Abwesenheit zahlreiche E-Mails angesammelt haben, ist es schon recht umständlich, alle aufgelisteten Mails einfach zu öffnen und der Reihe nach durchzulesen.

Am Ende angekommen, wissen Sie nicht mehr, was in den ersten stand und wo die wichtigen Informationen stecken. Auch Ihren konventionellen Poststapel ordnen Sie schließlich nach eigenen Kriterien, um wichtiges von unwichtigem zu unterscheiden.

In *Kapitel Ansicht des Posteingangs gestalten* haben Sie bereits die zahlreichen Möglichkeiten zur Gestaltung des Posteingangsfensters kennen gelernt.

- Wählen Sie im Posteingangsfenster ANSICHT/AKTUELLE ANSICHT. Das folgende Untermenü bietet Ihnen insgesamt zehn Gliederungsmöglichkeiten.

- Alternativ erreichen Sie dieses Untermenü auch über das Menü EXTRAS/ORGANISIEREN oder die gleichnamige Schaltfläche in der Symbolleiste.

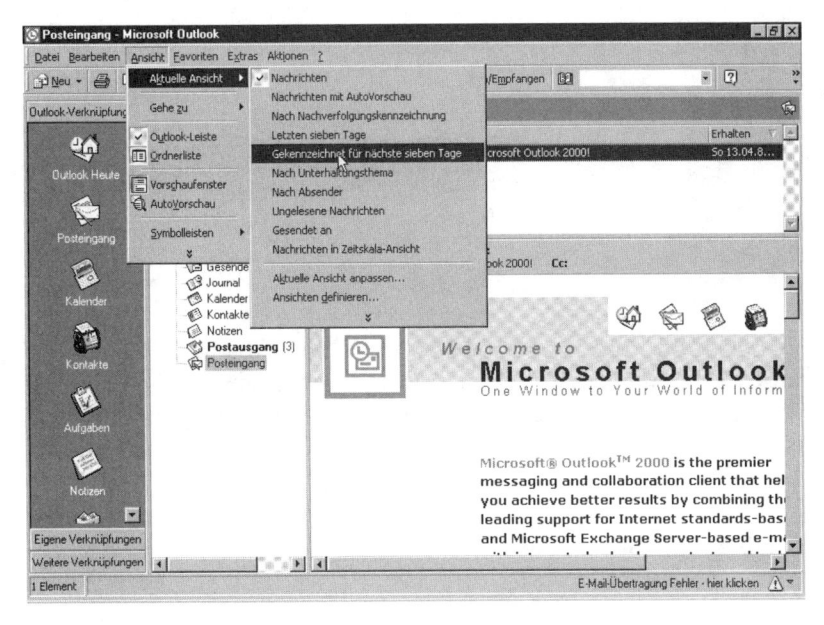

Bild 13.61:
Die Outlook-Ansichten können eingeschaltet werden.

Diese Grundkonfiguration des Posteingangs können Sie in zwei Schritten noch verfeinern.

- Zusätzlich können Sie mit dem Menübefehl ANSICHT/VORSCHAUFENSTER Ihren Posteingang in zwei Hälften teilen. Während weiterhin in der oberen Hälfte die Auflistung der E-Mails erscheint, zeigt das untere Fenster den Inhalt der markierten Nachricht. Sie können sich mit dieser Einstellung einen ersten Einblick in den Inhalt verschaffen und entscheiden, ob eine intensivere Lektüre an dieser Stelle sinnvoll ist oder nicht.

Kapitel 13: E-Mail im Internet und Intranet

↪ Alternativ können Sie im Menü ANSICHT sich für die Einstellung AUTOVORSCHAU entscheiden. Dann blendet Outlook die ersten drei Zeilen der markierten und ungelesenen Mail ein; nach dem Öffnen der Nachricht verschwindet die AutoVorschau.

Bild 13.62: Die Ansicht Autovorschau zeigt neben der Mailliste auch den Inhalt einer Mail an.

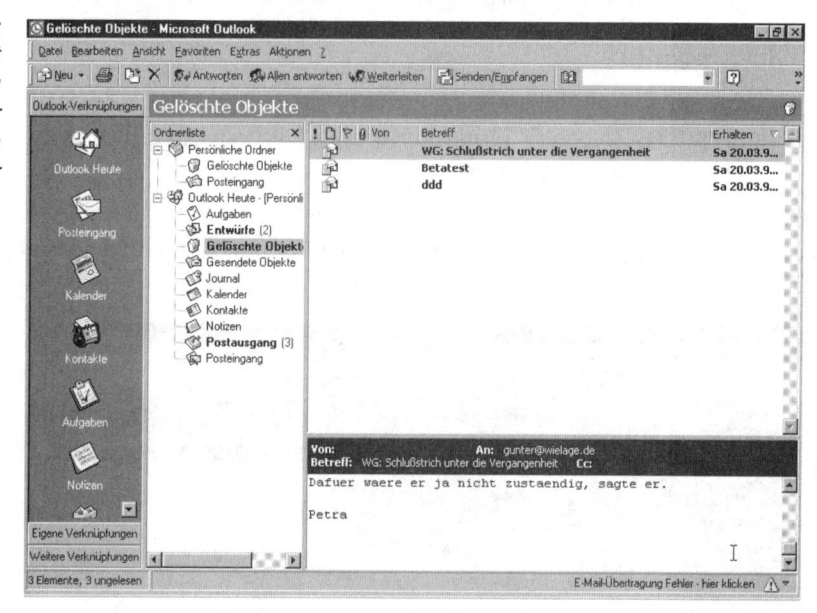

Sie haben Ihr Posteingangsfenster gemäß Ihren Bedürfnissen konfiguriert. In einem zweiten Schritt nun können Sie die internen Sortierkriterien festlegen, nach denen die E-Mails in der Übersichtsdarstellung aufgelistet werden sollen. Sie können bis zu vier Sortierkriterien und Hierachiestufen eingeben.

Tabelle 13.1: Standardmäßig sieht Outlook sieben Anzeigekriterien vor:

Symbol	Bedeutung
!	Diese Spalte zeigt Ihnen die *Wichtigkeit* einer Nachricht, sofern dieses Kriterium vom Absender vergeben worden ist. Ein rotes Ausrufungszeichen signalisiert *wichtig*, ein nach unten gerichteter blauer Pfeil eine *niedrige* Wichtigkeit; ist die Spalte nicht belegt, ist die Wichtigkeit als *normal* einzustufen.
Blatt	Diese Spalte zeigt Ihnen, um welchen *Typ* von Objekt es sich handelt. Ein xxx symbolisiert eine Mail, ein xxx ein Fax, ein xxx eine Übermittlungs-, ein xxx eine Lesebestätigung.

Symbol	Bedeutung
Fahne	Mit dem Objekt ist ein *Nachverfolgungskennzeichen* verbunden. Ist das Fähnchen rot, ist der mit dem Nachverfolgungskennzeichen verbundene Auftrag noch nicht erledigt; ist sie grau unterlegt, ist der Auftrag – beispielsweise eine Bitte um telefonischen Rückruf bis zu einem festgelegten Datum – ausgeführt.
Büroklammer	Mit der E-Mail ist eine *Anlage* verknüpft. Diese kann beispielsweise eine Word- oder Exceldatei sein oder eine Grafik. Die Anlage kann als eigene Datei abgelegt werden.
Von	Sie sehen auf einen Blick den *Absender*.
Betreff	Hier erscheint der Inhalt der *Betreff-Zeile*
Erhalten	Sie erkennen in dieser Anzeige das *Eingangsdatum* der Nachricht mit Uhrzeit.

Diese sieben standardmäßig vorgegebenen Gliederungskriterien des Posteingangsfensters sind allerdings nur ein Vorschlag von Outlook, den Sie nach eigenen Bedürfnissen selbst konfigurieren können:

- Verändern Sie die Spaltenbreite, indem Sie mit der Maus auf den Begrenzungsstrich zeigen. Der Mauszeiger verändert sich und Sie können mit gedrückter Maustaste die Spaltenbreite Ihren Bedürfnissen anpassen.

- Verändern Sie die Reihenfolge der Spalten, indem Sie mit Drag&Drop die Spalte dorthin ziehen, wo Sie zukünftig stehen soll.

- Legen Sie eine Spalte fest, nach der die Sortierung erfolgen soll. Geben Sie innerhalb dieser Spalte das Sortierkriterium AUFSTEIGEND oder ABSTEIGEND ein. Ein Beispiel: Klicken Sie mit der rechten Maustaste auf ERHALTEN. Im folgenden Auswahlmenü gehen Sie auf AUFSTEIGEND. Dann erscheinen die ältesten E-Mails oben, die neuesten am Ende der Liste. Lassen Sie nach ABSTEIGEND sortieren, was bei der Spalte ERHALTEN sicherlich sinnvoller ist, befinden sich die neuesten Nachrichten immer oben in der Auflistung.

- Einfacher treffen Sie diese Auswahl, indem Sie auf die entsprechende Sortierspalte mit der linken Taste klicken. Sie legen diese Spalte beim ersten Klick als aufsteigende, beim zweiten Klick als absteigende Sortierspalte fest. Wollen Sie einer anderen

Kapitel 13: E-Mail im Internet und Intranet

Spalte den Sortierstatus geben, klicken Sie einfach mit der Maus auf die Spalte. Es ist sicherlich sinnvoll, die Sortierspalten je nach Fragestellung zu variieren.

Die meisten Konfigurationsmöglichkeiten für die E-Mail-Übersicht im Posteingangsfenster bietet Ihnen ein Auswahlmenü, das Sie folgendermaßen erreichen:

☞ Klicken Sie mit der rechten Maustaste auf eine beliebige Spalte. Das nachfolgende Menü kennen Sie bereits aus der Festlegung der Sortierkriterien AUFWÄRTS oder ABWÄRTS.

☞ Mit dem Befehl DIESE SPALTE ENTFERNEN löschen Sie die markierte Spalte aus der Anzeige.

Bild 13.63: Dieses Optionsmenü erlaubt eine gezielte Einrichtung der Spalten des Posteingangs.

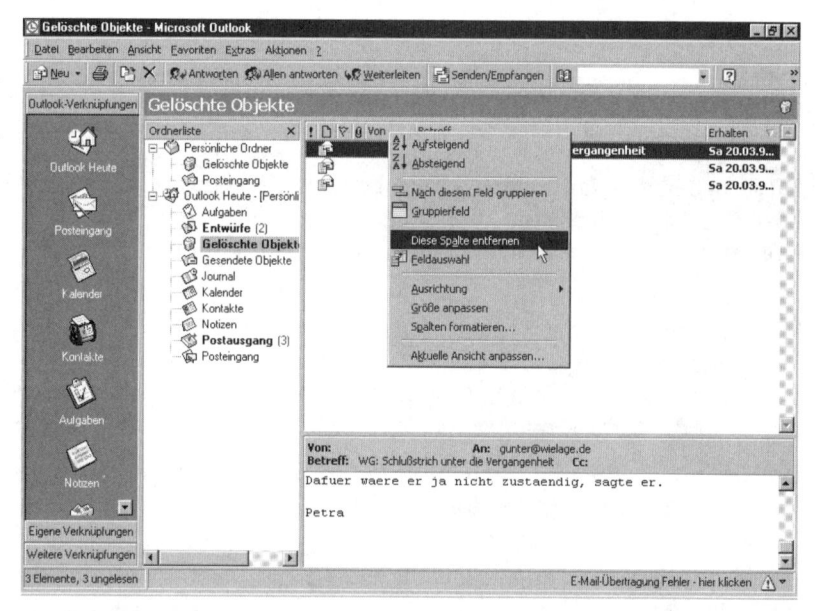

☞ Entsprechend können Sie natürlich auch zusätzliche Felder für die Spaltenanzeige auswählen. Gehen Sie auf den Befehl AKTUELLE ANSICHT ANPASSEN, erhalten Sie das Untermenü ZUSAMMENFASSUNG ANZEIGEN, das Ihnen einerseits einen *Gesamtüberblick* zur Konfiguration des Posteingangsfensters gibt, andererseits mit der Schaltfläche FELDER die Option ermöglicht, weitere Felder hinzuzufügen.

☞ Klicken Sie auf die Schaltfläche FELDER, erhalten Sie das Auswahlmenü FELDER anzeigen. Wählen Sie in der Liste VERFÜGBARE FELDER das Feld aus, das Sie in die Sortierliste aufnehmen wollen, und fügen es über die Schaltfläche HINZUFÜGEN der E-Mail-Übersicht bei.

E-Mails empfangen

➔ Markieren Sie ein Feld in der Liste DIESE FELDER IN DIESER REIHENFOLGE ANZEIGEN. Sie können über die Schaltflächen NACH OBEN und NACH UNTEN das markierte Feld entsprechend verschieben oder über die Schaltfläche ENTFERNEN aus der Anzeigeliste löschen.

➔ Mit den Befehlen AUSRICHTUNG, GRÖSSE ANPASSEN, SPALTEN FORMATIEREN haben Sie zusätzliche Formatierungsmöglichkeiten für das Layout. Probieren Sie einfach ihre Auswirkungen einmal aus.

➔ Ferner können Sie Ihre E-Mail-Ansicht nach einem Sortierkriterium *gruppieren*. Wählen Sie ein Kriterium aus, beispielsweise *Betreff*. Klicken Sie mit der rechten Maustaste auf BETREFF und wählen Sie aus dem nachfolgenden Menü den Befehl NACH DIESEM FELD GRUPPIEREN. Das Sortierkriterium rückt in eine übergeordnete Zeile, für Sie der deutliche Hinweis auf die Sortierart. Auch hier können Sie übrigens mit einem Mausklick bestimmen, ob die Auflistung ab- oder aufsteigend sein soll. Zusätzlich fasst das Posteingangsfenster alle Nachrichten unter demselben Betreffeintrag zu einer Gruppe zusammen. Mit einem Doppelklick auf diese Gruppe listet Outlook die einzelnen E-Mails auf, die Sie wie gewohnt mit einem Doppelklick öffnen.

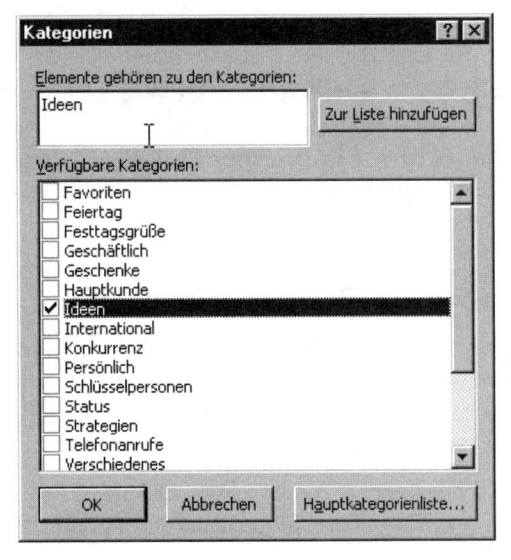

Bild 13.64: Mails können in Kategorien gruppiert werden.

➔ Wollen Sie das Gruppierungskriterium ändern, klicken Sie mit der rechten Maustaste auf das zu ändernde Gruppierungskriterium und wählen den Befehl NICHT NACH DIESEM KRITERIUM GRUPPIEREN und wählen anschließend das neue Kriterium aus.

- Noch einfacher können Sie diese Vorgänge mit Drag&Drop ausführen. Gehen Sie mit der rechten Maustaste auf ein beliebiges Sortierkriterium und wählen den Befehl GRUPPIERFELD. Ziehen Sie nun mit gedrückter Maustaste das gewählte Gruppierkriterium in das leere Gruppierfeld.

- Wollen Sie das Gruppierkriterium ändern, ziehen Sie es mit gedrückter Maustaste zurück in die normale Sortierzeile und ziehen ebenfalls mit Drag&Drop Ihr neues Kriterium in das Gruppierfeld.

OUTLOOK ermöglicht Ihnen ferner, bis zu vier Hierachiestufen für die Gruppierung einzugeben. Diese können Sie per Menü oder Drag&Drop gestalten.

Sie haben ein Gruppierkriterium in das Gruppierfeld eingetragen. Ziehen Sie mit gedrückter Maustaste das Gruppierkriterium der zweiten Hierachiestufe in das Gruppierfeld oder klicken Sie mit der rechten Maustaste auf das zweite Gruppierkriterium und wählen Sie aus dem Dialogmenü den Befehl NACH DIESEM FELD GRUPPIEREN.

Sie können insgesamt vier Hierachiestufen gestalten. Dieses differenzierte Verfahren lohnt sich natürlich nur, wenn Sie sehr viele E-Mails erhalten und auch in diesem Fall den Überblick behalten wollen.

13.9 E-Mails verwalten

Sie haben empfangene E-Mails gelesen und sich optimal im Posteingangsfenster anzeigen lassen. Wie gehen Sie mit diesen Nachrichten weiter um?

13.9.1 Kontext-E-Mails suchen

Sie haben eine E-Mail zu einem bestimmten Thema gelesen und wollen nachschauen, ob es bereits Nachrichten in einem ähnlichen Kontext gibt. Als Suchkriterium dienen die Absender- und die Betreffangaben.

1. Markieren Sie im POSTEINGANG die E-Mail, zu der Sie verwandte Nachrichten suchen wollen.

2. Der Menübefehl AKTIONEN/ALLE SUCHE bietet die Option an, alle Nachrichten zum gleichen Thema (Betreffangaben) oder vom gleichen Absender zu suchen und sich anzeigen zu lassen.

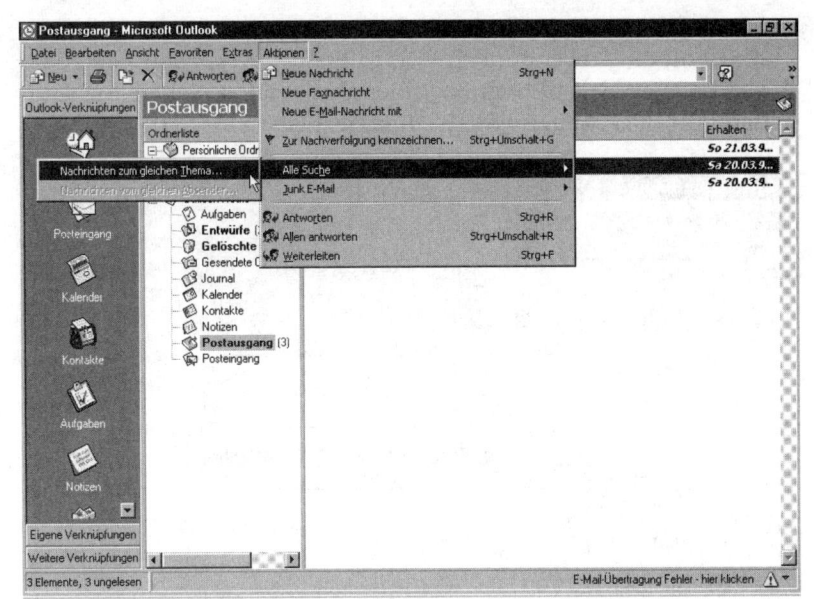

Bild 13.65:
Hier wird nach Mails mit verwandtem Inhalt gesucht.

3. Alternativ rufen Sie den Befehl ALLE SUCHE auch mit der rechten Maustaste auf der betreffenden E-Mail auf.

Somit können Sie auf einfache und rasche Weise den Kontext Ihrer gelesenen E-Mail herstellen.

> *Beachten Sie allerdings, dass diese Suche sich nicht ordnerübergreifend gestaltet. Wenn Sie also im Ordner POSTEINGANG diesen Suchvorgang starten, findet Outlook nur Kontext-Mails, die auch im Ordner Posteingang liegen.*

13.9.2 Erweiterter Suchmodus

Diesen Nachteil der ordnerbezogenen Suche können Sie mit dem *erweiterten Suchmodus* überwinden. Er erhebt den Anspruch, mit den richtig eingestellten Optionen alles wiederzufinden, was Sie in OUTLOOK abgelegt haben und nun möglicherweise suchen.

1. Rufen Sie mit dem Menübefehl EXTRAS/ERWEITERTE SUCHE – oder dem Tastaturbefehl [Strg]+[F] – das Menü ERWEITERTE SUCHE auf.

2. Im Pull-down-Fenster SUCHEN NACH legen Sie fest, wonach Sie suchen: Nachrichten, Kontakte, Aufgaben oder anwendungsübergreifend beliebige Outlook-Elemente.

Kapitel 13: E-Mail im Internet und Intranet

3. Mit der Schaltfläche DURCHSUCHEN legen Sie die Ordner und die Outlook-Anwendungen fest, in denen Sie suchen. Sie können beliebig viele Ordner mit einem Häkchen versehen. Sie sind dann für die erweiterte Suche ausgewählt.

Bild 13.66:
Sie können Outlook-Datenbestände gezielt durchsuchen lassen.

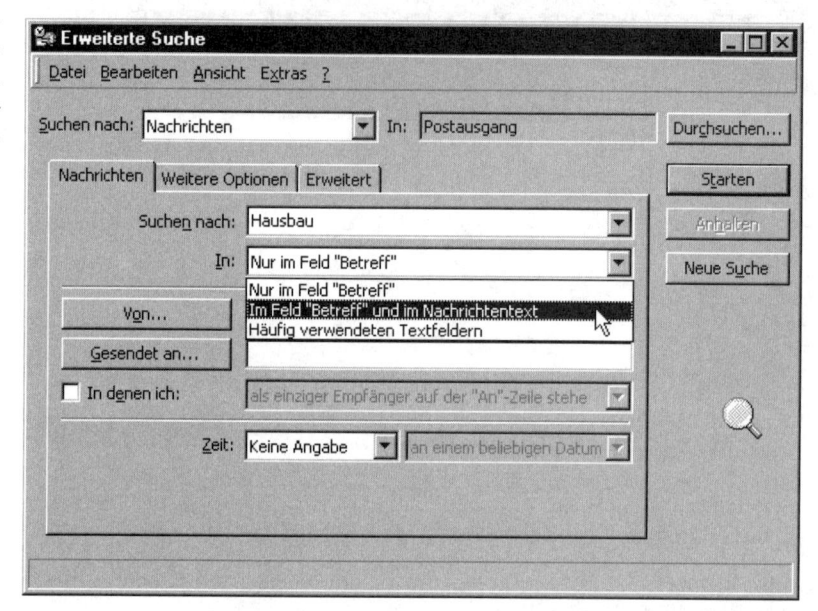

4. Im Feld SUCHEN NACH geben Sie den gesuchten Begriff ein und legen im Feld IN fest, in welchem Feld er vorkommen soll. Wählen Sie HÄUFIG VERWENDETE TEXTFELDER, sucht OUTLOOK in den wichtigsten Feldern.

5. Ferner können Sie Ihre Suche noch spezifizieren auf bestimmte Absender, Adressaten oder Sendedaten.

6. Weitere Registerkarten bieten Ihnen noch weitere Suchmöglichkeiten an. So finden Sie u.a. in der Registerkarte WEITERE OPTIONEN den Suchbegriff KATEGORIEN.

7. Mit der Schaltfläche STARTEN sucht Outlook für Sie in einem erweiterten Suchmodus, der einer Volltextrecherche zumindest nahe kommt.

Je nach Komplexität der Suchanfrage wird Ihr PC möglicherweise etwas Zeit benötigen. Sie werden die erweiterte Suche sicherlich eher im Ausnahmefall anwenden. Meist werden Sie mit den einfacheren Methoden OUTLOOK effektiv einsetzen können. Zu diesen gehören auch die drei noch folgenden Aspekte.

13.9.3 Kategorienvergabe

Eingegangene E-Mails klassifizieren Sie am einfachsten mit *Kategorien*. Ausführlich haben Sie deren Gestaltung und Vergabe schon im Kapitel *Posteingang gestalten* kennen gelernt.

Am einfachsten gelangen Sie in das Auswahlmenü KATEGORIEN, wenn Sie mit der rechten Maustaste die entsprechende Nachricht markieren und anschließend die passende Kategorie vergeben.

13.9.4 Verschieben in Ordner

Grundsätzlich sollten Sie überlegen, wie Sie ein immer voller werdendes Posteingangsfenster handhaben wollen. Geben Sie eine absteigende Sortierreihenfolge nach Eintreffdatum ein, haben Sie zwar immer die neuen E-Mails am Anfang der Liste, doch schleppen Sie einigen Ballast mit sich herum.

Alternativ könnten Sie daher gelesene, nicht mehr aktuell im Posteingangsfenster benötigte E-Mails in einen entsprechenden, von Ihnen angelegten Ordner verschieben, in dem sich dann anwendungsunabhängig alle Informationen zu einem bestimmten Thema oder Projekt befinden.

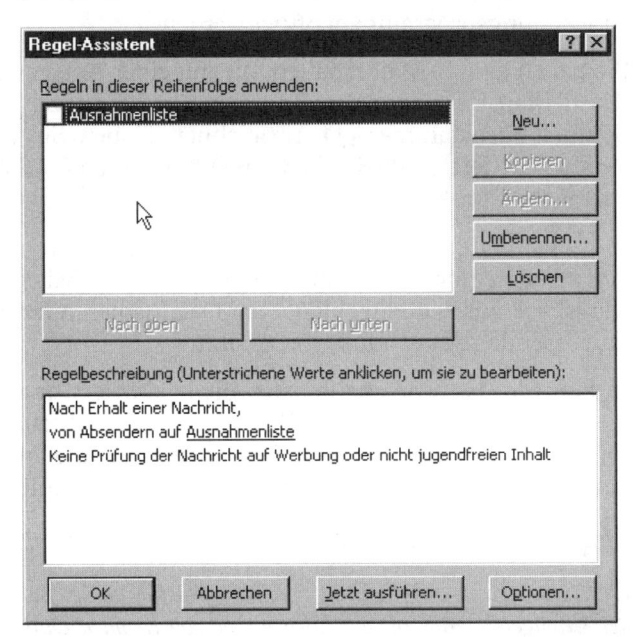

Bild 13.67:
Tool für Profis: der Regel-Assistent

- Manuell verschieben Sie eine Nachricht in den vorgesehenen Ordner, indem Sie die Mail mit der rechten Maustaste markieren und den entsprechenden Befehl aus dem Kontextmenü wählen.

- Der Regel-Assistent ist Ihnen aber auch bei dieser Aufgabe behilflich. Eine vereinfachte Version rufen Sie mit der Schaltfläche ORGANISIEREN oder dem Menübefehl EXTRAS/ORGANISIEREN auf. In der Rubrik ORDNER VERWENDEN können Sie einige Regeln aufstellen, nach denen OUTLOOK eingegangene Mails verschiebt.

- Ein detaillierterer Regel-Assistent steht Ihnen in der Menüleiste unter EXTRAS/REGEL-ASSISTENT zur Verfügung. Die ausführliche Beschreibung haben Sie bereits kennen gelernt.

13.9.5 Anlagen speichern

Oft ist es sinnvoll, die E-Mail mit einer Anlage wie einer Word-Datei oder einer Grafik zu versenden. Diese Lösung hat den Vorteil, dass alle Formatierungen und Grafikelemente erhalten bleiben unabhängig vom E-Mail-Programm, das der Empfänger einsetzt. Die Anlage kann dann getrennt von der Nachricht mit dem entsprechenden Anwendungsprogramm geöffnet werden.

Sie haben eine E-Mail erhalten, die mit einer Anlage versehen ist. In der E-Mail-Übersicht des Posteingangs ist diese E-Mail mit dem Symbol Büroklammer gekennzeichnet. Haben Sie das Vorschaufenster aktiviert, erscheint in der rechten oberen Ecke dieser Anzeige eine gelbe Büroklammer.

Mit einem einfachen Mausklick auf die Büroklammer erfahren Sie den Namen und die Größe der Anwendung. Mit einem weiteren Mausklick auf den eingeblendeten Dateinamen öffnen Sie die Datei im passenden Anwendungsprogramm.

Haben Sie das Vorschaufenster nicht aktiviert, markieren Sie im POSTEINGANGSFENSTER die E-Mail mit der rechten Maustaste. Im folgenden Untermenü lassen Sie sich den Anhang anzeigen und mit einem weiteren Mausklick auf den Dateinamen öffnen.

OUTLOOK warnt Sie allerdings vor dem Ausführen des Befehls ÖFFNEN vor der Virengefahr, die mit der Übernahme von fremden Daten verbunden sein kann. Ist die Quelle vertrauenswürdig, aktivieren Sie die Option JA und das Dokument wird geöffnet. Misstrauen Sie dem Anhang, können Sie ihn auf einen Datenträger zwischenspeichern.

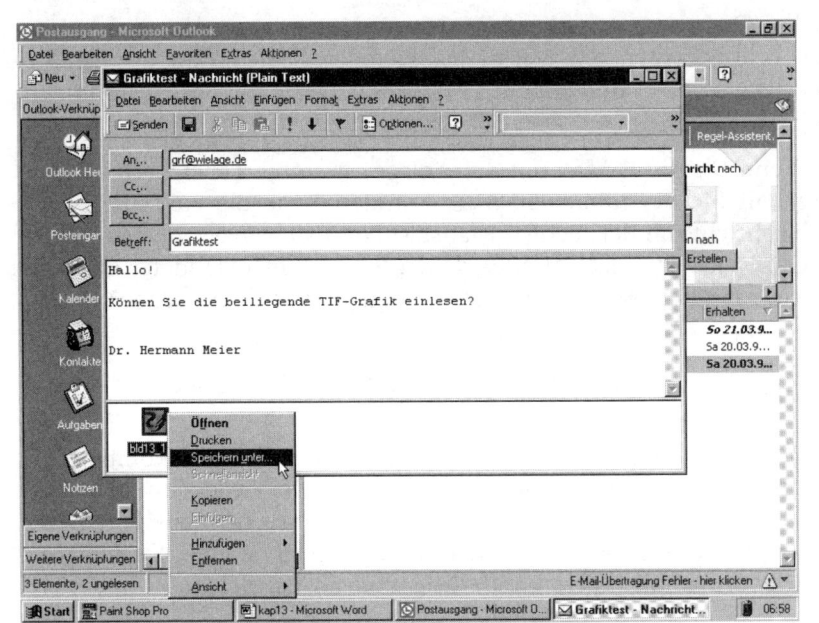

Bild 13.68:
Der Anhang einer Mail kann vielfältig weiterverarbeitet werden.

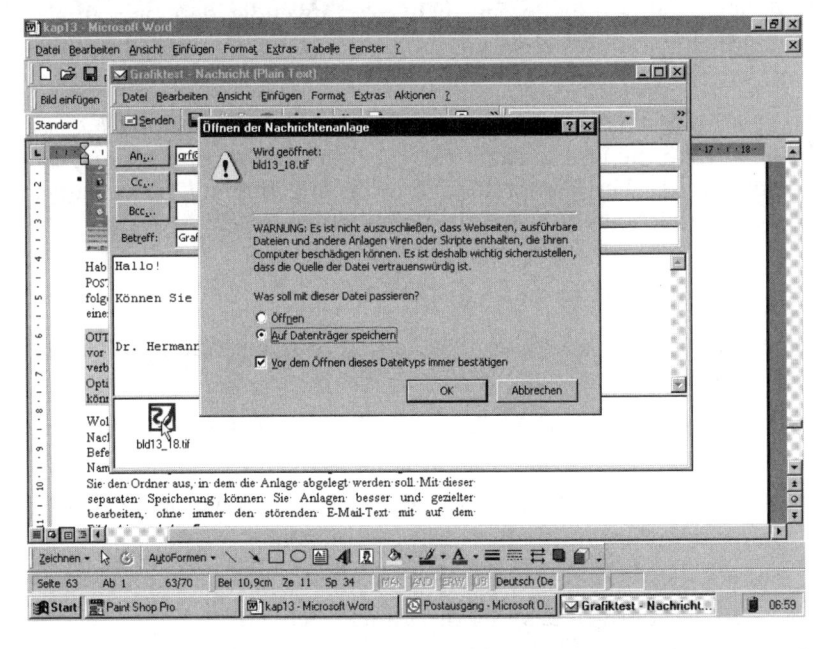

Bild 13.69:
Outlook warnt Sie vor Viren, die möglicherweise an einer Datei haften.

Wollen Sie nur die Anlage speichern, markieren Sie die entsprechende Nachricht im Posteingangsfenster und wählen in der Menüleiste den BEFEHL DATEI/ANLAGEN SPEICHERN. Ein Fenster meldet Ihnen dann den Namen der zu speichernden Datei. Im nachfolgenden Dialogmenü suchen Sie den Ordner aus, in dem die Anlage abgelegt werden soll. Mit dieser separaten Speicherung können Sie Anlagen besser und gezielter bearbeiten, ohne immer den störenden E-Mail-Text mit auf dem Bildschirm zu haben.

Wenn Sie die E-Mail mit der Anlage zusammen speichern wollen, gehen Sie den üblichen Weg: Markieren Sie die zu speichernde Nachricht mit der rechten Maustaste und wählen Sie den Befehl IN ORDNER VERSCHIEBEN oder ziehen Sie bei eingeblendeter Ordnerleiste mit Drag&Drop die Datei in den gewünschten Ordner.

13.10   E-Mails beantworten

OUTLOOK bietet Ihnen mehrere praktische und unkomplizierte Optionen zur *Beantwortung* von E-Mails. Ob Sie einem Absender oder mehreren Antworten oder eine Nachricht weiterleiten, im Gegensatz zum herkömmlichen Briefverkehr brauchen Sie nur eine Antwort zu formulieren und nur einmal abzuschicken.

Den Text der ursprünglichen Mail können Sie in Ihre Antwort einbeziehen. Dabei müssen Sie nicht zeitaufwendig den ursprünglichen Inhalt paraphrasieren, um Ihren Adressaten in den Kontext der Antwort einzuführen.

Haben Sie OUTLOOK als *Exchange Server* und nicht nur *via Internet* installiert, können Sie zusätzlich E-Mails als *Umfragen* gestalten, die vorsehen, z.B. bei Terminanfragen den angefragten Termin über eine Schaltfläche bestätigen oder ablehnen zu lassen.

13.10.1   Antwort-E-Mails gestalten

Grundsätzlich unterscheidet OUTLOOK, ob Sie einem Absender oder mehreren antworten.

1. Markieren Sie die E-Mail, auf die Sie eine Antwort formulieren wollen.

2. Gehen Sie in der Menüzeile auf AKTIONEN/ANTWORTEN, wenn Sie einem Absender eine Antwort schicken.

3. Wählen Sie ALLEN ANTWORTEN, wenn Sie neben dem Absender auch den übrigen des Verteilers antworten wollen.

E-Mails beantworten

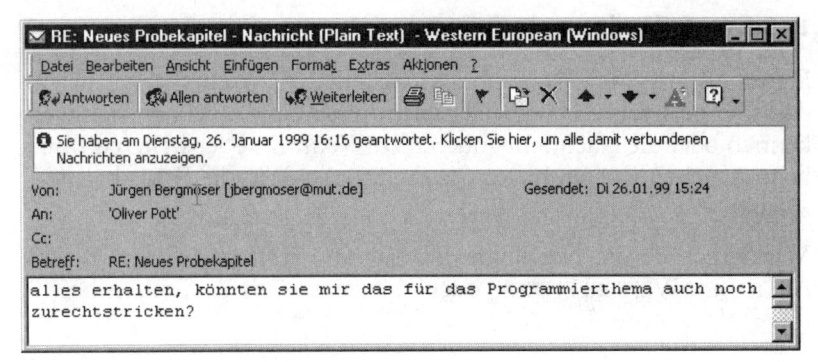

*Bild 13.70:
Auch möglich:
Öffnen Sie die
Mail und klicken
Sie auf die
Schaltfläche
»Antworten«.*

4. Im folgenden Nachrichtenfenster, das Ihnen bereits durch das Verfassen von E-Mails bekannt ist, formulieren Sie Ihre Anwort auf die ausgewählte, eingegangene E-Mail. In das Erfassungsfenster sind bereits die Angaben über den oder möglicherweise die Adressaten von Outlook eingegeben sowie die Betreff-Zeile. Diese Angaben werden von OUTLOOK aus der ursprünglichen Nachricht umgesetzt. Zusätzlich erscheint in der Betreff-Zeile das Kürzel AW für Antwort.

5. Alternativ können Sie für ANTWORTEN auch den Tastaturbefehl [Strg]+[R] bzw. [Strg]+[⇧]+[R] für ALLEN ANTWORTEN benutzen.

6. Mit dem Befehl DATEI/SENDEN bzw. der Schaltfläche SENDEN schicken Sie Ihre Antwort an den Adressaten.

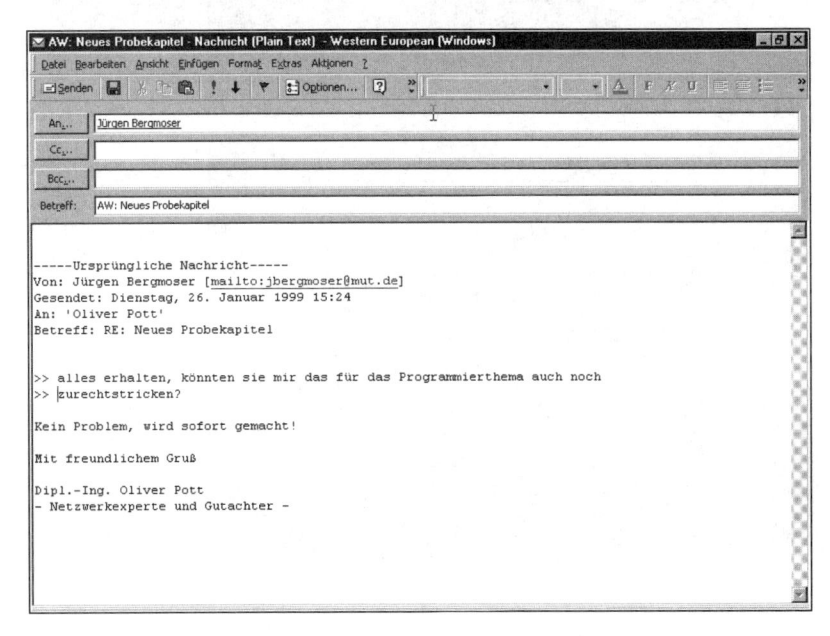

*Bild 13.71:
Beantwortete
Mail*

13.10.2 E-Mails weiterleiten

Ferner können Sie eine Nachricht weiterleiten. Wenn Sie feststellen, dass Sie beispielsweise der falsche Adressat sind und den richtigen kennen oder die Nachricht anderen zur Kenntnis oder weiteren Bearbeitung geben wollen, haben Sie die Möglichkeit, die E-Mail weiterzuleiten.

Markieren Sie die betroffene E-Mail und wählen Sie den Befehl AKTIONEN/WEITERLEITEN oder alternativ den Tastaturbefehl [Strg]+[F].

13.10.3 Texte in E-Mails einbeziehen

OUTLOOK sieht verschiedene Möglichkeiten vor, ob und wie Sie den ursprünglichen Text mit in Ihre Antwort einbeziehen können, um sich auf diese Weise eine kurze Zusammenfassung des Ursprungsschreibens als Einleitung im Antwortschreiben zu ersparen. Den Ursprungstext binden Sie folgendermaßen ein:

Wählen Sie in der Menüleiste den Befehl EXTRAS/OPTIONEN. Auf der Registerkarte EINSTELLUNGEN klicken bei E-MAIL die Schaltfläche E-MAIL-OPTIONEN an.

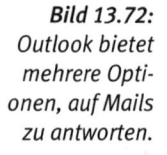

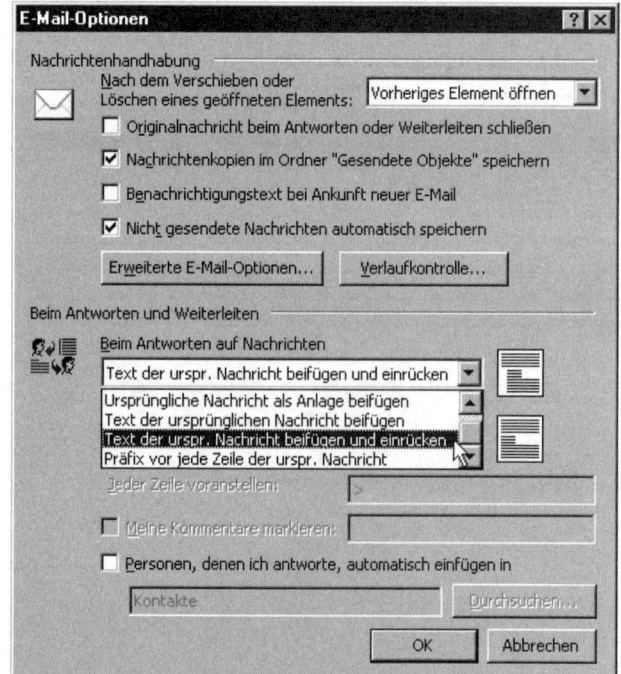

Bild 13.72: Outlook bietet mehrere Optionen, auf Mails zu antworten.

Das folgende Dialogmenü E-MAIL-OPTIONEN beinhaltet in seiner unteren Hälfte die Rubrik BEIM ANTWORTEN UND WEITERLEITEN, in der Sie die entsprechenden Konditionen einstellen können. Diese können Sie auf Wunsch unterschiedlich vergeben, je nachdem ob Sie eine Nachricht beantworten oder weiterleiten. Die beiden inhaltlich identischen Rollfenster bieten Ihnen vier Möglichkeiten:

- URSPRÜNGLICHE NACHRICHT ALS ANLAGE BEIFÜGEN: Diese Option hat den Vorteil, dass Sie formatunabhängig antworten bzw. weiterleiten können. Alle Formatierungen der Ursprungsnachricht bleiben erhalten und für den Empfänger der Antwort lesbar. Das Verfahren ist insofern eher umständlich, da der Empfänger den Anhang erst öffnen muss und ihn nicht direkt im Text integriert hat. Sie empfiehlt sich vor allem bei aufwändig formatierten Texten.

- TEXT DER URSPRÜNGLICHEN NACHRICHT BEIFÜGEN: Bei der Wahl dieser Option hängt OUTLOOK die ursprüngliche Mail einfach an das Ende Ihrer Nachricht an. Der Cursor für Ihre Texteingabe befindet sich in einer Leerzeile. So schieben Sie den Antworttext immer weiter. Der Vorteil dieser Option besteht sicherlich darin, dass Ihr Adressat den Text seiner E-Mail direkt am Ende Ihrer Nachricht vor Augen hat und den Bezug herstellen kann. Etwas unübersichtlich ist diese Option allerdings auch, da sich die beiden Mails vom Layout nicht voneinander abheben.

- TEXT DER URSPRÜNGLICHEN NACHRICHT BEIFÜGEN UND EINRÜCKEN: Diese Option berücksichtigt den erwähnten Nachteil und rückt den Ursprungstext ein, so dass er sich besser von Ihrem Text unterscheidet.

- PRÄFIX VOR JEDE ZEILE DER URSPRÜNGLICHEN NACHRICHT: Um diese Unterscheidung noch deutlicher auszudrücken, wählen Sie diese Option, die vor jede eingerückte Zeile ein Zeichen setzt. Standardmäßig eingestellt ist das Präfix >. Mit der Editierzeile JEDER ZEILE VORANSTELLEN können Sie das Präfix ändern und ein anderes eingeben. Diese vierte Option ist vor allem sinnvoll, wenn Sie den Ursprungstext nicht en bloc an das Ende hängen, sondern absatzweise in den gedanklichen Aufbau Ihrer E-Mail integrieren und möglicherweise kommentieren wollen.

Nachrichten und Newsgroups

Kapitel 14

Im vorherigen Kapitel haben Sie sich sehr ausführlich mit dem Thema E-Mail beschäftigt. Das E-Mailing dient der *persönlichen* elektronischen Kommunikation mit einem Adressaten bzw. einem definierten Empfängerkreis. *Newsgroups* sind zwar auch Bestandteil des elektronischen Kommunikationsbereiches, jedoch richten Sie sich an einen Adressatenkreis, zu dem jeder hinzutreten kann, der sich für das Thema und Anliegen der Newsgroup interessiert. Newsgroups sind in Ergänzung zum E-Mailing eine ideale Möglichkeit des Nachrichtenaustauschs, ihrer Kommentierung und der Diskussion.

14.1 Newsgroups und der Outlook Newsreader

OUTLOOK hat der gestiegenen Bedeutung der Newsgroups Rechnung getragen. War in OUTLOOK 97 noch keine entsprechende Einrichtung vorhanden, sich auf einfache, menügestützte Weise in Newsgroups anzumelden, bietet OUTLOOK 2000 mit dem verbesserten Newsreader die ideale Möglichkeit, sich in Newsgroups an- oder im Bedarfsfall auch abzumelden, Nachrichten aus diesen Newsgroups zu empfangen, zu lesen, weiterzuschicken, zu kommentieren, zu ergänzen und zu veröffentlichen. Bevor wir uns den NEWSREADER von OUTLOOK genauer ansehen, sollten wir uns vorab den Newsgroups zuwenden.

Kapitel 14: Nachrichten und Newsgroups

REF *Weiterführende Details können Sie im Internet-Grundkurs am Beginn des Buchs nachschlagen*

Bild 14.1:
Der Newsreader
»Outlook
Express«

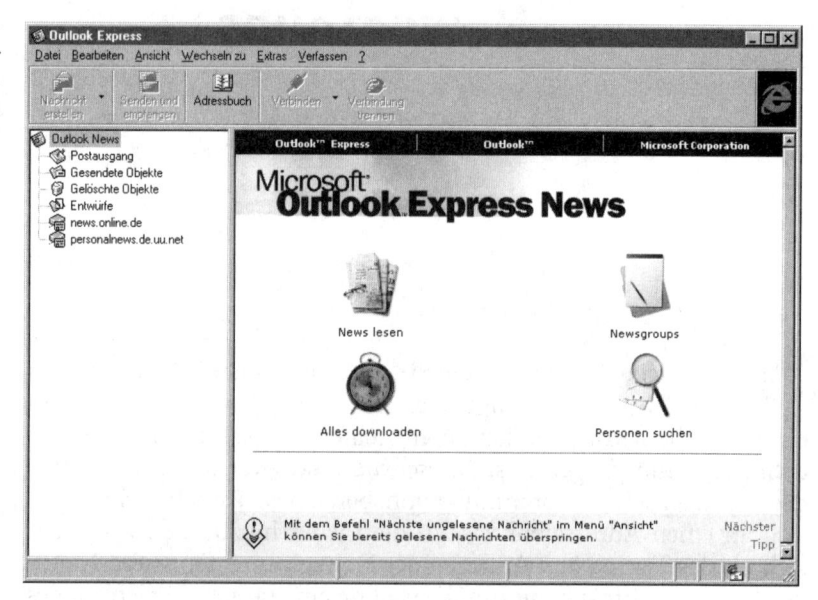

14.1.1 Kurzer Rückblick: Newsgroups

Gelegentlich bezeichnet man Newsgroups auch als *elektronische Marktplätze*. Der klassische Markplatz wie die Agora im antiken Athen gelten als Synonym für die Bekanntgabe und den Austausch von Nachrichten, für das Gespräch und die Diskussion. Diese Foren (lateinisch *forum* – der Markt) hatten eine zentrale Funktion für die antike Gesellschaft.

Auch Newsgroups verstehen sich als elektronische Umschlagplätze für Nachrichten und Informationen, sie bieten Raum und Gelegenheit, die vorhandenen Nachrichten zu kommentieren und zu diskutieren sowie anderen Gesprächsteilnehmern individuell oder in aller Öffentlichkeit zu antworten. Es gibt keine Moderation, redaktionelle Betreuung oder gar Beeinflussung, sondern die Teilnehmer bestimmen die Beiträge. In einem wichtigen Punkt trägt dieses Bild vom elektronischen Marktplatz nicht: in der Notwendigkeit einer zeitgleichen Anwesenheit.

Daher hat die von vielen verwendete Newsgroup-Metapher vom *Schwarzen Brett* ebenfalls eine erhebliche Aussagekraft. Das Schwarze Brett vermittelt per Aushang Informationen und Nachrichten, Meinungsäußerungen und Diskussionsbeiträge. Die Interessenten müssen nicht zeitgleich anwesend sein, sondern können sich bei passender Gelegenheit informieren, eigene Beiträge an das Schwarze Brett heften und beim nächsten Besuch nachschauen, was es an Neuigkeiten gibt. Aber auch dieser Vergleich hat seine Schwächen: Im Gegensatz zu Newsgroups muss man sich für die Benutzung von Schwarzen Brettern üblicherweise nicht anmelden.

Um den Anmeldecharakter zu betonen, ist der Vergleich mit einer *Zeitung* interessant. Um regelmäßig Informationen zu beziehen, muss ich Abonnent der Zeitung werden. Habe ich kein Interesse mehr, kündige ich mein Abonnement und werde nicht mehr beliefert. Im Unterschied zu einer Zeitung, in der normalerweise der redaktionelle Teil umfangreich und die Leserbriefseite gering ist, dominiert in Newsgroups allerdings der Meinungsaustausch unter den Anwendern. Verglichen mit einer Zeitung würde diese dann als Forum der Leser nur noch aus Leserbriefen bestehen.

Was können wir also als *Definition* zum Thema Newsgroups festhalten? Newsgroups bieten in der Regel zu festgelegten Themenbereichen Nachrichten und Diskussionsbeiträge an wie auf einem antiken Marktplatz, dieser Nachrichten- und Diskussionsaustausch geschieht zeitversetzt und kostenlos wie an einem Schwarzen Brett.

Um regelmäßig teilnehmen zu können, ist eine vorherige Anmeldung wie bei einem Zeitungsabonnement notwendig. Im Unterschied zu Newsgroups haben Mailinglisten die Funktion elektronischer Verteiler. Sie werden redaktionell meist auf einer institutionalisierten Ebene betreut. Diese entscheidet am Ende auch darüber, ob Beiträge von Nutzern auch anderen Teilnehmern der Mailingliste zur Verfügung gestellt werden.

Newsgroups gibt es zu allen denkbaren und eigentlich unmöglichen Themenbereichen. Jeder Versuch einer Auflistung möglicher Inhalte würde jäh scheitern angesichts der Themenvielfalt. Newsgroups können wissenschaftlichen, journalistischen, politischen, technischen, beruflichen, privaten oder unterhaltenden Zwecken dienen. Sie können von interessierten Einrichtungen oder auch Privatpersonen ins Leben gerufen und gepflegt werden. Ihre Lebensdauer ist variabel und mindestens solange gesichert, wie ein Thema interessant ist und Teilnehmer findet.

Newsgroups unterscheiden sich darüber hinaus erheblich von Junk-Mails. Diese erhalten Sie unverlangt wie eine Werbesendung mit der Post, die Sie nicht bestellt haben. Für die regelmäßige Teilnahme an einer Newsgroup entscheiden Sie sich bewusst durch eine Anmeldung. Die Zahl der auf Sie durch ein Newsgroup-Abonnement zukommenden E-Mails kann sehr verschieden sein. Seien Sie aber mit dem Abonnement von Newsgroups eher zurückhaltend, sie verstopfen sich schnell Ihr Posteingangsfenster in Outlook und müssen sich täglich durch einen Wust von Nachrichten kämpfen, bis Sie zu den wirklich wichtigen kommen.

14.1.2 Grundzüge des Newsreaders

Mit dem NEWSREADER bietet Ihnen OUTLOOK eine Anwendung an, mit der Sie auf einfache Weise mit der gewohnten Outlook-Oberfläche die Angebote und Möglichkeiten von Newsgroups nutzen können. Der NEWSREADER ermöglicht Ihnen eine menügesteuerte Anmeldung, bei der Sie keine kryptischen Befehle mehr eingeben müssen.

Wollen Sie nicht mehr Mitglied der Newsgroup sein, kündigen Sie Ihr Abonnement auf eine ebenso einfache Weise. Mit dem NEWSREADER laden Sie sich die Nachrichten auf Ihren Rechner und lesen Sie oder schicken Sie weiter. Sie können wie gewohnt, selbst Nachrichten verfassen und wahlweise an alle Teilnehmer der Newsgroup schicken oder einem Newsgroup-Teilnehmer direkt und ausschließlich antworten. Mit der Hilfestellung des NEWSREADERS können Sie getrost viele technische Hintergründe wie beispielsweise die Unterscheidung zwischen der Subscription-Adresse sowie der Broadcast- und der persönlichen E-Mail-Adresse vergessen.

Hinsichtlich der technischen Grundlage müssen Sie nur einige Voraussetzungen erfüllen:

- Da Newsgroups sich auf speziellen Internet-Servern, den News-Servern, befinden, benötigen Sie natürlich einen Internet-Anschluss.

- Wie im herkömmlichen Postverkehr benötigen Sie die Adresse des News-Servers, also seine IP-Kennung bzw. den Servernamen.

- installierter Newsreader, beispielsweise »Outlook Express«

> **INFO**
> *Outlook 2000 verwendet als Newsreader, sofern Sie den Internet Explorer installiert haben, das Modul Outlook Express.*

Gehen wir für die weitere Beschreibung davon aus, dass die Voraussetzungen erfüllt sind, der Newsreader installiert und konfiguriert ist und für Ihre weitere Arbeit zur Verfügung steht.

14.2 Newsgroups abonnieren

Um regelmäßig Informationen zu erhalten, müssen Sie sich in Newsgroups, die für Sie von Interesse sind, anmelden. Wollen Sie sich erst einmal orientieren und den Informationsgehalt und die Relevanz von Nachrichten prüfen, können Sie sich in einem ersten Schritt auch damit begnügen, Newsgroups zu kontaktieren und die zur Verfügung stehenden Nachrichten und Beiträge abzurufen. Wenn sie für Sie von größerem Interesse sind, können Sie sich immer noch zu einem Abonnement entschließen.

> *Prüfen Sie in Ruhe die Qualität von Newsgroups. Erst wenn Sie überzeugt sind, nicht zuviel E-Mail-Müll im Posteingangsfenster und anschließend möglicherweise auf der Festplatte zu haben, entscheiden Sie sich für ein Abonnement. Daher wird dieser letzte Schritt in der Arbeit mit Newsgroups auch an das Ende dieses Kapitels gesetzt.*
>
> :-) TIPP

Um Nachrichten abzurufen, gehen Sie folgendermaßen vor:

1. Sie befinden sich in der Outlook-Anwendung NEWSREADER. Gehen Sie in der Menüzeile auf EXTRAS/NEWSGROUPS oder in der Symbolzeile auf die Schaltfläche NEWSGROUP. Alternativ können Sie im sichtbaren Fenster *Newsgroups* anwählen

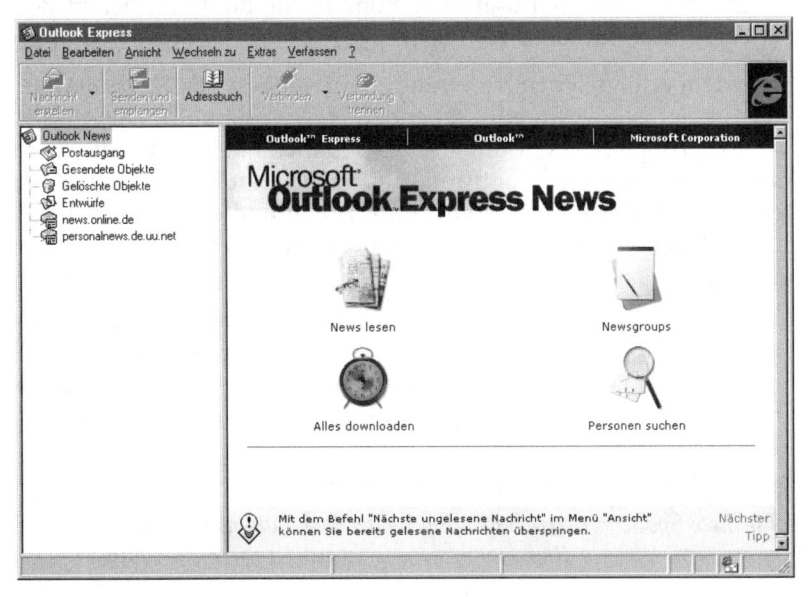

Bild 14.2: Entscheiden Sie sich für das Symbol »Newsgroups«.

Kapitel 14: Nachrichten und Newsgroups

2. Befinden Sie sich bereits mit Ihrem Internet-Anschluss online, stellt der NEWSREADER die Verbindung zum News-Server her und liest die Liste der Newsgroups ein.

Bild 14.3:
Die Liste aller Newsgroups wird eingelesen.

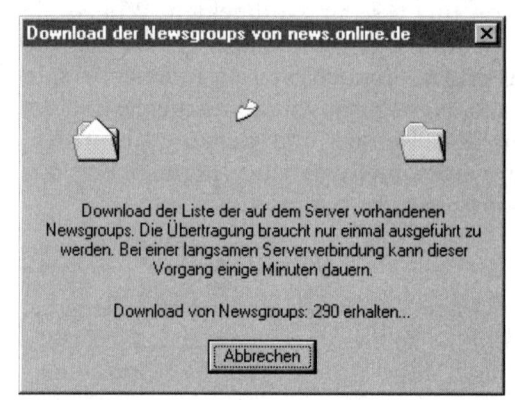

3. Haben Sie mehrere News-Server installiert, bittet der NEWSREADER Sie in einem Dialogfenster um die Auswahl des von Ihnen gewünschten.

4. Andernfalls baut OUTLOOK die Internet-Verbindung auf. Je nach Einstellung erwartet der NEWSREADER die Eingabe des richtigen Passwortes, um zu verhindern, dass Unbefugte mit Ihrer Konfiguration eine Internet-Verbindung herstellen können. Über eine Statusanzeige können Sie die Einzelheiten des Verbindungsaufbaus verfolgen.

Nach dem erfolgreichen Verbindungsaufbau liest der NEWSREADER die Liste der zur Verfügung stehenden Newsgroups ein. Die Anzahl von über 10 000 Newsgroups erleichtert Ihnen nicht gerade die Auswahl. Damit Sie nicht hoffnungslos in den oft unverständlichen Bezeichnungen der Newsgroups untergehen und eine zielgerichtete Auswahl treffen können, bietet Ihnen der Newsreader einige Hilfsmittel an:

➔ Im Hauptfenster des Untermenüs NEWSGROUPS sehen Sie in der rechten Spalte neben den Newsgroup-Bezeichnungen eine inhaltliche Beschreibung der einzelnen Newsgroups. Diese kann Ihnen eine erste Orientierung über den zu erwartenden Inhalt geben.

:-)
TIPP

Sollte diese Spalte leer sein, haben Sie bei der Installation des Newsreaders die Option NEWSGROUP-BESCHREIBUNGEN VERWENDEN nicht aktiviert. Die deaktivierte Variante dieser Option bringt Ihnen allerdings beim Laden der Newsgroup-Liste einen nicht zu unterschätzenden Geschwindigkeitsvorteil.

Newsgroups abonnieren | **307**

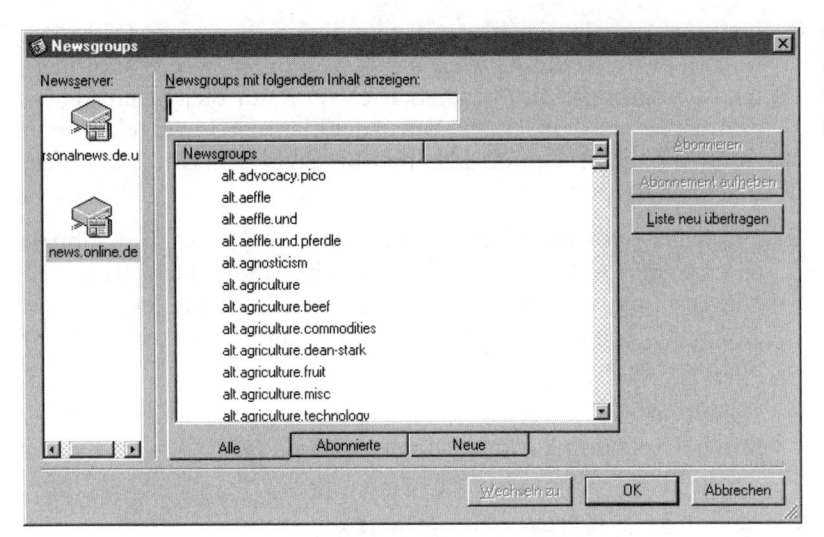

Bild 14.4:
Liste aller verfügbaren Newsgroups

→ Grenzen Sie die Anzeige der Newsgroups auf diejenigen ein, für die Sie sich interessieren und sich Nachrichten ansehen wollen. Tragen Sie in das Feld NEWSGROUPS MIT FOLGENDEM INHALT ANZEIGEN einen Begriff oder Namen ein, für dessen Themenfeld Sie eine Newsgroup suchen. Aktivieren Sie zusätzlich die Option BESCHREIBUNGEN DURCHSUCHEN, sucht der NEWSREADER nicht nur im Feld NEWSGROUP-BEZEICHNUNG, sondern darüber hinaus auch in der Angabe BESCHREIBUNG.

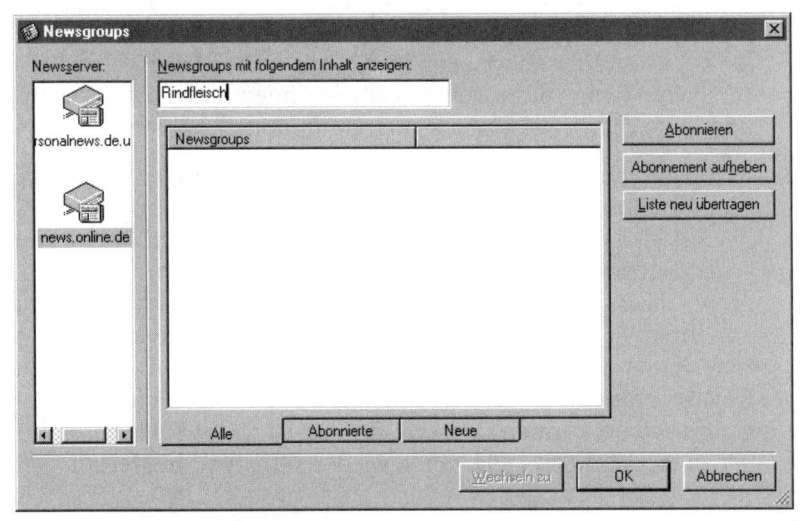

Bild 14.5:
Mit Suchbegriffen grenzen Sie ein interessierendes Thema ein.

Kapitel 14: Nachrichten und Newsgroups

- Die am unteren Fensterrand befindliche Registerkarte ABONNIERTE begrenzt die Anzeige auf die von Ihnen bereits abonnierten Newsgroups, die Registerkarte NEUE auf diejenigen Newsgroups, die seit dem letzten Aufruf der Liste neu hinzugekommen sind. Mit dieser Option behalten Sie stets den Überblick über neue Newsgroups.

- Zusätzlich gibt die Namenskonvention der Newsgroup Ihnen einen ersten Anhalt. Wollen Sie sich nur in deutschsprachigen Newsgroups umsehen, sollten Sie nur solche wählen, die mit einem de. beginnen. Diese filtern Sie mit der Angabe *de.** im Suchfeld heraus.

- Haben Sie eine interessante Newsgroup herausgefiltert, markieren Sie diese und klicken anschließend auf OK.

14.3 Nachrichten abrufen

Sie haben eine Newsgroup Ihres Interesses ausgewählt und per Mausklick markiert. Wie gelangen Sie nun an die gewünschten Nachrichten?

1. Mit dem Menübefehl DATEI/VERBINDEN oder der Schaltfläche VERBINDEN haben Sie eine Verbindung zum News-Server aufgebaut und eine entsprechende Newsgroup mit einem Mausklick markiert.

2. Mit dem Menübefehl EXTRAS/ABONNIEREN weisen Sie den Outlook-Newsreader an, die zur Verfügung stehenden Nachrichten Ihnen zur Kenntnis zu geben. Dabei können Sie im nachfolgenden Untermenü zwischen mehreren Optionen wählen.

3. Markieren Sie im Untermenü NEWSGROUP DOWNLOADEN die Option NEUE KOPFDATEN. Der Newsreader lädt nun die Kopfdaten – also die Angaben über Betreff, Absender, Größe, Datum – der Nachrichten, die seit Ihrem letzten Besuch in der Newsgroup dazu gekommen sind, und nicht den eigentlichen Text auf Ihren PC. Mit dieser Option verbunden ist natürlich ein erheblicher Geschwindigkeitsvorteil im Download sowie ein Kostenvorteil, da Sie die Online-Verbindung nach diesem Vorgang trennen können und erst für das Download der endgültigen ausgewählten Nachrichten wieder aufbauen müssen.

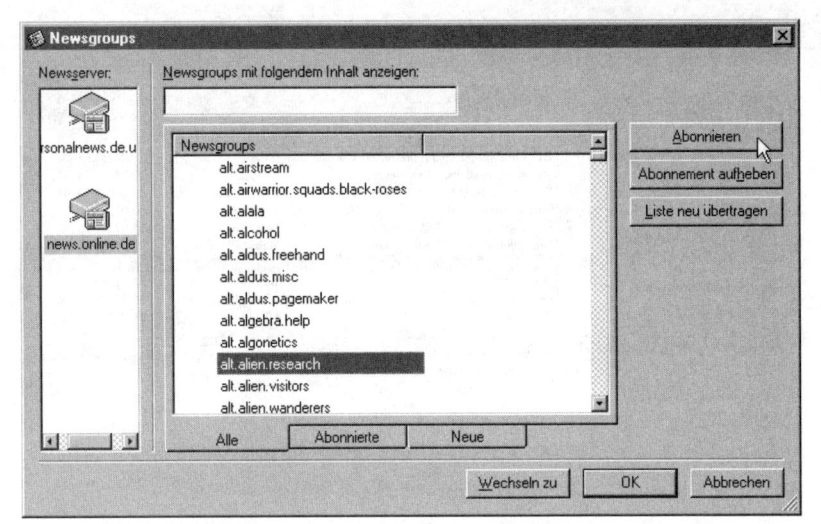

Bild 14.6:
Diese Newsgroup wird abonniert.

4. Wählen Sie die Option NEUE NACHRICHTEN, werden zusätzlich zu den Kopfdaten auch direkt die Texte der Nachrichten, die seit Ihrem letzten Kontakt neu hinzugekommen sind, heruntergeladen. Der volle Nachrichtenumfang steht Ihnen damit zum Durchblättern und zur Lektüre zur Verfügung. Allerdings bleibt die Online-Verbindung je nach Umfang der Nachrichten längere Zeit bestehen.

5. Mit der Option ALLE NACHRICHTEN werden alle auf dem News-Server für diese Newsgroup verfügbaren Nachrichten mit vollständigem Text heruntergeladen. Standardmäßig ist OUTLOOK auf 300 Nachrichten eingestellt. Wollen Sie weitere 300 Nachrichten abrufen, gehen Sie in der Menüzeile auf EXTRAS/WEITERE 300 KOPFDATEN ABRUFEN.

6. Bestätigen Sie abschließend Ihre getroffene Wahl mit einem Mausklick auf die Schaltfläche OK (siehe Bild 14.7).

Haben Sie mehrere Newsgroups abonniert, können Sie auch mit einem einzigen Befehl und einer Online-Verbindung die Nachrichten mehrerer Newsgroups herunterladen.

1. Markieren Sie dazu nicht die einzelne Newsgroup, sondern in der Outlook-Verknüpfungsleiste die Ordnerangabe NEWS VON UUNET. Anschließend weisen Sie den Newsreader mit dem Menübefehl EXTRAS/DIESES KONTO ÜBERTRAGEN an, die neuen Kopfnachrichten aller abonnierten Newsgroups zu übermitteln.

Bild 14.7:
Fertige Newsgroup-Auswahl, hier zu einem Programmierthema

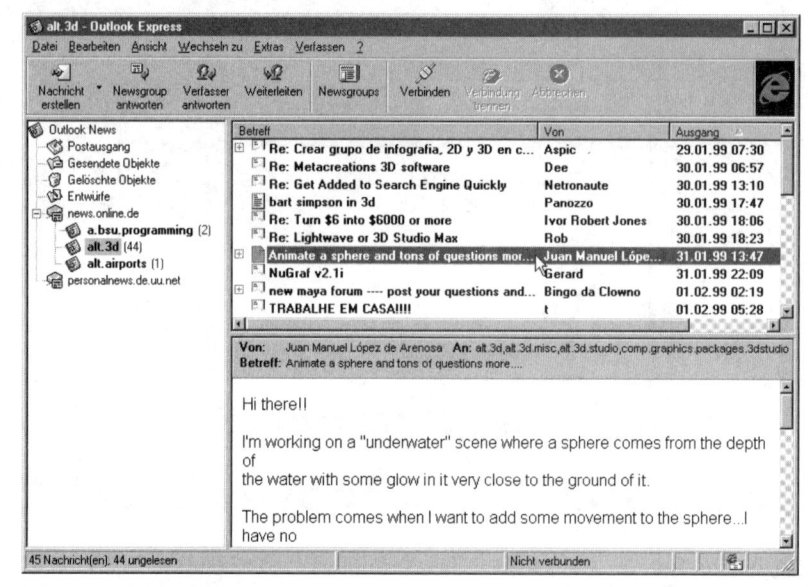

2. Vergessen Sie nicht, aus Kostengründen die Online-Verbindung zum News-Server zu trennen. Die Durchsicht der Kopfdaten oder gar die Lektüre der kompletten Nachrichten kann auch ohne Online-Verbindung zum News-Server erfolgen.

Sie haben sich für eine oder mehrere Newsgroups entschieden, die Online-Verbindung aufgebaut und mindestens die Kopfdaten neuerer News heruntergeladen, möglicherweise auch gleichzeitig den vollständigen Text der News. Folgendes müssen Sie zum Lesen der News beachten:

> **INFO**
>
> *Nachdem Sie in der Outlook-Verknüpfungsleiste die gewünschte Newsgroup markiert haben, erscheinen im rechten Fenster daneben die geladenen Kopfdaten der News.*

Dieses Anzeigefenster bietet Ihnen zahlreiche Informationen. Wie Sie es vom Posteingangsfenster in Outlook für die E-Mail-Funktion bereits kennen, sind die *fett* formatierten News die noch nicht gelesenen, die *normal* formatierten die bereits geöffneten. Befindet sich vor der Betreff-Angabe der Kopfdaten ein *Blatt-Symbol*, haben Sie den Text der Nachricht bereits auf Ihren PC geladen; ist es ein *perforiertes Blatt*, haben Sie nur die Kopfdaten geladen und müssen zu einem späteren Zeitpunkt den eigentlichen Text noch nachladen.

Erscheint an der ersten Stelle der Anzeige ein *Pluszeichen*, haben Sie das vorläufige Ende eines Diskussionsfadens aufgenommen. Auf eine ursprüngliche Nachricht hin haben sich nach und nach mehrere Antworten ergeben, die sich nun wie die Perlen an einem Faden aufreihen. Antworten sind genau wie bei den E-Mails mit dem Kürzel *Re* für Reply oder *Aw* für Antwort gekennzeichnet. Diesen Faden können Sie rückwärts verfolgen, wenn Sie auf das Pluszeichen klicken oder den Menübefehl ANSICHT/ANTWORTEN einblenden benutzen.

1. Wollen Sie nun eine Nachricht lesen, klicken Sie auf die markierten Kopfdaten. Haben Sie die Texte der Nachrichten bereits geladen, oder besteht die Online-Verbindung zum News-Server noch, können Sie nun die Nachricht in der unteren Bildschirmhälfte lesen.

2. Haben Sie die Texte noch nicht geladen, teilt Ihnen OUTLOOK dies mit. Bei der nächsten Online-Sitzung können Sie diese Nachricht herunterladen. Dazu müssen Sie die dazugehörigen Kopfdaten markieren und mit dem Menübefehl EXTRAS/ZUM ÜBERTRAGEN MARKIEREN zum Download vormerken. Im folgenden Untermenü haben Sie die Wahl zwischen der einzelnen Nachricht oder dem kompletten Diskussionsfaden. Im Newsfenster von OUTLOOK wird die zum Download markierte Nachricht mit einem blauen Pfeil gekennzeichnet.

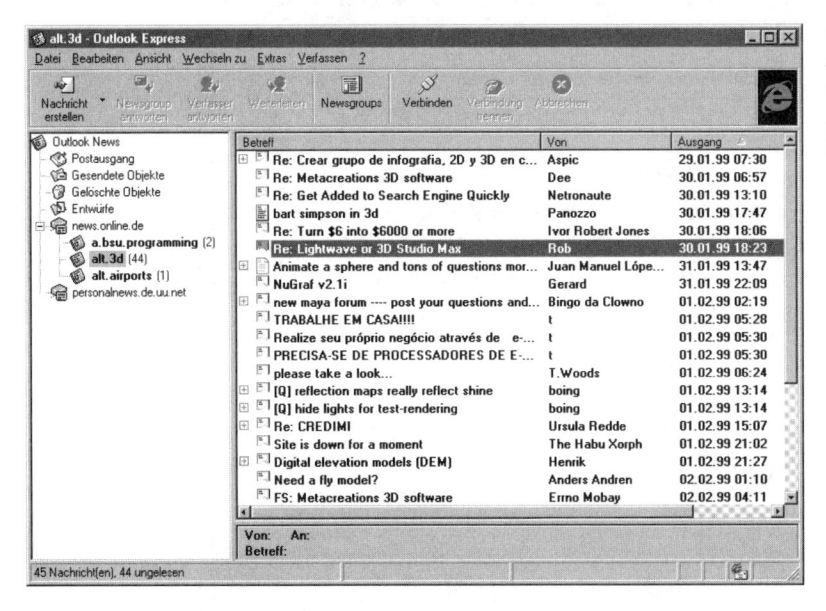

Bild 14.8:
Alle Kopfzeilen einer Newsgroup im Überblick

14.4 Zusätzliche Konfigurationen

Weitere Konfigurationsmöglichkeiten finden Sie im Menü EXTRAS/ OPTIONEN unter der Registerkarte Lesen. Dieses Registerblatt bietet Ihnen zahlreiche Variationen im Abrufen und in der Anzeige von News. Diese können Sie durch einen Mausklick auf das Kontrollkästchen aktivieren.

1. NACH FOLGENDER VORSCHAUDAUER ALS GELESEN MARKIEREN: Die Aktivierung dieser Option erspart Ihnen jegliche manuelle Markierung von News als gelesen. Die von Ihnen eingetragene Sekundenzahl legt die Dauer fest, bei der eine geöffnete Nachricht automatisch als markiert gekennzeichnet wird.

2. DOWNLOAD VON X KOPFDATEN GLEICHZEITIG: Die von Ihnen festzulegende Zahl x bestimmt die Anzahl der Kopfdaten, die in einer Sitzung heruntergeladen werden. Die zu wählende Zahl richtet sich nach der Newsgroup und Ihrem Intervall, in dem Sie die Newsgroup kontaktieren. Setzen Sie die Zahl zu hoch an, werden Sie möglicherweise mit News überflutet, ist Sie zu niedrig, entgehen Ihnen möglicherweise wichtige Informationen. Standardmäßig ist ein Wert von 300 eingestellt. Experimentieren Sie einfach mit dieser Zahlenangabe.

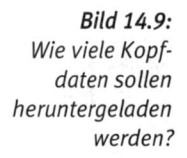

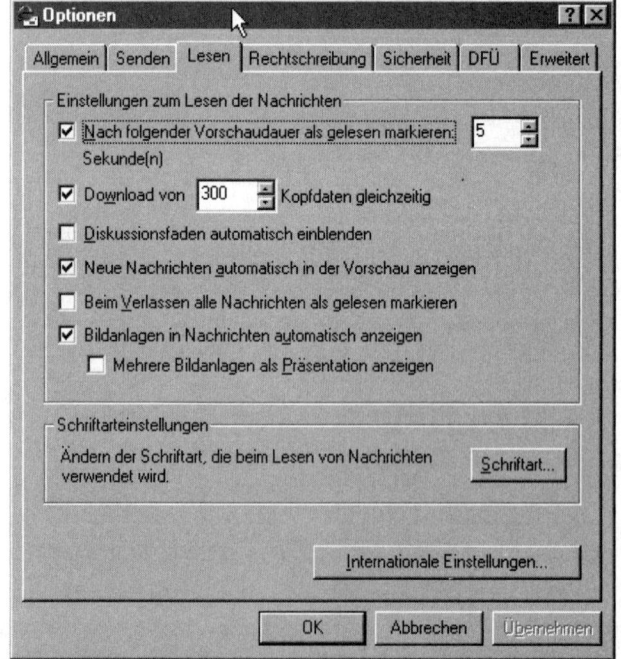

Bild 14.9: Wie viele Kopfdaten sollen heruntergeladen werden?

3. DISKUSSIONSFADEN AUTOMATISCH EINBLENDEN: Wollen Sie Diskussionsfäden überblicken und sich nicht mit dem kleinen Pluszeichen vor der Zeile begnügen, aktivieren Sie diese Option. Ihr Newsfenster beinhaltet dann mehr Informationen, wird aber gleichzeitig vielleicht auch ein wenig unübersichtlicher.

4. NEUE NACHRICHTEN AUTOMATISCH IN DER VORSCHAU ANZEIGEN: Haben Sie den Newsreader angewiesen, zusätzlich zu den Kopfdaten auch die Nachrichtentexte zu übermitteln, garantiert Ihnen diese Option, dass die Texte auch im unteren Vorschaufenster angezeigt werden. Die Aktivierung dieser Option ist daher nur in Verbindung mit dem kompletten Download sinnvoll. Haben Sie nur die Kopfdaten übertragen, baut der Newsreader mit dieser aktivierten Option erneut die Online-Verbindung auf, um die Nachrichtentexte herunterzuladen.

5. BEIM VERLASSEN ALLE NACHRICHTEN ALS GELESEN MARKIEREN: Auch diese Option ermöglicht Ihnen das einfache Kennzeichnen von News als gelesen. Der Newsreader geht davon aus, dass Sie alle Nachrichten gelesen haben, wenn Sie das System verlassen.

6. BILDANLAGEN IN NACHRICHTEN AUTOMATISCH ANZEIGEN: Mit dieser Option weisen Sie den Newsreader an, Grafiken am unteren Ende der Nachricht einzublenden.

7. Aktivieren Sie zusätzlich die Unterfunktion MEHRERE BILDANLAGEN ALS PRÄSENTATION ANZEIGEN, zeigt Ihnen der Newsreader alle Grafiken, die in der Nachricht enthalten sind.

Wie in der E-Mail-Funktion von OUTLOOK haben Sie auch in der Newsanzeige des Newsreaders die Möglichkeit, die Anzeigekriterien festzulegen und zu gestalten.

- Mit dem Menübefehl ANSICHT/SPALTEN legen Sie fest, welche Spalten in welcher Reihenfolge für die anzuzeigenden Kopfdaten der News anzulegen sind.

- Mit dem Menübefehl ANSICHT/SORTIEREN NACH bestimmen Sie das Sortierkriterium für die Anzeige. Auch hier haben Sie die grundsätzliche Wahl zwischen einer auf- und einer absteigenden Sortierung. Diese Sortierreihenfolge können Sie auch mit einem rechten Mausklick auf die entsprechende Spalte auswählen.

- Mit dem Menübefehl ANSICHT/AKTUELLE ANSICHT treffen Sie eine Auswahl der anzuzeigenden Kopfdaten. Der Befehl ALLE NACHRICHTEN zeigt Ihnen alle verfügbaren News an. Ein Mausklick auf UNGELESENE NACHRICHTEN zeigt Ihnen nur diejenigen, die Sie noch nicht kennen, einer auf ÜBERTRAGENE NACHRICHTEN nur diejenigen, bei denen bereits der Text vorliegt. Mit ANTWORTEN ZU EIGENEN NACHRICHTEN verschaffen Sie sich schnell den Überblick, ob Reaktionen zu selbst verfassten News vorliegen.

Bild 14.10: Das Ansichts-Menü

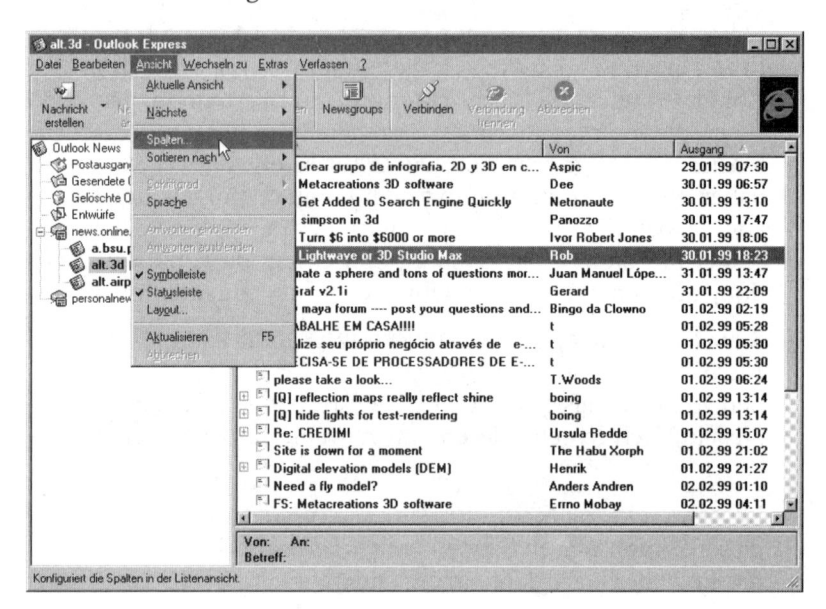

14.5 Nachrichten verfassen

In Newsgroups können Sie nicht nur passiv Informationen empfangen, sondern selbst *aktiv* Nachrichten an alle Teilnehmer oder gezielt an einen Adressaten verfassen und damit Reaktionen anderer Newsgroup-Teilnehmer hervorrufen oder auf vorhandene Nachrichten mit einer Antwort reagieren und sich in einer mehr oder weniger lange Diskussionskette einreihen. Darüber hinaus können Sie auch Nachrichten an andere weiterleiten, von denen Sie beispielsweise wissen oder zumindest ahnen, dass sie an diesem Thema besonders interessiert sind.

Je nach dem gewählten Sendeformat stehen Ihnen die Formatierungsmöglichkeiten wie in einer normalen E-Mail zur Verfügung. Auch können Sie News mit einem Anhang senden.

14.5.1 Nachrichten und Antworten schreiben

Am Nachrichtenaustausch in Newsgroup kann sich jeder beteiligen, der Lust dazu hat. Sie können eine eigene Nachricht formulieren, wenn Sie glauben, dass Ihre Information das weitere Gespräch voranbringen kann. Sie können auch auf andere, bereits vorliegende News direkt antworten. Dabei haben Sie die Wahl zwischen einer Antwort an potenziell alle Teilnehmer der Newsgroup oder individuell und gezielt an den Absender einer News. Sie entscheiden aufgrund des Charakters und des Anliegens Ihrer Antwort, an wen Sie gerichtet sein soll. Grundsätzlich lebt eine Newsgroup allerdings vom öffentlichen Austausch und Diskurs.

Bedenken Sie, dass Ihre Nachricht vielleicht bei Tausenden von Teilnehmern auf dem Rechner landet. Seien Sie sich daher der Verantwortung bewusst, die Sie mit dem Verfassen eigener News übernehmen. Wenn Sie sich über bestimmte Praktikanten anderer Newsgroup-Teilnehmer ärgern, lernen Sie daraus und kopieren nicht deren Fehler. Für die Formulierung von Nachrichten und Antworten gehen Sie folgendermaßen vor:

1. Sie stehen im Anwendungsfenster OUTLOOK EXPRESS und haben dort eine Newsgroup ausgewählt und möglicherweise einige News heruntergeladen. Wollen Sie eine neue Nachricht abfassen und der Newsgroup zur Verfügung stellen, wählen Sie in der Menüzeile den Befehl NACHRICHT ERSTELLEN.

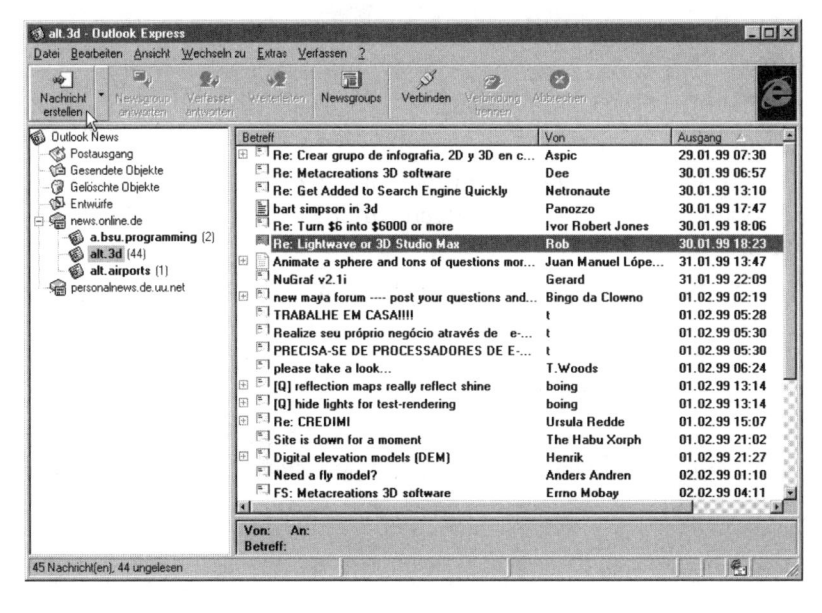

Bild 14.11:
Eine neue Nachricht wird erstellt.

Kapitel 14: Nachrichten und Newsgroups

2. Wenn Sie eine Antwort auf eine vorliegende News für alle Teilnehmer der Newsgroup formulieren wollen, wählen Sie in der Symbolleiste den Befehl NEWSGROUP ANTWORTEN.

3. Wenn sich Ihre Antwort ausschließlich an den Absender einer Nachricht richten soll, wählen Sie in der Menüzeile VERFASSEN/VERFASSER ANTWORTEN. Der entsprechende Befehl ist auch in der Symbolleiste vorhanden.

4. Wenn sich Ihre Antwort zwar an alle Teilnehmer der Newsgroup richten soll, Sie aber sicher gehen wollen, dass auch der Absender der Ursprungsnachricht Ihre Antwort garantiert ohne einen erneuten Aufruf der Newsgroup empfängt, wählen Sie in der Menüzeile den Befehl VERFASSEN/ANTWORT AN VERFASSER UND NEWSGROUP.

Bild 14.12: Mit dem Newsreader wählen Sie aus, ob Sie eine Nachricht verfassen oder eine Antwort an die Newsgroup oder exklusiv an den Absender schicken.

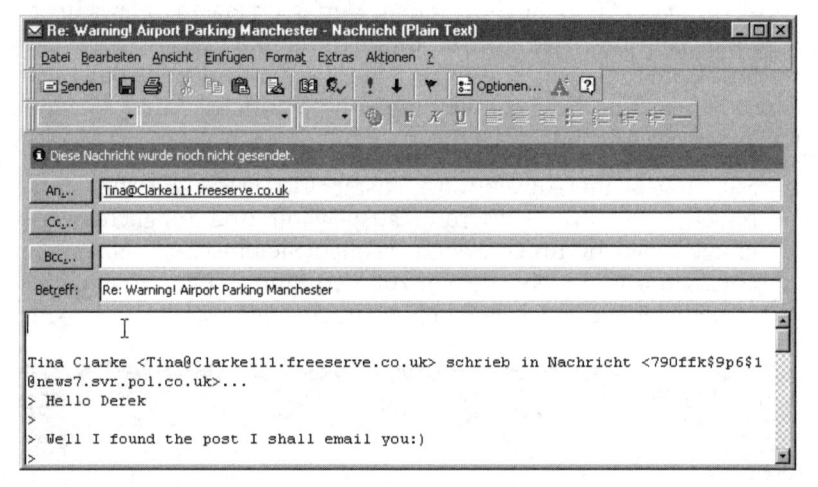

Ähnlich wie bei der normalen E-Mail haben Sie auch beim *Senden* die Wahl zwischen dem sofortigen Abschicken und dem Bereitstellen der Nachricht.

- Für das sofortige Absenden gehen Sie nach dem Abfassen der Nachricht oder Antwort auf den Menübefehl DATEI/NACHRICHT SENDEN. OUTLOOK baut darauf hin die Online-Verbindung auf und schickt Ihre Nachricht oder Antwort sofort ab.

- Mit dem Menübefehl DATEI/SPÄTER SENDEN deponieren Sie Ihre News zunächst im POSTAUSGANGSFENSTER und sammeln sie dort.

- Wollen Sie die News im POSTAUSGANGSFENSTER schließlich absenden, gehen Sie in der Menüzeile auf den Befehl EXTRAS/ SENDEN. Haben Sie den NEWSREADER mit der Option *via Internet* installiert, müssen Sie im Dialogfenster VERBINDEN MIT je nach Voreinstellung einige Angaben wie Benutzernamen und Passwort eingeben. Danach erfolgt der Verbindungsaufbau mit dem News-Server.

Für welches Verfahren Sie sich entscheiden, liegt ganz an Ihnen. Verfassen Sie beispielsweise noch mehrere News – vielleicht ergänzend sogar noch einige E-Mails – lohnt sich der Einzelversand mit dem kostenträchtigen Aufbau einer Online-Verbindung für jedes Mailing sicherlich nicht. Hier ist es vom Arbeitsablauf effektiver und kostengünstiger, alle News und E-Mails zunächst zu sammeln und sie am Ende der Outlook-Sitzung gebündelt abzuschicken.

> *Der Newsreader erleichtert dem Empfänger das Lesen von Antworten, indem er den Text der ursprünglichen Nachricht der Antwort hinzufügt. Es verstösst gegen die Netiquette, wenn der Text der ursprünglichen Nachricht erheblich umfangreicher ist als der Antworttext. In diesem Fall warnt Sie Outlook Newsreader vor dem Abschicken einer News, wenn dieser Verstoß gegen die Netiquette vorliegt, und schlägt vor, den Text der ursprünglichen Nachricht entsprechend zu kürzen. Näheres zum Thema Netiquette erfahren Sie im Kapitel 24.*

:-) TIPP

14.5.2 Sendeoptionen

Für weitere Einstellungen beim Senden von News steht Ihnen das Menü EXTRAS/OPTIONEN mit der Registerkarte SENDEN zur Verfügung.

- FORMAT BEIM SENDEN VON NEWS: Hier legen Sie grundsätzlich fest, in welchem Format – HTML oder NUR TEXT – Sie senden wollen. Darüber hinaus bietet Ihnen die Schaltfläche EINSTELLUNGEN bei beiden Formaten weitere Konfigurationsmöglichkeiten.

- Ferner können Sie unterhalb der beiden Sendeformate festlegen, ob und wenn ja mit welchem Zeichen der Originaltext in Ihre Antwort eingestellt und eingerückt werden soll.

- KOPIE IM ORDNER GESENDETE OBJEKTE SPEICHERN: Wollen Sie den Überblick behalten, welche Antworten oder Nachrichten Sie in Newsgroups eingebracht haben, empfiehlt es sich, diese Option zu aktivieren.

Bild 14.13:
Nur-Text-
Einstellungen

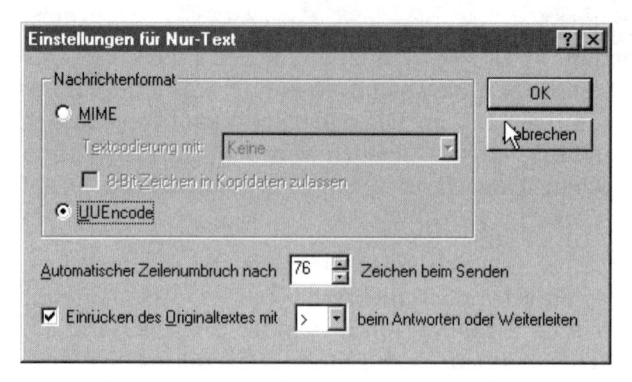

➔ ORIGINALNACHRICHT IN ANTWORT ÜBERNEHMEN: Hiermit übernehmen Sie den Text, auf den Sie antworten, direkt in Ihre Antwort. Beim Verfassen der Antwort haben Sie den Text nicht nur stets präsent, sondern können ihn auch in Ihren Antworttext miteinbeziehen.

➔ NACHRICHTEN SOFORT SENDEN: Aktivieren Sie diese Option, sendet der Newsreader sofort eine News ab, sobald Sie ihm den Befehl SENDEN erteilen. Er baut also jedes Mal eine Online-Verbindung auf. Kostengünstiger ist es, dieses Feld nicht zu aktivieren, sondern am Ende einer Sitzung alle News und E-Mails mit einem Verbindungsaufbau abzusenden.

Bild 14.14:
Nachrichten
können sofort
abgesetzt
werden.

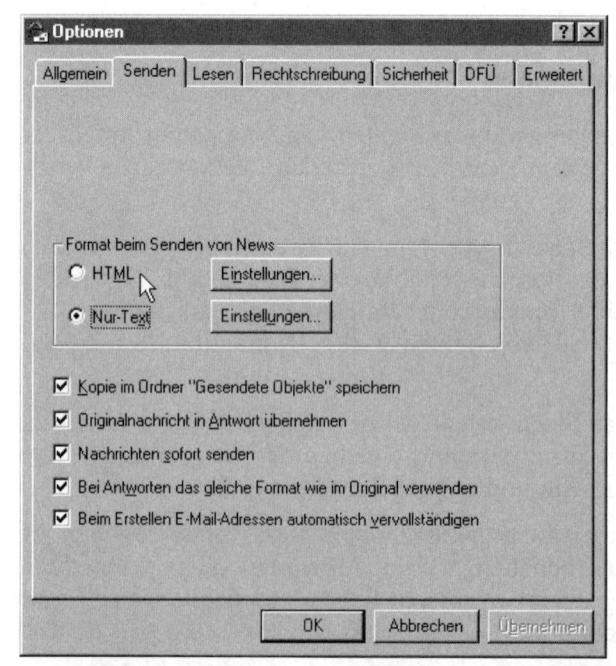

↪ BEI ANTWORTEN DAS GLEICHE FORMAT WIE IM ORIGINAL VERWENDEN: Mit dieser Option können Sie sich die Formatfrage (HTML oder Nur-Text) etwas erleichtern. Sie senden Ihre Antwort stets in dem Format ab, in dem der Originalverfasser seine Nachricht geschrieben hat. Damit stellen Sie sicher, dass wenigstens der Ausgangsverfasser Ihre Antwort lesen kann. Bei der Vielzahl und Vielgestaltigkeit von Newsgroupteilnehmern kann natürlich keine Garantie bestehen, dass auch wirklich alle Teilnehmer das gewählte Format verarbeiten können.

14.6 Weiterleiten von Nachrichten

Bei Ihrem Kontakt zur Newsgroup haben Sie einige interessante Nachrichten, Antworten oder gar komplette Diskussionsfäden heruntergeladen. Diese wollen Sie einem Dritten zusenden, von dem Sie wissen, dass er an der Thematik sehr interessiert ist. Für diesen Zweck bietet Ihnen der NEWSREADER die Möglichkeit an, Nachrichten einfach weiterzuleiten.

Sie befinden sich im Fenster OUTLOOK EXPRESS und haben aus einer Newsgroup ein oder mehrere Kopfdaten ausgewählt. Diese können Sie an einen dritten Interessenten weitergeben, in dem Sie in der Menüzeile den Befehl VERFASSEN/WEITERLEITEN aktivieren oder die Schaltfläche WEITERLEITEN wählen.

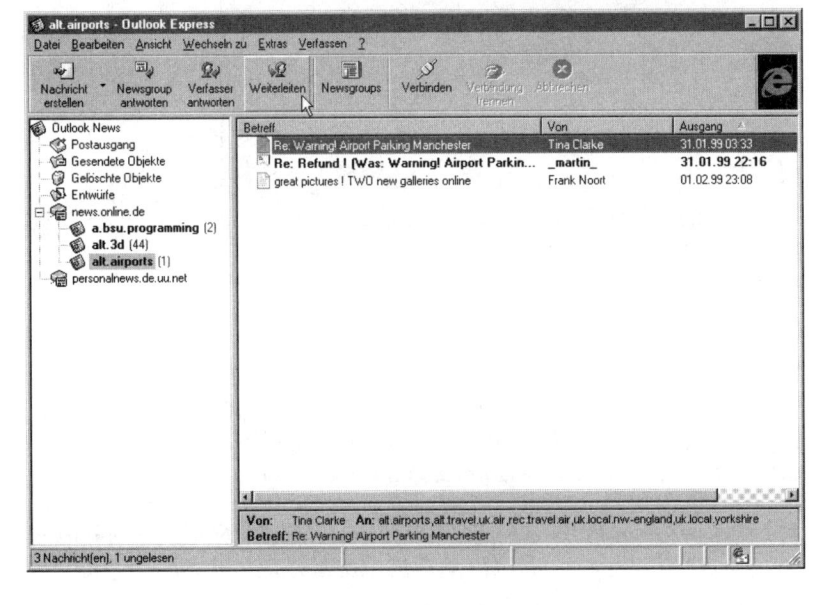

Bild 14.15:
Eine Mail wird weitergeleitet.

14.7 Nachrichten und Antworten professionell formatieren

News können Sie ähnlich wie E-Mails in verschiedenen Formaten schicken. Mit dem *Nur-Text-Format* steht Ihnen ein einfaches, aber universelles Format zur Verfügung. Es kann von jedem gebräuchlichen E-Mail-Programm empfangen und verarbeitet werden. Im Gegenzug stehen keine aufwändigen Formatierungsmöglichkeiten zur Verfügung. Demgegenüber bietet das *Rich-Text-Format* HTML-Standard. Zahlreiche aufwändige Formatierungsmöglichkeiten, wie Sie sie aus dem *World Wide Web* kennen, erlauben zahlreiche Gestaltungsvarianten für Ihre News und Antworten.

Bild 14.16: Im Bild wird HTML als Standard-Sendeoption festgelegt.

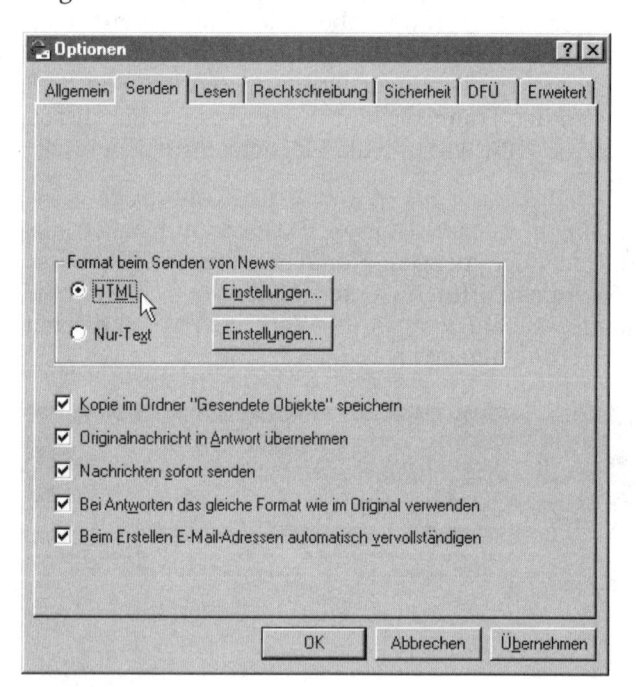

STOP *Welches Format Sie wählen, hängt nicht allein vom Charakter Ihres Textes ab, sondern auch von den Empfangsmöglichkeiten der Newsgroup-Teilnehmer. Im Gegensatz zum E-Mail-Bereich können Sie in keiner Weise verifizieren, welche News-Browser Ihre unbekannten Adressaten einsetzen. Daher verschickt der NEWSREADER Ihre News in zweierlei Formaten. Wenn der Empfänger das HTML-Format nicht verarbeiten kann, erscheint die News im einfachen Textformat; als Anlage ist das HTML-Format hinzugefügt, das der Empfänger dann mit dem geeigneten Web-Browser öffnen und lesen kann.*

Nachrichten und Antworten professionell formatieren

Mit dem Menübefehl FORMAT legen Sie fest, ob Sie Ihre Nachricht im Nur-Text-Format oder im HTML-Format verfassen. Wie Sie es beispielsweise von WORD gewohnt sind, können Sie mit den entsprechenden Menübefehlen oder über die Symbolleiste Ihren Text formatieren. Zusätzlich steht Ihnen auch eine Rechtschreibprüfung zur Verfügung, die Ihnen in Fragen der Orthographie und Grammatik weiterhilft. Diese aktivieren Sie mit dem Befehl NACHRICHTEN/ RECHTSCHREIBUNG oder mit der Funktionstaste F7.

Mitunter kommt es vor, dass Sie andere Texte oder Objekte in Ihre News einbinden möchten. Daher bietet Ihnen auch der Newsreader genau wie die E-Mail-Funktion von Outlook die Option, andere Textdokumente oder Objekte in den News-Text einzubeziehen oder als Anlage der Nachricht beizufügen.

1. Wollen Sie eine andere Textdatei in eine vorhandene Nachricht einfügen, setzen Sie zunächst den Cursor an die Stelle, an der der Text eingefügt werden soll.
2. Wählen Sie in der Menüzeile den Befehl EINFÜGEN/TEXT VON DATEI.

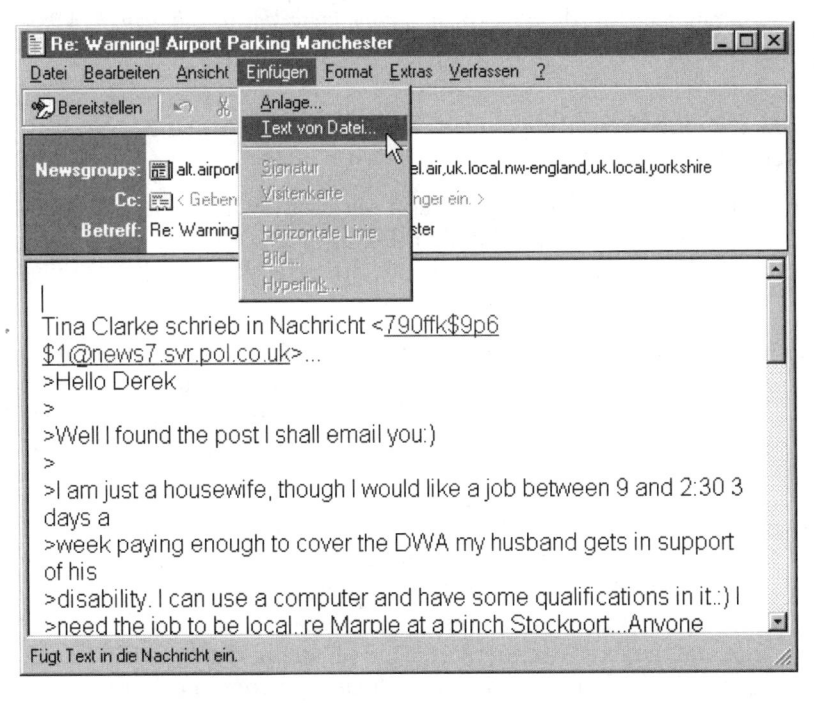

Bild 14.17: ASCII-Text kann eingefügt werden.

Kapitel 14: Nachrichten und Newsgroups

3. Das folgende Dialogfenster präsentiert Ihnen die Ordner der EIGENEN DATEIEN, aus denen Sie die gewünschte *.txt-Datei auswählen können. Suchen Sie nach anderen Dateitypen, beispielsweise einem *.doc-Dokument aus WORD, öffnen Sie das Rollfenster bei Dateityp und wählen den gesuchten Dateityp aus.

Diese Methode des Einfügens von Texten aus anderen Dateien spart Zeit und Mühe. Sie formulieren einfach eine Nachricht und ergänzen Sie mit Texten oder Objekten, die in anderen Dateien bereits vorliegen. Allerdings hat diese Vorgehensweise auch zwei Nachteile. Zum Ersten müssen Sie aufpassen, dass Ihre News nicht zu umfangreich wird, zum Anderen kann die Formatierung des eingefügten Textes die Verarbeitung beim Empfänger beeinträchtigen, vor allem dann, wenn er kein HTML-Format verarbeiten kann.

:-)
TIPP

In diesem Fall empfiehlt es sich, die zu übermittelnde Datei als Anlage an die eigentliche Nachricht anzuhängen. Sie wird dann in ihrer ursprünglichen Formatierung gesendet und kann beim Empfänger im passenden Anwendungsprogramm verarbeitet werden, unabhängig davon, ob sein E-Mail-Programm dieses Format verarbeiten kann.

Die folgende Schrittfolge zeigt, wie Mails mit Anhängen verfasst werden:

1. Sie haben Ihre neue Nachricht verfasst. Wählen Sie anschließend in der Menüzeile den Befehl EINFÜGEN/ANLAGE oder gehen Sie in der Symbolzeile auf die Schaltfläche mit der *Büroklammer*.

2. Das folgende Dialogfenster bietet Ihnen Ordner mit Dateien im Verzeichnis EIGENE DATEIEN zur Auswahl an. Markieren Sie die gewünschte Datei mit einem Mausklick und gehen Sie anschließend auf ÖFFNEN. Die gewählte Datei wird der Nachricht als Anlage hinzugefügt.

3. Noch einfacher gestalten Sie eine Anlage durch *Drag & Drop*. Verkleinern Sie dazu das Newsfenster und öffnen Sie in der linken Outlook-Verknüpfungsleiste den Ordner ARBEITSPLATZ. Hier wählen Sie in den entsprechenden Ordnern die gewünschten Dateien aus. Markieren Sie eine Datei und ziehen Sie sie mit gedrückter Maustaste an das Ende der geöffneten Nachricht. Sie erscheint dann als Anlage zur News.

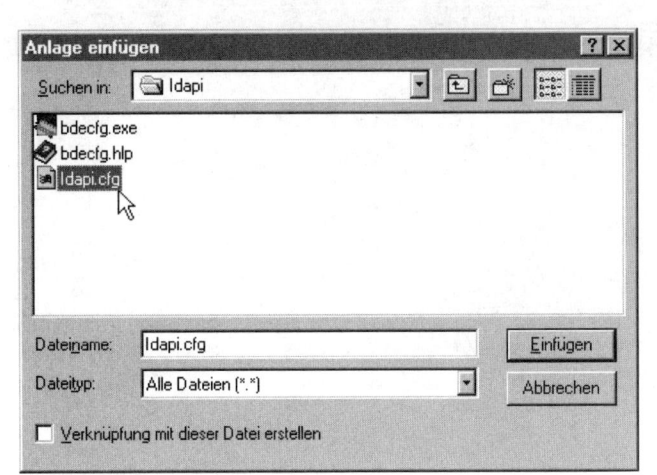

Bild 14.18:
Hier wird eine Datei angehängt.

Der Faxdienst unter Outlook

Kapitel 15

Das Thema *Faxen unter Outlook* mag schon ein wenig überraschend klingen. Da verfügt der Outlook-Anwender für seinen E-Mail-Dienst bereits über ein Modem und eine Online-Verbindung und beschäftigt sich immer noch mit Faxen. Diese scheinbar altmodische Form des Dokumentenversands müsste ein Outlook-Anwender doch längst überwunden haben?

Dennoch ist die Einrichtung einer Faxverbindung und die Beschäftigung mit dem Faxen unter OUTLOOK sinnvoll. Möglicherweise hat Ihr Adressat keinen Online-Dienst verfügbar und kann Ihre Dokumente rasch immerhin per Fax empfangen. Die Benutzung des Faxmodems erspart Ihnen Ihrerseits den Ausdruck des Faxdokuments und den Gang zum Faxgerät. Sie können einfach aus Ihrer Office-Anwendung heraus das Fax abschicken. Voraussetzung ist die Installation eines Faxmodems. Arbeitet Ihr Adressat ebenfalls mit einem Faxmodem unter OUTLOOK, können Sie Ihre Dokumente auch als editierbare Datei zuschicken. Voraussetzung ist allerdings, dass Sie die Faxfunktion in OUTLOOK unter Microsoft Fax installiert haben.

Wie in der E-Mail- und Newsgroup-Funktion ist auch im Faxdienst von OUTLOOK zwischen einer Anwendung nur *via Internet* und derjenigen als *Arbeitsgruppe oder Unternehmen* zu unterscheiden.

Hinsichtlich der verschiedenen Installationsvarianten haben Sie Einzelheiten bereits in Kapitel 10 erfahren. Diese Unterscheidung in den beiden Installationen ist allerdings auch wichtig beim Faxen mit OUTLOOK, da Sie bei der Installation via Internet die WinFax Starter Edition von Symantec und bei der Arbeitsgruppeninstallation den Microsoft Faxdienst benutzen.

Der Faxdienst von OUTLOOK steht Ihnen unabhängig von der Installationsvariante nur zur Verfügung, wenn sie als Betriebssystem *Windows95* benutzen. Bei Windows98 oder Windows NT als Betriebssystem Ihres PCs können Sie den Faxdienst unter Outlook nicht einrichten.

Bild 15.1:
Der Outlook-
Faxdienst

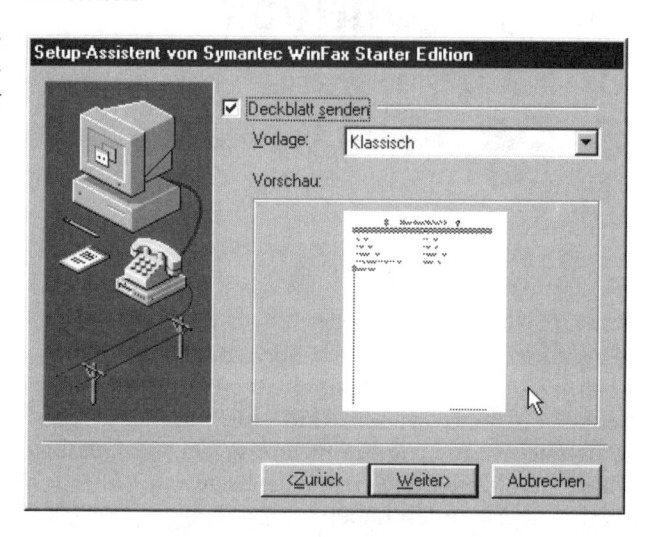

Eine weitere Einschränkung beim Faxdienst unter OUTLOOK müssen Sie ebenfalls noch berücksichtigen: Um Faxe empfangen zu können, muss sowohl Ihr PC in Betrieb und OUTLOOK gestartet sein. Diese Einschränkung unterscheidet den Faxdienst wesentlich von der E-Mail-Funktion.

Auf Ihr faxfähiges Modem kann natürlich nicht nur der unmittelbar angeschlossene PC zugreifen, sondern auch diejenigen im Netz arbeitenden PC's, für die das Modem als Ressource freigegeben ist. Näheres zu diesen Freigabeoptionen haben Sie bereits in Kapitel 10 erfahren.

15.1 Ein Fax versenden

Bei diesem Thema müssen Sie den Unterschied zwischen der Installation *via Internet* bzw. *Arbeitsgruppe oder Unternehmen* beachten, da sich die Bedienung der beiden Fax-Dienste unterscheidet. Der Einfachheit halber erfolgt daher die Darstellung in getrennten Kapiteln.

15.1.1 Fax absenden in der Installation via Internet

Bei dieser Installationsvariante kommt die *Symantec Win Fax Starter Edition* zum Einsatz, die Ihnen mehrere einfache Möglichkeiten zum Faxen aus OUTLOOK und aus anderen Anwendungsprogrammen wie beispielsweise WORD anbietet.

Sie wollen in OUTLOOK eine Nachricht verfassen, die Sie Ihrem Adressaten faxen wollen. Gehen Sie daher folgendermaßen vor:

- Wählen Sie in der Menüzeile den Befehl DATEI/NEU/FAXNACHRICHT. Alternativ finden Sie diesen Befehl auch im abwärts gerichteten Pfeil neben der Schaltfläche NEU.

- In den Outlook-Anwendungen POSTEIN- oder AUSGANG, ENTWÜRFE und OUTLOOK HEUTE steht Ihnen unter AKTIONEN/ NEUE FAXNACHRICHT ebenfalls der entsprechende Menübefehl zur Verfügung.

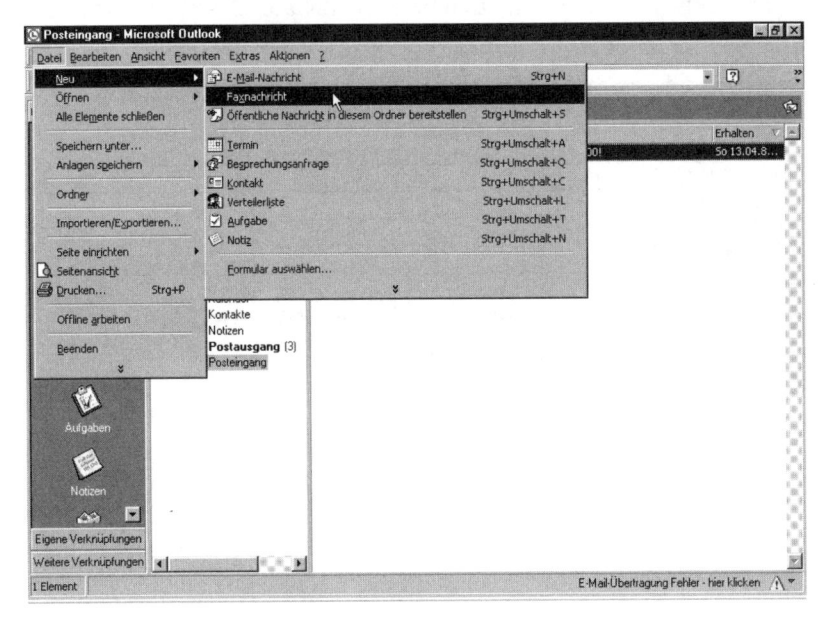

Bild 15.2: So wird eine neue Faxnachricht erzeugt.

Das dann folgende Editierfenster ähnelt in seinem Aufbau dem Fenster zur Eingabe von E-Mails oder News. Sie erkennen es aber zweifelsfrei durch die Überschrift FAX in der Titelleiste. Auch das Faxfenster gliedert sich in einen Kopf mit Adressfeld für den Empfänger, einem weiteren Adressfeld für die Kopien und eine Betreffzeile sowie in ein Textfeld.

Kapitel 15: Der Faxdienst unter Outlook

➔ Geben Sie in den Kopf Ihrer Faxnachricht die entsprechenden Angaben für den Empfänger, für die Empfänger möglicher Kopien und den Betreff ein. Durch einen Mausklick auf die Schaltfläche AN bzw. CC aktivieren Sie das Adressverzeichnis von OUTLOOK, das den Namen und die richtige Faxnummer des Empfängers einträgt.

> **:-) TIPP**
>
> *Beachten Sie bei der Eingabe der Faxnummer, dass der eigentlichen Nummer der Begriff Fax@ vorangestellt ist. Ist Ihr Faxmodem an eine Nebenstellenanlage angeschlossen und benötigt für die Amtsleitung eine 0 und ein Freizeichen, lautet die Faxnummern-Eingabe: Fax@0wFaxnummer.*

➔ In das Textfeld geben Sie den Text Ihrer Faxnachricht ein.

➔ Haben Sie das Fax fertiggestellt, schicken Sie es mit einem Mausklick auf die Schaltfläche SENDEN ab. Das Postausgangsfenster informiert Sie über den Stand der Faxübermittlung.

Bild 15.3: Verfassen einer typischen Faxnachricht: In der Titelzeile ist die Telefonnummer des Empfängers sichtbar.

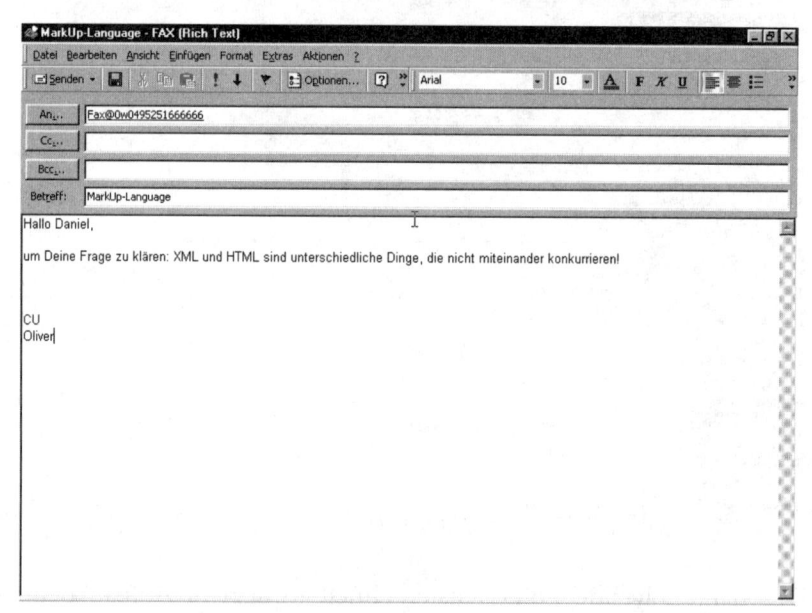

Haben Sie eine Nachricht erstellt, bei der Ihnen erst nach dem Verfassen bewusst wird, dass Sie sie per Fax verschicken wollen, können Sie diese Nachricht auch nachträglich für den Faxversand umwidmen.

→ Klicken Sie eine Nachricht beispielsweise im Postausgangsfenster mit der rechten Maustaste an. Im nachfolgenden Kontextmenü wählen Sie aus dem Befehl SENDEN AN die Eintragung SYMANTEC WINFAX STARTER EDITION.

→ Alternativ ziehen Sie mit *Drag&Drop* die per Fax zu verschickende Datei auf das Drucksymbol SYMANTEC WINFAX STARTER EDITION. Dieses müssen Sie allerdings im Druckerordner eingerichtet haben. Mit START/EINSTELLUNGEN/DRUCKER können Sie kontrollieren, ob dieses Faxsymbol eingerichtet ist. Auf dieses Fenster ziehen Sie dann die zu faxende Nachricht.

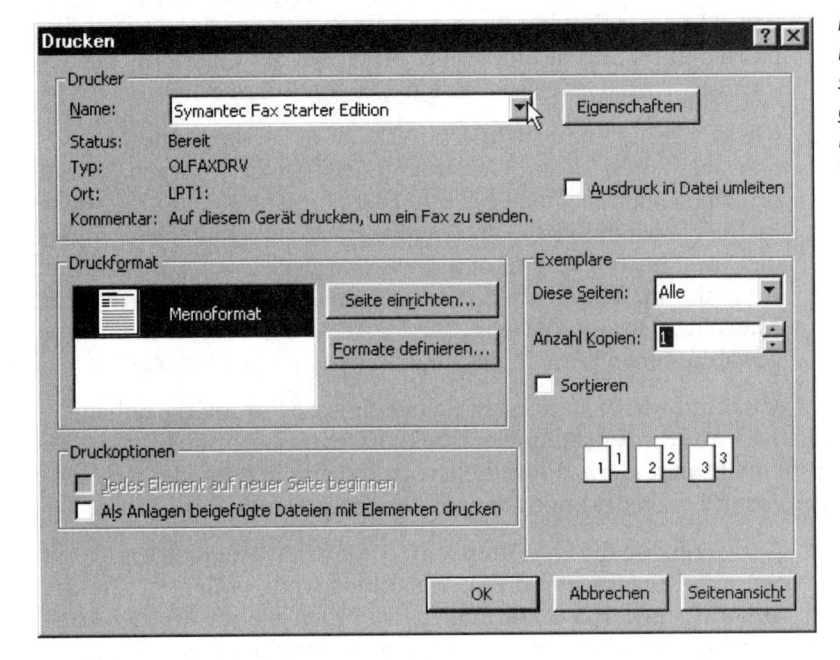

Bild 15.4:
Der Faxdienst steht auch als gewöhnlicher Drucker zur Verfügung.

Die Faxfunktion mit Symantec WinFax Starter Edition steht Ihnen nicht nur unter OUTLOOK zur Verfügung, sondern in jeder Windows-Anwendung. Haben Sie beispielsweise einen Text in WORD verfasst, den Sie einem Adressaten faxen wollen, wählen Sie in der Menüzeile den Befehl DATEI/DRUCKEN. Die Ausgabe des Dokuments erfolgt dann nicht auf Ihren installierten Drucker, der Ihnen einen Papierausdruck beschert, sondern auf den mit SYMANTEC WINFAX STARTER EDITION bezeichneten Drucker. Dieser Pseudodrucker gibt den Faxbefehl an das Modem weiter.

Auch in jeder Microsoft-Windows-Anwendung steht Ihnen die Drag&Drop-Möglichkeit und der Befehl SENDEN AN zusätzlich zum Faxversand zur Verfügung.

Ferner können Sie die Symantec WinFax Starter Edition zusätzlich konfigurieren und auf Ihre Bedürfnisse einstellen.

- Sie finden diese Konfigurationsmöglichkeit in OUTLOOK unter dem Menübefehl EXTRAS/OPTIONEN.
- Wählen Sie anschließend in die Registerkarte FAX.

Auf dieser Registerkarte können Sie Ihre Fax-Software individuell konfigurieren.

- Kontrollieren Sie im Abschnitt PERSÖNLICHE INFORMATIONEN nochmals die persönlichen und verbindungstechnischen Angaben. Mit einer Eintragung in das Feld STATIONSBEZEICHNER signalisieren Sie Ihrem Empfänger schon bei der Übermittlung der Faxnachricht, dass er soeben ein Fax von Ihnen erhält.
- Klicken Sie auf die Schaltfläche VORLAGE; bei der Option DECKBLATT erhalten Sie ein Untermenü, in dem Sie festlegen, ob Sie prinzipiell ein Deckblatt für Ihre Faxnachrichten benötigen oder nicht. Versehen Sie die Option mit einem Häkchen, bietet Ihnen die Fax-Software die in Windows vorgegebenen Vorlagen zur Auswahl an. Markieren Sie die gewünschte Vorlage mit einem Mausklick und schließen das Fenster mit OK, erscheint die gewählte Einstellung in der Registerkarte unter DECKBLATT.

Im Abschnitt MODEM können Sie mit einem Klick auf die Schaltfläche MODEM die Einstellungen Ihres Modems überprüfen und gegebenenfalls verändern. Einzelheiten haben Sie bereits in Kapitel 10 Microsoft Faxdienst konfigurieren kennen gelernt.

- Aktivieren Sie die Option FAX AUTOMATISCH EMPFANGEN, wenn Sie sich Rückfragen von OUTLOOK ersparen wollen, ob Sie das ankommende Fax auch entgegennehmen wollen. Ferner können Sie einstellen, nach wie vielen Rufzeichen das Faxmodem antworten soll.
- Mit der Option ANZAHL VON WIEDERHOLUNGSVERSUCHEN weisen Sie Ihr Faxmodem an, wie oft es bei einem gescheiterten Sendebefehl die Anwahl erneut versuchen soll. Mit der Sekundeneinstellung bestimmen Sie den zeitlichen Abstand zwischen zwei Anwahlversuchen.
- Bestätigen Sie Ihre Einstellungen mit einem Mausklick auf OK.

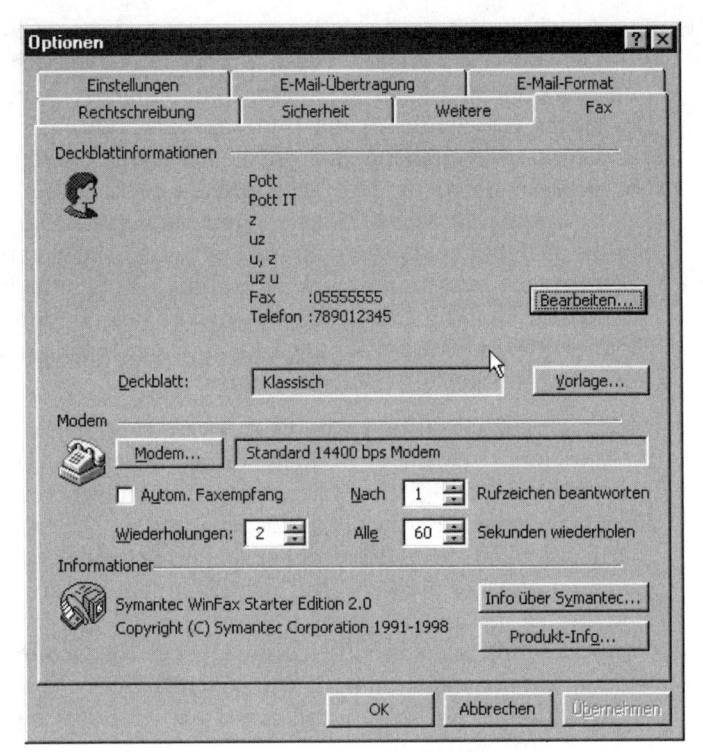

Bild 15.5:
Konfiguration über das Optionsmenü

15.1.2 Fax absenden in der Installation Arbeitsgruppe oder Unternehmen

In dieser Installationsvariante haben Sie für den Faxversand den *Microsoft Fax-Dienst* bereits eingerichtet. Das Microsoft Fax führt Sie mit einem Assistenten durch die Faxanwendung und erleichtert Ihnen zusätzlich das Faxen mit OUTLOOK und darüber hinaus aus anderen Microsoft-Anwendungen.

- Wählen Sie in der Menüzeile den Befehl DATEI/NEU/FAXNACHRICHT oder alternativ AKTIONEN/NEUE FAXNACHRICHT. OUTLOOK greift nun auf den Assistenten von Microsoft Fax zurück.

- Die erste Frage des Assistenten gilt dem *Standort*. Sie ist allerdings im Wesentlichen nur für Laptop-Anwendungen interessant, bei denen Sie wechselnde Standorte zur Information Ihres Adressaten eingeben können. Wenn Sie den Einsatz von Laptops ausschließen, können Sie sich mit der Aktivierung des Befehls ICH VERWENDE KEINEN TRAGBAREN COMPUTER diese Assistentenfrage in Zukunft ersparen.

- Das folgende Fenster fragt Sie nach dem Namen und der Faxnummer des Empfängers. Diese können Sie entweder manuell den vorgegebenen Feldern entsprechend eingeben oder mithilfe des Adressverzeichnisses der Outlook-Anwendung KONTAKTE auf bereits eingetragene Adressangaben zurückgreifen. Geben Sie dazu lediglich in der Zeile NAMEN EINGEBEN ODER AUS LISTE AUSWÄHLEN den erforderlichen Namen ein oder wählen Sie die Adressatenangabe aus der Liste aus. Markieren Sie die gefundene Adresse und klicken Sie auf die Schaltfläche AN. Wollen Sie weitere Adressaten für Ihr Fax eingeben, markieren Sie diese und klicken erneut auf AN. Mit der Schaltfläche WEITER gelangen Sie zum nächsten Schritt.

- Microsoft Fax gibt Ihnen nun die Auswahl zwischen einem Faxversand mit *Deckblatt* und einem ohne. Legen Sie am besten prinzipiell fest, ob Sie für den Faxversand normalerweise ein Deckblatt verwenden wollen. Dabei können Sie auf vordefinierte Deckblätter in Windows zurückgreifen oder selbst eines gestalten, das beispielsweise Ihr Firmenlogo enthalten kann und sich in der gesamten Gestaltung an Ihr Briefpapier anlehnt. Wenn Sie Ihre Faxnachrichten ohne Deckblatt absenden wollen, wählen Sie die Option NEIN, wünschen Sie ein Deckblatt, die Option JA und wählen anschließend aus der Liste eine Deckblattgestaltung aus.

Mit der Schaltfläche OPTIONEN rufen Sie das Untermenü SENDEOPTIONEN FÜR DIESE NACHRICHT auf. Hier haben Sie die Möglichkeit, die Sendezeit, das Nachrichtenformat, nochmals das Deckblatt sowie die Wahlparameter und Sicherheitsaspekte festzulegen.

- *Sendezeit*: Mit der Option SOFORT schicken Sie das Fax unmittelbar nach dem Sendebefehl los, mit der Option VERBILLIGTE TARIFE nutzen Sie die nächste Zeitphase aus, in der die Telefongebühren geringer sind; die Option UHRZEIT ermöglicht Ihnen mit der Schaltfläche FESTLEGEN die Wahl der Sendezeit, um möglichst optimal Telefongebühren zu sparen; angesichts der vielfältigen Tarifstrukturen kein ganz leichtes Unterfangen.

- *Nachrichtenformat*: Arbeitet Ihr Adressat ebenfalls mit einem Faxmodem und OUTLOOK, kann er das Fax anstelle einer Papierkopie als *editierbare Datei* erhalten, die ihm im vollem Umfang zur weiteren Bearbeitung zur Verfügung steht. Sind Sie nicht ganz sicher, ob der Empfänger mit diesen Optionen arbeitet, sollten Sie die Variante EDITIERBAR, FALLS MÖGLICH aktivieren. Dann kann Ihr Adressat notfalls die Faxdatei auch klassisch auf Papier ausdrucken. Wählen Sie NUR EDITIERBAR, erhält der Adressat

Ihr Fax nur als Datei. Die Option NICHT EDITIERBAR beinhaltet die normale Papierform des Faxes, deren Details Sie mit der Schaltfläche PAPIER festlegen.

→ *Deckblatt*: Wollen Sie Ihre vorher gewählte Entscheidung noch einmal ändern, haben Sie hier die Möglichkeit; ansonsten berücksichtigt die vorhandene Einstellung die vorab getroffene Wahl.

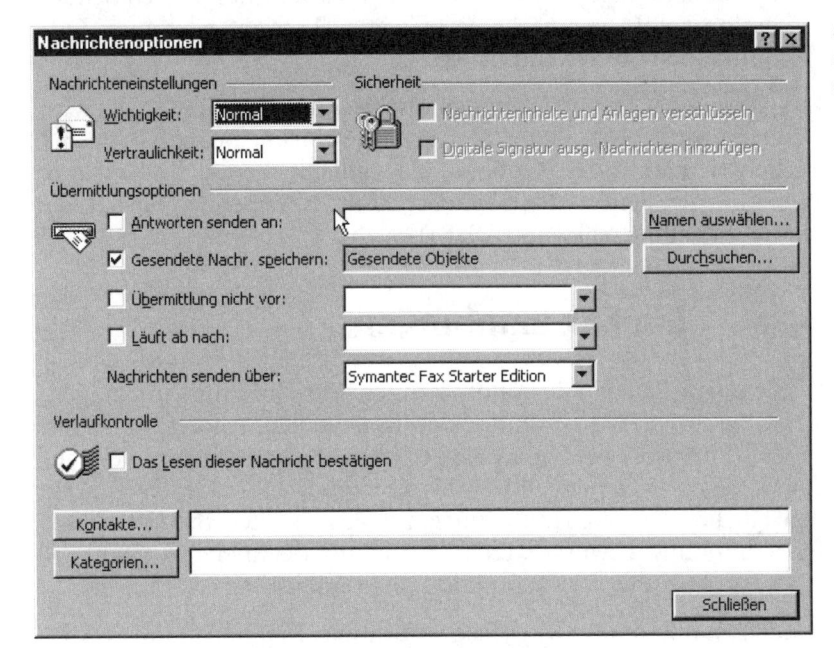

Bild 15.6: Nachrichtenoptionen

Diese Optionseinstellungen können Sie auch außerhalb des Faxassistenten vornehmen. Sie gelangen in dieses Menü mit dem Outlook-Befehl im Posteingangsfenster EXTRAS/MICROSOFT FAX-EXTRAS/OPTIONEN.

→ Im folgenden Schritt haben Sie die Möglichkeit, den *Betreff* und den eigentlichen *Faxtext* in einem Editierfenster – vergleichbar mit den entsprechenden Masken in der E-Mail- oder News-Funktion – einzugeben. Mit dem Befehl WEITER kommen Sie zum nächsten Schritt.

→ Anschließend können Sie noch dem Fax eine Datei hinzufügen, die Sie aus der Ordnerliste auswählen können. Diese wird dem Fax als Anhang hinzugefügt. Der Empfänger erhält dieses Fax mit Dateianhang allerdings nur in dieser Form, wenn Sie bei den Sendeoptionen die Variante *Editierbar* gewählt haben und der

Empfänger Faxe ebenfalls über ein Faxmodem mit Microsoft Fax empfängt. Hat er ein normales Faxgerät, erhält er die Datei ebenfalls als Textausdruck. Mit WEITER gelangen Sie zum letzten Schritt.

- Der Assistent stellt fest, dass das Fax fertig gestellt ist und zum Versenden bereit steht.

- Die Schaltfläche WEITER startet den Faxversand, je nach Sendeoption sofort, zur nächsten billigeren Tarifzeit oder zum Zeitpunkt, den Sie gewählt haben.

Das versendete Fax befindet sich als Nachweis für Sie übrigens im Ordner GESENDETE OBJEKTE. Wenn Probleme beim Faxversand entstehen, gibt Ihnen Outlook eine entsprechende Information. Wenn Sie den Fehler haben beheben können, versenden Sie das Fax mit der Schaltfläche ERNEUT SENDEN.

15.2 Ein Fax empfangen

Wie eingangs bereits erwähnt, können Sie Faxe nur empfangen, wenn Sie Ihren PC und Outlook gestartet haben. Anders als bei der E-Mail-Funktion werden an Sie gerichtete Faxmeldungen nicht auf einem Server zwischengelagert, bis sie abgerufen werden. Wenn Sie den Faxdienst in OUTLOOK nutzen wollen, sollten Sie sich dieser Einschränkung bewusst werden. Läuft Ihr Rechner bzw. Outlook nicht, sind Sie mit der Faxfunktion nicht erreichbar.

Je nach Konfiguration Ihrer Fax-Software (s. Kapitel 10) müssen Sie bei einem eingehenden Faxanruf bestätigen, ob Sie die Faxnachricht annehmen wollen oder nicht (*manuelle Variante*); bei der Konfiguration *Automatische Rufannahme* informiert Sie die Fax-Software über den Status der Faxannahme. Outlook meldet das Eintreffen einer neuen Nachricht mit einem Signal und hält im POSTEINGANG das Fax für Sie bereit (siehe Bild 15.7).

Wollen Sie sich das Fax ansehen, wechseln Sie daher in den POSTEINGANG von OUTLOOK und öffnen die Faxmeldung mit einem Doppelklick. Mit dem *Fax-Viewer* lesen Sie das Fax und können weitere Befehle veranlassen. Folgende Möglichkeiten stehen Ihnen zur Verfügung:

- Symbol Datei öffnen: Haben Sie bereits mehrere Faxnachrichten empfangen und gespeichert, öffnen Sie sie mit diesem Befehl. Wählen Sie die gewünschte Datei aus der angebotenen Ordnerliste aus. Faxe erkennen Sie an der Dateierweiterung *.awd*.

Ein Fax empfangen

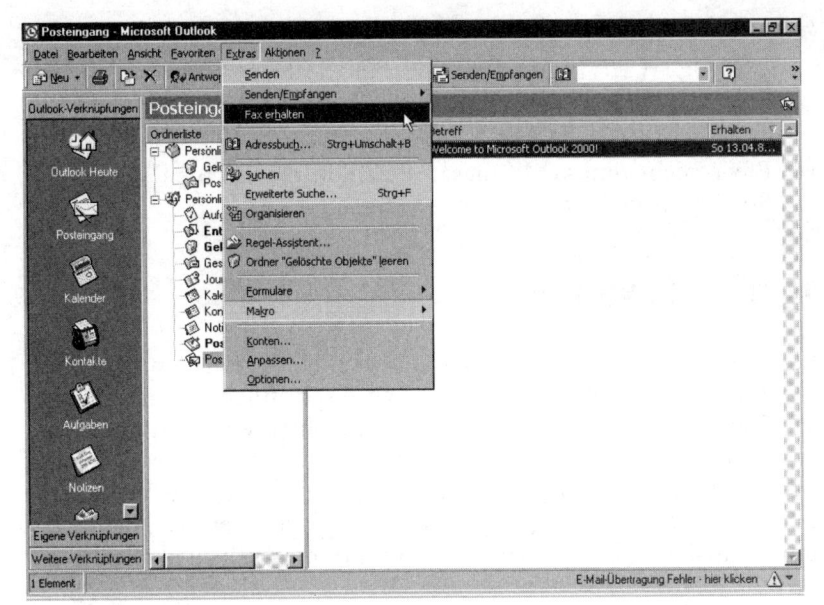

Bild 15.7:
Ein Fax kann unter Outlook abgerufen werden – und wird anschließend im Faxviewer eingeblendet.

- **Speichern:** Mit diesem Symbol können Sie das Fax speichern. Beim Faxdateinamen sollten Sie die Erweiterung *.awd* vergeben.

- **Druckersymbol:** Drucken Sie Ihr erhaltenes Fax mit dem Drucker aus.

- **Hand:** Hier können Sie in der Faxansicht das Fax verschieben.

- **Punktiertes Viereck:** Mit diesem Symbol können Sie Ausschnitte im Fax markieren und mit gedrückter Maustaste verschieben. Zusätzlich eignet sich diese Option, um Abschnitte zu markieren und anschließend mit dem Befehl BEARBEITEN/KOPIEREN in die Zwischenablage zu speichern. Dort steht er dann beispielsweise für eine Faxantwort unter BEARBEITEN/EINFÜGEN zur weiteren Verwendung in anderen Texten zur Verfügung.

- **Lupe +/-:** Die beiden Lupen vergrößern bzw. verkleinern den markierten Textabschnitt.

- **%-Ansicht:** Wählen Sie die Größe der Ansicht entweder mit der Auswahl der vorgegebenen Prozentangaben oder geben Sie eine Zahl Ihrer Wahl ein.

- **Blatt mit Pfeilen:** Hiermit können Sie die Ansicht maximal auf die Seitenbreite des Faxes ausdehnen.

- Miniaturansicht: Aktivieren Sie diese Option, listet Ihnen der Fax-Viewer am linken Bildschirmrand eine Übersicht einzelner Faxseiten auf, mit der Sie vor allem bei mehrseitigen Faxnachrichten komfortabel einzelne Seiten direkt anwählen können.
- Pfeile rechts/links: Mit diesen Befehlen drehen Sie das Fax um 90 Grad nach links bzw. nach rechts.

15.3 Faxabruf

Es ist Ihnen sicherlich öfters schon begegnet. Sie erhalten eine interessante Information und wollen sie gern schriftlich haben. Für diesen Zweck erhalten Sie eine Fax-Nummer angegeben, unter der Sie zur näheren Information ein Fax abrufen können. Dieser Vorgang wird auch als *Fax-Polling* oder *Fax-on-demand* bezeichnet. Vergleichbar ist er mit den Newsgroups. Auf Anfrage erhalten Sie Nachrichten, einmal als elektronische News und in diesem Fall als Faxnachricht.

Allerdings steht Ihnen der Faxabruf nur zur Verfügung, wenn Sie Outlook in der Option ARBEITSGRUPPE oder UNTERNEHMEN installiert und in dieser Folge dann auch auf den Microsoft Faxdienst zurückgegriffen haben.

Faxnachrichten können Sie mit Outlook folgendermaßen abrufen:

- Gehen Sie in die Outlook-Verknüpfung POSTEINGANG.
- Wählen Sie in der Menüzeile den Befehl EXTRAS/MICROSOFT FAX-EXTRAS/FAX ANFORDERN.
- Das folgende Dialogfenster ermöglicht Ihnen die Wahl zwischen zwei Polling-Optionen. Mit der ersten Variante STANDARDDOKUMENT ABRUFEN können Sie ein übliches Faxangebot erhalten. Gelegentlich bieten Dienstleister oder Firmen auch mehrere Polling-Angebote an. Diese können Sie dann mit der zweiten Option BESTIMMTES DOKUMENT ABRUFEN gezielt ansteuern. Aktivieren Sie diese Option, können Sie anschließend in den vorher grau unterlegten Feldern den Titel und das Kennwort eingeben. Die benötigten Angaben entnehmen Sie Ihrer Informationsquelle zum konkreten Faxabruf-Angebot. Mit der Schaltfläche WEITER gelangen Sie zum nächsten Schritt.

- Im nächsten Fenster geben Sie den Namen und natürlich am wichtigsten die Fax-Nummer ein, unter der das Abrufangebot erhältlich ist. Beide Angaben entnehmen Sie wiederum Ihrer Information über die Faxabruf-Aktion. Bestätigen Sie die Eintragungen mit einem Mausklick auf WEITER.

- Im nächsten Fenster bestimmen Sie die Abrufzeit. Auch hier stehen Ihnen wieder wie beim Senden von Faxnachrichten die Optionen SOFORT, VERBILLIGTE TARIFE, oder eine selbst festzulegende UHRZEIT zur Verfügung. Bestätigen Sie auch hier Ihre Angaben mit WEITER.

- Das Abschlussfenster bestätigt Ihnen die Fertigstellung des Faxabrufes. Mit einem Mausklick auf FERTIGSTELLEN senden Sie Ihre Faxanforderung ab und erhalten Sie zum gewählten Zeitpunkt im POSTEINGANG von OUTLOOK.

Outlook als Verwaltungsmanager

Teil IV

16. Der Kalender
17. Termine und Ereignisse
18. Besprechungen
19. Aufgaben
20. Kontakte und Adressen
21. Journal
22. Notizen

Nachdem Sie im vorangehenden Teil Outlook vornehmlich als Kommunikations-Software kennen gelernt haben, werden wir uns in diesem Teil anschauen, was Outlook als Koordinations- und Büromanagement-Software zu bieten hat. Die tragenden Säulen dieses Aspekts von Outlook sind:

- der Kalender, der Ihnen hilft, die Übersicht über Ihren Terminplan zu behalten,
- der Kontakte-Ordner, der Ihr neues elektronisches Adressbuch darstellt, und
- der Aufgabenblock, auf dem Sie sich notieren, welche Aufgaben Sie noch erledigen müssen.

Hinzukommen noch:

- das Journal und
- die Notizen,

die das Angebot von Outlook an Software-Komponenten für das Büro- und Desktop-Management komplettieren.

Bevor wir unseren Rundgang durch die Büromanagement-Komponenten von Outlook beginnen, erlauben Sie mir noch eine kurze Bemerkung zum Aufbau der nachfolgenden Kapitel.

Die verschiedenen Outlook-Komponenten zeichnen sich dadurch aus, dass sie trotz ihrer unterschiedlichen Funktionalität in ihrer Struktur nahezu vollkommen gleich aufgebaut sind. Um nur kurz anzudeuten, worum es geht und was gemeint ist:

Alle Komponenten basieren auf Ordnern (beispielsweise dem Ordner KALENDER). Zu jedem Ordner gibt es ein Dialogfeld, man spricht auch vom Eingabeformular, das zur Erstellung und Bearbeitung der Ordnerelemente (für den Kalender-Ordner beispielsweise die Termine) aufgerufen wird. Zudem verfügt jeder Ordner über einen Satz von Ansichten, in denen die Elemente im Ordner auf unterschiedliche Weise präsentiert werden – vergleichbar in etwa den Ansichten GROSSE SYMBOLE, KLEINE SYMBOLE, LISTE und DETAILS des Windows Explorers. Alle wichtigen ordnerspezifischen Befehle sind im Menü AKTIONEN und im Kontextmenü des Ordners zusammengefasst.

Der gleichartige Aufbau der Komponenten bedingt, dass viele Arbeitsschritte für alle Ordner gleich ablaufen:

- Wie man Ordnerelemente zur Bearbeitung in das zugehörige Dialogfeld lädt,
- wie man Ansichten von Ordnern anpasst oder eigene Ansichten definiert,
- wie man Ordnerelemente ausdruckt.

All dies sind Tätigkeiten, die für alle Ordner in gleicher Weise durchgeführt werden, auch wenn sie sich in den Details und Optionen natürlich unterscheiden.

Grämen Sie sich nicht, falls dies alles ein wenig verwirrend für Sie sein sollte – wenn Sie erst einmal ein wenig Praxis im Umgang mit Outlook gewonnen haben, wird Ihnen alles schnell klar werden. Doch zurück zum Aufbau der nachfolgenden Kapitel! Für einen Autor ist es natürlich genauso unbefriedigend, wenn er in jedem Kapitel seitenweise wiederholen muss, was er im vorangegangenen Kapitel bereits erklärt hat, wie wenn er statt Erklärungen nur Querverweise liefert. Wir werden es in den nachfolgenden Kapitel daher so halten, dass die wichtigsten Themen und Arbeitsschritte für alle Ordner in angemessener Ausführlichkeit erklärt und beschrieben werden, so dass Sie nicht gezwungen sind, unnötig im Buch hin- und herzublättern. Bestimmte Arbeitsschritte, die für alle Ordner gleich ablaufen, werden allerdings nur einmal in aller Ausführlichkeit beschrieben; an anderen Stellen werden diese Arbeitsschritte nur kurz beschrieben, für weiterführende Erläuterungen wird auf die detaillierten Ausführungen verwiesen. Ein Beispiel hierfür wäre die Anpassung und Definition von Ansichten. Die Vorgehensweise, die Befehle und die Dialogfelder zur Anpassung von Ansichten sind für alle Outlook-Komponenten gleich (lediglich die Optionen in den Dialogfeldern variieren zum Teil). Ausführlich beschrieben wird die Anpassung von Ansichten nur am Ende des Kapitels zum Kalender. In den Kapiteln zu den anderen Outlook-Komponenten (Aufgaben, Kontakte, etc.) wird auf dieses Kapitel verwiesen.

Zum Schluss möchte ich Sie noch auf das Kapitel 27 hinweisen, das sich ganz allgemein mit den Eigenschaften von und dem Umgang mit Ordnern beschäftigt, sowie den Indexeintrag »Allgemeine Arbeiten«, unter dem Sie Seitenverweise zu allen wichtigen Ordnerfunktionen finden.

Der Kalender
Kapitel 16

Neben dem Posteingang ist der Kalender die zweite große Säule, auf die sich Outlook gründet. Während Sie über den Posteingang und E-Mail mit anderen Leuten in Kontakt treten, dient der Kalender vornehmlich Ihrem persönlichen Zeitmanagement. Im Kalender tragen Sie Ihre Termine ein: geschäftliche – wann Sie sich mit Herrn Biesewitz von der Firma Metallurgica GmbH treffen, wann Sie zur Besprechung der neuen Werbekampagne müssen – wie auch private – die Geburtstage Ihrer Bekannten und Freunde, der nächste Zahnarzttermin.

Nicht immer ist es dabei mit der Eintragung des Termins im Kalender getan. Outlook unterscheidet daher zwischen drei Arten von Terminen:

- *Termine*. Der »Termin« schlechthin, für den im Wesentlichen der Zeitpunkt des Beginns festgehalten wird, beispielsweise ein Treffen mit einem Kollegen oder ein Zahnarzttermin.

- *Ereignisse*. Ein Termin, der länger als 24 Stunden dauert; beispielsweise ein Geburtstag, für den Sie sich extra Urlaub nehmen, oder ein Seminar, das Sie besuchen wollen.

- *Besprechungen*. Termine, zu denen mehrere Personen geladen werden und bestimmte Ressourcen wie Konferenzraum, Overhead-Projekt, etc. bereitgestellt werden müssen.

Doch bevor wir uns in den nächsten Kapiteln anschauen, wie Termine, Ereignisse und Besprechungen im Kalender eingetragen werden und welche Optionen und Hilfsmittel der Kalender diesbezüglich für Sie bereithält, werden wir uns einen Überblick über den Kalender, seine Funktionen und seine individuelle Anpassung verschaffen.

Kapitel 16: Der Kalender

16.1 Die Komponenten des Kalenders

Ansicht/Aktuelle Ansicht

»Den« definierten Aufbau des Kalenders gibt es im Grunde gar nicht, denn das Aussehen des Kalenders ändert sich mit der Ansicht, die Sie für den Kalender ausgewählt haben. Üblicherweise werden Sie mit der Tages-/Wochen-/Monatsansicht beginnen, die auch per Voreinstellung angezeigt wird, wenn Sie den Kalender zum ersten Mal öffnen. Diese Ansicht ist nicht nur sehr übersichtlich, sondern hat auch den Vorzug, dass sie sich – im Gegensatz zu den anderen Ansichten – in dem uns gewohnten Aussehen eine typischen Kalenders präsentiert. Grund genug, unseren Streifzug mit dieser Ansicht zu beginnen.

Der Eröffnungsbildschirm

Bild 16.1: Der Kalender in der Tagesansicht

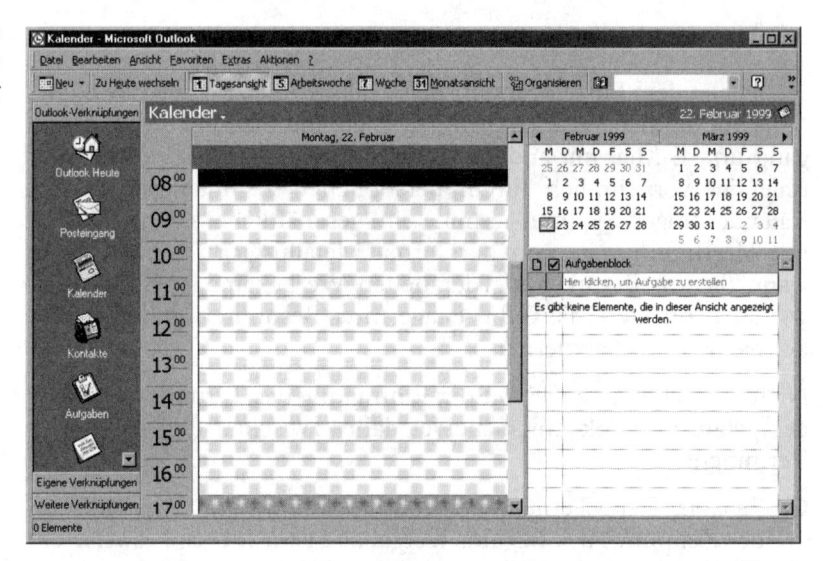

Wenn Sie den Kalender das erste Mal durch Klick auf das Kalender-Symbol in der Outlook-Leiste öffnen, präsentiert er sich wie gesagt in der Tagesansicht mit Kalenderblatt, Datumswechsler und Aufgabenblock.

:-)
TIPP

Wer die Outlook-Leiste ausgeblendet hat, um mehr Platz für die Anzeige der Outlook-Komponenten, beispielsweise auch des Kalenders, zu haben, der kann auf den Schalter mit dem Titel der Komponenten klicken. In dem daraufhin aufklappenden Menü kann die gewünschte Komponente ausgewählt werden (siehe Bild 16.2). Oder man blendet die Ordnerliste ein (Befehl ANSICHT/ORDNERLISTE), *was dann aber wieder den Anzeigebereich verkleinert.*

Die Komponenten des Kalenders

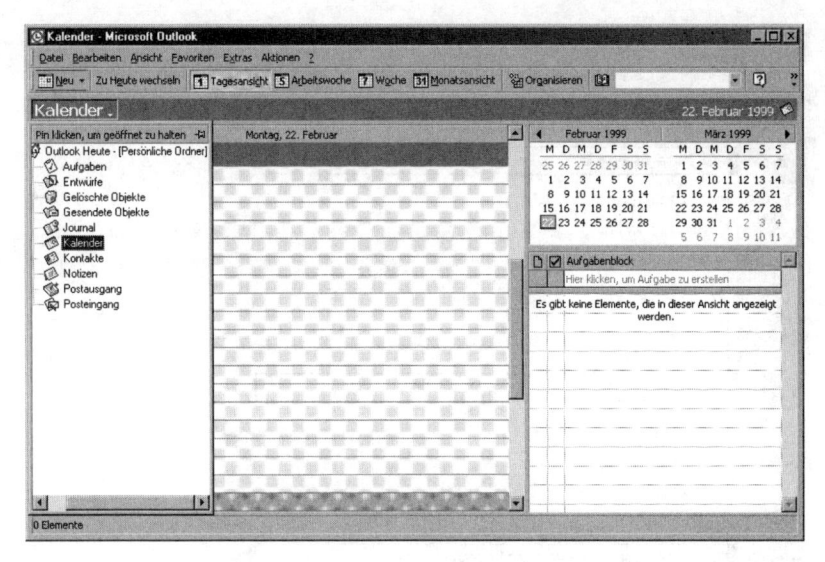

Bild 16.2:
Zwischen Komponenten wechseln

Auf Ihrem Bildschirm sehen Sie nun die drei folgenden Komponenten des Kalenders:

- die Tagesansicht,
- den Datumswechsler und
- den Aufgabenblock.

Zudem hat sich die Zusammenstellung der Schalter in der Standard-Symbolleiste geändert. Eingeblendet wurden Schalter zum Wechseln zwischen der Tages-, der Wochen- und der Monatsansicht.

Wenn Ihr Bildschirm nicht in etwa Bild 16.1 entspricht und Sie diese Komponenten nicht sehen, haben Sie vermutlich bereits eine andere Ansicht für den Kalender ausgewählt. Wählen Sie dann im Untermenü ANSICHT/AKTUELLE ANSICHT die Option TAGES-/WOCHEN-/MONATSANSICHT aus.

Die Tagesansicht

Per Voreinstellung zeigt Outlook die Tagesansicht des Kalenders an.

Bild 16.3:
Tagesansicht des Kalenders

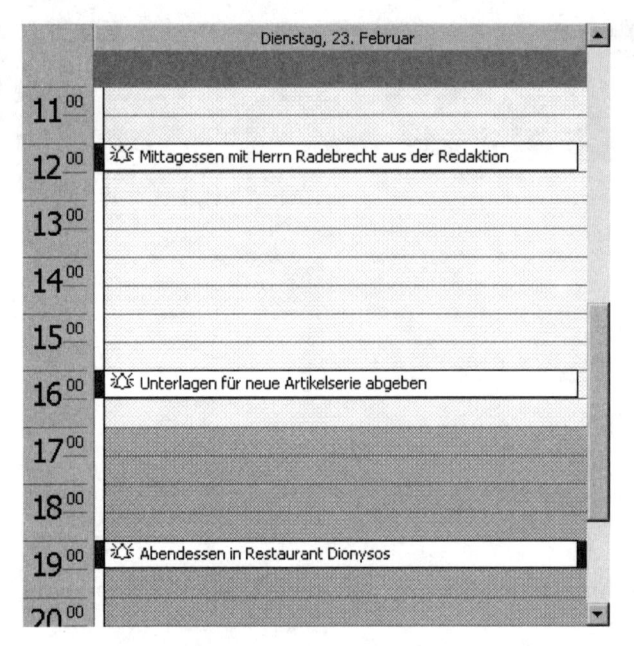

Wie so ein Kalenderblatt aufgebaut ist, brauche ich wohl nicht zu erklären. Auch dass man die Anzeige mit der rechts befindlichen Bildlaufleiste von 0:00 Uhr bis 24:00 Uhr scrollen kann, haben Sie sicherlich schon selbst herausgefunden. Andere Fragen sind da wesentlich interessanter:

Welcher Tag wird in dem Kalenderblatt angezeigt?	Den Tag lesen Sie in der Titelleiste über dem Kalenderblatt ab.
	Wenn Sie auch das Jahr wissen wollen, schauen Sie in die Titelleiste des Kalenders.
Wie wechselt man zu einem anderen Tag?	Einfach den Tag im Datumswechsler (siehe unten) anklicken.
	Liegt das Datum noch weit entfernt, so dass man erst umständlich im Datumswechsler blättern müsste, kann man auch im Kontextmenü der Tagesansicht den Befehl WECHSELN ZU DATUM aufrufen.
Wie trägt man einen Termin ein?	Durch Doppelklick in die entsprechende Zeile der Tagesansicht (mehr dazu in Kapitel 17).

Wie ändert man die Zeiteinteilung?	Per Voreinstellung ist in der Tagesansicht für jede halbe Stunde eine Zeile vorgesehen. Wenn Ihnen diese Unterteilung nicht ausreicht, können Sie im Kontextmenü der Zeitleiste eine feinstufigere Unterteilung auswählen. Sie brauchen nur mit der rechten Maustaste in die Stundenskala zu klicken.
Wie legt man die eigene Arbeitszeit fest?	Outlook geht davon aus, dass Sie von 8:00 bis 17:00 Uhr arbeiten und hinterlegt diese Zeit in der Tagesansicht mit einem helleren Farbton als die restlichen Stunden des Tages.
	Sollte Ihr Arbeitstag erst um 9:00 Uhr beginnen oder arbeiten Sie nur halbtags, so können Sie diese Anzeige anpassen. Rufen Sie dazu den Befehl EXTRAS/OPTIONEN auf, und klicken Sie in der Registerkarte *Einstellungen* auf den Schalter *Kalenderoptionen*. (Für weitere Einstellungen siehe Abschnitt 16.8)

Tages-, Wochen- und Monatsansicht

Die Tagesansicht ist zweifelsohne sehr praktisch, doch fehlt ihr der Überblick. Angenommen, Sie wollen sich mit einem wichtigen Geschäftspartner treffen und suchen einen Tag, an dem Sie bislang noch nichts anderes vorhaben. Dann wäre es doch sehr unpraktisch, wenn Sie alle Tage einzeln durchgehen müssten. Oder Sie haben für eine Opernaufführung im Sommer Karten bestellt und wollen schnell noch einmal nachschauen, an welchem Tag die Aufführung stattfindet. Vielleicht ist es aber einfach nur Montag, und Sie wollen sich schweren Herzens darüber informieren, was für Termine in dieser Woche so auf Sie warten.

Um all diesen Anforderungen gerecht zu werden, verfügt der Kalender nicht nur über eine Tagesansicht, sondern noch zusätzliche über eine Wochen- und eine Monatsansicht, die Sie über die Standard-Symbolleiste auswählen können.

Bild 16.4:
Ansicht
auswählen

Wenn Sie sich also einen Überblick verschaffen wollen oder nach bestimmten Terminen suchen, werden Sie eine größere Ansicht wählen; wenn Sie an detaillierteren Informationen interessiert sind, werden Sie die Tagesansicht wählen.

Kapitel 16: Der Kalender

Tabelle 16.1:
Die verschiedenen Ansichten

Ansicht	Beschreibung
Tagesansicht	*(Abbildung: Tagesansicht mit Zeitskala von 12:00 bis 20:00, mit Einträgen: „Mittagessen mit Herrn Radebrecht aus der Redaktion" um 12:00, „Unterlagen für neue Artikelserie abgeben" um 16:00, „Abendessen in Restaurant Dionysos" um 19:00, Überschrift „Dienstag, 23. Februar")*
	Die Zeitskala kann über ihr Kontextmenü noch feiner unterteilt werden (bis zu 5-Minuten-Einheiten).
	Die Arbeitszeit kann über den Befehl EXTRAS/OPTIONEN, Registerkarte *Einstellungen*, Schalter *Kalenderoptionen,* angepasst werden.
	(Abbildung: Pfeile in der Zeitskala bei 10:00 und 11:00)
	Pfeile in der Zeitskala weisen auf nicht angezeigte Termine hin.
Arbeitswoche	Die Arbeitswoche zeigt die fünf Tage der Woche und eine Zeitskala, deren Abstufung wie im Falle der Tagesansicht über das Kontextmenü angepasst werden kann.
	Welche Tage zu Ihrer Arbeitswoche gehören (Standardeinstellung sind die Tage von Montag bis Freitag) können Sie über den Befehl EXTRAS/OPTIONEN, Registerkarte *Einstellungen*, Schalter *Kalenderoptionen,* festlegen.

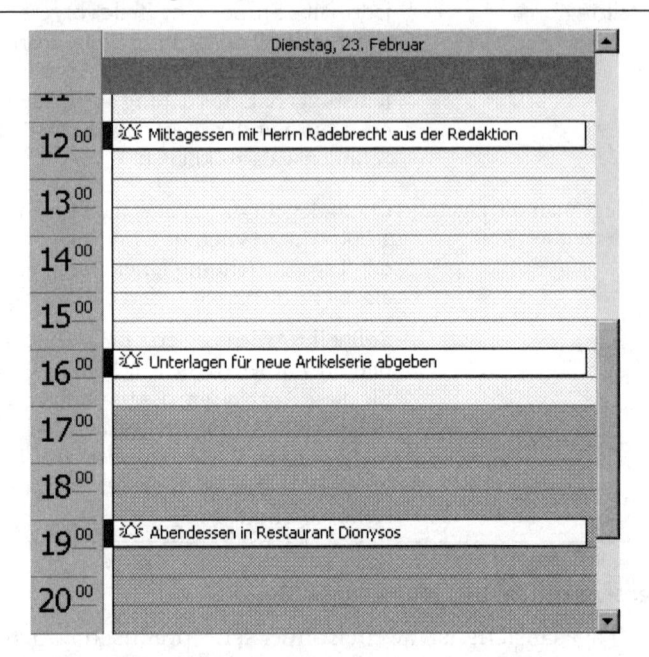

Ansicht	Beschreibung
	Pfeile in der Zeitskala weisen auf nicht angezeigte Termine hin.
Wochen	In der Wochenansicht fehlt die Zeitskala. Samstag und Sonntag werden nur in halber Feldgröße dargestellt.
	Als Ersatz für die Zeitskala werden Beginn und Ende eines jeden Termins explizit angegeben. Sie können die Bedeutung und Anzeige dieser Uhrzeiten über den Befehl AKTUELLE ANSICHT ANPASSEN im Kontextmenü und die Schaltfläche *Felder* der Wochenansicht anpassen.
	Mit der Bildlaufleiste können Sie wochenweise blättern.
	Können zu einem Tag nicht alle Termine angezeigt werden, wird ein nach unten gerichteter Pfeil eingeblendet. Bei Klick auf diesen Schalter wechseln Sie direkt in die Tagesansicht dieses Tages.

Kapitel 16: Der Kalender

Ansicht	Beschreibung
	[Wochenansicht mit Tagen Montag, 22. Februar bis Sonntag, 28. Februar; Einträge am Dienstag, 23. Februar: 12:00 12:30 Mittagessen mit Her…, 16:00 16:30 Unterlagen für neue…, 19:00 19:30 Abendessen in Rest…]
	[Tagesansicht für den 23.: 12:00 Mittagessen m…, 13:00 Treffen mit Fr…, 16:00 Unterlagen für…]
Monats- ansicht	*[Monatsansicht Februar mit Wochentagen Montag bis Sa/So; Einträge am 23.: 12:00 Mittagessen m, 16:00 Unterlagen fü, 19:00 Abendessen ir]* Ähnlich aufgebaut wie die Wochenansicht

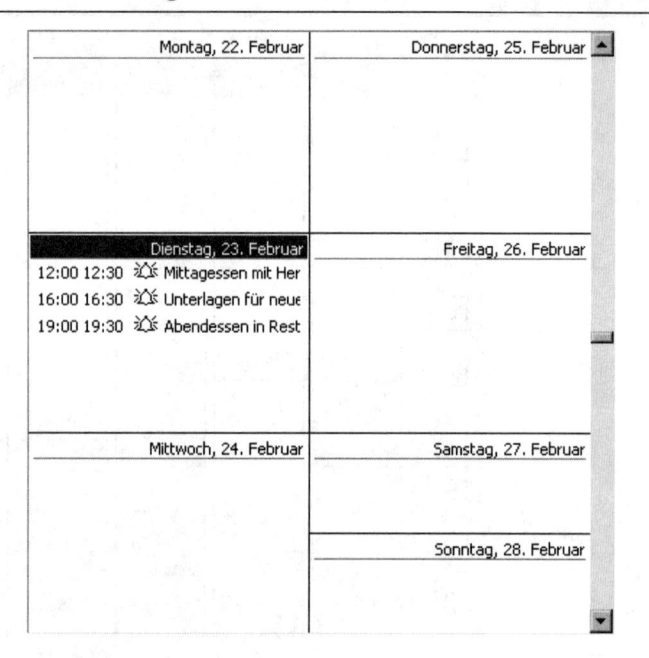

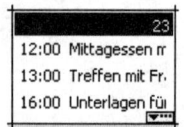

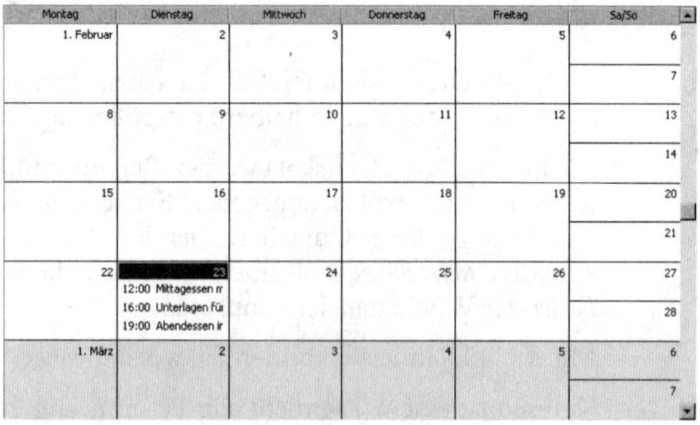

Der Datumswechsler

Im Datumswechsler werden standardmäßig der aktuelle Monat und der Folgemonat angezeigt.

Bild 16.5: Der Datumswechsler

Sie können den Datumswechsler vergrößern oder verkleinern, indem Sie die Rahmenelemente zwischen Datumswechsler und Tagesansicht (respektive Wochen- oder Monatsansicht) oder zwischen Datumswechsler und Aufgabenblock mit der Maus verschieben.

Beachten Sie aber, dass dabei auch immer der Anzeigebereich des Aufgabenblocks verändert wird.

Dem Datumswechsler können Sie folgende Informationen entnehmen:

Der aktuelle Tag	Dieser Tag ist durch den schwarzen Rahmen gekennzeichnet.
Der aktive Tag	Dieser Tag ist grau unterlegt. Wenn Sie sich in der Wochenansicht befinden, ist die ganze Woche grau unterlegt.
Tage mit Terminen	Tage, für die Termine eingetragen sind, werden im Datumswechsler in fetter Schrift dargestellt.

Der aktuelle Tag muss nicht unbedingt mit dem wirklichen Datum übereinstimmen. Outlook entnimmt das aktuelle Datum den Systemeinstellungen Ihres Rechners. Wenn Sie hier das falsche Datum eingestellt haben, wird auch Outlook das falsche Datum anzeigen. Um dies zu korrigieren, rufen Sie unter Windows die Systemsteuerung auf und doppelklicken auf das Symbol Datum/Uhrzeit.

Kapitel 16: Der Kalender

Der Datumswechsler dient aber nicht nur zur Orientierung, er kann auch – wer hätte es gedacht – zum Wechseln des Datums eingesetzt werden. Prinzipiell brauchen Sie dazu nur auf das betreffende Datum im Datumswechsler zu klicken, doch was dann passiert, hängt auch von der Ansicht ab, in der Sie sich befinden.

Tagesansicht	Der ausgewählte Tag wird in die Tagesansicht übernommen.
Arbeitswoche	Wenn Sie auf einen Tag klicken, wird die gesamte zugehörige Arbeitswoche markiert und in der Arbeitswochenansicht angezeigt.
Wochenansicht	Wenn Sie einen Tag anklicken, wechselt der Kalender zur Tagesansicht für das betreffende Datum.
	Um von Woche zu Woche zu springen, müssen Sie die Bildlaufleiste verwenden.
Monatsansicht	Der Datumswechsler wird ausgeblendet. Sie können die einzelnen Monate über die Bildlaufleiste ansteuern.

> **INFO**
> *Wenn das gewünschte Datum nicht im Datumswechsler angezeigt wird, klicken Sie einfach auf die Pfeilsymbole rechts und links der Monatsnamen, um einen Monat vor- oder zurückzugehen.*

Bild 16.6:
Eigene Ansichten
definieren

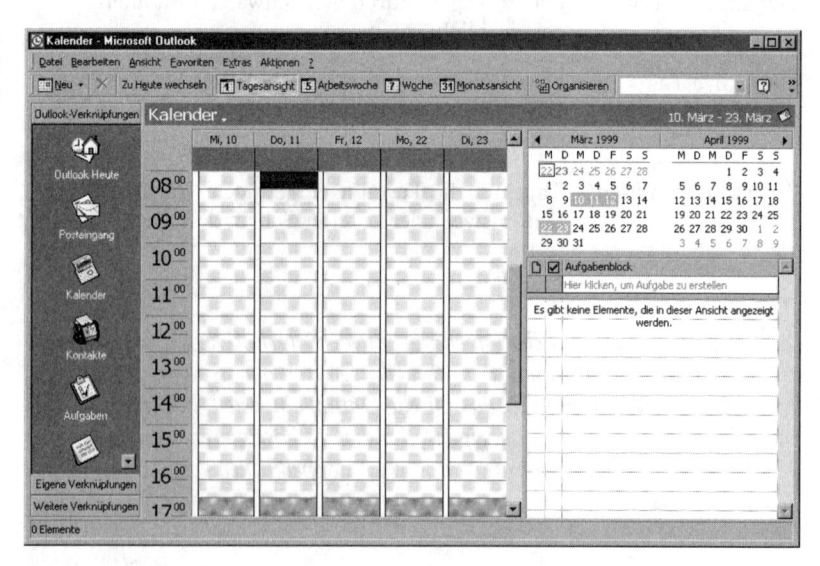

Sie können im Datumswechsler aber nicht nur einzelne Tage anklicken. Sie können mit gedrückter Maus auch mehrere Tage markieren. Dabei können Sie die Markierung mit der Maus wie gewohnt über die Tasten `Strg` und `⇧` steuern.

- Einen zusammenhängenden Bereich markieren Sie einfach, indem Sie mit der Maus auf den ersten Tag klicken und dann die Maus mit gedrückter Maustaste zum letzten Tag bewegen. Wenn Sie dabei mehr als eine Woche markieren, wechselt Outlook automatisch in die Wochenansicht.

- Sie können einen zusammenhängenden Bereich auch dadurch markieren, dass Sie mit der Maus auf den ersten Tag klicken und dann bei gedrückter `⇧`-Taste auf den letzten Tag drücken. Im Gegensatz zu dem oben geschilderten Verfahren, wechselt Outlook dabei nicht in die Wochenansicht.

- Um nicht zusammenhängende Tage zusammen auszuwählen, halten Sie beim Anklicken der Tage die `Strg`-Taste gedrückt.

> **TIPP** *Auf die oben geschilderte Weise können Sie mithilfe des Datumswechslers eigene Ansichten als Alternative zu Tages-, Wochen- und Monatsansicht definieren.*

Der Aufgabenblock

Im Aufgabenblock können Sie festhalten, welche Aufgaben Sie noch zu erledigen haben.

Bild 16.7: Der Aufgabenblock

Der Aufgabenblock ist im Grunde eine vom Kalender unabhängige Outlook-Komponente, der wir weiter unten ein eigenes Kapitel gewidmet haben. Oftmals stehen Aufgaben aber in Verbindung zu bestimmten Terminen. In solchen Fällen ist es ganz nützlich, Terminplaner und Aufgabenblock gleichzeitig im Auge zu haben.

> **INFO**
>
> *Die Ansicht für den Aufgabenblock wird innerhalb des Kalenders über den Befehl ANSICHT/ANSICHT AUFGABENBLOCK ausgewählt.*

Beispiel Angenommen, Sie sind damit beauftragt, ein Zusammentreffen mit verschiedenen Managern aus Filialen in USA und Kanada zu organisieren. Stattfinden soll das Treffen am 26. März.

Ihr erster Schritt wird sein, diesen Termin in Ihrem Kalender festzuhalten. Doch damit allein ist es nicht getan. Schon lange vorher müssen Sie den Konferenzraum inklusive Overhead- und Diaprojektor reservieren. Die Einladungen müssen verschickt und für die angemeldeten Gäste müssen Hotelzimmer gebucht werden. All dies sind Aufgaben – keine Termine.

Aufgaben sind an keinen bestimmten Zeitpunkt gebunden, sondern dürfen nur nicht in Vergessenheit geraten und sollten üblicherweise in einem bestimmen Zeitrahmen erledigt werden. Damit sie nicht in Vergessenheit geraten, trägt man sie in den Aufgabenblock ein. Ist es wichtig, dass die Aufgaben bis zu einem bestimmten Zeitpunkt erledigt sind, definiert man für die Aufgaben ein Fälligkeitsdatum (wozu der Befehl AUFGABENBLOCK: EINSTELLUNGEN/FELDER ANZEIGEN im Kontextmenü des Aufgabenblocks aufgerufen werden muss, über den man die Anzeige des Aufgabenblocks um das Feld *Fällig am* erweitern kann).

In manchen Fällen wird man eine Aufgabe zusätzlich als Termin im Kalender eintragen wollen oder umgekehrt einen Termin in den Aufgabenblock übertragen. Im Kalender ist dies kein Problem: Sie brauchen den betreffenden Eintrag nur per Drag&Drop zu verschieben.

> **STOP**
>
> *Aufgaben mit Fälligkeitsdatum, die in den Terminkalender übernommen werden, werden nicht am Tag des Fälligkeitsdatums eingetragen, sondern an dem Tag, auf dem man die Aufgabe mit der Maus ablegt.*

Weitere Ansichten

Ich habe es bereits weiter oben angekündigt: Der Kalender verfügt nicht nur über die typische Kalenderblattansicht (Tages-/Wochen-/Monatsansicht), sondern noch über eine ganze Reihe weiterer Ansichten, die Sie über das Untermenü ANSICHT/AKTUELLE ANSICHT oder den Schalter *Organisieren* auswählen können.

Ansicht/Aktuelle Ansicht

Die zusätzlichen Ansichten dienen vornehmlich dazu, die vielfältigen Informationen, die im Kalender abgespeichert sind (Termine, Ereignisse, Besprechungen), zu filtern und auf übersichtliche Weise zu präsentieren. Über den Befehl AKTUELLE ANSICHT ANPASSEN aus dem Kontextmenü der Ansichten können Sie die Auswahl der Daten noch weiter beschränken und die Präsentation der Daten weiter an Ihre Bedürfnisse anpassen.

> *Neben den vordefinierten Ansichten können Sie eigene Ansichten definieren (siehe Abschnitt 16.9).*
>
> :-) TIPP

Ansicht	Beschreibung
Tages-/Wochen-/Monatsansicht	Diese Ansicht haben Sie ja bereits kennen gelernt. Sie entspricht den üblichen Vorstellungen eines Kalenders oder Terminplaners. Über die Schaltflächen in der Standard-Symbolleiste kann man zwischen einer Tages-, zwei Wochen- und der Monatsansicht wechseln.
	Diese Ansicht ist bestens geeignet, um neue Termine, Ereignisse etc. einzutragen.
Tages-/Wochen-/Monatsansicht mit AutoVorschau	Entspricht der einfachen Tages-/Wochen-/Monatsansicht, zeigt aber darüber hinaus eine Vorschau auf die Notizen zu den Terminen (die Notizen werden in das Eingabefeld im unteren Bereich des Termin-Dialogfelds eingegeben).
	Um die Vorschau auf die Notizen zu sehen, müssen Sie in der Tages- und Arbeitswochenansicht den unteren Rahmen des Termins nach unten aufziehen, so dass sich das Terminfeld über mehrere Zeilen erstreckt; in der Wochen- und Monatsansicht brauchen Sie nur den Mauszeiger über den Termin zu bewegen und zu warten, bis das Kurzinfo-Fenster aufspringt.

Tabelle 16.2: Die Kalender-Ansichten

Ansicht	Beschreibung
Aktive Termine	In dieser Ansicht werden Ihnen sämtliche noch anstehende Termine, Terminserien, Ereignisse und Besprechungen in Form einer tabellarischen Übersicht angezeigt.
	Nicht angezeigt werden bereits abgelaufene Termine.
Ereignisse	Tabellarische Übersicht aller anstehenden Ereignisse und Ereignisserien.
	Termine und Besprechungen werden nicht angezeigt.
Jährliche Ereignisse	Tabellarische Übersicht aller jährlich wiederkehrenden Ereignisse.
Terminserien	Tabellarische Übersicht aller Terminserien (inklusive Besprechungs- und Ereignisserien) – also aller Termine, die täglich oder jede Woche, jeden Monat oder Jahr wiederkehren.
Nach Kategorie	Listet die verschiedenen Termine, Ereignisse etc. nach Kategorien geordnet auf.

Die Ansicht für den Aufgabenblock wird innerhalb des Kalenders über den Befehl ANSICHT/ANSICHT AUFGABENBLOCK ausgewählt.

16.2 Wofür nutzt man den Kalender?

Natürlich zur Eintragung wichtiger Termine. Doch wie Sie bereits erfahren haben, sieht Outlook diesen Aufgabenbereich etwas differenzierter, als man es vom Umgang mit traditionellen nicht-elektronischen Kalender gewohnt sein mag.

So können Sie den Outlook-Kalender dazu nutzen,

- einfache Termine einzutragen,
- ganztägige Termine (Ereignisse) einzutragen,
- Besprechungen einzutragen und zu organisieren,
- sich an fällige und überfällige Termine erinnern zu lassen,

Wie dies im Einzelnen geht, erfahren Sie in den Kapiteln 17 und 18.

16.3 Den Kalender bedienen

Der Outlook-Kalender erfüllt – wie jeder Taschenkalender auch – zwei wichtige Aufgaben:

- Man kann in ihm wichtige Termine und bevorstehende Ereignisse eintragen.
- Man kann in ihm nachschlagen, welche Termine für die Zukunft anstehen.

An diese Aufgaben sind eine Reihe von Funktionen und Optionen geknüpft, über die Ihnen die folgenden Abschnitte einen Überblick verschaffen sollen.

Termine eingeben und bearbeiten

Prinzipiell können Sie in jeder Ansicht des Kalenders Termine eingeben. Am besten geeignet ist hierfür aber die Tages-/Wochen-/Monatsansicht.

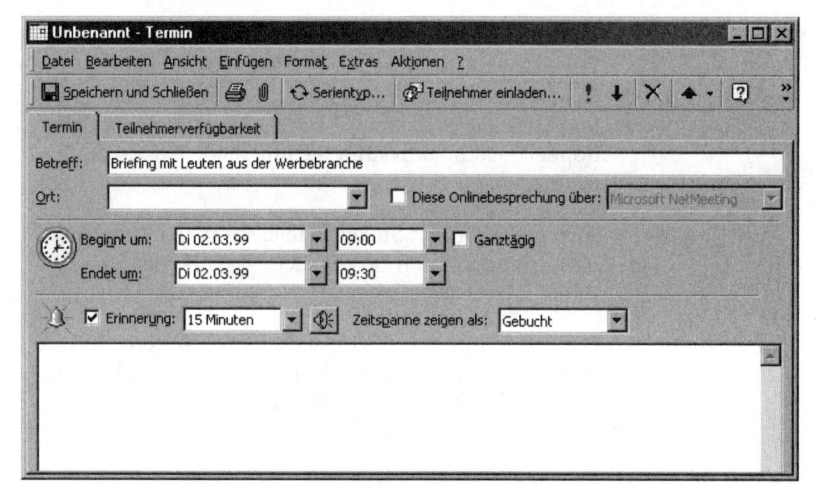

Bild 16.8: Termin eintragen

1. Wählen Sie im Menü ANSICHT/AKTUELLE ANSICHT die Option TAGES-/WOCHEN-/MONATSANSICHT aus.

2. Wählen Sie über den Datumswechsler denjenigen Tag aus, an dem der Termin stattfindet.

3. Doppelklicken Sie im Kalenderblatt der Tagesansicht in die Zeile, in die der Termin eingetragen werden soll (wenn Sie wollen, können Sie auch einmal in die Zeile klicken und dann den Befehl AKTIONEN/NEUER TERMIN aufrufen).

4. Es erscheint das Dialogfeld *Unbenannt – Termin*, in dem Sie zumindest einen Betreff zu dem Termin eingeben und dann die Schaltfläche *Speichern und Schließen* anklicken.

Der Termin wird daraufhin eingetragen, und der Betreff wird im Kalenderblatt angezeigt.

Um einen bereits eingetragenen Termin nachträglich zu bearbeiten, müssen Sie ihn nur im Kalender doppelklicken.

Terminserie	Wenn Sie statt eines einmaligen Termins eine Terminserie – also einen in regelmäßigen Abständen wiederkehrenden Termin – einrichten wollen, müssen Sie im Dialogfeld *Unbenannt – Termin* zusätzlich auf den Schalter *Serientyp* klicken und in dem daraufhin erscheinenden Dialogfeld *Terminserie* festlegen, in welchen Abständen der Termin wiederkehrt.
	Alternativ können Sie auch den Befehl AKTIONEN/ NEUE TERMINSERIE aufrufen.
Ereignis	Um ein Ereignis – also einen mindestens ganztägigen Termin – einzurichten, doppelklicken Sie nicht in eine Zeile oder ein Feld eines Tages, sondern auf die Titelleiste des Tages (wenn Sie doch einmal versehentlich doppelklicken, aktivieren Sie im Dialogfeld die Option *Ganztägig*).
	Alternativ können Sie die Titelleiste auch einmal anklicken und dann den Befehl AKTIONEN/NEUES GANZTÄGIGES EREIGNIS aufrufen.
Besprechung	Die Einrichtung oder Vormerkung von Besprechungen läuft nach einem eigenen Muster ab. Wir werden uns damit in Kapitel 18 beschäftigen.

Um in einer der tabellarischen Ansichten (beispielsweise der Ansicht Aktive Termine) einen Termin oder ein Ereignis einzurichten, doppelklicken Sie auf eine der freien Zeilen am Ende der Tabelle oder verwenden Sie die Menübefehle.

Die richtige Ansicht wählen

Die verschiedenen Ansichten des Kalenders werden über die Befehle im Untermenü ANSICHT/AKTUELLE ANSICHT ausgewählt. Doch die Wahl bringt auch die Qual. Welche Ansicht ist die richtige, welche soll man auswählen?

Grundsätzlich sollten Sie:

- die Tages-/Wochen-/Monatsansicht auswählen, wenn Sie neue Termine oder Ereignisse eingeben wollen, oder wenn Sie sich über die Termine eines Tages, einer Woche oder eines Monats informieren wollen.

- eine der spezialisierten Ansichten wählen, wenn Sie nur an bestimmten Eintragungen (Ereignisse, Terminserien, Termine bestimmter Kategorien) interessiert sind.

Doch sind dies nur Empfehlungen, denen man ungestraft zuwiderhandeln darf. Vielleicht sagt Ihnen eine tabellarische Übersicht ja mehr zu als die Kalenderblätter. Dann nutzen Sie doch die Ansicht AKTIVE TERMINE, um sich über bevorstehende Termine zu informieren und neue Termine/Ereignisse einzurichten.

Wenn Sie das Gefühl haben, dass nicht alle definierten Ansichten im Untermenü ANSICHT/AKTUELLE ANSICHT aufgeführt sind, haben Sie Outlook vermutlich so eingestellt, dass in dem Menü nur die Ansichten aufgeführt werden, die für den aktuell geöffneten Ordner definiert wurden. In diesem Fall rufen Sie den Befehl ANSICHT/AKTUELLE ANSICHT/ANSICHTEN definieren auf, und deaktivieren die Option Nur die für diesen Ordner erstellten Ansichten anzeigen.

Datum wechseln

Eine der grundlegendsten Funktionen eines Kalenders ist, dass man schnell zu einem bestimmten Datum springen kann. Hierin sind die nicht-elektronischen Kalender geradezu unschlagbar: Man blättert einfach ein paar Seiten vor oder zurück, und schon ist man bei dem gewünschten Datum.

Aber auch bei Microsoft hat man sich zu diesem Thema einiges einfallen lassen – schließlich will man den traditionellen Kalendern in nichts nachstehen. Oberster Grundsatz war dabei, den Kalender so aufzubauen, dass der Anwender jederzeit ohne große Mühe zu einem bestimmten Datum wechseln kann.

Ausgangspunkt des Microsoftschen Konzepts ist die Annahme, dass der Anwender zur Arbeit mit dem Kalender die Tages-/Wochen-/ Monatsansicht wählt (und die anderen Ansichten vornehmlich zur schnellen Orientierung nutzt). In diesem Fall steht dem Anwender eine Fülle von Optionen zum Wechseln des Datums zur Verfügung.

Bild 16.9:
Datumswechsler und Tagesansicht

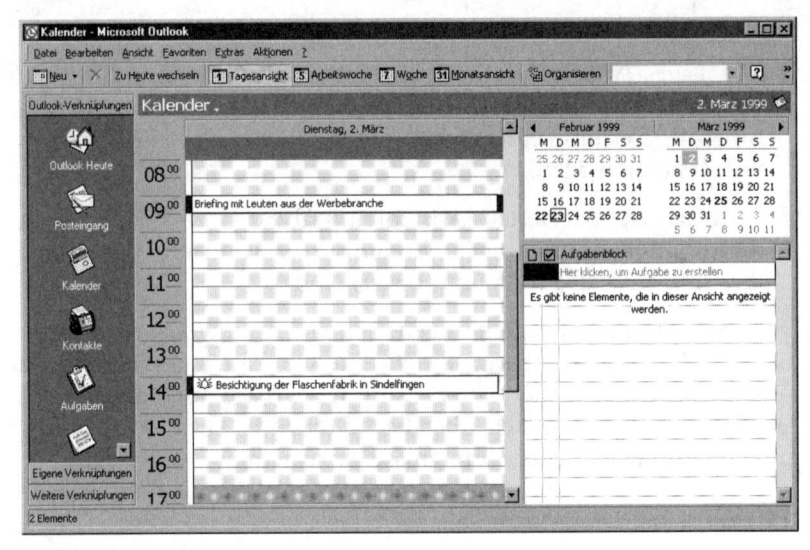

Die grundsätzliche Vorgehensweise sieht so aus, dass man im Datumswechsler (siehe Abschnitt »Der Datumswechsler«)

1. bis zu dem betreffenden Monat blättert (mithilfe der Pfeiltasten links und rechts in der Titelleiste) und dann

2. einfach auf den gewünschten Tag klickt, um diesen in die Tages- oder Wochenansicht zu laden.

Monatsansicht

Wenn Sie sich allerdings in der Monatsansicht befinden, wird der Datumswechsler nicht angezeigt, um mehr Platz für das Kalenderblatt zu haben. Das soll aber kein Hindernis sein. In der Monatsansicht können Sie mithilfe der Bildlaufleiste am rechten Rand monatsweise blättern. Wenn Sie dann zu einem bestimmten Tag wechseln wollen, klicken Sie mit der rechten Maustaste im Kalenderblatt auf den Tag und wählen im Kontextmenü den Befehl DIESEN TAG ANZEIGEN aus.

Zu Heute wechseln

Am häufigsten werden Sie wohl von einem zukünftigen (oder bereits vergangenen) Datum zum aktuellen Datum zurückspringen wollen. Outlook stellt Ihnen zu diesem Zweck in der Standard-Symbolleiste einen eigenen Schalter namens *Zu Heute wechseln* zur Verfügung, so dass Sie mit einem Mausklick zum aktuellen Datum zurückkehren können (siehe Bild 16.10).

Schließlich gibt es noch den Befehl WECHSELN ZU DATUM, der im Kontextmenü der Kalenderblätter angeboten wird. Dieser Befehl hat drei Vorteile:

- Für weit zurückliegende beziehungsweise weit in der Zukunft liegende Termine spart man sich das Blättern im Datumswechsler.
- Sie können bestimmen, in welcher Ansicht das Datum angezeigt werden soll.
- Sie können das gewünschte Datum entweder in einem Kalenderblatt auswählen (dazu drückt man den Pfeilschalter zu dem Datumsfeld) oder direkt eintippen, wobei Outlook verschiedene Eingabeformate erkennt.

Bild 16.10: Zu Datum wechseln

Ob Sie also:
- 20.01.1999
- 20.1.99
- 20 Januar 1999 oder
- Jan. 20. 99

schreiben, ist Outlook ziemlich gleichgültig. Wichtig ist, dass Outlook ein gültiges Datum erkennt. Für uns Deutsche heißt dies beispielsweise, dass grundsätzlich der Tag vor dem Monat genannt wird – außer Sie geben den Monat nicht als Zahl, sondern als Wort ein.

Desweiteren akzeptiert Outlook verschiedene Umschreibungen, wie zum Beispiel:
- vor 3 Tagen
- vorgestern
- gestern
- morgen
- übermorgen
- in 3 Tagen
- nächsten Mittwoch
- Anfang Januar

> **TIPP** *Um in einer der tabellarischen Ansichten zu einem bestimmten Datum zu wechseln, lassen Sie die Eintragungen in der Tabelle nach einem der Datumsfelder sortieren (klicken Sie beispielsweise auf das Beginn-Feld) ,und blättern Sie dann mit der Bildlaufleiste.*

16.4 Im Kalender suchen

Wenn Sie im Kalender etwas suchen, dann meist freie Termine. Dazu braucht man natürlich keine spezielle Suchfunktion, sondern öffnet den Kalender einfach in der Tages-/Wochen-/Monatsansicht und schaut nach, wo noch ein halbes Stündchen frei ist.

Nach eingetragenen Terminen werden Sie eher selten suchen, schließlich ist es ja gerade eine der komfortablen Optionen des Outlook-Kalenders, dass er Sie automatisch auf anstehende oder bereits fällige Termine hinweist (siehe Kapitel 17). Und wenn Sie am Morgen einen Blick auf die Termine des Tages werfen, brauchen Sie ebenfalls keine Suchfunktion.

Wenn Sie aber halbtags arbeiten und seit dem 1. März montags, donnerstags und freitags statt montags, dienstags und mittwochs arbeiten und nun nicht mehr sicher sind, ob der Zahnarzttermin zur halbjährlichen Vorsorgeuntersuchung, den Sie bereits im Dezember ausgemacht haben, nicht vielleicht gerade auf einem Arbeitstag liegt, wäre eine Suchfunktion, die Sie geradewegs zu Ihrem Zahnarzttermin führt, nicht schlecht.

Vielleicht kommt auch gerade einer Ihrer Kollegen in Ihr Büro geschneit und fragt Sie, wann in diesem Jahr der Betriebsausflug stattfindet. Oder Sie arbeiten in der deutschen Botschaft in Somalia und Ihr Chef möchte wissen, für wann der Besuch des Außenministers angesetzt ist.

In solchen Fällen kann eine Suchfunktion recht nützlich sein.

Nach einem Termin suchen

Beispiel Bleiben wir beim Beispiel mit dem Zahnarzttermin (ein Termin, der jedem von uns irgendwann bevorsteht). Um die Suchfunktion auszutesten, sollten Sie jetzt – falls Sie es noch nicht getan haben – Ihren Termin für die nächste Vorsorgeuntersuchung im Kalender eintragen. Wenn Sie keinen Termin für eine Vorsorgeuntersuchung haben, seien Sie daran erinnert, dass sich eine halbjährliche Vorsorgeuntersuchung positiv auf Ihre Selbstbeteiligungskosten auswirken

Im Kalender suchen

kann, und tragen Sie zur Probe einfach einen imaginären Termin ein. Klicken Sie danach auf den Schalter *Zu Heute wechseln*, um bequem zurück zum aktuellen Datum zu springen.

1. Zur Aktivierung der Suchfunktion klicken Sie in der Standard-Symbolleiste auf die Schaltfläche *Suchen*.

   Im Fenster des Kalenders wird daraufhin der Bereich *Elemente suchen in Kalender* eingeblendet.

2. Geben Sie in das Feld *Suchen nach* den Begriff ein, nach dem gesucht werden soll.

3. Drücken Sie auf die Schaltfläche *Jetzt suchen*.

   Das Ergebnis der Suche wird Ihnen in Form einer Ergebnistabelle (Ansicht AKTIVE TERMINE) angezeigt.

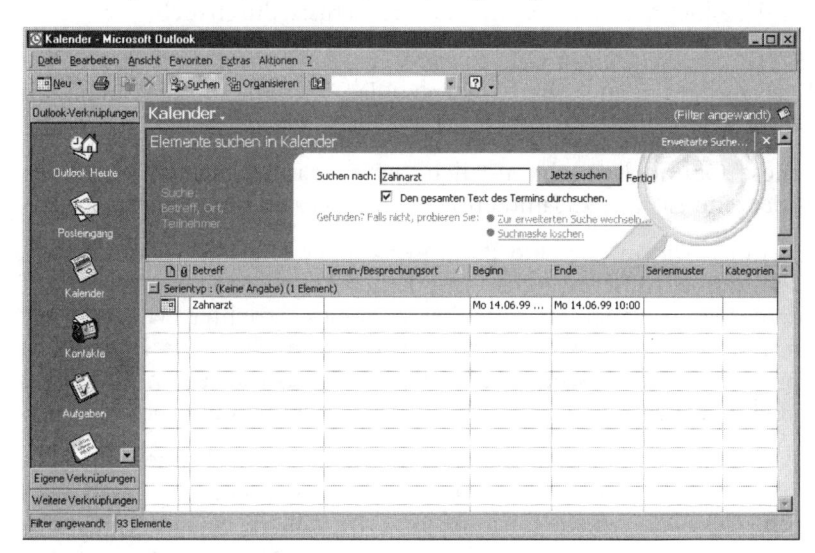

Bild 16.11: Nach Termin suchen

Wonach kann man suchen?

Sie können nach einzelnen Begriffen suchen:

```
Zahnarzt
```

Sie können nach Wortteilen suchen, um die Trefferquote zu erhöhen:

```
Zahn
```

Sie können nach Satzteilen suchen, um die Trefferzahl einzugrenzen:

```
Zahnarzt Vorsorgeuntersuchung
```

Sie können nach mehreren alternativen Begriffen/Schreibweisen suchen lassen, wenn Sie sich unsicher sind, unter welchem Begriff Sie einen Termin eingetragen haben. Die alternativen Begriffe werden dabei durch Kommata getrennt.

Zahn, Zähne

> :-) TIPP
>
> *Um noch weiter Einfluss auf die Suche und das Suchergebnis zu nehmen, klicken Sie auf den Link* Erweiterte Suche *(siehe unten).*

Wo wird gesucht?

In welchen Feldern Outlook sucht, wird Ihnen im Suchfenster angezeigt. Für Suchen im Kalender werden standardmäßig Betreff, Ort und Teilnehmer der Termine und Ereignisse durchsucht.

Wenn Sie die Option *Den gesamten Text des Termins durchsuchen* aktivieren, werden auch die Notizen zu den Terminen in die Suche mit einbezogen.

Diese Option ist recht nützlich, wenn man sich einen Überblick über eine Gruppe zusammenhängender Termine verschaffen will.

Beispiel Nehmen wir an, Sie sind Bauunternehmer und haben auf der Birkenhöhe ein interessantes Grundstück angeboten bekommen, auf dem Sie gerne einen Hochhauskomplex errichten würden. Sie haben bereits die wichtigsten Termine zum Start des Projekts in Ihren Kalender eingetragen und wollen sich nun einen Überblick über den chronologischen Ablauf der Projektplanung verschaffen.

Wenn Sie jetzt nur in den Feldern Betreff, Ort und Teilnehmer nach »Projekt Birkenhöhe« oder »Birkenhöhe« suchen, kann es passieren, dass Sie nicht alle Termine erfassen, weil Sie bei einigen Eintragungen (beispielsweise beim Treffen mit Vertretern Ihrer Hausbank) das Projekt nicht direkt im Betreff, sondern nur in den Notizen zum Termin erwähnt haben – was ja durchaus seine Berechtigung hat, denn schließlich kann man nicht alle relevanten Informationen zu einem Termin in den Betreff packen (siehe Bild 16.12).

Um in solchen Fällen sicherzugehen, dass Sie keine wichtigen Termine übersehen, aktivieren Sie die Option *Den gesamten Text des Termins durchsuchen (siehe Bild 16.13).*

Im Kalender suchen | 365

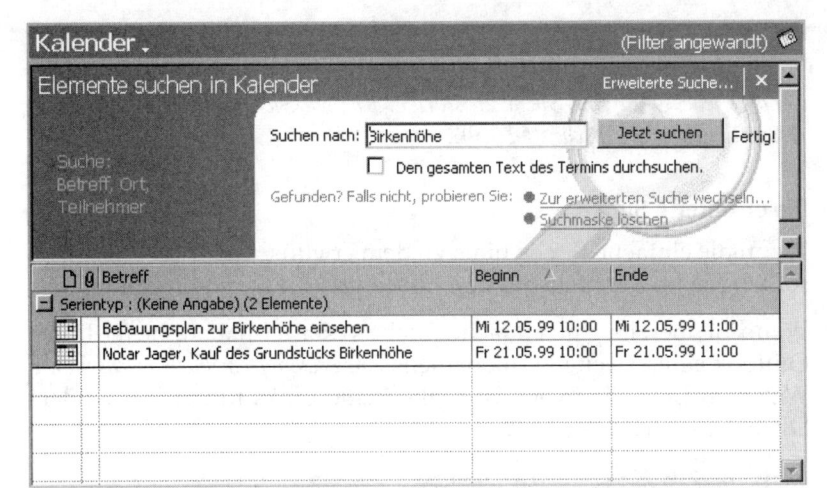

Bild 16.12:
Suche in BETREFF-Feld

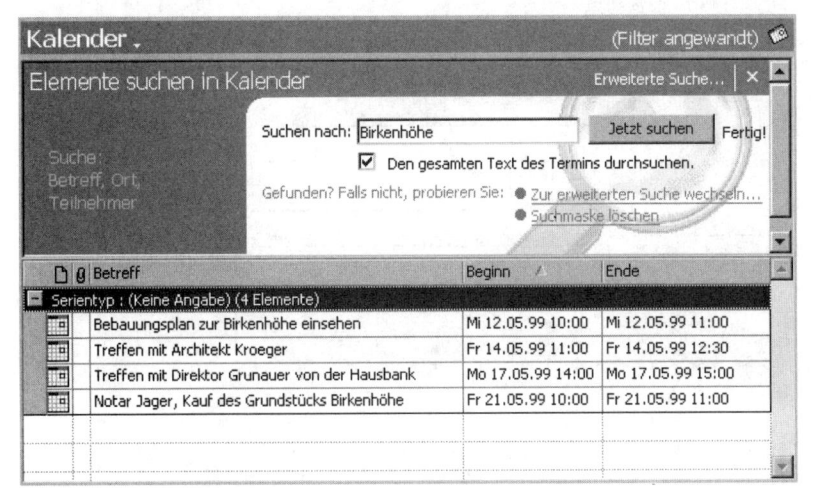

Bild 16.13:
Suche auf Notizen zu Terminen ausdehnen

> Was Ihnen bei der Suche aber immer noch entgeht, sind Eintragungen zu dem Projekt, die nicht im Kalender, sondern beispielsweise im Aufgabenblock vorgenommen wurden. Um auch diese in die Suche mit einzuschließen, müssen Sie auf den Link zur ERWEITERTEN SUCHE drücken (siehe unten) und im Feld Suchen NACH statt der Option Terminen und Besprechungen die Option Beliebige Outlook-Elemente wählen.

| **Kapitel 16: Der Kalender**

> **TIPP**
>
> *Wenn Sie des öfteren an solchen Übersichten interessiert sind, wäre es zu aufwendig, jedes Mal eine Suche zu starten. Richten Sie dann lieber eine eigene Ansicht ein (siehe Abschnitt 16.9).*

Die erweiterte Suche

Extras/Erweiterte Suche

Wenn die einfache Suche nicht zu dem erwünschten Ergebnis führt, sollten Sie im Suchfeld auf den Link *Erweiterte Suche* klicken.

`Erweiterte Suche...`

Wenn Sie bereits eine einfache Suche gestartet haben, bietet Ihnen Outlook einen zweiten Link namens *Zur erweiterten Suche wechseln* an. Welchem Link Sie folgen ist egal – beide Links führen Sie zu dem Dialogfeld *Erweiterte Suche*.

Bild 16.14:
Das Dialogfeld
ERWEITERTE SUCHE

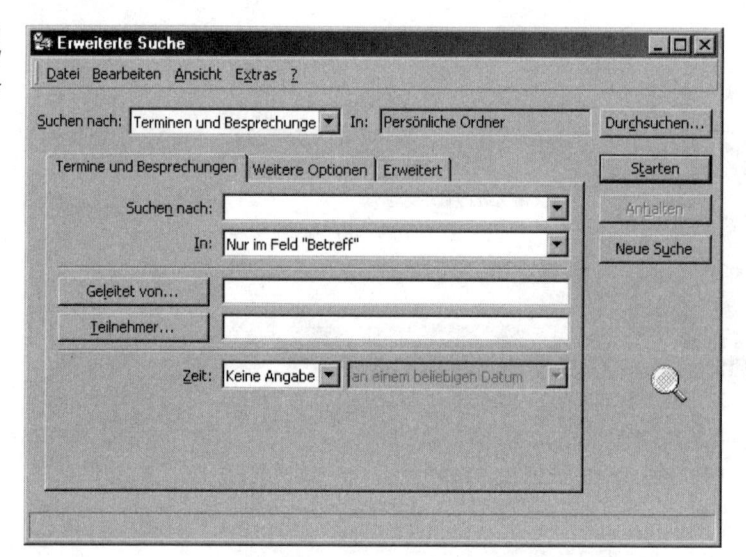

Der Wechsel zu diesem Suchdialog empfiehlt sich beispielsweise, wenn Sie:

- nicht nur nach Terminen, sondern nach beliebigen Outlook-Elementen suchen wollen,
- in bestimmten Outlook-Ordnern suchen wollen,
- nach Kategorien suchen wollen,
- für einzelne Felder Suchkriterien vorgeben wollen (beispielsweise nur Termine ab einem bestimmten Datum anzeigen lassen),
- etc.

Beginnen wir mit der Besprechung des Dialogfelds *Erweiterte Suche* in der linken oberen Ecke.

Nach welchen Outlook-Elementen soll gesucht werden?

Wählen Sie die Elemente im Feld *Suchen nach* aus. Wenn Sie die Suche im Kalender starten, ist die Option *Terminen und Besprechungen* voreingestellt. Würden Sie die Suche dagegen aus dem Posteingang starten, wäre die Option *Nachrichten* ausgewählt.

In welchen Outlook-Ordnern soll gesucht werden?

Wählen Sie die Ordner im Feld *In* beziehungsweise über den Schalter *Durchsuchen* aus. Per Voreinstellung suchen Sie im PERSÖNLICHEN ORDNER und allen zugehörigen Unterordnern. Über den Schalter *Durchsuchen* können Sie beliebige Ordner per Mausklick auswählen.

Kommen wir noch einmal auf das Beispiel zu dem Bauprojekt zurück. Sie wollen nicht nur nach Terminen, sondern auch nach den Aufgaben suchen. Im Feld *Suchen nach* wählen Sie dazu die Option *Beliebigen Outlook-Elementen* aus. Um nun nicht mit Einträgen aus dem Notizblock, dem Ordner für gelöschte Objekte, etc. erschlagen zu werden, grenzen Sie die Suche auf die Outlook-Ordner KALENDER und AUFGABEN ein. Drücken Sie den Schalter *Durchsuchen*. In dem aufspringenden Dialogfeld deaktivieren Sie den Ordner PERSÖNLICHE ORDNER, und markieren Sie die Ordner KALENDER und AUFGABEN (siehe Bild 16.15).

Beispiel

Wo wird wonach gesucht?

Den Suchbegriff und die Felder, in denen gesucht werden soll, legen Sie – ähnlich wie bei der einfachen Suche – in den Eingabefeldern *Suchen nach* und *In* auf der Registerkarte *Termine und Besprechungen* fest.

Auf der gleichen Registerkarte können Sie noch weitere Kriterien festlegen, beispielsweise die Zeit, zu der die gesuchten Termine beginnen oder enden.

Suche auf eine bestimmte Kategorie begrenzen

Auch auf der Seite *Weitere Optionen* können Sie weitere Kriterien für die Suche festlegen, wobei am interessantesten sicherlich die Suche nach Einträgen zu einer bestimmten Kategorie ist. Voraussetzung ist natürlich, dass Sie Ihre Termine konsequent den angebotenen (oder selbst definierten) Kategorien zugeordnet haben (siehe Kapitel 17.1).

Kapitel 16: Der Kalender

*Bild 16.15:
Suche in ausgewählten Ordnern*

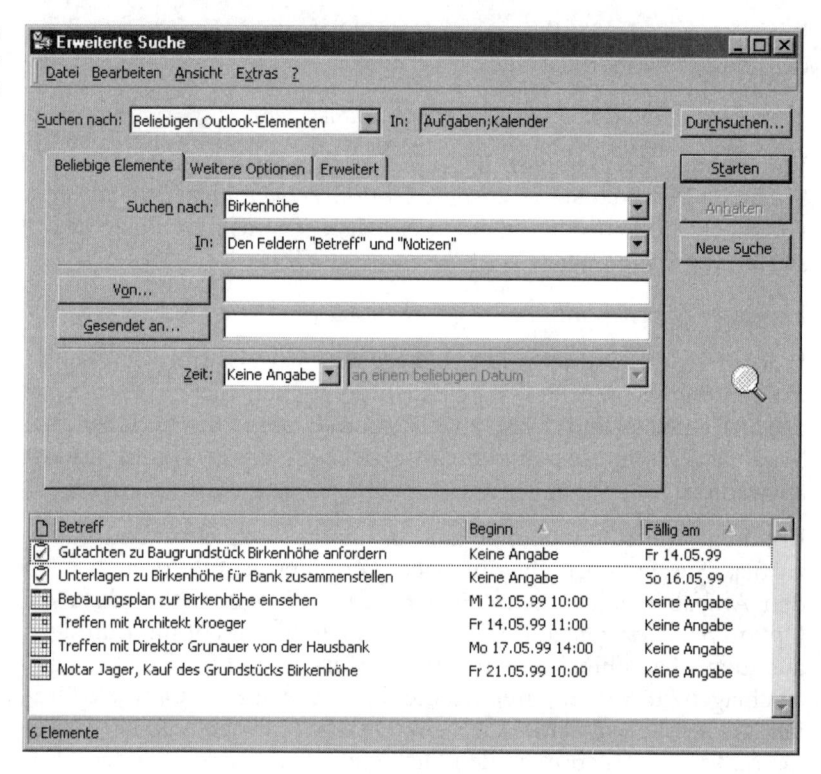

Suchkriterien für einzelne Felder festlegen

Die weitreichendsten Möglichkeiten bietet aber zweifelsohne die Registerkarte *Erweitert*.

Hier können Sie für einzelne Felder festlegen, welche Kriterien die Inhalte dieser Felder erfüllen müssen, damit die betreffenden Einträge in das Suchergebnis aufgenommen werden. Dazu schauen wir uns noch einmal ein Beispiel an.

Beispiel Nehmen wir an, Sie haben im Zeitraum vom 5. bis 23. Juli Urlaub genommen und wollen nun alle geschäftlichen Termine in diesem Zeitraum verlegen.

1. Zuerst wählen Sie auf der Registerkarte *Weitere Optionen* als Kategorie *Geschäftlich* aus.

2. Dann klicken Sie auf der Registerkarte *Erweitert* auf den Schalter *Feld* und wählen das Datums-/Uhrzeitfeld *Beginn* aus. Als *Bedingung* wählen Sie die Option *zwischen* aus, die Ihnen die Angabe eines Zeitraums im Feld *Wert* erlaubt. Dort geben Sie dann den ersten und letzten Tag Ihres Urlaubs ein.

3. Zum Schluss nehmen Sie das soeben spezifizierte Suchkriterium durch Klick auf den Schalter *Zur Liste hinzufügen* in die Liste der Suchkriterien auf.
4. Jetzt können Sie über *Starten* die Suche durchführen.

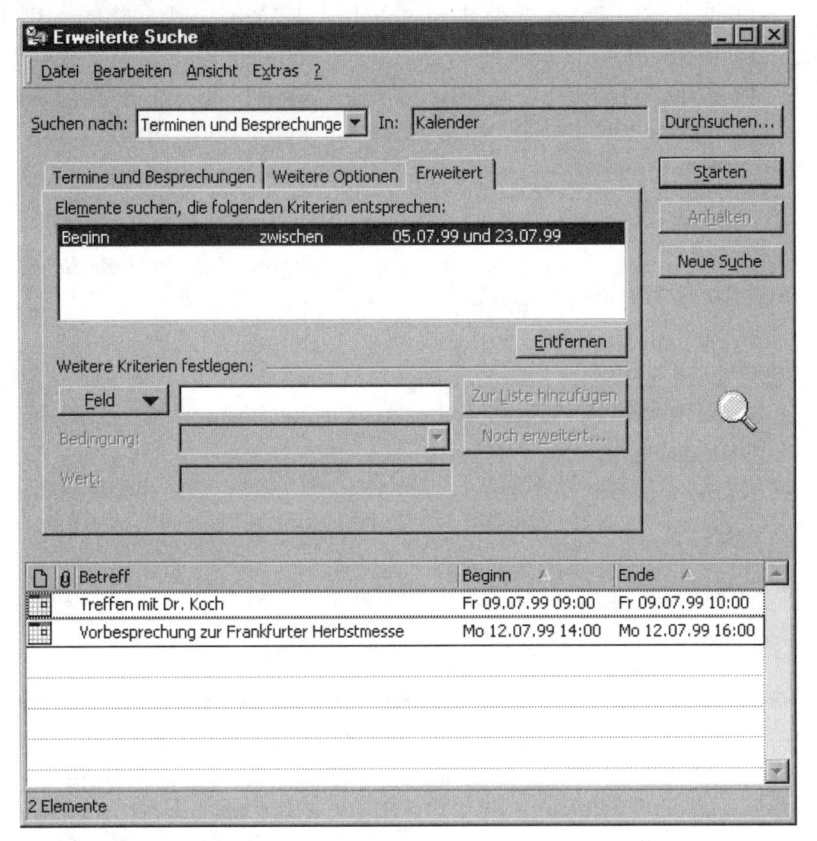

Bild 16.16:
Suche mit speziellem Suchkriterium

Das Suchergebnis

Wenn Sie eine erweiterte Suche starten, wird Ihnen das Suchergebnis direkt im Suchdialog angezeigt. Dies hat zum Beispiel den Vorteil, dass Sie mehrere Suchergebnisse nebeneinander auf dem Desktop im Auge behalten können, denn jedes Dialogfeld *Erweiterte Suche*, das Sie aufrufen, bleibt erhalten, bis es explizit geschlossen wird.

Angezeigt wird das Suchergebnis in einer tabellarischen Ansicht des Typs *Aktive Termine*. Wie jede Ansicht, können Sie diese Ansicht anpassen.

- Um zum Beispiel festzulegen, welche Felder für die gefundenen Einträge angezeigt werden sollen, klicken Sie mit der rechten Maustaste in eine der Spaltenüberschriften und rufen im Kontextmenü den Befehl AKTUELLE ANSICHT ANPASSEN auf. Im Dialogfeld *Zusammenfassung anzeigen* (siehe auch Abschnitt 16.9) klicken Sie dann auf den Schalter *Feldern* und wählen die gewünschten Felder aus.

- Um die Anzeige der gefundenen Einträge nach einem Feld zu sortieren, klicken Sie einfach in die betreffende Spaltenüberschrift.

> *Wenn Sie wollen, können Sie sich das Suchergebnis ausdrucken: Befehl DATEI/DRUCKEN des Dialogfelds.*

Neue Suche starten

Um eine neue erweiterte Suche zu starten, können Sie eine der Schaltflächen

- *Starten*

  oder

- *Neue Suche*

anklicken.

> *Wenn Sie die Suche bereits weitgehend konfiguriert haben und nur das eine oder andere Suchkriterium hinzufügen oder ändern wollen, wählen Sie auf keinen Fall die Schaltfläche NEUE SUCHE an, sonst gehen alle bereits getroffenen Einstellungen, einschließlich der Formatierung des Suchergebnisses verloren. Passen Sie stattdessen die Suchkriterien an, und klicken Sie auf die Schaltfläche Starten.*

16.5 Kalender drucken

Dass der elektronische Kalender gegenüber dem traditionellen Kalender oder Terminplaner etliche Vorteile hat, ist unbestreitbar. Das fängt damit an, dass man die Geburtstage der Freunde und Bekannten nicht jedes Jahr übertragen muss, und endet mit den leistungsfähigen Suchfunktionen und der automatischen Erinnerung. Der elektronische Kalender hat aber auch einen Nachteil: Die Daten sind nur am Computer verfügbar (wer führt schon einen elektronischen und einen traditionellen Kalender parallel?).

Dies kann für Leute, die ihre Termine lieber auf Papier kontrollieren, ein Ärgernis sein, und wird endgültig zu einem Problem, wenn man zu einem wichtigen Geschäftstermin fahren muss, bei dem wahrscheinlich weitere Termine vereinbart werden. Wenn Sie dann keine Möglichkeit haben, den elektronischen Kalender auf einen Laptop oder einen elektronischen Taschenkalender zu übertragen, nutzt Ihnen der beste elektronische Kalender nichts.

Für solche Fälle stellt Ihnen Outlook eine leistungsfähige Druckfunktion zur Seite, so dass Sie es nicht bereuen müssen, auf den elektronischen Kalender umgestiegen zu sein.

Datei/Drucken

Wenn Sie Teile des Kalenders ausdrucken wollen, gehen Sie wie folgt vor:

1. Wechseln Sie im Kalender zu der Ansicht, die Ihrem gewünschten Ausdruck am nächsten kommt (dazu gleich mehr).

2. Wenn Sie nicht alle Einträge ausdrucken wollen, markieren Sie die Bereiche, die Sie interessieren. Mithilfe der ⇧- und der Strg-Taste können Sie – wie unter Windows üblich – einen zusammenhängenden Bereich beziehungsweise einzelne Einträge markieren.

3. Rufen Sie den Befehl DATEI/DRUCKEN auf oder klicken Sie auf das Drucker-Symbol.

4. Wählen Sie im Dialogfeld DRUCKEN ein Druckformat und einen Druckbereich aus.

5. Starten Sie den Druck, indem Sie auf *OK* klicken.

Auswahl der Daten

Welche Kalenderansicht Sie vor dem Aufruf des Druckbefehls ausgewählt haben, ist in zweierlei Hinsicht von Bedeutung:

Ansicht/Aktuelle Ansicht

- Zum einem hängt es von der ausgewählten Ansicht ab, welche Druckformate Ihnen im Drucken-Dialog angeboten werden.

- Zum anderem legt die Ansicht fest, welche Daten Sie ausdrucken.

Wenn Sie beispielsweise nur Ereignisse ausdrucken wollen, empfiehlt es sich vor dem Ausdrucken, in die Ansicht EREIGNISSE zu wechseln. Sie nutzen damit die Tatsache, dass die Ansicht wie ein Filter wirkt.

Daten filtern

Daten sortieren — Wenn Sie nur an den Terminen interessiert sind, die an einem bestimmten Ort stattfinden, wechseln Sie zur Ansicht AKTIVE TERMINE, klicken auf die Spaltenüberschrift *Termin-/Besprechungsort*, um die Termine nach dem Ort sortieren zu lassen, und markieren dann die Zeilen, deren Termine alle an diesem Ort stattfinden. Sie nutzen damit die Sortieroptionen der tabellarischen Ansicht.

Zeitraum wählen — Wenn Sie nur Termine innerhalb eines bestimmten Zeitraums ausdrucken wollen, können Sie in der Tages-/Wochen-/Monatsansicht bleiben und den auszudruckenden Zeitraum im Dialogfeld *Drucken* festlegen. Wenn Sie aber Termine aus zwei oder mehreren nicht zusammenhängenden Zeiträumen ausdrucken wollen, empfiehlt sich eine tabellarische Ansicht (beispielsweise AKTIVE TERMINE), die Sie nach dem Terminbeginn sortieren lassen und in der Sie mithilfe der [Strg]-Taste die einzelnen auszudruckenden Termine markieren.

> **TIPP**
>
> *An der Bedeutung der Ansicht für den Ausdruck können Sie ablesen, dass es sich auch lohnen kann, für den Ausdruck eine eigene Ansicht zu definieren (siehe Abschnitt 16.9). Als Alternative kann man auch eine Erweiterte Suche starten (siehe oben) und das Suchergebnis ausdrucken.*

Private Daten — Für Termine, die Sie als privat gekennzeichnet haben (über den gleichnamigen Befehl im Kontextmenü des Termins oder die Option im Termin-Dialogfeld), können Sie die Notizen des Termins vom Drucken ausnehmen. Aktivieren Sie dazu im Drucken-Dialog die Option *Details bei privaten Terminen nicht drucken* (siehe Bild 16.17).

Die Druckformate

Wie Ihr Ausdruck aussehen wird, hängt von zwei Einstellungen ab:

- dem Druckformat, das Sie im Dialogfeld *Drucken* auswählen.
- Wie Sie die *Seite einrichten*.

> **INFO**
>
> *Welche Druckformate Ihnen zur Auswahl angeboten werden, hängt von der Ansicht ab, die Sie vor Aufruf des Drucken-Befehls ausgewählt haben (und die Ansicht hängt wiederum von dem Outlook-Ordner ab, mit dem Sie gerade arbeiten).*

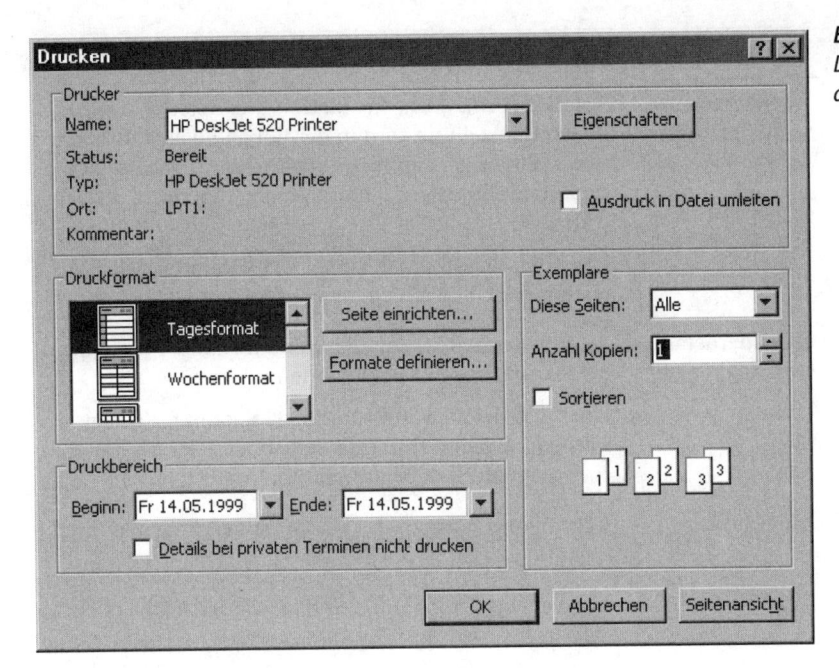

Bild 16.17:
Druckformat auswählen

Tabelle 16.3:
Druckformate

Format	Beschreibung
Tagesformat	Kalenderformat, bei dem pro Seite ein Tag ausgedruckt wird – standardmäßig inklusive Aufgabenblock und Notizen.
	Über den Befehl SEITE EINRICHTEN kann festgelegt werden, mit welcher Stunde der Ausdruck eines Tages beginnen und enden soll. Zudem können Aufgabenblock und Notizen ausgeblendet werden.
Wochenformat	Kalenderformat, bei dem pro Seite eine Woche ausgedruckt wird – standardmäßig ohne Aufgabenblock und Notizen.
	Über den Befehl SEITE EINRICHTEN kann festgelegt werden, wie die Tage angeordnet werden soll. Zudem können Aufgabenblock und Notizen eingeblendet werden.
Monatsformat	Kalenderformat, bei dem pro Seite ein Monat ausgedruckt wird – standardmäßig ebenfalls ohne Aufgabenblock und Notizen.
	Über den Befehl SEITE EINRICHTEN können Aufgabenblock und Notizen eingeblendet werden.

Format	Beschreibung
Dreifachformat	Kalenderformat, das das Blatt in drei Spalten aufteilt. Per Voreinstellung wird in der linken Spalte die Tagesübersicht, in der mittleren Spalte der Aufgabenblock und in der linken Spalte die Wochenübersicht ausgedruckt.
	Über den Befehl SEITE EINRICHTEN können den Spalten andere Übersichten zugeordnet werden.
Kalenderdetailformat	Kalenderformat, in dem die Termine inklusive Notizen tabellarisch ausgedruckt werden.
	Über den Befehl SEITE EINRICHTEN kann festgelegt werden, ob jeder Tag, jede Seite oder jeder Monat auf einem neuen Blatt beginnen soll.
Memoformat	Allgemeines Format, das alle wichtigen Informationen zusammenfasst.
Tabellenformat	Allgemeines Format, das eine tabellarische Übersicht liefert.
Kartenformat	Kontakteformat, bei dem die Kontakte wie auf Karteikarten ausgedruckt werden – standardmäßig zweispaltig.
	Über den Befehl SEITE EINRICHTEN kann die Spaltenzahl festgelegt werden. Auch ein Buchstabenregister kann auf Wunsch erzeugt werden.
Heftformat (A7)	Kontakteformat für beidseitigen Ausdruck
Heftformat (A6)	Kontakteformat für beidseitigen Ausdruck
Telefonbuchformat	Kontakteformat, bei dem die Kontakte wie Telefonbucheinträge zweispaltig ausgedruckt werden.
	Über den Befehl SEITE EINRICHTEN kann die Spaltenzahl festgelegt werden. Auch ein Buchstabenregister kann auf Wunsch erzeugt werden.

Ich erspare es Ihnen und mir, zu jedem der Standarddruckformate ein Bild zu präsentieren. Wenn Sie vor dem Ausdruck wissen möchten, wie Ihre bedruckten Seiten aussehen werden, lassen Sie sich die Seitenansicht anzeigen.

Für den Fall, dass keines der angebotenen Druckformate Ihren Ansprüchen genügt, haben Sie auch die Möglichkeit, eigene Druckformate zu erstellen.

Eigene Druckformate definieren

Die Erstellung eines eigenen Druckformats beginnt stets mit dem Kopieren eines bereits vorhandenen Druckformats. Gehen Sie dazu folgendermaßen vor:

1. Wählen Sie im Dialogfeld *Drucken* die Schaltfläche *Formate definieren*.

2. In dem Dialogfeld *Druckformate definieren* wählen Sie eines der angebotenen Druckformate aus und klicken dann die Schaltfläche *Kopieren* an.

Welche Druckformate dabei zur Verfügung stehen – Sie ahnen es -, hängt von der Ansicht ab, die vor Aufruf des Drucken-Befehls ausgewählt war.

Bild 16.18: Eigenes Druckformat

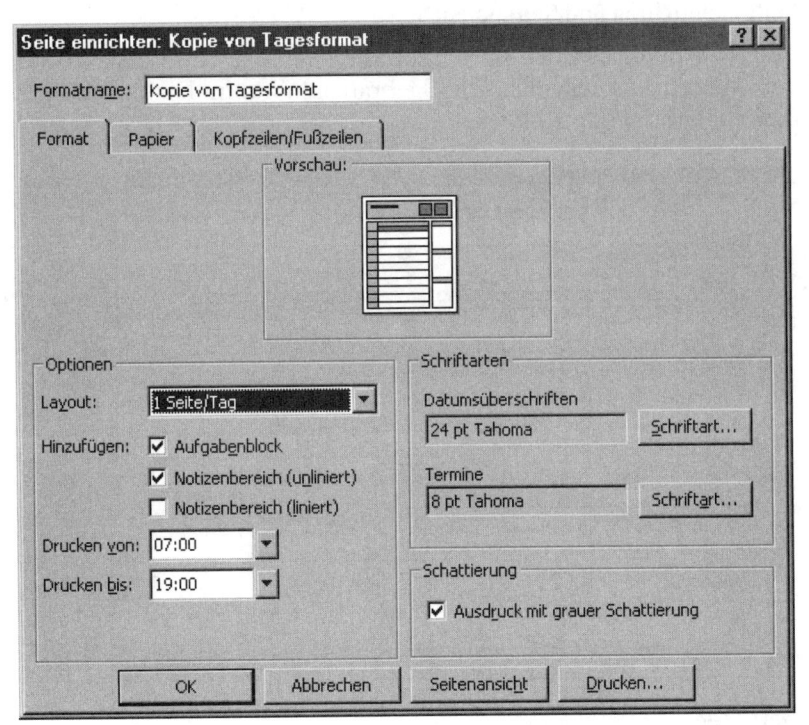

3. In dem Dialogfeld *Seite einrichten* (siehe auch den nächsten Abschnitt) konfigurieren Sie Ihr Druckformat. Vergessen Sie auch nicht, Ihrem Format einen vernünftigen Namen zuzuweisen, bevor Sie das Dialogfeld abschicken.

Das Dialogfeld *Seite einrichten*, das zur Konfiguration neuer Druckformate oder zur Bearbeitung bestehender Druckformate aufgerufen wird, ist im Übrigen das gleiche, das auch erscheint, wenn Sie im Drucken-Dialog die Schaltfläche *Seite einrichten* anwählen.

> **INFO**
>
> Um ein bestehendes Druckformat anzupassen, klicken Sie im Dialogfeld Druckformate definieren *auf die Schaltfläche* Bearbeiten. *Alternativ können Sie auch das Druckformat im Dialogfeld* Drucken *auswählen und dann die Schaltfläche* Seite einrichten *anklicken. Beachten Sie, dass die dort vorgenommenen Einstellungen nicht nur für den aktuellen Ausdruck gelten, sondern im Format abgespeichert werden. Für die vordefinierten Standardformate können Sie diese Einstellungen durch Anwählen der Schaltfläche* Zurücksetzen *im Dialogfeld* Druckformate definieren *aufheben.*

Seiten einrichten und Seitenansicht

Seitenansicht

Bevor Sie den Ausdruck starten, können Sie sich eine Vorschau auf den Ausdruck anzeigen lassen. Sie brauchen nur im Dialogfeld *Drucken* auf *Seitenansicht* zu klicken.

Bild 16.19: Druckvorschau für Monatsansicht

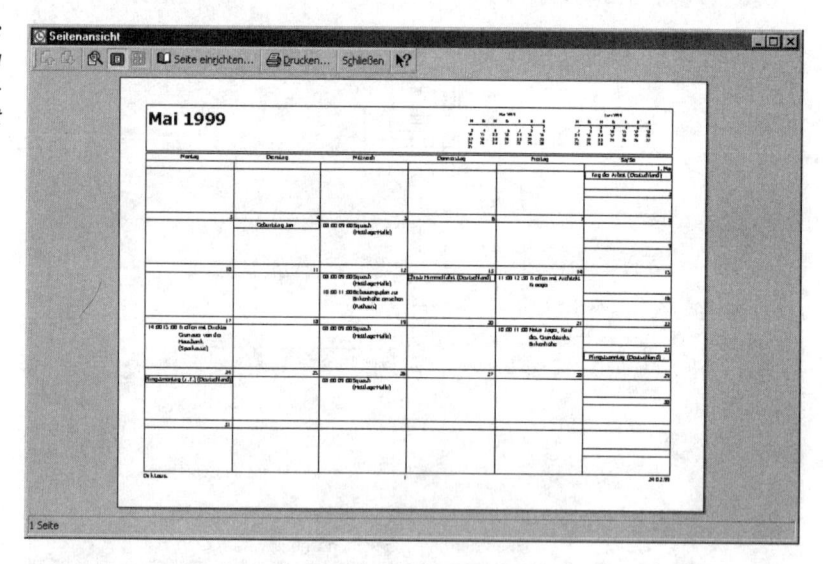

Haben Sie ein Druckformat gefunden, das Ihnen zusagt (beispielsweise das Tagesformat), das Sie aber gerne noch in einigen Details anpassen würden, haben Sie zwei Möglichkeiten:

- Sie legen, wie im vorangehenden Abschnitt beschrieben, eine Kopie des Druckformats an und passen die Kopie an (FORMATE DEFINIEREN/KOPIEREN).

➔ Sie sagen sich, dass Sie keine Kopie benötigen, und passen direkt das Originalformat an (Befehl SEITE EINRICHTEN). Notfalls können Sie für Standardformate das originale Layout jederzeit über die Schaltfläche *Zurücksetzen* im Dialogfeld *Druckformate definieren* wiederherstellen.

Welchen Weg Sie auch einschlagen, Sie landen auf jeden Fall im Dialogfeld *Seite einrichten*.

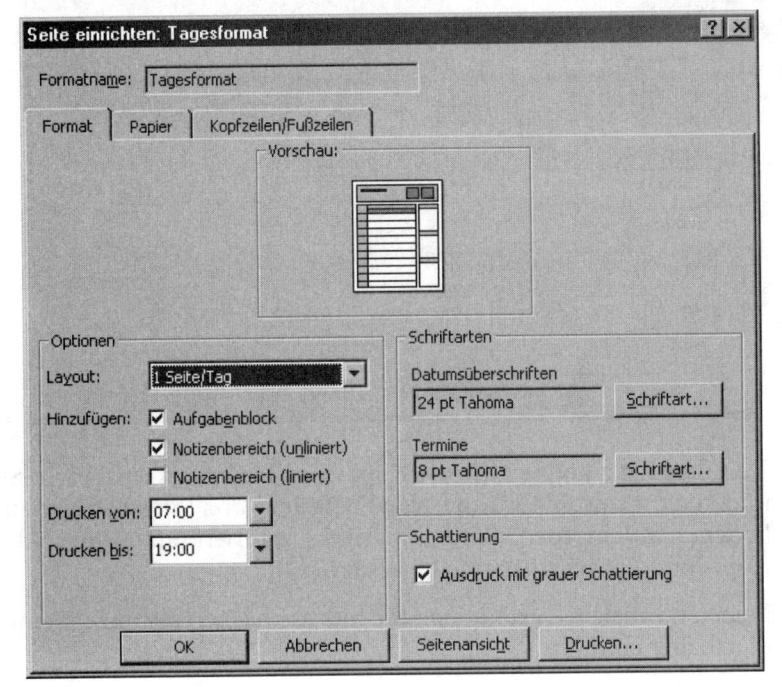

Bild 16.20: Registerkarte FORMAT

Die Optionen, die Ihnen auf der Registerkarte *Format* angeboten werden, hängen von dem Druckformat ab, das Sie anpassen.

Daneben können Sie die zu verwendenden Schriftarten festlegen und bestimmte Elemente, wie Überschriften und Datumsangaben, grau unterlegen lassen (für Ausdrucke, die per Fax weiter verschickt werden, nicht zu empfehlen).

Auf der Registerkarte *Papier* wählen Sie zuerst den Papiertyp aus, auf den Sie ausdrucken wollen (gegebenenfalls müssen Sie den Schacht spezifizieren, aus dem der Drucker dieses Papierformat einziehen kann). Danach können Sie im Abschnitt *Seite* ein Seitenformat wählen, das auf dem ausgewählten Papierformat ausgedruckt werden kann. Die Seitenaufteilung für das gewählte Format wird im Bereich *Ausrichtung* angezeigt (siehe Bild 16.22).

Bild 16.21:
Registerkarte
PAPIER

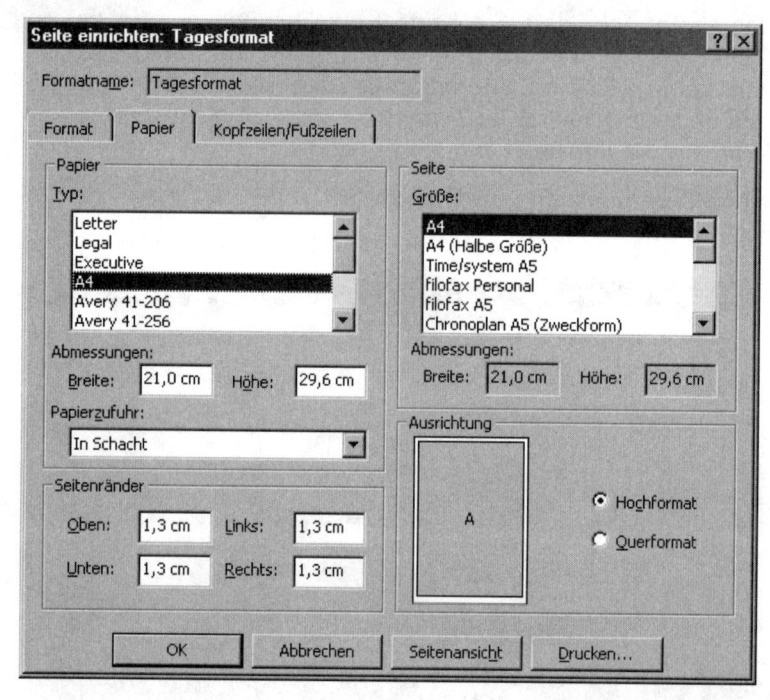

Zu guter Letzt können Sie die Kopf- und Fußzeile formatieren. Sie finden dazu sowohl für Kopf- wie Fußzeile je drei Eingabefelder ein, in denen Sie eingeben können, was links, zentriert und rechts in den Kopf- und Fußzeilen angezeigt werden soll.

Neben normalem Text können Sie hier auch einen der angebotenen Platzhalter einfügen.

	[Seite]	Platzhalter für die jeweils aktuelle Seite
	[Seiten]	Platzhalter für die Gesamtzahl der Seiten
	[Datum]	Platzhalter für das aktuelle Datum
	[Zeit]	Platzhalter für die aktuelle Uhrzeit
	[Benutzername]	Platzhalter für den Namen des Benutzers, der auf dem Rechner angemeldet ist.

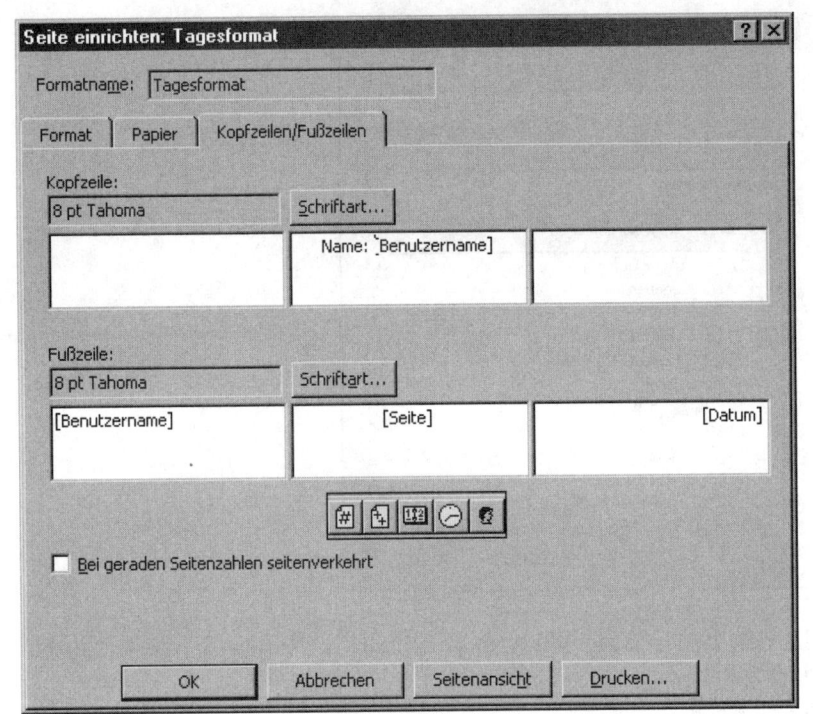

Bild 16.22:
Registerkarte
KOPFZEILEN/
FUSSZEILEN

Wie die Platzhalter ersetzt werden, kann in der Seitenansicht kontrolliert werden. :-) TIPP

16.6 Kalender exportieren und importieren

Den Kalender zu exportieren, bedeutet den Inhalt des Kalenders auszulesen und in einer Datei zu speichern, die von Outlook oder anderen Programmen gelesen werden kann.

Nehmen wir beispielsweise an, Ihre Firma erwartet eine Delegation eines russischen Vertragspartners. Ihre Aufgabe ist es, die Hotelzimmer zu buchen und die Termine für die geschäftlichen Besprechungen wie die gesellschaftlichen Unternehmungen (Stadtführung, Theaterbesuch etc.) festzulegen. *Beispiel*

Für die Termine legen Sie einen eigenen Kalender-Ordner an (Option *Termin-Elemente* im Feld *Ordner enthält*). *Datei/Neu/Ordner*

Bild 16.23:
Ordner erstellen

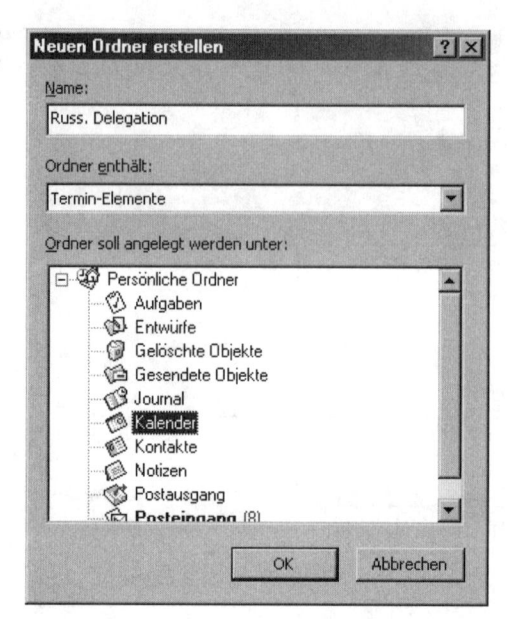

In den neuen Kalender tragen Sie alle Termine für die russische Delegation ein.

Um diesen Kalender anderen Mitarbeiten respektive Ihren russischen Kollegen zur Verfügung zu stellen, haben Sie mehrere Möglichkeiten zur Auswahl.

Kalender drucken

Datei/Drucken Vielleicht hätte Ihr Chef gerne eine Übersicht über den Terminplan der Delegation oder Sie möchten den Delegierten selbst beim Empfang den vorgesehenen Terminplan zusammen mit anderen Unterlagen überreichen.

Dann drucken Sie den Kalender doch einfach aus (siehe Abschnitt 16.5).

Kalender in andere Office-Produkte übernehmen

Sie sollen für den Empfang der Delegierten eine kleine Präsentation vorbereiten, in der Sie neben den Zielsetzungen und Marktstrategien Ihrer Firma auch den Terminplan für den Besuch der Delegation vorstellen sollen. Zur Vorbereitung der Folien und Vortragsunterlagen möchten Sie den Kalender in eine Access-Datenbank oder eine Excel-Tabelle konvertieren.

Kalender exportieren und importieren

1. Dazu rufen Sie den Befehl IMPORTIEREN/EXPORTIEREN im Menü DATEI auf.

    Datei/Importieren/Exportieren

2. Im ersten Dialogfeld des Export-Assistenten wählen Sie die Option *Exportieren in eine Datei* aus.

3. Im zweiten Dialogfeld wählen Sie den gewünschten Dateityp (beispielsweise Microsoft Excel).

Für die direkte Übernahme in ein Textverarbeitungsprogramm (beispielsweise Word) verwenden Sie eine der Optionen Kommagetrennte Werte *oder* Tabulatorgetrennte Werte.

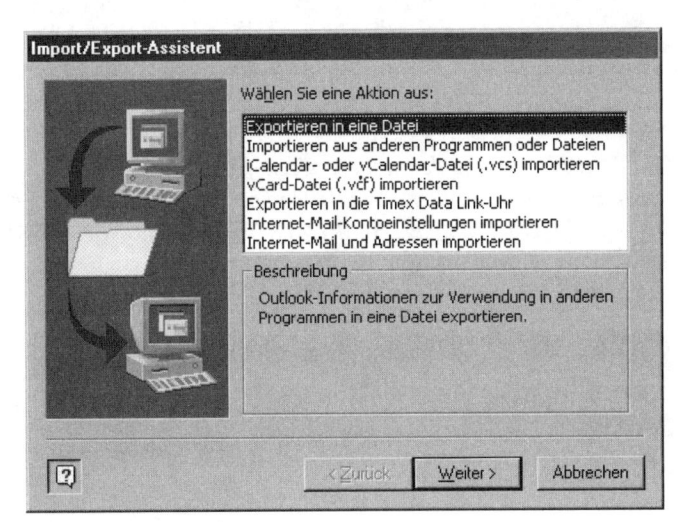

Bild 16.24:
Ordner in eine Datei exportieren

4. Wenn Sie danach auf *Weiter* klicken, werden Sie gefragt, welchen Ordner Sie exportieren möchten. Wählen Sie den Ordner mit den Terminen der russischen Delegation.

5. Zum Schluss geben Sie an, in welchen Ordner und unter welchem Namen die exportierte Datei gespeichert werden soll.

Outlook startet jetzt den Konverter. Sofern dieser auf Ihrem System installiert ist und die erforderlichen Treiber für die Konvertierung (in unserem Beispiel die Excel-Treiber) vorhanden sind, beginnt jetzt die zweite Phase, in der Sie festlegen, welche Teile des Kalenders exportiert werden.

Kapitel 16: Der Kalender

Bild 16.25:
Zu exportie-
renden Ordner
auswählen

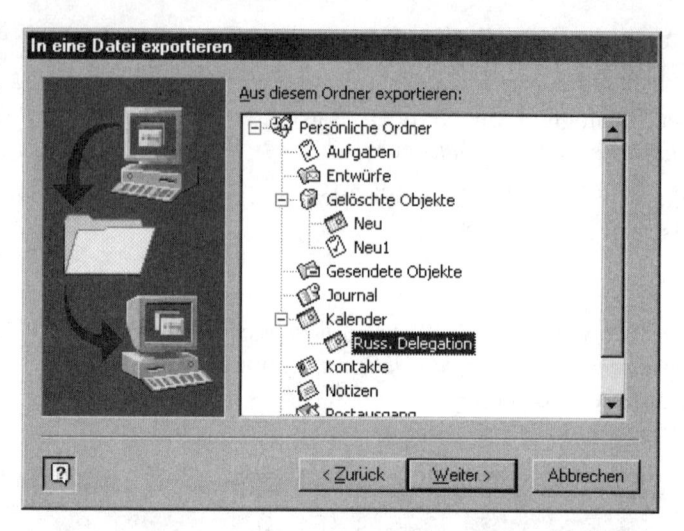

> **INFO**
>
> Die Excel-Treiber werden üblicherweise im Zuge der Installation von Excel respektive Office installiert. Welche Treiber installiert sind, können Sie über die ODBC-Verwaltung aus STARTMENÜ/EINSTELLUNGEN/SYSTEMSTEUERUNG in Erfahrung bringen.

Bild 16.26:
Was soll expor-
tiert werden?

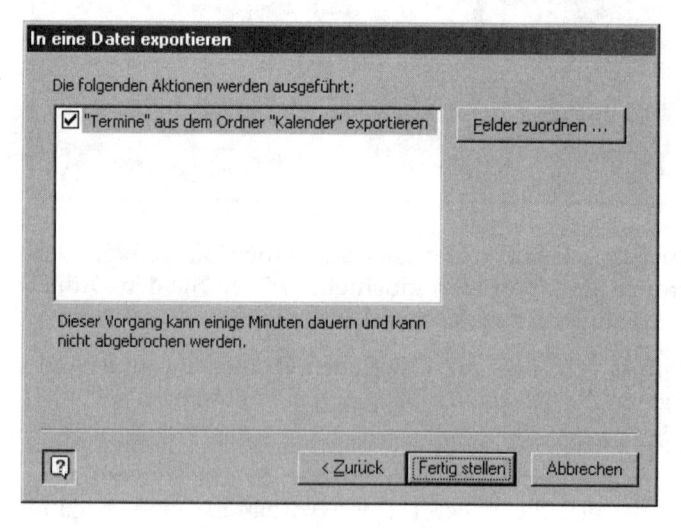

Im nächsten Dialogfeld (siehe Bild 16.26) können Sie:

- Über die Schaltfläche *Felder zuordnen* in ein weiteres Dialogfeld wechseln, in dem Sie die Kalenderfelder auswählen, die Sie in die Excel-Datei exportieren wollen.
- Über die Schaltfläche *Fertig stellen* das letzte Dialogfeld aufrufen, in dem Sie noch angeben, welcher Zeitraum exportiert werden soll.

Kalender in eine Outlook-Ordnerdatei exportieren

Vielleicht möchten Sie den Kalender anderen Mitarbeitern Ihrer Firma zur Verfügung stellen, die die Termine am liebsten wieder mit Outlook verwalten würden. Oder Sie gehen davon aus, dass einige der Delegierten einen Laptop mitbringen, auf dem Office installiert ist, und daher ebenfalls an einer elektronischen Version des Kalenders interessiert sein könnten.

1. In diesem Fall rufen Sie ebenfalls den Befehl zum Exportieren auf, *Datei/Importieren/Exportieren*
2. wählen im ersten Dialogfeld die Option *Exportieren in eine Datei*
3. und im zweiten Dialogfeld die Option *Persönliche Ordner-Datei (.pst)*.

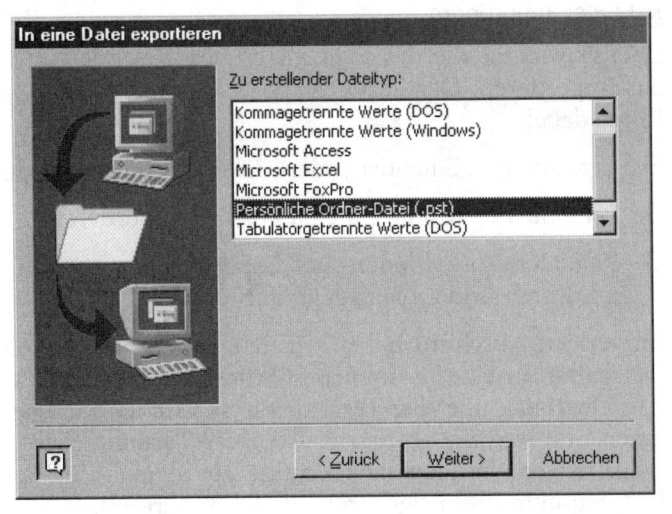

Bild 16.27: Persönliche Ordner-Datei anlegen

4. Danach legen Sie fest, welcher Ordner exportiert werden soll.

Kapitel 16: Der Kalender

Bild 16.28:
Dateinamen
angeben

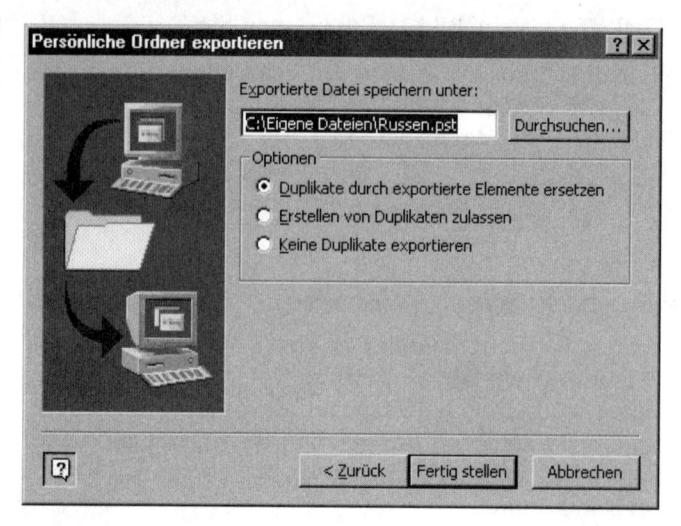

5. Schließlich geben Sie einen Ordner und einen Namen für die anzulegende Datei an und legen fest, wie der Export-Assistent mit identischen Einträgen verfahren soll.

6. Im letzten Dialogfeld geben Sie einen beliebigen Ordnernamen ein, beispielsweise *Russen*.

Kalender importieren

Ebenso wichtig wie das Exportieren von Kalendereintragungen ist das Importieren. Der Import/Export-Assistent von Outlook erlaubt Ihnen dabei:

- Termine im vCalendar- oder iCalendar-Format[1] zu importieren.
- Persönliche Ordner-Dateien (.pst) zu importieren.
- Kalenderinformationen aus Exportdateien verschiedener Terminplaner und Organizer zu importieren.

Im vorigen Abschnitt haben wir den Terminplan für die russische Delegation in eine persönliche Ordner-Datei exportiert. Um nicht den Überblick über die Termine der russischen Delegation zu verlieren und weil Sie an den meisten der Termine ebenfalls teilnehmen, wollen Sie jetzt die Termine aus dem Terminkalender der Delegation in Ihren eigenen Kalender übertragen.

---

[1] vCalendar und iCalendar sind Internet-Standards, die den Austausch von Terminen und Frei/Gebucht-Informationen per E-Mail unterstützen.

Kalender exportieren und importieren

1. Öffnen Sie die Ordnerliste (ANSICHT/ORDNERLISTE), und markieren Sie den Ordner, in den die Kalenderinformationen importiert werden sollen.

   Datei/Importieren/Exportieren

2. Rufen Sie den Befehl zum Importieren von Dateien auf.
3. Im ersten Dialogfeld wählen Sie die Option *Importieren aus anderen Programmen oder Dateien.*
4. Im zweiten Dialogfeld wählen Sie als Importtyp die Option *Persönliche Ordner-Datei (.pst).*
5. Dann – im dritten Dialogfeld – wählen Sie die zu importierende Datei aus und bestimmen, wie mit identischen Einträgen verfahren werden soll.

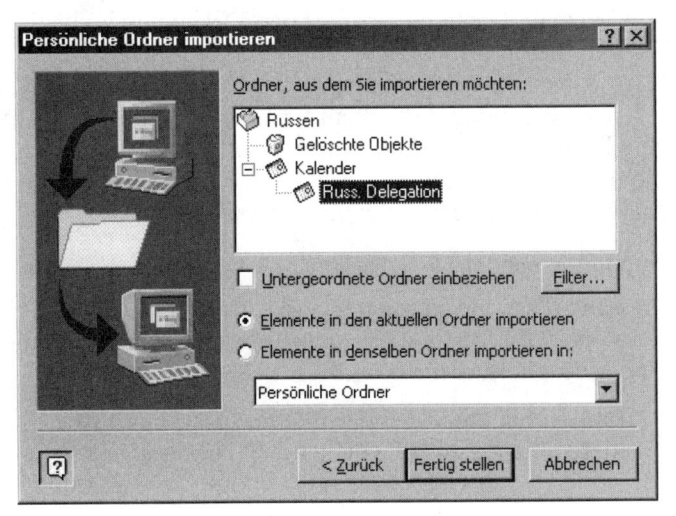

Bild 16.29: Den zu importierenden Ordner auswählen

Im vierten Dialogfeld sehen Sie die Ordnerstruktur, die in der pst-Datei abgespeichert wurde. Unter dem übergeordneten Ordner (dessen Namen Sie beim Exportieren im letzten Dialogfeld angegeben haben) sehen Sie die Verzeichnisstruktur, die zu dem exportierten Ordner führt.

Die Verzeichnisstruktur, die im Dialogfeld des Import-Assistenten angezeigt wird, ist die Verzeichnisstruktur der zuvor exportierten Ordner-Datei! Haben Sie mehrere Ordner in einer gemeinsamen Ordner-Datei gespeichert, können Sie jetzt auswählen, welchen Ordner Sie importieren möchten.

6. Markieren Sie in der Verzeichnisstruktur der Ordner-Datei den Ordner, der exportiert wurde.

7. Aktivieren Sie die Option *Elemente in den aktuellen Ordner importieren*.

8. Klicken Sie dann auf *Fertig stellen*.

16.7 Den Kalender veröffentlichen

In vielen Fällen exportieren Sie Kalender (beziehungsweise Teile eines Kalenders), um die darin enthaltenen Informationen anderen Kollegen zugänglich zu machen.

Beispiel Um bei dem Beispiel der russischen Delegation zu bleiben, könnten Sie den Veranstaltungskalender, den Sie für die Delegation aufgesetzt haben, anderen Kollegen zugänglich machen. Kollegen, die Interesse daran haben, sich an bestimmten Terminen/Aktivitäten zu beteiligen, brauchen dann nur in den Kalender zu schauen. Dies ist nicht nur für die Kollegen sehr bequem, sondern bewahrt Sie auch davor, mit Anfragen überschüttet zu werden.

Termine versenden

Aktionen/Als iCalendar weiterleiten Einzelne Termine können Sie als Anlagen zu E-Mails versenden. Grundlage hierfür ist der neue Internet-Standard iCalendar[2], der von Outlook unterstützt wird.

1. Öffnen Sie den Kalender in einer passenden Ansicht, und markieren Sie die zu verschickenden Termine.

> **TIPP** *Mehrere Termine können durch Gedrückthalten der* `Strg`*-Taste zusammen markiert werden.*

2. Rufen Sie den Befehl AKTIONEN/ALS ICALENDAR WEITERLEITEN auf. Es erscheint daraufhin das Dialogfeld zum Weiterleiten von E-Mail-Nachrichten.

3. Der oder die Termine sind bereits als Anhänge eingetragen.

4. Sie müssen nur noch die Empfänger angeben und die E-Mail über die Schaltfläche *Senden* abschicken.

---

[2] In früheren Versionen von Outlook stützte sich die Option noch auf den vCalendar-Standard.

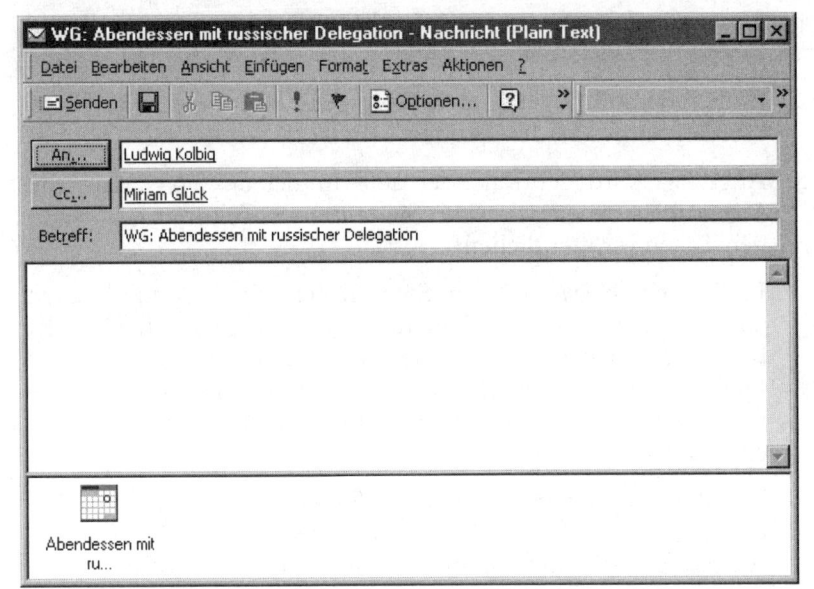

Bild 16.30:
Termin als E-Mail versenden

Kalender als Webseite veröffentlichen

Eine andere Möglichkeit besteht darin, den Kalender als Webseite zu veröffentlichen. In diesem Falle schicken Sie einen Ausschnitt des Kalenders mithilfe des Web-Publishing-Assistenten von Windows ins Internet, auf eine Website Ihrer Wahl.

Datei/Als Webseite speichern

Wen es betrifft, den können Sie dann per E-Mail auf die URL der Webseite hinweisen oder Sie richten im Web selbst einen Hyperlink zu der Kalenderseite ein.

Bild 16.31:
Kalender als Webseite

1. Um den Kalender zu veröffentlichen, rufen Sie den Befehl DATEI/ALS WEBSEITE SPEICHERN auf.
2. In dem daraufhin geöffneten Dialogfeld legen Sie zuerst einmal den Zeitraum fest, der veröffentlicht werden soll.
3. Angezeigt wird der Kalender aber immer als eine Folge von Monatsblättern – auch wenn Sie nur einen Zeitraum von wenigen Tagen veröffentlichen.
4. Im Bereich *Optionen* können Sie festlegen, ob die Anmerkungen zu den Terminen im linken Rand der Webseite eingeblendet werden können (wenn ja, findet der Leser der Webseite dort Pfeilschalter, über die die Anmerkungen geöffnet werden können). Weiterhin können Sie ein Hintergrundbild für die Webseite wählen.
5. Im Bereich *Speichern unter* können Sie einen Titel für die Webseite angeben und – das Wichtigste überhaupt – Sie geben die Adresse der Website an, auf die die Kalenderseite hochgeladen werden soll.
6. Dann klicken Sie auf *Speichern*.

Zum Hochladen wird der Web-Publishing-Assistent von Windows verwendet, der installiert sein muss.

Wenn Sie wollen, können Sie die Kalenderseite auch zuerst einmal in einem Festplattenverzeichnis auf Ihrem lokalen Rechner speichern, um das Aussehen der Webseite vor der eigentlichen Veröffentlichung zu testen. In diesem Fall geben Sie anstatt der URL einen gewöhnlichen Verzeichnispfad und Dateinamen ein und achten darauf, dass die Option *Gespeicherte Webseite im Browser öffnen* aktiviert ist, damit Sie die Webseite gleich im Browser begutachten können.

Das Abspeichern des Kalenders in einer lokalen Webseite ermöglicht Ihnen auch, die Kalenderseite als Desktop-Hintergrund für Ihren Rechner zu verwenden – vorausgesetzt, Sie verwenden Windows 98 oder haben den Internet Explorer mit den Weberweiterungen für Windows installiert. In diesem Fall doppelklicken Sie in der Windows-Systemsteuerung auf das Symbol Anzeige *und wählen auf der Registerkarte* Hintergrund *über die Schaltfläche* Durchsuchen *die abgespeicherte Kalender-Webseite als Hintergrundbild aus – eine Option, die zweifelsohne auch für die private Nutzung sehr interessant ist.*

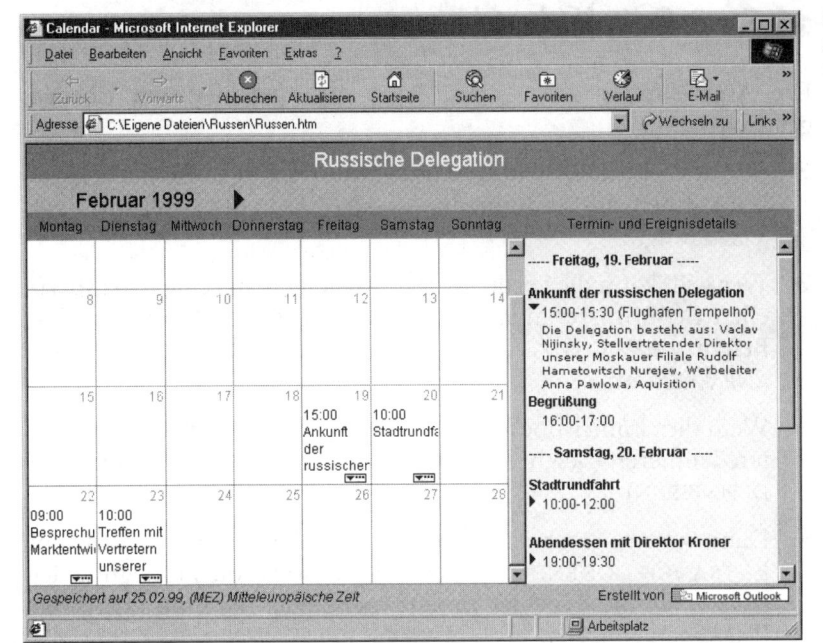

Bild 16.32:
Kalender als Webseite

Kalender in öffentliche Ordner stellen

Wenn Sie den Microsoft Exchange Server oder eine ähnliche Server-Software verwenden, stehen Ihnen noch andere Möglichkeiten zur Verfügung, um Kalender und Termine anderen Mitarbeitern zugänglich zu machen:

- Sie können den Kalender zu einem öffentlichen Ordner machen (in der Ordnerliste eine Kopie des Kalenders unter dem Öffentlichen Ordner anlegen, der von Exchange Server eingerichtet wurde, und dann Zugriffsrechte einrichten).

- Sie können anderen Mitarbeitern in Ihrer Arbeitsgruppenumgebung den Zugriff auf Ihren Kalender gestatten (über die Seite *Berechtigungen* der Ordner-Eigenschaften).

Wer nur über das Internet mit seinen Kollegen verbunden ist,

- kann den Kalender über das Internet freigeben (Befehl DATEI/FREIGEBEN).

Mehr zu diesen Optionen erfahren Sie im Kapitel 27.7.

16.8 Den Kalender anpassen

Die Anpassung des Kalenders kann auf verschiedenen Ebenen geschehen.

- Das erste ist natürlich die Auswahl der richtigen Ansicht. Dazu steht Ihnen das Untermenü ANSICHT/AKTUELLE ANSICHT zur Verfügung.

- Wer will, kann die vordefinierten Ansichten an seine ganz speziellen Bedürfnisse anpassen, Zu diesem Zwecke ruft man den Befehl ANSICHT/AKTUELLE ANSICHT/AKTUELLE ANSICHT ANPASSEN auf.

- Wem dies immer noch nicht genug ist, der kann eigene Ansichten definieren (Befehl ANSICHT/AKTUELLE ANSICHT/ANSICHTEN DEFINIEREN).

- Dann gibt es noch die allgemeinen Kalenderoptionen (Befehl EXTRAS/OPTIONEN), zu denen beispielsweise die Festlegung der Zeitzonen, die Tage der Arbeitswoche oder die Eintragung von Feiertagen gehören.

- Schließlich können Sie die Ordnereigenschaften für den Kalender festlegen (Befehl DATEI/ORDNER/EIGENSCHAFTEN FÜR »KALENDER«).

Eine Ansicht auswählen

Zur Auswahl einer Ansicht rufen Sie den Befehl ANSICHT/AKTUELLE ANSICHT auf. Meist werden Sie dabei eine der Tages-/Wochen-/Monatsansichten auswählen. Wenn Sie gezielt nach bestimmten Eintragungen suchen, kann aber auch eine der tabellarischen Ansichten geeignet sein (siehe Tabelle 16.2).

In der Tages-/Wochen-/Monatsansicht können Sie wiederum zwischen der Tages-, der Wochen- und der Monatsansicht wählen (siehe Tabelle 16.1). Die zugehörigen Schaltflächen finden Sie in der Standard-Symbolleiste.

Ansichten anpassen

Ansicht/Aktuelle Ansicht/Aktuelle Ansicht anpassen

Um eine bestehende Ansicht auf Ihre speziellen Bedürfnisse abzustimmen, rufen Sie den Befehl ANSICHT/AKTUELLE ANSICHT/AKTUELLE ANSICHT ANPASSEN auf.

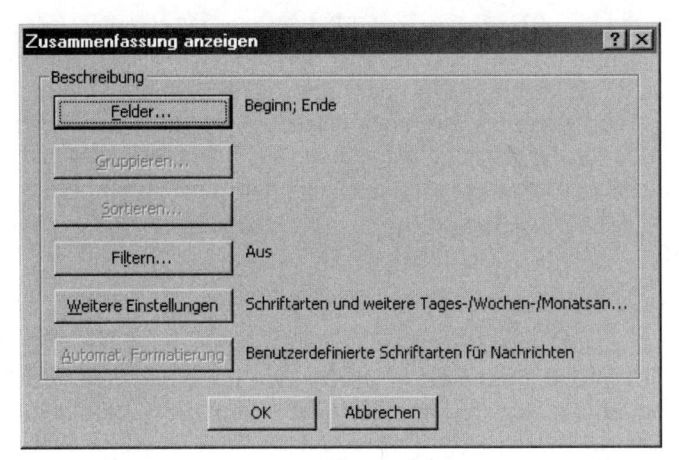

Bild 16.33:
Tagesansicht anpassen

Nach Aufruf des Befehls landen Sie im Dialogfeld *Zusammenfassung anzeigen*, von dem aus Sie in die einzelnen Dialogfelder zur Anpassung der Ansicht gelangen können. An den Titeln der dargebotenen Schaltflächen können Sie ablesen, welche Möglichkeiten Ihnen zur Anpassung der Ansicht offen stehen.

Bild 16.33 zeigt das Dialogfeld, wie es erscheint, wenn man eine der Tages-/Wochen-/Monatsansichten anpassen möchte. In diesem Falle sind nicht alle Schaltflächen verfügbar. Wenn Sie eine der tabellarischen Ansichten anpassen, stehen Ihnen alle Wege, sprich Schaltflächen, offen.

Die einzelnen Einstellungen werden wir uns im Abschnitt 16.9 zur Definition eigener Ansichten noch etwas näher ansehen. Auf einen Punkt möchte ich Sie aber schon hier hinweisen:

- Die Einstellungen, die über die Schaltfläche *Felder* vorgenommen werden, unterscheiden sich, je nachdem, ob Sie eine Tages-/Wochen-/Monatsansicht oder eine tabellarische Ansicht anpassen.

- Für eine tabellarische Ansicht legen Sie über die Schaltfläche *Felder* fest, welche Felder (beispielsweise Betreff, Beginn und Ende eines Termins) als Spalten in der Tabelle angezeigt werden sollen.

- Für eine Tages-/Wochen-/Monatsansicht (oder eine Zeitskala) legen Sie über die Schaltfläche *Felder* fest, über welchen Zeitraum Termine angezeigt werden. Zu diesem Zweck wählen Sie aus, welche Terminfelder den Beginn und das Ende der Terminanzeige bestimmen. Üblicherweise wird man entweder *Beginn* und *Ende* der Anzeige mit den Feldern *Beginn* und *Ende* des Termins verbinden, so dass man im Kalender direkt ablesen kann, von wann bis wann der Termin geht. Oder man weist *Beginn* und *Ende* der Anzeige das gleiche Feld zu (beispielsweise den *Beginn* des Termins), so dass alle Termine, unabhängig von ihrer Dauer, einzeilig im Kalender angezeigt werden. Andere Kombinationen sind selten sinnvoll.

Kalenderoptionen

Extras/Optionen Zu den Kalenderoptionen gelangen Sie über den Befehl EXTRAS/OPTIONEN. Im daraufhin erscheinenden Dialogfeld *Optionen* klicken Sie auf der Registerkarte *Einstellungen* auf die Schaltfläche *Kalenderoptionen*.

> *Auf der Registerkarte* Einstellungen *können Sie zudem bereits auswählen, wie viele Minuten, Stunden oder Tage Sie standardmäßig vor Beginn eines Termins benachrichtigt werden wollen, damit Sie den Termin nicht verschlafen.*

Bild 16.34:
Die Kalenderoptionen

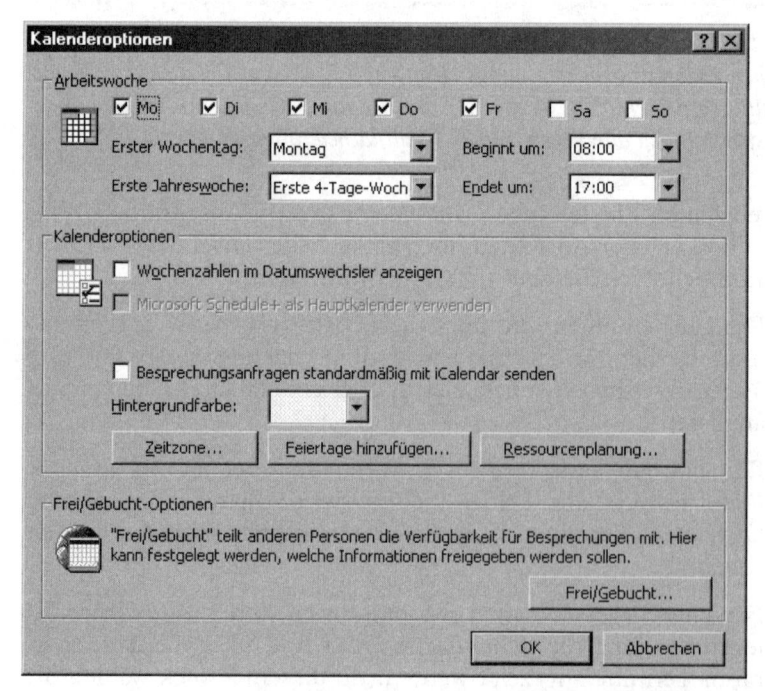

Zeiteinteilung und Zeitzonen

- Im Bereich *Arbeitswoche* der *Kalenderoptionen* können Sie per Mausklick auswählen, welche Tage zu Ihrer Arbeitswoche zählen (betrifft Arbeitswochenansicht). Diese Option ist beispielsweise für halbtags Arbeitende interessant, die an nur zwei oder drei Tagen der Woche arbeiten.

- Für die Tagesansicht können Sie festlegen, von wann (*Beginnt um*) bis wann (*Endet um*) Ihre Arbeitszeit geht. (Schlechte Karten für Leute, die im Schichtdienst arbeiten: Die Arbeitszeit gilt immer für den ganzen Kalender. Verzweifeln Sie nicht! Die Option bewirkt nur die Kennzeichnung der Arbeitszeit durch hellere Schattierung.)

- Die Zeitzone übernimmt Outlook aus Ihren Windows-Einstellungen. Wenn Sie möchten, können Sie diese Einstellungen, einschließlich der Umstellung zwischen Sommer- und Winterzeit, anpassen. Hierzu klicken Sie auf die Schaltfläche *Zeitzone*.

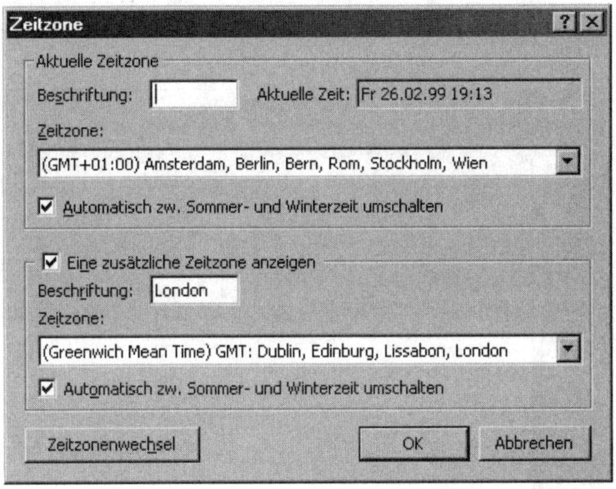

Bild 16.35:
Zweite Zeitzone einrichten

Das Dialogfeld erlaubt auch die Einrichtung einer zweiten Zeitzone. Dies kann recht praktisch sein, wenn man häufig Termine mit Mitarbeitern einer ausländischen Filiale (beispielsweise in London) ausmacht. Zur Einrichtung der zweiten Zeitzone aktivieren Sie die Option *Eine zusätzliche Zeitzone anzeigen* und wählen danach die Zone aus (siehe Bild 16.36).

- Die Skalierung der Zeitskala in der Tages- und Arbeitswochenansicht ist standardmäßig auf halbstündig eingestellt. Um die Skala feiner oder gröber abzustufen, klicken Sie mit der rechten Maustaste in die Skala und wählen im geöffneten Kontextmenü eine neue Zeiteinteilung aus (siehe Bild 16.37).

Bild 16.36:
Kalender mit zwei Zeitzonen

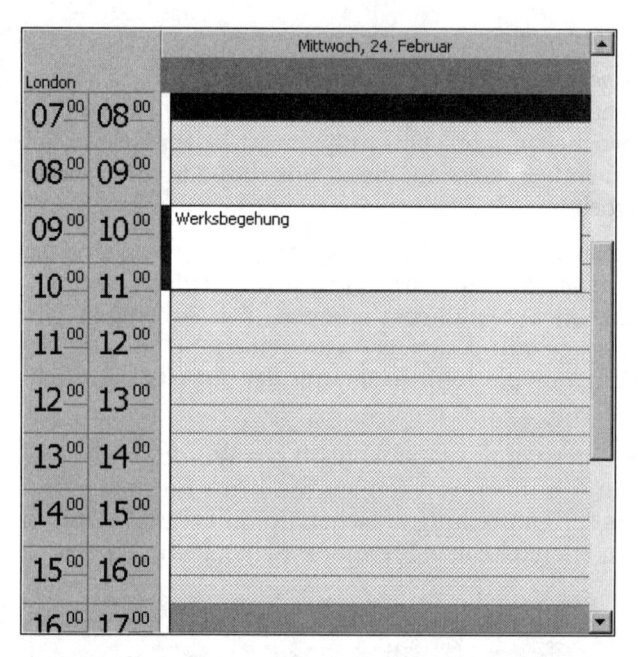

Bild 16.37: Skala mit 10-minütiger Einteilung

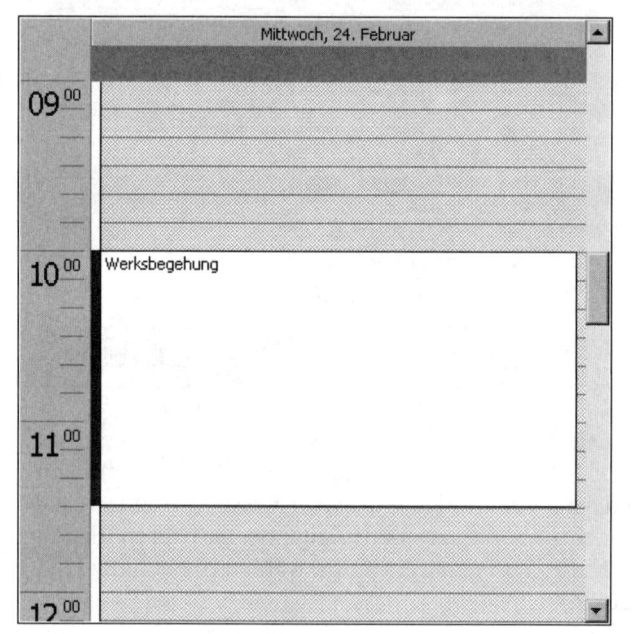

Feiertage

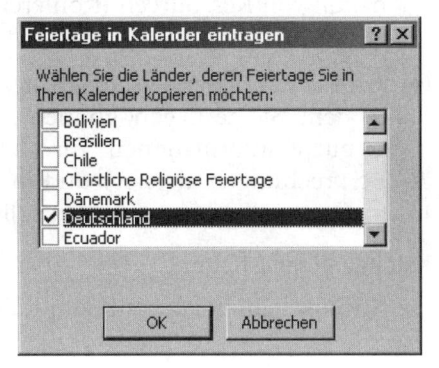

Bild 16.38: Feiertage eintragen lassen

Die Feiertage Ihres Landes brauchen Sie nicht selbst in den Kalender einzutragen. Klicken Sie einfach in den Kalenderoptionen auf die Schaltfläche *Feiertage hinzufügen*, und markieren Sie die Länder, für die Sie die entsprechenden Feiertage in den Kalender aufnehmen wollen (siehe Bild 16.38).

Nachteilig an den Feiertagen ist unter Umständen, dass sie in den tabellarischen Übersichten Aktive Termine *und* Ereignisse *auftauchen.*

Farbe

Die wichtigste Option für Leute, die mit einer der Tages-/Wochen-/Monatsansichten arbeiten, ist die Einstellung der Farbe für den Kalender, denn die voreingestellten Olivgrünwerte sind nicht besonders ansprechend.

Klicken Sie in den Kalenderoptionen auf die Schaltfläche *Hintergrundfarben*, und wählen Sie eine beliebige Farbe, etwa ein erfrischendes Hellblau, aus.

Optionen für Besprechungen

Speziell für Besprechungen stehen Ihnen folgende Optionen zur Verfügung:

- *Besprechungsanfragen standardmäßig mit iCalendar senden.* iCalendar ist ein neuer Internet-Standard, der die Planung von Besprechungen und den Austausch von Frei/Gebucht-Informationen zwischen verschiedenen Zeitmanagementprogrammen übers Internet erlaubt – vorausgesetzt, die Programme unterstützen iCalendar.

Kapitel 16: Der Kalender

- *Ressourcenplanung.* Interessant für Mitarbeiter, die für die Koordination von Ressourcen (Konferenzräume, Projektoren etc.) verantwortlich sind.

- *Frei/Gebucht.* Über diesen Schalter gelangen Sie in ein Dialogfeld, in dem Sie festlegen können, auf welchen Server Ihre Frei/Gebucht-Informationen für die automatische Planung von Besprechungen abgelegt und in welchen Abständen die Informationen aktualisiert werden sollen.

Kalendereigenschaften

Datei/Ordner/Eigenschaften

Der Eigenschaftendialog zu dem Kalender enthält drei Registerkarten:

- *Allgemeines*
- *Homepage*
- *AutoArchivierung*

TIPP *Sie können den Eigenschaften-Dialog auch über das Kontextmenü des Kalender-Symbols in der Outlook-Leiste aufrufen.*

Bild 16.39: Kalender mit Homepage verbinden

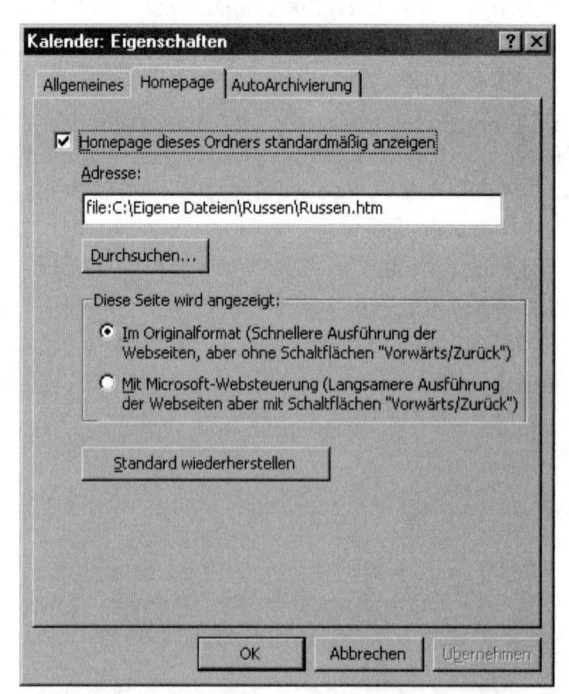

Auf der Registerkarte *Allgemeines* können Sie beispielsweise – wenn Sie dazu berechtigt sind – den Namen des Kalenders ändern.

Interessanter ist die Registerkarte *Homepage*. Hier können Sie die Adresse/URL einer Webseite angeben, die angezeigt wird, wenn Sie zum Kalender wechseln. Erst ein neuerlicher Aufruf des Kalenders (noch einmal auf Kalendersymbol in Outlook-Leiste oder Ordnerliste klicken) öffnet die Kalenderansicht.

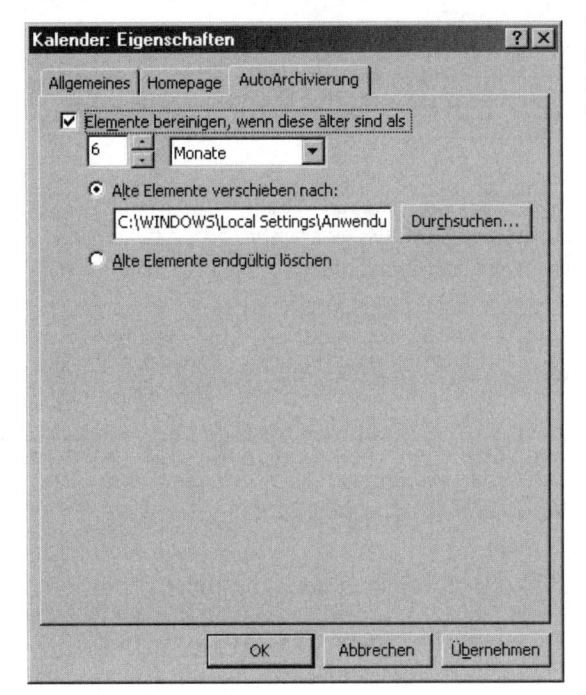

Bild 16.40: Kalendereinträge archivieren lassen

Wenn Sie die Option Homepage dieses Ordners standardmäßig anzeigen *deaktivieren, wird die Homepage nicht automatisch angezeigt, sondern erst nach Aufruf des Befehls* Ansicht/Ordner-Homepage *anzeigen.*

Auf der Registerkarte *AutoArchivierung* können Sie festlegen, wann und wie veraltete Eintragungen im Kalender archiviert werden. Zusätzlich können Sie die archivierten Eintragungen automatisch aus dem Kalender löschen lassen (siehe Kapitel 28).

16.9 Eigene Ansichten definieren

Der richtige Umgang mit den Ansichten trägt ganz wesentlich zur effizienten Arbeit mit dem Kalender, ja mit Outlook überhaupt, bei. So gelten die folgenden Ausführungen nicht nur für den Kalender, sondern stellvertretend auch für die anderen Outlook-Elemente, für die man auf gleichem Wege ebenfalls eigene Ansichten definieren kann.

Wozu erstellt man eigene Ansichten?

Üblicherweise, um den Zugriff auf wichtige Daten zu vereinfachen und zu beschleunigen.

> **TIPP** *Ansichten kann man sich beispielsweise für Übersichten, zum Filtern spezieller Daten oder zum Ausdrucken des Kalenders erstellen.*

Beispiel Angenommen, Sie wollen sich eine Übersicht darüber verschaffen, welche wichtigen Termine Ihnen in der nächsten Zeit bevorstehen.

> **INFO** *Zur Kennzeichnung wichtiger Termine klicken Sie im Termin-Dialogfeld auf das Symbol* Wichtigkeit: Hoch.

Sie könnten dazu einfach die Kalenderansicht *Aktive Termine* aufrufen (Befehl ANSICHT/AKTUELLE ANSICHT/AKTIVE TERMINE). Doch das Ergebnis (siehe Bild 16.41) ist nicht immer von der Klarheit und Übersichtlichkeit, die man sich wünschen würde.

In solch einem Fall ist es angebracht, die Ansicht anzupassen:

1. Rufen Sie dazu den Befehl ANSICHT/AKTUELLE ANSICHT/AKTUELLE ANSICHT ANPASSEN auf.

2. Klicken Sie im Dialogfeld *Zusammenfassung anzeigen* auf die Schaltfläche *Felder*, um festzulegen, welche Felder in der Tabelle angezeigt werden sollen und welche nicht.

3. Markieren Sie im linken Bereich des Dialogs *Felder anzeigen* die Felder, die Sie aus der Ansicht entfernen möchten (beispielsweise *Termin-/Besprechungsort, Serienmuster, Kategorien*), und klicken Sie dann auf die Schaltfläche *Entfernen*.

Eigene Ansichten definieren | 399

		Betreff	Termin-/...	Beginn	Ende	Serienmuster	Kategorien
		Pfingstsonntag	Deutschl...	So 23.05.99 0...	Mo 24.05.99 0...		Feiertag
		Pfingstmontag (z....	Deutschl...	Mo 24.05.99 0...	Di 25.05.99 00...		Feiertag
		Fronleichnam (z.T.)	Deutschl...	Do 03.06.99 0...	Fr 04.06.99 0...		Feiertag
		Treffen mit Frau L...		Fr 11.06.99 1...	Fr 11.06.99 1...		
		Urlaub		Mo 21.06.99 0...	Sa 26.06.99 0...		
		Geburtstag Christ...		Mi 07.07.99 0...	Do 08.07.99 0...		
		Treffen mit Dr. Koch		Fr 09.07.99 0...	Fr 09.07.99 1...		Geschäftlich
		Vorbesprechung z...		Mo 12.07.99 1...	Mo 12.07.99 1...		Geschäftlich
		Zahnarzt		Do 22.07.99 1...	Do 22.07.99 1...		Persönlich
		Präsentation der ...		Fr 23.07.99 1...	Fr 23.07.99 1...		
		Leipziger Modeme...	Leipzig	Sa 07.08.99 0...	Di 10.08.99 00...		
		Maria Himmelfahrt...	Deutschl...	So 15.08.99 0...	Mo 16.08.99 0...		Feiertag
		Tag der Deutsche...	Deutschl...	So 03.10.99 0...	Mo 04.10.99 0...		Feiertag
		Allerheiligen (z.T.)	Deutschl...	Mo 01.11.99 0...	Di 02.11.99 00...		Feiertag
		Buß- und Bettag (...	Deutschl...	Mi 17.11.99 0...	Do 18.11.99 0...		Feiertag
		1. Weihnachtsfei...	Deutschl...	Sa 25.12.99 0...	So 26.12.99 0...		Feiertag
		2. Weihnachtsfei...	Deutschl...	So 26.12.99 0...	Mo 27.12.99 0...		Feiertag
		Neujahr	Deutschl...	Sa 01.01.00 0...	So 02.01.00 0...		Feiertag
		Heilige Drei König...	Deutschl...	Do 06.01.00 0...	Fr 07.01.00 0...		Feiertag
		Karfreitag	Deutschl...	Fr 21.04.00 0...	Sa 22.04.00 0...		Feiertag
		Ostersonntag	Deutschl...	So 23.04.00 0...	Mo 24.04.00 0...		Feiertag

Bild 16.41:
Ansicht AKTIVE EREIGNISSE

Durch Gedrückthalten der Strg *-Taste können Sie mehrere Felder gleichzeitig markieren.*

INFO

4. Markieren Sie im rechten Bereich des Dialogs *Felder anzeigen* jene Felder, die Sie der Ansicht hinzufügen möchten (beispielsweise *Wichtigkeit*), und klicken Sie dann auf die Schaltfläche *Hinzufügen*.

Das Feld Wichtigkeit wird nicht standardmäßig in der Felderliste aufgeführt. Sie müssen daher zuvor unter Verfügbare Felder auswählen *aus die Option* Alle Terminfelder *auswählen.*

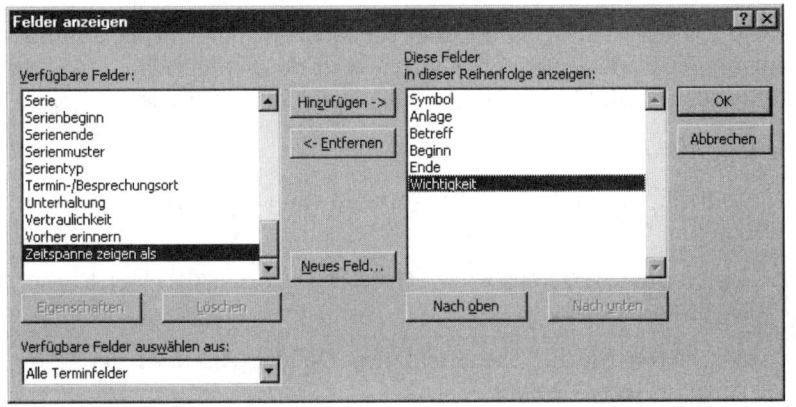

INFO

Bild 16.42:
Felder auswählen

Kapitel 16: Der Kalender

5. Um nur die wichtigen Termine anzeigen zu lassen, klicken Sie im Dialogfeld *Zusammenfassung anzeigen* auf die Schaltfläche *Filtern* und wechseln zur Registerkarte *Weitere Optionen*.

6. Aktivieren Sie die Option *Mit Wichtigkeit*, und wählen Sie die Option *Hoch*.

Bild 16.43:
Daten filtern

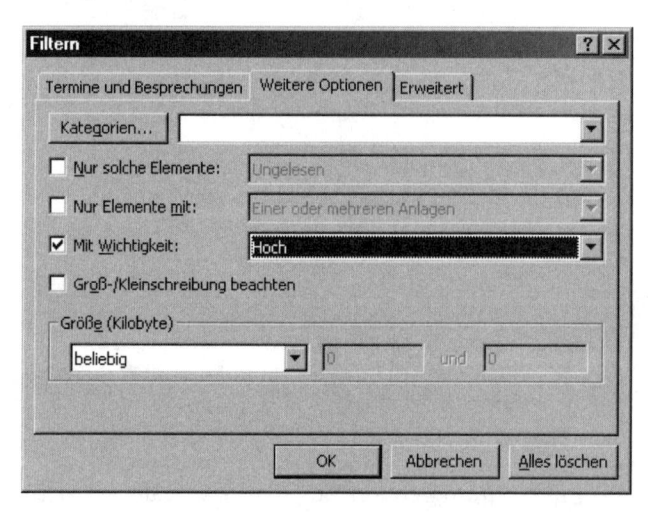

Als Ergebnis erhalten Sie dann eine übersichtliche Auflistung aller wichtigen Termine (siehe Bild 16.44).

Bild 16.44:
Anzeige der wichtigen Termine

	Betreff	Beginn	Ende	
	Serientyp : (Keine Angabe) (3 Elemente)			
	Briefing mit Leuten aus der Werbebranche	Di 02.03.99 09:00	Di 02.03.99 09:30	!
	Präsentation der Herbstkollektion	Fr 23.07.99 15:00	Fr 23.07.99 16:00	!
	Leipziger Modemesse	Sa 07.08.99 00:00	Di 10.08.99 00:00	!

Das Problem ist nur, dass fortan die Ansicht *Aktive Termine* immer mit den neu ausgewählten Feldern und dem eingerichteten Filter aufgerufen wird. Dies kann gewollt, aber auch störend sein.

Frühere Ansicht wiederherstellen

Wenn Sie lieber wieder die alte Konfiguration der Ansicht herstellen möchten:

1. Rufen Sie den Befehl ANSICHT/AKTUELLE ANSICHT/ANSICHTEN DEFINIEREN auf.

2. Markieren Sie im Listenfeld des Dialogs *Ansichten für ...* die Ansicht *Aktive Termine*.

3. Klicken Sie die Schaltfläche *Zurücksetzen* an.

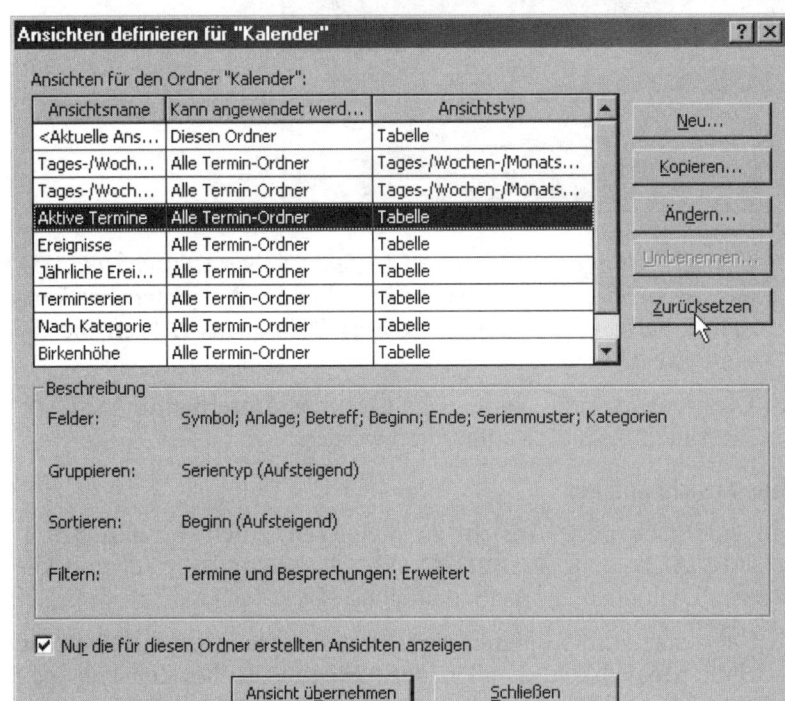

Bild 16.45:
Originalansicht
wiederherstellen

Neue Ansicht definieren

Das Dilemma mit dem Anpassen der Ansichten ist, dass dadurch die bisherigen Einstellungen der Ansicht verlorengehen. Für immer wiederkehrende Aufgaben, wie zum Beispiel das Einsehen der wichtigsten Termine, hätte man aber gerne eine eigene Ansicht, die man jederzeit über das Menü aufrufen kann.

Zu diesem Zwecke richtet man neue eigene Ansichten ein – im einfachsten Fall als Kopie einer bestehenden Ansicht.

1. Rufen Sie den Befehl ANSICHT/AKTUELLE ANSICHT/ANSICHTEN DEFINIEREN auf.

2. Markieren Sie im Listenfeld des Dialogs *Ansichten für ...* die Ansicht *Aktive Termine*.

3. Klicken Sie auf die Schaltfläche *Kopieren*.

4. Im Dialogfeld *Ansicht kopieren* geben Sie einen neuen Namen für die Ansicht an und legen fest, auf welchen Ordner die Ansicht angewendet werden kann.

Kapitel 16: Der Kalender

Bild 16.46:
Namen für die
neue Ansicht
angeben

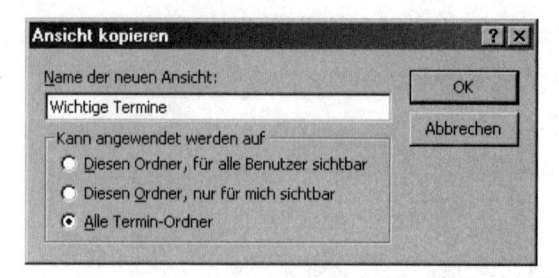

5. Danach gelangen Sie in das Dialogfeld *Zusammenfassung anzeigen*, das Sie bereits vom Anpassen bestehender Ansichten her kennen. Über die Schaltflächen dieses Dialogfelds richten Sie die neue Ansicht ein.

6. Die neue Ansicht kann jetzt über das Untermenü ANSICHT/ AKTUELLE ANSICHT aufgerufen werden.

Neue Ansicht anlegen

Ansicht/Aktuelle Ansicht/Ansichten definieren

Um eine ganz neue Ansicht zu definieren, rufen Sie den Befehl ANSICHT/AKTUELLE ANSICHT/ANSICHTEN DEFINIEREN auf und klicken im Dialogfeld auf die Schaltfläche *Neu*.

Im Gegensatz zum Kopieren einer bestehenden Ansicht haben Sie dabei die Möglichkeit, den Typ der Ansicht (Tabelle, Zeitskala etc.) selbst auszuwählen – beispielsweise eine Zeitskala-Ansicht für den Kalender zu definieren.

Beim Kopieren wird der Typ durch die Vorlage bestimmt.

Das Erscheinungsbild der verschiedenen Ansichten können Sie der Tabelle 16.4 entnehmen.

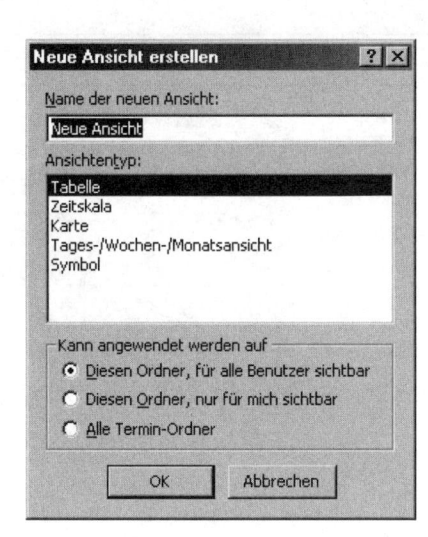

Eigene Ansichten definieren

Bild 16.47: Neue Ansicht erstellen

Tabelle 16.4: Ansichtentypen

Ansicht	Erscheinungsbild
Tabelle	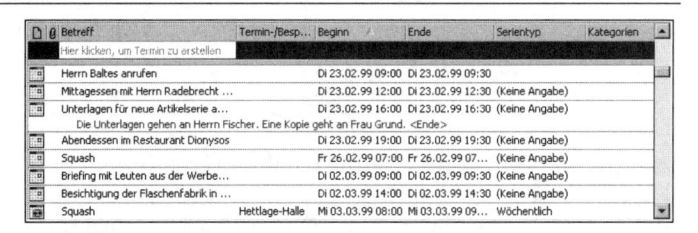
Zeitskala	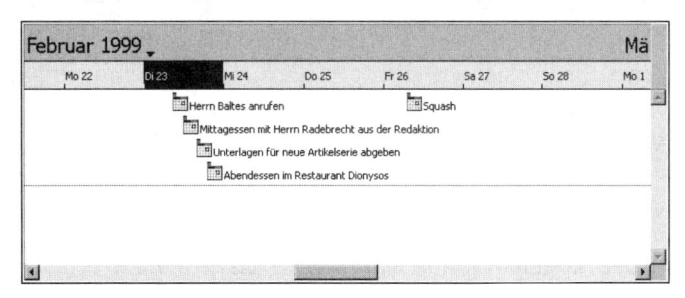
Karte	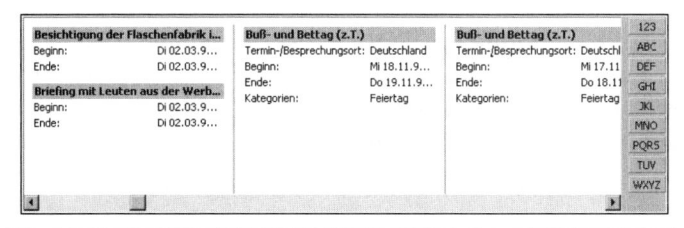

Kapitel 16: Der Kalender

Ansicht	Erscheinungsbild
Tages-/ Wochen-/ Monats- ansicht	*(Screenshot der Kalenderansicht mit Tagesterminen am Dienstag, 2. März, sowie Monatsübersichten Februar und März 1999 und einem Aufgabenblock)*
Symbol	*(Screenshot der Symbolansicht mit verschiedenen Terminen wie Konferenz mit Filialleitern, Karfreitag, Ostersonntag, Ostermontag, Tag der Arbeit, Geburtstag Jan, Bebauungsplan zur Birkenhöhe einse..., Christi Himmelfahrt, Treffen mit Architekt Kroeger, Treffen mit Direktor Grunauer von de..., Notar Jager, Kauf des Grundstüc..., Pfingstsonntag, Pfingstmontag (z.T.), Fronleichnam (z.T.), Treffen mit Frau Lederer von d..., Urlaub, Geburtstag Christian, Treffen mit Dr. Koch)*

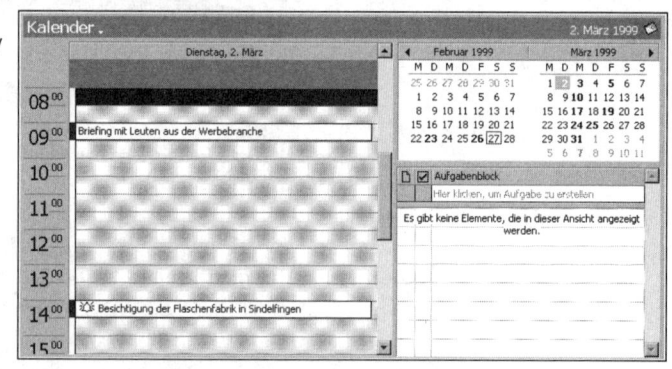

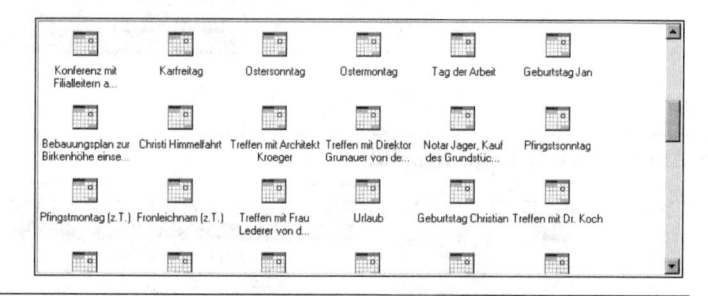

Außer dem Namen und dem Ansichtentyp können Sie noch festlegen, ob die Ansicht nur für den aktuell geöffneten Outlook-Ordner oder – im Falle des Kalenders – für alle Termin-Ordner gelten soll.

Meistens werden Sie die Ansicht für alle Termin-Ordner einrichten. Wenn Sie Ansichten für spezielle Ordner definieren, können Sie zusätzlich auswählen, ob die Ansicht nur für Sie oder für alle Benutzer verfügbar sein soll, die eine Zugriffsberechtigung auf den Ordner haben. Desweiteren können Sie im Dialogfeld *Ansichten definieren für ...* festlegen, ob im Menü ANSICHT/AKTUELLE ANSICHT alle Ansichten oder nur die Ansichten für den aktuellen Ordner aufgeführt werden sollen (Option *Nur die für diesen Ordner erstellten Ansichten anzeigen*).

Nach Bestätigung des Dialogfelds *Neue Ansicht erstellen* gelangen Sie in das Dialogfeld *Zusammenfassung anzeigen*, von wo aus Sie zu den verschiedenen Dialogfeldern zur Einrichtung und Konfiguration der Ansicht gelangen (siehe unten).

Ansicht kopieren

Wenn Sie eine Ansicht finden, die Ihren Bedürfnissen bereits weitestgehend entgegenkommt, ist es am einfachsten, diese Ansicht als Ausgangsbasis für eine eigene Ansicht zu verwenden. In diesem Fall gehen Sie wie in unserem einführenden Beispiel vor:

1. Rufen den Befehl ANSICHT/AKTUELLE ANSICHT/ANSICHTEN DEFINIEREN auf.
2. Markieren im Listenfeld des Dialogs *Ansichten für ...* die Ansicht, die Sie als Ausgangsbasis verwenden möchten.
3. Klicken Sie auf die Schaltfläche *Kopieren*.

Alles Weitere wie gehabt: Sie geben der Ansicht einen Namen und benutzen das Dialogfeld *Zusammenfassung anzeigen* als Ausgangsbasis für die weitere Anpassung der Ansicht.

Welche Möglichkeiten Ihnen dabei zur Verfügung stehen und was sich hinter den einzelnen Schaltern verbirgt, erfahren Sie in den folgenden Abschnitten.

Felder

Die Einstellungen, die über die Schaltfläche *Felder* vorgenommen werden, unterscheiden sich, je nachdem, ob Sie eine Tages-/Wochen-/Monatsansicht oder eine tabellarische Ansicht anpassen.

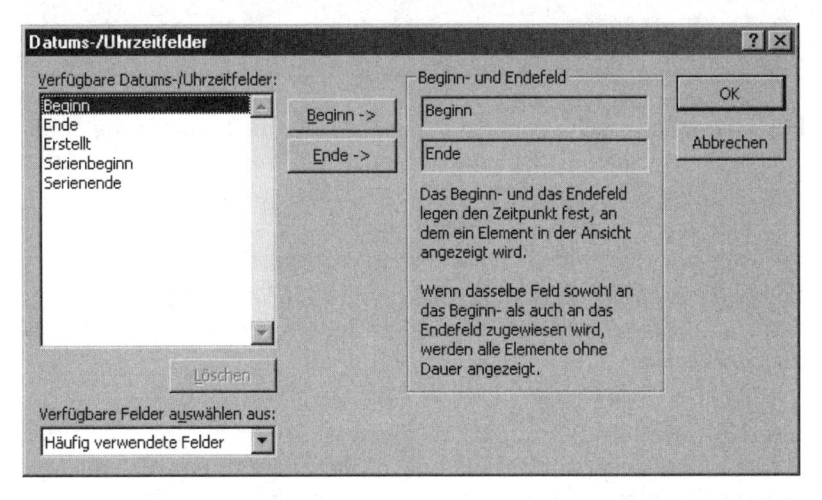

Bild 16.48: Terminanzeige festlegen

Für eine Tages-/Wochen-/Monatsansicht (oder eine Zeitskala) legen Sie über die Schaltfläche *Felder* fest, über welchen Zeitraum Termine angezeigt werden. Zu diesem Zweck wählen Sie aus, welche Terminfelder den Beginn und das Ende der Terminanzeige bestimmen.

Kapitel 16: Der Kalender

Üblicherweise wird man entweder *Beginn* und *Ende* der Anzeige mit den Feldern *Beginn* und *Ende* des Termins verbinden, so dass man im Kalender direkt ablesen kann, von wann bis wann der Termin geht, oder man weist *Beginn* und *Ende* der Anzeige das gleiche Feld zu (beispielsweise den *Beginn* des Termins), so dass alle Termine unabhängig von ihrer Dauer einzeilig im Kalender angezeigt werden. Andere Kombinationen sind selten sinnvoll.

> *Welche Terminfelder Ihnen in der linken Liste zur Verfügung stehen, hängt davon ab, welche Option Sie im Feld* Verfügbare Felder auswählen AUS *eingestellt haben.*

Bild 16.49: Spalten einer Tabelle auswählen

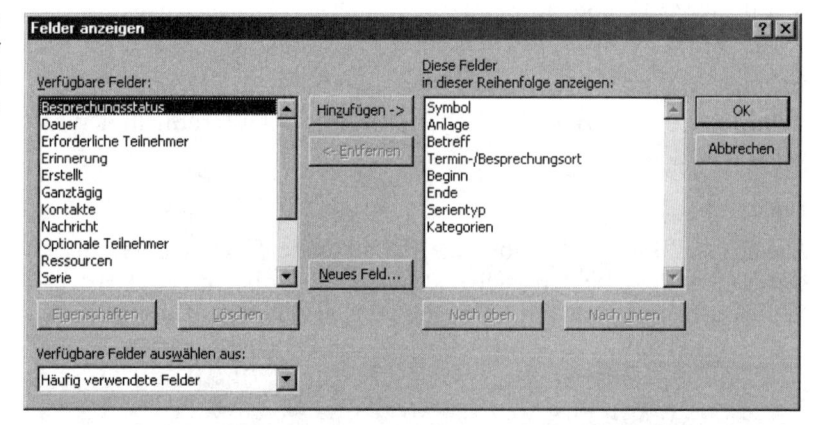

Für eine tabellarische Ansicht legen Sie über die Schaltfläche *Felder* fest, welche Felder (beispielsweise Betreff, Beginn und Ende eines Termins) als Spalten in der Tabelle angezeigt werden sollen.

> *Welche Terminfelder Ihnen in der linken Liste zur Verfügung stehen, hängt davon ab, welche Option Sie im Feld* Verfügbare Felder auswählen AUS *eingestellt haben.*

Mit den Schaltern *Nach oben* und *Nach unten* können Sie ein in der rechten Liste ausgewähltes Feld nach oben oder unten verschieben. Wozu sollte man Felder in der Liste verschieben? Weil die Reihenfolge der Felder von oben nach unten der Anordnung der Tabellenspalten von links nach rechts entspricht.

Über die Schaltfläche *Neues Feld* können Sie selbst definierte Spalten in die Tabelle aufnehmen. Um die Eigenschaften eines solchen Feldes nachträglich anzupassen, verschieben Sie es in die Liste der *Verfügbaren Felder* und klicken auf die Schaltfläche *Eigenschaften*.

Gruppierung

Gruppierung ist nur für tabellenartige Ansichten verfügbar. Gruppierung bedeutet nichts anders, als dass die Einträge in der Tabelle nach den Werten eines Feldes gruppiert werden.

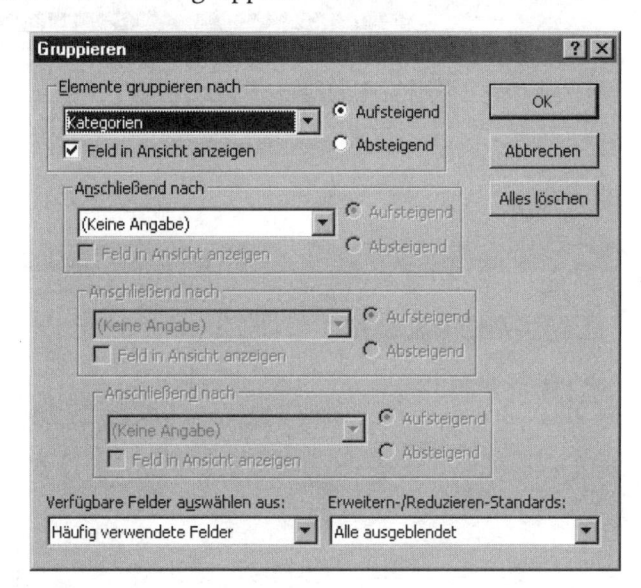

Bild 16.50: Termine nach Kategorien gruppieren

Wenn Sie die Kalendereinträge beispielsweise nach den Kategorien gruppieren, wird in der Tabelle für jede Kategorie, die Sie verwendet haben (beispielsweise Feiertage, Geschäftlich etc.), eine eigene Gruppe angelegt.

Wenn Sie möchten, können Sie die Einträge einer Gruppe wiederum in Gruppen (gemäß den Werten eines zweiten Feldes) unterteilen. Outlook erlaubt Ihnen die Einrichtung von insgesamt vier Gruppenebenen.

Outlook versieht jede Gruppe mit einer eigenen Überschrift und einer Schaltfläche, über die die Eintragungen unter der Gruppe ein- und ausgeblendet werden können. Ob und, wenn ja, welche Eintragungen eingeblendet werden, legen Sie über die Optionen im Feld *Erweitern-/Reduzieren-Standards* fest.

Kapitel 16: Der Kalender

> **INFO**: *Die Sortierung (siehe unten) ist der Gruppierung untergeordnet, das heißt, jede Gruppe wird in sich sortiert.*

Bild 16.51:
Nach Kategorien gruppierte Kalendereinträge

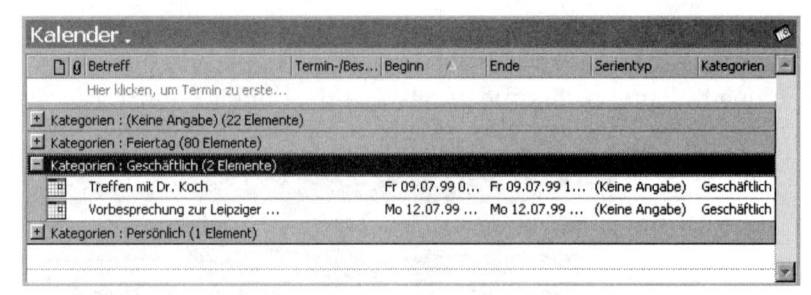

Sortieren

Bild 16.52:
Sortierkriterien festlegen

Im Dialogfeld *Sortieren* legen Sie fest, nach welchem Feld die Einträge einer tabellarischen Ansicht sortiert werden sollen.

Sie können auch nach mehreren Feldern gleichzeitig sortieren lassen (insgesamt nach vier Feldern). In der Liste *Sortieren nach* wählen Sie aus, nach welchem Feld zuerst sortiert werden soll. Alle Kalendereinträge, die für dieses Feld gleiche Werte aufweisen, werden nach dem zweiten Feld sortiert, das Sie in der Liste *Anschließend nach* ausgewählt haben, und so fort.

Unabhängig von diesen Einstellungen können Sie die Ansicht durch Klick auf die Spaltenüberschriften sortieren lassen. Wenn Sie nach zwei Feldern sortieren wollen, müssen Sie zur Festlegung des zweiten Sortierfeldes die ⇧-Taste gedrückt halten. Nach Kategorien kann man auf diese Weise aber nicht sortieren.

Filtern

Wenn Sie nicht in allen Kalendereinträgen, sondern nur bestimmten Terminen und Ereignissen interessiert sind, spezifizieren Sie einen Filter für die Ansicht:

- So können Sie auf der Registerkarte *Termine und Besprechungen* festlegen, dass nur solche Eintragungen in der Ansicht angezeigt werden sollen, die im Betreff-Feld eine bestimmte Zeichenfolge aufweisen (beispielsweise »Geburtstag«).

- Sie können Besprechungen nach den Leitern und Teilnehmern filtern.

- Sie können auf der Registerkarte *Weitere Optionen* festlegen, dass nur Eintragungen einer bestimmten Kategorie oder nur als wichtig eingestufte Termine angezeigt werden sollen.

Die weitreichendsten Einstellmöglichkeiten bietet aber die Registerkarte *Erweitert*.

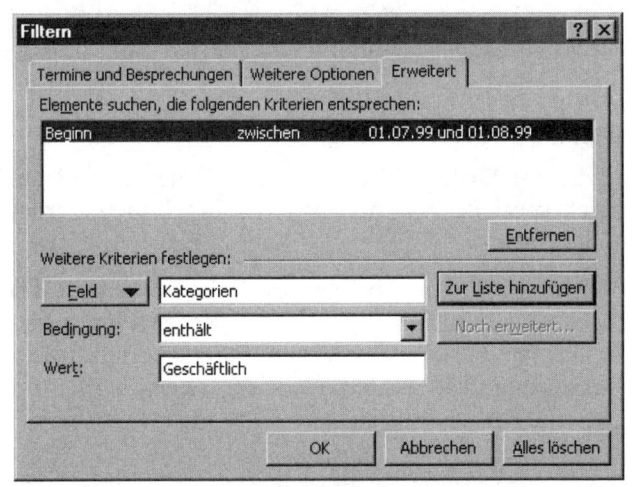

Bild 16.53:
Zwei Filterkriterien spezifizieren

Ein Filterkriterium spezifiziert man in vier Schritten:

1. Zuerst wählt man das *Feld* aus, nach dessen Werten gefiltert werden soll (beispielsweise das Terminfeld *Kategorien*).

2. Dann wählt man eine *Bedingung*, die auf das Feld angewendet wird. Welche Bedingung verfügbar ist, hängt von dem Feld ab, auf das die Bedingung angewendet werden soll (für das Feld *Kategorien* kann man beispielsweise die Bedingung *enthält* auswählen).

3. Für einige Bedingungen muss man nun noch einen *Wert* eingeben (für die Bedingung *enthält* beispielsweise den Wert, der im Feld stehen soll).

4. Dann fügt man die Bedingung der *Liste* der Filterkriterien hinzu.

Unser Filterkriterium aus diesem Beispiel lautet: Zeige nur Kalendereinträge an, für die im Feld *Kategorien* der Wert *Geschäftlich* steht (sprich alle Einträge der Kategorie »Geschäftlich«).

Weitere Einstellungen

Eine Reihe allgemeiner Einstellungen betrifft beispielsweise die Festlegung der Schriftarten.

- Für tabellenartige Ansichten können Sie eine Vorschau einblenden lassen.

- Für Tages-/Wochen-/Monatsansichten können Sie die zeitliche Auflösung der Skala einstellen oder festlegen, dass Uhrzeiten durch ein Uhrsymbol anstatt durch Ziffern angegeben werden sollen.

Automatische Formatierung

In diesem Dialogfeld können Sie festlegen, welche Eintragungen durch spezielle Formatierung hervorgehoben werden sollen (siehe Bild 16.54).

Welche Eintragungen hervorgehoben werden sollen, legen Sie durch die Definition so genannter »Regeln« fest. Eine Regel ist dabei im Grunde nichts anders als ein Filterkriterium und wird auch über die gleichen Dialogseiten festgelegt (siehe oben).

Bild 16.54: Eintragungen hervorheben

Um zusätzlich zu den vordefinierten Regeln eigene Regeln zu definieren (beispielsweise zur Hervorhebung der Feiertage), gehen Sie wie folgt vor:

1. Sie klicken auf die Schaltfläche *Hinzufügen*.
2. Sie geben der Regel einen Namen (hier Feiertage).
3. Sie klicken auf die Schaltfläche *Bedingung*, um die Regel zu definieren.

    Das Anklicken der Schaltfläche führt Sie zu dem gleichen Dialogfeld *Filtern*, das Sie von den Filterkriterien her kennen (siehe Bild 16.53). Für die Auswahl der Feiertage fügen Sie auf der Registerkarte *Erweitert* das Kriterium »Kategorie enthält Feiertag« hinzu.

4. Sie klicken auf die Schaltfläche *Schriftart*, um festzulegen, wie die Einträge, auf die die Regel zutrifft, formatiert werden sollen. In dem zugehörigen Dialogfeld *Schriftart* wählen Sie Rot als *Farbe* aus.

Termine und Ereignisse

Kapitel 17

Um »Termin-ologischen« Missverständnissen vorzubeugen:

Im allgemeinen Sprachgebrauch bezeichnet man für gewöhnlich alles, was man so in seinen Kalender einträgt, als Termine (darum auch der Begriff »Terminkalender«).

In Outlook wird dieser Begriff zuerst einmal übernommen. Grundsätzlich sind also alle Eintragungen im Outlook-Kalender Termine: Treffen mit Kollegen, Verabredungen zum Mittagessen, Geburtstage, Zahnarzttermine, Erinnerungen an wichtige Abgabetermine.

Typische Kennzeichen eines Termins sind: *Termine*

- dass er zu einem bestimmten Zeitpunkt beginnt und voraussichtlich kurze Zeit später (jedenfalls noch am gleichen Tag endet).
- dass die Zeitspanne, die der Termin in Anspruch nimmt, belegt ist und nicht anderweitig verplant werden kann. (Schließlich können wir uns nicht zweiteilen.)

Doch wie passt diese Beschreibung auf Geburtstage, die Sie in Ihrem Kalender eingetragen haben? Ja, wenn Sie konkret für 19:00 Uhr zu einer Geburtstagsfeier eingeladen wurden, dann ist dies ein Termin. Wie aber, wenn Sie in Ihrem Kalender einfach nur festhalten wollen, dass am 03. November einer Ihrer Bekannten Geburtstag hat, damit Sie nicht vergessen, ihm am Telefon zu gratulieren? Ist dies auch ein Termin? Wenn ja, beginnt der Termin um 00:00 Uhr oder vielleicht erst um 07:00 Uhr, wenn Sie aufstehen? Und geht der Termin den ganzen Tag? Heißt dies, dass Sie an diesem Tag keine anderen Termine mehr eintragen können? Natürlich nicht. Termine wie Geburtstage, Feiertage, Urlaub, Seminare etc. werden in Outlook daher zur Abgrenzung gegen die »normalen« Termine als Ereignisse bezeichnet.

Ereignisse Typische Kennzeichen eines Ereignisses sind:

- Ereignisse dauern immer ganze Tage (mindestens einen Tag). Sie werden also durch ein Anfangs- und ein Enddatum ohne Zeitangabe definiert.
- Ereignisse belegen standardmäßig keine Zeit, d.h., an einem Tag, für den ein Ereignis eingetragen ist, kann man durchaus noch Termine abmachen – die Frage ist jedoch meist, ob man dies will.

Zur Einrichtung von Terminen und Ereignissen gibt es zwar unterschiedliche Befehle in Outlook, doch das Dialogfeld, das zur Einrichtung aufgerufen wird, ist für beide Eintragungen gleich. Insofern ist ein Ereignis nichts anderes als ein Termin, für den die Option *Ganztägig* aktiviert wurde.

Besprechungen Neben Terminen und Ereignissen gibt es noch die Besprechungen. Die Einladung zu einer Besprechung ist dabei nichts anderes als ein normaler Termin. Die Planung einer Besprechung ist jedoch ein ganz eigenes Aufgabengebiet, dem wir uns in Kapitel 18 widmen werden.

17.1 Termine einrichten

Um einen Termin einzurichten:

- Können Sie im Kalender auf einen freien Platz doppelklicken.
- Den Befehl AKTIONEN/NEUER TERMIN aufrufen.

Danach erscheint das TERMIN-Dialogfeld zur Einrichtung des Termins.

Schnellkurs: Termine einrichten

Zwei kurze Beispiele für einen privaten und einen geschäftlichen Termin sollen Ihnen zeigen, wie leicht Termine im Kalender eingetragen werden.

Beispiel Nehmen wir an, Sie haben Karten fürs Theater besorgt, sagen wir für Schwanensee, und wollen den Abend in Ihrem Kalender vormerken.

1. In der Tagesansicht des Kalenders springen Sie mithilfe des Datumswechslers zu dem Datum der Aufführung.
2. Dann scrollen Sie das Kalenderblatt, bis die Abendstunden angezeigt werden. (Wir gehen davon aus, dass die Vorführung kurz nach 20:00 Uhr beginnt.)
3. Doppelklicken Sie in die Zeile, die zu der Uhrzeit 20:00 Uhr gehört.
4. Im *Termin*-Dialogfeld nehmen Sie folgende Einstellungen vor:
   - *Betreff.* Hier geben Sie den Text ein, der im Kalender eingetragen und angezeigt wird. Beschränken Sie sich auf kurze, prägnante Eintragungen, die Ihren Kalender übersichtlich halten und die Suche nach speziellen Terminen erleichtern. In unserem Beispiel genügt es »Schwanensee«, »Aufführung Schwanensee« oder »Saarbrücker Staatstheater: Schwanensee« oder Ähnliches einzutragen.
   - *Ort.* Hier können Sie angeben, in welchem Theater die Aufführung stattfindet.
   - *Erinnerung.* Per Voreinstellung werden Sie 15 Minuten vor Eintritt eines Termins durch Anzeige eines Meldungsfensters an den Termin erinnert. Für einen abendlichen Termin in der Freizeit dürfte dies nicht ausreichen, da Sie um kurz vor 20:00 Uhr wahrscheinlich nicht mehr vor Ihrem Computer sitzen. Öffnen Sie also das zugehörige Listenfeld, und lassen Sie sich einige Stunden zuvor bereits an den Termin erinnern.
5. Speichern Sie den Termin, indem Sie die Schaltfläche *Speichern und Schließen* anklicken.

Im Kalender wird der Termin eingetragen, als würde er nur eine halbe Stunde dauern – was für Schwanensee natürlich viel zu wenig ist. Wir hätten dies bei Einrichtung des Termins ändern können, doch wenn wir davon ausgehen, dass wir am gleichen Abend keine weiteren Termine abmachen werden, ist die Dauer des Termins nicht so wichtig. Vielbeschäftigte Geschäftsleute und Sekretärinnen sollten sich allerdings angewöhnen, möglichst alle Termine mit deren voraussichtlicher Dauer einzutragen (siehe nächstes Beispiel).

Standardmäßig legt Outlook die Dauer eines Termins auf eine halbe Stunde fest. In der Tages- und Arbeitswochenansicht richtet sich die voreingestellte Dauer nach der Skalierung.

Kapitel 17: Termine und Ereignisse

Bild 17.1:
Privater Termin

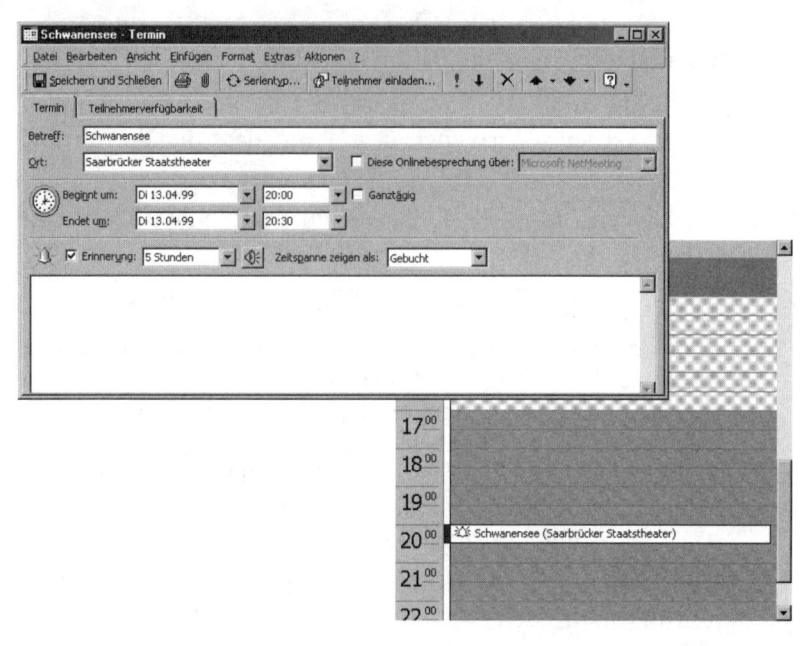

Beispiel In diesem Beispiel nehmen wir an, Sie sind Rechtsanwalt und haben soeben mit Herrn Grün einen Termin für ein Beratungsgespräch ausgemacht. (Herr Grün ist Landwirt und macht sich Sorgen, weil sein Nachbar bereits genmanipuliertes Saatgut einsetzt. Jetzt will er prüfen, ob er sich per Gesetz vor der Genverschmutzung seines eigenen Saatguts schützen kann, denn das genmanipulierte Saatgut seines Nachbarn ist steril und muss daher Jahr für Jahr neu bei dem Chemiekonzern eingekauft werden.)

1. In der Tagesansicht des Kalenders springen Sie mithilfe des Datumswechslers zu dem Datum des Treffens.

2. Dann blättern Sie durch das Kalenderblatt bis zum abgemachten Zeitpunkt.

3. Doppelklicken Sie in die Zeile, die zu der vereinbarten Uhrzeit gehört.

4. Im *Termin*-Dialogfeld nehmen Sie folgende Einstellungen vor:

    – *Betreff*. Hier geben Sie den Text ein, der im Kalender eingetragen und angezeigt wird – beispielsweise »Treffen mit Herrn Grün«.

    – *Ort*. Da das Treffen in Ihrem Büro stattfindet, geben Sie »Büro« ein oder sparen sich den Eintrag.

- *Endet um.* Sie gehen davon aus, dass das Treffen ungefähr eine Stunde dauern wird. Stellen Sie die Uhrzeit beim Feld *Endet um* so ein, dass für den Termin eine Stunde Ihrer Zeit reserviert wird. Achten Sie darauf, dass im Feld *Zeitspanne anzeigen als* die Option *Gebucht* ausgewählt ist.
- *Notizen.* In dem Eingabefeld des Dialogs können Sie Anmerkungen zu dem Termin abspeichern. Sie können hier beispielsweise kurz vermerken, welches Anliegen Ihr Klient hat und/oder welche Unterlagen Sie für das Treffen benötigen.

5. Speichern Sie den Termin, indem Sie auf die Schaltfläche *Speichern und Schließen* klicken.

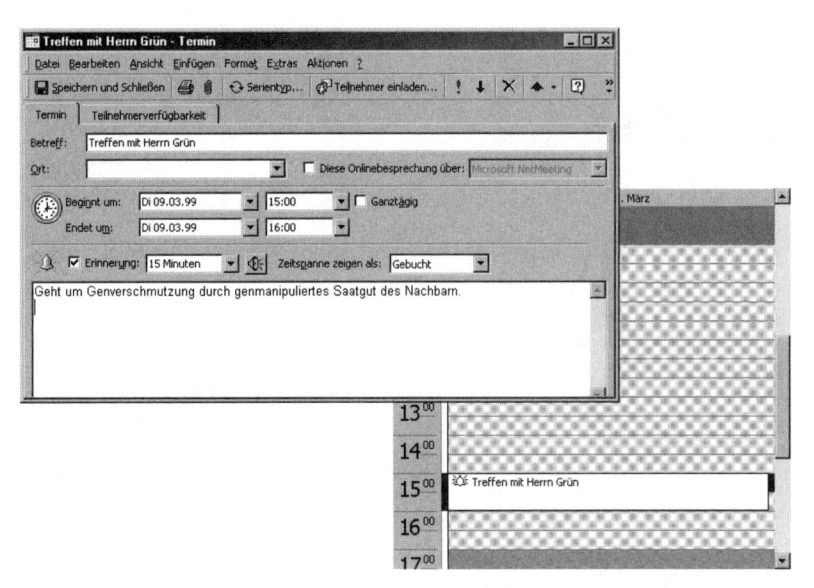

Bild 17.2:
Termin mit Notizen

Der schnellste Weg, einen Termin in den Kalender einzutragen, führt allerdings nicht über das TERMIN-Dialogfeld. Statt zweimal klicken Sie nur einmal in die Zeile für den Zeitpunkt, unter dem der Termin eingetragen werden soll, und tippen Sie den Text des Termins direkt über die Tastatur in den Kalender ein.

Die wichtigsten Einstellungen: Betreff, Beginn, Ende

Zu jedem Termin gehören:

- Betreff und
- Zeitangabe

| Kapitel 17: Termine und Ereignisse

Betreff Im *Betreff*-Feld geben Sie ein, was im Kalender eingetragen werden soll. Beschränken Sie sich auf kurze Stichwörter – dies hält den Kalender übersichtlich und zahlt sich meist aus, wenn man nach Terminen suchen muss (siehe auch 16.4).

Für längere Anmerkungen zu einem Termin steht Ihnen das Eingabefeld im unteren Teil des Dialogfelds zur Verfügung.

Beginnt um Des Weiteren geben Sie zu jedem Termin an, wann der beginnt und
Endet um   wann er endet – beide Angaben mit Datum und Uhrzeit.

Als Datum wird standardmäßig das aktuell im Kalender angezeigte Datum verwendet. Wenn Sie ein anderes Datum einstellen wollen, klicken Sie einfach auf den abwärts gerichteten Pfeil neben dem Datumsfeld, und der Datumswechsler wird eingeblendet, in dem Sie das gewünschte Datum auswählen können. Sie können das Datum aber auch direkt eingeben, wobei Sie sich um die Schreibweise – wie in Outlook üblich, siehe Kapitel 16.3 – keine großen Gedanken machen müssen.

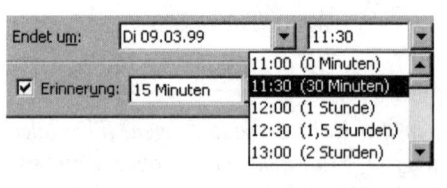

Die Uhrzeit können Sie ebenfalls direkt eintippen oder in dem zugehörigen Listenfeld eine Uhrzeit auswählen – wobei Ihnen für die Uhrzeit des Terminendes auch gleich die Dauer des Termins angezeigt wird.

Erstreckt sich der Termin bis zu einem bereits vorgemerkten Termin, erscheint im Dialogfeld eine Warnung.

Termine einrichten

In der Wochen- und Monatsansicht können Sie die Uhrzeiten für Beginn und Ende der Termine analog (in Form von Uhrsymbolen) oder digital anzeigen lassen. Klicken Sie mit der rechten Maustaste in den Kalenderhintergrund, und rufen Sie den Befehl WEITERE EINSTELLUNGEN auf. In dem zugehörigen Dialogfeld aktivieren oder deaktivieren Sie die Option *Zeit als Uhr anzeigen*.

Anzeige der Uhrzeit in Kalender

Automatische Erinnerung

Ihr Online-Terminkalender wäre nur die Hälfte wert, wenn er Sie nicht selbständig auf demnächst fällig werdende Termine aufmerksam machen würde.

Erinnerung

Wir rühren damit an ein sehr leidiges Thema: Was nutzt es, wenn Sie alle Ihre Termine geflissentlich in den Kalender eingetragen haben, dann aber doch wichtige Termine verpassen, weil Sie Ihnen entfallen sind, weil Sie vergessen haben, heute morgen in Ihren Kalender zu schauen, oder weil Sie einfach in ein so fesselndes Gespräch vertieft sind, dass Sie Zeit und Raum ringsum vergessen haben.

Nun, all dies gehört jetzt der Vergangenheit an! Oder doch nicht?

Fest steht jedenfalls, Outlook kann Sie automatisch an fällig werdende Termine erinnern, und zwar durch:

- ein Meldungsfenster, das auf Ihrem Bildschirm angezeigt wird,
- einen Signalton, respektive eine Signalmelodie.

Sie müssen Outlook bei Einrichtung des Termins nur mitteilen, wie viele Minuten (Stunden oder Tage) vor Fälligkeit des Termins Sie das erste Mal an den Termin erinnert werden wollen.

Damit Outlook Sie erinnern kann, muss Ihr Rechner eingeschaltet sein und Outlook muss ausgeführt werden! Zudem müssen Sie vor Ihrem Rechner sitzen, um die Erinnerung lesen zu können, oder zumindest in Ihrem Büro sein, um den Signalton zu hören.

Kontrollieren Sie auch gelegentlich, ob Ihre Uhr und die Systemzeit des Computers noch gleichlaufen (siehe Bild 17.3).

Kapitel 17: Termine und Ereignisse

Bild 17.3:
Sich an einen Termin erinnern lassen

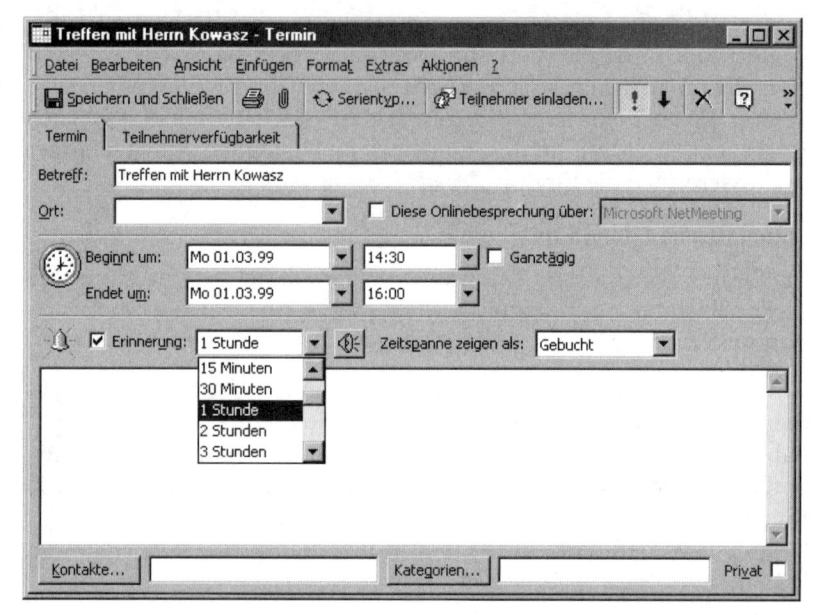

Um sich an einen Termin erinnern zu lassen, müssen Sie im TERMIN-Dialogfeld:

1. die Option *Erinnerung* aktivieren (entspricht der Voreinstellung),
2. angeben, wie viele Minuten, Stunden oder Tage vor Fälligkeit des Termins Sie das erste Mal erinnert werden möchten. Neben der Auswahl einer Option im zugehörigen Listenfeld können Sie auch eine eigene Zeitangabe eintippen.

> **INFO**
> Ist der Zeitpunkt der Erinnerung bereits überschritten (beispielsweise wenn Sie sich eine Stunde vor dem Termin benachrichtigen lassen wollen, der Termin aber bereits in 40 Minuten fällig ist), gibt Outlook eine Warnung aus.

Wenn Sie nicht die ganze Zeit an Ihrem PC sitzen, sondern eine viel benutzte Couch oder Sitzgruppe in Ihrem Büro stehen haben, oft im Zimmer umhergehen oder hin und wieder auch an der Schreibmaschine sitzen, sollten Sie zur Sicherheit einen Signalton ausgeben, der Sie akustisch auf das Fälligwerden eines Termins hinweist.

Klicken Sie dann auf das entsprechende Symbol im TERMIN-Dialogfeld, und geben Sie im aufspringenden Dialogfeld ein, welche Klangdatei als Signal abgespielt werden soll.

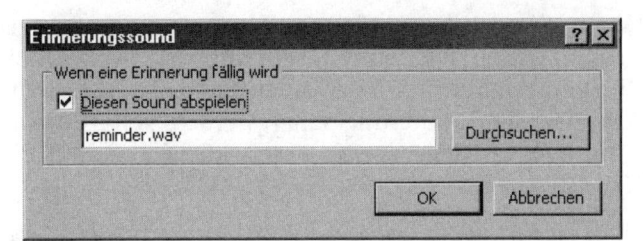

Bild 17.4:
Signalton ausgeben

> Voraussetzung zum Abspielen von WAV-Dateien sind Soundkarte und Lautsprecher. Achten Sie auch darauf, dass der Lautstärkeregler nicht ganz heruntergedreht ist.

Sie haben jetzt den Termin mit Herrn Kowasz (siehe Bild 17.3) so eingerichtet, dass Sie eine Stunde vorher benachrichtigt werden. Dies lässt Ihnen genug Zeit, vorab Ihre Unterlagen für das Treffen herauszusuchen und noch einmal kurz durchzugehen. Wenn Sie den Termin speichern und schließen, wird er im Kalender mit einem Glockensymbol gekennzeichnet – für Sie als Erinnerung, dass für diesen Termin die Erinnerungsfunktion aktiviert ist.

Sie öffnen Word und arbeiten weiter.

Eine Stunde vor dem Treffen springt auf Ihrem Bildschirm das in Bild 17.5 gezeigte Dialogfeld auf.

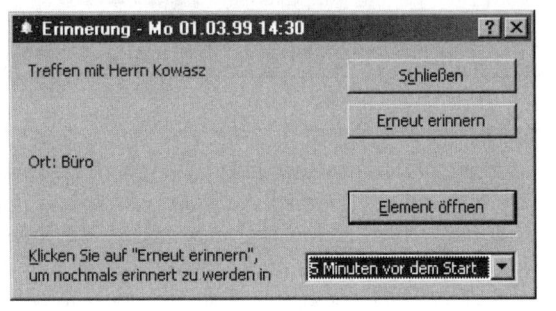

Bild 17.5:
Erste Erinnerung

In der Erinnerung wird nur der Text aus dem *Betreff*-Feld angezeigt. Wenn Ihnen dies nichts mehr sagt oder Sie vielleicht die Anhänge zu dem Termin öffnen wollen, klicken Sie auf die Schaltfläche *Element öffnen*, um das TERMIN-Dialogfeld für den Termin zu öffnen. (Das Erinnerungsfenster bleibt während dessen geöffnet.)

Wenn Sie sich bereits frühzeitig vor einem Termin haben erinnern lassen, werden Sie sich vielleicht noch ein zweites Mal kurz vor dem Termin erinnern lassen. Wählen Sie dazu im Listenfeld aus, wann die nächste Erinnerung fällig werden soll (Voreinstellung ist 5 Minuten vor dem Termin), und klicken Sie auf die Schaltfläche *Erneut erinnern*.

Was passiert, wenn Outlook während des Verstreichens eines Termins oder einer Erinnerung nicht ausgeführt wurde?

Angenommen, Sie kommen wegen Stau zu spät zur Arbeit. Sie schalten den Rechner an, starten Outlook und ...

... werden überhäuft mit Meldungen zu den bereits versäumten Terminen.

Outlook macht Sie allerdings nur auf fällig gewordene Termine aufmerksam, für die Sie die Erinnerungsfunktion aktiviert hatten. Auf überfällige Erinnerungen oder Termine ohne Erinnerung werden Sie nicht aufmerksam gemacht.

Bild 17.6: Abgelaufener Termin

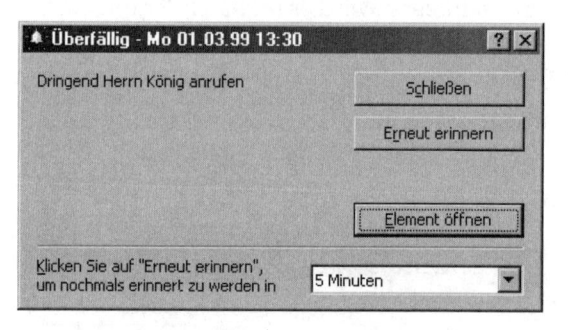

Sie sehen: Outlook tut sein möglichstes, doch im Zweifelsfalle sollten Sie sich nicht nur auf den Outlook-Kalender verlassen. Unser Gedächtnis ist zwar gelegentlich etwas lückenhaft, aber an sich doch recht zuverlässig. Wichtige Termine sollte man stets auch im Kopf haben. Und wenn Sie Ihrer Termine gar nicht mehr Herr werden, ... dann gibt es nichts Besseres als eine zuverlässige Sekretärin (oder einen Sekretär).

Der Status eines Termins

Zeitspanne anzeigen als

Nicht jeder Termin hat die gleiche Bedeutung für Ihr Zeitmanagement. Manche Termine, die Sie eingetragen haben, sind vielleicht nur Erinnerungen – etwa daran, dass Sie heute morgen Herrn Soundso anrufen wollten. Solche Termine haben im Grunde keine Dauer und belegen eigentlich keine Zeit. Andere Termine sind

Treffen oder Besuche, die Ihre ungeteilte Aufmerksamkeit erfordern. Wieder andere Termine haben Sie eingetragen, weil Sie diese Termine gerne wahrnehmen würden. Sollte dies aber nicht möglich sein oder sollten wichtigere Termine anstehen, werden Sie diese Termine aber fallenlassen.

Es geht also darum, wie fest die Zeit, die durch einen Termin belegt wird, verbucht ist und wieweit Sie noch andere Tätigkeiten wahrnehmen können. All dies steuern Sie über das Listenfeld *Zeitspanne zeigen als*.

Bild 17.7:
Status eines Termins

Die Einstufung der Termine nach der Bedeutung für Ihr Zeitmanagement ist von zweierlei Bedeutung:

- Je nach der Einstufung der Termine werden diese in unterschiedlichen Farben im Kalender (Tages- und Arbeitswochenansicht) sowie in der Registerkarte *Teilnehmerverfügbarkeit* markiert (siehe Tabelle 17.1), so dass Sie im Kalender den Überblick darüber behalten, wie verbindlich Termine sind und inwieweit Sie sich gleichzeitige oder überschneidende Verpflichtungen auferlegen können.

- Wenn Sie in einer größeren Firma arbeiten, sind die gleichen Informationen nicht nur für Sie, sondern auch für Leute interessant, die Besprechungen planen und dazu Ihren Terminkalender zu Rate ziehen (siehe Kapitel 18).

Status	Beschreibung
Frei	Der Termin wird eingetragen, doch die Zeit wird nicht gebucht. Sie können diesen Status für Termine wählen, die keine zeitliche Ausdehnung haben (beispielsweise Erinnerungen an zu führende Telefongespräche).
	Überschneiden sich andere Termine mit diesem Termin, wird keine Warnung ausgegeben.
	Der Termin wird nicht markiert (keine farbliche Umrandung im Kalender).

Tabelle 17.1:
Optionen für den Status eines Termins

Mit Vorbehalt	Der Termin wird eingetragen und die Zeit gebucht. Die farbliche Markierung zeigt aber an, dass dieser Termin nicht unbedingt verbindlich ist.
	Kollegen, die Besprechungen planen, können an diesem Status ablesen, dass Ihnen ein anderer Termin für die Besprechung lieber wäre, Sie aber notfalls den in Ihrem Kalender unter Vorbehalt eingetragenen Termin sausen lassen werden.
	Überschneiden sich andere Termine mit diesem Termin, wird im TERMIN-Dialogfeld eine Warnung ausgegeben.
	Der Termin wird hellblau markiert.
Gebucht	Der Termin wird eingetragen und die Zeit gebucht.
	Kollegen, die Besprechungen planen, können an diesem Status ablesen, dass Sie an einer Besprechung, die sich mit diesem Termin überschneidet, nicht teilnehmen werden können. Immerhin sind Sie aber da – man könnte also in dringenden Fällen kurz bei Ihnen reinplatzen und Sie um Rat fragen oder sich Akten abholen.
	Überschneiden sich andere Termine mit diesem Termin, wird im TERMIN-Dialogfeld eine Warnung ausgegeben.
	Der Termin wird blau markiert.
Abwesend	Zeigt an, dass Sie diesen Termin außer Haus wahrnehmen – Sie also für andere bestenfalls per Handy erreichbar sind.
	Überschneiden sich andere Termine mit diesem Termin, wird im TERMIN-Dialogfeld eine Warnung ausgegeben.
	Der Termin wird lila markiert.

TIPP Um den Status eines eingetragenen Termins zu ändern, brauchen Sie das Termin-*Dialogfeld* nicht extra aufzurufen. Sie können die Änderung auch direkt über den Befehl *Zeitspanne zeigen als* im Kontextmenü des Termins vornehmen.

Anmerkungen zu Terminen

Wenn Ihnen das *Betreff*-Feld für Ihre Notizen zu einem Termin nicht ausreicht, haben Sie im Eingabefeld des TERMIN-Dialogfelds die Möglichkeit, ausführlichere Anmerkungen und Notizen mit dem Termin zu verbinden.

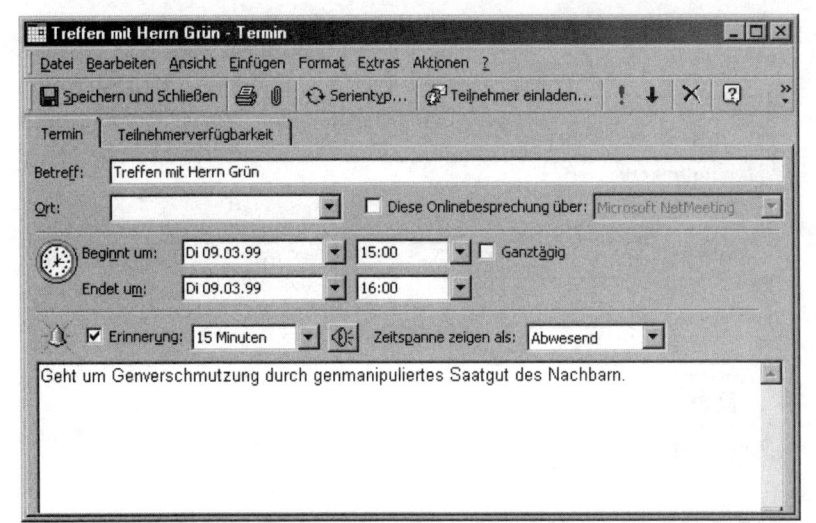

Bild 17.8:
Anmerkungen zu einem Termin

Sie sollten dies auf jeden Fall nutzen und nicht den Fehler machen, zu viele Informationen in das *Betreff*-Feld zu packen.

Auch brauchen Sie sich keine Sorge wegen der Suche nach Terminen zu machen. Sie können bei der Suche (Aufruf über Befehl EXTRAS/SUCHEN oder EXTRAS/ERWEITERE SUCHE) angeben, ob neben dem *Betreff*-Feld auch in den Notizen zu den Terminen gesucht werden soll.

Dateien und Outlook-Elemente anhängen

Noch mehr Information als mit dem Notizen-Feld können Sie durch das Anhängen von Dateien mit einem Termin verbinden.

Um einem Termin eine oder mehrere Dateien und/oder Outlook-Elemente als Anlage beizufügen, brauchen Sie im TERMIN-Dialogfeld nur das zugehörige Symbol anzuklicken oder einen der entsprechenden Befehle im Menü EINFÜGEN aufzurufen (siehe Bild 17.9).

Einfügen/Datei

Das Anhängen von Dateien oder Outlook-Elementen (verwandte Termine, Kontaktadressen, empfangene Nachrichten) ist insbesondere als Vorbereitung auf einen Termin empfehlenswert. Im Grunde ist es nicht anders, als wenn Sie die Unterlagen für einen Termin in einer Aktenmappe zusammenstellen.

Greifen wir noch einmal das Beispiel des Rechtsanwalts auf, der mit dem Landwirt Grün einen Termin ausgemacht hat, um die Frage zu klären, inwieweit sich der Landwirt vor Genverschmutzung schützen kann.

Beispiel

Bild 17.9:
Termin mit Anlage

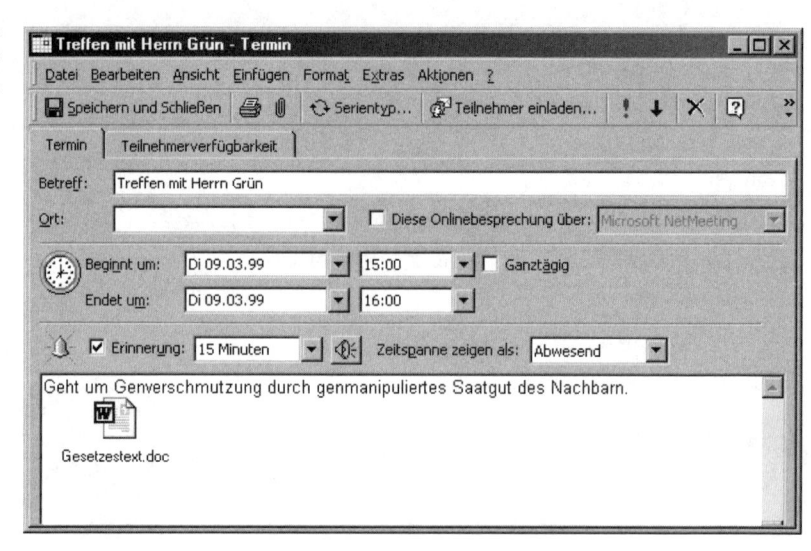

Als Vorbereitung auf das Treffen hat sich der Rechtsanwalt die betreffenden Gesetzesstellen herausgeschrieben und – zusammen mit den wichtigsten Textauszügen – in einem Word-Dokument abgespeichert. Nun nimmt er dieses Word-Dokument als Anlage zu dem Termin auf.

Vielleicht hat er sich auch per E-Mail bei Kollegen erkundigt, ob diese mit ähnlich gelagerten Fällen zu tun haben oder hatten. Die interessantesten Antworten nimmt er ebenfalls als Anlage hinzu.

Anlagen anzeigen Ist dann der Termin fällig und Herr Grün steht in der Tür, kann der Rechtsanwalt während des Gesprächs jederzeit bequem auf die Anlagen zu dem Termin zugreifen – er muss nicht einmal den Termin öffnen. Es genügt, wenn er im Kalender das Kontextmenü des Termins aufruft und den Befehl ANLAGEN ANZEIGEN auswählt.

Private Termine

Termine, die rein privater Natur sind, können Sie explizit als solche kennzeichnen. Dazu markieren Sie in der rechten unteren Ecke des TERMIN-Dialogfelds die Option *Privat* oder rufen den gleichlautenden Befehl im Kontextmenü des Termins auf.

Die Kennzeichnung als »privat« dient nicht nur der besseren Übersichtlichkeit. Wenn Sie in einer Firma arbeiten und den Kalenderordner für andere Kollegen zur Einsicht freigeben, werden private Termine vor den Augen Ihrer Kollegen geschützt. Die Kollegen sehen zwar den privaten Termin, wenn Sie Ihren Kalender einsehen, doch der Inhalt des Termins wird vor ihnen verborgen.

Priorität

Nicht alle Termine sind gleich wichtig, und darum erlaubt Ihnen Outlook, drei Prioritätsstufen für Ihre Termine zu vergeben:

- Hoch
- Normal
- Niedrig

Standardmäßig hat jeder Termin die Prioritätsstufe »Normal«.

Um einem Termin die Prioritätsstufe »Hoch« zuzuweisen, klicken Sie in der Symbolleiste des TERMIN-Dialogfelds auf das Ausrufezeichen; um die Prioritätsstufe »Niedrig« zuzuweisen, klicken Sie auf den abwärts gerichteten Pfeil. Die Schaltsymbole werden danach gedrückt dargestellt.

Um einen Termin hoher oder niedriger Prioritätsstufe wieder als normal einzustufen, klicken Sie erneut auf das gedrückt dargestellte Prioritätensymbol, so dass es danach wieder normal dargestellt wird.

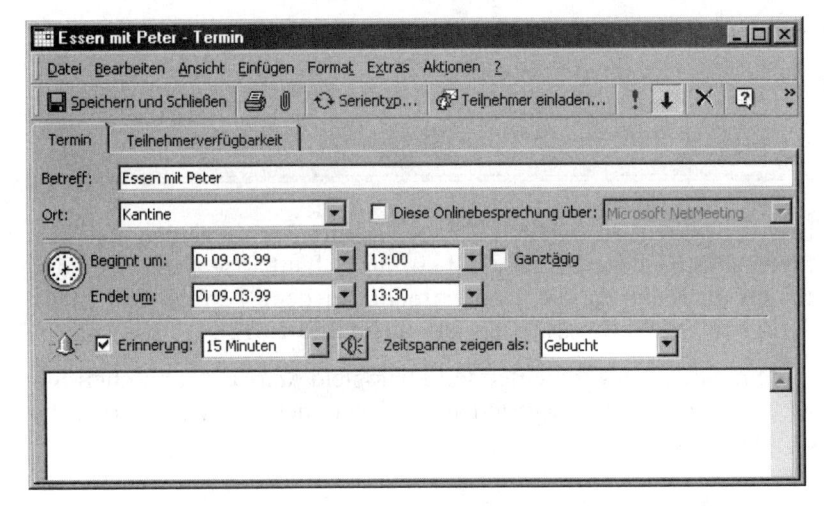

Bild 17.10: Termin niedriger Prioritätsstufe

So richtig interessant wird die Vergabe der Prioritätsstufen aber erst, wenn man sie als Suchkriterium oder bei der Definition oder Anpassung von Ansichten als Filterkriterium nutzt. Beachten Sie dabei, dass das Terminfeld für die Priorität »Wichtigkeit« heißt (siehe Abschnitt 16.4 zur Registerkarte *Erweitert* des *Filtern*-Dialogs).

Kategorien

Auch die Einordnung von Terminen unter Kategorien hat vor allem den Vorteil, dass man später durch Definition oder Anpassung von Ansichten oder über die Suchbefehle schnell und bequem auf die Termine einer Kategorie zugreifen kann.

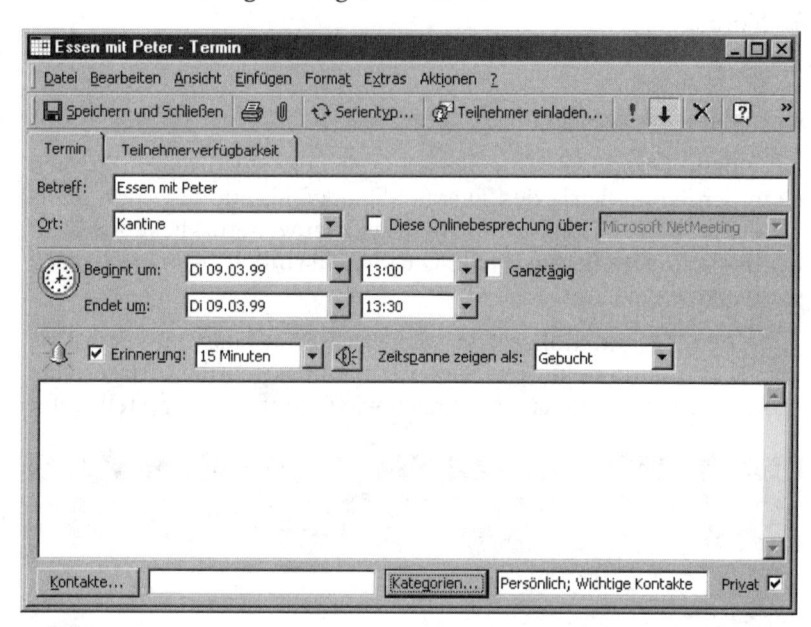

Bild 17.11: Termin, der zwei Kategorien untergeordnet ist.

Kategorien Um anzugeben, zu welchen Kategorien ein Termin zählen soll, klicken Sie im TERMIN-Dialogfeld auf die Schaltfläche *Kategorien* oder öffnen im Kalender das Kontextmenü zu dem Termin und rufen darin den Befehl KATEGORIEN auf (siehe Bild 17.12).

In dem daraufhin erscheinenden Dialogfeld *Kategorien* brauchen Sie dann nur noch die Kategorien anzuklicken, denen der Termin zugeordnet werden soll.

Neue Kategorien einrichten

Bei Bedarf können Sie auch eigene Kategorien hinzufügen:

1. Klicken Sie dazu auf die Schaltfläche *Hauptkategorienliste*.

2. In dem gleichnamigen Dialogfeld geben Sie einen Namen für die neue Kategorie ein und wählen dann die Schaltfläche *Hinzufügen*.

Wenn Sie jetzt in das Dialogfeld *Kategorien* zurückkehren, ist die neue Kategorie bereits verfügbar.

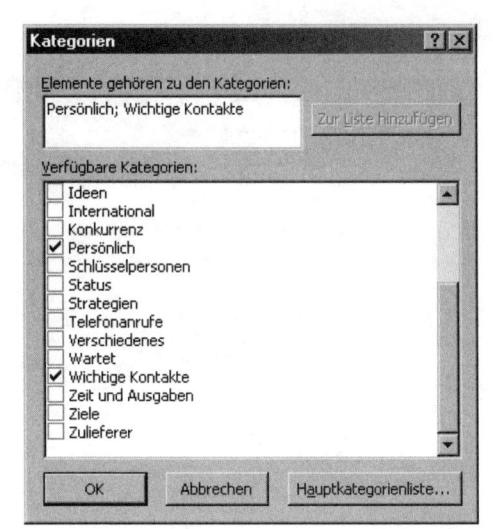

Bild 17.12:
Kategorien auswählen

Wenn Sie die Schaltfläche Zurücksetzen wählen, werden alle Kategorien, die nicht von Outlook definiert wurden, aus der Hauptkategorienliste entfernt. In den Terminen, die die selbst definierten Kategorien verwenden, bleiben diese aber erhalten.

Wenn Sie gleichzeitig an mehreren Projekten arbeiten, kann es sich lohnen, für jedes Projekt eine eigene Kategorie zu definieren.

Sie können Kategorien auch definieren, indem Sie eine der tabellarischen Ansichten wechseln und den Namen der neuen Kategorie einfach direkt in eines der Felder unter der Spalte *Kategorien* eintippen. Die Kategorie wird dann aber nicht in die Hauptkategorienliste eingetragen und kann folglich nicht für andere Termine ausgewählt werden.

Nach Kategorien suchen

Um alle Termine zu einer Kategorie anzeigen zu lassen – beispielsweise alle Termine zu einem Projekt, für das Sie eine eigene Kategorie eingerichtet haben – startet man eine erweiterte Suche.

1. Rufen Sie den Befehl EXTRAS/ERWEITERTE SUCHE auf.

2. Wechseln Sie im Dialogfeld *Erweiterte Suche* zur Registerkarte *Weitere Optionen*, und klicken Sie auf die Schaltfläche *Kategorien*, um die Kategorien auszuwählen, nach denen gesucht werden soll.

Kapitel 17: Termine und Ereignisse

3. Starten Sie die Suche.

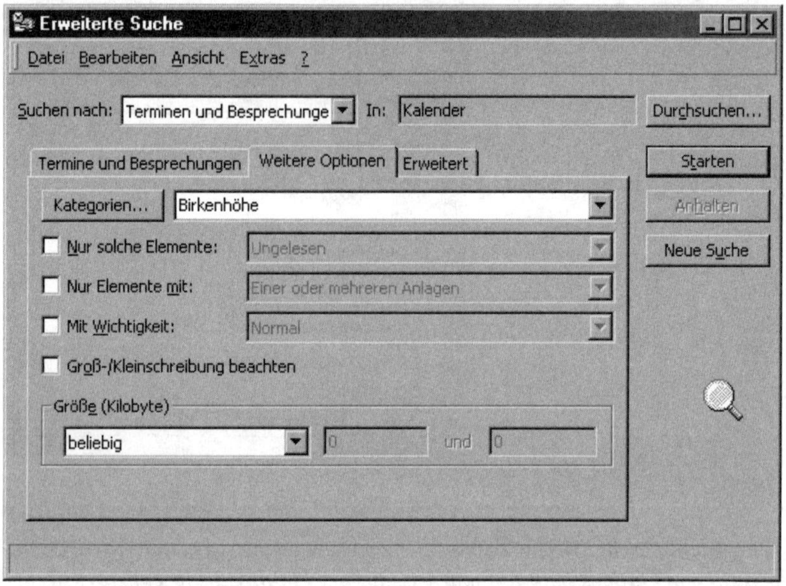

Bild 17.13: Suche auf Kategorie »Birkenhöhe« begrenzen

Kategorien in Ansichten verwenden

In tabellarischen Ansichten ist standardmäßig eine Spalte für das Feld *Kategorie* vorgesehen. Doch leider ist dieses Feld nur von begrenztem Nutzen, da man die Tabelle nicht nach diesem Feld sortieren lassen kann (Klick auf Spaltenüberschrift).

Sie können die tabellarischen Ansichten aber anpassen oder Kopien der Ansichten anlegen und dabei festlegen, dass in der Ansicht nur Kalendereinträge einer Kategorie angezeigt werden.

Beispiel Nehmen wir an, Sie betreuen die Entwicklung eines innovativen 3D-Computerspiels. Das Projekt läuft unter dem Geheimcode »Miriam«. Sie haben eine gleichnamige Kategorie für das Projekt definiert und alle Termine, die dieses Projekt betreffen, konsequent mit der Kategorie verbunden. Jetzt wollen Sie noch eine passende Ansicht definieren, in der nur die Termine des Miriam-Projekts, nach Terminbeginn sortiert, angezeigt werden.

1. Rufen Sie den Befehl ANSICHT/AKTUELLE ANSICHT/ANSICHTEN DEFINIEREN auf.
2. Markieren Sie im Listenfeld des Dialogs *Ansichten für ...* die Ansicht *Aktive Termine* – diese Ansicht soll uns als Ausgangspunkt für die neue Miriam-Ansicht dienen.

3. Klicken Sie die Schaltfläche *Kopieren* an.

4. Im Dialogfeld *Ansicht kopieren* geben Sie als neuen Namen für die Ansicht »Miriam« ein.

   Wenn Sie alle Termine zu dem Miriam-Projekt in einem speziellen Kalenderordner eingetragen haben, können Sie durch Auswahl der entsprechenden Optionen im Dialogfeld *Ansicht kopieren* festlegen, dass die Ansicht nur auf diesen Ordner angewendet werden kann.

5. Danach gelangen Sie in das Dialogfeld *Zusammenfassung anzeigen*, über dessen Schaltflächen Sie zu den verschiedenen Dialogfeldern zur Einrichtung der neuen Ansicht gelangen

   Neben den Schaltflächen sind in kurzen Stichworten die bisherigen Einstellungen für die Ansicht vermerkt. Da wir die neue Ansicht als Kopie der Ansicht AKTIVE TERMINE erstellt haben, sind dies in unserem Beispiel die Einstellungen aus der Ansicht AKTIVE TERMINE. Wie Sie sehen können, ist für die Sortierung nach dem Feld *Beginn* bereits gesorgt.

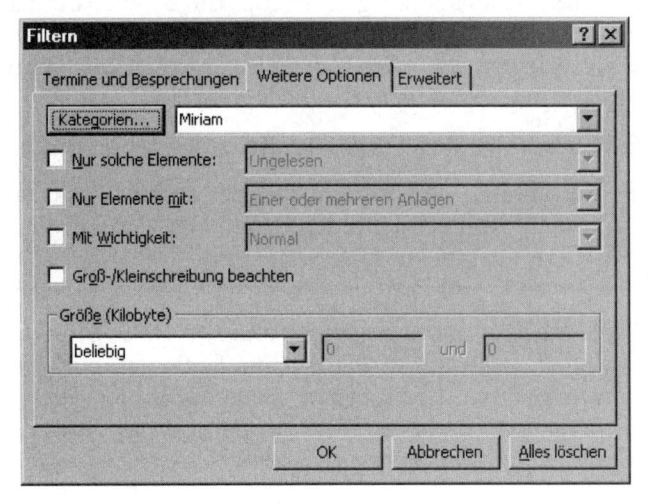

Bild 17.14:
Nach Kategorien filtern

6. Klicken Sie auf die Schaltfläche *Filtern*, um das Filterkriterium festzulegen, das nur die Eintragungen der Kategorie »Miriam« zulässt.

   – Wechseln Sie im Dialogfeld zur Registerkarte *Weitere Optionen*, und klicken Sie auf die Schaltfläche *Kategorien*, um die Kategorie »Miriam« auszuwählen. Das war's!

7. Schließen Sie die Dialogfelder.
8. Die neue Ansicht kann jetzt über das Untermenü ANSICHT/ AKTUELLE ANSICHT aufgerufen werden.

> **REF** *Mehr zum Anpassen und Definieren von Ansichten finden Sie in Kapitel 16.9.*

17.2 Termine nachträglich bearbeiten

Ab und zu werden Sie bereits eingetragene Termine nachbearbeiten wollen. Vielleicht wird der Termin länger dauern als geplant oder beginnt etwas später? Vielleicht wollen Sie noch eine Notiz oder eine Anlage zu dem Termin hinzufügen?

Kein Problem.

Grundsätzlich werden alle nachträglichen Bearbeitungen über das TERMIN-Dialogfeld ausgeführt, das Sie bereits von der Einrichtung der Termine her kennen. Alles weitere reduziert sich also auf die Frage, wie man einen im Kalender eingetragenen Termin zur Nachbearbeitung in das TERMIN-Dialogfeld lädt.

- Sie können den Termin im Kalender doppelklicken.
- Sie können den Termin mit der rechten Maustaste anklicken und im Kontextmenü den Befehl ÖFFNEN aufrufen.

> **STOP** *Wenn Sie nicht schnell genug doppelklicken, öffnen Sie nicht das Termin-Dialogfeld, sondern wechseln nur in den Editiermodus, in dem Sie die Kalendereintragung bearbeiten können. Doppelklicken Sie dann auf den Bereich direkt vor dem Termin, um diesen zu öffnen. (In der Tagesansicht können Sie auf die farbige Umrahmung des Termins klicken.)*

> **STOP** *Wenn Sie des öfteren Ärger mit dem Doppelklicken haben, ändern Sie die Doppelklickgeschwindigkeit. Rufen Sie unter Windows die Systemsteuerung auf, doppelklicken Sie auf das Symbol* Maus, *und passen Sie im daraufhin geöffneten Dialogfeld die Doppelklickgeschwindigkeit an.*

Bestimmte Aufgaben kann man aber wesentlich schneller unter Umgehung des TERMIN-Dialogfelds erledigen.

Dauer des Termins ändern

1. Bewegen Sie den Mauszeiger über das untere oder obere Ende des Termins, bis das Maussymbol die Form eines zweiköpfigen Pfeils annimmt.
2. Drücken Sie jetzt die linke Maustaste, und verschieben Sie den End- respektive Anfangszeitpunkt des Termins.

Termin verschieben

1. Klicken Sie mit der linken Maustaste auf den Termin, und halten Sie die Maustaste gedrückt.
2. Verschieben Sie den Termin mit gedrückter Maustaste.

> **INFO**
>
> *In der Tagesansicht können Sie Termine stunden- oder minutenweise verschieben – je nach Abstufung der Zeitskala. Um einen Termin von einem Tag auf einen anderen und zu einer anderen Uhrzeit zu verschieben, eignet sich am besten die Arbeitswochenansicht. In der Wochen- oder Monatsansicht können Sie nur tageweise unter Beibehaltung der Anfangs- und Endzeit des Termins verschieben. Alternativ können Sie einen Termin auch auf ein Datum im Datumswechsler verschieben.*

Termin kopieren

1. Klicken Sie mit der linken Maustaste auf den Termin, und halten Sie die Maustaste gedrückt.
2. Drücken Sie jetzt mit der anderen Hand die [Strg]-Taste, und halten Sie diese ebenfalls gedrückt.
3. Verschieben Sie den Termin mit gedrückter Maus- und [Strg]-Taste. dass der Termin kopiert und nicht nur verschoben wird, erkennen Sie daran, dass unterhalb des Maussymbols ein Pluszeichen angezeigt wird.

> **:-) TIPP**
>
> *Das Kopieren von Terminen ist sehr praktisch, wenn sich ein Termin zu einem späteren Zeitpunkt wiederholt. Man kann sich dann gegebenenfalls die Eingabe des Betreffs, des Ortes, der Erinnerung und der Notizen, Anlagen, Kategorien etc. sparen. Auch verschiedene Termine zu einem gemeinsamen Projekt können schneller durch Kopieren eingetragen werden, wenn bestimmte Grundeinstellungen (Ort, Kategorie) gleichbleiben.*

Kapitel 17: Termine und Ereignisse

Eintragung verändern

1. Um den Eintrag im Kalender zu ändern (spricht das *Betreff*-Feld des Termins), klicken Sie einfach auf den Termin, um diesen zu markieren.

2. Klicken Sie dann ein weiteres Mal auf den Termin, um in den Editiermodus zu wechseln.

Terminstatus ändern

Bild 17.15:
Änderungen per Kontextmenü

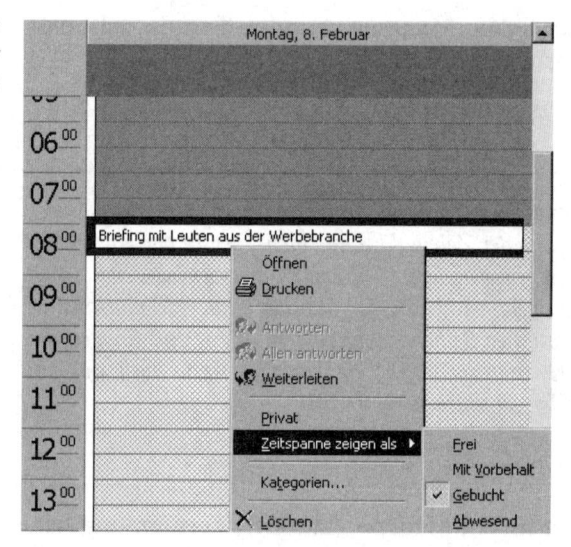

1. Klicken Sie den Termin im Kalender mit der rechten Maustaste an, und öffnen Sie im Kontextmenü des Termins das Untermenü ZEITSPANNE ZEIGEN ALS.

2. Wählen Sie eine Option aus.

> **INFO**
>
> *Über das Kontextmenü können Sie einen Termin auch als privat kennzeichnen (interessant für Mitglieder einer Arbeitsgruppe, in denen die Mitglieder wechselseitigen Zugriff auf die Kalender der anderen Mitarbeiter haben).*

Kategorie zuweisen oder ändern

1. Klicken Sie den Termin im Kalender mit der rechten Maustaste an, und rufen Sie im Kontextmenü des Termins den Befehl KATEGORIEN auf.

2. Im Dialogfeld *Kategorien* wählen Sie die Kategorie(n) aus, denen Sie den Termin zuordnen wollen.

17.3 Termine stornieren

Während Sie am einen Ende fortwährend neue Termine eintragen, fallen am anderen Ende laufend Termine raus. Prinzipiell brauchen Sie sich um vergangene Termine nicht zu kümmern – sie stören ja nicht.

Von Zeit zu Zeit werden Sie die vergangenen Termine archivieren – also in eine Datei schreiben. Aber selbst darum brauchen Sie sich nicht zu kümmern, wenn Sie die AutoArchivierung nutzen (siehe Kapitel 28).

Es kommt aber auch vor, dass Termine, die in der Zukunft liegen, storniert werden. Wird der Termin nur auf einen anderen Zeitpunkt verschoben, sollten Sie ihn auch in Ihrem Terminkalender nur verschieben und nicht etwa löschen und neu eintragen.

Ist ein Termin aber ganz abgesagt, muss er aus dem Kalender entfernt werden, um nicht Ihr ganzes Zeitmanagement unnötig durcheinander zu bringen.

1. Markieren Sie den Termin (einfach mit der Maus im Kalender anklicken).
2. Drücken Sie die `Entf`-Taste (oder wählen Sie den Befehl LÖSCHEN im Kontextmenü des Termins aus oder drücken Sie auf das *Löschen*-Symbol in der Standardsymbolleiste oder rufen Sie den Outlook-Befehl BEARBEITEN/LÖSCHEN aus – die Möglichkeiten sind nahezu unbegrenzt, selbst im TERMIN-Dialogfeld können Sie den Termin löschen).

Die gelöschten Termine werden nicht gleich vollständig von Ihrer Festplatte gelöscht, sondern vorerst nur aus dem Kalender in den Ordner Gelöschte Objekte *verschoben. Sollten Sie also aus Versehen den falschen Termin gelöscht haben, können Sie ihn aus dem Ordner* Gelöschte Objekte *wiederherstellen. Einfach den Ordner öffnen (über die Ordnerliste), den Termin mit der Maus aufgreifen und per Drag&Drop in den Kalenderordner verschieben.*

War Ihre letzte Aktion das Löschen des Termins, können Sie Ihren Fauxpas auch über den Befehl BEARBEITEN/RÜCKGÄNGIG ungeschehen machen.

17.4 Termine drucken

Wie Sie Teile des Kalenders drucken, wurde bereits in Kapitel 16.5 beschrieben.

Bild 17.16:
Einzelnen Termin
drucken

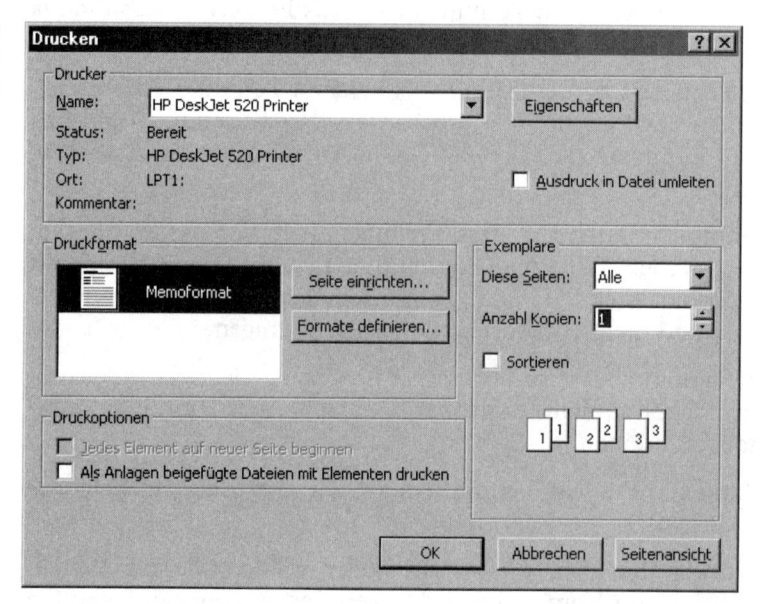

Wenn Sie aber nur daran interessiert sind, einen einzelnen Termin auszudrucken, gehen Sie wie folgt vor:

1. Sie doppelklicken auf den Termin, um ihn in das TERMIN-Dialogfeld zu laden.

2. Im TERMIN-Dialogfeld rufen Sie den Befehl DATEI/DRUCKEN auf.

    - Als Druckformat steht Ihnen nur das *Memoformat* zur Verfügung. Sie haben aber die Möglichkeit, ein eigenes Druckformat zu definieren beziehungsweise den Ausdruck über die Schaltfläche *Seite einrichten* anzupassen (siehe Kapitel 16.5).

    - Wenn Sie *Anlagen* mit dem Termin verbunden haben, können Sie diese direkt zusammen mit dem Termin ausdrucken lassen.

    - Ansonsten stehen Ihnen die üblichen Optionen zur Einrichtung des Druckers, zum Anlegen von Kopien etc. zur Verfügung.

3. Sie starten den Ausdruck durch Anklicken von *OK*.

17.5 Termine in Dateien speichern

Sie werden vermutlich nicht oft davon Gebrauch machen, aber Sie können Termine auch in Dateien speichern – beispielsweise um sie später in ein anderes Programm zu laden.

1. Markieren Sie dazu den Termin, und rufen Sie den Outlook-Befehl DATEI/SPEICHERN UNTER aus.
2. Im *Speichern*-Dialogfeld können Sie im Feld *Dateityp* auswählen, in welchem Format Sie den Termin abspeichern wollen.

Alternativen zum Speichern einzelner Termine sind das Verschicken per E-Mail (siehe unten) oder das Archivieren (siehe Kapitel 28).

17.6 Termine per E-Mail verschicken

Vielleicht haben Sie mit einem Kollegen oder Freund ein informelles Treffen – sagen wir eine Verabredung zum gemeinsamen Mittagessen – abgemacht und wollen noch jemand anderes fragen, ob er dazukommen möchte? Dafür brauchen Sie nicht gleich eine Besprechung zu planen und einzuberufen. Schicken Sie doch einfach den Termin der Verabredung als E-Mail an den dritten Kollegen.

Termine weiterleiten

Arbeitet der Dritte im Bunde ebenfalls mit Outlook oder einem anderen Management-Programm, das wie Outlook den iCalendar-Standard unterstützt, können Sie den Termin direkt über den Befehl AKTIONEN/ALS ICALENDAR WEITERLEITEN versenden. Für den Adressaten hat dies den Vorteil, dass er den Termin direkt per Drag&Drop aus der Anlage der E-Mail-Nachricht in seinen Kalender übernehmen kann. Verwendet der Empfänger kein iCalendar-kompatibles Kalenderprogramm, verwenden Sie den Befehl AKTIONEN/WEITERLEITEN.

1. Markieren Sie den zu versendenden Termin im Kalender oder laden Sie den Termin in das TERMIN-Dialogfeld.
2. Rufen Sie im Kalender (beziehungsweise im TERMIN-Dialogfeld) den Befehl AKTIONEN/ALS ICALENDAR WEITERLEITEN auf.

Kapitel 17: Termine und Ereignisse

3. Outlook richtet eine neue E-Mail-Nachricht ein, übernimmt den Betreff des Termins als Betreff für die E-Mail und hängt den vollständigen Termin als Anlage an die E-Mail an.

4. Sie brauchen jetzt nur noch die E-Mail-Adresse des Adressaten einzugeben und die Mail abzuschicken.

Bild 17.17: Termin als E-Mail senden

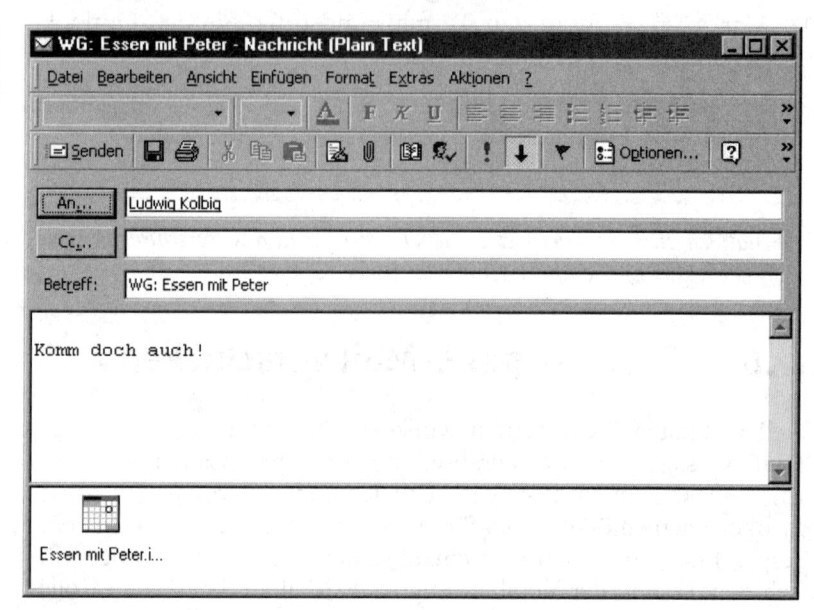

Termine in E-Mail konvertieren

Sie können den Termin auch als normale E-Mail versenden. In diesem Fall ziehen Sie den Termin mit der Maus aus dem Kalender heraus auf den Posteingang (entweder das Posteingangssymbol in der Outlook-Leiste oder den Posteingangsordner in der Ordnerliste).

Interessant ist dabei, ob Sie zum Ziehen des Termins die linke oder die rechte Maustaste drücken.

- Wenn Sie mit der linken Maustaste ziehen, wird der Termin in Text umgewandelt und in die Mail eingefügt (siehe Bild 17.18).

- Wenn Sie mit der rechten Maustaste ziehen, öffnet sich beim Ablegen (Loslassen der Maustaste) ein Kontextmenü, in dem Ihnen mehrere Optionen zur Einarbeitung des Termins in die E-Mail-Nachricht angeboten werden (siehe Bild 17.19). Achten Sie darauf, dass Sie den Termin kopieren und nicht verschieben (sonst wird er im Kalender gelöscht), und kopieren Sie ihn als Anlage, wenn Ihr Adressat ebenfalls Outlook verwendet.

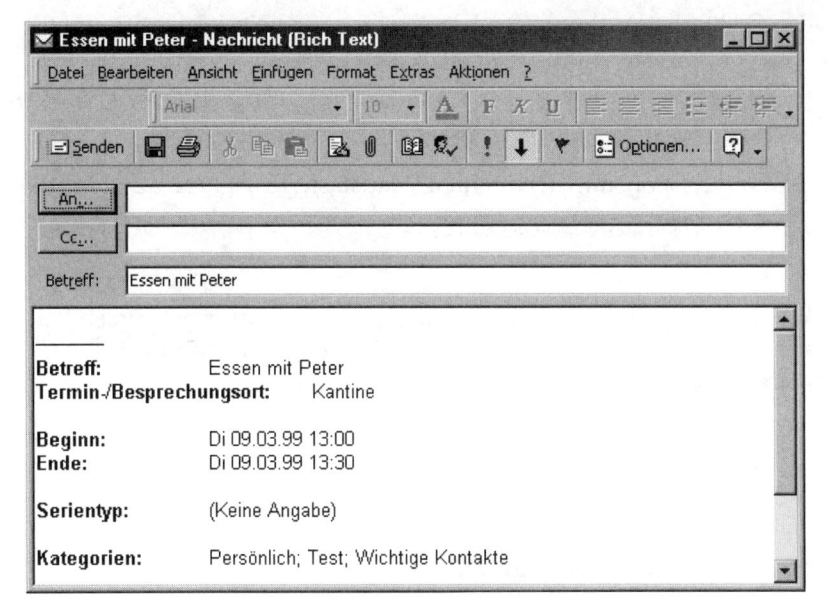

Bild 17.18:
Als normale
E-Mail senden

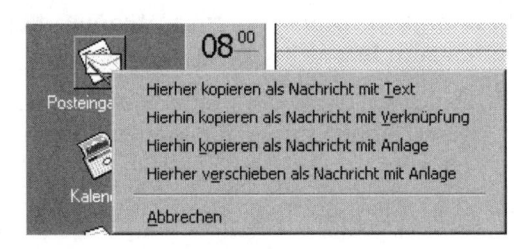

Bild 17.19:
Drag&Drop mit
der rechten Maus

Termine als iCalendar oder Text senden

Unabhängig davon, ob Sie einen Termin über das Menü AKTIONEN weiterleiten oder per Drag&Drop in eine E-Mail konvertieren, haben Sie stets die Möglichkeit, den Termin im iCalendar-Format oder in einem allgemeinen Textformat zu versenden.

iCalendar

Wenn Sie das iCalendar-Format wählen, bleibt der Termin als Termin erhalten. Für den Empfänger der E-Mail hat dies den Vorteil, dass er die Daten aus dem Termin (Betreff, Ort, Zeit etc.) nicht per Hand in seinen Kalender übertragen muss, wenn er den Termin in seinen Kalender eintragen will. Stattdessen nimmt er den Termin aus der Anlage der E-Mail mit der Maus auf und legt ihn per Drag&Drop in seinem Kalender ab (beispielsweise auf dem Kalendersymbol in der Outlook-Leiste oder auf dem Kalenderordner in der Ordnerliste). Wenn der Empfänger aber kein iCalendar-unterstützendes Programm verwendet, kann er auf die Terminanlage nicht zugreifen.

- AKTIONEN/ALS ICALENDAR WEITERLEITEN versenden
- Drag&Drop mit der rechten Maustaste/KOPIEREN ALS NACHRICHT MIT ANLAGE

Als Text

Wenn Sie den Termin in einem allgemeinen Textformat versenden, kann der Empfänger auch ohne iCalendar-unterstützendes Programm die Informationen aus dem Termin lesen.

- AKTIONEN/WEITERLEITEN versenden
- Drag&Drop mit der linken Maustaste

17.7 Terminserien

Bestimmte Termine kehren in schöner Regelmäßigkeit wieder. Da wären zum Beispiel:

- die Geburtstage der Freunde und Bekannten (natürlich auch die Ihrer Familie, aber die werden Sie ja wohl auch so im Kopf haben),
- das Volleyball-Training am Dienstagabend,
- das allmonatliche Zusammenkommen der Arbeitsgruppe.

> *Geburtstage sind, wie Sie aus der Einleitung zu diesem Kapitel bereits wissen, in Outlook eigentlich Ereignisse (siehe auch den nachfolgenden Abschnitt). Wie Sie aber ebenfalls wissen, sind Ereignisse im Wesentlichen nichts anderes als ganztägige Termine, und so gilt alles, was Sie hier über Terminserien erfahren, auch gleichzeitig für Ereignisserien.*

Das Kennzeichnen dieser Terminserien ist nicht nur, dass sie in regelmäßigen Abständen jeden Tag, jede Woche, jeden Monat oder jedes Jahr wiederkehren, sondern auch, dass alle sonstigen Angaben und Einstellungen zu dem Termin gleichbleiben. Das Eintragen der Termine der Terminserie in den Kalender ist also eine reine Fleißarbeit. Stupide und nervtötend für Sie, aber ein gefundenes Fressen für Outlook.

Terminserien eintragen

Um eine Terminserie einzutragen, ist es am einfachsten, aber nicht unbedingt erforderlich, Sie springen im Kalender zu dem Datum, an dem die Terminserie beginnen soll. Dann ...

1. Rufen Sie im Kontextmenü oder dem Menü AKTIONEN den Befehl NEUE TERMINSERIE auf.
2. Sie gelangen daraufhin in das Dialogfeld *Terminserie*, in dem Sie einstellen können, wann die Serie beginnt, in welchen Abständen die Termine folgen und wann die Terminserie endet.
3. Nach Abschicken des Dialogfelds *Terminserie* finden Sie sich in dem gewöhnlichen TERMIN-Dialogfeld wieder, wo Sie *Betreff* und alle weiteren Einstellungen für die einzelnen Termine der Terminserie eingeben können.

Wenn Sie möchten, geht es auch anders herum: Sie legen einen neuen Termin an und klicken im Termin-Dialogfeld auf die Schaltfläche Serientyp, *die Sie zu dem Dialogfeld* Terminserie *führt.*

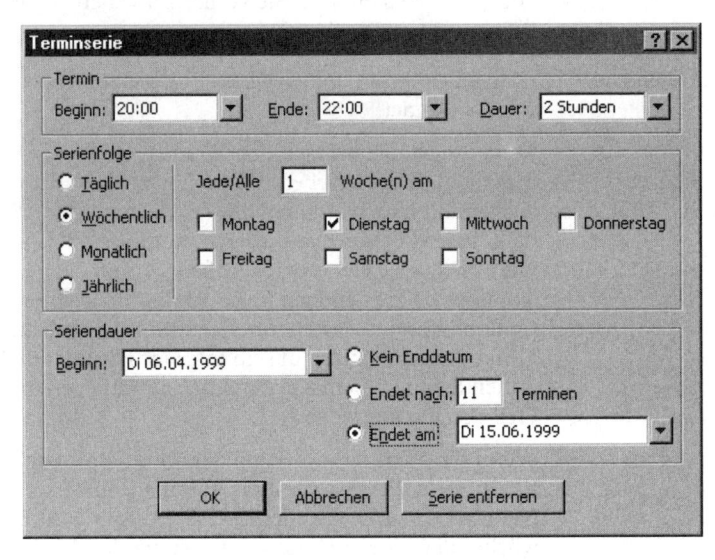

***Bild 17.20:** Terminserie einrichten*

Im Dialogfeld *Terminserie* haben Sie folgende Einstellmöglichkeiten:

Termin
: Zuerst einmal geben Sie an, zu welcher Uhrzeit die einzelnen Termine der Serie beginnen und wie lange die Termine dauern.

  Wenn Sie also jeden Dienstag um 20:00 Uhr für zwei Stunden zum Volleyball-Training gehen, tragen Sie als Beginn 20:00 Uhr und als Dauer 2 Stunden ein.

  Wenn Sie zuerst einen einfachen Termin eingerichtet (Befehl NEUER TERMIN) und dann im TERMIN-Dialogfeld die Schaltfläche *Serientyp* angeklickt haben, werden diese Einstellungen aus dem TERMIN-Dialogfeld übernommen.

Serienfolge
: Als Nächstes legen Sie fest, in welchen Abständen die Termine wiederkehren. Dazu klicken Sie zuerst auf eine der Optionen *Täglich*, *Wöchentlich*, *Monatlich*, *Jährlich*. Die weiteren Einstellungen im rechten Teil des Felds *Serienfolge* hängen davon ab, für welche zeitlichen Abstände Sie sich entschieden haben.

  Kehren die Termine beispielsweise wöchentlich wieder, können Sie festlegen, ob jede Woche oder nur alle zwei oder drei Wochen, und Sie können angeben, an welchen Wochentagen der Termin stattfindet.

Seriendauer
: Hier geben Sie an, mit welchem Tag die Serie beginnt und wann sie endet.

  Keine Angst, Sie müssen den Wochentag zum ersten Termin nicht selbst angeben. Wenn Sie im Kalender den Tag ausgewählt hatten, an dem die Terminserie beginnen soll, hat Outlook dieses Datum schon automatisch übernommen. Wenn Sie ein anderes Anfangsdatum eingeben wollen, tippen Sie es einfach in gewohnter Schreibweise ein – Outlook wandelt das Datum dank seiner AutoDatum-Funktion automatisch in sein internes Format um –, oder öffnen Sie mit einem Klick auf den abwärts gerichteten Pfeil den Datumswechsler.

  Wenn Sie offensichtlich einen falschen Tag eingeben haben, wird dies von Outlook automatisch korrigiert. Nehmen wir an, Sie wollen eine Terminserie für eine wöchentlich, jeden Dienstag stattfindende Aktivität eingeben, tippen aber als Beginn ein Datum ein, das auf einen Mittwoch fällt. In diesem Fall setzt Outlook den Beginn automatisch auf den nächsten tatsächlichen Termin – also den nachfolgenden Dienstag.

Wie lange die Terminserie geht, können Sie entweder offen lassen, oder durch die Anzahl der Termine oder durch ein Enddatum spezifizieren.

Wenn Sie ein Enddatum angeben, gibt es zwei Möglichkeiten. Entweder Sie geben genau den Tag des letzten Termins an – dann wird dieser Termin noch eingetragen. Oder Sie geben ein Datum ein, an dem an sich kein Termin stattfindet (beispielsweise einen Sonntag für einen Termin, der immer dienstags stattfindet) – dann trägt Outlook ab diesem Datum keine Termine mehr für die Serie ein.

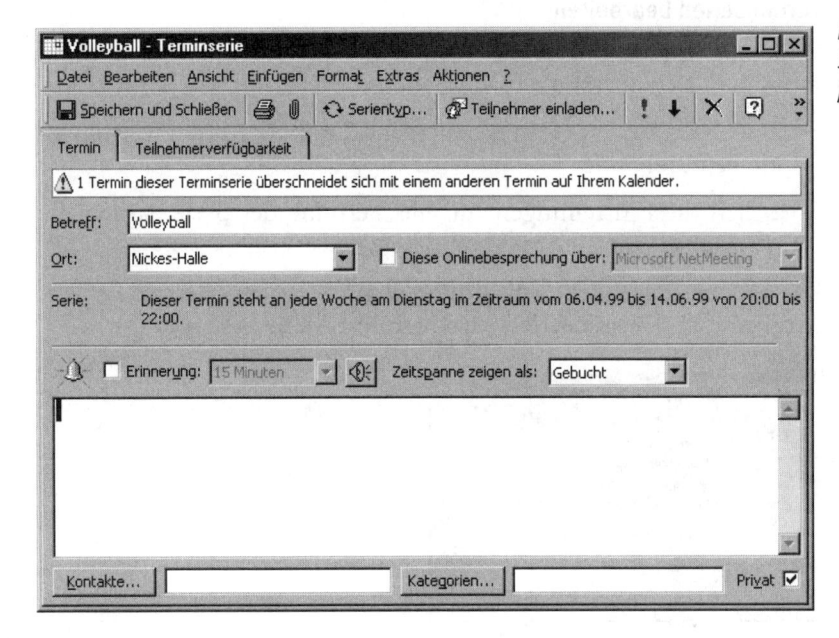

Bild 17.21: Serientyp wurde festgelegt.

Wenn Sie nach der Bearbeitung der Serienangaben in das TERMIN-Dialogfeld zurückkehren, finden Sie dort eine Beschreibung der Terminserie:

Serie: Dieser Termin steht an jede Woche am Dienstag im Zeitraum vom ...

Überschneidet sich ein Termin der Serie mit einem anderen Termin, wird im Dialogfeld eine Warnung angezeigt. Leider hat Outlook noch keine Funktion, die Sie automatisch zu diesen Überschneidungen führt.

Kapitel 17: Termine und Ereignisse

Im Kalender werden Termine, die zu einer Terminserie gehören, durch ein spezielles Symbol gekennzeichnet.

Terminserien anzeigen

Terminserien haben die Eigenart, dass:

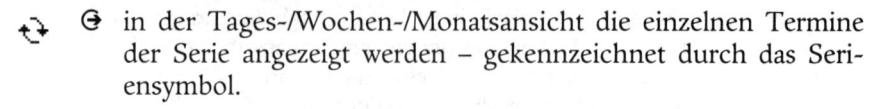

- in der Tages-/Wochen-/Monatsansicht die einzelnen Termine der Serie angezeigt werden – gekennzeichnet durch das Seriensymbol.

- in den tabellarischen Ansichten (beispielsweise *Aktive Termine* oder *Terminserien*) nur die Serie als Ganzes angezeigt wird.

Terminserien bearbeiten

Will man Einstellungen zu Terminen einer Terminserie ändern, muss man sich zuerst die Frage stellen:

- Sollen die Änderungen nur einzelne Termine aus der Terminserie betreffen, oder

- sollen die Einstellungen für alle Termine der Serie, sprich die Terminserie an sich, gelten?

Die gleiche Frage stellt sich Ihnen, wenn Sie einen Termin öffnen, der Teil einer Terminserie ist (siehe Bild 17.22).

Bild 17.22: Termin oder Serie öffnen

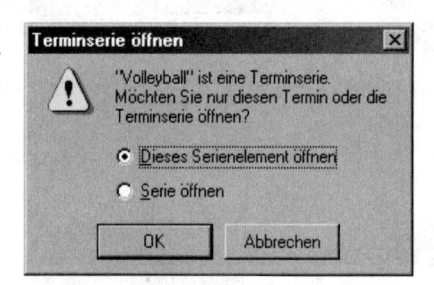

Einzelne Termine ändern

Wenn Sie die Option *Dieses Serienelement öffnen* wählen, können Sie den betreffenden Termin danach, unabhängig von den anderen Terminen der Serie, bearbeiten.

Allzu häufig werden Sie von dieser Option aber wohl nicht Gebrauch machen, denn die wichtigsten Änderungen, die einzelne Termine einer Terminserie betreffen – das Ausfallen oder Verschieben des Termins – können auch ohne den Umweg über das TERMIN-Dialogfeld erledigt werden.

Zum Verschieben ziehen Sie den Termin einfach mit der Maus und zum Löschen markieren Sie den Termin und drücken die `Entf`-Taste. In beiden Fällen machen Meldungsfenster Sie darauf aufmerksam, dass sich die Aktion nur auf den einzelnen Termin bezieht.

Alle Termine ändern

Wenn Sie dagegen Einstellungen ändern wollen, die die ganze Serie betreffen – also beispielsweise festlegen wollen, dass das Volleyball-Training bereits um 19:30 statt um 20:00 Uhr beginnt –, so wählen Sie die Option *Serie öffnen*.

Termine ab einem bestimmten Datum ändern

Häufig tritt auch der Fall ein, dass sich einzelne Einstellungen zu einer Terminserie ab einem bestimmten Datum ändern. So könnte das Volleyball-Training ab dem 01.06. in einer anderen Halle stattfinden oder etwas früher beginnen.

Leider gibt es für solche Änderungen in Outlook keine direkte Unterstützung. Wir müssen daher hingehen und die Serie in zwei Serien aufspalten. Um nicht alle Einstellungen für die zweite Serie neu eingeben zu müssen, legen wir eine Kopie der Serie an.

1. Wechseln Sie dazu am besten in die Ansicht TERMINSERIEN.

2. Markieren Sie die aufzuspaltende Serie, und drücken Sie `Strg`+`C`, um die Serie in die Zwischenablage einzufügen, und danach `Strg`+`V`, um eine Kopie anzulegen. (Alternativ können Sie die Befehle im Menü BEARBEITEN verwenden.)

3. Öffnen Sie jetzt die erste Terminserie, und legen Sie als neues Enddatum das Datum an, zu dem das letzte Mal die alten Einstellungen gelten sollen.

4. Öffnen Sie dann die zweite Terminserie, und geben Sie als neuen Serienbeginn das Datum ein, ab dem die neuen Einstellungen gelten sollen. Schließlich geben Sie die Änderungen ein – beispielsweise die neue Halle oder den neuen Anfangszeitpunkt.

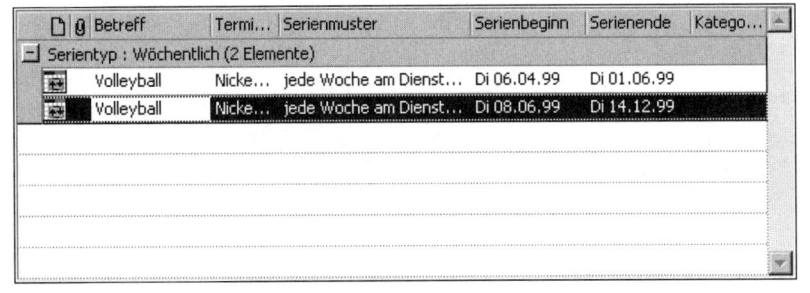

Betreff	Termi...	Serienmuster	Serienbeginn	Serienende	Katego...
Serientyp : Wöchentlich (2 Elemente)					
Volleyball	Nicke...	jede Woche am Dienst...	Di 06.04.99	Di 01.06.99	
Volleyball	Nicke...	jede Woche am Dienst...	Di 08.06.99	Di 14.12.99	

Bild 17.23:
Kopierte und aufgespaltene Terminserie

Terminserien löschen

1. Um eine Terminserie zu löschen, markieren Sie im Kalender einfach irgendeinen Termin der Serie (zu erkennen an dem Seriensymbol), und drücken Sie die [Entf]-Taste.

   Daraufhin erscheint ein Dialogfeld, das von Ihnen wissen möchte, ob Sie nur den markierten Termin oder die ganze Terminserie löschen möchten (Voreinstellung ist das Löschen des einzelnen Termins).

Bild 17.24: Serie löschen

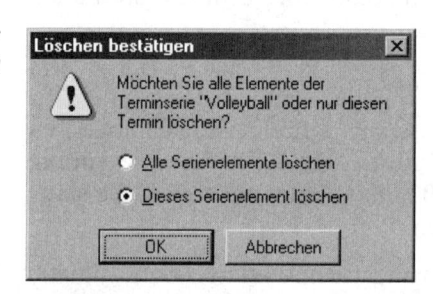

2. Wählen Sie die Option *Alle Serienelemente löschen*, und bestätigen Sie das Dialogfeld.

Um die zu löschende Serie schneller aufzufinden, können Sie auch in die Ansicht TERMINSERIEN wechseln, die Serie dort markieren und dann die [Entf]-Taste drücken.

> Schließlich gibt es noch die Schaltfläche *Serie entfernen im Dialogfeld Terminserie*. Wenn Sie diese betätigen, löschen Sie allerdings nicht die ganze Serie – der erste Termin der Serie verbleibt im Kalender.

17.8 Ereignisse

Ereignisse sind ganztägige Kalendereinträge, also beispielsweise:

- Geburtstage
- Feiertage
- ein- oder mehrtägige Seminare und Konferenzen
- Urlaub

Ereignisse einrichten und bearbeiten

Zur Eintragung von Ereignissen stellt Ihnen Outlook die Befehle:

- NEUES GANZTÄGIGES EREIGNIS und
- NEUE EREIGNISSERIE

im Kontextmenü und im Menü AKTIONEN (letzteres enthält nur den Befehl für einzelne Ereignisse) zur Verfügung.

Alternativ können Sie auch in den Kalender doppelklicken.

- Wenn Sie in der Wochen- oder Monatsansicht einen Tag doppelt anklicken, öffnet sich automatisch das EREIGNIS-Dialogfeld.
- In der Tages- oder Arbeitswochenansicht müssen Sie auf die Titelleiste mit dem Datum des Tages klicken (wenn Sie in die Zeile neben einer Uhrzeit klicken, öffnet sich das TERMIN-Dialogfeld).

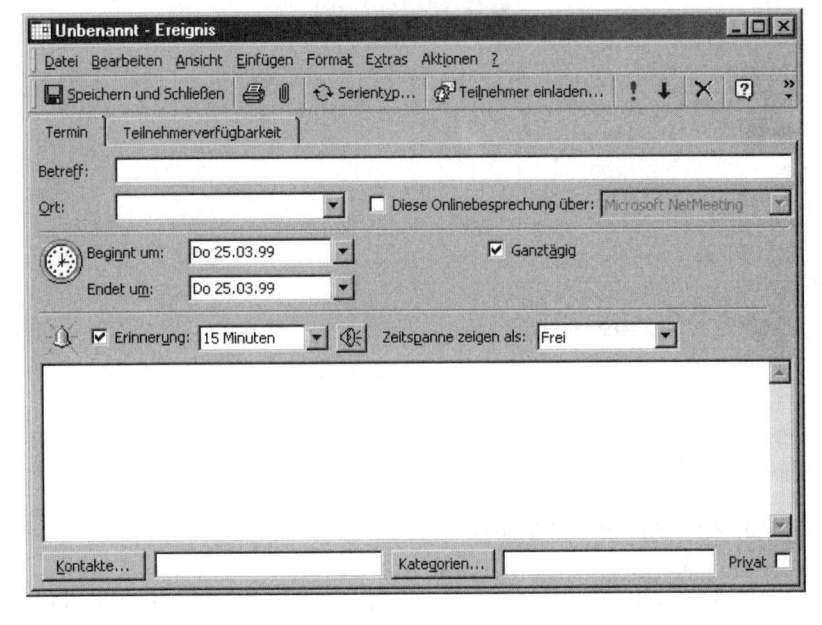

Bild 17.25:
Das EREIGNIS-Dialogfeld

Ein kurzer Blick genügt, um festzustellen, dass das EREIGNIS-Dialogfeld bis auf den Titel zu dem TERMIN-Dialogfeld identisch ist. Lediglich in den Voreinstellungen unterscheiden sich die beiden Dialoge:

Im EREIGNIS-Dialogfeld ist

- die Option *Ganztägig* standardmäßig aktiviert und
- für die Option *Zeitspanne zeigen als* ist der Eintrag »Frei« gewählt.

Kapitel 17: Termine und Ereignisse

Technisch gesehen sind das auch schon die einzigen Unterschiede, denn im Grunde ist ein Ereignis nichts anderes als ein ganztägiger Termin, und alles, was in diesem Kapitel zur Behandlung von Terminen gesagt wurde, gilt auch für Ereignisse.

> **INFO**
> Durch Deaktivierung der Option Ganztägig *können Sie aus einem Ereignis einen Termin machen und umgekehrt.*

Im Kalender werden Ereignisse in der Titelleiste der Tage angezeigt (siehe Bild 17.26).

Bild 17.26: Anzeige von Ereignissen

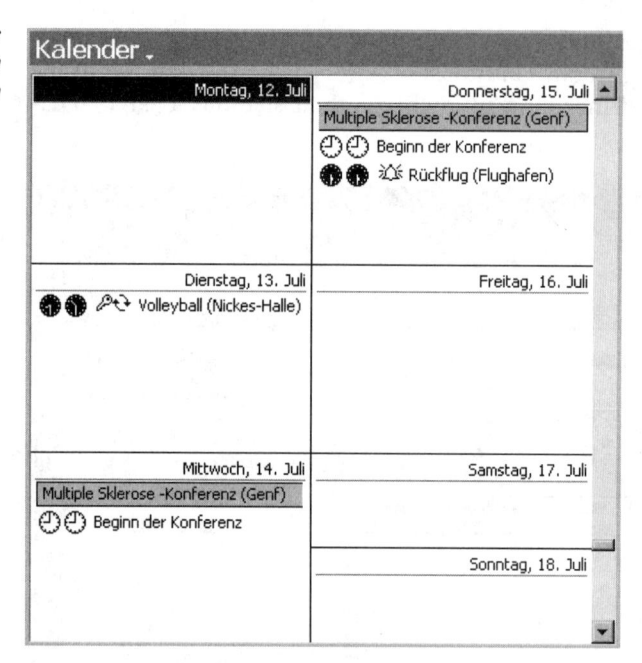

```
Kalender
┌─────────────────────────────┬─────────────────────────────┐
│         Montag, 12. Juli    │      Donnerstag, 15. Juli   │
│                             │ Multiple Sklerose-Konferenz │
│                             │ (Genf)                      │
│                             │  🕐🕐 Beginn der Konferenz  │
│                             │  🕐🕐 🔔 Rückflug (Flughafen)│
├─────────────────────────────┼─────────────────────────────┤
│       Dienstag, 13. Juli    │         Freitag, 16. Juli   │
│  🕐🕐 🏐 Volleyball          │                             │
│  (Nickes-Halle)             │                             │
├─────────────────────────────┼─────────────────────────────┤
│       Mittwoch, 14. Juli    │        Samstag, 17. Juli    │
│ Multiple Sklerose-Konferenz │                             │
│ (Genf)                      ├─────────────────────────────┤
│  🕐🕐 Beginn der Konferenz  │         Sonntag, 18. Juli   │
└─────────────────────────────┴─────────────────────────────┘
```

Zeitmanagement für Ereignisse

Termine zeichnen sich unter anderem dadurch aus, dass sie zu einer bestimmten Uhrzeit beginnen und nach einer mehr oder weniger gut vorhersagbaren Dauer enden. Während dieser Zeit sind Sie beschäftigt und können keine weiteren Termine wahrnehmen – die Option *Zeitspanne zeigen als* wird für Termine daher standardmäßig auf *Gebucht* gesetzt.

Für Ereignisse lautet die Voreinstellung aber *Frei* – und dies aus gutem Grund:

Besuch kommt – Ereignisse ohne Zeitbelegung

Ereignisse müssen nicht zwangsweise Ihr Zeitmanagement beeinflussen.

Nehmen wir an, ein Freund hat seinen Besuch bei Ihnen angekündigt. Er kommt am Freitag, den 16.07. und bleibt übers Wochenende. Ihr Zeitmanagement wird dadurch nicht wesentlich beeinflusst, das heißt, Sie werden am Freitag ganz normal zur Arbeit gehen und Ihre Termine wahrnehmen. Trotzdem wollen Sie das Ereignis in Ihren Kalender eintragen, um nicht zu vergessen, an welchem Wochenende Ihr Freund kommt.

1. Sie markieren die drei Tage in der Wochen- oder Monatsansicht Ihres Kalenders und rufen den Befehl AKTIONEN/NEUES GANZTÄGIGES EREIGNIS auf.

    Outlook öffnet das EREIGNIS-Dialogfeld. Anfang und Ende des Datums wurden bereits in die Felder *Beginnt um* und *Endet um* übernommen.

2. Für Ihr Zeitmanagement behalten Sie die Voreinstellung *Frei* für die Option *Zeitspanne zeigen als* bei.

Konferenzen – Ereignisse außer Haus

Nehmen wir an, Sie sind Oberarzt an einem Krankenhaus und fahren für zwei Tage zu einer Konferenz zur »Behandlung Multipler Sklerose« nach Genf.

1. Sie markieren die zwei Tage in der Wochen- oder Monatsansicht Ihres Kalenders und rufen den Befehl AKTIONEN/NEUES GANZTÄGIGES EREIGNIS auf.

2. Für Ihr Zeitmanagement wählen Sie für die Option *Zeitspanne zeigen als* den Eintrag *Abwesend*.

Kollegen, die Einsicht in Ihren Kalender nehmen dürfen, können daran erkennen, dass Sie in dieser Zeit nicht im Haus sind.

Geburtstage – Ereignisserien

Geburtstage sind Ereignisse, die jedes Jahr wiederkehren. Um den Geburtstag eines Freundes in Ihrem Kalender einzutragen:

1. Springen Sie im Kalender zum Datum des Geburtstags.

2. Rufen Sie den Befehl AKTIONEN/NEUES GANZTÄGIGES EREIGNIS auf.

    Im EREIGNIS-Dialogfeld geben Sie den Betreff ein und stellen die Erinnerungsfunktion ein (beispielsweise auf zwei Tage vor dem Ereignis).

Kapitel 17: Termine und Ereignisse

3. Um aus dem Ereignis eine Ereignisserie zu machen, klicken Sie auf die Schaltfläche *Serientyp*.

   Hier wählen Sie als Option für die Serienfolge *Jährlich* aus.

4. Schließen Sie das Dialogfeld, und *Speichern und Schließen* Sie das Ereignis.

Bild 17.27: Ereignisserie einrichten

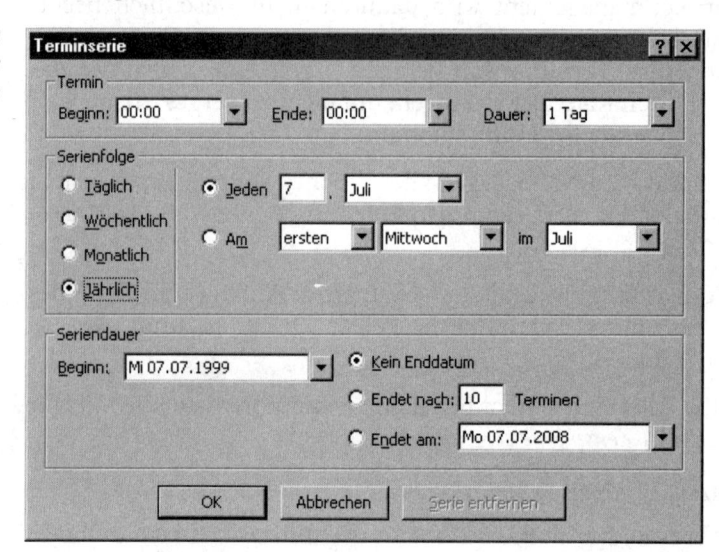

Zur Einrichtung einer Ereignisserie können Sie auch mit der rechten Maustaste auf den Tag des Ereignisses klicken und im Kontextmenü den Befehl NEUE EREIGNISSERIE aufrufen.

Feiertage

Feiertage sind ebenfalls Ereignisse. Glücklicherweise brauchen Sie die Feiertage nicht von Hand in Ihren Kalender einzutragen.

1. Rufen Sie den Befehl EXTRAS/OPTIONEN auf, und klicken Sie auf der Registerkarte *Einstellungen* die Schaltfläche *Kalenderoptionen* an.

2. Im Dialogfeld *Kalenderoptionen* wählen Sie die Schaltfläche *Feiertage hinzufügen*.

3. In dem nun geöffneten Dialogfeld wählen Sie die Länder aus, deren Feiertage in Ihren Kalender eingetragen werden sollen.

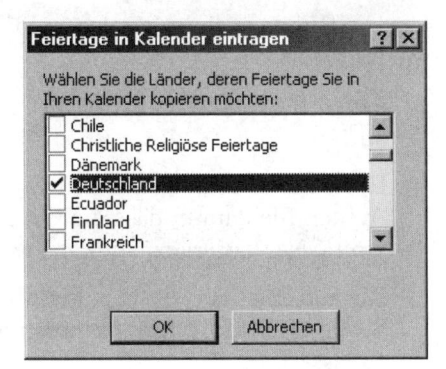

Bild 17.28:
Landesspezifische Feiertage auswählen

> **TIPP** Wenn Sie geschäftlich oder privat viel mit Leuten aus anderen Ländern zu tun haben, werden Sie dankbar dafür sein, dass Sie auch deren Feiertage in Ihren Kalender übernehmen können (ebenso wie Sie auch eine eigene Zeitskala für eine zweite Zeitzone einblenden können – dies nur als Hinweis). Übertreiben Sie es aber nicht, sonst sehen Sie schnell den Wald vor lauter Bäumen nicht mehr.

Leider kann man die Feiertage nicht auf dem gleichen Wege wieder löschen. Feiertage sind auch keine Ereignisserien, sondern einzelne Ereignisse – ein Umstand, der das Löschen der Feiertage weiter kompliziert. Glücklicherweise trägt Outlook in dem Feld *Termin-/Besprechungsort* das Herkunftsland der Feiertage ein.

Bild 17.29:
Ereignisse in der Ansicht EREIGNISSE

Um die Feiertage eines Landes zu löschen, gehen Sie also am besten wie folgt vor:

1. Rufen Sie den Befehl ANSICHT/AKTUELLE ANSICHT/EREIGNISSE auf.

   Diese Ansicht ist standardmäßig nach dem Serientyp gruppiert. Achten Sie darauf, dass die Gruppe für Ereignisse ohne Serientyp (*Keine Angabe*) expandiert ist.

2. Klicken Sie auf die Spaltenüberschrift des Feldes Termin-/Besprechungsort, um die Ereignisse nach diesem Feld sortieren zu lassen.

3. Markieren Sie alle Ereignisse für das Land, dessen Feiertage Sie entfernen wollen. Nutzen Sie zum Markieren die graue Leiste links neben den Ereignissen oder klicken Sie auf das erste zu löschende Ereignis und dann mit gedrückter ⇧-Taste auf das letzte zu löschende Ereignis.

4. Drücken Sie die Entf-Taste oder rufen Sie den Befehl BEARBEITEN/LÖSCHEN auf.

Besprechungen
Kapitel 18

Als Besprechung bezeichnet man in Outlook ganz allgemein jegliche Zusammenkunft mehrerer Personen, sei dies nun das allwöchentliche Mitarbeiterkolloquium, eine Vorbesprechung zu einer Messe, auf der Sie mit Ihrer Firma einen Stand errichten wollen, eine Konferenz oder gar ein Kongress, zu dem Sie laden, oder einfach ein Treffen mit Freunden. Ja, selbst die Verabredung mit einem Kollegen zum Mittagessen können Sie in diesem Sinne als Besprechung titulieren. Doch halt! Einen kleinen Unterschied gibt es da doch.

Wenn Sie sich mit einem Kollegen zum Mittagessen verabreden, werden Sie ihn einfach anrufen. Wenn Sie ihn erreichen, vereinbaren Sie mit ihm Zeit und Treffpunkt, wenn Sie ihn nicht erreichen, müssen Sie alleine zum Essen gehen. Wie auch immer, mit einem einzigen Telefonanruf können Sie alles klarmachen.

Die Besprechungen, mit denen wir uns in diesem Kapitel beschäftigen wollen und bei deren Organisation uns Outlook mit ganz speziellen Optionen hilfreich zur Seite steht, sind jedoch Treffen, an denen mehrere, vielleicht sogar eine Vielzahl von Personen teilnimmt. Solche Treffen lassen sich üblicherweise nicht mehr allein per Telefon einberufen, und versucht man es doch, so kann allein die Verständigung von vier, fünf Teilnehmern auf einen gemeinsamen Termin zu einem telefonischen Marathonlauf werden. Glücklich, wer da die neuesten Errungenschaften der Telekommunikation für sich nutzen und eine Konferenzschaltung probieren kann. Doch um so mehr Teilnehmer es gibt, desto unwahrscheinlicher, dass man diese gleichzeitig ans Telefon bekommt, und um so chaotischer das Gespräch. Wer es professioneller angeht, der verständigt sich mit den wichtigsten Leuten auf einen Termin und schickt dann Einladungen mit Bitte um Zu- oder Absage raus.

Wie Sie es auch anstellen, die Einberufung und Organisation einer Besprechung ist fast immer eine zeit- und arbeitsintensive Angelegenheit. Daran kann selbst Outlook nichts ändern. Erwarten Sie also bitte nicht, dass die Planung und Einberufung von Besprechungen mit Outlook zu einem Kinderspiel würde. Was Outlook kann, ist, Ihnen die Organisation und Durchführung von Besprechungen zu erleichtern und somit eine Menge Zeit (und Nerven) zu sparen. Wieweit die Unterstützung von Outlook dabei geht, und welche Optionen von Outlook Sie nutzen können, hängt allerdings auch davon ab, wie Sie mit den anderen Teilnehmern vernetzt sind, und ob auf Ihrem System beispielsweise Microsoft Exchange Server installiert ist.

18.1 Besprechungen planen

Wie man eine Besprechung plant und einberuft, hängt natürlich ganz wesentlich von der Art der Besprechung ab. Handelt es sich um einen großen Kongress, ein Treffen innerhalb der Arbeitsgruppe oder eine Feier im Freundeskreis? Ist der Termin des Treffens fest vorgegeben, oder will man sich erst mit den Teilnehmern auf einen geeigneten Termin verständigen? Kann man die Teilnehmer per E-Mail erreichen, *will* man die Teilnehmer überhaupt so formlos per E-Mail einladen? All diese Fälle in diesem Kapitel zu berücksichtigen, ist natürlich unmöglich, aber sicherlich auch nicht erforderlich. Es reicht, wenn wir uns auf die Art von Treffen konzentrieren, für die Outlook bestens eingerichtet ist und anhand derer wir uns die speziellen Outlook-Funktionen zur Planung und Einberufung von Besprechungen anschauen können.

Beispiel Nehmen wir einmal an, Sie wären Sean O'Casey, Leiter der Entwicklungsabteilung der Firma Energica Solartechnik und wollen anlässlich der im Oktober stattfindenden Energie+Umwelt-Messe in Saarbrücken eine Besprechung im kleinen Kreis einberufen, um sich mit Ihren Mitarbeitern über die Präsentation ihrer Arbeit auf der Messe zu beratschlagen.

Dabei gehen Sie wie folgt vor:

1. Teilnehmer auswählen	Sie erstellen eine Liste der Mitarbeiter, die Sie zu der Besprechung einladen wollen. Insbesondere gilt es zu entscheiden, welche Mitarbeiter auf jeden Fall an der Besprechung teilnehmen sollen, denn im nächsten Schritt gilt es, einen Termin für die Besprechung zu finden, an dem alle wichtigen Teilnehmer Zeit haben.
	Für die Auswahl der Teilnehmer können Sie auf die in Outlook eingetragenen Kontakte und Verteilerlisten zurückgreifen.
2. Termin finden	Sie versuchen, einen Termin zu finden, an dem alle für die Besprechung unverzichtbaren Teilnehmer Zeit haben.
	Sofern Ihnen Frei/Gebucht-Informationen der Teilnehmer zur Verfügung stehen, kann Outlook diese Arbeit wesentlich erleichtern.
3. Teilnehmer einladen	Nachdem der Termin feststeht, lädt man die Teilnehmer ein und bittet um Zu- oder Absage.
	Mit Outlook ist es ein leichtes, die Teilnehmer per E-Mail einzuladen.
4. Antworten auswerten	Schließlich werten Sie aus, welche Teilnehmer fest zugesagt, und welche abgesagt haben. Eventuell muss man den Termin doch noch einmal verschieben.

18.2 Teilnehmer auswählen

Ihr allererster Schritt, noch bevor Sie die Teilnehmer auswählen, wird so aussehen, dass Sie in Ihrem Kalender nach einem Ihnen genehmen Termin schauen.

Datum der Besprechung auswählen

1. Wechseln Sie im Kalender zu dem gewünschten Datum. Dies hat auch den Vorteil, dass das Datum in das Dialogfeld zur Besprechungsplanung übernommen wird.

Wenn Sie wollen, können Sie auch bereits den angestrebten Beginn und die Dauer markieren (Ziehen mit gedrückter Maustaste).

:-)
TIPP

Kapitel 18: Besprechungen

2. Rufen Sie den Befehl AKTIONEN/BESPRECHUNG PLANEN auf.

Bild 18.1:
Dialogfeld zur Planung und Einberufung von Besprechungen

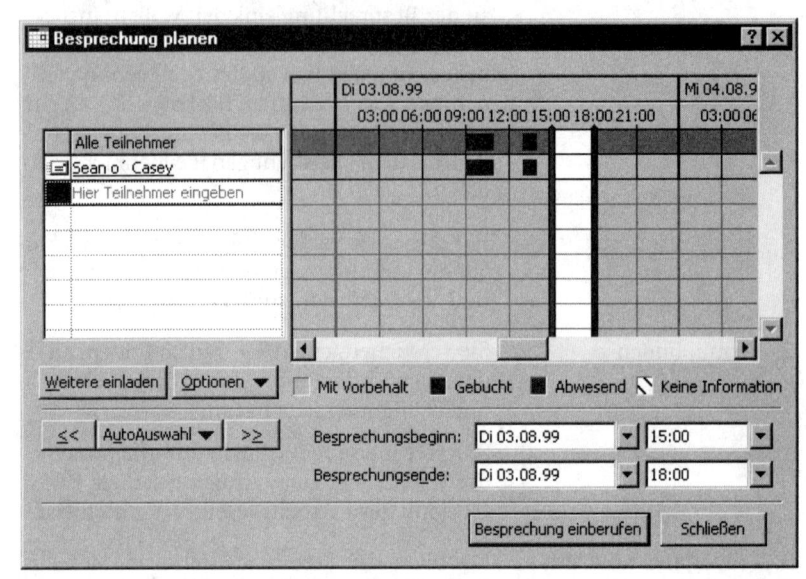

In dem daraufhin erscheinenden gleichnamigen Dialogfeld (siehe Bild 18.1) können Sie einen Termin festlegen, die Teilnehmer auswählen und die Einladungen verschicken:

- Links im Dialogfeld sehen Sie eine Liste der ausgewählten Teilnehmer. Im Moment steht in dieser Liste nur Ihr eigener Name, der von Outlook automatisch aufgenommen wird.

- Unter dem Feld finden Sie die Schaltfläche *Weitere einladen*, die Sie zu dem Dialogfeld führt, in dem Sie Teilnehmer auswählen können.

3. Klicken Sie jetzt auf die Schaltfläche *Weitere einladen*.

Im Dialogfeld *Teilnehmer und Ressourcen auswählen* sehen Sie links eine Namensliste, aus der Sie Ihre Teilnehmer auswählen können. Welche Namen hier angezeigt werden, hängt davon an, welche Option Sie im Feld *Namen anzeigen aus* ausgewählt haben.

Exchange Server ➔ Wenn Sie in einer Exchange Server-Umgebung arbeiten, werden standardmäßig die Mitarbeiter aus dem globalen Adressbuch angezeigt.

Internet ➔ Wenn Sie in einer Internet-Umgebung arbeiten, werden standardmäßig die Namen aus Ihrem Kontakte-Ordner angezeigt.

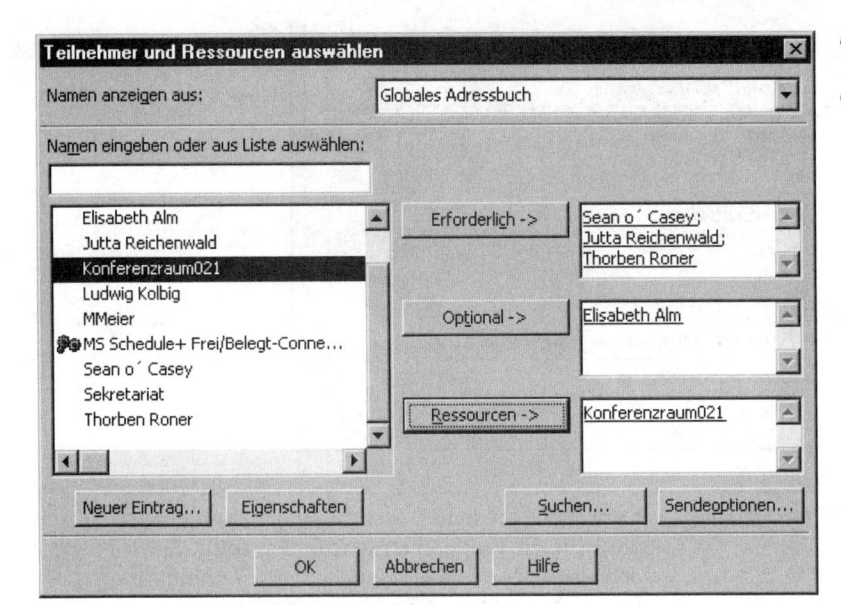

Bild 18.2:
Teilnehmer einladen

Neue Einträge für Teilnehmer erstellen

Sollten Sie tatsächlich einmal Leute zu einer Besprechung einladen wollen, die weder in den verfügbaren Adressbüchern noch in Ihrem Kontakte-Ordner eingetragen sind, brauchen Sie nicht erst alle Dialoge zur Einberufung der Besprechung zu schließen, nur um sie wieder aufzurufen, nachdem Sie den oder die neuen Teilnehmer in eine Ihrer Adresslisten aufgenommen haben.

Klicken Sie im Dialogfeld *Teilnehmer und Ressourcen auswählen* einfach auf die Schaltfläche *Neuer Eintrag*. Sie können den neuen Teilnehmer dann auf Wunsch direkt als neuen Kontakt aufnehmen (*Eintrag einfügen: In Kontakt*) oder nur in die Liste der Besprechungsteilnehmer (*Eintrag einfügen: Nur in diese Nachricht*). Im letzteren Fall brauchen Sie nur den Namen und das Postfach beziehungsweise die E-Mail-Adresse des Teilnehmers anzugeben.

Teilnehmer auswählen

Um nun einen Teilnehmern auszuwählen,

1. markieren Sie den Namen des Teilnehmers in der Liste, und
2. klicken Sie auf eine der Schaltflächen *Erforderlich, Optional, Ressourcen*.

    Die Aufteilung der Teilnehmer in *Erforderlich, Optional* und *Ressourcen* ist wichtig für die spätere Auswahl eines geeigneten Termins.

Bild 18.3:
Neuer Eintrag für Teilnehmer

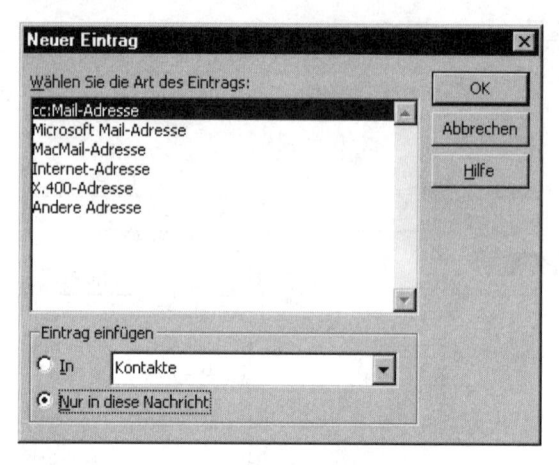

Erforderlich	Erforderlich bedeutet, dass die Besprechung nicht ohne diesen Teilnehmern stattfinden sollte. Sie werden also auf jeden Fall versuchen, den Termin für die Besprechung so zu legen, dass dieser Teilnehmer Zeit hat.
Optional	Optional bedeutet, dass Sie diesen Teilnehmer einladen wollen und wohl auch gerne dabei hätten, dass seine Anwesenheit aber nicht unbedingt erforderlich ist.
Ressourcen	Ressourcen sind Konferenzräume, Projektoren und anderes Material, das Sie für die Besprechung benötigen.

> *Die Behandlung der Ressourcen hängt davon ab, wie die Ressourcen in Ihrer Firma verwaltet werden. Eventuell sind sie als eigenständige Postfächer eingetragen, und können wie ein normaler Teilnehmer ausgewählt werden (das Postfach der Ressource wird dann kommissarisch von jemanden verwaltet), vielleicht werden Sie direkt von einer Sekretärin verwaltet, an die alle Anfragen zu Ressourcen zu richten sind.*

3. Wenn Sie alle Teilnehmer ausgewählt haben, schließen Sie das Dialogfeld über *OK*.

18.3 Einen Termin finden

Nachdem Sie die Teilnehmer ausgewählt haben, gilt es einen Termin zu finden, zu dem möglichst alle Teilnehmer, zumindest aber die als erforderlich eingestuften, Zeit haben. Wenn Ihnen die Teilnehmer zu diesem Zwecke Einblick in ihre Kalender gewähren, ist dies kein großes Problem.

Frei/Gebucht-Informationen zugänglich machen

Denken wir für einen Moment um. Sie sind nicht mehr Sean O'Casey, der eine Besprechung plant, sondern ein Mitarbeiter, der seinen Terminkalender freischalten möchte, so dass Kollegen, die Besprechungen planen, zu denen Sie eingeladen werden sollen, Ihren Terminplan einsehen und bei der Terminfindung berücksichtigen können.

Sie müssen dazu nicht gleich Ihren ganzen Kalender freigeben oder veröffentlichen, denn mit wem Sie sich treffen, und was Sie sich zu einem Treffen notiert haben, ist für den Organisator einer Besprechung nebensächlich. Ihn interessiert nur, wann Sie Termine haben, und wann Sie frei sind. Outlook bezeichnet diese Informationen als *Frei/Gebucht*-Informationen.

Um diese Informationen übers Intra- oder Internet zur Verfügung zu stellen, gehen Sie wie folgt vor:

1. Rufen Sie den Befehl EXTRAS/OPTIONEN auf, und wählen Sie auf der Registerkarte *Einstellungen* die Schaltfläche *Kalenderoptionen*. Im gleichnamigen Dialogfeld betätigen Sie die Schaltfläche *Frei/Gebucht*.

2. Im Dialogfeld *Frei/Gebucht-Optionen* legen Sie fest, wie die Informationen veröffentlicht werden sollen.

    - Zuerst wählen Sie aus, wie viele Monate Ihres Kalenders im Voraus veröffentlicht werden sollen. Vorgabe sind zwei Monate, was für Firmen, die weit voraus planen müssen, zuwenig sein könnte. Beachten Sie aber auch, dass Ihre veröffentlichten Frei/Gebucht-Informationen um so mehr Speicher belegen, je größere Zeiträume veröffentlicht werden.

    - Des Weiteren wählen Sie aus, in welchen Zeiträumen Ihre Daten auf dem Server aktualisiert, also mit Ihrem Kalender abgeglichen werden sollen. Zu kurze Zeiträume können die Performance des Servers belasten, zu lange Zeiträume können dazu führen, dass die Besprechungsplanung unzuverlässig wird. Vorgabewert sind 15 Minuten.

Exchange Server

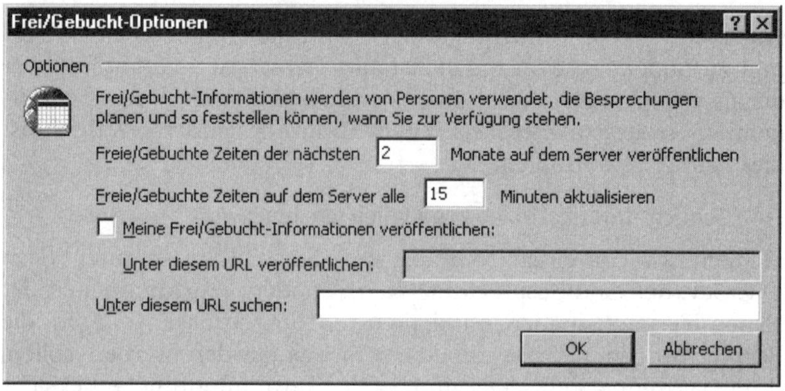

Bild 18.4:
Frei/Gebucht-Informationen veröffentlichen (Exchange Server)

Wer im Intranet mit einer Software wie zum Beispiel dem Exchange Server arbeitet, ist jetzt schon fertig.

Internet

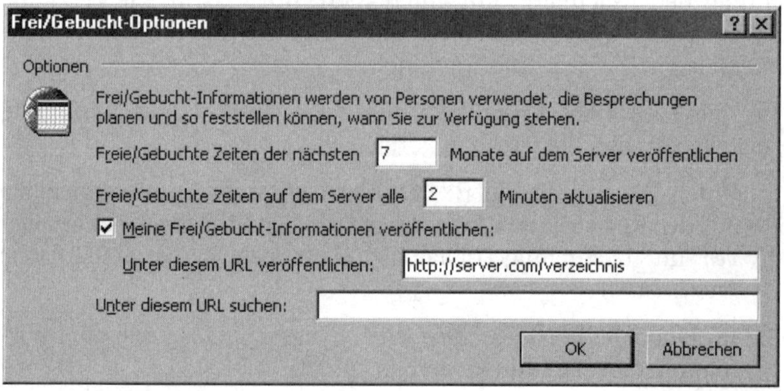

Bild 18.5:
Frei/Gebucht-Informationen veröffentlichen (Internet)

Wer seine Frei/Gebucht-Informationen über das Internet zur Verfügung stellen will, muss zusätzlich angeben, unter welchem URL die Frei/Gebucht-Informationen veröffentlicht werden soll.

Die Veröffentlichung selbst erfolgt mithilfe eines speziellen Publishing-Programms, beispielsweise des Web Publishing-Assistenten von Microsoft, der zum Lieferumfang von Windows 98 gehört. Alle weiteren Informationen zur Veröffentlichung der Daten werden vom Assistenten abgefragt.

Der Publishing-Assistent wird automatisch aufgerufen, wenn Outlook erkennt, dass es Zeit ist die Frei/Gebucht-Informationen zu aktualisieren (gemäß Einstellung im Dialog *Frei/Gebucht-Optionen*), oder wenn Sie im Menü EXTRAS den Befehl SENDEN/EMPFANGEN/ FREI/GEBUCHT-INFORMATIONEN aufrufen.

Frei/Gebucht-Zeiten abrufen

Wenn Sie in einer Arbeitsgruppen-Umgebung arbeiten, bedarf es keiner zusätzlichen Einstellungen, um die Frei/Gebucht-Informationen Ihrer Teamkollegen über Exchange Server abzurufen.

Exchange Server

Wenn Sie Frei/Gebucht-Informationen von Personen abrufen wollen, die nur übers Internet erreichbar sind, müssen Sie wissen, unter welcher URL die Frei/Gebucht-Informationen dieser Personen abgelegt sind, und Sie müssen dieses Wissen an Outlook weitergeben.

Internet

1. Rufen Sie den Befehl EXTRAS/OPTIONEN auf, und klicken Sie auf der Registerkarte *Einstellungen* die Schaltfläche *Kalenderoptionen* an. Im gleichnamigen Dialogfeld betätigen Sie die Schaltfläche *Frei/Gebucht*.

2. Im Dialogfeld *Frei/Gebucht-Optionen* geben Sie im Eingabefeld *Unter diesem URL suchen* die Adresse des Servers an, auf der die Frei/Gebucht-Informationen der Teilnehmern zu finden sind.

Darstellung der Frei/Gebucht-Informationen

Kehren wir nun zurück zum Dialogfeld *Besprechung planen*.

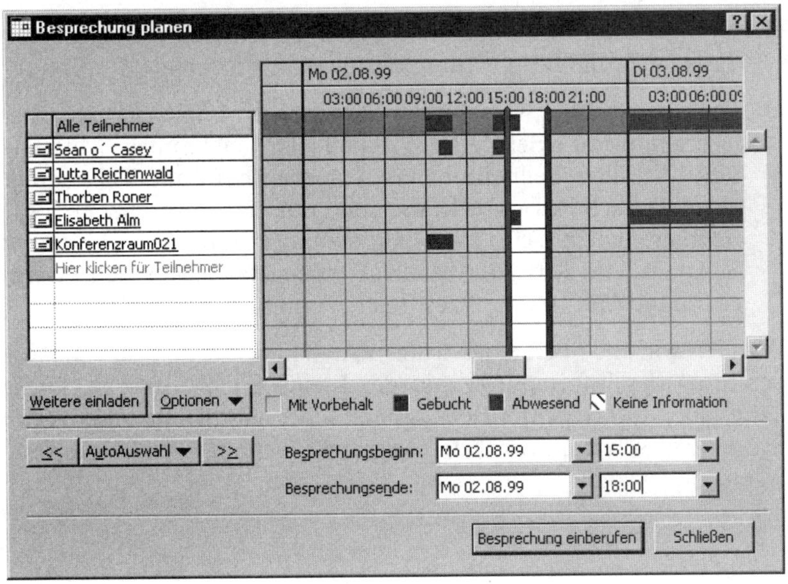

Bild 18.6: Frei/Gebucht-Informationen der Teilnehmer

Nachdem die Teilnehmer ausgewählt wurden, sieht man im rechten Teil des Dialogfelds die Frei/Gebucht-Informationen der Teilnehmer.

An den farbigen Balken kann man leicht ablesen, welcher Teilnehmer zu welchen Terminen Zeit hat oder nicht (siehe auch die Legende unter der Anzeigetafel):

Grau	bedeutet, dass der Teilnehmer in dieser Zeit keine Termine eingetragen hat.
Hellblau	bedeutet, dass sich der Teilnehmer für diese Zeit bereits einen Termin vorgemerkt hat, den er aber nicht für so wichtig erachtet, als dass er diesen Termin nicht fallenlassen könnte.
Blau	bedeutet, dass der Teilnehmer für diese Zeit bereits feste Termine eingetragen hat.
Lila	bedeutet, dass der Teilnehmer zu dieser Zeit nicht im Hause ist.

Was kann man an der Tafel noch ablesen?

- Wenn für einen Teilnehmer keine Frei/Gebucht-Informationen abgerufen werden konnten, wird die ganz Zeile zu diesem Teilnehmer weiß mit schwarzer Schraffur dargestellt.

- Der vertikale, weiße Balken zeigt den im Moment vorgesehenen Termin für die Besprechung an.

- Die oberste Zeile verschmilzt die Gebucht-Informationen aller Teilnehmer zu einer Zeile. Wirklich aller Teilnehmer? Mitnichten! Mit allen Teilnehmer können ebensogut alle Teilnehmer einschließlich Ressourcen, wie auch nur die erforderlichen Teilnehmer gemeint sein. Dies hängt von der aktivierten Option im Schaltermenü AUTOAUSWAHL ab, doch dazu gleich mehr, wenn es um die Auffindung eines freien Termins geht.

Anzeige anpassen Wenden wir uns noch einen kurzen Augenblick der optischen Aufbereitung der Informationen in der Frei/Gebucht-Tafel zu. Diese kann über die Schaltfläche *Optionen* (oder das Kontextmenü der Spaltenüberschriften der Tafel) angepasst werden. Sie können festlegen,

- dass für alle Tage nur die Arbeitsstunden angezeigt werden. (Wenn Sie die automatische Terminauswahl verwenden (siehe unten), berücksichtigt Outlook in dieser Ansicht nur Termine, die so liegen, dass die gesamte Besprechung in der regulären Arbeitszeit liegt).
- dass nur alle drei Stunden angezeigt werden (Option *Verkleinert anzeigen*).

Des Weiteren können Sie über die Schaltfläche *Optionen*:

- die Aktualisierung der Frei/Gebucht-Daten durchführen.

> *Schließlich können Sie das Dialogfeld insgesamt breiter und höher machen, um mehr Informationen auf einen Blick verfügbar zu haben.* :-) TIPP

Termin automatisch auswählen

Um einen geeigneten Termin zu finden, könnten Sie prinzipiell die Frei/Gebucht-Anzeige im Dialogfeld *Besprechung planen* durchblättern, bis Sie einen Tag finden, an dem Sie die Besprechung unterbringen können. Datum und Uhrzeit des Beginns und des Endes der Besprechung tragen Sie dann in die entsprechenden Felder unter der Tafel ein.

Wenn die Terminpläne der Teilnehmer gut gefüllt sind, kann das Auffinden eines geeigneten Termins aber recht schwierig, wenn nicht unmöglich sein. Um sich die Sache zu vereinfachen, könnten Sie sich darauf beschränken, einen Termin zu suchen, an dem zumindest die wirklich erforderlichen Teilnehmer Zeit haben. Aber haben Sie noch im Kopf, welche Teilnehmer erforderlich sind? Bevor Sie sich weiter mühen, lassen Sie doch Outlook die ganze Arbeit erledigen.

1. Legen Sie über das Feld *Besprechungsbeginn* einen Zeitpunkt fest, ab dem Outlook mit der Suche beginnen soll.

2. Legen Sie über das Zeitfeld zum *Besprechungsende* die Dauer des Termins fest. Wenn die Besprechung drei Stunden dauern soll, wählen Sie für das Besprechungsende eine Uhrzeit, die drei Stunden nach dem Besprechungsbeginn liegt.

3. Klicken Sie auf die Schaltfläche *AutoAuswahl*, um das zugehörige Menü zu öffnen. In diesem Menü finden Sie vier Optionen, die Ihnen erlauben, den nächsten Termin zu finden, zu dem

    - alle Personen und Ressourcen,
    - alle Personen und eine Ressource,

Kapitel 18: Besprechungen

- alle erforderlichen Personen,
- alle erforderlichen Personen und eine Ressource

Zeit haben.

Nachdem Sie die Option ausgewählt und die Maus losgelassen haben, setzt Outlook den weißen Balken auf den nächsten freien Termin.

Bild 18.7:
Ein geeigneter Termin wurde gefunden.

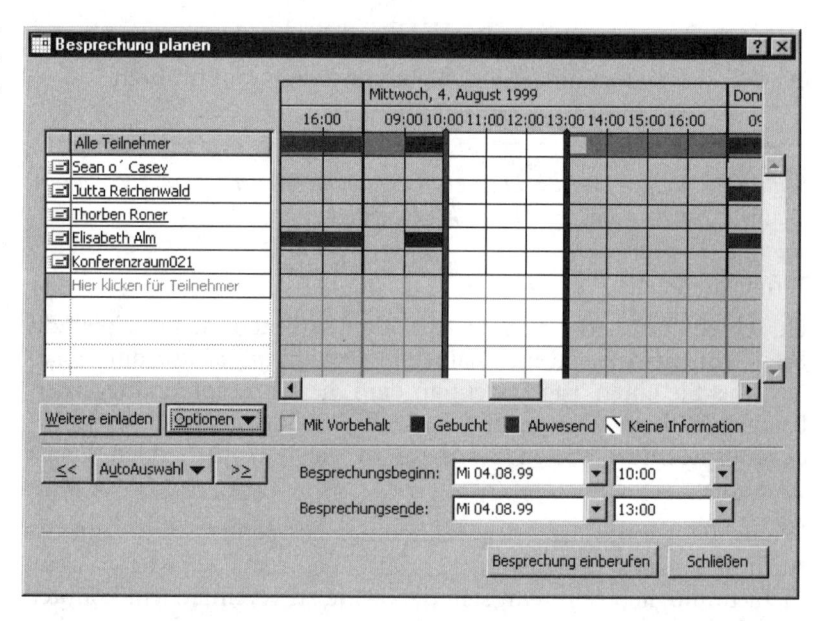

Sollte Ihnen dieser Termin nicht zusagen – etwa weil er zu dicht vor einem anderen wichtigen Termin liegt oder bereits in den Feierabend hineinreicht –, so finden Sie den nächsten möglichen Termin (oder den vorangehenden) durch Drücken der Pfeilschaltflächen links und rechts der Schaltfläche *AutoAuswahl* ansteuern. Outlook verschiebt den Balken dabei im 30-Minuten-Takt.

:-)
TIPP

Ist es schwierig, einen Termin zu finden, der vollständig in der regulären Arbeitszeit liegt, deaktivieren Sie die Option Nur Arbeitsstunden anzeigen, setzen Sie den Besprechungsbeginn über das gleichnamige Feld zurück, und lassen Sie Outlook erneut suchen.

18.4 Teilnehmer einladen

Mittlerweile haben Sie die Teilnehmer ausgewählt und einen akzeptablen Termin für die Besprechung gefunden.

1. Klicken Sie nun auf die Schaltfläche *Besprechung einberufen*, um die Einladungen versenden zu lassen.

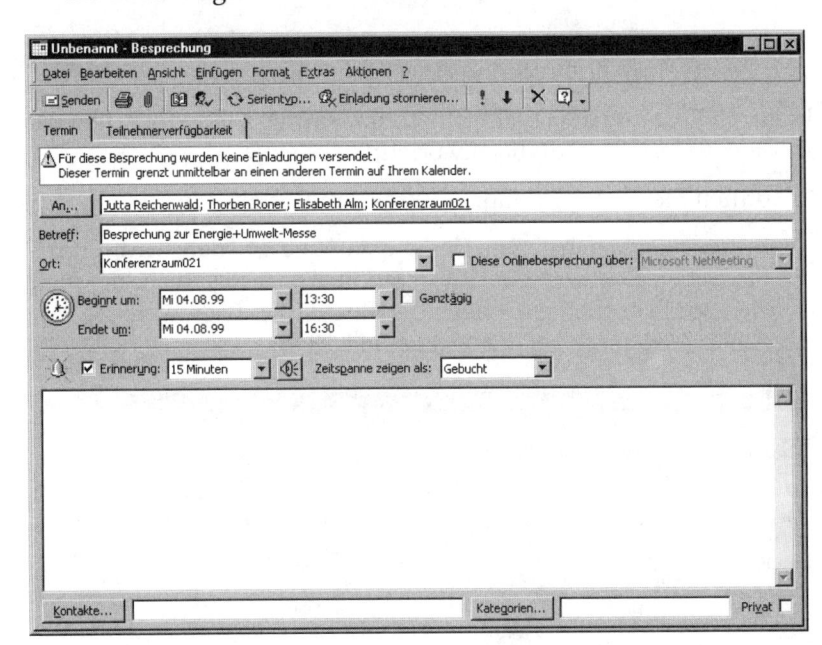

Bild 18.8: Einladungen überprüfen

Outlook öffnet daraufhin das Dialogfeld zum Versenden der Einladungen.

- Hier können Sie noch einen Betreff angeben und vielleicht ein paar Notizen eintragen.

- Sollten Sie zu der Überzeugung kommen, dass ein anderer Termin doch besser wäre, haben Sie jetzt noch einmal die Möglichkeit, zur Registerkarte *Teilnehmerverfügbarkeit* zurückzukehren und einen anderen Termin festzulegen.

- Ansonsten haben Sie hier auch noch die Gelegenheit, die Besprechung in eine Besprechungsserie (Schaltfläche *Serientyp*) oder eine Online-Besprechung (Option *Diese Online-Besprechung über*) zu verwandeln. Dazu in den nächsten Abschnitten mehr.

Kapitel 18: Besprechungen

2. Schließlich schicken Sie Ihre Einladungen ab (Schaltfläche *Senden*).

Outlook trägt daraufhin die Besprechung in Ihren Kalender ein.

18.5 Besprechungsanfragen beantworten

Schlüpfen wir für einen kurzen Moment in die Rolle eines Mitarbeiters, der zu einer Besprechung eingeladen wird.

In Ihrem Postausgang taucht eine Besprechungsanfrage auf. Um die Anfrage zu lesen und zu beantworten,

1. öffnen Sie die Besprechungsanfrage im Posteingang.

   In dem Dialogfenster, in das die Anfrage geladen wird, finden Sie neben den weiteren Informationen zur Besprechung auch vier spezielle Schaltflächen, die Ihnen die Beantwortung der Anfrage erleichtern sollen (siehe Bild 18.9).

Bild 18.9: Besprechungsanfrage lesen und beantworten

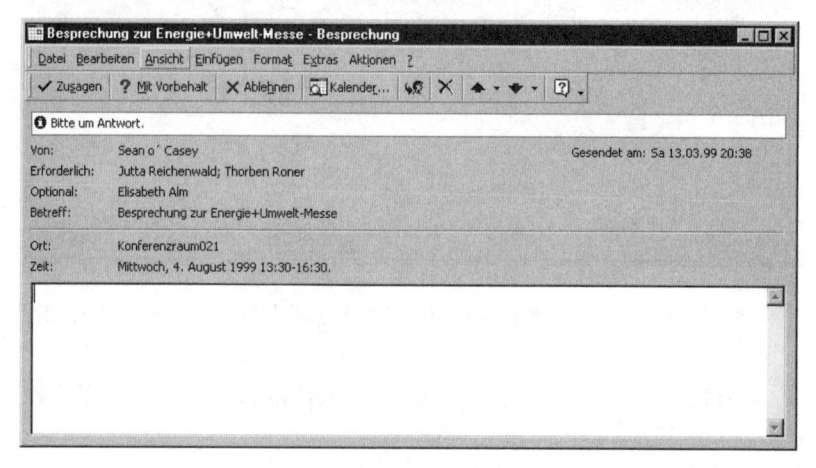

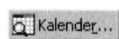

2. Um zu sehen, wie der Termin in Ihren Zeitplan passt, klicken Sie auf die Schaltfläche *Kalender*.

3. Danach klicken Sie auf eine der Schaltflächen *Zusagen*, *Mit Vorbehalt* oder *Ablehnen*.

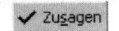

Zusagen	Der Termin wird als »Gebucht« in Ihren Kalender eingetragen. Outlook legt eine Antwort-Mail mit dem Betreff »Zugesagt:« für Sie an, und fordert Sie auf, diese an den Initiator der Besprechung zurückzusenden.
? Mit Vorbehalt	Der Termin wird unter »Vorbehalt« in Ihren Kalender eingetragen. Outlook legt eine Antwort-Mail mit dem Betreff »Mit Vorbehalt:« für Sie an, und fordert Sie auf, diese an den Initiator der Besprechung zurückzusenden.
X Ablehnen	Der Termin wird nicht in Ihren Kalender eingetragen. Outlook legt eine Antwort-Mail mit dem Betreff »Abgesagt:« für Sie an, und fordert Sie auf, diese an den Initiator der Besprechung zurückzusenden.

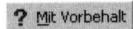

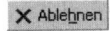

Nachdem Sie eine der Schaltflächen zum Zu- oder Absagen angewählt haben, setzt Outlook für Sie eine passende Antwort-E-Mail auf. Bevor es diese los schickt, erhalten Sie aber noch die Gelegenheit, die Antwort-Mail einzusehen und eigene Anmerkungen hinzuzufügen. Wählen Sie dazu in dem aufspringenden Meldungsfenster die Option *Antwort vor dem Senden bearbeiten*. Wenn Sie dem Initiator der Besprechung außer Ihrer Zu- oder Absage nichts mitzuteilen haben, wählen Sie die Option *Antwort sofort senden*.

Beachten Sie, dass bei Konfiguration von Outlook für eine Internet-Umgebung die E-Mail-Nachrichten zuerst im Postausgang abgelegt werden.

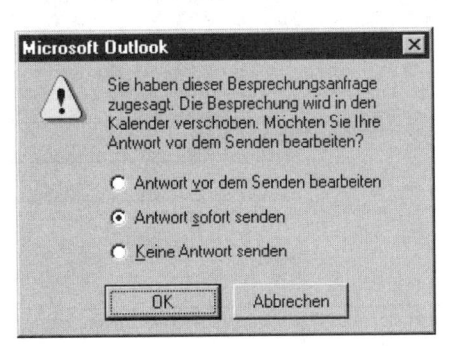

Bild 18.10: Antwort vor dem Senden überarbeiten?

Vorschlag für Verschiebung des Termins

Wenn Sie einen anderen Termin vorschlagen möchten, gehen Sie wie folgt vor:

1. Klicken Sie auf die Schaltfläche *Kalender*.

Kapitel 18: Besprechungen

2. Verschieben Sie den im Kalender standardmäßig unter Vorbehalt eingetragenen Besprechungstermin auf einen Termin, der Ihnen besser zusagt.

3. Werfen Sie vielleicht auch einen Blick auf die Frei/Gebucht-Informationen der anderen Teilnehmer – zumindest soweit Ihnen diese zur Verfügung stehen.

4. Wenn Sie einen Termin verschieben und diesen neuen Termin als Vorschlag an den Initiator der Besprechung zurückschicken, sollten Sie ein paar Zeilen zu der Antwort-Mail aufsetzen, um den Organisator der Besprechung auf die Terminverschiebung hinzuweisen und um zu begründen, warum Ihnen diese Verschiebung sinnvoll oder erforderlich erscheint.

Damit Sie letzteres nicht vergessen, zeigt Ihnen Outlook vor Absenden der E-Mail das Meldungsfenster aus Bild 18.11 an. Gleichzeitig weist Sie das Meldungsfenster daraufhin, dass Ihre Änderungen verloren- gehen, wenn der Organisator der Besprechung eine Aktualisierung der Besprechung sendet.

Bild 18.11: Verschiebung begründen

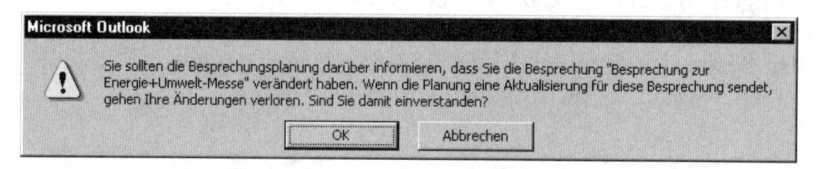

Bild 18.12: Antwort auf eine Besprechungsanfrage

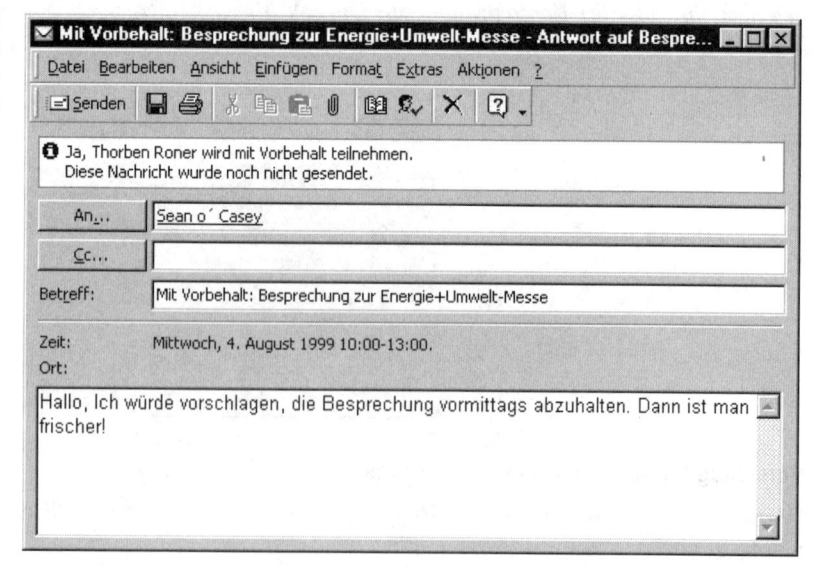

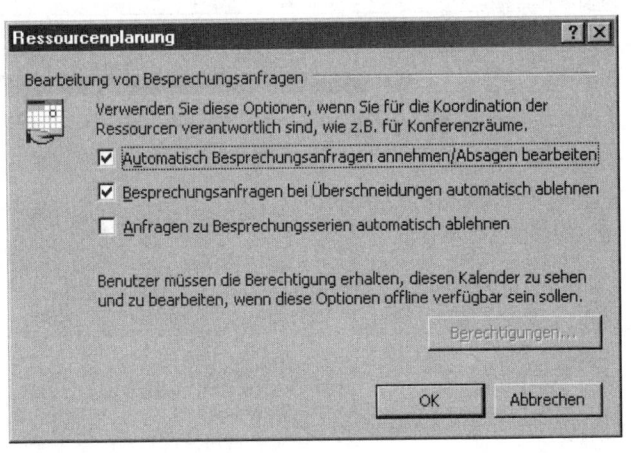

Besprechungsanfragen automatisch beantworten lassen

Grundsätzlich sollten Sie Besprechungsanfragen selbst lesen und beantworten. In gewissen Fällen, beispielsweise wenn Sie den Kalender einer Ressource verwalten, kann es Ihnen aber viel Arbeit sparen, wenn Sie die Besprechungsanfragen anhand der Kalendereintragungen automatisch von Outlook beantworten lassen.

1. Rufen Sie den Befehl EXTRAS/OPTIONEN auf.
2. Klicken Sie auf der Registerkarte *Einstellungen* die Schaltfläche *Kalenderoptionen* an.
3. Klicken Sie im Dialogfeld *Kalenderoptionen* auf die Schaltfläche *Ressourcenplanung*.
4. Im Dialogfeld *Ressourcenplanung*:
   - Aktivieren Sie die Option *Automatisch Besprechungsanfragen annehmen/Absagen bearbeiten*, um die automatische Beantwortung zu aktivieren.
   - Zusätzlich können Sie festlegen, ob Anfragen, die zu terminlichen Überschneidungen führen oder Besprechungsserien betreffen, grundsätzlich abgelehnt werden sollen.
   - Wenn Sie in einer Arbeitsgruppen-Umgebung arbeiten, können Sie anderen Mitgliedern der Arbeitsgruppe Zugriffsrechte auf den Kalender-Ordner einräumen (siehe Kapitel 27.7).

Bild 18.13: Besprechungsanfragen automatisch beantworten lassen

18.6 Antworten der Teilnehmer auswerten

Mittlerweile sammeln sich die Antworten der eingeladenen Besprechungsteilnehmer in Ihrem Posteingang.

Wenn Sie diese Antworten lesen und auswerten, achten Sie insbesondere auf die Zeiten und Kommentare, denn eventuell hat einer der Teilnehmer (oder gar mehrere) den Termin verschoben.

Um den Überblick über all die eintreffenden Zu- und Absagen zu behalten, sollten Sie sich den Teilnehmerstatus anzeigen lassen.

1. Doppelklicken Sie in Ihrem Kalender auf den Besprechungstermin.
2. Wechseln Sie zur Registerkarte *Teilnehmerverfügbarkeit*.
3. Standardmäßig sollte auf dieser Registerkarte die Option *Teilnehmerstatus zeigen* aktivieren. Wenn nicht, holen Sie dies jetzt nach.

Bild 18.14:
Den Überblick über Zu- und Absagen behalten

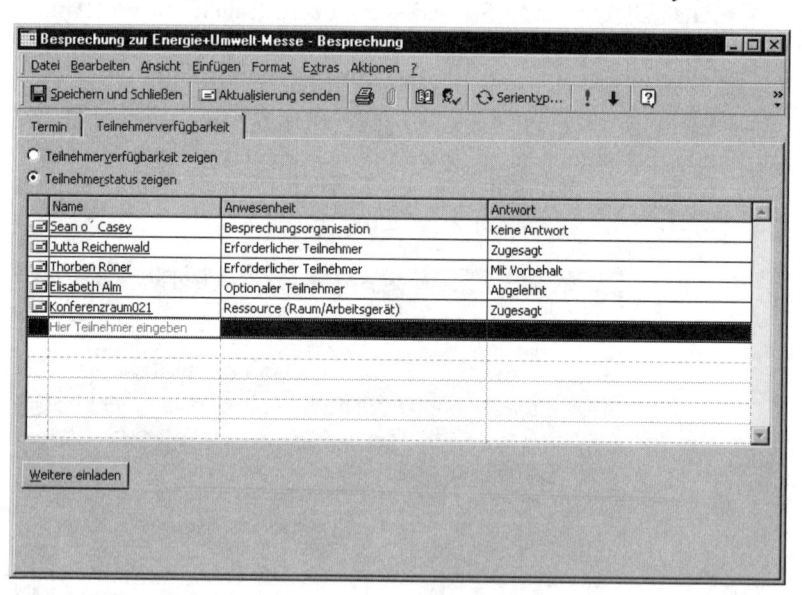

Hier lässt sich schnell und bequem nachprüfen, ob alle erforderlichen Teilnehmer zugesagt haben.

Letzte Fragen telefonisch klären

Hin- und wieder wird es vorkommen, dass ein Teilnehmer, vielleicht sogar ein erforderlicher Teilnehmer, trotzdem der Termin eigentlich günstig für Ihn liegt, nur unter Vorbehalt zugesagt hat.

In solchen oder ähnlichen Fällen hilft meist ein klärendes Telefongespräch. Wenn der Teilnehmer daraufhin fest zusagt, muss er Ihnen nicht erst eine erneute Zusage per E-Mail zukommen lassen. Sie können seinen Status auch direkt nach dem Telefongespräch in Ihrer Statusanzeige korrigieren.

1. Klicken Sie dazu in das *Antwort*-Feld des Teilnehmers, und wählen Sie in der aufspringenden Optionsliste den Eintrag »Zugesagt« aus.

Eine Besprechung verschieben

Wenn Ihnen wie in unserem Beispiel ein Teilnehmer einem Vorschlag für einen alternativen Termin zusendet oder sonstige Ereignisse eine Verschiebung des Besprechungstermins erforderlich machen,

1. doppelklicken Sie im Kalender auf den Besprechungstermin, um ihn zu öffnen.
2. Legen Sie auf der Registerkarte *Termin* einen neuen Termin für die Besprechung fest.
3. *Speichern und Schließen* Sie den Termin.

   Outlook fordert Sie nun auf, die Teilnehmer über die Terminänderung zu informieren.

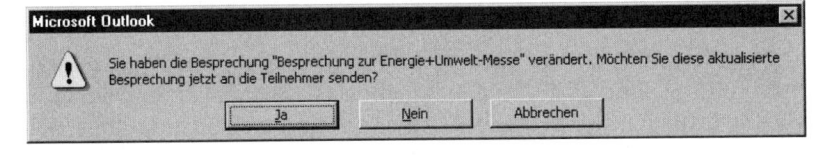

Bild 18.15: Teilnehmer über Terminverschiebung informieren

4. Klicken Sie im Outlook-Meldungsfenster auf *Ja*, um die Teilnehmer über die Terminänderung zu informieren.

Eine Besprechung löschen

Wenn Sie eine Besprechung stornieren wollen:

1. Markieren Sie die Besprechung in Ihrem Kalender.
2. Klicken Sie auf die [Entf]-Taste.

Outlook fordert Sie per Meldungsfenster auf, die Teilnehmer an der Besprechung von der Stornierung des Termins zu informieren.

Bild 18.16: Teilnehmer über Stornierung der Besprechung informieren

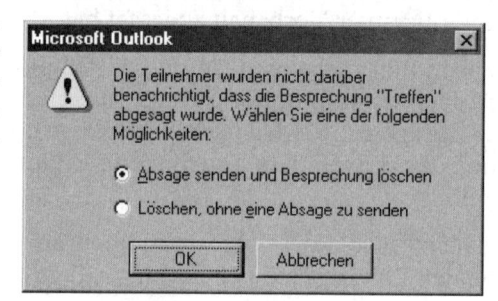

3. Aktivieren Sie im Meldungsfenster die Option *Absage senden und Besprechung löschen*, und klicken Sie auf *OK*.

Die Teilnehmer an der Besprechung erhalten daraufhin eine E-Mail, die eine Schaltfläche zum automatischen Entfernen des Termins aus ihrem Kalender enthält.

18.7 Besprechungsserien

Bestimmte Besprechungen, wie z.B. Mitarbeiterseminare oder Arbeitsgruppentreffen, werden üblicherweise in regelmäßigen Abständen abgehalten. Um nun nicht jeden Monat oder gar jede Woche die Besprechung neu einzuberufen, empfiehlt es sich, die Besprechung gleich bei der ersten Einberufung als Besprechungsserie zu planen.

Die Planung und Einberufung einer Besprechungsserie unterscheidet sich kaum von der Planung und Einberufung einer einzelnen Besprechung. Hinzu kommt lediglich, dass Sie im Dialogfeld *Terminserie* festlegen, in welchen Abständen die Besprechung abgehalten werden soll (siehe Kapitel 17.7).

Zur Planung und Einberufung einer Besprechungsserie

- markieren Sie den Termin der ersten Besprechung in Ihrem Kalender, und rufen Sie den Befehl AKTIONEN/NEUE BESPRECHUNGSSERIE auf.

- Oder beginnen Sie wie bei der Planung einer einfachen Besprechung, und klicken Sie im Besprechungs-Dialogfeld auf die Schaltfläche *Serientyp*.

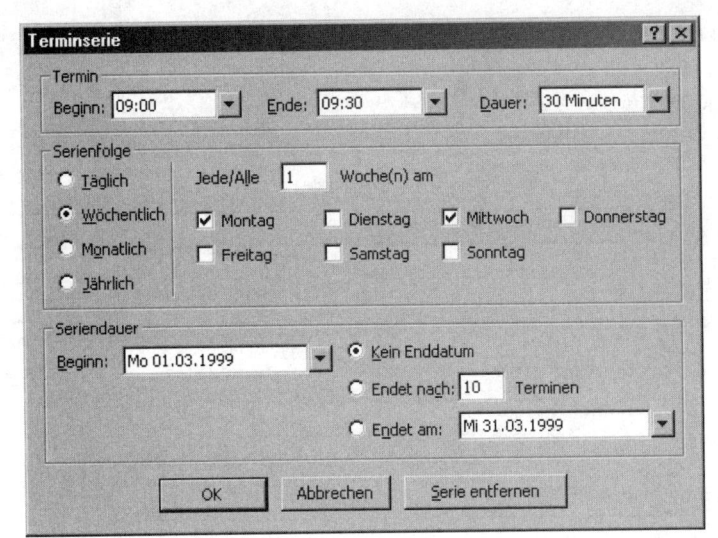

Bild 18.17:
Serienplan für eine Besprechungsserie festlegen

Welchen Weg Sie einschlagen, ist im Grunde egal. Wenn Sie allerdings bei der Festsetzung des Termins für die Besprechung weitestgehend auf den Terminplan der Teilnehmer Rücksicht nehmen wollen, sollten Sie zuerst nach einem geeigneten Termin für die erste Besprechung suchen und danach aus der einfachen Besprechung eine Besprechungsserie machen. Wenn Sie Leiter einer Arbeitsgruppe sind und ein wöchentliches Mitarbeiterseminar ins Leben rufen wollen, können Sie auch – unter der Annahme, dass alle Mitarbeiter ganztägig in der Firma arbeiten – den Termin einfach vorgeben. In letzterem Fall brauchen Sie die Teilnehmerverfügbarkeit nicht zu prüfen und können mit dem Befehl AKTIONEN/ NEUE BESPRECHUNGSSERIE beginnen. .

18.8 Online-Besprechungen

Dank der zunehmenden Vernetzung und der Entwicklung immer leistungsfähiger Rechner und Kommunikations-Software ist es heute nicht mehr unbedingt notwendig, sich zu einer Besprechung persönlich zu treffen.

Sofern alle Teilnehmer an das Intranet Ihrer Firma oder an das Internet angeschlossen sind und über eine Konferenz-Software wie NetMeeting oder NetShow verfügen, können Sie Ihre Besprechungen auch online abhalten, ohne dass einer der Teilnehmer seinen Arbeitsplatz verlassen oder über hunderte oder gar tausende von Kilometern anreisen muss.

Kapitel 18: Besprechungen

Bild 18.18: Online-Besprechung einrichten

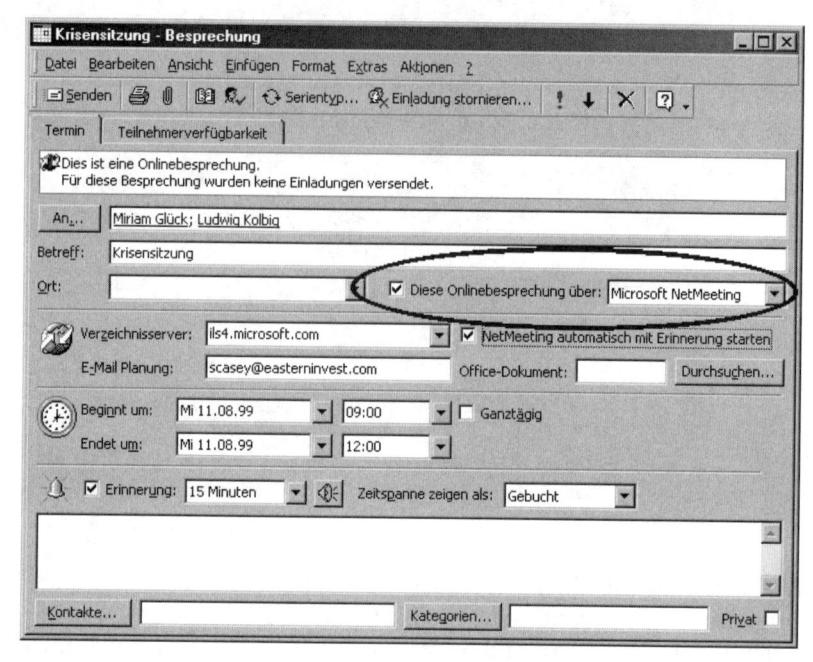

1. Alles, was Sie tun müssen, um eine Online-Besprechung einzuberufen, ist in dem Dialogfeld zum Abschicken der Besprechungsanfragen die Option *Diese Onlinebesprechung über* zu aktivieren und im nebenstehenden Listenfeld die Konferenz-Software Ihrer Wahl auszuwählen (siehe Bild 18.18).

Nach Auswahl der Konferenz-Software wird das Dialogfeld um die speziellen Optionen zur Konfiguration der Konferenz-Software erweitert.

Für NetMeeting kommen beispielsweise folgende Felder hinzu:

Verzeichnisserver	Die Verbindung der Teilnehmer erfolgt über einen Verzeichnisserver im Internet. Microsoft hat zu diesem Zweck mehrere Verzeichnisserver eingerichtet, die Sie anwählen können.
	Üblicherweise wird der Name des Servers aus der Konfiguration Ihrer NetMeeting-Software übernommen. Sie können aber auch einen Namen eines anderen Servers auswählen oder eingeben.
E-Mail-Planung	Zur Anmeldung und zur Kommunikation geben Sie Ihre E-Mail an.

NetMeeting automatisch mit Erinnerung starten | Wenn Sie diese Option aktivieren, können Sie NetMeeting aus dem Erinnerungsdialog heraus aufrufen.

Office-Dokument | Hier können Sie ein Office-Dokument angeben, dass bei Beginn der Besprechung geladen werden soll – beispielsweise um gemeinsam von den Konferenzteilnehmern gelesen oder bearbeitet zu werden.

NetMeeting konfigurieren

Wenn Sie NetMeeting das erste Mal nach der Installation aufrufen, werden Sie durch eine Reihe von Dialogfeldern zur Konfiguration und Einstellung Ihrer Online-Verbindung geführt.

Nachdem Sie in einem NetMeeting-Begrüßungsfenster darüber informiert werden, was Sie mit NetMeeting alles machen können, werden Sie im folgenden Fenster aufgefordert, einen Verzeichnisdienstserver anzugeben.

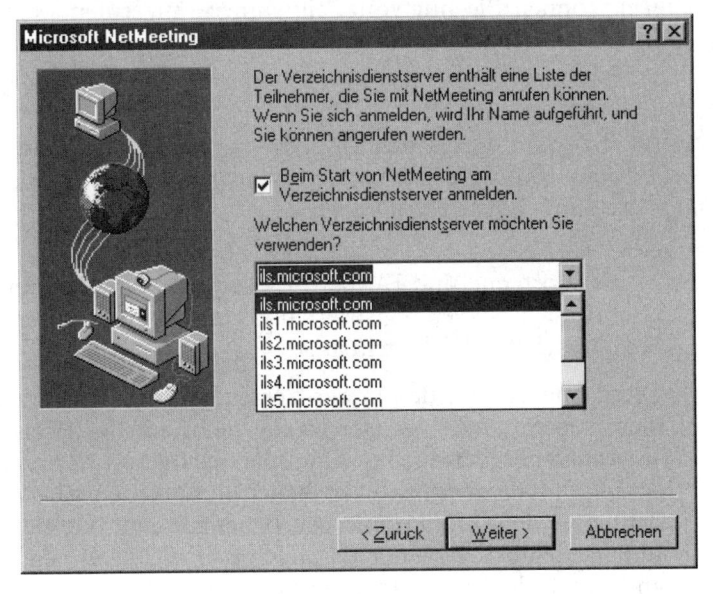

Bild 18.19: Verzeichnisdienstserver auswählen

1. Wählen Sie aus dem Dropdown-Listenfeld einen Verzeichnisdienst aus.

   Über einen Verzeichnisdienstserver können NetMeeting-Teilnehmer miteinander Kontakt aufnehmen. Teilnehmer, die mit einem Verzeichnisdienst verbunden sind, können von anderen

Teilnehmern über den Verzeichnisdienst angerufen werden. Damit andere Teilnehmer Sie anrufen können, müssen Sie allerdings wissen, unter welchem Namen Sie auf dem Verzeichnisdienstserver registriert sind. Zu diesem Zwecke werden beispielsweise bei Online-Besprechungen, die mit NetMeeting durchgeführt werden, der Verzeichnisserver und die E-Mail-Adresse des Initiators der Besprechung zusammen mit den Einladungen verschickt (siehe Bild 18.18). Unabhängig davon kann man sich beim Aufbau der Verbindung zum Verzeichnisserver in die Verzeichnisliste des Verzeichnisdienstservers eintragen lassen. Name und E-Mail-Adresse, unter der Sie sich auf dem Verzeichnisserver anmelden, sind dann für alle Teilnehmer sichtbar, und Sie können per Doppelklick auf Ihren Namen von anderen Teilnehmern angerufen werden – was auch schon einmal recht lästig sein kann (rufen Sie dann in NetMeeting den Befehl ANRUF/NICHT STÖREN auf). Wenn Sie Ihren Namen nicht in die Verzeichnisliste eintragen lassen (in NetMeeting den Befehl EXTRAS/OPTIONEN aufrufen und auf der Registerkarte *Verzeichnis* die Option *Nicht in die Verzeichnisliste aufnehmen aktivieren*), können Sie nur von Teilnehmern angerufen werden, die Ihren Anmeldenamen und Ihre E-Mail-Adresse kennen.

> *Außer über einen Verzeichnisdienstserver kann man auch direkt durch Angabe einer IP-Adresse oder einer Telefonnummer mit anderen NetMeeting-Anwendern Verbindung aufnehmen.*

2. Name, Vorname und E-Mail-Adresse, unter der Sie beim Verzeichnisdienstserver registriert und angemeldet werden, geben Sie im nächsten Dialogfeld an.

   Diese Angaben werden in der Verzeichnisliste des Verzeichnisdienstservers angezeigt (sofern Sie nicht auf der Registerkarte *Verzeichnis* der NetMeeting-Optionen die Option *Nicht in die Verzeichnisliste aufnehmen* aktiviert haben) und dienen dazu, Sie eindeutig zu identifizieren und gegebenenfalls eine Verbindung zu Ihnen aufzubauen. Über das *Kommentar*-Feld können Sie den anderen Teilnehmern anzeigen, zu welchem Zweck Sie sich auf dem Verzeichnisdienstserver angemeldet haben.

3. Des Weiteren müssen Sie noch angeben, zu welchem Zweck Sie sich auf dem Verzeichnisdienstserver anmelden.

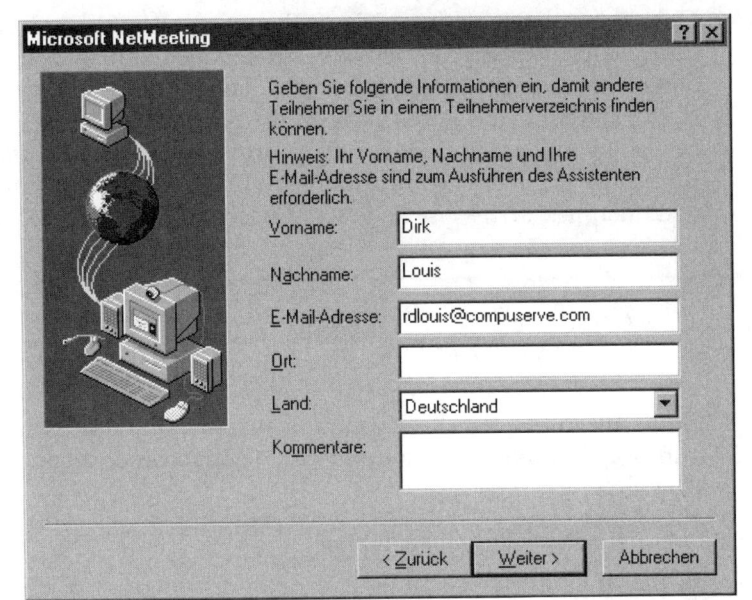

Bild 18.20:
Angaben für Anmeldung auf dem Server

Bild 18.21:
Kategorie auswählen

Dies dient wiederum vor allem zur Information der anderen Teilnehmer. Die Verzeichnislisten des Verzeichnisdienstservers können nämlich nach diesen Kategorien gefiltert werden.

Wer also einen Partner für einen privaten Plausch sucht, wird sich als privat anmelden und in der Kategorie *Privat* nach einem

Gesprächspartner suchen. Wenn Sie eine geschäftliche Konferenz planen, werden Sie sich in der Kategorie *Geschäftlich* anmelden. (Glauben Sie aber nur nicht, dass diese Kategorien so streng getrennt sind, wie Microsoft es sich wünschen würde. Sie brauchen nur einmal die E-Mail-Adressen in den *Geschäftlich*-Kategorie der Verzeichnisdienstserver anzuschauen, um zu erkennen, wie seriös einige dieser »Geschäftsleute« sein mögen.)

> **INFO**
>
> *Wie die anderen Einstellungen auch, können Sie die Kategorie jederzeit über den Befehl Extras/Optionen ändern.*

4. Zum Abschluss der Konfiguration wählen Sie eine Übertragungsgeschwindigkeit aus und richten Mikrofon und Lautsprecher ein.

Konferenzteilnehmer zusammenführen

Wenn Sie zu einer Besprechung einladen oder eingeladen wurden, sind alle wichtigen Daten für den Verbindungsaufbau zum jeweiligen Verzeichnisdienstserver und der Konferenz in ihrem Termin abgespeichert. Sie müssen im Grunde nur noch die Schaltfläche zum Starten von NetMeeting anklicken.

NetMeeting automatisch mit Erinnerung starten

Wenn Sie im Kalendereintrag der Besprechung festgelegt haben, dass Sie kurz vor dem Beginn der Besprechung erinnert werden und NetMeeting direkt zusammen mit der Erinnerung gestartet werden soll, ist praktisch alles automatisiert.

- Wenn Sie Initiator der Besprechung sind, meldet Outlook Sie auf dem Verzeichnisserver an und startet eine Konferenz.
- Wenn Sie eingeladener Teilnehmer sind, startet NetMeeting und versucht, Sie mit dem Konferenzleiter zu verbinden.

Wenn Sie sich eine Erinnerung anzeigen lassen, NetMeeting aber nicht automatisch starten lassen – was oft der sinnvollste Weg ist, denn so haben Sie Zeit, Ihre Unterlagen vorzubereiten, sich ins Internet einzuwählen und dann in aller Ruhe NetMeeting zu starten –, finden Sie im Dialog der Erinnerung einen spezielle Schaltfläche zum Starten von NetMeeting (siehe Bild 18.22).

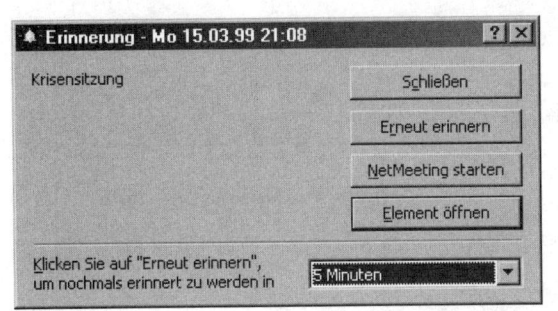

Bild 18.22:
NetMeeting vom Erinnerungs-Dialog aus starten (für eingeladene Teilnehmer heißt die Schaltfläche NETMEETING-TEIL-NAHME*)*

Speziell die eingeladenen Teilnehmer einer Besprechung sollten NetMeeting nicht direkt mit der Erinnerung starten oder zumindest die Erinnerung bis kurz vor den Beginn der Besprechung verlegen, damit der Organisator der Besprechung genügend Zeit hat, sein NetMeeting-Programm zu starten. Ansonsten kann NetMeeting beim Verbinden mit dem Verzeichnisdienst den Konferenzleiter nicht finden – was letzten Endes auch nicht tragisch ist, da Sie den Aufbau der Verbindung jederzeit neu starten können.

Wenn Sie NetMeeting selbst starten wollen – etwa weil Sie keine Erinnerung vorgesehen haben, oder weil beim automatischen Start von NetMeeting der Konferenzleiter noch nicht online war, und der Verbindungsaufbau daher scheiterte –, klicken Sie in Ihrem Kalender mit der rechten Maustaste auf den Besprechungstermin, und rufen Sie im Kontextmenü den Befehl AN NETZBESPRECHUNG TEILNEHMEN auf (der gleiche Befehl findet sich auch im AKTIONEN-Menü des Besprechungs-Dialogs).

Sollte beim Verbindungsaufbau einmal alles schief gehen, können Sie die Verbindung auch selbst herstellen:

1. Rufen Sie NetMeeting auf.

2. Klicken Sie auf die Schaltfläche *Anrufen*. Sind Sie der Besprechungsleiter, rufen Sie den Befehl ANRUF/KONFERENZ LEITEN auf.

3. Geben Sie den Verzeichnisdienst und die E-Mail-Adresse des Besprechungsleiters ein (können Sie der Einladung entnehmen), und wählen Sie im Feld *Anrufen über* die Option *Verzeichnisdienstserver* aus (natürlich nur, wenn die Konferenz über einen Verzeichnisserver stattfindet).

Kapitel 18: Besprechungen

*Bild 18.23:
Konferenz
manuell
anwählen*

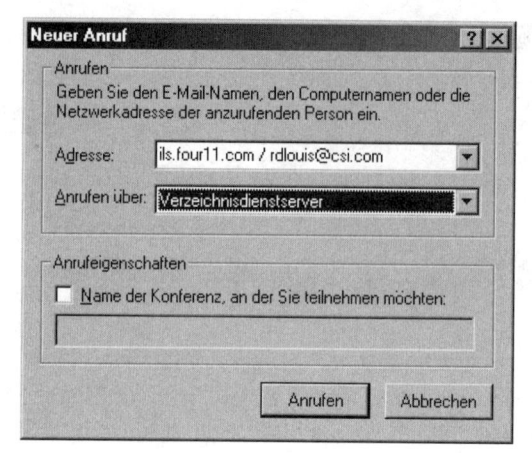

Oder

1. Klicken Sie in der linken NetMeeting-Leiste auf das Symbol *Verzeichnis*.

2. Wählen Sie im Feld *Server* den Verzeichnisdienstserver aus, der in der Einladung angegeben war.

3. Wählen Sie im Feld *Teilnehmende* die Untermenge von angemeldeten Teilnehmern, deren Adressen Sie anzeigen lassen wollen.

4. Klicken Sie auf die Schaltfläche *Aktualisieren*.

5. Doppelklicken Sie in der Liste auf den Organisator der Besprechung.

> **INFO**
>
> *Sollte der Organisator in der Verzeichnisliste nicht auftauchen, könnte dies daran liegen, dass er in einer anderen Kategorie eingetragen ist (einfach Kategorie Alle ausprobieren), doch auf einem anderen Server angemeldet ist (anderen Server wählen), seinen Namen nicht in die Verzeichnisliste eintragen ließ (Pech gehabt, versuchen Sie es über die Schaltfläche Anrufen) oder gar nicht online ist.*

Ankommende Anrufe annehmen

*Bild 18.24:
Ankommender
Anruf*

Wenn Sie von einem anderen Teilnehmer angerufen werden, erscheint auf Ihrem Bildschirm ein Meldungsfenster. Wenn Sie auf *Annehmen* klicken, werden Sie mit dem Teilnehmer verbunden.

Wenn Sie auf *Ignorieren* klicken, erhält der Teilnehmer, der Sie angerufen hat, eine Absage.

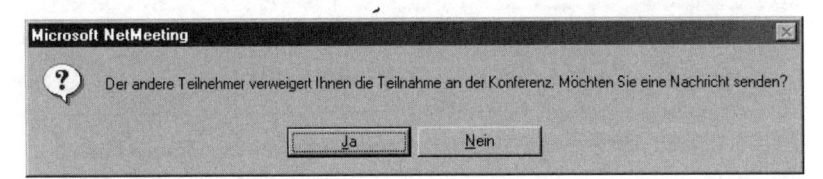

Bild 18.25:
Der Konferenzleiter hat die Einwahl verweigert.

Da Sie eingeladen waren, ist dies unwahrscheinlich. Sollte es doch geschehen, liegt wahrscheinlich ein Fehler vor. Versuchen Sie es einfach nochmals, oder nutzen Sie die Gelegenheit, und schicken Sie dem Konferenzleiter eine E-Mail (siehe Bild 18.26).

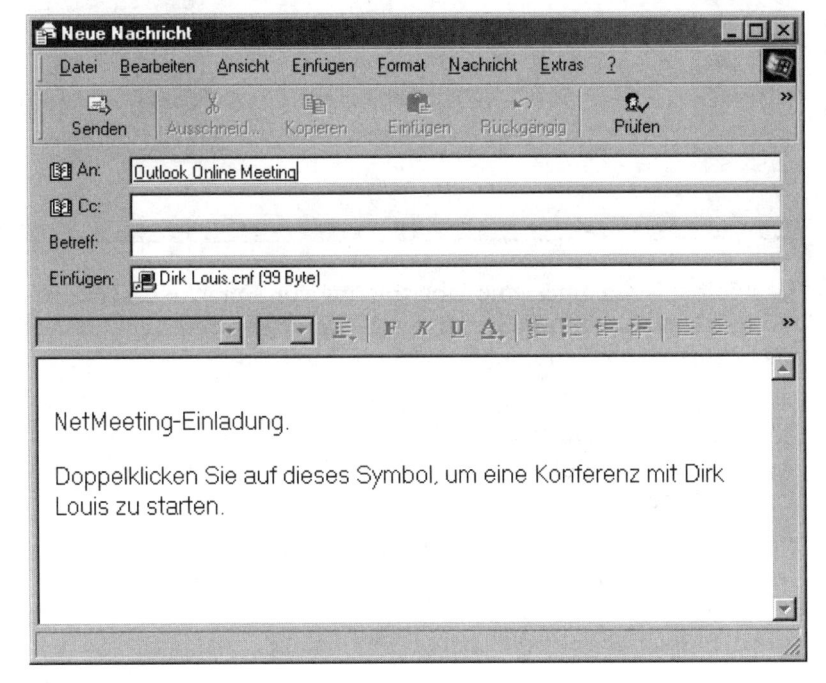

Bild 18.26:
E-Mail an Konferenzleiter schicken

Mit NetMeeting kommunizieren

Mittlerweile sind Sie mit Ihrem Kollegen in Kontakt getreten. Jetzt stellt sich die Frage, was man mit einer Online-Konferenz so alles anfangen kann.

Kapitel 18: Besprechungen

Mikrofon und Video

Wenn Sie entsprechend ausgerüstet sind, können Sie auf einer Online-Konferenz Sprache und Videobild übertragen (siehe Bild 18.27).

Bild 18.27: Jetzt sind Sie online.

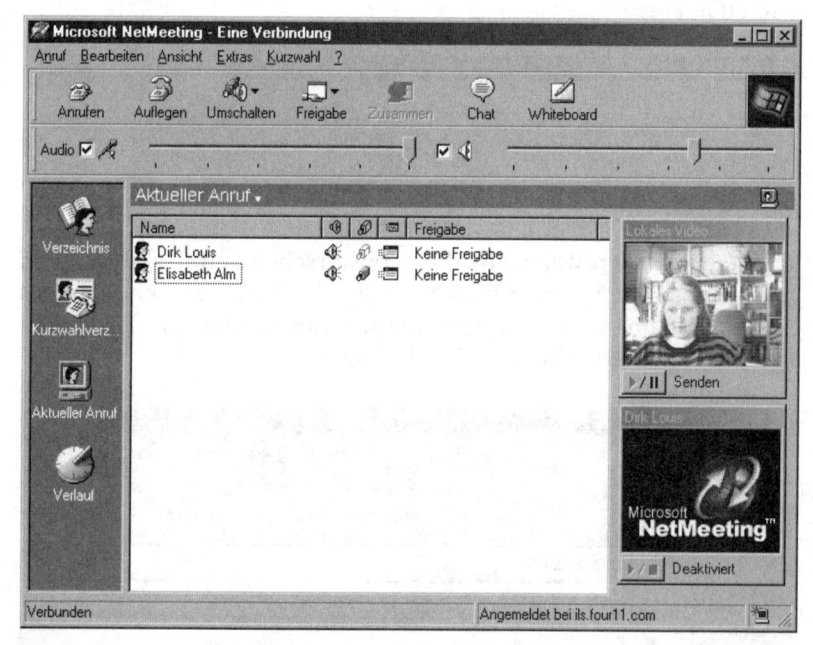

Für welche Teilnehmer eine Übertragung von Sprache und Videobild möglich ist, können Sie an den Symbolen in den Teilnehmerverzeichnissen ablesen.

Doch auch wenn ein Teilnehmer in der Lage ist, Sprache und Videobild zu senden, können Sie nicht beide gleichzeitig empfangen. Über die Schaltfläche *Umschalten* wählen Sie aus, ob Sie Sprache oder Videobild empfangen wollen.

Dies ist aber noch nicht die letzte Einschränkung. Die direkte Unterhaltung ist immer nur zwischen zwei Teilnehmern möglich. Wenn Sie mit mehreren Teilnehmern gleichzeitig kommunizieren wollen, müssen Sie einen »Chat« beginnen.

Chat

Wenn Sie auf die *Chat*-Schaltfläche klicken, wird bei jedem Teilnehmer das Chat-Fenster für den gemeinsamen schriftlichen Dialog angezeigt. Damit verbunden ist ein Mini-Editor, der lediglich über die Funktionen *Kopieren, Ausschneiden* und *Einfügen* sowie *Drucken* verfügt. Formatänderungen sind nur am Schriftbild möglich, die sich dann auf den ganzen Nachrichtentext auswirken.

Sie verschicken eine Nachricht, indem Sie im Nachrichten-Feld den Text eingeben und dann die ⏎-Taste drücken. Daraufhin erscheint die Nachricht bei allen Teilnehmern. Der gemeinsame Dialog aller Teilnehmer wird im großen Fenster angezeigt. Wollen Sie nur einem Teilnehmer eine Nachricht zukommen lassen (auch Flüstern genannt), müssen Sie vor dem Drücken der ⏎-Taste den Namen des Teilnehmers in dem Listenfeld *Senden an* anklicken.

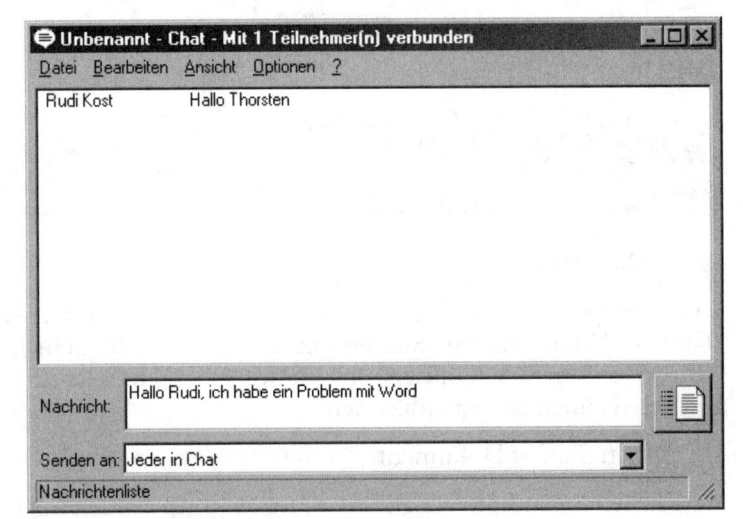

Bild 18.28: *Chat*

Whiteboard

Damit öffnen Sie ein Dialogfenster, das Ihnen rudimentäre ZeichenTools zur Verfügung stellt. Daneben gibt es noch einige Whiteboard-spezifische Schaltflächen, um zum Beispiel das Fenster oder den Bereich auszuwählen oder das Whiteboard zu sperren, so dass nur ein Teilnehmer Änderungen daran vornehmen kann.

Dieses Whiteboard ist bei allen Konferenzteilnehmern gleichzeitig geöffnet und erlaubt Ihnen in der Grundeinstellung, mit den anderen Teilnehmern gleichzeitig eine Skizze zu bearbeiten, wobei jeder Teilnehmer eine eigene Stiftfarbe erhält, um später die Änderungen zuordnen zu können.

Bild 18.29:
Skizze zur Verdeutlichung eines Sachverhalts

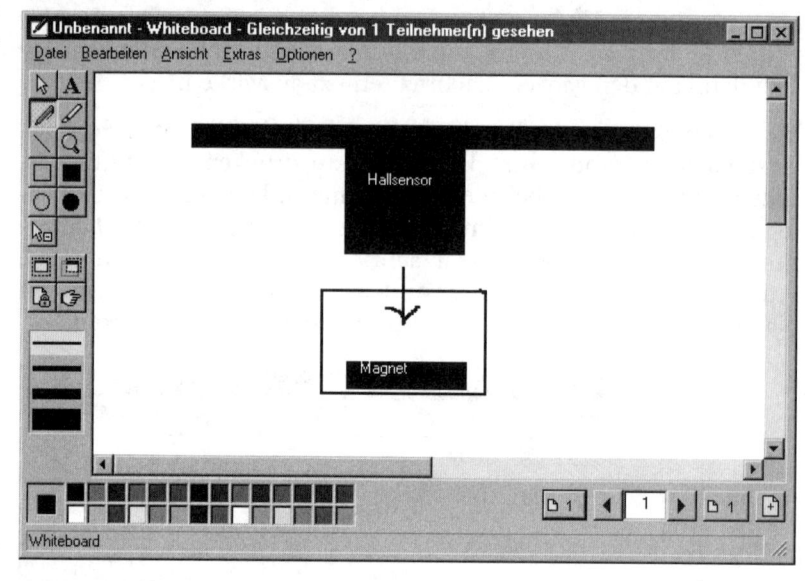

Dateien freigeben

Eine weitere Besonderheit von NetMeeting ist das Freigeben von Dateien. Damit haben Sie beispielsweise die Möglichkeit, ein Office-Dokument zu öffnen und dieses auf dem Bildschirm der anderen Teilnehmer einzublenden.

1. Öffnen Sie das Dokument.

2. Klicken Sie auf die Schaltfläche *Freigabe*, und wählen Sie in dem sich öffnenden Menü die freizugebende Datei aus. Diese erscheint dann in einem separaten Fenster auf den Bildschirmen aller Teilnehmer zur Ansicht, kann von diesen aber noch nicht bearbeitet werden.

Die nächste Stufe ist, dass man anderen Teilnehmern die Erlaubnis erteilt, das eigene Programm fernzusteuern.

3. Klicken Sie dazu auf die Schaltfläche *Zusammen* (diese ist nur verfügbar, wenn Sie zuvor die Datei freigegeben haben).

Die anderen Teilnehmer können nun per Doppelklick mit der Maus die Steuerung des Programms von ihrem PC aus übernehmen.

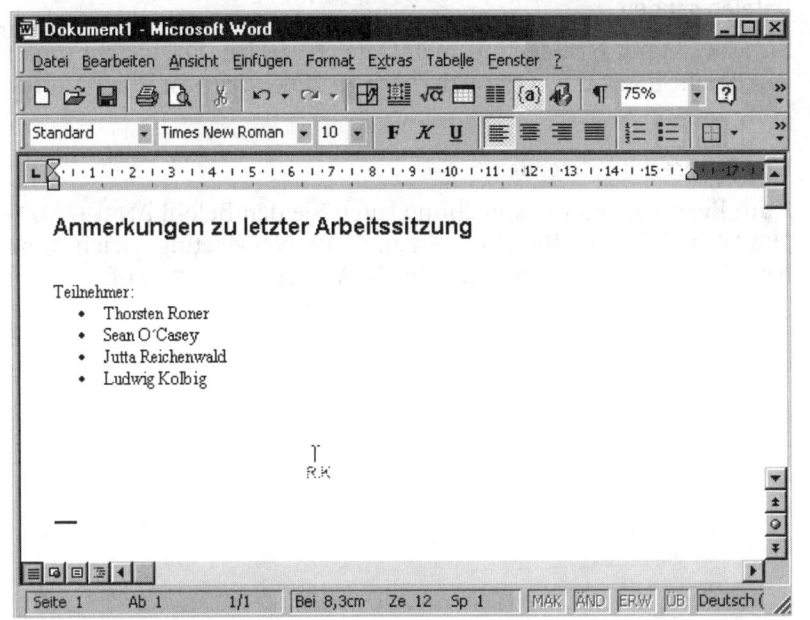

Bild 18.30:
Jeder Teilnehmer kann direkt seinen Kommentar eingeben.

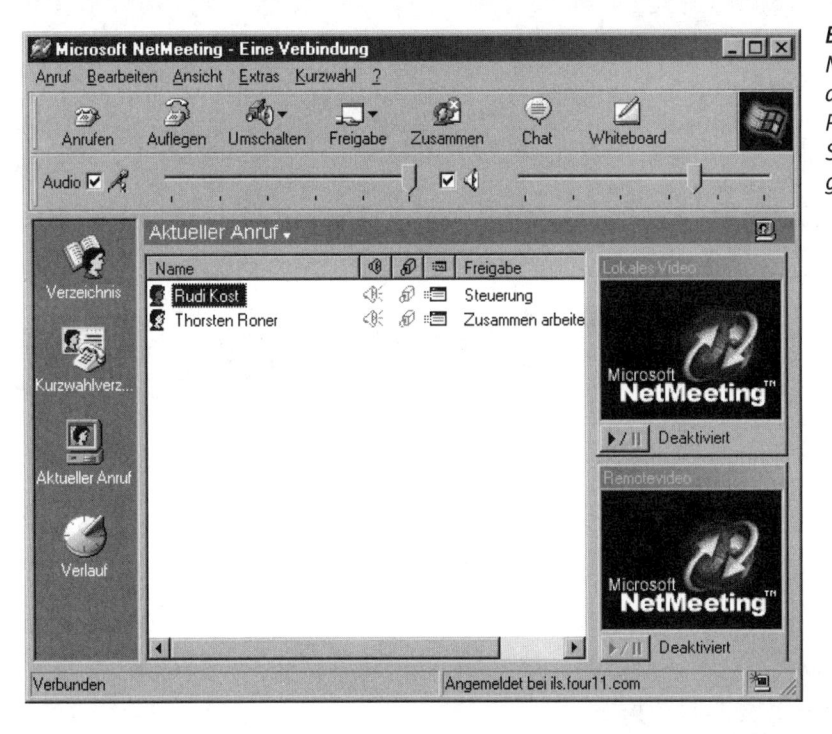

Bild 18.31:
NetMeeting zeigt an, wer ein Programm zur Steuerung freigegeben hat.

Dateien senden

Sie können mit NetMeeting auch Dateien senden. Dazu steht Ihnen der Befehl EXTRAS/DATEIÜBERTRAGUNG/DATEI SENDEN zur Verfügung.

Eine Besprechung beenden

Zum Beenden einer Besprechung rufen Sie den Befehl ANRUF/AUFLEGEN auf. Wenn Sie Ihre Sitzung mit NetMeeting gleich ganz beenden wollen, rufen Sie den Befehl ANRUF/BEENDEN auf.

Aufgaben
Kapitel 19

Im Aufgaben-Ordner können Sie eintragen, was noch so alles in nächster Zeit zu erledigen ist.

Vielleicht sind Sie als Pate zur Taufe Ihrer neugeborenen Nichte geladen und wollen sich aus diesem Anlass nach einem neuen Sakko umsehen. Dann würden Sie in Ihre Aufgabenliste »Neues Sakko kaufen« eintragen und als Fälligkeitsdatum für die Aufgabe das Datum der Taufe angeben.

Oder Sie sollen ein mehrtägiges Fortbildungsseminar für die Programmierer in Ihrer Abteilung organisieren. Sie müssen einen Schulungsleiter finden, einen Termin festlegen, die Teilnehmer benachrichtigen, dafür sorgen, dass der Schulungsraum mit den Rechnern vorbereitet wird, einen Catering-Service beauftragen. Alle diese Aufgaben notieren Sie im Aufgaben-Ordner.

Aufgaben müssen nicht notwendigerweise an einen Termin oder ein Fälligkeitsdatum gebunden sein. Wer Outlook auch privat nutzt, kann im Aufgaben-Ordner beispielsweise festhalten, was er schon immer in Angriff nehmen wollte: »Küche muss mal wieder tapeziert werden«, »Ulysses von James Joyce lesen«, »Querflötenunterricht nehmen«, »Fahrradgangschaltung austauschen«. Aber auch im Büro oder, allgemeiner ausgedrückt, am Arbeitsplatz gibt es Aufgaben, für die sich schwer angeben lässt, bis wann die Aufgabe zu erledigen ist, oder es sich einfach nicht lohnt, ein Fälligkeitsdatum anzugeben, z.B. »Büromaterial nachkaufen«, »Nach neuer Buchungs-Software umschauen«.

Kapitel 19: Aufgaben

Professionelle Anwender, die Outlook und die Aufgabenliste intensiv für ihr persönliches Zeitmanagement und zur Organisation ihres Büros nutzen, erfreut Outlook mit einigen fortgeschrittenen Optionen:

- Vergabe von Prioritätsstufen, um dringliche Aufgaben schneller zu erkennen
- Statusanzeige, um den Bearbeitungsstatus umfangreicher Aufgaben festzuhalten und im Auge zu behalten
- Delegation von Aufgaben an andere Mitglieder der Arbeitsgruppe oder des Büros
- Detailinformationen zu geschätztem und tatsächlichem Arbeitsaufwand

19.1 Aufgaben eintragen

Um eine neue Aufgabe einzutragen, wechseln Sie zum Aufgaben-Ordner (Klick auf die gleichnamige Verknüpfung in der Outlook-Leiste oder auf den Aufgaben-Knoten in der Ordnerliste). In der Aufgabenansicht

- doppelklicken Sie auf eine leere Zeile, oder
- rufen Sie den Befehl AKTIONEN/NEUE AUFGABE auf,

um das Dialogfeld *Aufgabe* zu öffnen.

> **:-) TIPP**
> Es ist nicht unbedingt erforderlich, in die Aufgabenansicht zu wechseln, um eine neue Aufgabe einzutragen. Wenn Sie nur daran interessiert sind, eine Aufgabe zu notieren, drücken Sie – unabhängig davon, in welchem Ordner Sie sich gerade befinden – die Tastenkombination [Strg]+[⇧]+[T]. Outlook öffnet daraufhin das Dialogfeld Aufgabe und führt Sie nach Bestätigung des Dialogfeldes wieder zurück in den aktuellen Ordner. In Kalender-Ordnern wird in den Tages- und Wochenansichten standardmäßig die Aufgabenliste mit eingeblendet.

Das Dialogfeld Aufgabe

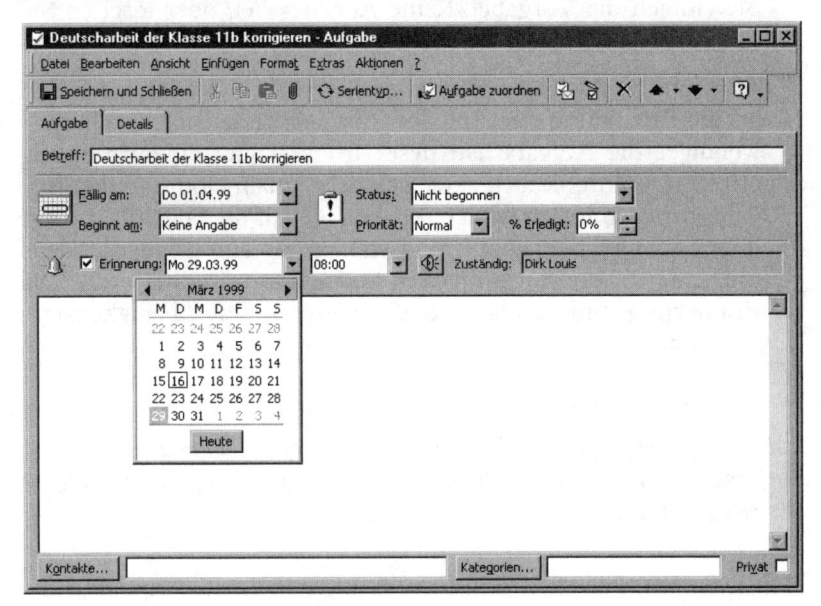

Bild 19.1: Aufgabe eintragen

Um eine Aufgabe einzutragen, müssen Sie natürlich nicht alle Felder im Aufgaben-Dialog ausfüllen. Typischerweise werden Sie *Betreff*, *Fälligkeitsdatum* und *Erinnerung* einstellen:

- Im *Betreff*-Feld formulieren Sie kurz und prägnant die zu erledigende Aufgabe. Die Betonung liegt hier auf »kurz und prägnant«, damit Sie später beim Durchgehen oder Einsehen Ihrer Aufgabenliste am Inhalt der *Betreff*-Felder der Aufgaben schnell und ohne Probleme ablesen können, um welche Aufgaben es sich handelt. Für weitere Informationen und Erläuterungen zur Aufgabe steht Ihnen das Notizfeld im unteren Teil des Dialogfelds zur Verfügung.

- Im Feld *Fällig am* legen Sie fest, bis wann die Aufgabe zu erledigen ist. Wie für die Outlook-Datumsfeldern üblich, können Sie das Datum direkt in einem Ihnen genehmen Format eingeben (01.04.99, 01 April 1999, übermorgen etc.) oder über den Datumswechsler (Aufruf über den abwärts gerichteten Pfeil) auswählen (siehe auch Kapitel 16.1 und 16.3). Das Fälligkeitsdatum könnte beispielsweise ein Termin sein, zu dem die Aufgabe erledigt sein muss (etwa die Beschaffung eines Projektors für eine Konferenz), oder ein ungefährer Zeitpunkt, bis zu dem man die Aufgabe gerne bewältigt hätte (etwa vor einem verlängerten Wochenende, um ungetrübt den Kurzurlaub genießen zu können). Wenn Sie kein Fälligkeitsdatum festlegen wollen, behalten Sie einfach die Vorgabe »Keine Angabe« bei, oder löschen Sie den Inhalt des Feldes.

➔ Aktivieren Sie das Feld *Erinnerung*, wenn Sie sich zwischendurch an die Erledigung der Aufgabe erinnern lassen wollen. Je aufwendiger die Aufgabe ist, desto früher sollte die Erinnerung erfolgen. Wenn Sie sich akustisch per Signalmelodie an die Aufgabe erinnern lassen wollen, klicken Sie auf die Schaltfläche mit dem Lautsprechersymbol, und wählen Sie eine Klangdatei aus (mehr zur Erinnerungsfunktion finden Sie in Kapitel 17.1). Die Erinnerungsfunktion ist übrigens nicht an einen Fälligkeitstermin gebunden.

> **:-) TIPP**
>
> *Insbesondere bei Aufgaben, für die man kein Fälligkeitsdatum angegeben hat, kann es sinnvoll sein, sich nach einiger Zeit an die Erledigung der Aufgabe erinnern zu lassen.*

Neben Betreff, Fälligkeit und Erinnerung gibt es noch andere Einstellungsmöglichkeiten für Aufgaben:

Beginnt am Halten Sie hier das Datum fest, an dem Sie mit der Bearbeitung der Aufgabe beginnen oder begonnen haben (dies muss nicht unbedingt das Datum sein, an dem die Aufgabe in die Aufgabenliste aufgenommen wird).

Wenn Sie später den Gesamtaufwand für die Erledigung der Aufgabe bestimmen wollen (siehe Registerkarte *Details*), sollten Sie dieses Feld ausfüllen.

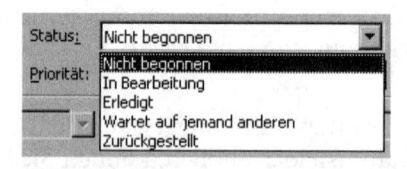

Status Halten Sie in diesem Feld fest, ob die Aufgabe bearbeitet wird, oder aus welchen Gründen die Aufgabe nicht bearbeitet wird.

Wenn Sie auf der Registerkarte *Details* im Feld *Erledigt am* ein Datum eingeben, wird der Status automatisch auf *Erledigt* gesetzt.

Priorität

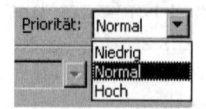

Stufen Sie die Aufgabe gemäß ihrer Dringlichkeit ein.

Angezeigt wird die Prioritätsstufe standardmäßig in der Detailansicht (ANSICHT/AKTUELLE ANSICHT/LISTE MIT DETAILS).

Halten Sie hier fest, zu wie viel Prozent die Aufgabe bereits erledigt ist. *% Erledigt*

Im Feld *Zuständig* wird angezeigt, wer für die Bearbeitung der Aufgabe zuständig ist. Standardmäßig sind Sie das, Sie können die Aufgabe aber auch über die Schaltfläche *Aufgabe zuordnen* an jemand anderen delegieren (siehe Abschnitt 19.4). *Zuständig*

In das Eingabefeld können Sie sich Anmerkungen zu der Aufgabe notieren oder auch aufgabenbezogene Dateien einfügen (siehe Kapitel 17.1). *Notizen*

Wählen Sie aus Ihrer Kontaktliste die Personen aus, mit denen Sie bei Erledigung der Aufgabe zu tun haben. *Kontakte*

Klassifizieren Sie Ihre Aufgaben als »Persönlich«, »Geschäftlich«, etc., oder legen Sie eigene Kategorien für Gruppen zusammengehörender Aufgaben an. *Kategorien*

Wenn Sie Ihren Ordner anderen zur Verfügung stellen (beispielsweise über Microsoft Exchange Server, siehe Kapitel 27), können Sie durch Aktivierung der Option den Inhalt privater Aufgaben vor den Blicken Ihrer Kollegen verbergen. *Privat*

Eine eigene Registerkarte, auf der Sie vor allem Optionen für Ihre interne Buchhaltung finden (siehe Abschnitt 19.2). *Details*

Aufgaben direkt eingeben

In vielen Fällen lohnt es sich im Grunde nicht, das Aufgaben-Dialogfenster aufzurufen. Wenn Sie schnell zwischendurch eine Aufgabe notieren oder eine Liste zusammenhängender Aufgaben aufschreiben wollen, können Sie dies auch direkt in einer der tabellarischen Ansichten des Aufgaben-Ordners erledigen.

Um eine neue Aufgabe einzutragen, müssen Sie nur darauf achten, dass die oberste Zeile mit der freundlichen Aufforderung »Hier klicken, um Aufgabe zu erstellen« markiert ist (Zeile wird dunkel unterlegt, siehe Bild 19.2).

Im Grunde brauchen Sie dann gar nicht mehr mit der Maus in das Feld zu klicken. Sie können den Betreff-Text der Aufgabe gleich über die Tastatur eintippen.

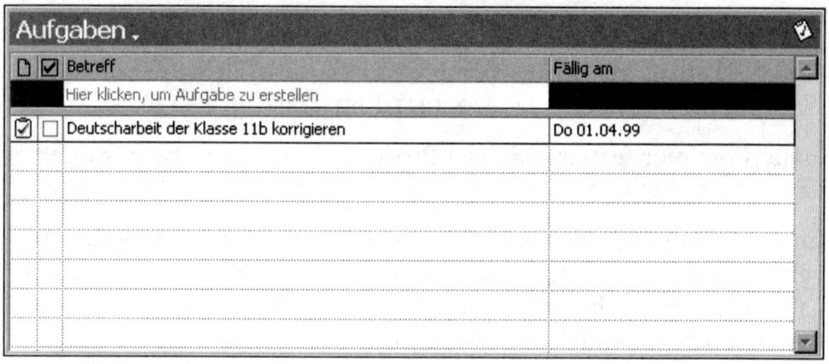

Bild 19.2:
Aufgaben direkt eingeben

Aufgaben		
☐ ☑ Betreff		Fällig am
Hier klicken, um Aufgabe zu erstellen		
☑ ☐ Deutscharbeit der Klasse 11b korrigieren		Do 01.04.99

➔ Wenn Sie ein anderes Feld bearbeiten wollen, verwenden Sie die Pfeiltasten der Tastatur, um zwischen den Feldern (und bei Bedarf auch zwischen den Zeilen) zu wechseln. Das Feld, das Ihre Tastatureingaben übernimmt, ist in der aktuellen Zeile durch den weißen Hintergrund gekennzeichnet.

STOP

Wenn Sie gerade Text in ein Feld eingegeben haben und sich noch im Eingabemodus befinden, können Sie nicht mit den Pfeiltasten zum nächsten Feld wechseln. Drücken Sie in diesem Fall die ⇥ -Taste, die Esc -Taste, oder klicken Sie das zu bearbeitende Feld mit der Maustaste an.

➔ Wenn Sie die zu bearbeitenden Felder mit der Maus auswählen, achten Sie darauf, nicht doppelzuklicken, sonst wird das *Aufgaben*-Dialogfeld geöffnet.

➔ Felder mit Kontrollkästchen können Sie mit der Maus oder durch Drücken der ⎵ -Taste aktivieren beziehungsweise deaktivieren.

➔ Für Felder mit Datumsangaben können Sie durch Klick mit der rechten Maustaste auf den Pfeilschalter den Datumswechsler aufrufen.

➔ Für Felder mit vorgegeben Optionen können Sie durch Klicken mit der rechten Maustaste auf den Pfeilschalter die Liste der Optionen aufklappen lassen oder durch Drücken der ↑ - und ↓ -Tasten zwischen den Optionen hin- und herwechseln.

Wenn Sie mehr Felder bearbeiten wollen, als angezeigt werden, wählen Sie über den Befehl ANSICHT/AKTUELLE ANSICHT eine andere Tabellenansicht aus (beispielsweise *Liste mit Details*), oder definieren Sie eine eigene Ansicht (siehe Kapitel 16.9).

Um während der Arbeit in einem anderen Outlook-Ordner, etwa dem Posteingang, schnell zwischendurch eine Aufgabe einzutragen, brauchen Sie nur die Tastenkombination [Strg]+[⇧]+[T] zu drücken.

[Strg]+[⇧]+[T]

Besonders bequem für Anwender, die viel mit dem Kalender arbeiten: In den Tages- und Wochenansichten des Kalenders wird standardmäßig auch der Aufgabenblock mit angezeigt. Sollte er einmal nicht zu sehen sein, liegt dies vermutlich daran, dass Sie sich in der Monatsansicht befinden oder zuvor die Aufteilung des Ansichtsfensters durch Ziehen der Zwischenrahmen so verändert haben, dass der Aufgabenblock nicht mehr zu sehen ist. Bewegen Sie die Maus dann langsam zum Rand des Fensters, bis der Mauszeiger zum Verschieben von Zwischenrahmen erscheint, und ziehen Sie den Rahmen dann auf, so dass der Aufgabenblock wieder erscheint.

Kalender

19.2 Aufgabenstatus und Zeitaufwand protokollieren

Im einfachsten Fall sieht die Arbeit mit Aufgaben und Aufgabenblock so aus, dass Sie neue Aufgaben eintragen und erledigte Aufgaben aus der Liste löschen.

Outlook offeriert Ihnen aber noch ganz andere Möglichkeiten:

- Sie können festhalten, wieweit die Bearbeitung einzelner Aufgaben fortgeschritten ist.
- Sie können festhalten, wie viel Zeit und Spesen die Erledigung der einzelnen Aufgaben gekostet hat.

Bearbeitungsstatus

Zur Protokollierung und Anzeige des Bearbeitungsstatus einer Aufgabe stehen Ihnen drei Felder zur Verfügung:

- *Status,*
- *% Erledigt,*
- *Beginnt am* und
- *Erledigt am* auf der Registerkarte *Details.*

Wenn Sie eine größere Aufgabe zu erledigen haben, ist die reine Angabe eines Fälligkeitsdatums nicht sehr aussagekräftig. Stellen Sie sich vor, Sie sind Lehrer an einem Gymnasium und müssen eine Klassenarbeit, 27 Aufsätze zum Thema »Ethnische Minderheiten«,

Beispiel

korrigieren. Das aktuelle Datum ist der 17. März, und Sie möchten die Klassenarbeit bis zum 01. April korrigiert haben. Sie tragen den 01. April also als Fälligkeitsdatum ein und machen sich gleich an die Korrektur der Arbeiten. Bis zum 19. März haben Sie 14 Klassenarbeiten korrigiert, dann kommen Ihnen andere Sachen dazwischen, und die Klassenarbeiten bleiben liegen. Am 28. März schauen Sie in Ihren Kalender und sehen, dass noch die Klassenarbeiten zu korrigieren sind. Das Blut schießt Ihnen in den Kopf: Vier Tage für 27 Klassenarbeiten – das wird knapp. Dann fällt Ihnen ein, dass Sie ja bereits einige Arbeiten korrigiert haben. Sie schauen nach ... und tatsächlich: 14 Arbeiten, also ungefähr die Hälfte der Arbeiten, sind schon korrigiert. Aufatmen. 14 Arbeiten in vier Tagen sind zu schaffen.

% Erledigt Wie Sie sehen, lohnt es sich, nicht nur das Fälligkeitsdatum, sondern auch den Bearbeitungsstatus der Aufgaben festzuhalten. Im obigen Fall würden Sie beispielsweise jedes Mal, wenn Sie wieder ein paar Klassenarbeiten korrigiert haben, die Prozentangabe im Feld *% Erledigt* aktualisieren. Wann immer Sie dann in Ihre Aufgabenliste schauen, können Sie anhand der Felder *% Erledigt* und *Fällig am* ablesen, wie viel Arbeit bis wann noch zu erledigen ist.

TIPP *Je mehr Aufgaben Sie gleichzeitig bearbeiten müssen, um so hilfreicher ist es, wenn Sie gewissenhaft den Bearbeitungsstatus der Aufgaben protokollieren. Übertreiben sollte man es aber auch nicht. Manche Aufgaben, wie etwa das Buchen eines Hotelzimmers, sind entweder unerledigt oder erledigt.*

Status Während man das Feld *% Erledigt* nutzt, um den Fortschritt bei der Bearbeitung einer Aufgabe anzuzeigen, hält man im Feld *Status* fest, ob die Aufgabe überhaupt in Bearbeitung ist, und wenn nein, warum nicht.

Das Listenfeld *Status* offeriert Ihnen zu diesem Zweck eine Auswahl von fünf möglichen Bearbeitungszuständen (siehe Bild 19.3).

Bild 19.3: Optionen des Status-Feldes

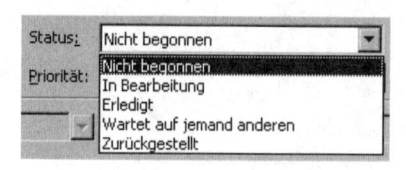

Beginnt am, Erledigt am Wem es nur darum geht, seine Aufgaben termingerecht im gesteckten Zeitrahmen zu erledigen, für den sind die Felder *Beginnt am* und *Details/Erledigt am* nur von untergeordnetem Interesse.

Für die Erstellung von Arbeitsberichten oder zur Überprüfung der eigenen Effizienz ist es aber auf jeden Fall von Vorteil, wenn man für jede Aufgabe festhält, wann man mit der Bearbeitung der Aufgabe begonnen hat und wann sie erledigt wurde.

Outlook kann nicht selbständig aus den Daten in den Feldern Beginnt am und Details/Erledigt am den tatsächlichen Arbeitsaufwand (Feld Ist-Aufwand) für die Erledigung der Aufgabe errechnen.

Interne Buchhaltung

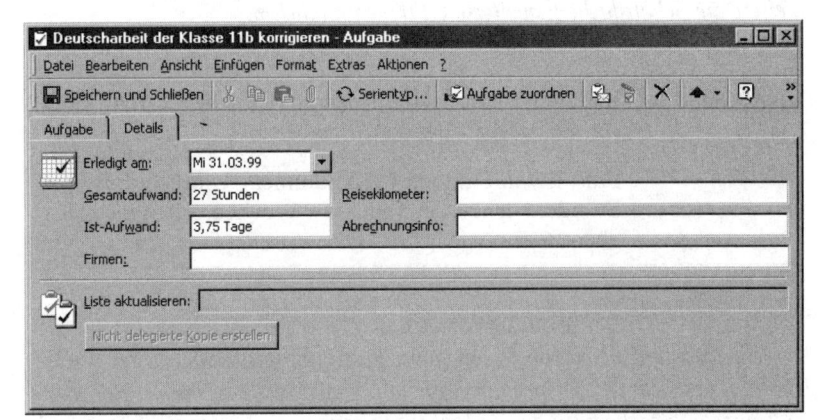

Bild 19.4:
Buchhaltung auf der Registerkarte DETAILS

Auf der Registerkarte *Details* können Sie eine Reihe von Informationen eintragen, die Ihnen später bei der Erstellung von Arbeitsberichten, Statistiken oder Spesenabrechnungen eine große Hilfe sein können.

Erledigt am	Im Feld *Erledigt am* halten Sie fest, wann die Bearbeitung der Aufgabe beendet wurde. Wie für die Outlook-Datumsfeldern üblich, können Sie das Datum direkt in einem Ihnen genehmen Format eingeben (01.04.99, 01 April 1999, übermorgen, etc.) oder über den Datumswechsler (Aufruf über den abwärts gerichteten Pfeil) auswählen (siehe auch Kapitel 16.1 und 16.3).
Gesamtaufwand	Dieses Feld ist für den geschätzten Gesamtaufwand vorgesehen. Man füllt es daher für gewöhnlich direkt beim Erstellen der Aufgabe aus. Wenn die Aufgabe vollständig erledigt ist, und man den tatsächlichen Aufwand errechnet und im Feld *Ist-Aufwand* eingetragen hat, kann man beide Werte vergleichen.

> Stundenangaben werden von Outlook in Tage oder Wochen umgewandelt, wenn der Zeitaufwand in diesen Einheiten besser einzuschätzen ist (Stundenangaben, die bei der Umrechnung in Tage oder Wochen zu krummen Nachkommastellen führen würden, werden nicht umgerechnet).

INFO *Für die Umrechnung setzt Outlook standardmäßig acht Stunden pro Tag und 40 Stunden pro Woche an. Sie können diese Vorgabe aber auch ändern, indem Sie den Befehl EXTRAS/OPTIONEN aufrufen und auf der Registerkarte Weitere die Schaltfläche Erweiterte Optionen anklicken.*

Ist-Aufwand	In dieses Feld tragen Sie den tatsächlichen Zeitaufwand für die Bearbeitung der Aufgabe ein.
	Für die von Outlook vorgenommene Umrechnung von Stundenangaben in Tage oder Wochen gelten die gleichen Regeln wie für das Feld *Gesamtaufwand*.

INFO *Der Ist-Aufwand muss von Ihnen selbst berechnet und eingetragen werden. Jetzt zahlt es sich aus, wenn man im Feld Beginnt am festgehalten hat, wann man mit der Bearbeitung der Aufgabe angefangen hat. Wenn Sie eine Aufgabe nicht in einem Rutsch erledigen, sondern jeden Tag ein wenig daran arbeiten, sollten Sie die Zeit für jede einzelne Arbeitssitzung im Notizenfeld der Aufgabe festhalten.*

Firmen	Tragen Sie hier die Firma ein, mit der Sie bei der Bearbeitung der Aufgabe zu tun haben, oder für die Sie die Aufgabe bearbeiten.
Reisekilometer	War die Bearbeitung der Aufgabe mit Dienstfahrten verbunden, können Sie hier die zurückgelegten Reisekilometer eintragen. Dies erleichtert die Erstellung von Spesen- oder Reisekostenabrechnungen und kann auch zur statistischen Auswertung genutzt werden.

Abrechnungs-info	Wenn Ihnen noch irgendwelche Daten für die Rechnungserstellung oder Buchhaltung (weitere Spesen, Kontonummer etc.) fehlen, so können Sie diese hier eintragen.
Liste aktualisieren	Dieses Feld ist für delegierte Aufgaben. Wurde Ihnen eine Aufgabe von jemand anderem zugewiesen, können Sie in dieser Liste sehen, wer über den Bearbeitungsstatus der Aufgabe informiert wird.

In Kapitel 21.5 finden Sie ein Beispiel dafür, wie man Outlook-Daten in Excel übernimmt und dort auswerten kann.

19.3 Überblick über anstehende Aufgaben behalten

Wichtig bei der Arbeit mit dem Aufgabenblock ist, dass Sie stets den Überblick darüber bewahren, welche Aufgaben noch zu erledigen sind, welche Aufgaben dringend bearbeitet werden müssen, und ob der Zeitplan für die Abarbeitung der Aufgaben eingehalten wird.

Outlook unterstützt Sie dabei durch:

- verschiedene Ansichten (die individuell angepasst werden können), in denen man sich einen schnellen Überblick verschaffen kann,
- die Vergabe von Prioritäten, damit dringende Aufgaben nicht übersehen werden,
- die Zuordnung zu Kategorien zur Klassifikation und Gruppierung von Aufgaben,
- die Suchoptionen, um gezielt bestimmte Aufgaben aufzufinden,
- die Erinnerungsfunktion, um keinen Fälligkeitstermin zu verpassen,
- farbige Markierung – überfällige Aufgaben werden in den Ansichten rot dargestellt.

Kapitel 19: Aufgaben

Ansichten

Outlook definiert für Ihre Aufgabenliste zehn verschiedene Standardansichten:

Tabelle 19.1: Ansichten für Aufgaben

Ansicht	Beschreibung
Einfache Liste	*(Screenshot der Aufgaben-Ansicht mit Spalten Betreff und Fällig am: Fahrkarte vorbestellen – Di 13.04.99; Folien vorbereiten – Fr 09.04.99; Vortrag aufsetzen – Mi 07.04.99; Deutscharbeit der Klasse 11b korrigieren – Do 01.04.99)*
	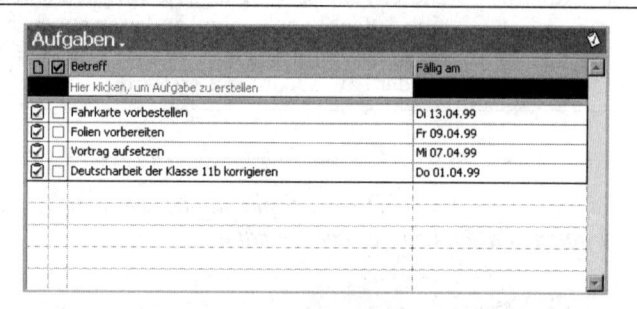 Um erkennen zu können, welche Aufgaben besonders wichtig sind oder zusammengehören, muss man Ansichten mit mehr Detailinformationen wählen.
Liste mit Details	*(Screenshot der Aufgaben-Ansicht mit Spalten Betreff, Status, Fällig am, % Erledigt, Kategorien: Deutscharbeit der Klasse 11b korrigi… – Nicht… – Do 01.04.99 – 0% – Klassenarb…; Vortrag aufsetzen – Nicht… – Mi 07.04.99 – 0% – Vortrag; Folien vorbereiten – Nicht… – Fr 09.04.99 – 0% – Vortrag; Fahrkarte vorbestellen – Nicht… – Di 13.04.99 – 0% – Vortrag)*
	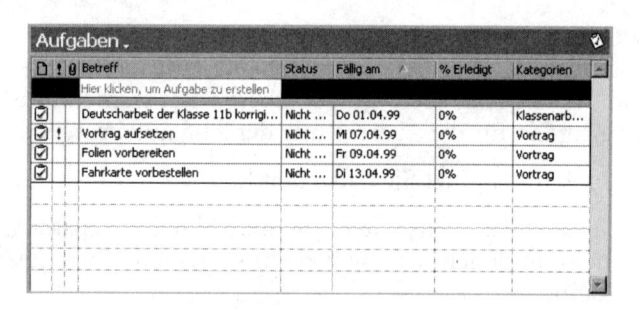 Die Kategorie wird ebenfalls angezeigt, doch kann man nicht nach dem Feld *Kategorie* sortieren lassen.
Aktive Aufgaben	Zeigt nur die noch fälligen Aufgaben an (ansonsten wie die Details-Ansicht)
Nächste sieben Tage	Zeigt nur die Aufgaben an, die innerhalb der nächsten sieben Tage fällig werden (ansonsten wie die Details-Ansicht)
Überfällige Aufgaben	Zeigt nur die bereits überfälligen Aufgaben an (ansonsten wie die Details-Ansicht)

Ansicht	Beschreibung
Nach Kategorie	*[Screenshot: Aufgaben-Fenster mit nach Kategorien gruppierten Einträgen – Klassenarbeiten (1 Element): Deutscharbeit der Klasse 11b korri... Nicht... Do 01.04.99 0% Klassenarb...; Vortrag (3 Elemente): Vortrag aufsetzen Nicht... Mi 07.04.99 0% Vortrag; Folien vorbereiten Nicht... Fr 09.04.99 0% Vortrag; Fahrkarte vorbestellen Nicht... Di 13.04.99 0% Vortrag]*
	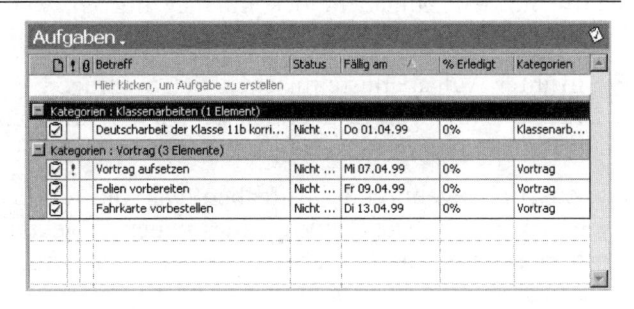 Mit der Hilfe von Kategorien können Sie Aufgaben klassifizieren, und Sie können zusammengehörende Aufgaben, beispielsweise die Aufgaben, die zur Vorbereitung eines Vortrags gehören, zu einer Gruppe zusammenfassen, indem Sie für die Aufgaben eine eigene Kategorie definieren und diese den einzelnen Aufgaben der Gruppe zuweisen (siehe auch Kapitel 17.1 zur Definition eigener Kategorien).
Übertragene Aufgaben	Zeigt nur die Aufgaben an, die Sie an andere delegiert haben (ansonsten wie die Details-Ansicht)
Nach zuständiger Person	Ansicht, in der die Aufgaben nach ihrem zuständigen Bearbeiter gruppiert sind. Dies sind Sie selbst und die Personen, an die Sie Aufgaben delegiert haben (siehe Abschnitt 19.4).
Erledigte Aufgaben	Listet nur die bereits erledigten Aufgaben auf (ansonsten wie die Details-Ansicht)
Aufgaben in Zeitskala-Ansicht	*[Screenshot: Aufgaben-Fenster, Zeitskala-Ansicht, April 1999, Mi 7, Do 8, Fr 9, Sa 10, So 11, Mo 12, Di; Einträge: Vortrag aufsetzen, Folien vorbereiten]*

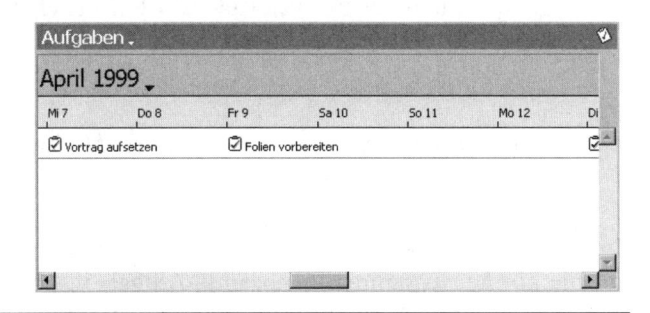

Über die Befehle ANSICHT/AKTUELLE ANSICHT/AKTUELLE ANSICHT ANPASSEN und ANSICHT/AKTUELLE ANSICHT/ANSICHTEN DEFINIEREN können Sie bestehende Ansichten an Ihre Bedürfnisse anpassen beziehungsweise neue Ansichten von Grund auf oder auf der Basis einer Kopie einer bestehenden Ansicht neu einrichten (siehe hierzu Kapitel 16.9).

Priorität und Kategorien

Wenn Sie den Aufgabenblock intensiv nutzen, werden sich über kurz oder lang zwei Probleme ergeben:

- In ihrer Aufgabenliste mischen sich wichtige berufliche Aufgaben mit weniger dringenden Aufgaben und zeitlich gänzlich unkritischen privaten Aufgaben.
- Zusammengehörende Aufgaben wie die Vorbereitungen für einen Vortrag, die Planung eines neuen Projekts, die Organisation einer Konferenz überschneiden sich zeitlich mit anderen Aufgaben und sind nicht mehr als Gruppen zu erkennen.

Beide Probleme können Sie vermeiden, indem Sie Ihre Aufgaben auf mehrere Aufgaben-Ordner verteilen (siehe Kapitel 27 zum Anlegen neuer Ordner). Meist ist die Vergabe von Prioritäten und Kategorien jedoch sinnvoller und eleganter.

Damit wichtige und dringend zu erledigende Aufgaben nicht im Wust der insgesamt anstehenden Aufgaben untergehen, sollten Sie diesen Aufgaben die Priorität «*Hoch*» zuweisen.

1. Laden Sie die Aufgabe in das *Aufgaben*-Dialogfeld, und wählen Sie auf der Registerkarte *Aufgabe* die gewünschte *Priorität* aus.

In den tabellarischen Ansichten mit Detailinformationen wird die Priorität in der Spalte mit dem Ausrufezeichen angezeigt.

- Aufgaben mit hoher Priorität erhalten eine Ausrufezeichen.
- Aufgaben mit niedriger Priorität werden durch einen abwärts gerichteten Pfeil gekennzeichnet.

:-) TIPP
Sie können die Priorität selbstverständlich auch direkt über die Ansicht auswählen.

Kategorien...
Mit der Hilfe von Kategorien können Sie Aufgaben klassifizieren, und Sie können zusammengehörende Aufgaben, beispielsweise die Aufgaben, die zur Vorbereitung auf einen Vortrag gehören, zu einer Gruppe zusammenfassen, indem Sie für die Aufgaben eine eigene Kategorie definieren und diese den einzelnen Aufgaben der Gruppe zuweisen.

Wenn Sie im *Aufgaben*-Dialogfeld auf die Schaltfläche *Kategorien* klicken, erscheint das gleichnamige Dialogfeld, in dem Sie die Kategorien auswählen können, denen die Aufgabe zugeordnet werden soll.

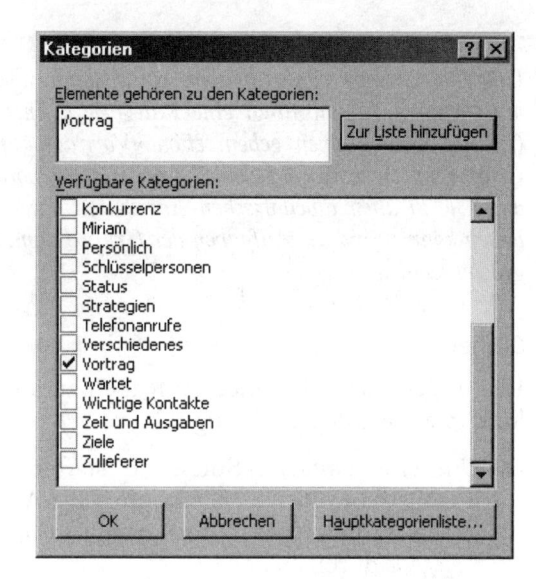

Bild 19.5:
Kategorie auswählen

Um eigene Kategorien zu definieren, klicken Sie auf die Schaltfläche *Hauptkategorienliste* (siehe auch Kapitel 17.1 zur Definition eigener Kategorien). Die Definition eigener Kategorien für Aufgaben bringt zwei Vorteile:

- Sie können zusammengehörende Aufgaben, beispielsweise die Vorbereitungen für einen Vortrag, durch die Zuweisung einer gemeinsamen Kategorie gruppieren. Wenn Sie sich später darüber informieren wollen, wie es mit der Bearbeitung der Aufgaben speziell dieser Gruppe aussieht, brauchen Sie nur die Ansicht NACH KATEGORIE aufzurufen und die Anzeige der betreffenden Kategorie zu expandieren.

Nach dem Feld Kategorie der tabellarischen Ansichten kann leider nicht sortiert werden.

- Steht eine Aufgabe mit anderen Outlook-Elementen in Verbindung, gehört eine Gruppe von Aufgaben, ebenso wie bestimmte Termine, Notizen, E-Mails zu einem bestimmten Projekt, an dem Sie mitarbeiten, ist es sinnvoll, für das Projekt eine Kategorie zu definieren und allen Outlook-Elemente, die mit dem Projekt zu tun haben, diese Kategorie zuzuweisen.

> **TIPP**
>
> *Um eine Gruppe von Aufgaben als zusammengehörend zu kennzeichnen, muss man nicht unbedingt eine Kategorie definieren. Man kann auch der Gruppe einen Namen geben, etwa »Vortrag«, und allen Aufgaben dieser Gruppe im* Betreff-Feld *den Gruppennamen voranstellen. Der Vorteil ist, dass Sie in allen tabellarischen Ansichten nach dem* Betreff-Feld *sortieren lassen können und die Aufgaben der Gruppe dann direkt untereinander aufgelistet werden.*

Suchen

Um gezielt nach einzelnen Aufgaben zu suchen, stellt Ihnen Outlook zwei Befehle zur Verfügung:

- Um eine einfache Suche zu starten, rufen Sie den Befehl EXTRAS/SUCHEN auf. Sie können die Aufgaben dann nach Eingaben im Betreff-Feld oder nach *Firma*, *Beteiligten Personen* oder *Kategorie* durchsuchen.

- Für eine ausgefeiltere Suche rufen Sie den Befehl EXTRAS/ERWEITERTE SUCHE auf.

> **REF**
>
> *Eine ausführliche Beschreibung des Dialogfelds Erweiterte Suche finden Sie im Kapitel 16.4 bei der Beschreibung des Kalenders.*

Erinnerung

Nicht nur an Termine, auch an Aufgaben können Sie sich von Outlook erinnern lassen. Dies kann aus verschiedenen Gründen opportun sein:

- Sie müssen eine wichtige Aufgabe bis zu einem bestimmten Termin erledigt haben. In diesem Falle lassen Sie sich einige Zeit vor der Fälligkeit der Aufgabe an diese erinnern. Die Erinnerung sollte früh genug erfolgen, so dass Sie noch genügend Zeit zur Erledigung der Aufgabe haben.

- Sie haben eine Aufgabe ohne Fälligkeitsdatum eingetragen. Die Aufgabe ist nicht sonderlich dringend – vielleicht geht es um den Nachkauf von Büromaterial oder das Tapezieren Ihrer Küche, aber Sie soll auch nicht ganz in Vergessenheit geraten. In diesem Fall können Sie sich nach einiger Zeit von Outlook an die Aufgabe erinnern lassen.

Um die Erinnerungsfunktion für eine Aufgabe zu aktivieren, laden Sie die Aufgabe in das *Aufgaben*-Dialogfeld, und aktivieren Sie das Feld *Erinnerung*. Wenn Sie sich auch akustisch per Signalmelodie an die Aufgabe erinnern lassen wollen, klicken Sie auf die Schaltfläche mit dem Lautsprechersymbol, und wählen Sie eine Klangdatei aus (mehr zur Erinnerungsfunktion finden Sie in Kapitel 17.1).

19.4 Aufgaben delegieren

Nicht alle Aufgaben, mit denen man konfrontiert wird, kann man selbst erledigen. Stellen Sie sich vor, aus einer anderen Filiale Ihres Konzerns reist ein Kollege an. Der Mann ist zufällig Fachmann auf einem bestimmten Gebiet, das für Ihre Arbeitsgruppe sehr interessant ist. Und so organisieren Sie für einen Vormittag ein Seminar, auf dem der Kollege sein Fachwissen weitergeben soll. Sie informieren den Kollegen, Sie schicken Einladungen an die Mitglieder Ihrer Arbeitsgruppe, Sie kümmern sich um den Catering-Service, Sie reservieren den Seminarraum. Halt! Die Belegung der Seminarräume ist Aufgabe der Chefsekretärin. Also schicken Sie der Sekretärin per E-Mail eine Kopie Ihrer Aufgabe und warten auf die Bestätigung, dass der Seminarraum für Sie reserviert wurde. Wie dies geht, werden Sie gleich erfahren.

Vielleicht sind Sie Leiter einer Arbeitsgruppe. Dann besteht vielleicht sogar ein Großteil Ihrer Arbeit darin, Aufgaben zu delegieren. Sie leiten ein Projekt, für dessen Fortschreiten und erfolgreiche Bearbeitung Sie dem Konzern gegenüber verantwortlich sind. In diesem Fall stellen Sie einen Arbeitsplan auf, delegieren die einzelnen Aufgaben an die Mitarbeiter der Gruppe und achten dann darauf, dass die einzelnen Aufgaben gemäß des gesetzten Zeitplans erledigt werden.

Wie man aus den beiden Beispielen ersieht, ist es selten damit getan, dass man eine Aufgabe einfach als Mail an jemand anderen weiterreicht. Man ist darauf angewiesen, dass man Rückmeldungen über die Annahme, Bearbeitung und Erledigung der Aufgabe erhält. All dies leistet Outlook.

Voraussetzung für das Delegieren von Aufgaben ist allerdings, dass alle Beteiligten mit Outlook arbeiten und E-Mails austauschen können.

Aufgaben delegieren

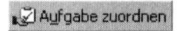

1. Um eine Aufgabe zu delegieren, legen Sie zuerst die Aufgabe an – ganz so wie Sie sie in Ihren Aufgabenblock eintragen. Dann klicken Sie im *Aufgaben*-Dialogfeld auf die Schaltfläche *Aufgabe zuordnen*.

   Aus der Aufgabe wird nun eine Aufgabenanfrage. Die Einstellungen in den Feldern werden weitgehend übernommen. Einstellungen für eine gewünschte Erinnerung gehen verloren. Der Inhalt des Notizenfelds der Aufgabe wird als Text der Nachricht übernommen.

   Aufgabenanfragen können Sie im Übrigen auch über den Befehl AKTIONEN/NEUE AUFGABENANFRAGE direkt erstellen.

2. Geben Sie den Empfänger der Anfrage an, sprich den Kollegen, der die Aufgabe übernehmen soll. Wählen Sie dazu die Schaltfläche *An*.

   Wenn Sie Mitteilungen über die Fortschritt der Bearbeitung der Aufgabe wünschen, sollten Sie nur einen Empfänger angeben.

3. Kontrollieren Sie die Optionen für die Rückmeldung.

   - *Aktualisierte Kopie dieser Aufgabe in meiner Aufgabeliste speichern*: Wenn diese Option gesetzt ist, trägt Outlook in Ihren Aufgabenblock eine Kopie der Aufgabe ein, in der alle Änderungen, die der Empfänger der Aufgabe an deren Status vornimmt, automatisch angezeigt werden.

   - *Statusbericht an mich senden, sobald die Aufgabe erledigt ist:* Neben den E-Mail-Nachrichten, die Sie über die Bearbeitung der Aufgabe informieren, können Sie sich noch einen zusätzlichen Abschlussbericht schicken lassen.

> **INFO** *Ob diese Optionen standardmäßig ein- oder ausgeschaltet sein sollen, können Sie über die erweiterten Aufgabenoptionen festlegen. Rufen Sie dazu den Befehl* EXTRAS/OPTIONEN *auf, klicken Sie auf der Registerkarte Weitere auf die Schaltfläche Erweiterte Optionen und im gleichnamigen Dialogfeld auf die Schaltfläche Erweiterte Aufgaben.*

4. Schicken Sie die Aufgabenanfrage ab. Klicken Sie dazu auf die Schaltfläche *Senden*.

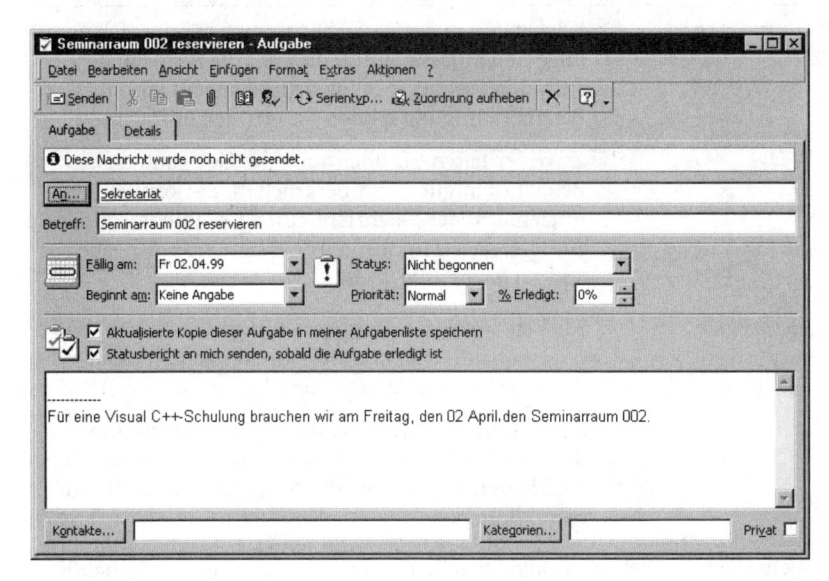

Bild 19.6:
Aufgaben-
anfrage
aufsetzen

Die Aufgabenanfrage wird nun als E-Mail an den Kollegen gesendet, der die Aufgabe für Sie erledigen soll.

Aufgaben annehmen oder ablehnen

Jemand möchte, dass Sie für Ihn eine Aufgabe erledigen und hat Ihnen diesbezüglich eine Aufgabenanfrage zugeschickt.

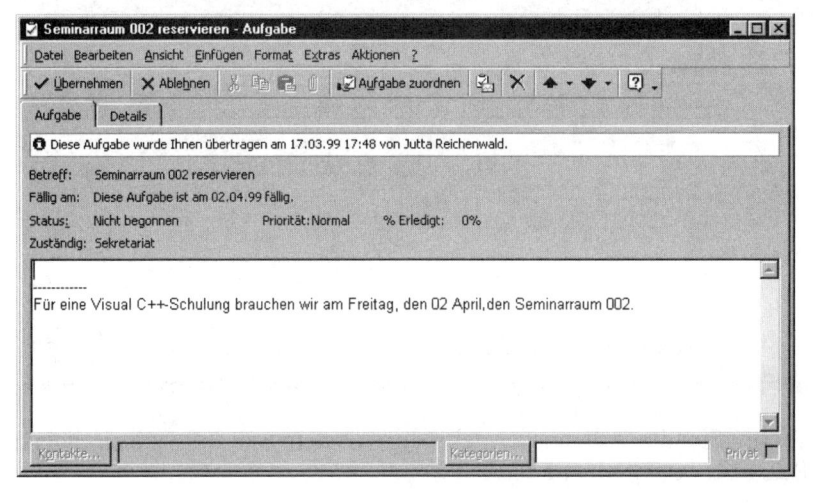

Bild 19.7:
Sie haben eine
Aufgabenan-
frage
empfangen.

Kapitel 19: Aufgaben

Sie können die Aufgabe nun:

Übernehmen	Klicken Sie in der Aufgabenanfrage auf die gleichnamige Schaltfläche. Outlook trägt die Aufgabe daraufhin in Ihre Aufgabenliste und sendet eine Benachrichtigung an den Sender der Anfrage.
	Zuvor erhalten Sie aber noch die Gelegenheit, die Benachrichtigung zu überarbeiten. Sie können dies nutzen, um der Nachricht einen Kommentar hinzuzufügen oder den Bearbeitungsstatus der Aufgabe zu ändern (siehe Bild 19.8).
Ablehnen	Klicken Sie in der Aufgabenanfrage auf die gleichnamige Schaltfläche. Outlook schickt an den Sender der Anfrage eine Absage zurück.
	Auf Wunsch können Sie die Antwortnachricht vor dem Senden noch überarbeiten, um beispielsweise zu erklären, warum Sie die Aufgabe nicht übernehmen können.
Weiterleiten	Klicken Sie in der Aufgabenanfrage auf die Schaltfläche *Aufgabe zuordnen*. Outlook leitet die Anfrage weiter und informiert den ursprünglichen Absender der Aufgabenanfrage.

Bild 19.8: Aufgabe annehmen und Antwortnachricht überarbeiten

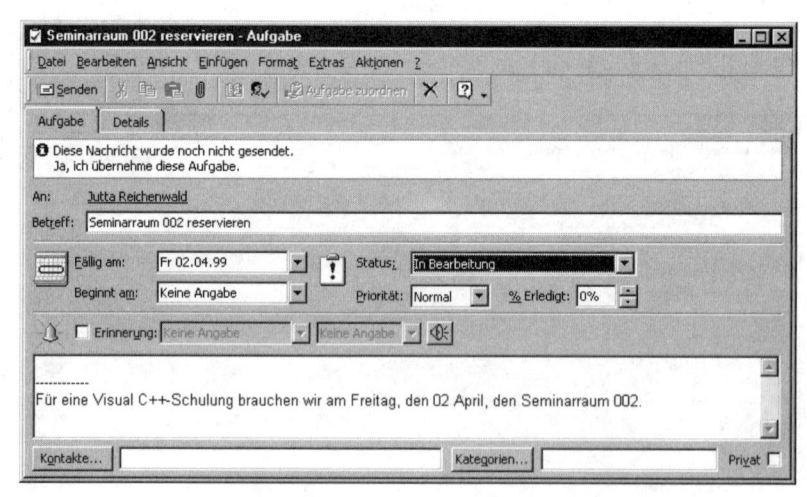

Wenn Sie die Aufgabe annehmen, werden Sie zum zuständigen Bearbeiter der Aufgabe.

Rückmeldungen auswerten

Nachdem Sie eine Aufgabe delegiert haben, werden Sie über alle weiteren Vorgänge, die die Annahme oder Absage sowie die Bearbeitung der Aufgabe betreffen, per E-Mail informiert.

- Übernimmt der Mitarbeiter, an den Sie die Aufgabe delegiert haben, die Bearbeitung der Aufgabe, erscheint in Ihrem Posteingang eine bestätigende Nachricht.

- Hat der Mitarbeiter die Bearbeitung abgelehnt, werden Sie darüber ebenfalls per E-Mail informiert. Öffnen Sie in einem solchen Fall die E-Mail-Nachricht, und entscheiden Sie sich, ob Sie die Aufgabe erneut delegieren oder in Ihre Aufgabenliste eintragen und selbst bearbeiten.

- Hat der Mitarbeiter die Aufgabe weitergeleitet, werden Sie darüber informiert, dass die Aufgabe aktualisiert wurde. Sie müssen sich dann gedulden, bis Sie eine Ab- oder Zusage erhalten.

Wurde die Aufgabe von Ihrem Kollegen übernommen, werden Sie per E-Mail ständig über den Bearbeitungszustand der Aufgabe auf dem laufenden gehalten. Das heißt, dass Outlook jedes Mal, wenn der Bearbeiter der Aufgabe deren Bearbeitungszustand verändert, Ihnen eine E-Mail zuschickt, die Sie darüber informiert. Wenn Sie die Option *Aktualisierte Kopie dieser Aufgabe in meiner Aufgabeliste speichern* gesetzt haben, spiegeln sich die Änderungen am Bearbeitungszustand auch in der Kopie der Aufgabe wider, die in Ihrer Aufgabenliste eingetragen wurde.

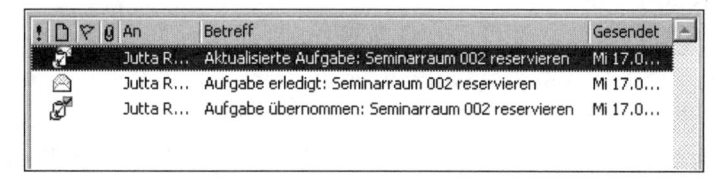

Bild 19.9: Statusmeldungen zur Bearbeitung einer delegierten Nachricht

Sie sind also zu jedem Zeitpunkt darüber informiert, wie es mit der Bearbeitung der Aufgabe vorangeht und können den Bearbeiter notfalls zur Eile mahnen, wenn Sie den Eindruck haben, dass dieser sich zuviel Zeit lässt.

Wenn Sie die Option *Statusbericht an mich senden, sobald die Aufgabe erledigt ist* aktiviert haben, erhalten Sie zusätzlich zu der üblichen E-Mail einen abschließenden Statusbericht, nachdem der Bearbeiter die Aufgabe als »Erledigt« deklariert hat.

Bild 19.10:
Abschlussbericht

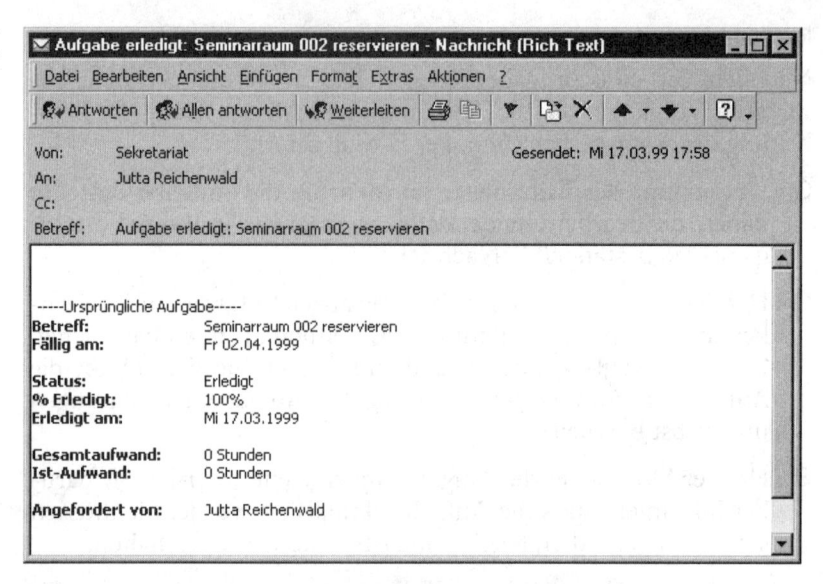

19.5 Aufgaben und Termine

In vielen Fällen sind Aufgaben an Termine gekoppelt, und umgekehrt. Wenn Sie als Referent zu einem Kongress geladen werden, tragen Sie den Termin in Ihren Kalender ein. Was Sie als Vorbereitung auf den Vortrag noch erledigen müssen (Vortrag durchgehen, Folien erstellen, Fahrkarte buchen etc.), tragen Sie in Ihre Aufgabenliste ein.

Weil Termine und Aufgaben häufig nebeneinander einhergehen, ist es nur sinnvoll, dass Outlook es uns ermöglicht, Kalender und Aufgabenblock zusammen anzeigen zu lassen.

Wechseln Sie dazu in den Kalender, und wählen Sie die Tages-/Wochen-/Monatsansicht (Befehl ANSICHT/AKTUELLE ANSICHT). Sowohl in der Tagesansicht als auch in den Wochenansichten wird der Aufgabenblock eingeblendet.

Sie können also in einer Ansicht Termine und Aufgaben im Auge behalten und bei Bedarf ändern, neu erstellen oder löschen.

Im Menü ANSICHT gibt es ein eigenes Untermenü ANSICHT AUFGABENBLOCK, über das Sie die Ansicht für den Aufgabenblock im Kalender auswählen können.

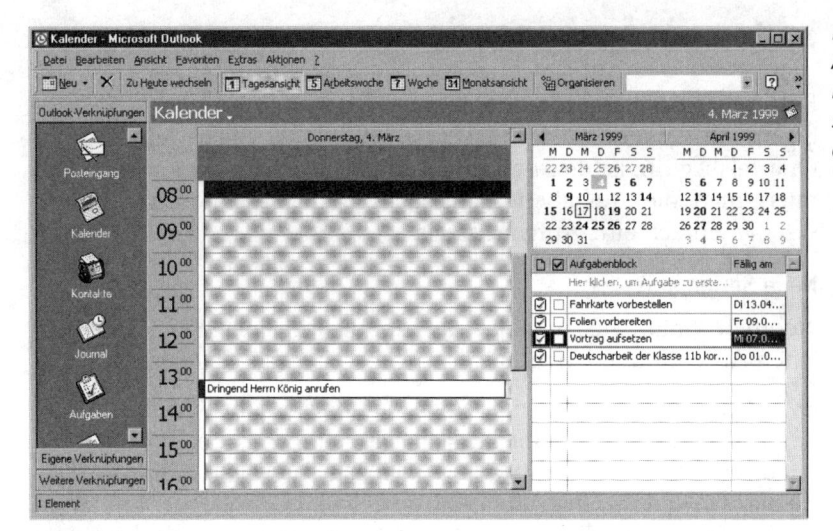

Bild 19.11:
Aufgabenblock in der Tagesansicht des Kalenders

Sie können die gleichzeitige Anzeige von Kalender und Aufgabenblock auch dazu nutzen, auf bequeme Weise aus Terminen Aufgaben und aus Aufgaben Termine zu machen. Sie brauchen dazu nur den Termin (oder die Aufgabe) mit der Maus aus dem Kalender (Aufgabenblock) in den Aufgabenblock (Kalender) zu ziehen und abzulegen.

- Wenn Sie mit der linken Maustaste ziehen, wird der Termin (die Aufgabe) als Text in das Notizfeld der Aufgabe (des Termins) aufgenommen.

- Wenn Sie mit der rechten Maustaste ziehen, springt beim Ablegen ein Kontextmenü auf, in dem Sie selbst wählen, auf welche Weise das abgelegte Elemente in das neu zu erstellende Element integriert werden soll.

Wenn Sie einen Termin in den Aufgabenblock ziehen, wird der Beginn des Termins (nur das Datum) als Fälligkeitsdatum für die Aufgabe übernommen.

Wenn Sie eine Aufgabe in den Kalender ziehen, wird das Fälligkeitsdatum der Aufgabe nicht als Beginn des Termins übernommen. Der Beginn des Termins ist der Zeitpunkt (Datum und Uhrzeit), der im Kalender ausgewählt ist.

19.6 Aufgabenserien

Bestimmte Aufgaben kehren immer wieder. Kehren sie in regelmäßigen Abständen wieder, etwa jeden Monat oder immer zum Quartalsbeginn, ist dies besonders angenehm, denn in so einem Fall muss man die Aufgaben nicht jedes Mal neu anlegen, sondern erzeugt einfach eine Aufgabenserie.

Neue Serien anlegen

Nehmen wir an, Sie sollen jeweils zum Beginn eines neuen Quartals einen Abschlussbericht zum vergangenen Quartal abliefern.

- Wenn Sie bereits einmal einen Quartalsbericht erstellt und bei dieser Gelegenheit eine Aufgabe eingetragen haben, können Sie diese jetzt öffnen, um aus der einzelnen Aufgabe eine Aufgabenserie zu machen. Dazu müssen Sie im Grunde nur im *Aufgaben*-Dialogfeld die Schaltfläche *Serientyp* anklicken und im daraufhin erscheinenden Dialog festlegen, in welchen Abständen die Aufgaben wiederkehren, und von wann bis wann die Serie gehen soll. Wenn der Status der Aufgabe allerdings zuvor auf »Erledigt« gesetzt wurde, was für eine in der Vergangenheit liegende Aufgabe wahrscheinlich sein dürfte, kann die Aufgabe nicht in eine Serie verwandelt werden. Setzen Sie daher den Status zuerst auf »Nicht begonnen« zurück.

- Wenn Sie die Serie ganz neu anlegen wollen, starten Sie mit einer ganz normalen Aufgabe (beispielsweise über den Befehl AKTIONEN/NEUE AUFGABE), und klicken Sie dann im Laufe der Bearbeitung des Dialogfelds auf die Schaltfläche *Serientyp*.

Aufgabenserien konfigurieren

Alle relevanten Einstellungen, die aus einer Aufgabe eine Serie machen, sind im Dialogfeld *Aufgabenserie* zusammengefasst.

Im Dialog wählen Sie zuerst links aus, in welchen Abständen die Aufgabe wiederkehren soll. Die Feineinstellung erfolgt danach im rechten Teil des Dialogfelds, dessen Optionen von Ihrer Auswahl im linken Teil abhängen.

Im Bereich *Seriendauer* legen Sie zum Schluss fest, mit welchem Datum die Serie beginnt, und wann sie enden soll.

Ansonsten gibt es kaum etwas zu dem Dialog zu sagen, welcher im Übrigen derselbe ist, der auch zur Einrichtung von Terminserien aufgerufen wird (siehe Kapitel 17.7).

Bild 19.12: Serieneinstellungen für Aufgaben

Wie funktionieren Aufgabenserien?

Wenn Sie eine Aufgabenserie erstellen, wird diese in der Aufgabenliste als ein Serieneintrag, und nicht als eine Folge von einzelnen Aufgaben eingetragen.

Wie erkennt man dann aber, welche Aufgabe gerade aktuell ist?

Ganz einfach: Die Daten, die in der Aufgabenliste für die Aufgabenserie angezeigt werden, sind die Daten der aktuell anstehenden Aufgabe.

Was steht in der Aufgabenliste?

> *Aber aufgepasst! Wenn Sie die Aufgabe fertig bearbeitet haben, vergessen Sie nicht, den Status der Aufgabe auf »Erledigt« umzustellen, denn dies ist für Outlook das Zeichen, die Anzeige in der Aufgabenliste auf die nächste Aufgabe umzuschalten. Wenn Sie die Umstellung nicht vornehmen, verharrt Outlook bei der alten, unerledigten und mittlerweile wohl schon überfälligen Aufgabe.*

Und wenn sich die Daten der Serie oder einer einzelnen Aufgabe in der Serie ändern?

Einstellungen ändern

Wichtig ist dabei, welche Einstellungen Sie ändern wollen:

- Die Einstellungen zum Bearbeitungsstatus (Status, % *Erledigt*) betreffen immer nur die aktuelle Aufgabe der Aufgabenserie und werden jedes Mal zurückgesetzt (auf »Nicht begonnen« beziehungsweise «0 %»), wenn die letzte Aufgabe als »Erledigt« gekennzeichnet wird.

Kapitel 19: Aufgaben

- Die allgemeinen Einstellungen (Betreff, Priorität etc.) betreffen immer die ganze Serie.

- Wenn Sie das Fälligkeitsdatum oder das Datum im Feld *Beginn* ändern, werden Sie abgefragt, ob Sie die Einstellungen für die einzelne Aufgabe oder die ganze Serie ändern wollen. Wenn Sie die Einstellung nur für die aktuelle Aufgabe ändern wollen, drücken Sie im Meldungsfenster auf *OK*. Die Aufgabe wird dann als einzelne Aufgabe in die Aufgabenliste zusätzlich zur Serie aufgenommen. Die Serie wird zur nächsten Aufgabe in der Serie vorgerückt. Wenn Sie die Einstellungen für die ganze Serie ändern wollen, klicken Sie im Meldungsfenster auf *Abbrechen* und wählen die Schaltfläche *Serientyp*, um die gewünschten Einstellungen im Dialogfeld *Aufgabenserie* vorzunehmen.

Aufgaben auslassen

Was ist, wenn Sie eine Aufgabe in der Serie nicht bearbeiten müssen?

Dann doppelklicken Sie auf die Aufgabenserie, um sie zur Bearbeitung in das *Aufgaben*-Dialogfeld zu laden, und rufen den Befehl AKTIONEN/AUFGABE DIESER SERIE ÜBERSPRINGEN auf.

> **INFO**
> *Wenn Sie im Dialog Aufgabenserie die Seriendauer durch die Anzahl der in der Serie enthaltenen Aufgaben definiert haben, stellt sich die Frage, ob eine übersprungene Aufgaben mitgezählt wird oder nicht. Nun, sie wird mitgezählt, so als wäre sie ganz regulär bearbeitet worden.*

Serie in Aufgabe umwandeln

Und wenn Sie eine Serie wieder in eine normale Aufgabe zurückverwandeln wollen? Klicken Sie auf die Schaltfläche *Serientyp*, und wählen Sie im Dialog *Aufgabenserie* die Schaltfläche *Serie entfernen*.

Serie löschen

Um eine Serie aus der Aufgabenliste zu löschen, markieren Sie die Aufgabenserie in der Aufgabenliste, und drücken Sie die `Entf`-Taste oder rufen Sie den Befehl BEARBEITEN/LÖSCHEN auf. Outlook fragt Sie dann zur Sicherheit noch einmal, ob Sie die ganze Serie oder nur die aktuelle Aufgabe löschen wollen. Aktivieren Sie in dem Dialogfeld die Option *Alles löschen*, und klicken Sie auf *OK*.

19.7 Allgemeine Bearbeitung von Aufgaben

Nachdem Sie einen Aufgabe definiert und eingetragen haben, stehen Ihnen folgende Bearbeitungsmöglichkeiten zur Verfügung:

Allgemeine Arbeiten

Öffnen und Lesen	Auf die Aufgabe in der Ansicht doppelklicken
Kategorie ändern	Im Kontextmenü den Befehl KATEGORIEN aufrufen
Drucken	Die Aufgabe markieren und im Kontextmenü oder im Menü DATEI den Befehl DRUCKEN aufrufen. Der Befehl im Menü DATEI ruft vor dem Drucken das Dialogfeld *Drucken* auf. (Mehr über die Optionen zum Drucken, beispielsweise die Definition eigener Druckformate oder die Seiteneinrichtung können Sie in Kapitel 16.5 nachlesen.)
Weiterleiten	Um eine Aufgabe als Anlage zu einer E-Mail an jemanden zu versenden, rufen Sie den Befehl WEITERLEITEN im Kontextmenü oder im Menü AKTIONEN auf.
Löschen	Um eine Aufgabe zu löschen, markieren Sie den Eintrag und drücken die `Entf`-Taste (oder rufen den Befehl BEARBEITEN/LÖSCHEN auf).

19.8 Aufgaben und Aufgabenliste konfigurieren

Die Konfiguration der Aufgaben umfasst im Wesentlichen vier Bereiche:

- Sie können die Ansichten des Aufgabenblocks anpassen: durch direkte Anpassung oder durch Neudefinition von Ansichten (Befehle im Menü ANSICHT/AKTUELLE ANSICHT, siehe Kapitel 16.9).

- Sie können die Zeit festlegen, die für Erinnerungen standardmäßig vorgegeben werden soll (Befehl EXTRAS/OPTIONEN, Registerkarte *Einstellungen*, Listenfeld *Erinnerungszeit*). Unabhängig von der Vorgabe können Sie im Aufgaben-Dialog natürlich jederzeit eine eigene Zeit auswählen.

Bild 19.13:
Farbliche Kennzeichnung

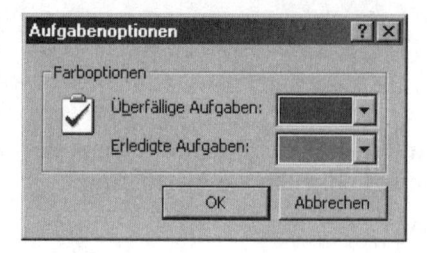

➔ Sie können auswählen, in welchen Farben *Überfällige* und *Erledigte Aufgaben* angezeigt werden sollen. (Befehl EXTRAS/OPTIONEN, Registerkarte *Einstellungen*, Schaltfläche *Aufgabenoptionen*).

Bild 19.14:
Erweiterte Aufgabenoptionen

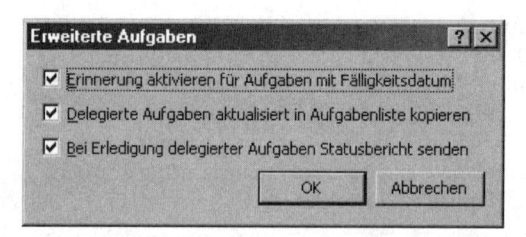

➔ Sie können die Standardeinstellungen für delegierte Aufgaben und Aufgaben mit Fälligkeitsdatum festlegen. (Befehl EXTRAS/OPTIONEN, Registerkarte *Weitere*, Schaltfläche *Erweiterte Optionen, Schaltfläche Erweitere Aufgaben*). Ihre Einstellungen werden sich beim Einrichten der nächsten Aufgabe in den Optionen im Aufgaben-Dialog widerspiegeln.

Kontakte und Adressen

Kapitel 20

Im Leistungsumfang einer seriösen Büromanagement-Software wie Outlook darf ein Adressbuch natürlich nicht fehlen. Das Adressbuch von Outlook ist der Kontakte-Ordner (nicht zu verwechseln mit den Adressbüchern anderer Kommunikationsprogramme wie etwa Microsoft Exchange, die Sie in Outlook ebenfalls verwenden oder in Ihren Kontakte-Ordner importieren können).

Der Kontakte-Ordner ist vielleicht nicht das wichtigste Element von Outlook, sicherlich aber ein ganz zentrales Element, das bei vielen Arbeiten mit Outlook zum Einsatz kommt. Etwa wenn Sie:

- eine E-Mail versenden und den Empfänger aus Ihrem Kontakte-Ordner auswählen,
- einen Termin für ein Treffen mit einem Kollegen oder Geschäftspartner eintragen und die Kontaktinformationen (Adresse, Telefonnummer, E-Mail-Adresse etc.) direkt zusammen mit dem Termin speichern wollen,
- im Journal die gesamte elektronische Kommunikation mit einem bestimmten Kontakt aufzeichnen lassen.

dass dies alles so einfach und bequem geht, liegt an der Konzeption von Outlook:

- Alle relevanten Adressinformationen zu einer Person – vom Namen über die Stellung in der Firma, geschäftlicher und privater Telefonnummer, E-Mail-Adresse und Webseite bis zu den Hobbys – werden zusammen als »Kontakt« im Kontakte-Odner abgespeichert.

Kapitel 20: Kontakte und Adressen

➔ Auf die im Kontakte-Ordner abgelegten Adressinformationen kann man aus jeder Komponente von Outlook, für die Adressinformationen relevant sein könnten, direkt zugreifen. Dies sieht dann meist so aus, dass man im Bearbeitungsformular der Komponente, beispielsweise im Dialogfeld zur Erstellung von E-Mail-Nachrichten, eine Schaltfläche vorfindet, über die man die Liste der eingetragenen Kontakte anzeigen lassen kann (beispielsweise die *An*-Schaltfläche im Nachrichten-Dialog).

Bevor man aber vom bequemen und schnellen Zugriff auf die Kontakte profitieren kann, muss man die Adressen erst einmal erfassen.

20.1 Kontakte erfassen

Um die persönlichen Daten für einen neuen Kontakt zu erfassen, wechseln Sie zum Kontakte-Ordner (Klick auf die gleichnamige Verknüpfung in der Outlook-Leiste oder auf den Kontakte-Knoten in der Ordnerliste). In der Kontakte-Ansicht

➔ doppelklicken Sie auf den Fensterhintergrund, oder

➔ rufen Sie den Befehl AKTIONEN/NEUER KONTAKT auf,

um das Kontakt-Dialogfeld zu öffnen.

> **TIPP**
> *Es ist nicht unbedingt erforderlich, in die Kontaktansicht zu wechseln, um einen neuen Kontakt aufzunehmen. Sie können jederzeit – unabhängig davon, in welchem Ordner Sie sich gerade befinden – die Tastenkombination* Strg + ⇧ + T *drücken. Outlook öffnet daraufhin das Kontakt-Dialogfeld und führt Sie nach Bestätigung des Dialogs wieder zurück in den aktuellen Ordner. Des weiteren gibt es in den meisten Dialogen zur Auswahl eines Kontakts (beispielsweise zur Auswahl eines Nachrichtenempfängers) eine Schaltfläche zum Erfassen neuer Kontakte.*

Das Kontakt-Dialogfeld

Erschrecken Sie nicht gleich ob der Vielzahl an Schaltflächen und Eingabefeldern im Kontakt-Dialog. Sie müssen ja nicht alle Felder ausfüllen.

Für einen typischen Kontakt, sagen wir einen Geschäftspartner oder einen Freund, genügt es üblicherweise, den Namen, die Adresse (privat oder geschäftlich) sowie Telefonnummer, Faxnummer und E-Mail-Adresse einzutragen. Für den Geschäftspartner werden Sie wohl auch noch die Firma und seine Position in der Firma eintragen.

Wem selbst das zuviel ist, der trage einfach zu dem Namen nur die Daten ein, die ihm im Moment wichtig sind. Der Rest kann peu à peu nachgetragen werden.

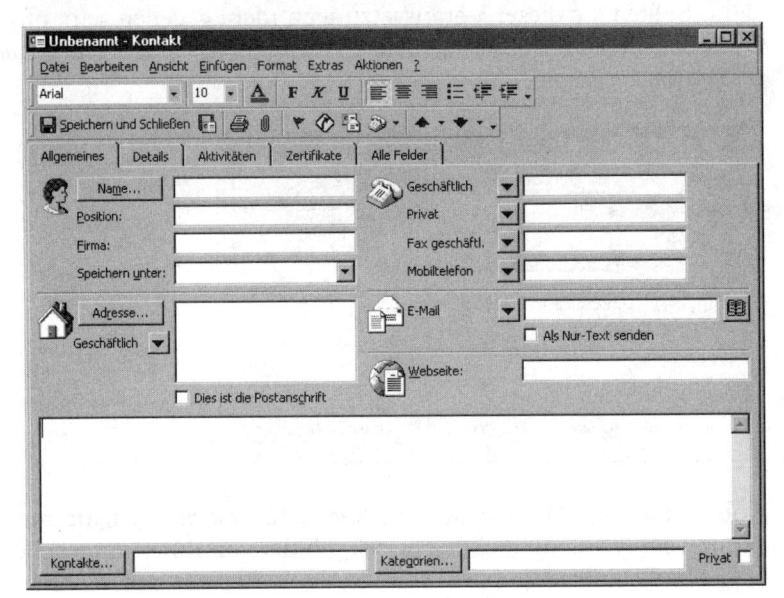

Bild 20.1: Dialog zum Erfassen von Kontakten

Bevor Sie jetzt darangehen, die ersten Adressen einzugeben, möchte ich Sie noch auf zwei Besonderheiten im Kontakt-Dialogfeld hinweisen:

- Bestimmte Eingabefelder erwarten ein bestimmtes Format.
- Bestimmte Eingabefelder erlauben mehr als eine Eingabe.

Eingabefelder mit speziellem Eingabeformat

In das Eingabefeld neben der Schaltfläche *Name* tragen Sie den Namen der Person ein, für die Sie die Kontaktinformationen aufnehmen wollen.

Ob Sie dabei

- Jutta Reichenwald,
- Reichenwald, Jutta

oder

- Frau Jutta Reichenwald

schreiben, macht keinen Unterschied. Wichtig für Outlook ist lediglich, dass Sie Vor- und Nachname angeben und Outlook Anrede, Vorname(n), Nachname und Namenszusatz klar unterscheiden kann. Sollte eine dieser Voraussetzungen nicht gegeben sein, öffnet Outlook, sobald Sie das Eingabefeld verlassen, das Dialogfeld *Namen überprüfen*.

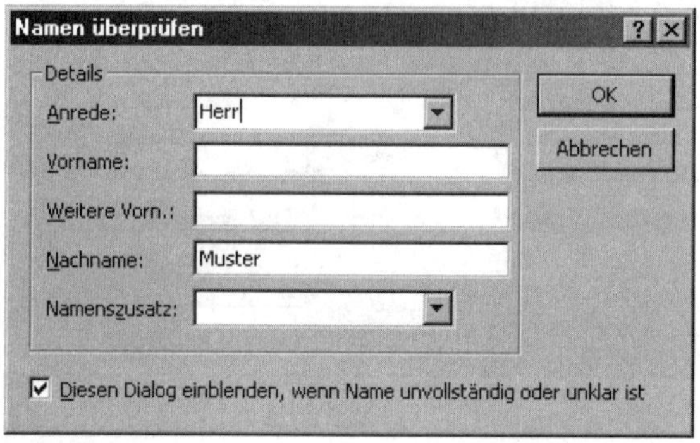

Bild 20.2:
Name richtig und vollständig erfasst?

Nomen est omen. Das Dialogfeld *Namen überprüfen* erscheint immer dann, wenn Outlook nicht sicher ist, ob der von Ihnen eingegebene Name vollständig ist oder von Outlook korrekt aufgeschlüsselt wurde. Es dient also lediglich der Kontrolle und ist keineswegs so zu verstehen, dass Sie alle Felder im Dialog ausfüllen müssten, bevor Outlook den Namen akzeptiert.

- Wenn Outlook die Eingabe korrekt analysiert hat, und Sie keine weiteren Felder ausfüllen möchten, klicken Sie einfach auf *OK*, und Outlook wird den Namen anstandslos übernehmen.

- Wo das Fenster aber gerade geöffnet ist, können Sie natürlich auch die Gelegenheit wahrnehmen, und die Namensangabe vervollständigen.

- Wenn Sie nicht mehr durch den Dialog *Namen überprüfen* gestört werden wollen, deaktivieren Sie die Option *Diesen Dialog einblenden, wenn Name unvollständig oder unklar ist*. Beachten Sie aber, dass Outlook zwar die gängigsten Schreibweisen richtig interpretiert und sogar Eingaben wie »Herr Sean O'Casey jr.« korrekt analysiert, dass dies aber bei weitem nicht für alle Schreibweisen gilt.

STOP *Wenn Sie beispielsweise zwischen das Hochkomma und das C von O'Casey ein Leerzeichen einfügen, wird nur Casey als Nachname interpretiert.*

Sie können das Dialogfeld *Namen überprüfen* auch selbst aufrufen, indem Sie auf die Schaltfläche *Name* klicken,

- sei es, um zu kontrollieren, ob Outlook den Namen korrekt analysiert hat,
- sei es, um die Namensangaben gleich in die Felder des Dialogs statt in das Eingabefeld einzutippen.

Gleiches gilt für die Adresse. Eine akzeptable Adresse besteht für Outlook aus einer Zeile mit Straße und Hausnummer und einer zweiten Zeile mit Postleitzahl und Stadt – also ganz wie wir es vom Briefeschreiben gewohnt sind:

Uferstrasse 12
63456 Hanau

Im Zweifelsfall oder bei unvollständigen Angaben blendet Outlook das Dialogfeld *Adresse überprüfen* ein, das Sie auch selbst über die Schaltfläche *Adresse* zum Eingeben oder Kontrollieren einer Adresse aufrufen können.

Auch die Telefon- und Faxnummern und die E-Mail-Adresse haben ihr eigenes Format.

Telefon- und Faxnummer erwartet Outlook in einem der folgenden Formate:

(030) 1234567
+49 (030) 1234567

Im *E-Mail*-Feld können Sie

- eine E-Mail-Adresse oder
- den Namen eines bereits eingetragenen Kontakts

angeben.

Im Zweifelsfall oder bei unvollständigen Angaben blendet Outlook ein Dialogfeld ein, in dem Sie Ihre Angaben korrigieren oder überprüfen können.

Eingabefelder mit mehreren erlaubten Einträgen

Wo es sinnvoll ist, erlaubt uns Outlook, in einem Eingabefeld mehrere voneinander unabhängige Angaben zu machen. Diese Eingabefelder sind mit einem Pfeilschalter ausgestattet, der eine Liste öffnet, in der man auswählen kann, welche Angaben man über das Eingabefeld eintippen will.

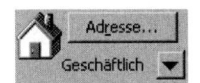

Nehmen wir zum Beispiel die Adresse. Wollen Sie Geschäftsanschrift oder Privatadresse eines Kontakts eintragen? Was ist, wenn Sie sowohl die Geschäftsanschrift als auch die Privatadresse abspeichern wollen?

Wenn Sie mit der Erfassung eines neuen Kontakts beginnen, finden Sie neben dem Eingabefeld für die Adresse die Beschriftung »Geschäftlich«.

1. Tippen Sie in das Eingabefeld die Geschäftsadresse des Kontakts ein.

   Jetzt wollen Sie auch noch die Privatadresse eingeben.

2. Klicken Sie auf den abwärts gerichteten Pfeil, und wählen Sie in der Liste aus, welche Adresse Sie eingeben wollen – in unserem Beispiel die Privatadresse.

   Das Beschriftungsfeld neben dem Pfeil wechselt und gibt an, welche Adresse über das Eingabefeld eingetippt werden kann beziehungsweise in dem Eingabefeld angezeigt wird.

3. Tippen Sie die Privatadresse des Kontakts ein.

> *Der Hintergrund dieses Verfahrens ist, dass Outlook für jeden Kontakt die Eingabe von mehreren Adressen und eine Vielzahl von Telefonnummern und E-Mail-Adressen erlaubt. Für alle diese Adressen und Nummern sind in der internen Outlook-Datenbank eigene Felder definiert. (Auf der Registerkarte* Alle Felder *können Sie sich ansehen, welche Felder Outlook für Kontakte vorgesehen hat. Wählen Sie einfach im Listenfeld die Option* Alle Kontaktfelder*). Wollte man für alle diese Kontaktfelder eigene Eingabefelder vorsehen, wäre das Kontakt-Dialogfeld mit Eingabefeldern übersät. Um dieses Chaos zu verhindern, hat man für Kontaktfelder, die vom gleichen Typus sind (also etwa die Adressen), ein gemeinsames Eingabefeld und eine Liste eingerichtet, über die man wählen kann, welches Kontaktfeld mit dem Eingabefeld verbunden sein soll.*

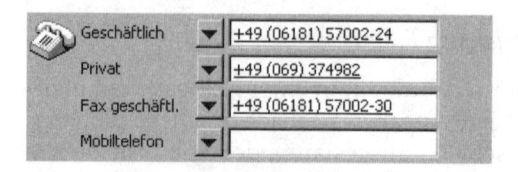

Gleiches gilt für die Telefon- und Faxnummern (wie auch für die E-Mail-Adresse). Für die verschiedenen Telefonnummern sind im Kontakt-Dialogfeld vier Eingabefelder vorgesehen, Sie können aber weit mehr Nummern zu einem Kontakt abspeichern.

Wenn Sie sich darüber informieren wollen, welche Nummern Sie zu einem Kontakt abspeichern können, klicken Sie einfach auf einen der Pfeilschalter (auf welchen Schalter Sie klicken, ist egal, da die zugehörige Liste ist für alle vier Pfeilschalter identisch ist).

Um weitere Nummern einzugeben (oder anzeigen zu lassen), klicken Sie auf einen der Pfeilschalter und wählen in der geöffneten Liste aus, welche Nummer (beispielsweise Telex oder eine zweite Privatnummer) Sie eingeben wollen.

Die Registerkarte Allgemeines

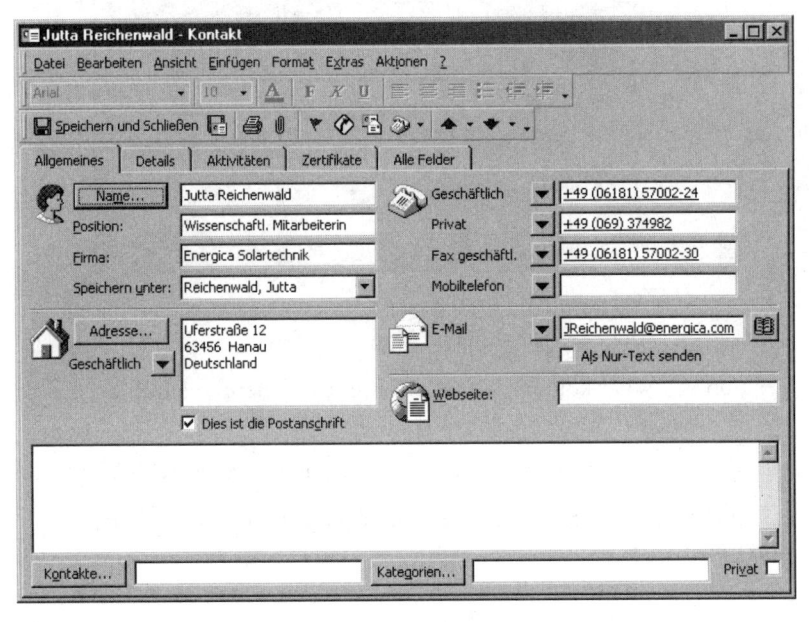

Bild 20.3: Registerkarte ALLGEMEINES der Kontaktinformationen

Auf der Registerkarte *Allgemeines* können Sie folgende Informationen zu einem Kontakt speichern:

Name	Geben Sie den Vornamen und Nachnamen des Kontakts ein. Anrede, zweiter Vorname und Namenszusatz können ebenfalls eingegeben werden.
	Mit Anreden sollten Sie vorsichtig sein, denn diese werden als Teil des Namensfeldes abgespeichert. Wenn Sie Anreden eintragen und Ihre Kontakte in einer der tabellarischen Ansichten nach dem Namen sortieren, werden Ihre Kontakte nach Anrede getrennt.
	Kann Outlook den Namen nicht sicher interpretieren, wird der Dialog *Namen überprüfen* aufgerufen, in dem Sie Ihre Eingaben kontrollieren oder vervollständigen können (siehe oben).

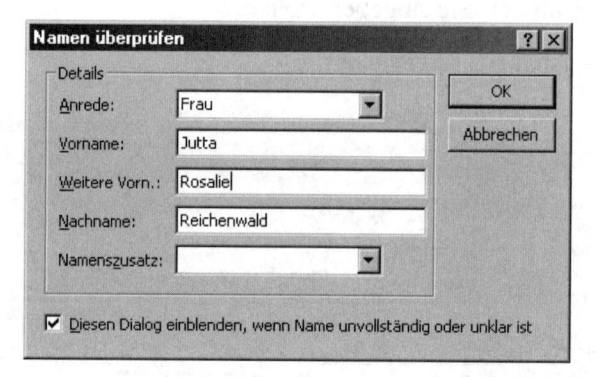

[Dialogfeld "Namen überprüfen" mit Feldern: Anrede: Frau, Vorname: Jutta, Weitere Vorn.: Rosalie, Nachname: Reichenwald, Namenszusatz:]

	Sie können das Dialogfeld *Namen überprüfen* auch direkt über die Schaltfläche *Name* aufrufen.
Position	Hier können Sie beispielsweise den Beruf oder die Stellung des Kontakts in seiner Firma eintragen.
Firma	Name der Firma, für die die Kontaktperson arbeitet
Speichern unter	Die Einstellung in diesem Feld ist für die Adresskarten-Ansichten interessant.
	In den tabellarischen Ansichten kann man die Kontakte nach dem Namen-Feld sortieren lassen (Klick auf die Spaltenüberschrift). In den Adresskarten-Ansichten werden die Kontakte dagegen nach ihrem Titel eingeordnet. Was in diesem Titel steht, wird über das Feld *Speichern unter* festgelegt. In der Liste zu dem Feld finden Sie einige von Outlook erzeugte Vorschläge, Sie können aber auch einen eigenen Titel in das Feld eingeben.

	Dies eröffnet Ihnen einige interessante Möglichkeiten. Wenn Sie beispielsweise im Namensfeld für alle Kontakte zuerst Vorname und dann Nachname angeben, können Sie es im Feld *Speichern unter* umgekehrt machen und zuerst den Nachnamen und dann den Vornamen angeben (wie es von Outlook standardmäßig vorgeschlagen wird).
Adresse	Geben Sie hier die Adresse des Kontakts an.
	Sie können insgesamt drei Adressen eingeben. Die verschiedenen Adressen werden über den abwärts gerichteten Pfeilschalter ausgewählt (siehe oben).
	Durch Aktivierung der Option *Dies ist die Postanschrift* können Sie festlegen, welche der Adressen an andere Office-Anwendungen weitergegeben werden soll (etwa zur Erzeugung von Serienbriefen), und welche Adresse in der Adresskarten-Ansicht angezeigt werden soll. (Über den Befehl ANSICHT/AKTUELLE ANSICHT/AKTUELLE ANSICHT ANPASSEN, Schaltfläche *Felder* können Sie die Adresskarten-Ansicht auch dahingehend umdefinieren, dass eine andere Adresse angezeigt wird.)
Telefon und Fax	Vier Telefon-/Faxnummern können gleichzeitig angezeigt werden. Eingeben und mit dem Kontakt abspeichern, können Sie aber wesentlich mehr Telefonnummern.
	Klicken Sie auf die abwärts gerichteten Pfeilschalter, um auszuwählen, welche Telefonnummer in dem nebenstehenden Eingabefeld angezeigt und bearbeitet werden soll (siehe oben).

| E-Mail | Bis zu drei E-Mail-Adressen können Sie für einen Kontakt speichern. Um zwischen den Adressen zu wechseln, klicken Sie auf den Pfeilschalter (siehe oben).

Wenn Sie die E-Mail-Adresse eines bereits eingetragenen Kontakts eingeben wollen, können Sie dazu auf das Adressbuch-Symbol klicken oder den Namen des Kontakts eintippen. Wenn Sie sich nicht mehr richtig an den Namen erinnern, geben Sie einfach ein, was Ihnen in Erinnerung geblieben ist. Outlook sucht für Sie den Kontakt mit der besten Übereinstimmung heraus.

Einträge im E-Mail-Feld können zwar überschrieben, aber nicht bearbeitet werden. Wenn Sie einen Tippfehler korrigieren oder kleine Änderungen vornehmen wollen, doppelklicken Sie in das Feld, um den Eintrag zur Bearbeitung zu öffnen.

Wenn Sie nicht sicher sind, ob der Empfänger formatierte E-Mail-Nachrichten (Rich Text-, oder HTML-Format) lesen kann, oder Sie bereits eine entsprechende Rückmeldung von ihm erhalten haben, aktivieren Sie die Option *Als Nur-Text senden*. |
| Webseite | Wenn der Kontakt über eine eigene Webseite verfügt (dies kann eine private Homepage, eine Seite im Firmen-Web oder die Homepage der Firma sein), können Sie deren URL hier eintragen.

Um die Webseite eines Kontakts aufzurufen, verwenden Sie den Befehl AKTIONEN/WEBSEITE BESUCHEN. |
| Kontakte | Wählen Sie gegebenenfalls weitere Kontakte aus, die mit dem neuen Kontakt in Zusammenhang stehen. |

Kategorien	Weisen Sie dem Kontakt eine (oder mehrere) Kategorie(n) zu – beispielsweise »Geschäftlich«, »Privat« oder eine selbst definierte Kategorie für ein Projekt, an dem der Kontakt mitarbeitet.
Privat	Aktivieren Sie das Kontrollkästchen *Privat*, um die Inhalte dieses Kontakts vor anderen Outlook-Anwendern, denen Sie den Zugriff auf Ihren Kontakte-Ordner erlaubt haben, zu verbergen.

Die Registerkarte *Details*

Auf der Registerkarte *Details* können Sie folgende Informationen zu einem Kontakt speichern:

Beruf und Firma	Im oberen Bereich des Dialogs können Sie nähere Angaben zu Beruf und Stellung des Kontakts in seiner Firma festhalten.
Persönliches	Der darunter liegende Bereich ist demgegenüber für mehr persönliche Daten reserviert – vom Spitznamen bis zum Geburtstag.
	Nach dem Spitznamen kann man suchen. Sie müssen allerdings eine ERWEITERTE SUCHE starten (Befehl im Menü EXTRAS) und *In* den *Namensfeldern* suchen lassen.
	Bei Freunden sollten Sie nicht vergessen, den Geburtstag in den Kalender einzutragen.
NetMeeting	Wenn Sie mit der Person gelegentlich per NetMeeting-Software online konferieren wollen, können Sie hier die NetMeeting-Einstellungen des Kontakts eingeben – also den Verzeichnisdienstserver, auf dem sich der Kontakt einwählt und sein E-Mail-Alias (muss keine echte E-Mail-Adresse sein). Mehr dazu im Kapitel 18.8.
Frei/Gebucht	Für die Planung von Treffen und Besprechungen (siehe Kapitel 18) ist es meist recht nützlich, wenn sich der Organisator der Besprechung vorab darüber informieren kann, zu welchen Terminen die Teilnehmer Zeit haben, beziehungsweise wann sie schon anderweitig verpflichtet sind. Sofern die Teilnehmer der Besprechung nicht über Intranet und eine Kommunikations-Software wie Microsoft Exchange Server verbunden sind, können Sie ihre Frei/Gebucht-Informationen übers Internet bereitstellen.
	Geben Sie in diesem Feld die URL an, unter der die Frei/Gebucht-Informationen des Kontakts zu finden sind.

Kapitel 20: Kontakte und Adressen

Bild 20.4:
Registerkarte
DETAILS der
Kontaktin-
formationen

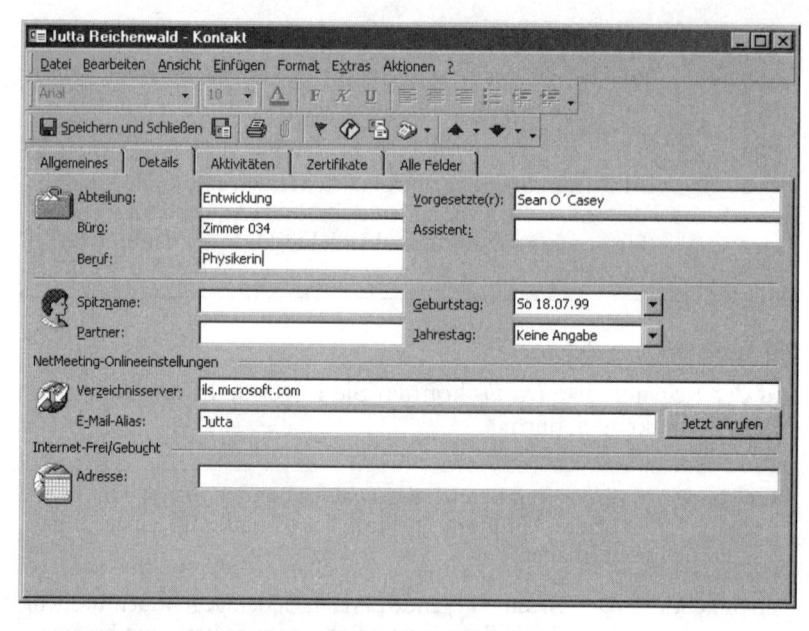

Die Registerkarte Aktivitäten

Bild 20.5:
Registerkarte
AKTIVITÄTEN der
Kontaktin-
formationen

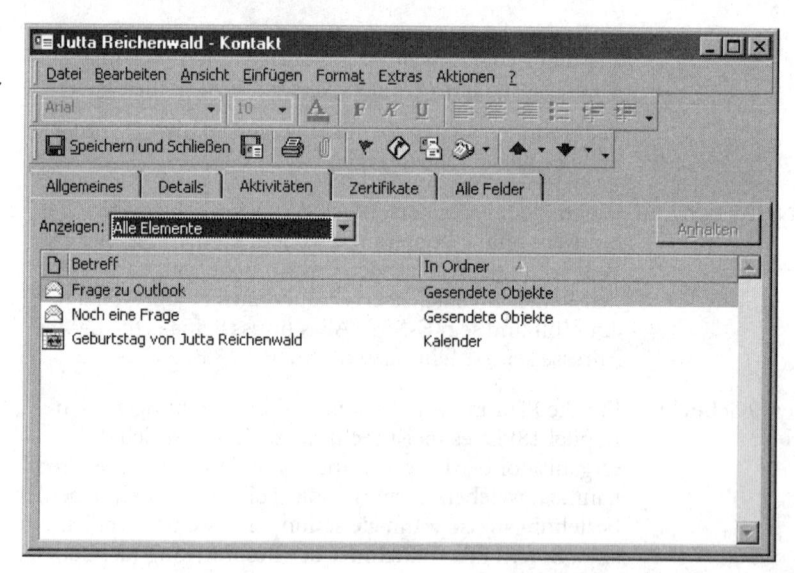

Auf der Registerkarte *Aktivitäten* können Sie alle Aktivitäten in Verbindung mit einem Kontakt anzeigen lassen. Anders ausgedrückt heißt dies, Sie können sich alle Outlook-Elemente (Termine, Notizen, Aufgaben, E-Mail-Nachrichten), die mit dem Kontakt verbunden sind, anzeigen lassen.

Kontakte erfassen | 527

Die Registerkarte Aktivitäten *ersetzt die in früheren Outlook-Versionen angezeigte Registerkarte* Journal.

Die Registerkarte *Zertifikate*

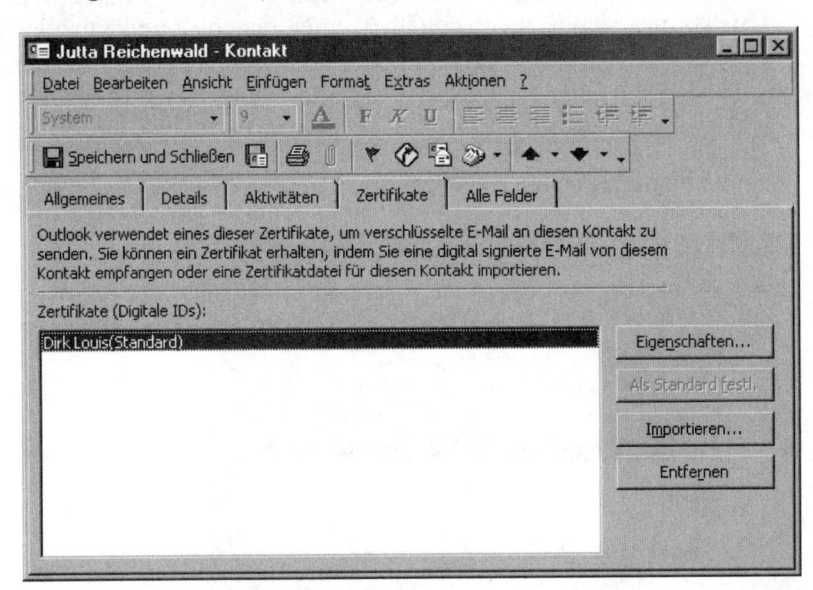

Bild 20.6: Registerkarte ZERTIFIKATE der Kontaktinformationen

Auf der Registerkarte *Zertifikate* können Sie ein Zertifikat einrichten oder auswählen, über das Sie mit dem Kontakt sichere E-Mails austauschen wollen.

Um ein Zertifikat einrichten zu können, müssen Sie es sich zuerst einmal von dem Kontakt zuschicken lassen. Sie brauchen den Kontakt dazu nur zu bitten, Ihnen eine digital signierte E-Mail zu schicken. Wenn Sie die Nachricht empfangen haben, öffnen Sie sie, und speichern Sie das Zertifikat der E-Mail in Ihrem Kontakt. Dazu gibt es zwei Wege:

- Klicken Sie in der E-Mail-Nachricht auf das Sicherungssymbol. Im Dialogfeld *Digitale Signatur* klicken Sie auf die Schaltfläche *Zertifikat* und im nachfolgend erscheinenden Dialog wechseln Sie zur Registerkarte *Details*, wo Sie endlich die Schaltfläche *In Datei kopieren* finden, über die Sie das Zertifikat als Datei abspeichern können. Aus dieser Datei können Sie dann im Kontakte-Dialog über die Schaltfläche *Importieren* das Zertifikat einlesen und mit dem Kontakt abspeichern.

| Kapitel 20: Kontakte und Adressen

➔ Klicken Sie mit der rechten Maustaste auf den Absender (*Von: ...*), und wählen Sie im Kontextmenü den Befehl ZUM ORDNER »KONTAKTE« HINZUFÜGEN. Outlook erstellt einen neuen Kontakt mit Zertifikat. Wenn diesen Kontakt *Speichern und Schließen*, erkennt Outlook unter Umständen, dass es für diesen Absender bereits einen Eintrag im Kontakte-Ordner gibt (siehe Bild 20.7). Sie können sich jetzt entschließen, einen neuen Kontakt anzulegen oder den bestehenden Kontakt zu aktualisieren, wobei alle Felder, die im zu speichernden Kontakt definiert sind (üblicherweise *Name*, *Speichern unter* und *Zertifikat*), die Felder im bestehenden Kontakt überschreiben. Die Einstellungen in den restlichen Feldern bleiben erhalten.

Bild 20.7: Kontakt überarbeiten oder neu anlegen?

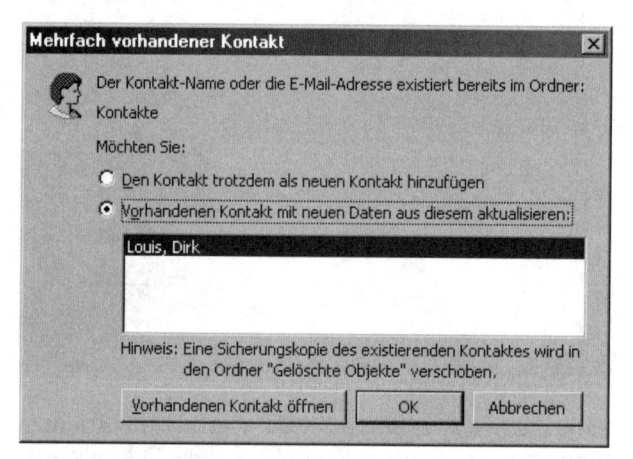

Wenn Sie zu einem Kontakt mehrere Zertifikate gespeichert haben, können Sie über die Schaltfläche *Als Standard festl.* das Zertifikat auswählen, das Sie per Voreinstellung für das Versenden sicherer E-Mails an diesen Kontakt verwenden wollen.

Die Registerkarte Alle Felder

Auf der Registerkarte *Alle Felder* können Sie die Kontaktfelder bearbeiten, für die es auf den anderen Registerkarten keine Eingabefelder gibt.

Bei den allgemeinen Erläuterungen zum Dialogfeld *Kontakte* wurde bereits angedeutet, dass es wesentlich mehr Kontaktfelder gibt, als man auf den Registerkarten des Dialogs anzeigen kann. Damit Sie diese Felder aber trotzdem bearbeiten können, haben Sie auf der Registerkarte *Alle Felder* die Möglichkeit, sich die Felder in einer scrollbaren Liste anzeigen zu lassen.

Kontakte erfassen | 529

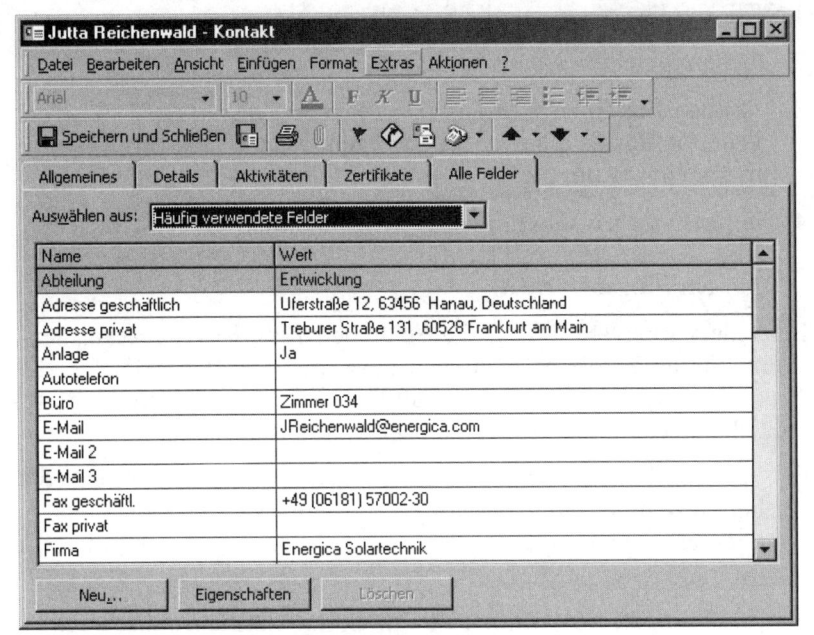

Bild 20.8:
Registerkarte
ALLE FELDER *der Kontaktinformationen*

1. Im Listenfeld *Auswählen aus* bestimmen Sie, welche Gruppe von Feldern angezeigt werden soll – beispielsweise alle Namensfelder oder alle Telefonnummernfelder. Wer kein Kontaktfeld übersehen will, der kann die Option *Alle Kontaktfelder* auswählen.

   Im unteren Teil des Dialogs werden jetzt die ausgewählten Felder aufgelistet.

2. Um den Eintrag zu einem Kontaktfeld zu bearbeiten, etwa um das Konto oder die Kundennummer einzutragen, blättern Sie durch die Liste, bis das Feld angezeigt wird, und klicken Sie dann in das zugehörige Eingabefeld unter der Spalte *Wert*.

Wem die Auswahl der vordefinierten Felder immer noch nicht ausreicht, der kann auch eigene Felder definieren.

Benutzerdefinierte Felder

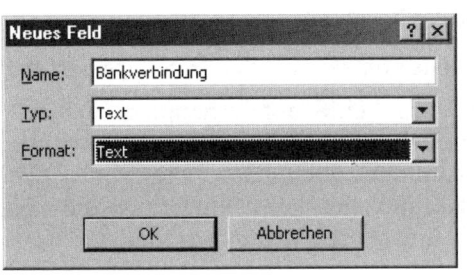

Bild 20.9:
Eigene Felder definieren

1. Klicken Sie hierzu auf die Schaltfläche *Neu*.
2. Geben Sie einen *Namen* für das neue Feld ein.
3. Wählen Sie einen *Typ* aus. Der Typ legt fest, welche Art von Daten in das Feld eingegeben werden können, also Text, Nummern, ein Datum etc.
4. Je nach ausgewähltem Typ können Sie zwischen verschiedenen Eingabeformaten wählen (für den Typ Text gibt es allerdings nur ein Eingabeformat).

Besonders interessant sind die Feldtypen *Formel* und *Kombination*. Wenn Sie einen dieser Feldtypen auswählen, wird das Dialogfeld *Neues Feld* um eine *Bearbeiten*-Schaltfläche erweitert. Wenn Sie diese anklicken, gelangen Sie in einen speziellen Editordialog.

- Für Kombinationsfelder können Sie im Editor den Inhalt von bereits definierten Feldern mit normalem Text und den Inhalten anderer Felder kombinieren (durch einfache Aneinanderreihung).

- Für Formelfelder können Sie im Editor Formeln aufsetzen, in die Sie bereits definierte Felder als Variablen einfügen können. Der jeweils aktuelle Wert der Felder wird dann von Outlook in die Formel eingesetzt. Der Wert eines Formelfelds ist das Ergebnis aus der Berechnung der Formel.

> **STOP** *Ist für ein Feld, das in eine Formel eingebaut wurde, kein Wert definiert, schlägt die Berechnung der Formel fehl.*

Um benutzerdefinierte Felder in einer Kontaktansicht anzeigen zu lassen, müssen Sie die Ansicht anpassen (Befehl ANSICHT/AKTUELLE ANSICHT/AKTUELLE ANSICHT ANPASSEN) und über die Schaltfläche *Felder*, das benutzerdefinierte Feld in die Liste der anzuzeigenden Felder aufnehmen oder gleich eine eigene Ansicht erstellen (siehe auch Kapitel 16.9).

Neue Kontakte auf der Grundlage bestehender Kontakte erstellen

Obwohl ein Kontakt hauptsächlich aus persönlichen Einstellungen besteht, für die man erwarten würde, dass sie einzigartig sind, kommt es doch gelegentlich vor, dass ein neu einzutragender Kontakt in vielen Einstellungen mit einem bereits bestehenden Eintrag identisch ist.

Da wäre zum Beispiel das befreundete Ehepaar. Den Mann haben Sie bereits in Ihre Kontaktliste aufgenommen. Jetzt wollen Sie noch die Frau eintragen. Abgesehen vom Namen dürften die meisten Einstellungen (Adresse, Telefonnummern) die gleichen sein wie für den Mann.

Ähnlich ist es mit Geschäftskontakten, die alle in einer Firma arbeiten. Geschäftsadresse, Firmenname und andere firmenspezifische Einstellungen sind für alle diese Kontakte identisch.

Um sich unnötige Tipparbeit zu ersparen, können Sie in solchen Fällen die neuen Kontakte auf Grundlage eines bestehenden Kontakts erstellen, entweder:

- indem Sie eine Kopie eines bestehenden Kontakts erstellen, oder
- indem Sie einen neuen Firmenkontakt erstellen

Kontakte kopieren

1. Markieren Sie den Kontakt, den Sie kopieren wollen, in einer der Kontakte-Ansichten. *Strg+C*
2. Drücken Sie die Tastenkombination [Strg]+[C], um den Kontakt in die Zwischenablage zu kopieren.
3. Drücken Sie die Tastenkombination [Strg]+[V], um die Kopie aus der Zwischenablage in den Kontakte-Ordner zu kopieren.
4. Laden Sie die Kopie zur Bearbeitung in das Kontakte-Dialogfeld.

Neue Firmenkontakte erstellen

Wenn Sie auf der Grundlage eines bestehenden Kontakts einen neuen Firmenkontakt erstellen, werden alle firmenbezogenen Einstellungen (Firmenname, Geschäftsadresse, geschäftliche Telefonnummern) für den neuen Kontakt übernommen. *Aktionen/Neuer Kontakt in dieser Firma*

Die geschäftlichen Telefonnummern werden Sie vermutlich überarbeiten müssen, aber wenn die Firma über eine interne Telefonanlage verfügt, brauchen Sie nur die Endnummer des Mitarbeiters zu ändern und nicht die ganze Nummer neu einzutippen. INFO

1. Markieren Sie in einer der Kontakte-Ansichten den Kontakt, von dem Sie die firmenbezogenen Angaben übernehmen wollen.

Kapitel 20: Kontakte und Adressen

2. Rufen Sie den Befehl AKTIONEN/NEUER KONTAKT IN DIESER FIRMA auf.

3. Bearbeiten Sie den neuen Kontakt, und klicken Sie dann auf die Schaltfläche *Speichern und Schließen*.

Bild 20.10: Neuer Firmenkontakt mit den übernommenen firmenbezogenen Einstellungen

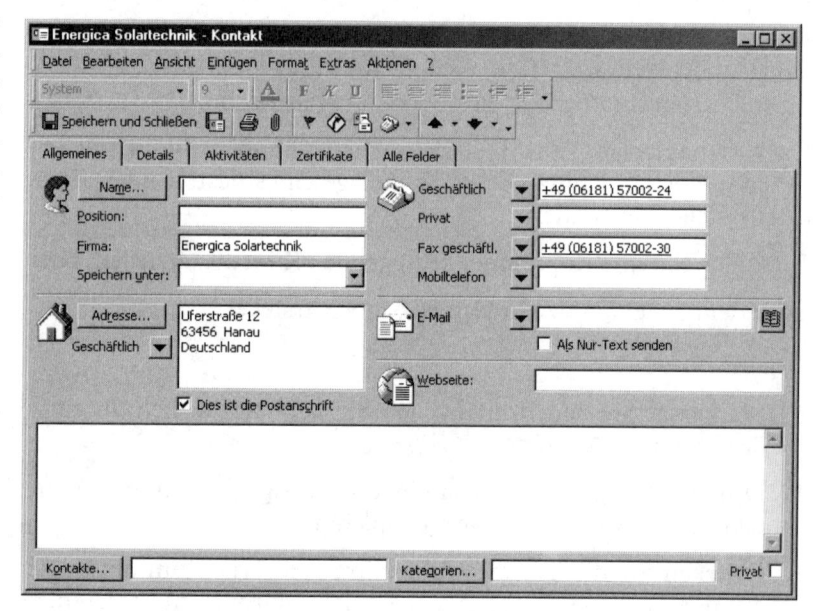

Neue Kontakte aus E-Mail-Absender erstellen

Wie man aus dem Absender einer E-Mail einen neuen Kontakt erstellt, haben Sie im Prinzip bereits im Abschnitt zur Registerkarte *Zertifikate* erfahren:

1. Klicken Sie mit der rechten Maustaste auf den Absender (*Von:* ...), und wählen Sie im Kontextmenü den Befehl ZUM ORDNER »KONTAKTE« HINZUFÜGEN.

   Outlook erstellt einen neuen Kontakt und übernimmt den Namen, die E-Mail-Adresse und ein etwaig verwendetes Zertifikat.

2. Bearbeiten Sie den Kontakt.

3. *Speichern und Schließen* Sie den Kontakt.

Wenn Outlook feststellt, dass es für diesen Absender bereits einen Eintrag im Kontakte-Ordner gibt (ausschlaggebend ist die E-Mail-Adresse), erscheint das Dialogfeld *Mehrfach vorhandener Kontakt*, in dem Sie festlegen können, ob Sie den vorhandenen Kontakt aktualisieren oder einen neuen Kontakt erstellen wollen.

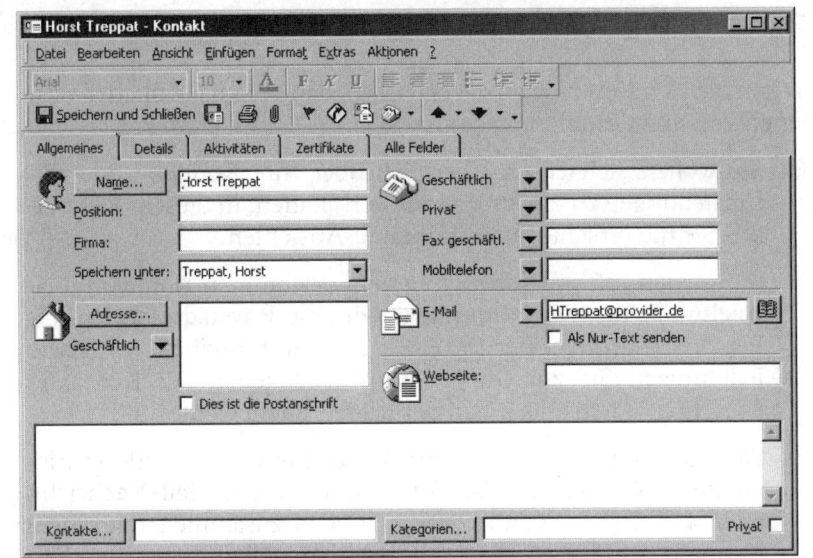

Bild 20.11:
Kontakt aus
E-Mail-Absender
erstellen

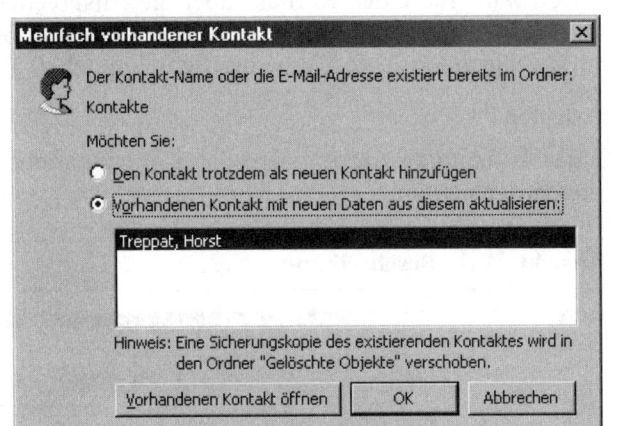

Bild 20.12:
Nicht eindeutiger
Kontakt

Wenn Sie sich entschließen, den bestehenden Kontakt zu aktualisieren, werden alle Felder, die im zu speichernden Kontakt definiert sind, die korrespondierenden Felder im bestehenden Kontakt überschreiben. Die Einstellungen in den restlichen Feldern bleiben erhalten.

20.2 Kontakte anzeigen

Wenn Sie sich Kontakte anzeigen lassen, dann hat das üblicherweise einen von drei Gründen:

- Sie wollen sich einen Überblick über Ihre Kontakte oder die Einstellungen zu einem Kontakt verschaffen. In diesem Fall nutzen Sie die verschiedenen Kontakte-Ansichten.

- Sie suchen Informationen zu einem bestimmten Kontakt – beispielsweise die Telefonnummer oder die Privatadresse, um die Person anzurufen oder Ihr einen Brief zu schreiben. In diesem Fall nutzen Sie zur Suche die Möglichkeiten der Kontakte-Ansichten oder rufen einen der beiden Suchbefehle auf.

- Sie brauchen den Kontakt zur Bearbeitung eines Outlook-Elementes – beispielsweise als Adressat für eine E-Mail-Nachricht, oder weil Sie die Kontaktinformationen zusammen mit einem Termin oder einer Aufgabe abspeichern wollen. In solchen Fällen wählen Sie den Kontakt über die entsprechenden Schaltflächen oder Befehle in den Dialogfeldern zur Bearbeitung der jeweiligen Outlook-Elemente (siehe Kapitel 20.3).

Ansichten

Outlook definiert zur Anzeige der Kontakte sieben verschiedene Standardansichten:

Tabelle 20.1: Ansichten für Kontakte

Ansicht	Beschreibung
Adresskarten	In dieser Ansicht werden die einzelnen Kontakte als eine Folge von »Adresskarten« dargestellt. Die Ansicht ist äußerst übersichtlich und hat zudem den Vorteil, dass man einzelne Kontakte über das alphabetische Register am rechten Rand schnell auffinden kann.

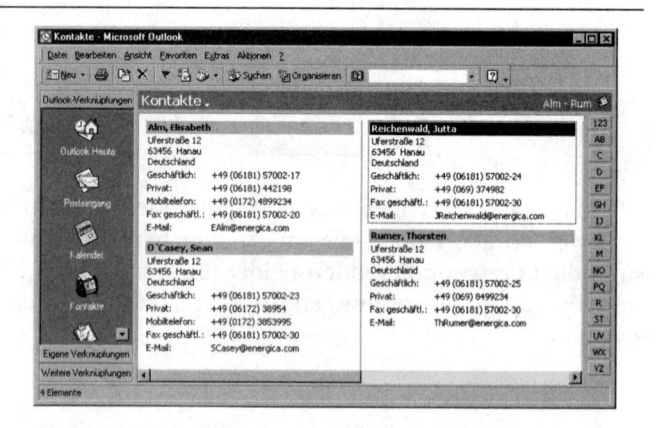

Ansicht	Beschreibung
	Das Register und die Sortierung der Adresskarten richtet sich standardmäßig nach dem Feld *Speichern unter* (siehe Abschnitt zur Registerkarte *Allgemeines*). Man kann die Adresskarten aber auch nach anderen Feldern sortieren lassen, Sie brauchen nur den Befehl ANSICHT/AKTUELLE ANSICHT/AKTUELLE ANSICHT ANPASSEN aufzurufen, die Schaltfläche *Sortieren* anzuklicken und dann im Listenfeld *Sortieren nach* das Kontaktfeld auszuwählen, nach dem sortiert werden soll.
	Noch ein Wort zu der angezeigten Adresse beziehungsweise allgemein den auf den Adresskarten angezeigten Feldern. Die standardmäßig angezeigte Adresse ist die Adresse, die Sie als Postanschrift auserwählt haben (siehe den Abschnitt zur Registerkarte *Allgemeines*). Die angezeigten Felder sind die Felder, die für die Ansicht ausgewählt sind und für die in dem jeweiligen Kontakt Werte eingegeben wurden.
	Wenn Sie selbst festlegen wollen, welche Felder auf den Adresskarten angezeigt werden sollen, rufen Sie den Befehl ANSICHT/AKTUELLE ANSICHT/AKTUELLE ANSICHT ANPASSEN auf, und klicken Sie die Schaltfläche *Felder* an.
	Wenn auch die Felder angezeigt werden sollen, die keine Eintragungen enthalten, rufen Sie den Befehl ANSICHT/ AKTUELLE ANSICHT/AKTUELLE ANSICHT ANPASSEN auf, klicken Sie auf die Schaltfläche *Weitere Einstellungen*, und aktivieren Sie die Option *Leere Felder anzeigen* (ein gleichnamiger Befehl findet sich übrigens auch im Kontextmenü der Ansicht – klicken Sie einfach mit der rechten Maustaste auf das alphabetische Register).

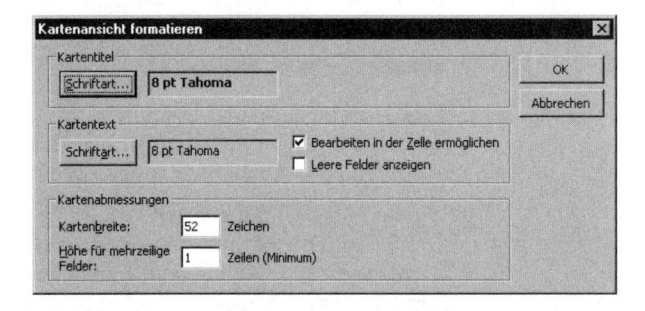

Ansicht	Beschreibung
	Über die Schaltfläche *Weitere Einstellungen* kann man auch einstellen, wie breit die Adresskarten sein sollen und wie viele Zeilen *mindestens* für mehrzeilige Felder aufgewendet werden sollen.
Adresskarten mit Details	Gleiche Ansicht wie »Adresskarten«, allerdings mit wesentlich mehr Feldern: so werden in dieser Ansicht beispielsweise auch die Firmenangaben (Name der Firma, Position in Firma) oder die Webseite des Kontakts angezeigt.
Telefonliste	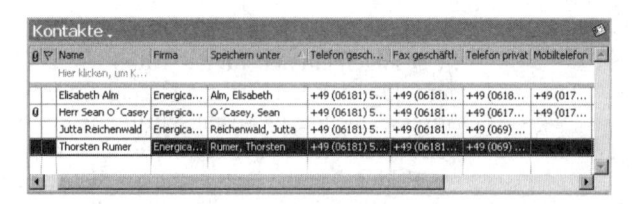 Die erste der tabellarischen Ansichten. In ihr werden nicht nur die Kontakte angezeigt, für die eines oder mehrere Telefonnummerfelder ausgefüllt sind, sondern ausnahmslos alle eingetragenen Kontakte. Das Besondere an dieser Ansicht ist, dass in ihr vorrangig die Spalten für die wichtigsten Telefonnummern (Telefon geschäftlich, Fax geschäftlich, Telefon privat und Mobiltelefon) angezeigt werden.
Nach Kategorie	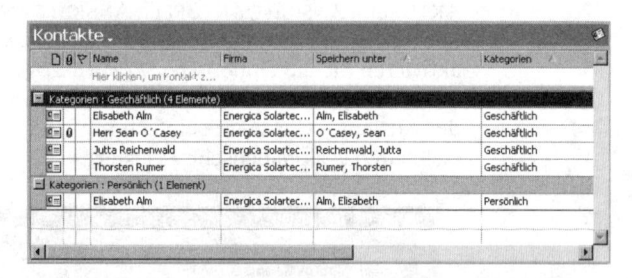 Tabellarische Ansicht, in der die Kontakte nach ihren Kategorien gruppiert sind. (Nur nützlich, wenn Sie Ihren Aufgaben auch Kategorien zugewiesen haben.) Mit der Hilfe von Kategorien können Sie Kontakte klassifizieren, und Sie können zusammengehörende Kontakte, beispielsweise die Kontakte, die zu einer Arbeitsgruppe gehören, zusammenfassen, indem Sie für die Arbeitsgruppe eine eigene Kategorie definieren und diese den einzelnen Kontakten aus der Gruppe zuweisen (siehe auch Kapitel 17.1 zur Definition eigener Kategorien).

Ansicht	Beschreibung
Nach Firma	Tabellarische Ansicht, in der die Kontakte nach der Firma gruppiert sind und in der vor allem firmenspezifische Felder angezeigt werden: Name der Firma, Position in der Firma, Abteilung.
Nach Ort	Tabellarische Ansicht, in der die Kontakte nach dem Land gruppiert sind.
Mit Nachverfolgungskennzeichnung	Tabellarische Ansicht, in der die Kontakte nach der Art der Nachverfolgung gruppiert sind.

Über die Befehle ANSICHT/AKTUELLE ANSICHT/AKTUELLE ANSICHT ANPASSEN und ANSICHT/AKTUELLE ANSICHT/ANSICHTEN DEFINIEREN können Sie bestehende Ansichten an Ihre Bedürfnisse anpassen beziehungsweise neue Ansichten von Grund auf oder auf der Basis einer Kopie einer bestehenden Ansicht neu einrichten. Siehe hierzu Kapitel 16.9.

Suchen

Um gezielt nach einem bestimmten Kontakt zu suchen, stellt Ihnen Outlook zwei Befehle zur Verfügung:

- Um eine einfache Suche zu starten, rufen Sie den Befehl EXTRAS/SUCHEN auf. Sie können die Kontakte dann nach Name, Firma, Adresse oder Kategorie durchsuchen.
- Für eine ausgefeiltere Suche rufen Sie den Befehl EXTRAS/ERWEITERTE SUCHE auf.

Beispiel

Nehmen wir an, Sie müssen dringend Herrn Römer von der Firma Energica Solartechnik anrufen. Oder hieß der Mann Romer? Roner? Runer?

Nun, wie auch immer der Mann heißt, wenn er im Kontakte-Ordner eingetragen ist, werden wir ihn schon finden.

Möglichkeit 1

Statt lange zu suchen, lassen Sie sich die Liste der Kontakte aus der Firma Energica Solartechnik anzeigen und gehen diese durch, bis Sie den Eintrag für Herrn »Römer« gefunden haben.

Kapitel 20: Kontakte und Adressen

1. Rufen Sie den Befehl ANSICHT/AKTUELLE ANSICHT/NACH FIRMA auf.
2. Expandieren Sie die Gruppe für die Firma Energica Solartechnik, und durchsuchen Sie die Gruppe nach dem Kontakt.

Möglichkeit 2

Sie sind sich ziemlich sicher, dass der Nachname des Mannes mit »R« anfängt.

1. Rufen Sie den Befehl ANSICHT/AKTUELLE ANSICHT/ADRESSKARTEN auf, und klicken Sie im alphabetischen Register am rechten Rand auf das R.

> *Voraussetzung ist, dass die* Adresskarten-*Ansicht nach dem Nachnamen sortiert ist.*

Möglichkeit 3

Bild 20.13: Nach alternativen Begriffen suchen

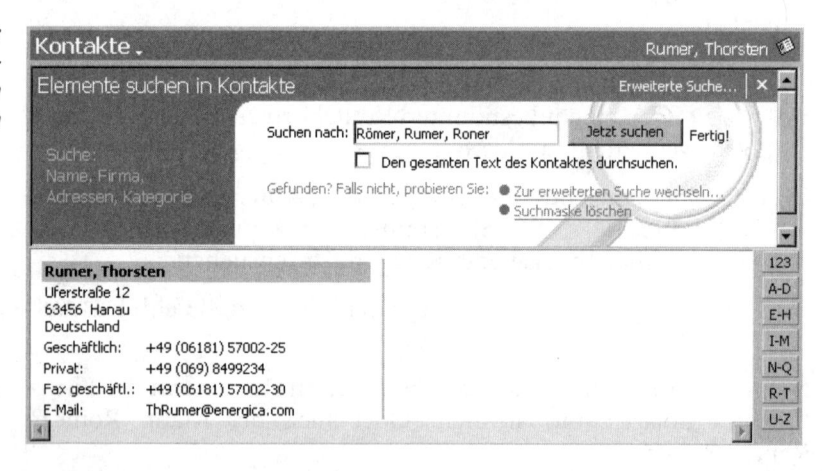

Da Sie nicht sicher sind, ob der Nachname des Mannes Römer, Rumer oder Roner war, suchen Sie doch nach allen drei Alternativen gleichzeitig.

1. Rufen Sie den Befehl EXTRAS/SUCHEN auf.
2. Geben Sie in das Feld *Suchen nach*, den Teil des Namens ein, dessen Sie sich sicher sind, oder tippen Sie eine durch Kommata getrennte Liste von alternativen Suchbegriffen ein.
3. Wählen Sie die Schaltfläche *Jetzt suchen*, um die Suche zu starten.

Möglichkeit 4

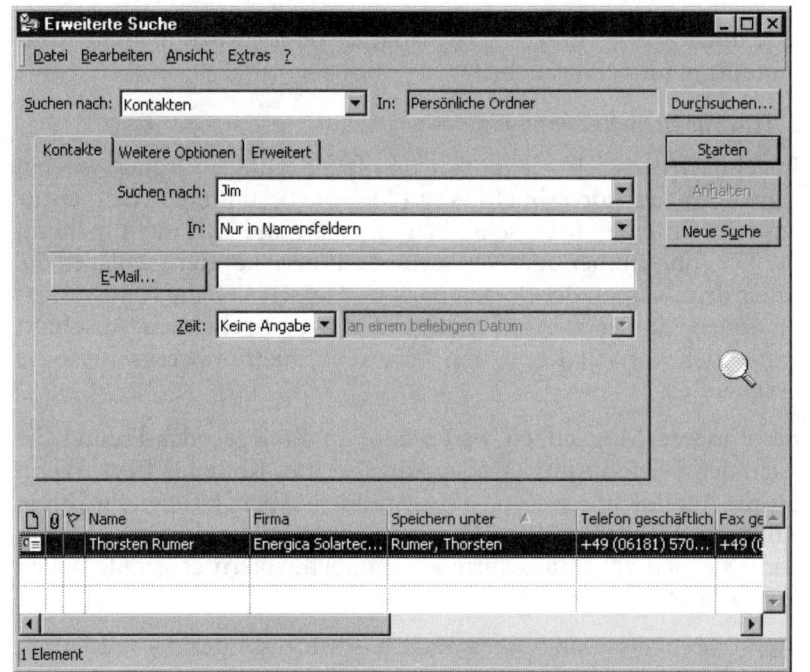

Bild 20.14:
Erweiterte Suche

Sie erinnern sich, dass der Mann wegen seiner Ähnlichkeit zu Jim Morrison in seiner Firma fast ausschließlich mit dem Spitznamen »Jim« angeredet wird, und Sie diesen im Kontakt eingetragen haben. Da das Feld für die Spitznamen bei der einfachen Suche nicht berücksichtigt wird, starten Sie eine *Erweiterte Suche*.

1. Rufen Sie den Befehl EXTRAS/ERWEITERTE SUCHE auf.

2. Geben Sie auf der Registerkarte *Kontakte* im Feld *Suchen nach* den Spitznamen ein.

3. Wählen Sie im Feld *In* die Option *Nur in Namensfeldern* aus.

4. *Starten* Sie die Suche.

Eine ausführliche Beschreibung des Dialogfelds Erweiterte Suche *finden Sie im Kapitel 16.4 bei der Beschreibung des Kalenders.*

20.3 Kontakte nutzen

Wie nutzt man Kontakte? Das hängt davon ab, wozu man die Kontaktinformationen braucht.

Zur allgemeinen Verwendung

Im einfachsten Fall verwenden Sie den Kontakte-Ordner wie ein ganz normales Adressbuch. Wenn Sie eine bestimmte Person anrufen oder ihr einen Brief schreiben möchten und sich nicht mehr an die Telefonnummer oder die Adresse erinnern können, schlagen Sie unter dem Namen der Person nach und lassen sich die Adressinformationen zu der Person anzeigen. Im vorangehenden Abschnitt zum Suchen nach Kontakten haben wir hierfür bereits Beispiele gesehen.

Eine andere Möglichkeit wäre, dass ein Kollege oder Freund Sie nach der Telefonnummer oder Adresse eines Kontakts fragt. Wenn Sie die Adresskarte des Kontakts gefunden haben, können Sie Ihrem Kollegen die gewünschten Daten per Telefon durchgeben, oder er kann sie sich vom Bildschirm abschreiben, sofern er gerade neben Ihnen steht.

Sie können die Daten aber auch ausdrucken oder als E-Mail an Ihren Kollegen schicken.

Kontaktinformationen ausdrucken

Drucken
1. Suchen Sie nach dem Kontakt.
2. Doppelklicken Sie auf den Kontakt, um ihn in das Kontakt-Dialogfeld zu laden.
3. Prüfen Sie, ob die benötigten Informationen im Kontakt eingetragen sind.
4. Rufen Sie im Dialogfeld den Menübefehl DATEI/DRUCKEN auf.

> *Eine andere Möglichkeit besteht darin, die auszudruckenden Kontakte in der* Kontakte-Ansicht *(vorzugsweise der* Adresskarten-Ansicht*) zu markieren, in Outlook den Menübefehl* DATEI/DRUCKEN *aufzurufen und im Drucken-Dialogfeld die Option* Nur markierte Elemente *zu aktivieren.*

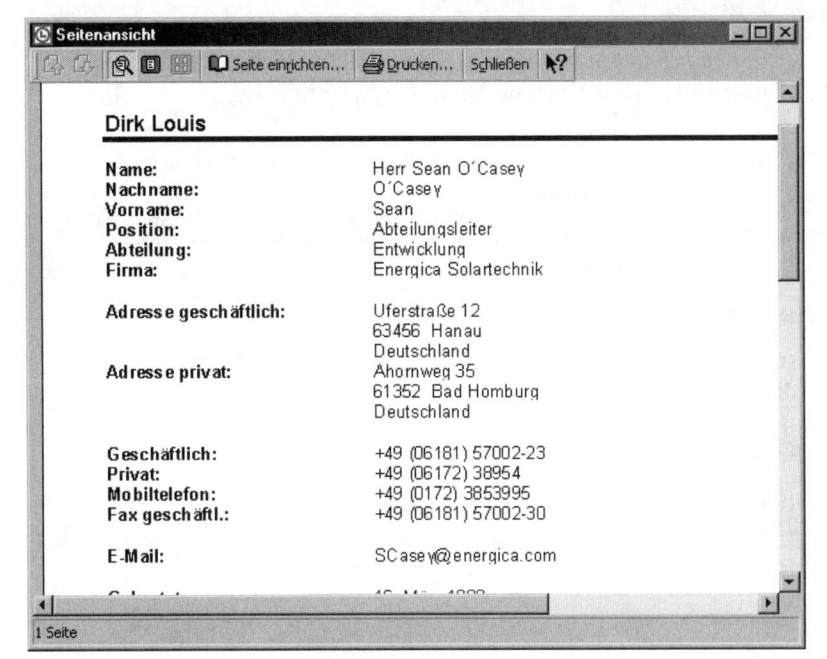

Bild 20.15:
Vorschau auf Ausdruck eines Kontakts

Kontaktinformationen als Anlage zu einer Nachricht verschicken

1. Lassen Sie in Outlook neben der Kontaktansicht auch die Ordnerliste anzeigen (Befehl ANSICHT/ORDNERLISTE).

   Als E-Mail senden

2. Suchen Sie nach dem Kontakt.

3. Ziehen Sie den Kontakt mit der rechten Maustaste auf den Postausgang-Ordner. Wenn Sie den Kontakt über dem Ordner loslassen, erscheint ein Kontextmenü.

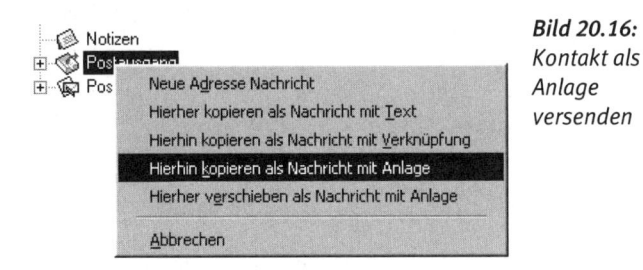

Bild 20.16:
Kontakt als Anlage versenden

4. Wählen Sie im Kontextmenü den Befehl HIERHIN KOPIEREN ALS NACHRICHT MIT ANLAGE.

Kapitel 20: Kontakte und Adressen

> **TIPP** *Der Vorteil bei diesem Verfahren ist, dass der Empfänger den Kontakt öffnen und in seinen eigenen Kontakte-Ordner aufnehmen kann.*

> **REF** *Wenn Sie einen Kontakt anrufen möchten und entsprechend eingerichtet sind, können Sie auch direkt von Outlook aus wählen, siehe Abschnitt 20.5.*

Zur Adressierung von E-Mails

Um eine E-Mail-Nachricht zu adressieren, können Sie die E-Mail-Adresse des Empfängers direkt in das entsprechende Eingabefeld eintippen oder auf die vor dem Eingabefeld befindliche Schaltfläche klicken.

Über die Schaltfläche gelangen Sie in das Dialogfeld *Namen auswählen*, in dem Sie den Empfänger aus einem Ihrer Kontakte-Ordner oder einem Adressbuch auswählen können.

Bild 20.17: Nachrichtenempfänger auswählen

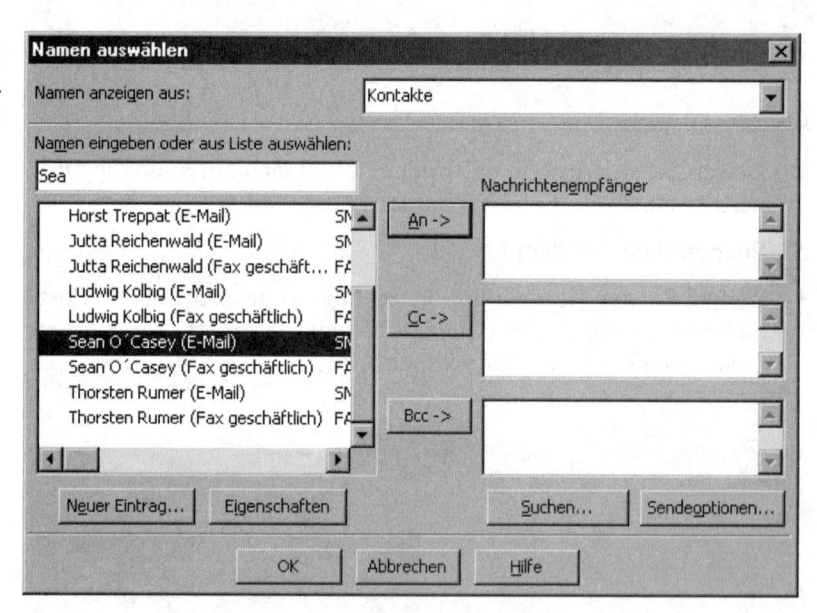

Wenn Sie Outlook für die Verwendung in einem Unternehmen oder einer Arbeitsgruppe konfiguriert haben, sieht das Dialogfeld *Namen auswählen* wie in Bild 20.17 aus, und Sie können über das Listenfeld *Namen anzeigen aus* festlegen, in welchem Ordner oder Adressbuch Sie nach dem Empfänger suchen wollen.

Wenn Sie Outlook für die ausschließliche Verbindung über Internet konfiguriert haben, sieht das Dialogfeld *Namen auswählen* ein wenig anders aus, enthält aber ebenfalls ein Listenfeld, in dem Sie den Kontakte-Ordner auswählen können, in welchem Sie nach dem Empfänger suchen wollen.

> *Die Konfiguration für Nur Internet oder Unternehmen/Arbeitsgruppe können Sie jederzeit noch nachträglich ändern. Rufen Sie den Befehl* EXTRAS/OPTIONEN *auf, wechseln Sie zur Registerkarte* E-Mail-Übertragung *oder* E-Mail-Dienste, *und klicken Sie auf die Schaltfläche* E-Mail-Unterstützung neu konfigurieren.

Die Auswahl des Empfängers (oder der Empfänger, falls man die gleiche Nachricht an mehrere Adressaten schicken möchte) läuft ansonsten immer gleich ab – unabhängig von der Konfiguration Ihrer E-Mail-Unterstützung.

1. Wählen Sie den Empfänger aus der Namensliste aus. Sie können den Namen auch in das Eingabefeld über der Liste eintippen. Wenn Sie langsam tippen, können Sie sehen, wie Outlook während der Eingabe schon nach passenden Einträgen in der Namensliste sucht.

2. Klicken Sie auf eine der Schaltflächen *An ->*, *Cc->* oder *Bcc ->*, um den Namen in die Liste der Empfänger aufzunehmen.

3. Klicken Sie auf *OK*.

Als Zusatzinformation zu anderen Outlook-Elementen

In vielen Fällen ist es günstig, Kontaktinformationen in andere Outlook-Elemente mit aufzunehmen.

Wenn Sie sich beispielsweise mit einem Kunden zu einem Informationsgespräch verabredet haben, ist es günstig, wenn Sie die Kontaktinformationen direkt zusammen mit dem Termin abspeichern.

Wenn Sie später bei Durchsicht Ihres Terminkalenders feststellen, dass Sie den Termin verschieben müssen oder als Örtlichkeit des Termins nur »beim Kunden zu Hause« eingetragen haben und sich nicht mehr an die Privatadresse des Kunden erinnern, werden Sie froh sein, wenn Sie auf die Kontaktinformationen direkt vom Termineintrag aus zugreifen können.

Kapitel 20: Kontakte und Adressen

Voraussetzung ist, dass Sie den Termin mit den Kontaktinformationen verbunden haben – am besten erledigt man dies gleich bei Einrichtung des Termins.

Kontakte...

In den Dialogfeldern zur Erstellung und Bearbeitung von Terminen und Aufgaben finden Sie zu diesem Zweck am unteren Rand die Schaltfläche *Kontakte*.

Bild 20.18:
Kontakt
auswählen

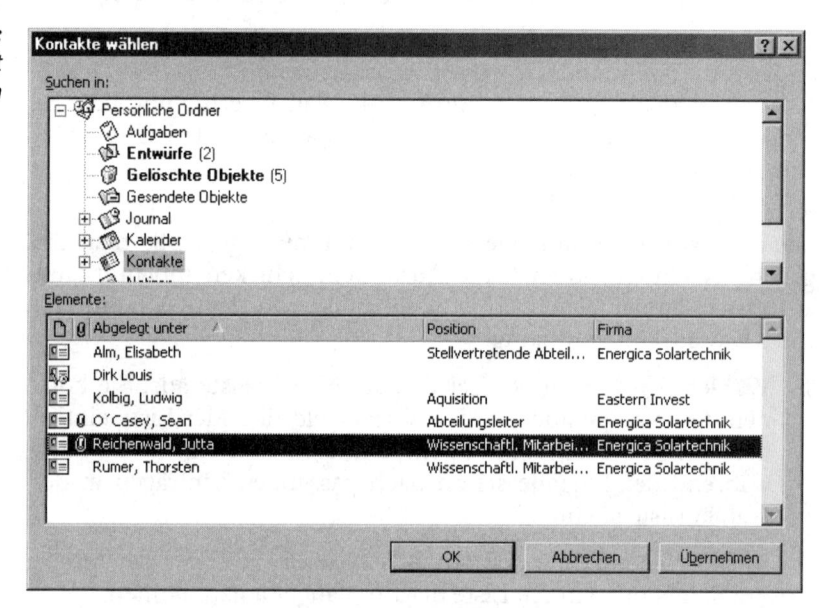

1. Wenn Sie auf die Schaltfläche klicken, erscheint das Dialogfeld *Kontakte auswählen*.
   - Im oberen Bereich wählen Sie den Kontaktordner, in dem der gesuchte Kontakt abgelegt ist.
   - Im unteren Bereich werden die Kontakte aus dem Ordner aufgelistet.
2. Markieren Sie den Kontakt, den Sie mit dem Termin verbinden wollen.

> **INFO**
> *Mithilfe der Tasten* [Strg] *und* [⇧] *können Sie mehrere Kontakte gleichzeitig auswählen.*

3. Bestätigen Sie über *OK*.

Der oder die Kontakte werden danach im Termin- oder Aufgaben-Dialog neben der Schaltfläche *Kontakte* aufgeführt.

Um einen Kontakt zu löschen, markieren Sie ihn im Eingabefeld und drücken die `Entf` *-Taste.*

Wenn Sie später auf die Kontaktinformationen zugreifen wollen, laden Sie den Termin oder die Aufgabe in das Bearbeitungsformular, und doppelklicken Sie einfach auf den Namen des Kontakts.

Zur Erstellung anderer Outlook-Elemente

Wenn Sie ein Outlook-Element neu erstellen wollen und bereits wissen, dass Sie es mit einem Kontakt verbinden wollen, können Sie auch so vorgehen, dass Sie den Kontakt mit der Maus auf den Ordner ziehen, in dem das neue Element gespeichert werden soll.

1. Lassen Sie die Ordnerliste anzeigen (Befehl ANSICHT/ORDNERLISTE).
2. Öffnen Sie den Kontakte-Ordner, und markieren Sie den gewünschten Kontakt.
3. Ziehen Sie den Kontakt mit der linken oder rechten Maustaste auf den Ordner, für den Sie ein neues Element erstellen wollen. Legen Sie den Kontakt auf dem Ordner ab.

   - Wenn Sie den Kontakt mit der linken Maustaste ziehen und ablegen, öffnet Outlook das Bearbeitungsformular des Ordners für die Einrichtung eines neuen Elements und baut den Kontakt auf »natürliche« Weise in das Element ein (siehe Tabelle 20.2).

   - Wenn Sie den Kontakt mit der rechten Maustaste ziehen und ablegen, öffnet sich beim Ablegen ein Kontextmenü, in dem Sie zwischen verschiedenen Verfahren zur Integration des Kontakts in das neue Ordnerelement wählen können.

Kapitel 20: Kontakte und Adressen

Tabelle 20.2:
Standardverfahren zur Erstellung von Ordnerelementen auf der Grundlage von Kontakten

Ordner	Verfahrensweise
Aufgaben	Outlook erstellt eine Aufgabenanfrage und übernimmt den Kontakt als Adressat der Aufgabenanfrage.
	Zudem wird der Kontakt in die Liste der mit der Aufgabe verbundenen Kontakte aufgenommen.
Journal	Outlook erstellt für den Kontakt einen neuen Journaleintrag. Als *Betreff* wird der Name des Kontakts verwendet, als *Eintragstyp* ist standardmäßig Telefonanruf ausgewählt.
	Zudem wird der Kontakt als Verknüpfung in das Notizfeld des Journals und in die Liste der mit dem Journal verbundenen Kontakte aufgenommen.
Kalender	Outlook erstellt für den Kontakt eine neue Besprechungseinladung und übernimmt den Kontakt als Adressat der Besprechungseinladung.
	Zudem wird der Kontakt in die Liste der mit dem Besprechungstermin verbundenen Kontakte aufgenommen.
Notizen	Outlook erstellt eine neue Notiz und trägt die Daten des Kontakts als Text in die Notiz ein.
Postausgang	Outlook erstellt eine E-Mail-Nachricht und übernimmt den Kontakt als Adressat der Nachricht.

Die Nachverfolgung

Wenn Sie im Zusammenhang mit einem Kontakt noch eine wichtige Aufgabe zu erledigen haben, sei es ihm eine E-Mail-Nachricht zu schikken, ein Geschenk für seinen Geburtstag zu besorgen oder seine Lohnsteuerkarte auszufüllen, so können Sie den Kontakt zu diesem Zwecke zur Nachverfolgung kennzeichnen.

Der Begriff »Nachverfolgung« ist vielleicht nicht ganz glücklich gewählt, da er impliziert, das bestimmte Aktivitäten in Verbindung mit dem Kontakt protokolliert würden. Dies ist aber nicht der Fall, zudem diese Aufgabe bereits das Journal übernimmt.

Die Nachverfolgung erfüllt zwei Zwecke:

- Sie können Kontakte kennzeichnen, für die noch wichtige Aufgaben zu erledigen sind. Beim Durchgehen Ihrer Kontakte können Sie dann gleich erkennen, für welchen Kontakt es noch unerledigte Aufgaben gibt.

→ Sie können ein Fälligkeitsdatum für die Aufgabe angeben und sich von Outlook automatisch per Meldungsfenster an den Kontakt erinnern lassen, wenn das Datum abgelaufen ist.

Bevor wir uns ansehen, wie man einen Kontakt zur Nachverfolgung kennzeichnet, noch eine kurze Anmerkung: Sie können mit der Nachverfolgung immer nur eine Aufgabe verbinden. Wenn Sie mehrere Aufgaben in Zusammenhang mit einem Kontakt erledigen müssen, tragen Sie diese Aufgaben und Termine in Ihre Aufgabenliste und den Terminkalender ein. Überhaupt ist die Nachverfolgung kein Ersatz für Aufgabenliste oder Terminkalender, sondern lediglich ein Supplement.

Kontakt zur Nachverfolgung einrichten

1. Markieren Sie den Kontakt.
2. Rufen Sie im Kontextmenü des Kontakts oder im Menü AKTIONEN den Befehl ZUR NACHVERFOLGUNG KENNZEICHNEN auf.

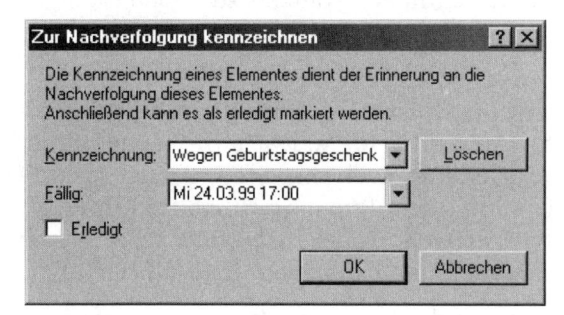

Bild 20.19: Nachverfolgung einrichten

3. Geben Sie an, zu welchem Zweck der Kontakt gekennzeichnet werden soll. Sie können eine der Vorgaben aus dem Listenfeld auswählen oder einen eigenen Text eingeben.

   Die Eingabe hat keine besonderen Auswirkungen, wird aber in der Adresskarten-Ansicht und der Ansicht NACH NACHVERFOLGUNGSKENNZEICHNUNG angezeigt.

4. Wenn Sie an den Kontakt per Meldungsfenster erinnert werden wollen, geben Sie im *Fällig*-Eingabefeld Datum und Uhrzeit an. Das Datum können Sie über den Datumswechsler auswählen (auf Pfeilschalter klicken), die Uhrzeit können Sie danach an das Datum anhängen.

5. Bestätigen Sie über *OK*.

In den tabellarischen Kontakte-Ansichten erkennt man die zur Nachverfolgung gekennzeichneten Kontakte an dem Fähnchen.

Sogar eine eigene Ansicht ist für die »verfolgten« Kontakte definiert (ANSICHT/AKTUELLE ANSICHT/NACH NACHVERFOLGUNGSKENNZEICHNUNG).

Um die Nachverfügung aufzulösen, klicken Sie mit der rechten Maustaste auf den Kontakt und wählen einen der folgenden Befehle aus:

- *Als erledigt kennzeichnen* – die Nachverfolgungskennzeichnung bleibt bestehen, aber die Erinnerung ist aufgehoben.

oder

- *Kennzeichnung löschen*

Kontakte auf der Landkarte suchen

Wer über einen Internet-Anschluss verfügt, der kann sich zu (fast) jedem Kontakt anzeigen lassen, wo auf der Welt der Kontakt beheimatet ist – genauer gesagt, wo die Stadt oder das Städtchen aus der Postanschrift des Kontakts zu finden ist.

Per Mausklick können Sie sich mit der MSN-Seite Expedia Maps verbinden und einen Blick darauf werfen, wo der Kontakt eigentlich angesiedelt ist. Dies kann gelegentlich ganz nützlich sein, speziell für Anwender, die weltweite Kontakte pflegen. Ein wenig Spielerei ist allerdings auch mit dabei, darum seien Sie ausdrücklich davor gewarnt, nicht Ihrem Spieltrieb und Ihrer Neugier zu erliegen und Ihre wertvolle Arbeitszeit damit zu verbringen, sich anzuschauen, wo Frankfurt, Timbuktu oder Walhalla liegen.

Um sich die Postanschrift eines Kontakts auf der Landkarte zeigen zu lassen, gehen Sie wie folgt vor:

1. Öffnen Sie den Kontakt.
2. Stellen Sie sicher, dass die Adresse, die Sie interessiert, auch als Postanschrift ausgewählt ist.
3. Achten Sie darauf, dass für Adressen innerhalb von Deutschland das Land entweder überhaupt nicht, oder als »Germany« angegeben ist.
4. Rufen Sie den Befehl AKTIONEN/KARTE ZUR ADRESSE ZEIGEN auf, oder klicken Sie auf die zugehörige Symbolschaltfläche.

Outlook verbindet Sie mit der MSN-Seite Expedia Maps und startet die Suche nach dem Ort.

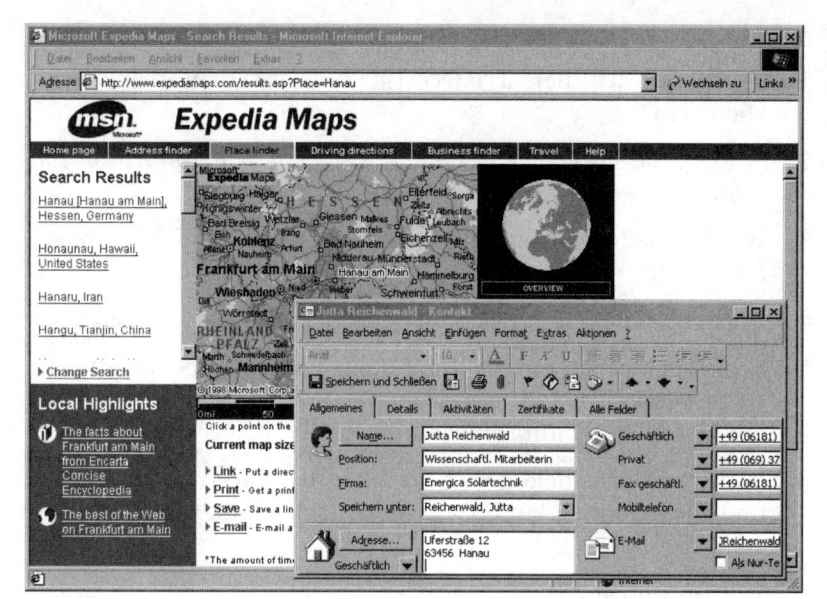

Bild 20.20:
Der Landkartenservice von Microsoft

Um nach einem anderen Ort zu suchen, können Sie auf den Link *Change Search* klicken. Denken Sie daran, Ländernamen in Englisch einzugeben.

20.4 Kontakte importieren und exportieren

Um Kontakte zischen Computern und Anwendern auszutauschen, gibt es verschiedene Möglichkeiten:

- Austausch als Anlage zur E-Mail-Nachricht
- Austausch als vCard
- Austausch über «Persönliche Ordner-Dateien»

Welchen Weg Sie wählen, wird davon abhängen, welchen Zweck Sie mit dem Austausch verfolgen, und über welche Programme der Computer/der Anwender verfügt, mit dem Sie die Daten austauschen.

Kontaktsammlungen sichern oder übertragen

Um einen ganzen Kontakte-Ordner in eine eigene Datei zu schreiben, müssen Sie den Ordner in eine «Persönliche Ordner-Datei» (*.pst) exportieren. Die Ordnerdatei können Sie als Sicherung verwahren oder zur Übertragung der Kontakte auf einen anderen Computer nutzen, auf dem ebenfalls Outlook verwendet wird.

Kontakte exportieren

1. Rufen Sie den Befehl IMPORTIEREN/EXPORTIEREN im Menü DATEI auf.
2. Wählen Sie im ersten Dialogfeld die Option *Exportieren in eine Datei*.
3. Wählen Sie im zweiten Dialogfeld die Option *Persönliche Ordner-Datei (.pst)*.
4. Danach wählen Sie den Ordner aus, der exportiert werden soll.
5. Schließlich geben Sie ein Verzeichnis und einen Namen für die anzulegende Datei an und legen fest, wie der Export-Assistent mit identischen Einträgen verfahren soll.
6. Im letzten Dialogfeld geben Sie einen beliebigen Ordnernamen und ein Kennwort ein oder behalten einfach die Voreinstellungen bei.

Kalender importieren

Um die Kontakte aus einer Persönlichen Ordner-Datei in einen Kontakte-Ordner zu importieren,

1. öffnen Sie die Ordnerliste (ANSICHT/ORDNERLISTE), und markieren Sie den Ordner, in den die Kontakte importiert werden sollen.
2. Rufen Sie den Befehl IMPORTIEREN/EXPORTIEREN im Menü DATEI auf.
3. Im ersten Dialogfeld wählen Sie die Option *Importieren aus anderen Programmen oder Dateien*.
4. Im zweiten Dialogfeld wählen Sie als Importtyp die Option *Persönliche Ordner-Datei (.pst)*.
5. Dann – im dritten Dialogfeld – wählen Sie die zu importierende Datei aus und bestimmen, wie mit identischen Einträgen verfahren werden soll.

    Im vierten Dialogfeld sehen Sie die Ordnerstruktur, die in der pst-Datei abgespeichert wurde. Unter dem übergeordneten Ordner (dessen Namen Sie beim Exportieren im letzten Dialogfeld angegeben haben), sehen Sie die Verzeichnisstruktur, die zu dem exportieren Ordner führt.
6. Markieren Sie in der Verzeichnisstruktur der Ordner-Datei den Ordner, den Sie importieren wollen.

7. Aktivieren Sie die Option *Elemente in den aktuellen Ordner importieren*.

8. Klicken Sie dann auf *Fertig stellen*.

Ausführlichere Informationen zum Exportieren und Importieren von Ordnern finden Sie in Kapitel 27.

Kontakte per E-Mail an andere Outlook-Anwender schicken

Wenn Sie Kontakte per E-Mail an Anwender schicken wollen, die ebenfalls mit Outlook arbeiten, ist es am einfachsten, Kopien der Kontakte als Anlage an die E-Mail anzuhängen.

1. Legen Sie eine neue E-Mail-Nachricht an.

2. Öffnen Sie den Kontakte-Ordner und markieren Sie den (oder die) Kontakt(e), die Sie als Anlage an die E-Mail anhängen wollen. Mithilfe der Tasten `Strg` und `⇧` können Sie mehrere Kontakte gleichzeitig markieren.

3. Ziehen Sie den (oder die) Kontakte mit der Maus in den Notizenbereich der Nachricht.

4. Schicken Sie die Nachricht ab.

Der Empfänger kann die Kontakte einfach per Doppelklick öffnen und in seinen Kontakte-Ordner abspeichern.

Kontakte und Visitenkarten verteilen

Wenn der Empfänger nicht mit Outlook, sondern einem anderen Büromangement-Programm arbeitet, sollten Sie die Kontakte einzeln im vCard-Format verschicken.

Markieren Sie in einer der Kontakte-Ansichten den Kontakt, den Sie als E-Mail-Anlage verschicken wollen.

1. Rufen Sie den Menübefehl AKTIONEN/ALS VCARD WEITERLEITEN auf.

2. Outlook legt eine neue E-Mail-Nachricht an, und hängt dieser den Kontakt als vCard an.

Wer möchte, kann für sich selbst einen Kontakt erstellen, den er als eine Art elektronische Visitenkarte nutzt, und die er als vCard-Anlage an seine E-Mails anhängt. Sie können dies sogar automatisieren, indem Sie die vCard als Anlage in Ihre elektronische Signaturdatei aufnehmen (siehe Befehl EXTRAS/OPTIONEN, Schaltfläche *Signaturauswahl* auf der Registerkarte *E-Mail-Format*).

Kapitel 20: Kontakte und Adressen

> **INFO**
>
> Sie können einzelne Kontakte auch im vCard-Format in Dateien schreiben (Befehl SPEICHERN UNTER).

20.5 Mit Outlook telefonieren

Wenn Ihr Modem und Ihr Telefon es erlauben, können Sie das Telefon an das Modem anschließen und dann das Modem, sprich den PC und Outlook, zum Wählen nutzen.

> **REF**
>
> Lesen Sie gegebenenfalls in den Handbüchern zu Ihrem Modem und Ihrem Telefon nach, oder erkundigen Sie sich im Fachhandel darüber, ob Sie Ihr Telefon für die Wahlfunktion per Modem einrichten können.

Ich selbst musste beispielsweise feststellen, dass meine ISDN-Anlage (ISDN-Telefon und ISDN-Karte) nicht für die Wahlfunktion geeignet ist. Mittlerweile habe ich mich damit abgefunden, auch weiterhin die Telefonnummern eintippen zu müssen. Ich denke, ich werde es überleben. Trotzdem möchte ich Ihnen zeigen, wie Sie im Prinzip diese Funktion für sich nutzen können.[1]

1. Markieren Sie in einer der Kontakte-Ansichten den Kontakt, den Sie anrufen möchten.

2. Lassen Sie das Untermenü zu dem Befehl AKTIONEN/KONTAKT ANRUFEN anzeigen, und wählen Sie darin die Telefonnummer aus, die Sie anrufen möchten.

3. Klicken Sie auf *Anruf beginnen*, um die Verbindung mit dem Kontakt aufzubauen.

Bild 20.21: Mit Outlook telefonieren

---

[1] Im Gegensatz zu den anderen in diesem Buch beschriebenen Funktionen, konnte ich die Wahlfunktion nicht selbst ausprobieren. Da es diese Outlook-Funktion aber schon länger gibt und an der Funktion offensichtlich nichts verändert wurde, dürfte es mit der Funktion keine Schwierigkeiten geben.

20.6 Verteilerlisten

Verteilerlisten sind eine Möglichkeit, in Outlook mehrere E-Mail-Adressaten zu einer Gruppe zusammenzufassen. Ist eine solche Verteilerliste erst einmal eingerichtet, kann man Sie nutzen, um auf bequeme Weise alle Mitglieder der Gruppe zu erreichen.

Stellen Sie sich vor, Sie wären der Leiter einer kleinen Arbeitsgruppe. Jedes Mal, wenn es Entwicklungen und Neuigkeiten gibt, die alle Mitglieder der Arbeitsgruppe betreffen, schicken Sie eine entsprechende E-Mail-Nachricht an jedes einzelne Mitglied der Gruppe. Ohne Verteilerliste müssten Sie jedes einzelne Mitglied der Gruppe als Empfänger angeben, mit Verteilerliste brauchen Sie nur die Verteilerliste als Empfänger aufzunehmen.

Verteilerliste einrichten

1. Wechseln Sie in Ihren Kontakte-Ordner.
2. Rufen Sie den Befehl AKTIONEN/NEUE VERTEILERLISTE auf.

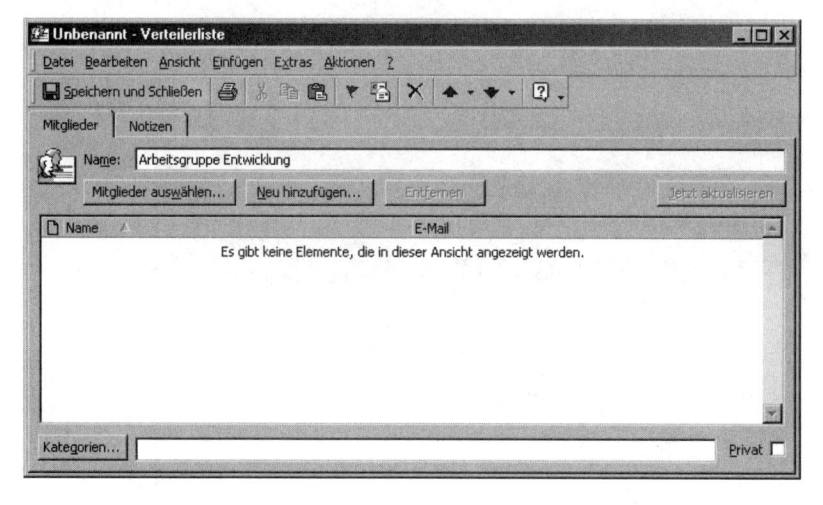

Bild 20.22: Dialogfeld zur Einrichtung von Verteilerlisten

3. Geben Sie im Dialogfeld *Verteilerliste* einen Namen für die neue Verteilerliste an.
4. Klicken Sie auf die Schaltfläche *Mitglieder auswählen*, um die Kontakte auszuwählen, die in die Verteilerliste aufgenommen werden sollen.
5. Um Mitglieder in die Verteilerliste aufzunehmen, für die es noch keine Einträge in einem Kontakte-Ordner oder einem Adressbuch gibt, können Sie die Schaltfläche *Neu hinzufügen* benutzen.

Kapitel 20: Kontakte und Adressen

6. Schließen Sie das Dialogfeld zum Auswählen der Mitglieder.
7. *Speichern und Schließen* Sie das Verteilerlisten-Dialogfeld.[2]

Bild 20.23: Mitglieder für Verteilerliste auswählen

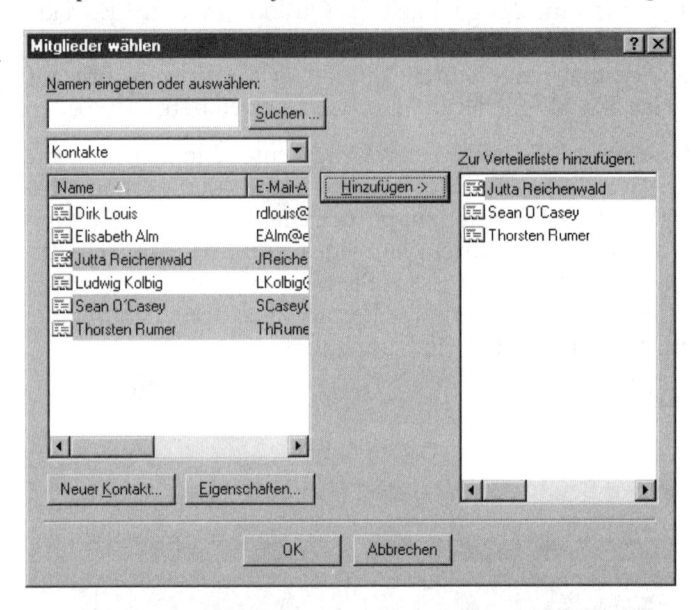

Bild 20.24: Verteilerliste als Empfänger auswählen

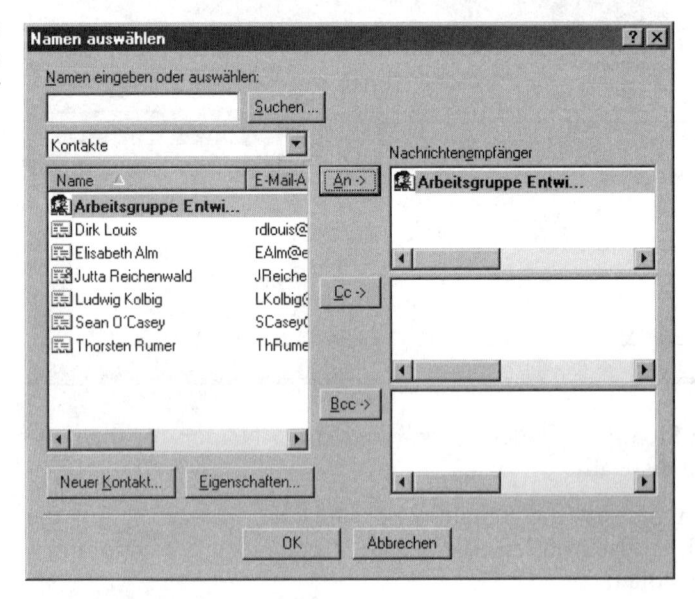

a. Die Abbildung zeigt das Dialogfeld, wie es erscheint, wenn Outlook für eine reine Internet-Umgebung konfiguriert ist.

---

[2] Das Bild zeigt das Dialogfeld, wie es erscheint, wenn Outlook für eine reine Internet-Umgebung konfiguriert ist.

Verteilerlisten verwenden

Wenn Sie jetzt eine Nachricht an alle Mitglieder der Verteilerliste senden wollen:

1. Beginnen Sie wie gewohnt mit einer neuen E-Mail-Nachricht.
2. Klicken Sie im Nachricht-Dialogfeld auf die Schaltfläche *An*, um den Adressaten festzulegen.
3. Wählen Sie im Dialog *Namen auswählen* die Verteilerliste aus.
4. Senden Sie die Nachricht wie gewohnt.

Verteilerlisten bearbeiten

1. Rufen Sie im Outlook-Menü den Befehl EXTRAS/ADRESSBUCH auf.
2. Markieren Sie im Adressbuch den Eintrag für die Verteilerliste.
   - Klicken Sie auf die Schaltfläche *Eigenschaften*, um die Verteilerliste zu bearbeiten.
   - Klicken Sie auf die Schaltfläche *Löschen*, um die Verteilerliste aus dem Adressbuch zu entfernen.

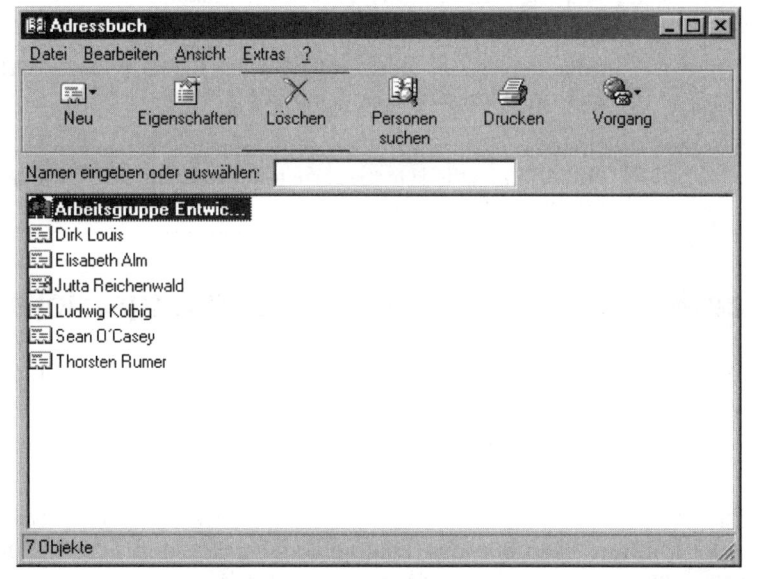

Bild 20.25: Verteilerlisten bearbeiten

a. Die Abbildung zeigt das Dialogfeld, wie es erscheint, wenn Outlook für eine reine Internet-Umgebung konfiguriert ist.

20.7 Allgemeine Bearbeitung von Kontakten

Nachdem Sie einen Kontakt eingerichtet haben, stehen Ihnen folgende Bearbeitungsmöglichkeiten zur Verfügung:

Allgemeine Arbeiten

Öffnen und Lesen	Einfach den Kontakt in der Ansicht doppelklicken
Kategorie ändern	Im Kontextmenü des Kontakts den Befehl *Kategorien* aufrufen (siehe auch Kapitel 17.1)
Drucken	Den Kontakt markieren und im Kontextmenü oder im Menü DATEI den Befehl DRUCKEN aufrufen. Der Befehl im Menü DATEI öffnet vor der Druckausgabe das Dialogfeld DRUCKEN. (Mehr über die Optionen zum Drucken können Sie in Abschnitt 20.3, in Kapitel 16.5 nachlesen.)
Weiterleiten	Um einen Kontakt als vCard-Anlage zu einer E-Mail an jemanden zu versenden, rufen Sie den Befehl ALS VCARD WEITERLEITEN im Menü AKTIONEN auf.
	Um einen Kontakt als Outlook-Anlage zu einer E-Mail an jemanden zu versenden, rufen Sie den Befehl WEITERLEITEN im Kontextmenü des Kontakts auf.
Löschen	Um einen Kontakt zu löschen, markieren Sie den Eintrag und drücken die `Entf`-Taste (oder rufen den Befehl BEARBEITEN/LÖSCHEN auf).

20.8 Den Kontakte-Ordner konfigurieren

Den Kontakte-Ordner und die Anzeige der Kontakte können Sie – wie für alle Outlook-Ordner üblich – durch Anpassung der Ansichten oder Definition neuer Ansichten konfigurieren (siehe Kapitel 16.9).

Die Standardeinstellungen für die Kontaktfelder *Name* und *Speichern unter* können Sie über das Dialogfeld *Optionen* definieren (Befehl EXTRAS/OPTIONEN, Schaltfläche *Kontaktoptionen* auf der Registerkarte *Einstellungen*).

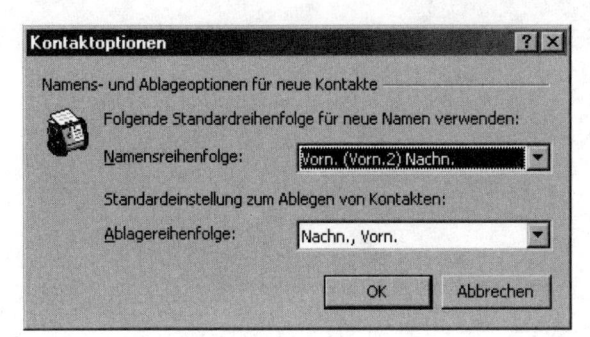

Bild 20.26:
Vorgaben für die Kontaktfelder NAME und SPEICHERN UNTER

Im Feld *Namensreihenfolge* wählen Sie aus, welche Eingaben Outlook in welcher Reihenfolge für das Kontaktfeld erwarten soll.

Die Standardeinstellung von Microsoft »Vorn. (Vorn.2) Nachn.« besagt:

»Erwarte mindestens zwei Wörter. Das erste Wort ist der Vorname, das zweite der Nachname. Werden drei Wörter eingegeben, ist das zweite Wort der zweite Vorname.«

Anreden und Namenszusätze werden zum Teil zusätzlich erkannt.

Über das Feld *Ablagereihenfolge* legen Sie fest, welche Kontaktfelder Outlook in das *Speichern unter*-Feld übernehmen und zum alphabetischen Ablegen der Kontakte verwenden soll.

Schließlich gibt es für Kontakte-Ordner noch zwei besondere Registerkarten im *Eigenschaften*-Dialog des Ordners (Ordner mit rechter Maustaste anklicken und im Kontextmenü den Befehl EIGENSCHAFTEN aufrufen). Hier können Sie das Standard-Adressbuch festlegen und die Registerkarte *Aktivitäten* des Kontakte-Dialogs konfigurieren.

Journal
Kapitel 21

Das Journal ist so etwas wie das Logbuch von Outlook. Während Sie im Kalender eintragen, welche Termine Ihnen noch bevorstehen, zeichnen Sie im Journal auf, was Sie bereits getan und geleistet haben.

So können Sie im Journal:

- protokollieren, wie lange einzelne Telefongespräche dauern,
- festhalten, von wann bis wann sie gearbeitet haben (interessant beispielsweise für freie Angestellte, die zu Hause arbeiten),
- eintragen, wie viel Zeit Sie täglich für die Zubereitung des Mittagessens aufwenden.

Doch das ist noch nicht alles. Das Journal kann so konfiguriert werden, dass bestimmte Arbeitsvorgänge und Aktivitäten automatisch in das Journal übernommen werden.

So können Sie:

- E-Mail-Nachrichten,
- Anfragen zu Besprechungen oder Aufgaben,
- Besprechungsabsagen,
- Sitzungen mit Office-Programmen,

automatisch aufzeichnen lassen.

Die Eintragungen im Journal können Sie sich in vielfältiger Weise anzeigen lassen. So können Sie:

- sich einen Überblick über Ihre Tagesabläufe verschaffen,
- wiederkehrende Arbeitsabläufe mithilfe der Daten aus dem Journal optimieren,
- Arbeitsberichte und Statistiken auf der Grundlage der Journaleinträge erstellen.

21.1 Das Journal

Wenn Sie das Journal das erste Mal öffnen, sei es über die Ordnerliste (ANSICHT/ORDNERLISTE), sei es über den Befehl ANSICHT/GEHE ZU/ORDNER, sei es über eine Verknüpfung in der Outlook-Leiste, so erscheint ein recht eigentümliches Dialogfeld (siehe Bild 21.1), das Ihnen von der Nutzung der Journalfunktion geradezu abzuraten scheint.

Bild 21.1: Warnung vor dem Journal?

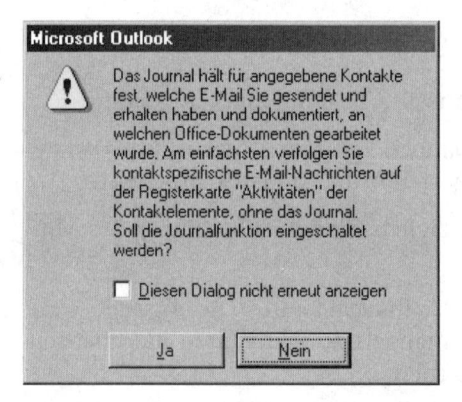

Lassen Sie sich davon nicht beeindrucken. Fassen Sie das Dialogfeld als das auf, was es ist: ein Hinweis darauf, dass man für die Protokollierung kontaktabhängiger Aktivitäten nicht unbedingt auf das Journal angewiesen ist. Ob Sie danach auf die Schaltfläche *Ja* oder *Nein* klicken, ist im Grunde ganz egal.

- Wenn Sie auf *Ja* klicken, führt Sie Outlook, bevor es Sie ins Journal entlässt, zum Dialogfeld *Journaloptionen*. Hier können Sie die Journalfunktion aktivieren und ihr mitteilen, welche Aktivitäten automatisch aufgezeichnet werden sollen (mehr hierzu in Abschnitt 21.3).

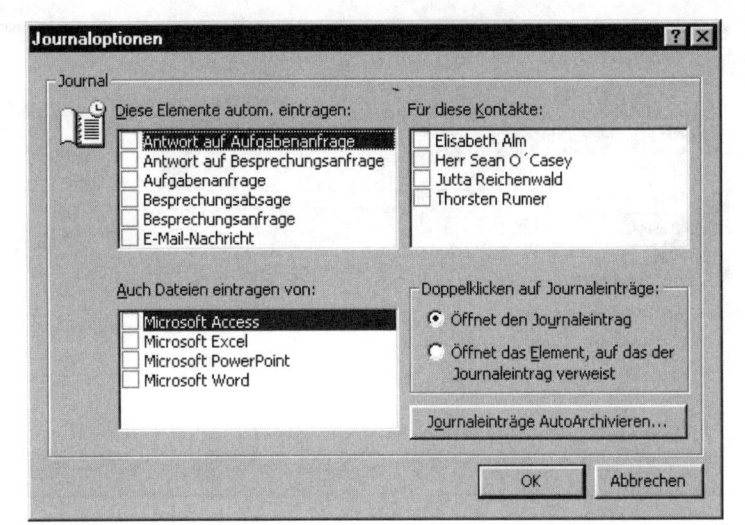

Bild 21.2:
Die Journalfunktion aktivieren

➔ Wenn Sie auf *Nein* klicken, gelangen Sie direkt ins Journal. Die Journalfunktion für die automatische Aufzeichnung können Sie jederzeit nachträglich aktivieren, indem Sie den Befehl EXTRAS/ OPTIONEN aufrufen und auf der Registerkarte *Einstellungen* die Schaltfläche *Journaloptionen* anklicken.

Die Option Diesen Dialog nicht mehr anzeigen *brauchen Sie nicht zu aktivieren. Sowie Sie eine der Journal-Optionen ausgewählt haben, wird das Dialogfenster aus Bild 21.1 nicht mehr angezeigt. Wenn Sie später aber irgendwann alle Journaloptionen deaktivieren, wird das Dialogfenster wieder eingeblendet. Wenn Sie dies als nützlichen Hinweis erachten, lassen Sie das Dialogfenster weiter anzeigen. Wenn es Sie stört, aktivieren Sie die Option* Diesen Dialog nicht mehr anzeigen, *und der Dialog verschwindet endgültig.*

Wenn Sie dann endlich im Journal gelandet sind, sehen Sie erst einmal nicht viel mehr als eine Zeitskala. Die Zeitskala gehört zur Journal-Ansicht *Nach Typ*, und wenn noch keine Einträge zu sehen sind, liegt dies daran, dass bisher noch keine Einträge aufgezeichnet oder eingetragen wurden.

Sollen Sie bereits Journaleinträge vorgenommen haben, werden diese nach dem Eintragstyp gruppiert unter der Zeitskala angezeigt.

Bild 21.3:
Das Journal

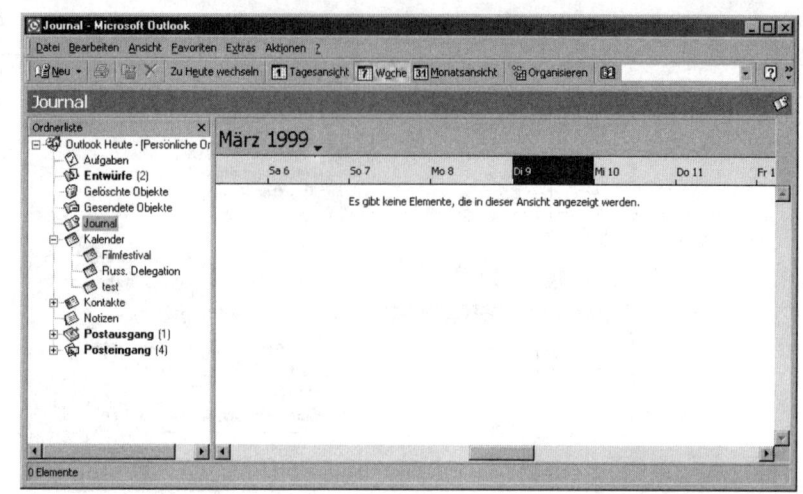

21.2 Manuelle Journaleinträge

Wie Sie der Einleitung entnehmen konnten, können Sie das Journal so konfigurieren, dass bestimmte Aktivitäten automatisch aufgezeichnet werden (siehe nächster Abschnitt).

Daneben gibt es aber natürlich eine ganze Reihe von Aktivitäten, die Outlook nicht automatisch aufzeichnen kann, die Sie aber dennoch gerne im Journal verzeichnet hätten. In solchen Fällen erstellen Sie den Journaleintrag einfach selbst.

Journaleinträge erstellen

1. Rufen Sie den Menübefehl AKTIONEN/NEUER JOURNALEINTRAG auf, oder doppelklicken Sie mit der Maus in den Hintergrund der Journalansicht.

:-) TIPP

In der täglichen Praxis werden Sie nicht für jeden Journaleintrag in das Journal wechseln wollen. Rufen Sie dann den Befehl DATEI/NEU/JOURNALEINTRAG *auf, der im Übrigen auch jederzeit über das Tastaturkürzel* Strg+⇧+J *erreichbar ist. Sie gelangen dann ebenfalls in das Dialogfeld zum Festlegen von Journaleinträgen, kehren aber nach der Bestätigung des Dialogs zu jenem Outlook-Ordner zurück, in dem Sie bei Aufruf des Befehls gearbeitet haben.*

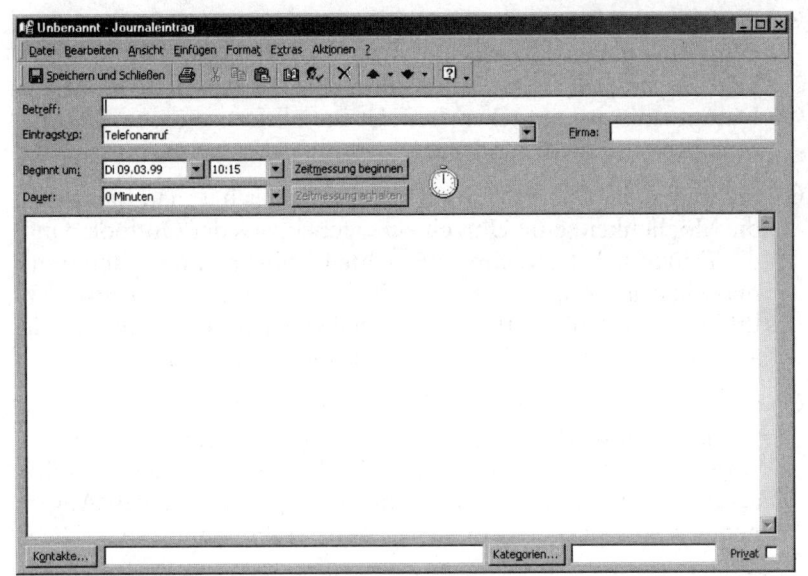

Bild 21.4:
Dialogfeld zur Erstellung von Journaleinträgen

2. Im Journal-Dialogfeld machen Sie folgende Angaben:

   – Sie geben einen *Betreff* ein. Dieser wird später in den Journalansichten angezeigt und sollte daher kurz und prägnant sein.

   – Sie wählen einen *Eintragstyp* (siehe Tabelle 21.1). Dieser dient der Klassifizierung der Einträge. Sie müssen einen Eintragstyp bestimmen und einen der vordefinierten Typen auswählen. Dies ist zweifelsohne ein Manko, denn es zwingt uns, Einträge, die im Grunde zu keiner der vorgegebenen Typen passen, wider besseres Wissen irgendwo einzuordnen.

> **:-) TIPP**
> *Zur Auswahl eines Eintragstyps können Sie auch den Anfangsbuchstaben eintippen. Outlook wählt dann automatisch den zugehörigen Typ aus. Für mehrere Eintragstypen mit gleichen Anfangsbuchstaben tippen Sie einfach wiederholt den Anfangsbuchstaben ein (Outlook blättert dann durch die Liste), oder geben Sie weitere Buchstaben ein, bis der Typ eindeutig identifiziert ist. Um zu einem anderen Anfangsbuchstaben zu wechseln (beispielsweise von A nach B), müssen Sie ein wenig warten, bevor Sie den neuen Anfangsbuchstaben eintippen.*

- Sie legen der Zeitpunkt der Eintragung fest. Da dieser meist mit dem Aufruf des Dialogfelds zusammenfällt und Outlook das Feld *Beginnt um* beim Aufruf des Dialogs mit dem aktuellen Datum und der aktuellen Uhrzeit initialisiert, müssen Sie hier üblicherweise nichts ändern.

- Sie tragen die *Dauer* der Aktivität ein. Leider hat man hier nicht die Möglichkeit, eine Uhrzeit einzugeben, aus der Outlook dann die Dauer selbst errechnet (Bruchteile gibt man als Nachkommastellen an – also beispielsweise 3,5 Stunden für 3 Stunden und 30 Minuten). Statt die Dauer selbst einzutragen, können Sie aber die Zeit von Outlook messen lassen. Dazu gleich mehr.

- Schließlich haben Sie noch die Möglichkeit, Notizen und Anlagen in den Journaleintrag aufzunehmen, den Eintrag einer Kategorie zuzuordnen, ihn mit einem Kontakt zu verbinden oder ihn als privat zu kennzeichnen, damit seine Details vor den Augen neugieriger Kollegen und Stellvertreter verborgen bleiben.

3. Zum Schluss klicken Sie die Schaltfläche *Speichern und Schließen* an, um den Eintrag in Ihr Journal aufzunehmen.

Tabelle 21.1: Eintragstypen für Journaleinträge

Aufgabe	Brief	Microsoft Access
Aufgabenanfrage	E-Mail-Nachricht	Microsoft Excel
Antwort auf Aufgabenanfrage	Fax	Microsoft PowerPoint
Besprechung	Notiz	Microsoft Word
Besprechungsanfrage	Remote-Sitzung	Dokument
Besprechungsabsage	Telefonanruf	
Antwort auf Besprechungsanfrage		

Zeitmessung und Telefonanrufe

Wenn Sie das Journal-Dialogfeld zur manuellen Aufnahme eines Journaleintrags aufrufen, wählt Outlook automatisch »Telefonanruf« als Eintragstyp aus, in der Annahme, dass der hauptsächliche Grund für die Erstellung eines manuellen Journaleintrags das Festhalten von Telefonanrufen ist.

Tatsächlich spricht einiges dafür, dass Sie Ihre Telefonate mithilfe des Journals protokollieren. Zum einem ist das Telefonieren eine der wenigen typischen Büroarbeiten, für die es kein spezielles Outlook-Element gibt. Das Journal seinerseits stellt unter den Outlook-Komponenten diejenige Komponente dar, die am besten für die Aufzeichnung von Telefonaten eingerichtet ist. Nicht dass Sie mich missverstehen, Sie können Ihre Telefonate nicht in dem Sinne aufzeichnen, dass Sie sie später wie von einem Tonband wieder abspielen können (jedenfalls derzeit noch nicht), aber Sie können die Dauer des Telefonats protokollieren und während des Anrufs Notizen in das Notizenfeld des Journal-Dialogs eintragen. Name und Firma des Gesprächspartners können Sie über die Felder *Firma* und *Kontakte* festhalten. Da auch Microsoft die besondere Eignung des Journals für die Protokollierung von Telefonaten erkannt hat, unterstützt es diese Option noch weiter:

- Für neue Journaleinträge ist automatisch der Eintragstyp *Telefonanruf* ausgewählt.

- Wenn man über den Befehl AKTIONEN/KONTAKT ANRUFEN Outlook zum Anwählen eines Kontakts verwendet, findet man im Dialogfeld *Neuer Telefonanruf* eine Option, die bei Anrufbeginn automatisch einen neuen Journaleintrag öffnet.

- Für die Anzeige der Telefoneinträge gibt es eine eigene Journalansicht.

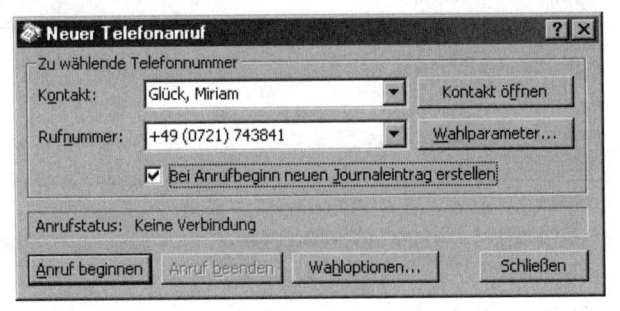

Bild 21.5: Kontakt anrufen

Nehmen wir an, Sie beginnen gerade ein Telefongespräch (wobei es keine Rolle spielt, ob Sie angerufen haben oder angerufen wurden). *Beispiel*

1. Sie haben das Journal-Dialogfeld geöffnet und wählen als Erstes die Schaltfläche *Zeitmessung beginnen*, um die Stoppuhr von Outlook zu starten.

Kapitel 21: Journal

> **INFO**
>
> *An dem umlaufenden Zeiger in dem Uhrsymbol können Sie ablesen, dass die Zeitmessung gestartet wurde. wie viel Zeit seit dem Start der Zeitmessung verstrichen ist, wird Ihnen im Feld* Dauer *angezeigt.*

2. Während Sie Ihr Telefongespräch führen, können Sie Notizen zu dem Gespräch im Eingabefeld des Journal-Dialogs festhalten.

3. Wenn Sie auflegen, wählen Sie die Schaltfläche *Zeitmessung anhalten*, um die Zeitmessung zu stoppen.

4. Sofern nicht schon geschehen, können Sie jetzt noch den Betreff und die Daten zu dem Gesprächspartner (Firma, Kontakt) eintragen. Dann speichern und schließen Sie den Journal-Dialog.

Der Telefonanruf wird daraufhin als Journaleintrag gespeichert.

Bild 21.6: Journaleintrag für Telefonanruf

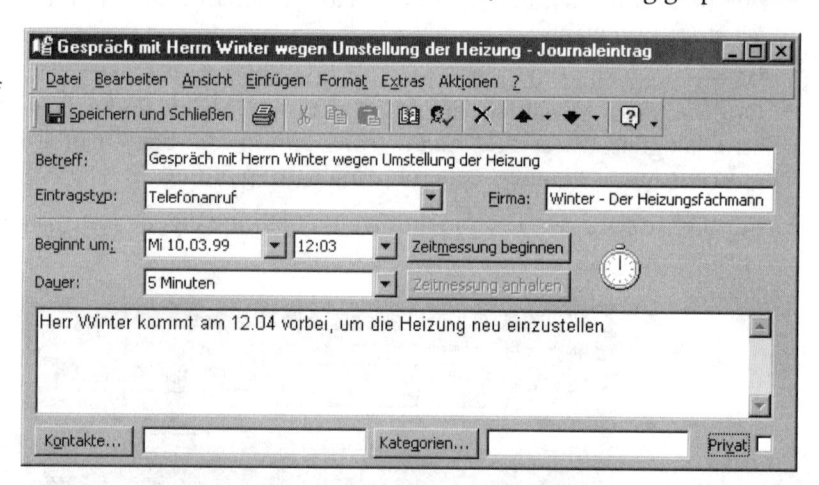

Bild 21.7: Telefonanruf im Journal

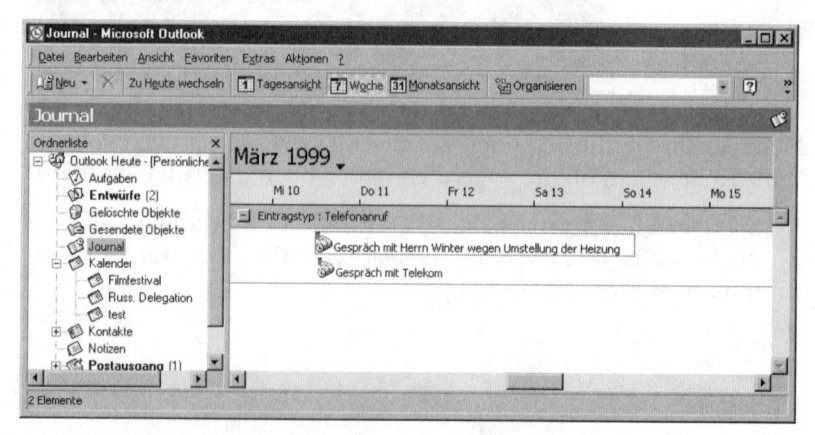

Das Journal als Stechuhr

Die Stoppuhr des Journals kann aber mehr als nur die Dauer einzelner Gespräche messen:

- Sie können die Stoppuhr anhalten und später weiterlaufen lassen.
- Sie können die Stoppuhr nutzen, ohne dass Outlook geöffnet sein muss.

Beispiel

Nehmen wir an, Sie arbeiten in Gleitzeit oder sind freier Mitarbeiter, der zu Hause arbeitet, und wollen das Journal zur Kontrolle Ihrer Arbeitszeit nutzen.

Das erste, was Sie machen, wenn Sie mit der Arbeit beginnen, wäre demnach den Rechner zu starten und Outlook aufzurufen. Dann drücken Sie die Tastenkombination [Strg]+[⇧]+[J], um einen neuen Journaleintrag einzurichten, der den Beginn Ihrer Arbeitszeit markiert.

Bild 21.8: Festhalten der Arbeitszeit

Sie geben den Betreff ein, beispielsweise »Beginn der Arbeitszeit« und wählen einen Eintragstyp aus. Wirklich passen tut keiner der vordefinierten Eintragstypen – wir sind in unserer Auswahl also völlig frei. Eine Möglichkeit wäre beispielsweise, einen Eintragstyp als Sammelsurium für alle Einträge zu verwenden, die sich nicht anderweitig einordnen lassen.

Für Einträge, zu denen es keinen passenden Eintrag gibt, empfiehlt sich die Zuordnung zu einer Kategorie (siehe auch Kapitel 17.1).

:-) TIPP

Die Anfangszeit wurde bereits von der Systemzeit des Rechners übernommen. Bleibt noch die Frage zu klären, wie die Arbeitszeit gemessen werden soll:

- Sie könnten am Ende der Arbeitszeit den Journaleintrag »Beginn der Arbeitszeit« erneut aufrufen und die Dauer selbst berechnen (Differenz zwischen aktueller Zeit und Zeitpunkt der Arbeitsaufnahme) und eintragen.

- Sie könnten einen eigenen Journaleintrag für das »Ende der Arbeitszeit« erstellen und später, wenn Sie zusammenstellen, wie lange Sie in der vergangenen Woche gearbeitet haben, errechnen Sie aus der Differenz zwischen Beginn und Ende der Arbeitszeit die Dauer.

Nachteilig an diesen Verfahren ist, dass Sie in diesen Fällen die Dauer der Arbeitszeit für jeden Tag selbst ausrechnen müssen. Wenn Sie dann noch die Arbeit mehrfach unterbrechen mussten (als Heimarbeiter müssen Sie sich beispielsweise das Mittagessen anrichten oder Sie bekamen Besuch von einem Freund), kann das Berechnen der effektiven Arbeitszeit recht umständlich sein.

Bequemer ist es, die Möglichkeiten der Zeitmessung mit Outlook voll auszunutzen:

1. Legen Sie bei Arbeitsbeginn einen neuen Journaleintrag für die Protokollierung der Arbeitszeit fest ([Strg]+[⇧]+[J]).

2. Speichern Sie zur Sicherheit den Eintrag (Befehl DATEI/SPEICHERN). Dies nur zur Sicherheit, damit bei unerwarteten Systemabstürzen wenigstens die Anfangszeit im Journal eingetragen ist.

3. Wählen Sie die Schaltfläche *Zeitmessung beginnen*.

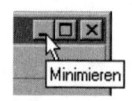

4. Danach minimieren Sie das Dialogfeld des Journaleintrags. Nicht den Dialog schließen – die Zeitmessung würde sonst sofort gestoppt.

Sie können danach ganz normal mit Outlook und natürlich auch mit den anderen Programmen auf Ihrem Rechner weiterarbeiten, während Ihre Arbeitszeit protokolliert wird.

Sie können auch für mehrere Journaleinträge gleichzeitig die Dauer messen lassen. Beachten Sie aber, dass jede Zeitmessung eine zusätzliche Belastung für Ihren Prozessor darstellt.

5. Wenn Sie jetzt Ihre Arbeit unterbrechen müssen, sei es, dass Sie Besuch bekommen oder einfach ein Nickerchen einschieben wollen, rufen Sie das Dialogfeld für den Journaleintrag auf (in Taskleiste anklicken) und wählen die Schaltfläche *Zeitmessung anhalten*. Wenn Sie später die Arbeit wieder aufnehmen, klicken Sie erneut auf die Schaltfläche *Zeitmessung beginnen*.

21.3 Automatische Journaleinträge

Die Aktivitäten, die Sie automatisch aufzeichnen lassen können, kann man in zwei Kategorien teilen:

Kontaktbezogene Aktivitäten

Für E-Mails, die Sie von ausgesuchten Kontakten empfangen oder an diese senden, werden automatisch Journaleinträge aufgenommen. Die betreffenden E-Mails sind als Verknüpfungen in den Journaleinträgen enthalten. Folgende Varianten von E-Mails können Sie dabei protokollieren lassen:

- Antwort auf Aufgabenanfrage
- Antwort auf Besprechungsanfrage
- Aufgabenanfrage
- Besprechungsanfrage
- Besprechungsabsage
- (ganz normale) E-Mail-Nachricht

Arbeiten an Office-Dokumenten

Des Weiteren können Sie protokollieren lassen, wie lange Sie an welchen Dokumenten der Office-Programme gearbeitet haben (genau genommen wird protokolliert, wie lange Sie die Dokumente geöffnet hatten).

Die Aufzeichnung funktioniert aber erst ab der Office-Version 97.

Automatische Protokollierung einrichten

Die automatische Protokollierung ist per Voreinstellung komplett deaktiviert – weswegen beim ersten Aufruf des Journals automatisch das Dialogfeld aus Bild 21.2 aufspringt, dass Sie mehr oder weniger deutlich auf diesen Umstand hinweist.

Um die automatische Protokollierung zu aktivieren, müssen Sie das Dialogfeld mit den Journaloptionen aufrufen.

Sie können dazu im Dialogfeld aus Bild 21.2 die Schaltfläche *Ja* anklicken oder in Outlook den Befehl EXTRAS/OPTIONEN aufrufen und auf der Registerkarte *Einstellungen* die Schaltfläche *Journaloptionen* wählen.

Bild 21.9:
Die Journalfunktion konfigurieren

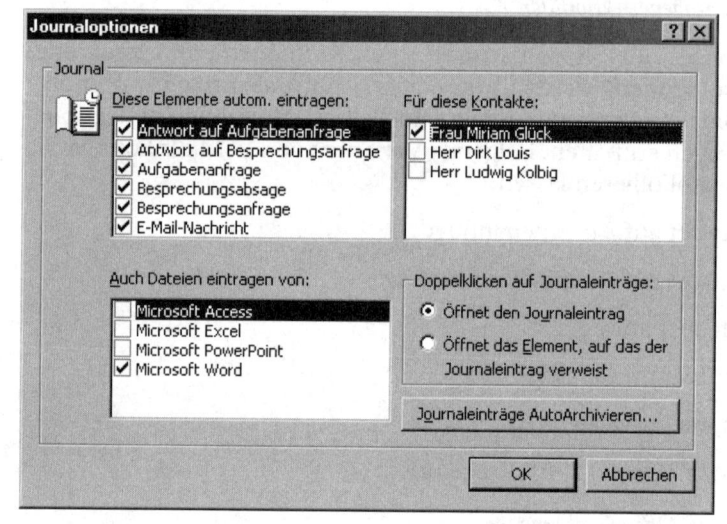

Im Feld *Diese Elemente autom. eintragen* markieren Sie die Elemente, die – wer hätte es vermutet – automatisch als Journaleinträge verpackt in Ihr Journal aufgenommen werden sollen.

Allerdings werden nicht alle diese Elemente in Ihr Journal eingetragen, sondern nur die Elemente, die von einem bestimmten Kontakt stammen oder an diesen gesendet wurden. Wählen Sie also als Nächstes im Feld *Für diese Kontakte* aus, für welche Kontakte die Aufzeichnung erfolgen soll.

Unabhängig von den Kontakten können Sie auswählen, für welche Typen von Office-Dokumenten Sie die Bearbeitungszeiten protokollieren lassen wollen. Den Journaleinträgen werden Verknüpfungen zu den Office-Dokumenten als Anlage hinzugefügt.

Bearbeitungszeiten für Office-Dokumente festhalten

Anhand eines Beispiels wollen wir kurz die Aufzeichnung der Bearbeitungszeiten an einem Office-Dokument durchspielen.

> *Voraussetzung ist, dass Sie über ein Programm aus der Office-Familie verfügen, das nicht älter als die 97-Reihe ist. Im Beispiel verwende ich Microsoft Word, aber Sie können die folgenden Ausführungen natürlich auch mit einem anderen Programm der Office-Familie nachvollziehen. Benutzer der 97-Version von Office seien darauf hingewiesen, dass die Aufzeichnung möglicherweise nur für neu erstellte Dokumente funktioniert.*

Wechseln Sie ins Journal:

1. Rufen Sie das Dialogfeld mit den Journaloptionen auf (über den Befehl EXTRAS/OPTIONEN, siehe oben), und aktivieren Sie die Option *Microsoft Word*.

2. Schließen Sie die Dialogfelder.

3. Rufen Sie Word auf, und laden Sie eine Datei zur Bearbeitung. Im Hintergrund startet Outlook unbemerkt die Protokollierung.

4. Bearbeiten Sie Ihre Datei, speichern Sie die Ergebnisse, und schließen Sie die Datei. Das Schließen der Datei ist für Outlook das Signal, die Protokollierung zu beenden.

5. Um den Journaleintrag im Journal anzeigen zu lassen, müssen Sie die Anzeige aktualisieren lassen. Verlassen Sie kurz das Journal (wechseln Sie beispielsweise zum Kalender), und öffnen Sie dann wieder das Journal. Der Journaleintrag für das Dokument sollte jetzt angezeigt werden.

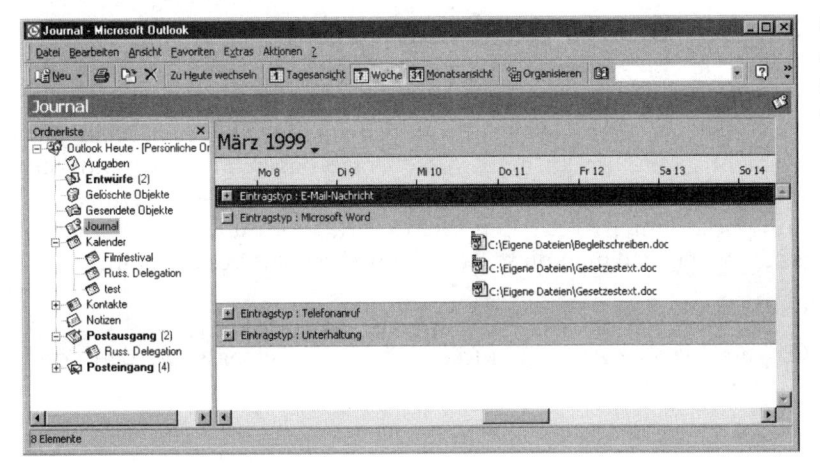

Bild 21.10: Journaleinträge für Office-Dokumente

> *Wenn Sie ein und dieselbe Datei mehrmals hintereinander zur Bearbeitung öffnen und schließen, wird für jedes Öffnen/Schließen der Datei ein eigener Journaleintrag erstellt.*

21.4 Outlook-Elemente in Journaleinträge umwandeln

Neben der manuellen Erstellung und der automatischen Erstellung von Journaleinträgen gibt es noch die semi-automatische Erstellung. Das heißt, man kopiert mit der Maus (oder mithilfe des Befehls BEARBEITEN/IN ORDNER KOPIEREN) ein bestehendes Outlook-Element – sei es einen Termin, eine Aufgabe, einen Kontakt, eine Notiz oder eine E-Mail – in den Journal-Ordner.

Outlook erstellt daraufhin auf der Grundlage des Elements einen neuen Journaleintrag. Soweit es geht, versucht Outlook dabei die Felder des Journal-Dialogfelds mit Daten aus den Feldern des Originalelements zu füllen, so dass der Bearbeitungsaufwand für Sie minimal ist. Des Weiteren erhält der Journaleintrag eine Verknüpfung zu dem Originalelement.

> *Journaleinträge für bestehende Outlook-Elemente erhalten immer eine Verknüpfung zu dem Originalelement. Das kann allerdings nur gut gehen, so lange das Originalelement auch weiterhin vorhanden ist. Outlook unterstützt daher nur das Kopieren, nicht aber das Verschieben von Outlook-Elementen in Journal-Ordner.*

21.5 Das Journal auswerten

Nachdem Sie fleißig Journaleinträge aufgezeichnet haben, stellt sich die Frage, was Sie mit diesen Einträgen anfangen können. Nein, das ist nicht ganz korrekt, denn diese Frage haben Sie sich natürlich schon vorab beantwortet: Sie sind an der chronologischen Aufzeichnung bestimmter Aktivitäten interessiert. Worum es uns jetzt geht, ist die Frage, wie man diese Aufzeichnungen auswerten kann.

Outlook unterstützt Sie in diesem Punkt durch:

- verschiedene Ansichten (die individuell angepasst werden können)
- die Zeitskala

- die Zuordnung zu Kategorien
- die Suchoptionen
- die Zusammenarbeit mit anderen Programmen, beispielsweise Excel

Ansichten des Journals

Outlook definiert für Ihre Journaleinträge sechs verschiedene Standardansichten: drei Ansichten, die auf der Zeitskala beruhen und drei tabellarische Ansichten.

Tabelle 21.2: Ansichten für Journaleinträge

Ansicht	Beschreibung
Nach Typ	
	Die einzelnen Journaleinträge werden – nach Eintragstyp gruppiert – untereinander aufgeführt und entsprechend Ihrer Anfangszeiten an der horizontalen Zeitskala ausgerichtet.
Nach Kontakt	Ebenfalls auf der Zeitskala basierende Ansicht, bei der die Journaleinträge nach Kontakten gruppiert werden.
	Diese Ansicht hat aber den Nachteil, dass die Journaleinträge für die einzelnen Kontakte auf der Zeitskala weit verstreut liegen können und dass Kontakte, die unter mehreren Namen gespeichert wurden, unter Umständen auch mehrfach aufgeführt werden.
	Eine gute Alternative zu dieser Ansicht ist die Registerkarte *Aktivitäten*, Option *Journal*, des Kontakt-Dialogfelds.
Nach Kategorie	Dritte auf der Zeitskala basierende Ansicht, bei der die Journaleinträge nach Kategorie gruppiert werden.
	Nur nützlich, wenn Sie Ihre Journaleinträge auch Kategorien zugewiesen haben. Kategorien, vordefinierte wie selbstdefinierte, können beispielsweise als Ergänzung zu den Eintragstypen verwendet werden.

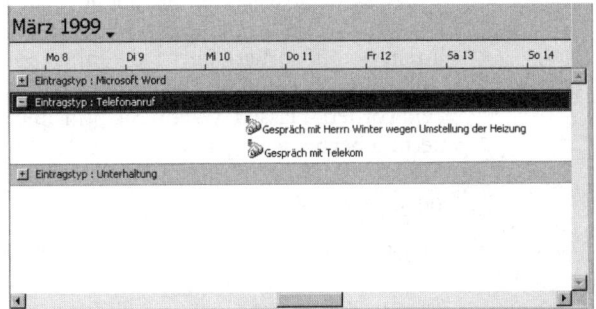

Ansicht	Beschreibung
Eintragsliste	Tabellarische Ansicht, in der alle Journaleinträge angezeigt werden. Per Voreinstellung sind die Journaleinträge nach Ihrem Betreff sortiert, aber Sie können Sie natürlich durch einfachen Klick auf die Spaltenüberschrift nach dem *Beginn*-Feld sortieren lassen. (Wenn Sie prinzipiell eine andere Sortierung bevorzugen, passen Sie die Ansicht an: Befehl ANSICHT/AKTUELLE ANSICHT/AKTUELLE ANSICHT ANPASSEN).
Letzte sieben Tage	Gleiche Ansicht wie die Eintragsliste; allerdings werden nur die Journaleinträge der letzten sieben Tage angezeigt. Die Ansicht definiert dazu ein entsprechendes Filterkriterium (Befehl ANSICHT/AKTUELLE ANSICHT/AKTUELLE ANSICHT ANPASSEN, Schaltfläche *Filtern*).
Telefonanrufe	Tabellarische Ansicht, in der nur die aufgezeichneten Telefonanrufe angezeigt werden.

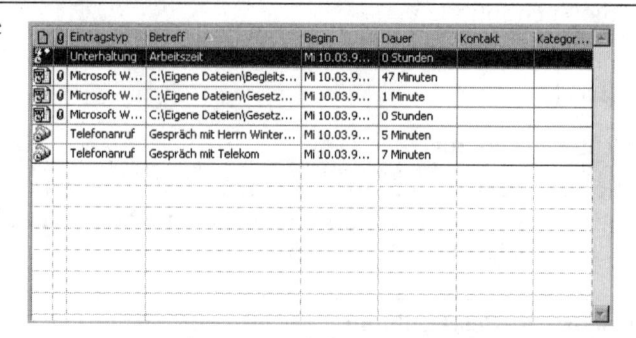

Über die Befehle ANSICHT/AKTUELLE ANSICHT/AKTUELLE ANSICHT ANPASSEN und ANSICHT/AKTUELLE ANSICHT/ANSICHTEN DEFINIEREN können Sie bestehende Ansichten an Ihre Bedürfnisse anpassen beziehungsweise neue Ansichten von Grund auf oder auf der Basis einer Kopie einer bestehenden Ansicht neu einrichten (siehe hierzu Kapitel 16.9).

Die Zeitskala

Die Ansichten *Nach Typ, Nach Kontakt* und *Nach Kategorie* verwenden alle eine Zeitskala, an der die Journaleinträge ausgerichtet werden.

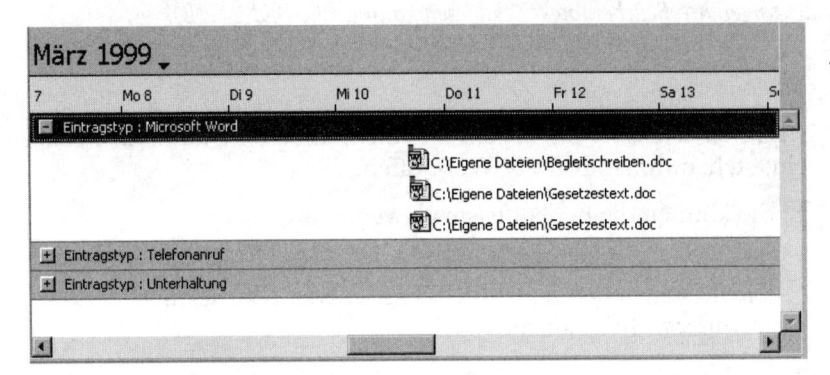

Bild 21.11: Zeitskala in Wochenansicht

Skalierung ändern

Für die Zeitskala stehen Ihnen in der Standard-Symbolleiste vier interessante Schaltflächen zur Verfügung:

Zu Heute wechseln	Damit Sie bei Ihren Zeitreisen entlang der Zeitskala immer schnell zurück zum aktuellen Datum finden
Tagesansicht	Zeigt in der Titelleiste der Ansicht die Tage an und in der Skala darunter die Stunden
Woche	Zeigt in der Titelleiste der Ansicht den Monat an und in der Skala darunter die Tage einer Woche
Monatsansicht	Zeigt in der Titelleiste der Ansicht den Monat an und in der Skala darunter die Tage des Monats

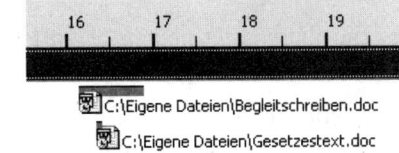

Bild 21.12: Darstellung der Bearbeitungszeit

> **INFO**
>
> *Die Tagesansicht hat den Vorteil, dass man in Ihr besser als in den anderen Ansichten den grauen Balken über den Journaleinträgen erkennen und daran die ungefähre Bearbeitungszeit ablesen kann (siehe Bild 21.12).*

Datum wechseln

Um in einer Zeitskala-Ansicht zu einem anderen Datum zu wechseln, stehen Ihnen mehrere Wege offen:

- Sie können die Bildlaufleiste verwenden.
- Sie können über die abwärts gerichteten Pfeilsymbole in der Titelleiste (stehen neben den Tages- oder Monatsangaben) den Datumswechsler aufrufen.
- Sie können im Kontextmenü der Ansicht den Befehl *Wechseln zu Datum* aufrufen, um schnell zu einem speziellen Datum zu springen.
- Sie können die Schaltfläche *Zu Heute wechseln* anklicken, um auf schnellstem Wege zum aktuellen Datum zu springen.

> **REF**
>
> *Ausführlichere Informationen zum Thema finden Sie im Kapitel zum Kalender (Abschnitte 16.1 und 16.3).*

Zeitskala formatieren

1. Zur Formatierung der Zeitskala klicken Sie mit der rechten Maustaste in die Titelleiste der Zeitskala und rufen im Kontextmenü den Befehl WEITERE EINSTELLUNGEN auf.

Neben den üblichen Optionen zur Auswahl der verwendeten Schriften, können Sie:

- die *Wochennummern anzeigen* lassen. (Die Wochenzahlen werden auch in der Tagesansicht angezeigt – neben den Tagen).
- Festlegen, wie viele Zeichen maximal für einen Journaleintrag angezeigt werden sollen und ob
- in der Monatsansicht überhaupt *Beschriftungen* zu den Journaleinträgen angezeigt werden sollen.

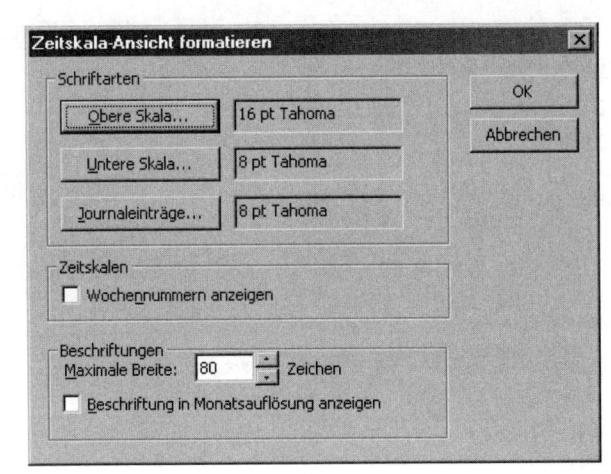

Bild 21.13: Optionen zur Formatierung der Zeitskala

> **TIPP** Wenn Sie die maximale Breite der Einträge beschneiden, bedeutet dies nicht, dass Sie die Einträge gleich öffnen müssen, um sich darüber zu informieren, was für Einträge Sie vor sich haben. Bewegen Sie einfach den Mauszeiger über den Eintrag und warten Sie bis das QuickInfo aufspringt.

Zuordnung zu Kategorien

Die Zuordnung von Journaleinträgen zu Kategorien ist nicht unbedingt nötig. Sinnvoll ist sie vor allem in zwei Fällen:

Wenn Sie viele Aktivitäten aufzeichnen lassen, kann schnell eine unübersichtliche Menge von Journaleinträgen entstehen – und dies trotz der vorgegebenen Aufteilung nach Eintragstyp und Kontakt. Wer beispielsweise mit Projekten zu tun hat, ist immer gut beraten, für diese Projekte eigene Kategorien zu definieren und dann alle Outlook-Elemente, die ein Projekt betreffen, mit der zugehörigen Kategorie zu verbinden (zur Definition eigener Kategorien siehe auch Kapitel 17.1).

Ebenfalls empfehlenswert ist die Vergabe von Kategorien für Journaleinträge, die zu keinem der vordefinierten Eintragstypen passen. Beispielsweise können Sie einen Eintragstyp als Auffangbecken für alle Journaleinträge verwenden, die im Grunde keinem der vordefinierten Eintragstypen zugehören, und diese Einträge dann durch Zuweisung einer oder mehrerer Kategorien klassifizieren.

Kapitel 21: Journal

Um einem Journaleintrag eine oder mehrere Kategorien zuzuweisen, gehen Sie wie folgt vor:

1. Rufen Sie das Dialogfeld *Kategorien* auf.

    - In einer Journalansicht klicken Sie dazu mit der rechten Maustaste auf das Symbol der Notiz und wählen im Kontextmenü den Befehl KATEGORIEN aus.

    - Ist der Journaleintrag geöffnet, finden Sie den Befehl *Kategorien* als Schaltfläche am unteren Rand des Dialogfeldes.

Bild 21.14: Kategorien auswählen

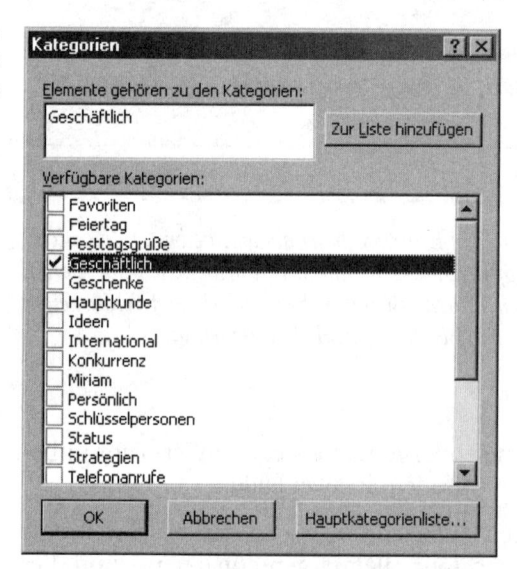

2. Wählen Sie im Dialogfeld die Kategorien aus, denen Sie den Journaleintrag zuordnen möchten. Um neue Kategorien zu definieren, müssen Sie zur *Hauptkategorienliste* wechseln.

Um schnell die Journaleinträge einer bestimmten Kategorie zu finden, lassen Sie sich die Kategorienansicht anzeigen (Befehl ANSICHT/AKTUELLE ANSICHT/NACH KATEGORIE), oder lassen Sie Outlook nach den Journaleinträgen einer Kategorie suchen.

Nach Journaleinträgen suchen

Der Grund dafür, dass Sie Journaleinträge aufzeichnen, ist der, dass Sie chronologische Übersichten erstellen wollen. Grundsätzlich werden Sie also nicht an einzelnen Journaleinträgen interessiert sein, sondern mehr an der Abfolge bestimmter Aktivitäten.

Daraus abzuleiten, dass eine Suchfunktion für Journaleinträge überflüssig ist, wäre allerdings verfrüht geurteilt, denn:

- Erstens gibt es immer Fälle, in denen man an einzelnen Journaleinträgen interessiert ist.
- Zweitens können Sie im Journal Aktivitäten aufzeichnen, die sich in keiner anderen Outlook-Komponente finden – beispielsweise Telefonate. Nach diesen Einträgen sollte man natürlich auch suchen können.
- Drittens können die Zeitskala-Ansichten unübersichtlich werden, wenn die Journaleinträge weit auseinander liegen. Dann kann einem die Suchfunktion helfen, um zu einem bestimmten Journaleintrag zu springen.

Um eine einfache Suche zu starten, rufen Sie den Befehl EXTRAS/SUCHEN auf. Sie können die Journaleinträge dann nach Eingaben im Betreff- oder Notizen-(Text-)Feld oder nach Eintragstyp, Kontakt oder Firma durchsuchen.

Für eine ausgefeiltere Suche rufen Sie Befehl EXTRAS/ERWEITERTE SUCHE auf.

Eine ausführliche Beschreibung des Dialogfelds Erweiterte Suche *finden Sie im Kapitel 16.4 bei der Beschreibung des Kalenders.*

Auswertung in Excel

Ein relativ häufiger Grund für die Protokollierung bestimmter Aktivitäten im Journal ist, dass man auf der Grundlage der auf diese Weise gesammelten Daten später Arbeitsberichte oder Statistiken erstellen möchte.

In solchen Fällen hat man für gewöhnlich die Nachbearbeitung der Daten in Excel im Sinn.

Kommen wir noch einmal auf unser Beispiel mit den Arbeitszeiten zurück. Gehen wir davon aus, dass Sie Ihre Arbeitszeiten mithilfe der Outlook-Zeitmessung aufgezeichnet und als Einträge der von Ihnen selbst definierten Kategorie »Arbeitszeit« im Journal gespeichert haben. *Beispiel*

Jetzt ist die Woche zu Ende, und Sie wollen sich eine Übersicht darüber verschaffen, wie viel Sie in der Woche gearbeitet haben.

1. Öffnen Sie das Journal.

   Als Erstes filtern Sie die Einträge heraus, die Sie interessieren. Dies sind die Einträge der Kategorie »Arbeitszeit«.

2. Rufen Sie den Befehl ERWEITERTE SUCHE auf.

3. Wählen Sie auf der Registerkarte *Weitere Optionen* die Kategorie »Arbeitszeit« aus.

4. *Starten* Sie die Suche.

Bild 21.15:
Journaleinträge
herausfiltern

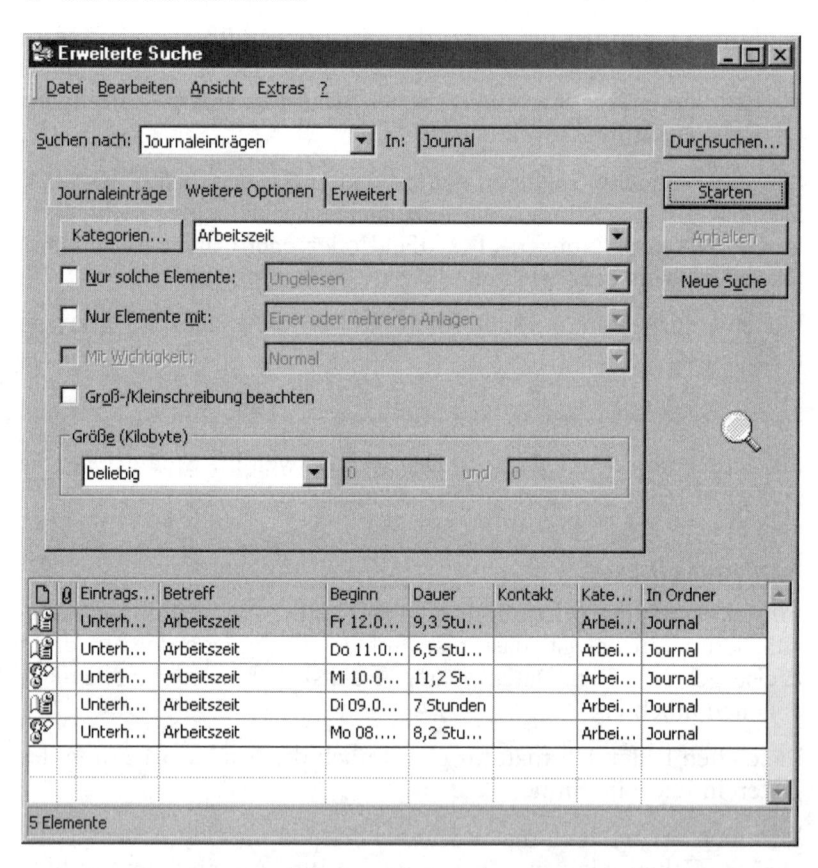

Der nächste Schritt besteht darin, die Daten für den Transfer zu Excel vorzubereiten. Zu diesem Zwecke wählen wir die Felder aus, die uns interessieren, und lassen die Einträge nach dem Datum sortieren.

5. Klicken Sie mit der rechten Maustaste in eines der leeren Felder der Tabelle, und rufen Sie im Kontextmenü den Befehl AKTUELLE ANSICHT ANPASSEN auf.

6. Klicken Sie im Dialog *Zusammenfassung anzeigen* auf die Schaltfläche *Felder*, um festzulegen, welche Felder in der Tabelle in welcher Reihenfolge angezeigt werden sollen. (Sollten Sie mit der Anpassung von Ansichten nicht ausreichend vertraut sein, lesen Sie in Kapitel 16.9 nach.) Entfernen Sie nicht benötigte Felder (beispielsweise den *Eintragstyp*), und nehmen Sie eventuell andere Felder auf.

7. Klicken Sie im Dialogfeld *Zusammenfassung anzeigen* auf die Schaltfläche *Sortieren*, um festzulegen, wie die Einträge sortiert werden sollen. Wählen Sie dazu im Feld *Sortieren nach* das Feld *Beginn* aus, und aktivieren Sie die Option *Aufsteigend*.

Jetzt transferieren wir die Daten nach Excel.

8. Rufen Sie Excel auf, und öffnen Sie eine leere Tabelle.

9. Lassen Sie Excel und den Suchen-Dialog nebeneinander anzeigen.

10. Markieren Sie die zu übertragenden Einträge (beispielsweise mithilfe des Befehl BEARBEITEN/ALLES MARKIEREN).

11. Ziehen Sie die Einträge mit der Maus aus dem Suchen-Dialog in die Excel-Tabelle, und legen Sie sie dort ab.

Zum Schluss müssen/können Sie die Tabelle in Excel nachbearbeiten.

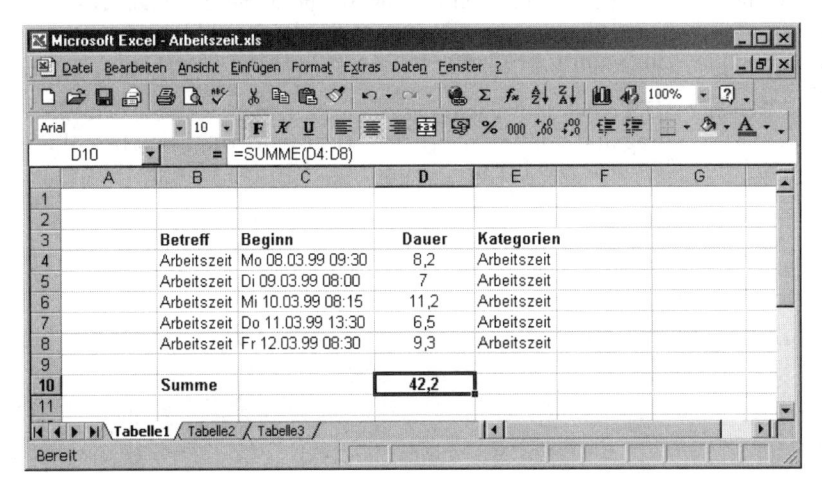

Bild 21.16: Journaleinträge in Excel

> **INFO**
>
> *Eine weitere Möglichkeit, Outlook-Daten nach Excel zu exportieren, bietet der Befehl* IMPORTIEREN/EXPORTIEREN *aus dem Menü* DATEI *(siehe Kapitel 27.5).*

21.6 Arbeiten im Journal

Nachdem Sie einen Journaleintrag eingerichtet haben, stehen Ihnen folgende Bearbeitungsmöglichkeiten zur Verfügung:

Allgemeine Arbeiten

Öffnen und Lesen	Einfach auf den Journaleintrag in der Ansicht doppelklicken
Öffnen	Wenn Sie nur das Element öffnen wollen, auf welches der Journaleintrag verweist, rufen Sie im Kontextmenü den Befehl ELEMENT ÖFFNEN, AUF DAS VERWIESEN WIRD auf.
Kategorie ändern	Im Kontextmenü den Befehl KATEGORIE aufrufen
Drucken	Den Journaleintrag markieren und im Kontextmenü oder im Menü DATEI den Befehl DRUCKEN aufrufen. Der Befehl im Menü DATEI ruft vor dem Drucken das Dialogfeld *Drucken* auf. (Mehr über die Optionen zum Drucken, beispielsweise die Definition eigener Druckformate oder die Seiteneinrichtung können Sie in Kapitel 16.5 nachlesen.)
Weiterleiten	Um einen Journaleintrag als Anlage zu einer E-Mail an jemanden zu versenden, rufen Sie den Befehl WEITERLEITEN im Kontextmenü oder im Menü AKTIONEN auf.
Löschen	Um einen Journaleintrag zu löschen, markieren Sie den Eintrag und drücken die ⌊Entf⌉-Taste (oder rufen den Befehl BEARBEITEN/LÖSCHEN auf).

21.7 Das Journal konfigurieren

Die Konfiguration des Journals umfasst im Wesentlichen drei Bereiche:

- Sie können festlegen, welche Elemente automatisch aufgezeichnet werden sollen. Rufen Sie dazu den Befehl EXTRAS/OPTIONEN auf, und klicken Sie auf der Registerkarte *Einstellungen* auf die Schaltfläche *Journaloptionen* (siehe Abschnitt 21.3).

- Sie können die Ansichten des Journals anpassen: durch direkte Anpassung oder durch Neudefinition von Ansichten (Befehle im Menü ANSICHT/AKTUELLE ANSICHT, siehe Kapitel 16.9) sowie durch Konfiguration der Zeitskala (Befehl WEITERE EINSTELLUNGEN im Kontextmenü der Zeitskala, siehe Abschnitt 21.4).

- Sie können die Eigenschaften des oder der Journalordner setzen. Markieren Sie dazu den Ordner, und rufen Sie im Kontextmenü den Befehl EIGENSCHAFTEN auf (siehe Kapitel 27.3).

Notizen

Kapitel 22

E s gibt zwei Sorten von Notizzetteln:

- Zum einem die losen Zettel, die griffbereit als Block auf dem Schreibtisch liegen und die auf unerklärliche Weise verschwinden, sobald man sie beschrieben hat.
- Zum anderen die selbstklebenden Zettel, die ökologisch wohl kaum korrekt, aber einfach zu praktisch sind, als dass man sie nicht überall hinkleben müsste.

Outlook kennt noch eine dritte Variante:

- Die elektronischen Zettel, die nicht verlorengehen, und die ökologisch (nahezu) vollkommen unbedenklich sind.

22.1 Notizen aufsetzen

Sicherlich kennen Sie das: Sie sitzen gerade vollkommen vertieft bei der Arbeit und plötzlich schießt Ihnen ein Gedanke durch den Kopf: ein Hula-Hoop-Reifen wäre genau das richtige Geburtstagsgeschenk für Ihren etwas aus der Form geratenen Freund Herbert. Was machen Sie? Sie wechseln von der Datenbankanwendung, mit der Sie gerade gearbeitet haben, zu Outlook und ...

1. klicken in der Outlook-Leiste auf die Verknüpfung NOTIZEN,
2. doppelklicken auf den Hintergrund der Notizenansicht,
3. tippen in den angezeigten Notizzettel Ihre Idee ein und

Kapitel 22: Notizen

4. schließen das Notizfenster, woraufhin die Notiz gespeichert und in der Notizansicht angezeigt wird.

Bild 22.1:
Ein geöffneter Notizzettel

Für Heribert zum Geburtstag einen

Hula-Hoop-Reifen

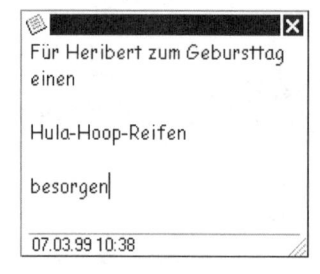

besorgen

07.03.99 10:38

Bild 22.2:
Die Notizenansicht

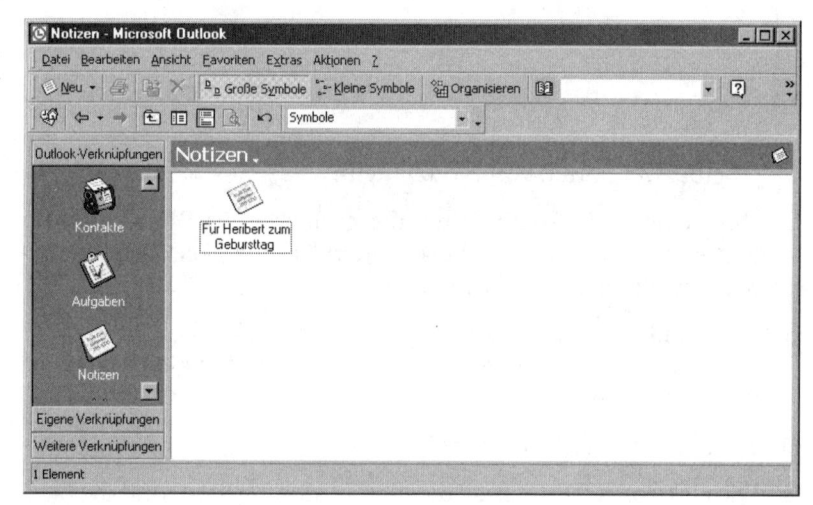

Konventionen für das Anlegen von Notizen

Die erste Zeile der Notiz verwendet Outlook als »Betreff«. Dieser Betreff wird in den verschiedenen Notizenansichten angezeigt – in der Symbole-Ansicht beispielsweise unter dem Symbol (siehe Bild 22.2).

Sie können also gleich beim Schreiben der Notiz dazu beitragen, dass Sie die Notiz später jederzeit schnell wiederfinden, indem Sie die wichtigsten Schlagwörter der Notiz (in obigem Beispiel wären dies »Heribert« und »Geburtstag«) in die erste Zeile packen.

:-) TIPP

Keine schlechte Angewohnheit ist in diesem Zusammenhang, die Notizen quasi mit einem Titel zu versehen.

Outlook bietet Ihnen auch die Möglichkeit, Ihre Notizen durch unterschiedliche Farben und durch die Zuordnung zu Kategorien zu kennzeichnen und zu organisieren (mehr hierzu in Abschnitt 22.2).

1. Um einer Notiz eine Farbe und eine oder mehrere Kategorien zuzuweisen, klicken Sie mit der *linken* Maustaste auf das Notizensymbol in der Titelleiste des Notizzettels.
2. In dem aufklappenden Menü wählen Sie einen der Befehle FARBE oder KATEGORIEN.

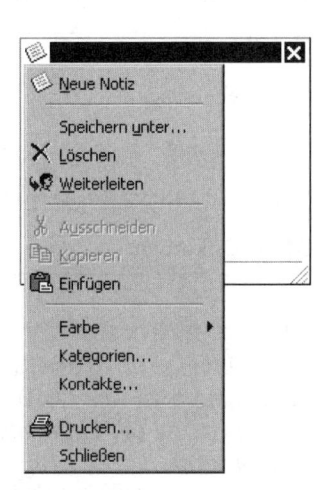

Bild 22.3: Farbe oder Kategorie zuordnen

Notizen (und andere Outlook-Elemente) schnellstmöglich notieren

Meist hat man es recht eilig, wenn man etwas notieren möchte. Wie oft passiert es, dass man bei einer Firma oder einem Amt anruft und von der Telefonzentrale zu hören bekommt, dass der gewünschte Gesprächspartner gerade telefoniert. »Wollen Sie warten oder soll ich Ihnen die Durchwahl geben?« Jetzt heißt es schnell handeln. Wenn Sie den Computer neben sich stehen und Outlook geöffnet haben, kein Problem:

1. Wechseln Sie zu Outlook.
2. Drücken Sie die Tastenkombination [Strg]+[⇧]+[N].

Wenn Sie das Untermenü DATEI/NEU öffnen, sehen Sie, dass es für alle Outlook-Elemente eine entsprechende [Strg]+[⇧]-Tastenkombination gibt.

Kapitel 22: Notizen

Tabelle 22.1: Tastenkombinationen für neue Outlook-Elemente

Outlook-Element	Tastenkombination	
E-Mail-Nachricht	[Strg]+[⇧]+[M]	für M_ail
Termin	[Strg]+[⇧]+[A]	für A_ppointment
Besprechungsanfrage	[Strg]+[⇧]+[Q]	für Q_uery
Kontakt	[Strg]+[⇧]+[C]	für C_ontact
Verteilerliste	[Strg]+[⇧]+[L]	für L_ist
Aufgabe	[Strg]+[⇧]+[T]	für T_ask
Aufgabenanfrage	[Strg]+[⇧]+[Z]	
Journaleintrag	[Strg]+[⇧]+[J]	für J_ournal
Notiz	[Strg]+[⇧]+[N]	für N_ote
Office-Dokument	[Strg]+[⇧]+[H]	

> **INFO**
>
> *Die Buchstaben der Tastenkombination entstammen leider den englischen Bezeichnungen für die Outlook-Elemente, weswegen Sie nicht so leicht zu memorieren sind (als Hilfe habe ich die englischen Begriffe in die Tabelle mit aufgenommen). Bleibt zu hoffen, dass in einer späteren deutschen Version die Tastaturkürzel lokalisiert sind.*

Das Gute an diesen Tastenkombinationen ist, dass man Sie jederzeit aufrufen kann, unabhängig davon, welche Komponente von Outlook gerade aktiviert ist.

Wenn Sie also gerade dabei sind, Ihre eingegangenen Mails zu sichten und sich zwischenzeitlich etwas notieren möchten, drücken Sie einfach die Tastenkombination [Strg]+[⇧]+[N]. Outlook ruft daraufhin das Eingabeformular für Notizen auf.

Je nach eingetippter Tastenkombination ruft Outlook das zugehörige Eingabeformular auf. Wenn Sie das Formular schließen, speichert Outlook das Element in dem zugehörigen Ordner, wechselt aber nicht in diesen. Sie kehren also nach dem Abschicken des Eingabeformulars wieder zu dem Ordner zurück, mit dem Sie beim Drücken der Tastenkombination gearbeitet haben.

Die Elemente, die zu dem gerade geöffneten Ordner gehören, werden im Untermenü DATEI/NEU nicht in der Liste der ⌊Strg⌋+⌊⇧⌋-Tastenkombination aufgeführt. Stattdessen stellt sie Outlook als einfache ⌊Strg⌋+⌊N⌋-Kombinationen an den Anfang des Menüs, was durchaus sinnvoll ist, denn schließlich werden Sie am häufigsten Elemente vom Typ des aktuell geöffneten Ordner anlegen wollen. Nichtsdestotrotz ist die ⌊Strg⌋+⌊⇧⌋-Tastenkombination für diese Elemente aber auch weiterhin verfügbar – auch wenn Sie im Untermenü DATEI/NEU nicht aufgeführt wird. Wer gerne mit Tastenkombinationen arbeitet, der braucht sich also nur die ⌊Strg⌋+⌊⇧⌋-Tastenkombination zu merken.

22.2 Notizen im Auge behalten

Ein entscheidender Vorteil der Outlook-Notizen ist, dass Sie nicht so schnell verlorengehen wie Papierzettel. Doch wie sieht es mit der Verfügbarkeit aus? Wie schnell findet man in Outlook eine bestimmte Notiz?

Outlook unterstützt Sie in diesem Punkt durch:

- verschiedene Ansichten (die individuell angepasst werden können)
- das Anstecken von Notizen auf dem Desktop
- farbliche Markierung
- Zuordnung zu Kategorien
- ausgefeilte Suchoptionen

Ansichten für Notizen

Outlook definiert für Ihre Notizen fünf verschiedene Standardansichten.

Kapitel 22: Notizen

Tabelle 22.2:
Ansichten für
Notizen

Ansicht	Beschreibung
Symbole	Über den Befehl ANSICHT/AKTUELLE ANSICHT/AKTUELLE ANSICHT ANPASSEN, Schaltfläche *Weitere Einstellungen* können Sie festlegen, ob die Notizen mit großen oder kleinen Symbolen angezeigt werden sollen. In obiger Abbildung sehen Sie die Ansicht mit großen Symbolen. 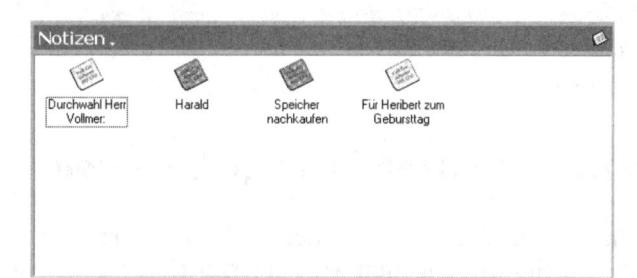
Notizenliste	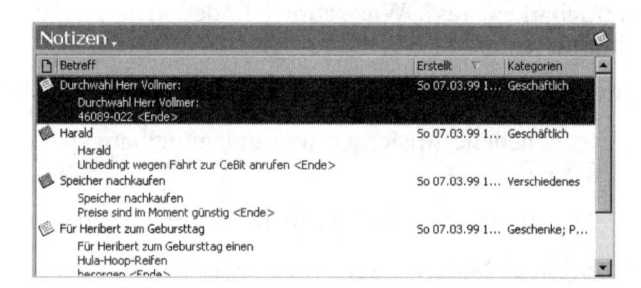 Tabellarische Ansicht, die Sie über die Spaltenüberschriften oder den Befehl ANSICHT/AKTUELLE ANSICHT/AKTUELLE ANSICHT ANPASSEN an bezüglich der Auswahl der angezeigten Felder, der Filterung und Sortierung der Notizen, etc. an Ihre Bedürfnisse anpassen können (siehe auch Kapitel 16.9).
Letzte sieben Tage	Gleiche Ansicht wie Notizenliste; allerdings werden nur die Notizen der letzten sieben Tage angezeigt. Die Ansicht definiert dazu ein entsprechendes Filterkriterium (Befehl ANSICHT/AKTUELLE ANSICHT/AKTUELLE ANSICHT ANPASSEN, Schaltfläche *Filtern*).

Ansicht	Beschreibung
Nach Kategorie	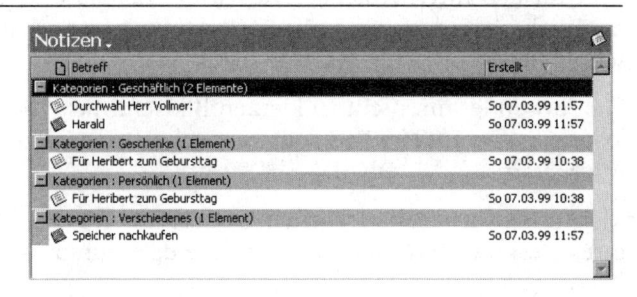 Tabellarische Ansicht, in der die Notizen nach Kategorien gruppiert sind. Die einzelnen Kategorien können über die Plus-/Minusschalter vor ihrer Titelleiste ein- und ausgeblendet werden.
Nach Farbe	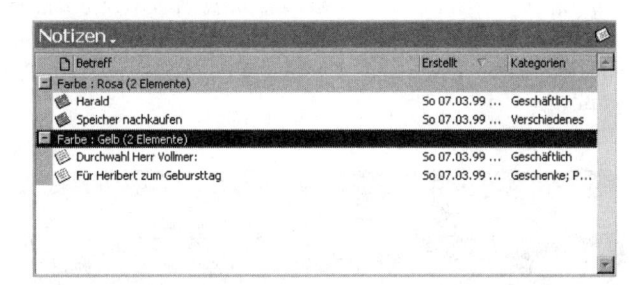 Tabellarische Ansicht, in der die Notizen nach Farben gruppiert sind. Die einzelnen Farbgruppen können über die Plus-/Minusschalter vor ihrer Titelleiste ein- und ausgeblendet werden.

Über die Befehle ANSICHT/AKTUELLE ANSICHT/AKTUELLE ANSICHT ANPASSEN und ANSICHT/AKTUELLE ANSICHT/ANSICHTEN DEFINIEREN können Sie bestehende Ansichten an Ihre Bedürfnisse anpassen beziehungsweise neue Ansichten von Grund auf oder auf der Basis einer Kopie einer bestehenden Ansicht neu einrichten (siehe hierzu Kapitel 16.9).

Notizen auf dem Desktop

Viele Leute, die täglich mit dem Computer arbeiten, haben die Angewohnheit, sich die wichtigsten Notizen mit selbstklebenden Zetteln an den Monitor zu heften.

So findet man links und rechts und oben und unten vom Bildschirm Zettel mit Notizen über die heute noch zu erledigenden Einkäufe, die wichtigsten Word-Tastaturkürzel und allzu oft auch das Passwort für den Internetdienst. Der Grund für diese Klebeaktionen ist natürlich der, dass man die Zettel immer im Auge behält und schnell die wichtigsten Notizen parat hat.

Für Anwender mit nicht zu kleinen Bildschirmen (17 Zoll und Auflösungen von 1.024 x 768 sollten es schon sein) bietet Outlook eine Alternative:

Kleben Sie Ihre elektronischen Notizen doch einfach an den Rand Ihres Desktop-Bereichs. Alles, was Sie dazu tun müssen, ist:

1. die Notiz in Outlook anzuklicken und mit gedrückter Maustaste auf den Desktop zu ziehen.

> **INFO** *Je nachdem, ob Sie zum Ziehen die linke oder rechte Maustaste verwenden oder beim Ablegen die ⇧-Taste gedrückt halten, können Sie dabei die Notiz kopieren oder verschieben (im letzteren Fall wird die Notiz in Outlook gelöscht).*

Bild 22.4: Notizen auf dem Desktop

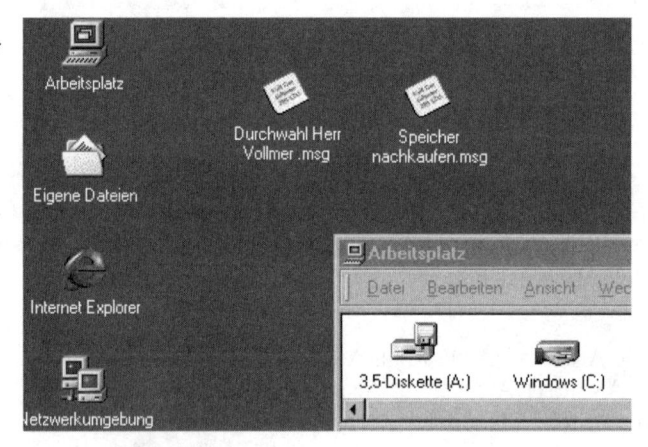

Farbliche Markierung

Auf die farbliche Markierung der Notizen sollte man nicht verzichten. Outlook stellt Ihnen zu diesem Zweck die folgenden fünf Farben zur Verfügung:

- Blau
- Grün
- Rosa

- Gelb
- Weiß

Überlegen Sie sich ein sinnvolles Farbschema, so dass Sie an der Farbe einer Notiz direkt ihre Bedeutung ablesen können.

Private Nutzer könnten beispielsweise durch die Farbe kennzeichnen, ob es sich um Notizen handelt, die privat sind oder ihre Arbeit oder ein bestimmtes Projekt betreffen. Arbeitet Ihre ganze Familie mit ein und demselben PC, könnte jedes Familienmitglied eine eigene Farbe zugewiesen bekommen.

In der Firma sollten Sie bedenken, dass für die Unterteilung in Projekte oder Aufgabengebiete die Zuordnung zu Kategorien besser geeignet, weil differenzierter, ist. Nutzen Sie die Farben lieber für andere Zwecke, beispielsweise als Signalfarben:

- dringende Notizen sind rosa,
- allgemeine Notizen, die die Arbeit betreffen, sind weiß,
- private Notizen sind blau, und so weiter.

Um einer Notiz eine Farbe zuzuweisen, gehen Sie wie folgt vor:

- In einer Notizansicht klicken Sie mit der rechten Maustaste auf das Symbol der Notiz und wählen im Kontextmenü die Farbe über das gleichnamige Untermenü aus.
- Ist die Notiz geöffnet, finden Sie das Untermenü FARBE im Kontextmenü, welches erscheint, wenn Sie mit der linken Maustaste auf das Notizensymbol in der Titelleiste des Notizfensters klicken.

> :-) TIPP
>
> *Die Standardfarbe für neue Notizen ist Gelb. Zum Ändern der Standardfarbe rufen Sie den Befehl* Extras/Optionen *auf und klicken auf der Registerkarte* Einstellungen *die Schaltfläche* Notizenoptionen *an. Im gleichnamigen Dialogfeld können Sie dann die* Standardfarbe *auswählen.*

Zuordnung zu Kategorien

Die Zuordnung der Notizen zu Kategorien ist nicht unbedingt nötig, zahlt sich langfristig aber meist aus. Mit der Zeit werden sich nämlich immer mehr Notizen ansammeln. Wenn Sie dann dank der Zuordnung der Notizen zu Kategorien die Möglichkeit haben, sich in der Ansicht NACH KATEGORIE aus über 50 Notizen mit einem

Mausklick die vier Notizen herausfiltern zu können, die Telefonnummern enthalten, wissen Sie, dass sich die Arbeit für die Zuordnung der Kategorien gelohnt hat.

Ebenfalls empfehlenswert ist die Vergabe von Kategorien für Notizen, die bestimmte Projekte betreffen. Wer mit Projekten zu tun hat, ist immer gut beraten, für diese Projekte eigene Kategorien zu definieren (nicht nur wegen der Notizen) und dann alle Outlook-Elemente, die ein Projekt betreffen, mit der zugehörigen Kategorie zu verbinden (zur Definition eigener Kategorien siehe auch Kapitel 17.1).

Um einer Notiz eine oder mehrere Kategorien zuzuweisen, gehen Sie wie folgt vor:

1. Rufen Sie das Dialogfeld *Kategorien* auf.

   – In einer Notizansicht klicken Sie dazu mit der rechten Maustaste auf das Symbol der Notiz und rufen im Kontextmenü den Befehl KATEGORIEN auf.

   – Ist die Notiz geöffnet, finden Sie den Befehl KATEGORIEN im Kontextmenü, das erscheint, wenn Sie mit der linken Maustaste auf das Notizensymbol in der Titelleiste des Notizfensters klicken.

Bild 22.5: Kategorien auswählen

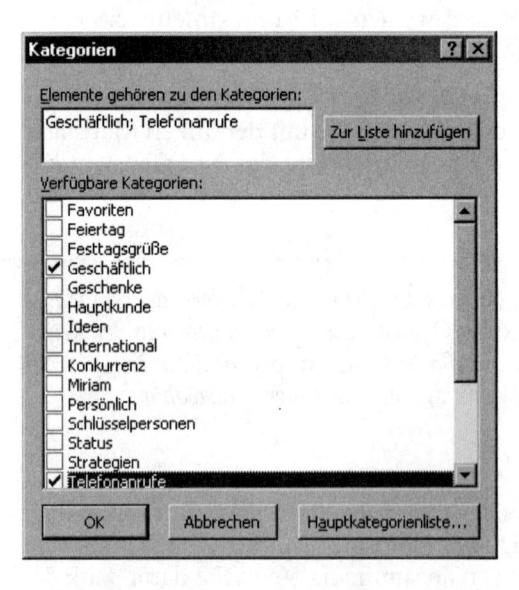

2. Wählen Sie im Dialogfeld die Kategorien aus, denen Sie die Notiz zuordnen möchten. Um neue Kategorien zu definieren, müssen Sie zur *Hauptkategorienliste* wechseln.

Um schnell die Notizen einer bestimmten Kategorie zu finden, lassen Sie sich die Kategorienansicht anzeigen (Befehl ANSICHT/AKTUELLE ANSICHT/NACH KATEGORIE), oder lassen Sie Outlook nach den Notizen einer Kategorie suchen.

Nach Notizen suchen

Ein weiterer Vorteil der elektronischen Notizen ist, dass Sie die Notizen von Outlook durchsuchen lassen können.

Wie war doch gleich noch einmal die Durchwahl von Herrn Vollmer von der Landesversicherungsanstalt? Da Sie mit Herrn Vollmer nur selten zu tun haben, haben Sie seine Telefonnummer nicht in Ihr Adressbuch übernommen, aber Sie erinnern sich, dass Sie seine Durchwahl auf einem Papierzettel notiert haben. Doch wo ist nur der Zettel?

Beispiel

Nachdem Sie Ihren Schreibtisch durchwühlt und etliche Dutzend herumfliegende Zettel gesichtet haben, geben Sie entnervt auf und lassen sich über die Zentrale der LVA verbinden.

Nun, all dies wäre Ihnen erspart geblieben, wenn Sie eine Outlook-Notiz angelegt hätten.

Dann hätten Sie den Befehl EXTRAS/SUCHEN aufgerufen, den Namen »Vollmer« als Suchbegriff eingegeben und schon hätte Ihnen Outlook die Durchwahl angezeigt.

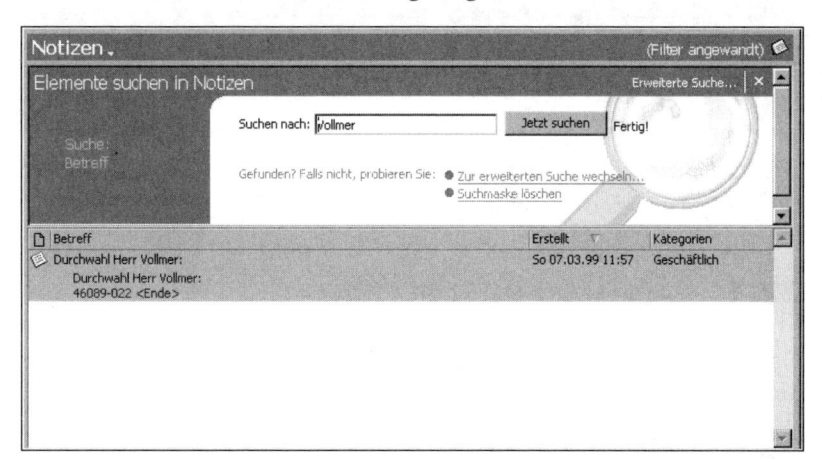

Bild 22.6:
Nach Begriffen suchen

Bei der einfachen Suche durchsucht Outlook den Text der Notizen nach einem Suchbegriff.

Nehmen wir aber einmal an, Sie könnten sich nicht mehr richtig an den Namen des Herrn Vollmer erinnern. Nehmen wir weiter an, Sie wären beim Anlegen der Notizen so umsichtig gewesen, diese mit Kategorien zu verbinden.

Dann könnten Sie jetzt den Befehl EXTRAS/ERWEITERTE SUCHE aufrufen und im Dialogfeld *Erweitere Suche* auf der Registerkarte *Weitere Optionen* die *Kategorie* spezifizieren, nach der gesucht werden soll.

Bild 22.7:
Erweiterte Suche

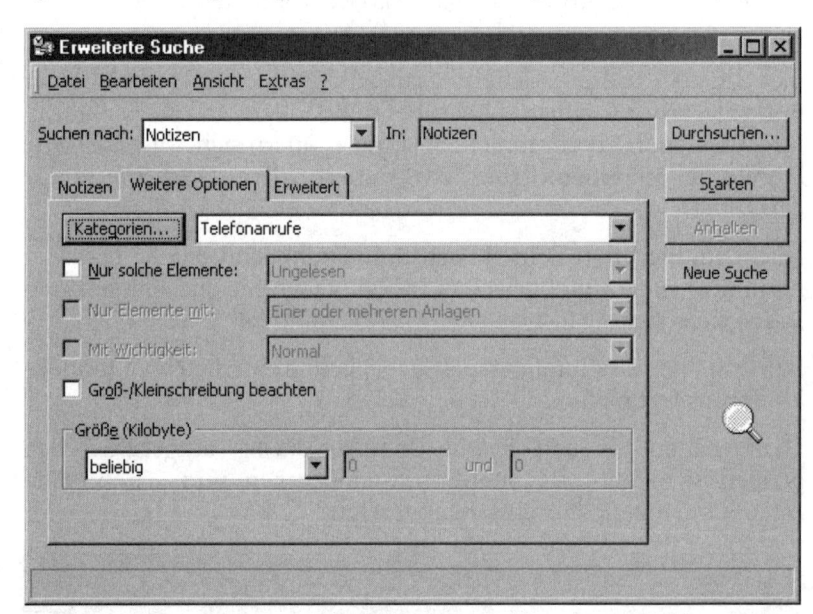

Eine ausführliche Beschreibung des Dialogfelds Erweiterte Suche *finden Sie im Kapitel 16.4 bei der Beschreibung des Kalenders.*

22.3 Notizen bearbeiten

Nachdem Sie eine Notiz eingetragen haben, stehen Ihnen folgende Bearbeitungsmöglichkeiten zur Verfügung:

Öffnen und Lesen	Einfach auf die Notiz in der Ansicht doppelklicken
Farbe ändern	Im Untermenü FARBE des Kontextmenüs eine neue Farbe auswählen (siehe auch Abschnitt 22.2)

Kategorie ändern	Im Kontextmenü den Befehl KATEGORIE aufrufen (siehe auch Abschnitt 22.2)
Drucken	Die Notiz markieren und im Kontextmenü oder im Menü DATEI den Befehl DRUCKEN aufrufen. Der Befehl im Menü DATEI ruft vor dem Drucken das Dialogfeld *Drucken* auf. Mehr über die Optionen zum Drucken, beispielsweise die Definition eigener Druckformate oder die Seiteneinrichtung, können Sie in Kapitel 16.5 nachlesen.
Weiterleiten	Um eine Notiz als Anlage zu einer E-Mail an jemanden zu versenden, rufen Sie den Befehl WEITERLEITEN im Kontextmenü oder im Menü AKTIONEN auf.
Löschen	Um eine Notiz zu löschen, markieren Sie die Notiz und drücken die `Entf`-Taste (oder rufen den Befehl BEARBEITEN/ LÖSCHEN auf).

22.4 Allgemeine Einstellungen für Notizen

Über den Befehl EXTRAS/OPTIONEN gelangen Sie in die Dialogfelder zur Konfiguration der Notizen.

Extras/Optionen

Wenn Sie auf der Registerkarte *Einstellungen* die Schaltfläche *Notizenoptionen* anklicken, gelangen Sie zu dem gleichnamigen Dialogfeld, in dem Sie die Voreinstellungen für neue Notizen anpassen können.

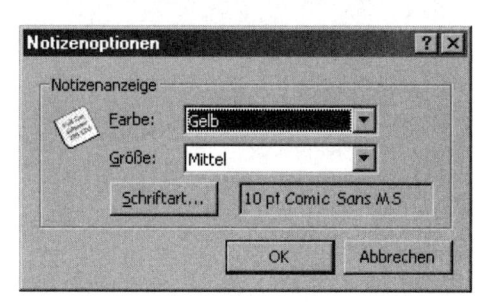

Bild 22.8: Voreinstellungen für neue Notizen

Auf Wunsch können Sie Farbe, Größe und Schriftart festlegen.

Wenn Sie zur Registerkarte *Weitere* wechseln und dort die Schaltfläche *Erweiterte Optionen* anklicken, gelangen Sie zu dem gleichnamigen Dialog, in dem Sie in der Mitte versteckt die Option *Beim Anzeigen von Notizen das Datum und die Zeit einblenden* sehen. Das hier angesprochene Datum und djie Zeit betreffen den Zeitpunkt der Erstellung und werden – sofern die Option aktiviert ist – in der Statuszeile der Notizzettel angezeigt.

Bild 22.9:
Datum und Zeitpunkt der Erstellung

```
Für Heribert zum Gebursttag
einen

Hula-Hoop-Reifen

besorgen

07.03.99 10:38
```

> **INFO** *Die Darstellung des Datums und der Uhrzeit in den tabellarischen Ansichten sind von dieser Option selbstverständlich nicht betroffen.*

Outlook für Profis

Teil V

23. Einsatz von Mail-Filtern
24. Die E-Mail-Netiquette
25. Erweiterte Druckfunktionen
26. Vorlagen
27. Ordner, Arbeitsplatz und Dokumente
28. Archivierung
29. Outlook und PDAs

Teil V: Outlook für Profis

In diesem Teil möchten wir einige Punkte und Themengebiete ansprechen, die über die üblichen Grundlagen hinausgehen.

Aber keine Angst, dies bedeutet nicht, dass die nachfolgenden Kapitel alle besonders schwer verdaulich wären. Sie finden hier zwar auch Informationen, die Ihr Verständnis von Outlook vertiefen sollen, doch die meisten Kapitel in diesem Teil dienen einfach dazu, Sie mit bestimmten fortgeschrittenen Optionen und Einsatzmöglichkeiten von Outlook bekanntzumachen und Sie anzuregen, Outlook möglichst optimal einzusetzen.

Einsatz von Mail-Filtern

Kapitel 23

Wenn Sie mit der Nutzung von E-Mails gerade anfangen, werden Sie zunächst eher wenige Nachrichten erhalten. Im Laufe der Zeit steigt Ihr Umfang rasch an. Möglicherweise laufen auf Ihrem Rechner E-Mails für eine Abteilung oder sogar eine ganze Firma auf. Dann steigt die Zahl der täglich oder wöchentlich zu bewältigenden E-Mails beträchtlich an.

Um diese Arbeiten effektiv und zeitsparend zu bewältigen, verfügt OUTLOOK über einen Regel-Assistenten. Er versucht, Ihnen manuelle Arbeiten im Umgang mit E-Mails abzunehmen und durch die Definition von Regeln (Wenn Bedingung x erfüllt ist, wird Maßnahme y ausgeführt.) zu automatisieren.

Outlook hält bereits einige Regeldefinitionen bereit, die erfahrungsgemäß häufig vorkommen. Der Regel-Assistent muss Sie beispielsweise immer nur dann über das Eintreffen einer neuen E-Mail informieren, wenn diese die höchste Wichtigkeitsstufe hat. Er kann nach vorher definierten Kriterien gesendete oder empfangene E-Mails in einen festgelegten Ordner verschieben oder sogar löschen.

23.1 Regeln definieren

Sie aktivieren den *Regel-Assistenten* mit dem Menü EXTRAS/REGEL-ASSISTENT in der Menüleiste. Bestätigen Sie im folgenden Fenster REGEL-ASSISTENT die Schaltfläche NEU. Sie gelangen nun in eine Übersicht der bereits definierten Regeln.

Bild 23.1:
Mit dem Regel-Assistent vereinfachen Sie Ihre Arbeit mit E-Mails.

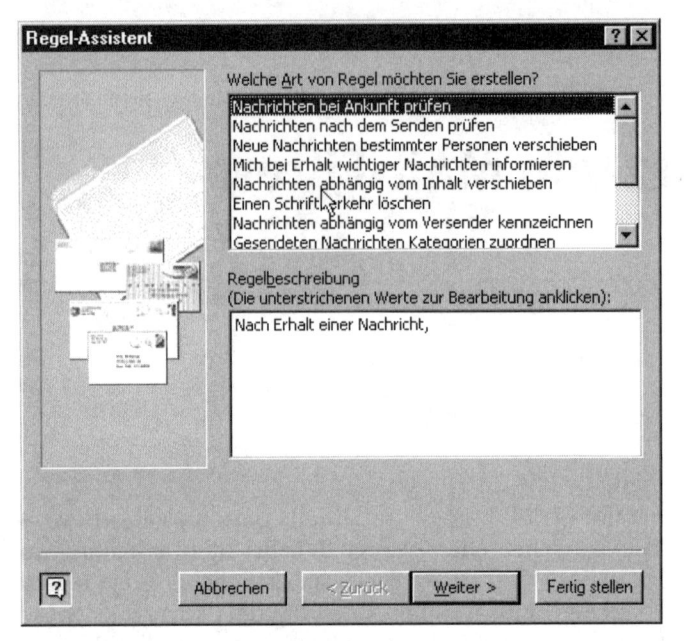

Der obere Teil des Fensters listet die Regeln in allgemein gültiger Form auf. Wählen Sie eine Regel aus – beispielsweise die Regel NACHRICHTEN ABHÄNGIG VOM INHALT VERSCHIEBEN – erscheint im unteren Fenster eine Spezifikation der Regel, die Sie individuell anpassen müssen. Passen Sie die blau unterlegten Begriffe an Ihre eigenen Rahmenbedingungen an. Im gewählten Beispiel bedeutet dies, dass Sie die Begriffe in der Betreff-Zeile und im Text definieren müssen, bei deren Vorkommen diese Nachricht in einen konkreten Ordner verschoben wird.

Wählen Sie den Schaltknopf WEITER, können Sie die Regel weiter differenzieren. Versehen Sie alle Bedingungen, die erfüllt sein müssen, mit einem Häkchen. Beachten Sie: Damit die Regel ausgeführt wird, müssen alle angekreuzten Bedingungen erfüllt sein.

Anschließend fordert der Regel-Assistent Sie auf, einen einprägsamen Namen für diese Regel einzutragen. Um diese Regel zu aktivieren, versieht OUTLOOK standardmäßig diese Option mit einem Häkchen. Zusätzlich können Sie wählen, ob die definierte Regel bereits für Nachrichten gültig sein soll, die bereits im POSTEINGANG liegen.

Regeln definieren | 603

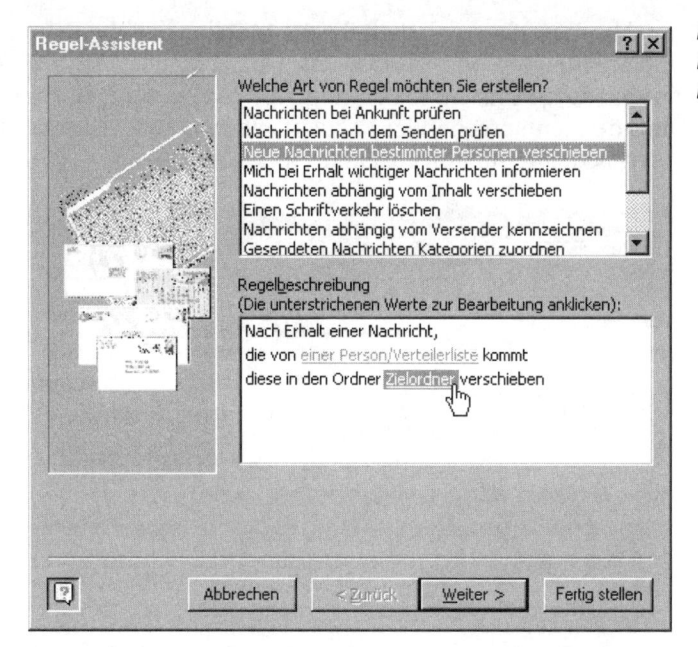

Bild 23.2:
Eine neu definierte Regel ...

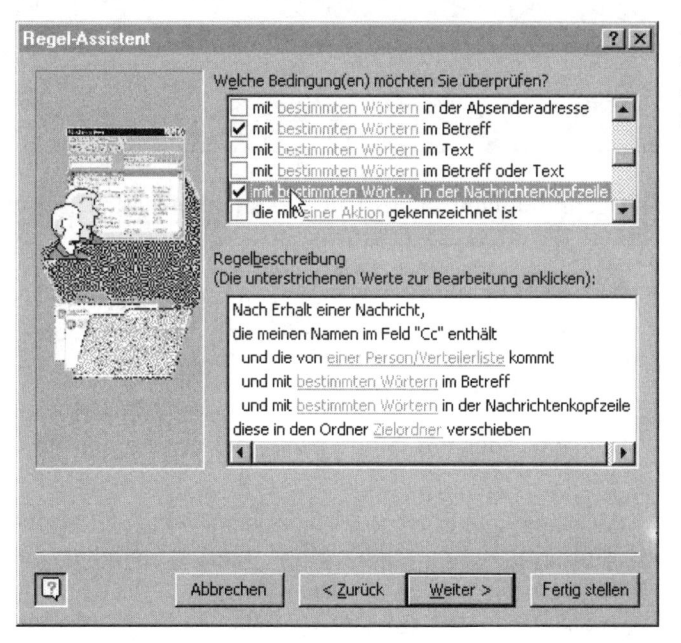

Bild 23.3:
... muss im Anschluss konfiguriert werden.

Kapitel 23: Einsatz von Mail-Filtern

Im Abschlussfenster haben Sie die Möglichkeit, die Regel zu ändern, umzubenennen oder zu löschen. Da der Regel-Assistent die Regeln in der aufgeführten Reihenfolge anwendet, kann es sinnvoll sein, mit den entsprechenden Schaltflächen NACH OBEN oder NACH UNTEN die Reihenfolge zu ändern.

Bild 23.4:
Ausnahmen bestätigen die (Mail)-Regel.

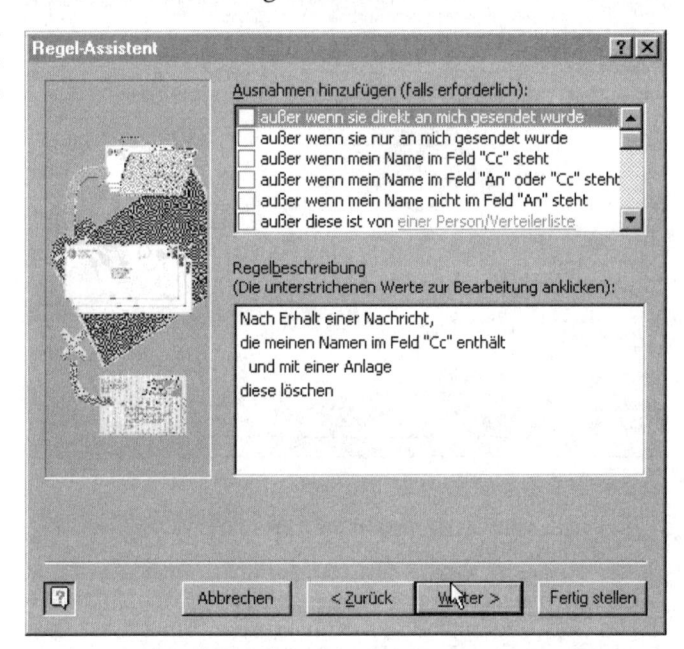

Die gebräuchlichsten Regeln stehen Ihnen auch mit einem einfacheren Regel-Assistenten rascher und unkomplizierter zur Verfügung. In den meisten Fällen werden Sie den Regel-Assistenten anweisen, E-Mails von einem bestimmten Absender oder an einen definierten Adressaten in einen entsprechenden Zielordner zu verschieben.

1. Wählen Sie die Funktion OPTIMIEREN in der Menüleiste mit EXTRAS oder mit dem entsprechenden Symbol in der Symbolleiste.

2. Wählen Sie im Fenster ORGANISIEROPTIONEN POSTEINGANG die Option ORDNER VERWENDEN. Hier steht Ihnen dann das Dialogmenü ERSTELLEN EINER REGEL zur Verfügung, in das Sie hinsichtlich der Adressaten oder der Empfänger eintragen, in welchen Zielordner gesendete bzw. erhaltene E-Mails verschoben werden.

3. Mit einem Mausklick auf die Schaltfläche ERSTELLEN aktivieren Sie die Regel.

4. Übrigens: Stellen Sie fest, dass Sie doch differenziertere Regeln erstellen möchten, können Sie von dieser ORGANISIEROPTION durch die entsprechende Schaltfläche in der rechten oberen Ecke direkt in den ausführlichen *Regel-Assistenten* gelangen.

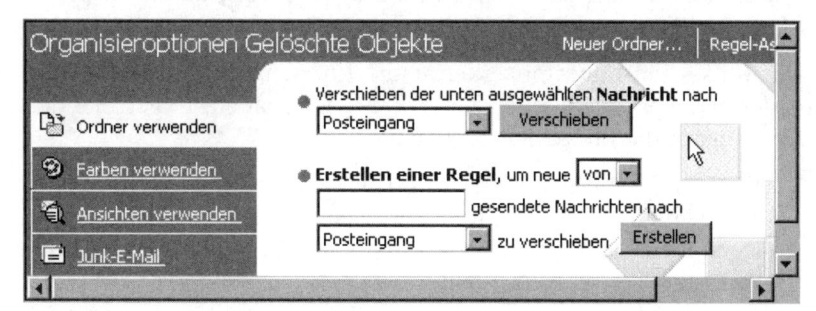

Bild 23.5:
Mit der Option »Organisieren« stehen Ihnen die wichtigsten Regeln zur Verfügung.

23.2 Elektronischer Müll: Junk Mail

Unter den zahlreichen E-Mails, die an Sie gerichtet sind, befinden sich möglicherweise auch solche, die Sie eigentlich gar nicht empfangen wollen. Dabei kann es sich um Werbe-Mails, pornographische oder politisch extreme Nachrichten handeln. Die *Junk-Mail-Funktion* schützt Sie vor unerwünschten Nachrichten. Diese Funktion hilft Ihnen, die definierten unerwünschten E-Mails direkt im Posteingangsfenster farbig kenntlich zu machen und – wenn Sie wollen – automatisch zu löschen.

Sie starten den Junk-Mail im POSTEINGANG in der Menüleiste mit EXTRAS/ORGANISIEREN oder direkt in der Symbolleiste mit der Schaltfläche ORGANISIEREN. Klicken Sie im Fenster ORGANISIEROPTIONEN POSTEINGANG auf die Option JUNK MAIL.

Bild 23.6:
Ein Junk-Mail-Filter schützt Sie von unliebsamen Mails.

Mit den beiden zur Verfügung stehenden Optionen können Sie festlegen, ob Sie Junk Mails als Warnung nur *farbig* im Posteingangsfenster kennzeichnen wollen oder ob Sie sie sofort nach Erhalt *ver-*

Kapitel 23: Einsatz von Mail-Filtern

schieben wollen. Als *Zielverzeichnis* können Sie einen Junk-Mail-Ordner anlegen oder die Mails direkt in den Ordner GELÖSCHTE OBJEKTE verschieben.

Klicken Sie jeweils auf die Option EINSCHALTEN, damit die Junk-Mail-Funktion mit ihren Differenzierungen aktiv werden kann.

Die Junk-Mail-Funktion erkennt die unerwünschten E-Mails am Absender. Sobald Sie eine dieser E-Mails erhalten, tragen Sie den Absender in die Junk-Mail-Liste ein.

1. Klicken Sie mit der Maus im Posteingangsfenster die Junk Mail an. Wählen Sie in der Menüleiste AKTIONEN/JUNK-E-MAIL und legen Sie im Untermenü fest, ob diese Junk Mail unter der Rubrik ZUR LISTE DER JUNK-E-MAIL-VERSENDER HINZUFÜGEN oder ZUR LISTE DER VERSENDER NICHT JUGENDFREIER INHALTE HINZUFÜGEN registriert werden soll.

Bild 23.7:
Outlook führt eine »schwarze Liste« ungebetener Mailabsender.

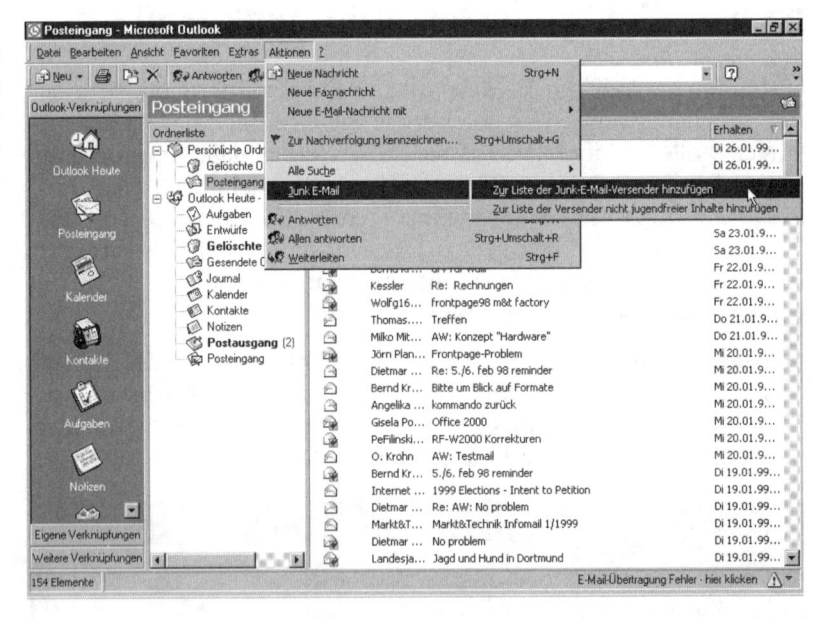

2. Aktivieren Sie die Eintragung mit OK. Im Menü ORGANISIEROPTIONEN POSTEINGANG können Sie die eingetragenen Mail Junk-Absender bearbeiten.

3. Wählen Sie die Funktion JUNK MAIL im Menü ORGANISIEROPTIONEN POSTEINGANG und aktivieren Sie anschließend die Option FÜR WEITERE OPTIONEN HIER KLICKEN.

4. Hier steht Ihnen nun eine Option zur Verfügung, die Ihnen eine Übersicht vorhandener *Junk Mail-Absender auflistet* und zur manuellen Bearbeitung anbietet.

> *Um Ihre Junk-Mail-Liste zu vervollständigen, können Sie Listen aus dem Internet in Ihre Junk-Mail-Funktion laden. Starten Sie wieder im Menü* ORGANISIEROPTIONEN POSTEINGANG *und wählen Sie anschließend erneut* JUNK MAIL. *Anschließend gehen Sie auf* HIER KLICKEN *und wählen Sie zur Optimierung des Junk Mail-Filters die* OUTLOOK WEBSITE. OUTLOOK *startet nun den Explorer. Sie können entsprechende Filter nun in* OUTLOOK *herunterladen.*

:-) TIPP

Die E-Mail-Netiquette

Kapitel 24

E-Mail-Netiquette, dieses Wortkonstrukt setzt sich einerseits gut erkennbar aus verschiedenen Vokabeln des multimedialen Zeitalters zusammen und andererseits aus einem Wort, das aus einer weit zurückliegenden Epoche stammt. Passt das überhaupt zusammen?

Bevor wir Ihnen diese Frage beantworten, erklären wir Ihnen zunächst die Bedeutung der einzelnen Komponenten jenes zusammengesetzten Hauptwortes, das das übergeordnete Thema dieses Kapitels ist.

Der Begriff »Netiquette« setzt sich aus zwei Einzelteilen zusammen: Net und Etiquette.

- Net. Hierbei handelt es sich um eine Kurz- und Koseform des Audrucks Internet, das oft auch mit Web (das Substantiv von World Wide Web; zu deutsch weltweites Netz) bezeichnet wird. Was das Internet im Detail ist, muss sicher an dieser Stelle nicht behandelt werden. Wer nähere Informationen dazu braucht, sollte sich den Internet-Grundkurs im ersten Teil dieses Buches durchlesen.

- Etiquette. Dieses Wort, zu deutsch Etikette, wurde ursprünglich von einem gewissen Adolf Freiherr von Knigge (1752–1796) erfunden. Er hat in seinem Buch »Über den Umgang mit Menschen« schon viel zu den allgemeinen Umgangsformen geschrieben. Es handelt sich hierbei um das Standardwerk zum Grundsatz und zur Pflege von Höflichkeitsformeln und guten Umgangsformen. Laut Lexikon ist die Etikette die »reglementierte, vornehme Form des gesellschaftlichen Lebens«. Einfach gesagt also in etwa »seid immer recht freundlich zueinander«. Und genau darum geht es auch bei der E-Mail-Netiquette.

Die Antwort auf unsere Einstiegsfrage lautet also: Natürlich passen Vergangenheit und Moderne zusammen, denn schließlich werden die Computer (überwiegend) immer noch von Menschen bedient und damit die elektronische Nachrichten (E-Mails) auch von solchen geschrieben und gelesen. Und von Mensch zu Mensch sollte man sich immer nett und höflich behandeln. Hätte es zu Zeiten Knigges das Internet auch schon gegeben, dann hätte er dieses sicher in seinen Verhaltensindex mit einbezogen.

24.1 Der Online-Knigge

Darum ist die E-Mail-Netiquette ein Thema, das man nicht so einfach mit ein paar Phrasen abtun kann. Auch die schlichte Einhaltung von grundsätzlichen Sachlichkeitsfloskeln ist zu wenig, um menschlich, freundlich und nicht zuletzt erfolgreich elektronisch miteinander kommunizieren zu können.

Allerdings handelt es sich hier aber keineswegs um unbedingt zu beachtende Vorschriften oder einen Ehrenkodex, sondern um einfache Verhaltensregeln für das gemeinschaftliche Miteinander in der Welt des Internet. In gewisser Weise dreht es sich hier also um einen Online-Knigge

24.2 Tipps und Tricks

Um mit E-Mails erfolgreich kommunizieren zu können und sich in den virtuellen Welten, so genannten Chaträumen nicht von selbst zu disqualifizieren, gibt es ein paar einfache Hinweise, die Sie beachten sollten. Wir haben hier einige hilfreiche Tipps für Sie zusammengestellt, doch zuvor möchte wir Ihnen an einem konkreten Beispiel den Aufbau eines korrekten E-Mail demonstrieren:

Sie finden das E-Mail-Fenster leer vor, wenn Sie in der Symbolleiste des Outlook-Posteingangs auf die Schaltfläche NEU gedrückt haben. Und wenn Sie dann Ihre Eintragungen vorgenommen haben, könnte dieses Fenster so aussehen.

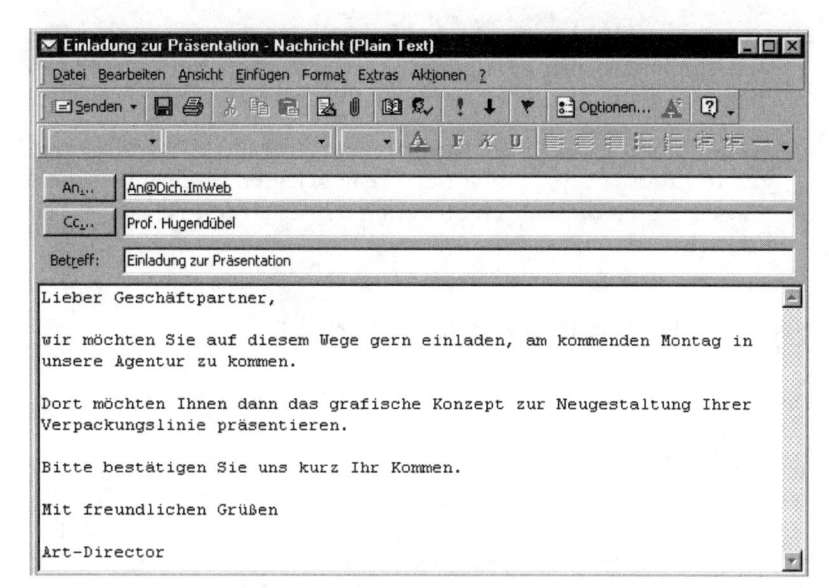

Bild 24.1:
Hier sehen Sie das E-Mail-Fenster von Outlook, nachdem wir beispielhafte Eintragungen vorgenommen haben.

```
Einladung zur Präsentation - Nachricht (Plain Text)
Datei  Bearbeiten  Ansicht  Einfügen  Format  Extras  Aktionen  ?

An...:     An@Dich.ImWeb
Cc...:     Prof. Hugendübel
Betreff:   Einladung zur Präsentation

Lieber Geschäftpartner,

wir möchten Sie auf diesem Wege gern einladen, am kommenden Montag in
unsere Agentur zu kommen.

Dort möchten Ihnen dann das grafische Konzept zur Neugestaltung Ihrer
Verpackungslinie präsentieren.

Bitte bestätigen Sie uns kurz Ihr Kommen.

Mit freundlichen Grüßen

Art-Director
```

Kommen wir jedoch jetzt zu unseren Tipps:

- Allererste Grundregel beim Verfassen von E-Mails: »Fasse Dich kurz.«

- Verwenden Sie Betreffzeilen, die aussagekräftig genug sind, damit der Empfänger auf den ersten Blick sehen kann, worum es sich bei Ihrer E-Mail handelt. Er sollte zweifelsfrei erkennen können, ob ihm gerade eine private oder eine geschäftliche E-Mail gesendet worden ist.

- Ein Thema pro E-Mail muss ausreichen.

- Wie bei einem normalen Brief, so gehört auch zu einer guten E-Mail ein höflicher Gruß am Anfang und eine Grußformel am Schluss.

- Vergessen Sie nicht, Ihren Namen unter die E-Mail zu setzen, sonst weiß niemand von wem die Nachricht kommt.

- Wenn Sie eine Aussage oder ein Thema besonders hervorheben möchten, sollte Sie diese mit einem oder mehreren Sternen davor und dahinter kennzeichnen.

- Bleiben Sie auch beim Verfassen von E-Mails bei der Groß-/Kleinschreibung. Ausschließlich in VERSALIEN geschriebene Nachrichten gelte als unhöfliche Brüller.

- Gewöhnen Sie sich für die E-Mails die englische Schreibweise von Umlauten – ae, oe, ue und ss – an, da manche Browser das deutsche ä z.B. als undefinierbares Symbol darstellen.

- Humoristische oder ironisch gemeinte Aussagen sollten Sie mit einem Emoticon (einem auf die Seite gelegten Smiley) versehen – lesen Sie zu diesem Thema auch den nächsten Absatz dieses Kapitels.

24.3 Stets kurz und bündig!

Denken Sie beim Aufsetzen eines E-Mails immer auch an sich selbst – wie würden Sie gern ein E-Mail erhalten. Wählen Sie bei elektronischen Nachrichten im beruflichen Bereich eine höfliche aber doch dem Medium angepasst locker-reduzierte Schreibweise. Bei E-Mails, die Sie an Freunde und Bekannte schicken, können Sie natürlich schon ein wenig erfinderischer sein – je nachdem wie Sie sich kennen –, doch belästigen Sie auch Ihren besten Freund nicht mit langatmigen und umständlichen Schilderungen. Kommen Sie schnell auf den Punkt, denn »in der Kürze liegt die Würze«.

Und noch etwas: Falls Sie Dateien im Angang eines E-Mails versenden, komprimieren Sie diese vorher mit einem »Packer-Programm«. So sparen Sie selbst Gebühren bei der Übertragungszeit und der Empfänger Ihrer Nachricht mit dem angehängten Foto wird nicht genervt durch lange Ladezeiten.

24.4 Emoticons

Emoticons oder Smileys sind das humorvolle Element im Internet, sie zu verwenden und zu entschlüsseln macht wirklich Spaß. Der Ausdruck Emoticon ist eine Kombination der beiden englischen Wörter Emotion (Gefühl) und Icon (ursprünglich von Ikone, einem kleinen Heiligenbild).

Die Emoticons sind die nahen Verwandten der Smileys, jener fast ausschließlich freundlichen Gattung symbolhafter Gesichtsbilder, die aus ein paar Strichen bestehen.

Im Zeitalter des Computers entstehen diese Symbole über die Tastatur und zwar auf eine eher ungewöhnliche Art und Weise. Sie müssen, um ein Emoticon zu kreieren, nämlich über die Seite denken. Das heißt, wenn Sie das zurecht meistgebrauchte Emoticon in ein E-Mail einbinden wollen – z.B. nach einem witzig oder besonders freundlich gemeinten Satz wie »Ich freue mich auf unser Wiedersehen« – tippen sie folgende Satzzeichen ein: »Doppelpunkt«, »Minuszeichen« oder »Bindestrich« und »Klammer zu«. Wenn Sie dann den Kopf auf die Seite drehen sehen Sie folgendes Emoticon:

:–)

Wenn es darum geht, Emoticons neu zu erfinden, lassen Sie sich einfach von Ihren Tastaturmöglichkeiten inspirieren. Hier noch ein paar Beispiele:

Smily	Ausdruck	Bedeutung/Verwendung
:-)	lächelt	Smiley-Grundtyp; der Absender schmunzelt über eine Bemerkung.
:-(	düster	Der Absender ärgert sich über eine Äußerung.
;-)	zwinkert	Der Absender zwnkert dem Leser zu; seine Äußerung ist nicht ganz ernst gemeint.
:->	bissig	Dieser Smily verdeutlicht eine bissige, sarkastische oder ironische Bemerkung.
%-)	verwirrt	Den User hat die Äußerung verwirrt.
:-)))	lacht	Der User amüsiert sich über eine Äußerung köstlich.
:-/	unbestimmt	Der User überlegt noch, was er von der Mail halten soll.
#-/	Brett vorm Kopf	Der User hatte bei der Verfassung der Mail wohl ein Brett vorm Kopf.
:-D	Lautes Lachen	
*<:-)	Clown	
3:]	Kuh	
:---	Elefant	

Tabelle 24.1: Emoticons

Die Möglichkeiten, Emoticons zu erfinden sind unbegrenzt. Probieren Sie es aus.

24.5 Multimediales miteinander

Wie Sie sehen, ist der freundliche und höfliche Umgang im Internet sehr leicht. Es gibt eigentlich nur wenig zu beachten, doch wird man es Ihnen danken, wenn Sie diese paar Spielregeln des multimedialen Miteinanders beherzigen. Denken Sie einfach an den guten alten Spruch »Wie Du mir, so ich Dir«.

Erweiterte Druckfunktionen

Kapitel 25

Wie jede Office-Applikation bietet auch Outlook die Möglichkeit, alle gespeicherten Informationen zu Papier zu bringen. Zwar werden Sie die Druckfunktionen nur in seltenen Fällen benötigen, jedoch ist es in jedem Fall hilfreich, die wichtigsten und auch fortgeschrittenen Druckfunktionen zu kennen oder zumindest nachschlagen zu können.

Insbesondere können Sie in Formaten drucken, die den verbreitetsten Organizer-Systemen entspricht, beispielsweise dem in der Einleitung vorgestellen TimeSystem oder dem Zweckform Chronoplan.

Dabei unterscheiden sich die Druckfunktionen insbesondere je nach gewähltem Outlook-Bereich. So stellt ihnen Outlook in der Journal-Ansicht einige andere Optionen zur Verfügung als im E-Mail-oder Kalender-Bereich.

Wechseln Sie zunächst in dem Bereich, in dem sie Elemente drucken möchten. Sie können anschließend über drei unterschiedliche Möglichkeiten den Druck aktivieren:

- Klicken Sie auf DATEI und wählen Sie dort die Option DRUCKEN.
- Klicken Sie mit der linken Maustaste auf das sichtbare Druckersymbol in der Symbolleiste.
- Drücken Sie die Tastenkombination [Strg] + [P]

25.1 Elemente drucken

Sofern Sie sich in der E-Mail -Ansicht befinden und den Druck aktivieren, stellt ihnen Outlook zwei unterschiedliche Druckformate zur Verfügung. Die erste Funktion druckt die selektierte E-Mail im Tabellenformat, während eine weitere Funktion den Druck im Memoformat gestattet.

Üblicherweise wird im Memoformat gedruckt, in der neben dem eigentlichen Mailinhalt alle wichtigen Mailparameter, wie Absender, Sendedatum und Uhrzeit sowie die Betreffzeile auf einem Bogen ausgegeben werden.

Bild 25.1:
Zwei Standard-
Formate: das
Tabellen- und
Memoformat

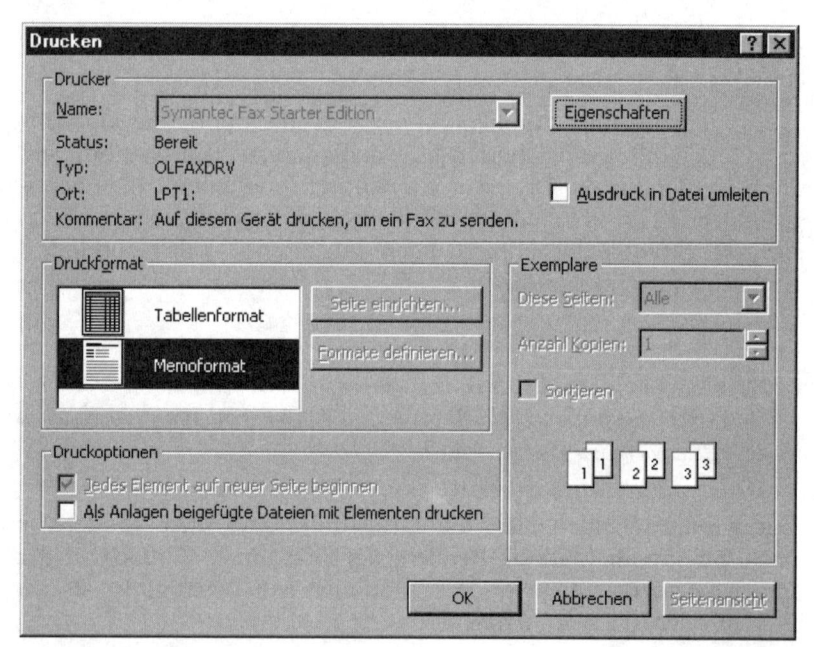

In analoger Weise werden auch Kontakte, Kalendereinträge, Aufgaben sowie Notizen ausgedruckt. Dabei wählt Outlook standardmäßig die Darstellung der wichtigsten Parameter neben dem jeweiligen Inhalt des Elements.

25.2 Druckformate anpassen

Eigene Druckformate können Sie über einen Klick auf FORMATE DEFINIEREN anpassen. Sie können mit dieser Funktion das spätere Aussehen des Druckbilds beeinflussen.

Im sich öffnenden Fenster werden zunächst alle aktuell der Ansicht zugewiesenen Druckformate aufgeführt.

> *Die zur Verfügung stehenden Druckformate unterscheiden sich je nach Ansicht teilweise erheblich, so dass sie für jede Outlook-Funktion unterschiedliche Druckformate definieren müssen.* — INFO

Ein Klick auf die Schaltfläche FORMATE DEFINIEREN gestattet ihnen, die bestehenden Formate sowohl zu verändern als auch komplett neue Formate aufzunehmen.

Klicken Sie doppelt auf den gewünschten Eintrag. Im sich öffnenden Fenster können Sie die Eigenschaften des jeweils gewählten Formats verändern. Folgende Möglichkeiten der Modifikation stellt Outlook dabei zur Verfügung:

- Register FORMAT. Hier können Sie die Schriftarten der Spaltenüberschriften sowie der einzelnen Zeilen beim Tabellenformat einstellen.

- Register PAPIER. Hier legen Sie fest, auf welcher Papiergröße ausgedruckt werden soll. Dabei stellt Ihnen Outlook neben Standardformaten wie DIN A4 auch spezielle Organizer-Formate bereit. So können Sie direkt Blätter bedrucken, die Sie anschließend in Ihren Terminplaner übernehmen können. Outlook unterstützt die verbreitetsten Systeme (siehe Bild 25.2).

- Register KOPFZEILEN/FUSSZEILEN. Outlook setzt an den Beginn jedes gedruckten Elements eine Kopfzeile, und schließt dieses mit einer Fußzeile ab. Die entsprechenden Konfigurationen lassen sich in diesem Menü festlegen. Neben den Einträgen, die in der Kopf- und Fußzeile aufgeführt werden sollen, können Sie auch Schriftarten sowie dynamische Elemente wie Datum, Uhrzeit und Seitenzahl festlegen (siehe Bild 25.3).

Kapitel 25: Erweiterte Druckfunktionen

Bild 25.2:
Outlook lässt den Druck auf gängige Filofax-Systeme zu

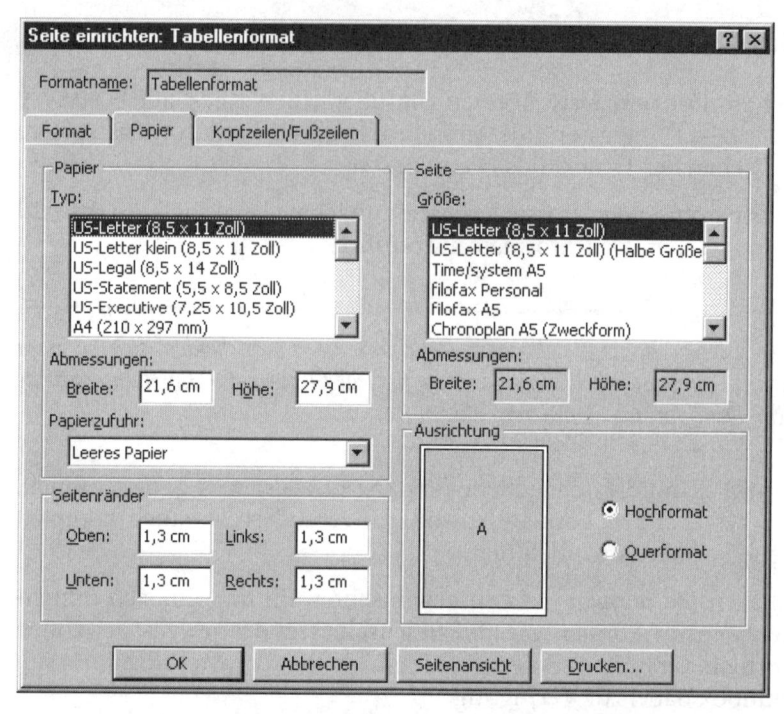

Bild 25.3:
Einrichtung von Kopf- und Fußzeilen im Druck

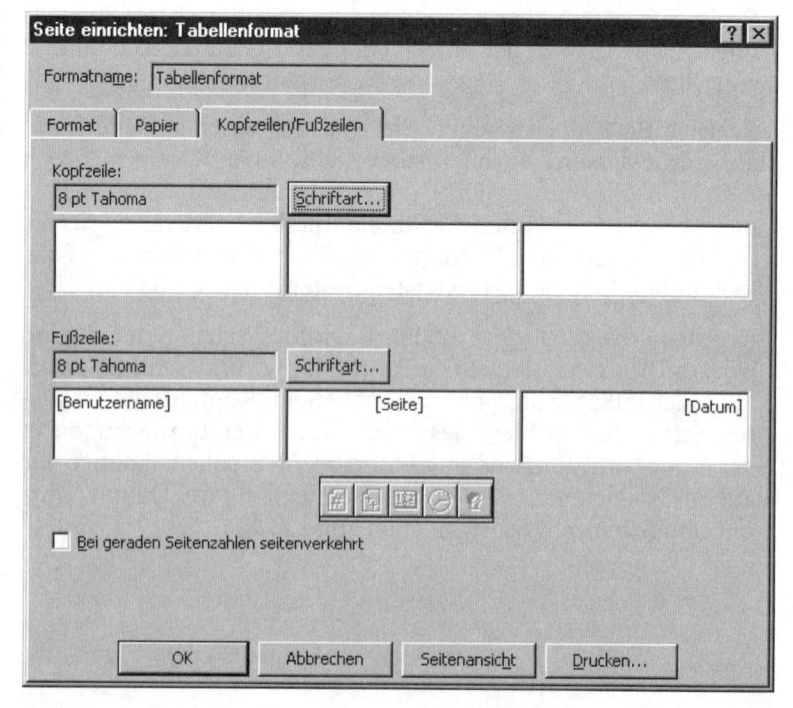

Vorlagen

Kapitel 26

Der übliche Weg, um ein neues Element in einen Outlook-Ordner aufzunehmen, etwa einen Termin in den Kalender einzutragen oder eine neue E-Mail-Nachricht aufzusetzen, besteht darin, in den Ordner doppelzuklicken oder den entsprechenden Befehl aus einem der Menüs AKTIONEN oder DATEI/NEU aufzurufen.

Daraufhin erscheint dann ein Dialogfeld, im Outlook-Jargon »Formular« genannt, in das Sie alle wichtigen Angaben zu dem neuen Element eintragen.

Meist ist das Eingabeformular gänzlich leer, manchmal wurden von Outlook in einige Felder schon Werte eingetragen, beispielsweise wenn Sie das Element auf der Grundlage eines anderen Outlook-Elements erstellen (Kopieren von Ordner zu Ordner, siehe Kapitel 27.4), oder wenn Sie einen neuen Journaleintrag erstellen (in diesem Fall gibt Outlook als *Eintragstyp* »Telefonanruf« vor).

An sich kommt man mit diesem Standardeingabeformular gut aus, doch wenn man des Öfteren relativ ähnliche Eintragungen in einen Ordner vornehmen muss, würde man sich wünschen, man hätte für diese Einträge eine eigene Vorlage, in der die von Eintrag zu Eintrag gleichbleibenden Angaben bereits vorgegeben sind.

Kein Problem! Alles, was Sie tun müssen, ist eine eigene Vorlage zu erstellen und abzuspeichern.

Kapitel 26: Vorlagen

Fortgeschrittene Anwender können sogar eigene Eingabeformulare erstellen. Mehr dazu im letzten Teil des Buchs, wenn es um Programmierung von und mit Outlook geht. (Der Unterschied zwischen einem eigenen Eingabeformular und einer Vorlage ist, dass Sie bei einer Vorlage für die Felder eines bestehenden Formulars Standardwerte vorgeben, während Sie bei der Erstellung eigener Formulare auch festlegen, welche Felder das Formular überhaupt enthält.)

26.1 Vorlagen erstellen

Wenn Sie häufiger Elemente in einen Ordner eintragen, die in vielen Feldern gleiche Werte haben, lohnt sich die Erstellung einer Vorlage, in der für diese Felder Standardwerte vorgegeben werden.

Vielleicht haben Sie eine E-Mail, die Sie mit jeweils nur leicht verändertem Text in regelmäßigen Abständen an einen bestimmten Empfänger verschicken. Den Empfänger könnten Sie freilich aus der Kontaktliste übernehmen, den Text als eigene Datei speichern und dann jeweils über die Zwischenablage einfügen – doch wozu diese Umstände? In einer eigenen Vorlage können Sie Adresse, Betreff und Inhalt zusammen abspeichern und jederzeit abrufen.

Oder Sie wollen, wie in Kapitel 21 beschrieben, Ihre Arbeitszeit im Journal festhalten. Dann lohnt es sich, eine Vorlage für Journaleinträge mit passendem Betreff, Eintragstyp und Kategorie anzulegen.

Ausgangspunkt für eine Vorlage ist stets ein neues Element.

1. Rufen Sie das Eingabeformular für das Element auf. Wenn Sie beispielsweise eine Vorlage für Journaleinträge erstellen wollen, doppelklicken Sie in die Journalansicht, oder rufen Sie den Befehl DATEI/NEU/JOURNALEINTRAG auf.

2. Füllen Sie jetzt die Felder aus, die für alle Einträge, die später auf der Grundlage dieser Vorlage erstellt werden, gleich sind. Für einen Journaleintrag zur Eintragung der Arbeitszeiten also beispielsweise *Betreff*, *Eintragstyp* und *Kategorie*.

3. Rufen Sie im Eingabeformular den Menübefehl DATEI/SPEICHERN UNTER auf.

4. Wählen Sie als Dateityp der abzuspeichernden Datei *Outlook-Vorlage (*.oft)*. Im Feld *Speichern in* des Dialogs wird jetzt automatisch das von Outlook vorgesehene Standardverzeichnis für Outlook-Vorlagen angezeigt. Sie können die Vorlage aber auch in einem beliebigen Verzeichnis Ihrer Wahl abspeichern.

5. Speichern Sie die Vorlage. Das Eingabeformular selbst können Sie auch ohne Speichern des Eintrags schließen.

Bild 26.1: Eintrag als Vorlage speichern

26.2 Vorlagen verwenden

Bevor man auf der Grundlage einer Vorlage ein neues Element erstellt, sollte man sich vergegenwärtigen, dass eine Vorlage letztlich ein spezielles Eingabeformular ist, in dem einzelne Felder mit Vorgabewerten versehen sind. Der Befehl zum Erzeugen eines Elements auf der Grundlage einer Vorlage führt daher über den Befehl FORMULAR AUSWÄHLEN.

Datei/Neu/Formular auswählen

1. Rufen Sie im Menü DATEI den Befehl NEU/FORMULAR AUSWÄHLEN auf.

2. Im Dialogfeld *Formular wählen* müssen Sie zuerst den Typ des Formulars auswählen, dem Ihre Vorlage angehört. Öffnen Sie dazu das Listenfeld *Suchen in*, und wählen Sie die Option *Vorlagen im Dateisystem*.

Kapitel 26: Vorlagen

> **INFO**
>
> Sollte Ihre Vorlage jetzt nicht im Dialogfeld angezeigt werden, liegt dies vermutlich daran, dass Sie die Vorlage in einem anderen Verzeichnis, als dem von Outlook vorgeschlagenen Standardverzeichnis abgespeichert haben. Klicken Sie in diesem Fall auf die Schaltfläche Durchsuchen, um das Verzeichnis, in dem sich die Vorlage befindet, auszuwählen.

Bild 26.2: Vorlage öffnen

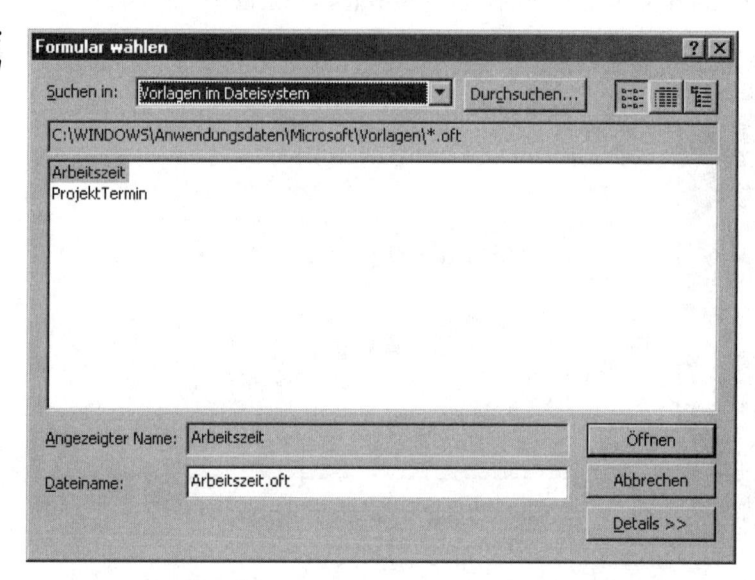

3. Markieren Sie im Dialogfeld *Formular wählen* die gewünschte Vorlage, und klicken Sie auf die Schaltfläche *Öffnen*.

   Jetzt haben Sie das gewohnte Eingabeformular zur Erstellung neuer Outlook-Elemente vor sich, allerdings mit den für die Vorlage ausgefüllten Feldern.

4. Sie brauchen die Einstellungen jetzt nur noch kurz zu überarbeiten und dann das Element abzuspeichern.

Ordner, Arbeitsplatz und Dokumente

Kapitel 27

Bei Ihrer Festplatte sind Sie gewohnt, Ihre Dateien und Dokumente in Verzeichnissen abzuspeichern und zu verwalten. In gleicher Weise können Sie in Outlook Ihre Daten in Ordnern verwalten – nur, dass es sich bei den Daten eben nicht um Dateien, sondern um E-Mail-Nachrichten, um Kalendereinträge oder Aufgaben handelt, und dass den Ordnern keine physikalischen Verzeichnisse auf Ihrer Festplatte entsprechen. Outlook verwaltet alle Daten in binär codierter Form.

Dreh- und Angelpunkt der Datenorganisation unter Outlook ist die Ordnerliste. Doch bevor wir uns mit der Ordnerliste näher beschäftigen, sollten wir noch klarstellen, was ein Outlook-Ordner eigentlich ist und in welcher Beziehung er zu den Outlook-Komponenten steht.

27.1 Was sind Outlook-Ordner?

In der Einleitung haben Sie bereits erfahren, dass Outlook die Ordner zur Verwahrung der verschiedenen Outlook-Elemente verwendet. Outlook-Ordner fungieren in diesem Punkt also wie Verzeichnisse – auch wenn ihnen auf der Festplatte keine wirklichen Verzeichnisse entsprechen.

Sieht man von dem Ordner GELÖSCHTE OBJEKTE ab, kann jeder Ordner nur eine Art von Outlook-Elementen aufnehmen. Insgesamt gibt es sechs verschiedene Outlook-Elemente:

- Aufgaben
- E-Mail

Kapitel 27: Ordner, Arbeitsplatz und Dokumente

- Journal
- Kontakte
- Notizen
- Termine

Man könnte also auch sagen, dass es sechs verschiedene Typen von Ordnern gibt, je nachdem, welche Art von Elementen in dem Ordner verwahrt wird.

Diese eindeutige Zuordnung von Ordner zu Outlook-Elementen versetzt Outlook in die Lage, jeden Ordner mit der zugehörigen Outlook-Funktionalität zu verbinden, die die Erstellung und Bearbeitung der ordnerspezifischen Elemente ermöglicht. Wir verabschieden uns damit von der üblichen Vorstellung der Outlook-Komponenten, zwischen denen man hin und her wechselt, und erkennen, dass wir im Grunde zwischen Ordner wechseln und Outlook im Hintergrund jeweils die zu dem Ordner passende Funktionalität aktiviert.

Beispiel Ein kurzes Beispiel soll dies verdeutlichen. Wichtig ist dabei nicht die Aktion, die durchgeführt wird, sondern die Beschreibung der Aktion und die Vorstellung, die wir von der Aktion haben.

Bild 27.1:
Der Ausgangsbildschirm

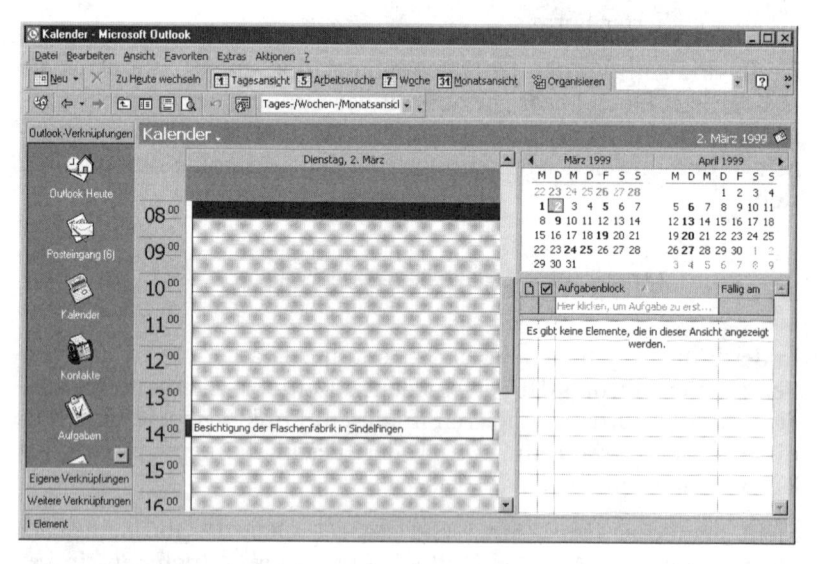

Ausgangspunkt ist, dass Sie Outlook starten und in der Outlook-Leiste auf das Kalender-Symbol klicken. Ihr Outlook-Bildschirm sollte dann etwa wie in Bild 27.1 aussehen (die Einträge im Kalender sind unwichtig).

Klicken Sie jetzt in der Outlook-Leiste auf das Symbol *Kontakte*.

Was ist passiert?

Sie haben von der Outlook-Komponente »Kalender« in die Komponente »Kontakte« gewechselt. *1. Antwort*

Bei dieser Antwort liegt die Betonung auf der Funktionalität.

Sie haben von dem Ordner »Kalender« in den Ordner »Kontakte« gewechselt. *2. Antwort*

Bei dieser Antwort betonen Sie, dass Kalender und Kontakte im Grunde Ordner sind und dass man über die Outlook-Leiste nicht etwa eine spezielle Outlook-Komponente anwählt, sondern einen Ordner. Da jeder Ordner aber gemäß seines Typs mit der zugehörigen Outlook-Komponente verbunden ist und die Funktionalität dieser Komponente zusammen mit dem Ordner aufgerufen wird, ist die erste Antwort im Grunde ebenso wahr wie die zweite Antwort.

Wozu der ganze Aufwand, wenn die eine Antwort im Grunde ebenso wahr ist wie die andere?

Das Problem ist, dass man so spricht wie man denkt, und umgekehrt die Sprache das Denken beeinflusst.

In diesem Buch ist sehr viel von dem Kalender, den Aufgaben etc. die Rede, und die Beispiele beziehen sich dabei auf die gleichnamigen Symbole *Kalender*, *Aufgaben* etc., die über die Outlook-Leiste aufgerufen werden. Dies kann leicht zu der irrigen Annahme führen, dass man über die Symbole die Funktionalität des Kalenders oder der Aufgabenliste wählt, und dies wiederum versperrt die Einsicht, dass man es im Grunde mit Ordnern zu tun hat.

Dabei hat gerade die ordnerbasierte Arbeitsweise von Outlook etliche Vorteile für uns, und auf diese werden wir nun ein wenig näher eingehen.

27.2 Die Ordnerliste

Per Voreinstellung legt Outlook bei der Installation einen Persönlichen Ordner »Outlook Heute« an und darunter folgende untergeordnete Ordner:

Kapitel 27: Ordner, Arbeitsplatz und Dokumente

Tabelle 27.1:
Outlook-Ordner

Ordner	Beschreibung
Aufgaben	Ordner zur Erstellung und Verwahrung von Aufgaben.
Entwürfe	Ordner zur Verwahrung noch nicht fertiggestellter E-Mails. Wenn Sie eine E-Mail aufsetzen, sie aber statt zu senden einstweilig nur abspeichern, landet die E-Mail in diesem Ordner.
Gelöschte Objekte	Alle Elemente, die Sie in den verschiedenen Ordnern von Outlook löschen, werden zuerst in diesem Ordner zwischengelagert. Dieser Ordner übernimmt also die gleiche Funktion wie der Papierkorb unter Windows. Zum endgültigen Löschen der Objekte können Sie im Kontextmenü des Ordners den Befehl ORDNER »GELÖSCHTE OBJEKTE« LEEREN aufrufen.
Gesendete Objekte	Von allen E-Mail-Nachrichten, die Sie verschickt haben, werden in diesem Ordner Sicherungskopien abgelegt.
Journal	Ordner zur Erstellung und Anzeige von Journaleinträgen.
Kalender	Ordner zur Erstellung und Verwahrung von Terminen.
Kontakte	Ordner zur Erstellung und Verwahrung von Kontakten.
Notizen	Ordner zur Erstellung und Verwahrung von Notizen.
Postausgang	Wenn Sie Ihre Mails über einen Internet-Anschluss versenden, werden alle Mails, die Sie erstellen und über die Schaltfläche *Senden* abschicken, zuerst in diesen Ordner eingefügt. Wenn Sie später für den Postausgang den Menübefehl EXTRAS/SENDEN aufrufen, werden die Nachrichten versandt.
Posteingang	In diesem Ordner werden die von Ihrem Mail-Server heruntergeladenen E-Mail-Nachrichten abgelegt.
Weitere Ordner	Je nachdem, welche Messaging-Software auf Ihrem System installiert ist, werden noch weitere Ordner eingefügt – beispielsweise *Microsoft Mail* oder *Öffentliche Ordner* für Exchange Server.

Zu den meisten dieser Ordner sind per Voreinstellung in der Outlook-Leiste Verknüpfungen eingerichtet, so dass Sie bequem zwischen den Ordnern und der mit den Ordnern verbundenen Funktionalität hin- und herwechseln können.

Die vollständige Übersicht über alle Outlook-Ordner bietet Ihnen aber nur die Ordnerliste.

Die Ordnerliste anzeigen

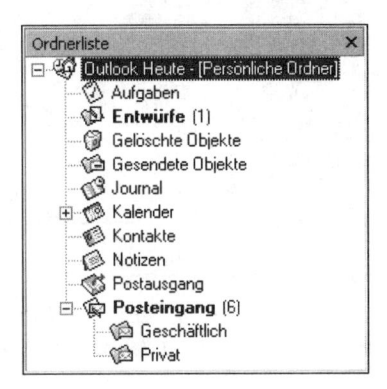

*Bild 27.2:
Die Ordnerliste
(mit bereits neu
angelegten,
eigenen
Ordnern)*

Sie können die Ordnerliste

- temporär oder
- permanent

anzeigen lassen.

Ordnerliste temporär anzeigen

Was macht man, wenn man schnell von einem Outlook-Ordner, beispielsweise dem Kalender, in einen anderen Ordner wechseln will, für den in der Outlook-Leiste aber keine Verknüpfung eingetragen ist?

Ganz einfach! In der Titelleiste der Outlook-Komponente sehen Sie neben dem Namen des Ordners einen kleinen abwärts gerichteten Pfeil, der Sie darauf aufmerksam macht, dass sich hier eine Schaltfläche verbirgt (siehe Bild 27.3).

Wenn Sie diese Schaltfläche – sprich den Ordnernamen in der Titelleiste – anklicken, wird die Ordnerliste geöffnet. Per Mausklick können Sie dann in den gewünschten Ordner wechseln.

Die Ordnerliste wird danach automatisch geschlossen.

Kapitel 27: Ordner, Arbeitsplatz und Dokumente

Bild 27.3:
Ordnerliste
anzeigen

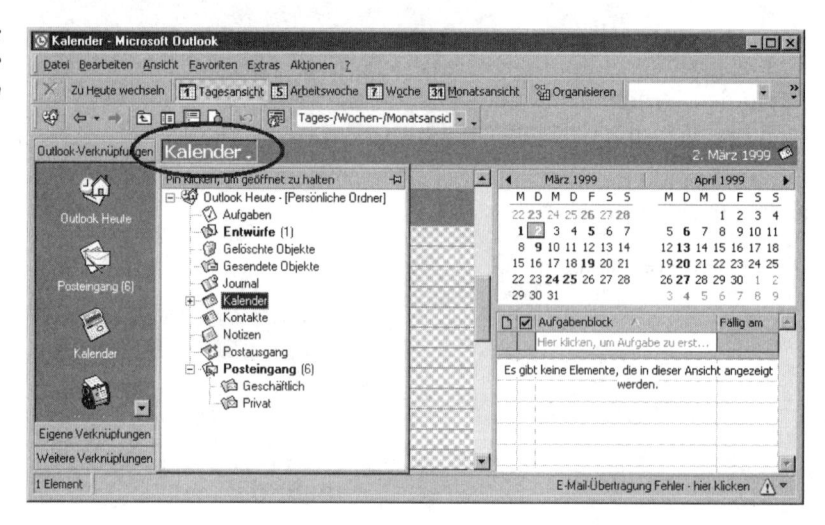

> **INFO:** Wenn Sie möchten, dass die Ordnerliste geöffnet bleibt, klicken Sie auf das Pin-Symbol in der Titelleiste der Ordnerliste.

Ordnerliste permanent anzeigen

Sie können die Ordnerliste auch gleich so öffnen, dass sie permanent angezeigt wird.

Rufen Sie dazu den Befehl ANSICHT/ORDNERLISTE auf, oder klicken Sie in der *Erweitert*-Symbolleiste auf das Symbol *Ordnerliste*.

Bild 27.4:
Outlook mit
geöffneter
Ordnerliste

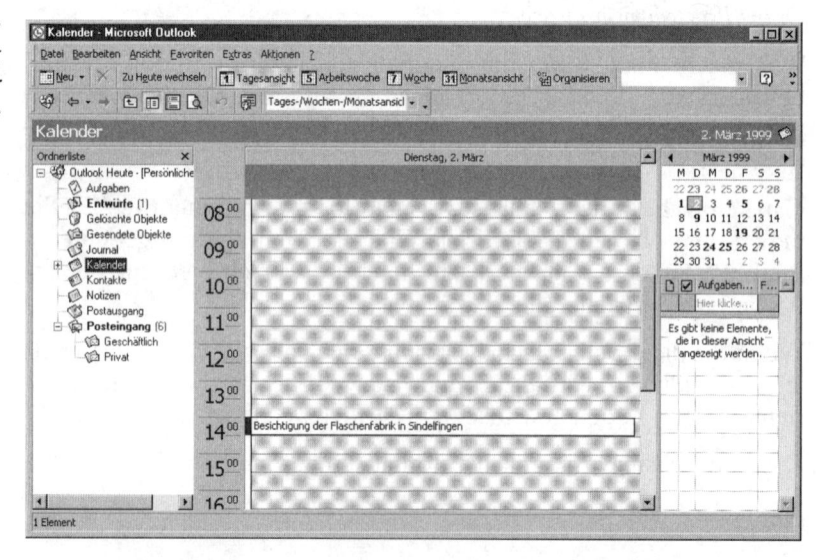

Wenn man die Ordnerliste anzeigen lässt, erübrigt sich meist die Anzeige der Outlook-Leiste. Über den Befehl ANSICHT/OUTLOOK-LEISTE können Sie sie ausblenden.

In den Kontextmenüs der Ordnerliste (beziehungsweise im Untermenü DATEI/ORDNER) finden Sie eine Reihe nützlicher Befehle zum Umgang mit Ordnern.

27.3 Ordner anlegen und bearbeiten

Gehören Sie auch zu den Zeitgenossen, die die Angewohnheit haben, alle E-Mails – von Junk-E-Mail einmal abgesehen – aufzubewahren? Dann haben Sie mit Sicherheit auch das Problem, dass Ihr Posteingang überquillt mit Mails der verschiedensten Absender und zu den verschiedensten Themen.

Um Ordnung in Ihrer Mailablage zu schaffen, sollten Sie ein paar weitere E-Mail-Ordner anlegen.

Neue Ordner anlegen

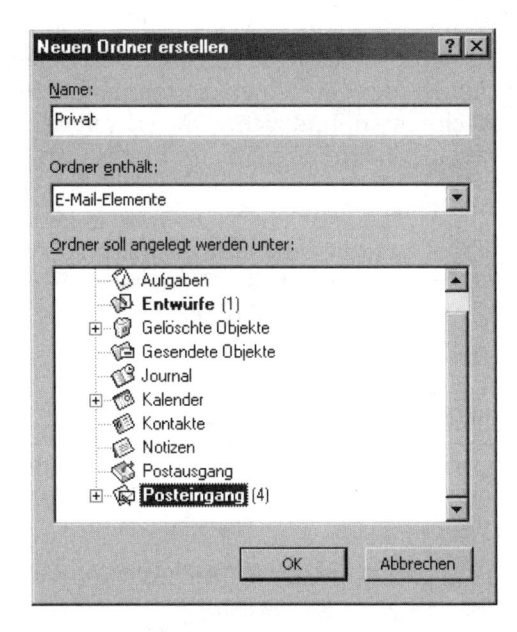

Bild 27.5: Dialogfeld zum Einrichten neuer Ordner

Kapitel 27: Ordner, Arbeitsplatz und Dokumente

1. Rufen Sie den Befehl NEUER ORDNER im Kontextmenü der Ordnerliste auf.[1]

2. Im Dialogfeld *Neuen Ordner erstellen* machen Sie folgende Angaben:

    - Sie geben einen frei wählbaren Namen für den neuen Ordner ein. Als Beispiel erzeugen wir einen Ordner für private Mails, den wir einfach »Privat« nennen.

    - Sie wählen aus, welche Outlook-Elemente in dem Ordner verwahrt werden sollen. Für einen Mailordner wie in unserem Beispiel wählt man natürlich die Option *E-Mail-Elemente*.

    - Sie wählen einen übergeordneten Ordner aus, unter dem der neue Ordner eingerichtet wird. Sie können einen beliebigen Ordner auswählen, d.h., der übergeordnete Ordner muss nicht vom gleichen Typ sein wie der neue Ordner. Der Übersichtlichkeit wegen legen wir den Ordner »Privat« aber unter dem Ordner »Posteingang« ab – sonst wüßte man ja nicht, was für private Elemente in dem Ordner abgelegt werden sollen.

3. Schließen Sie das Dialogfeld durch Klick auf *OK*.

Wenn Sie bereits E-Mails in Ihrem Posteingang liegen haben, die Sie gerne in den neuen Ordner verschieben würden, öffnen Sie jetzt einfach den Posteingang, markieren Sie die zu verschiebenden Nachrichten, und ziehen Sie sie mit der Maus in den Ordner »Privat« (der natürlich in der Ordnerliste angezeigt werden sollte).

Mit Ordner arbeiten

Was Sie mit bestehenden Ordnern anfangen können, ist in Tabelle 27.2 zusammengefasst. Die entsprechenden Befehle finden Sie im Kontextmenü der Ordnerliste beziehungsweise im Untermenü DATEI/ORDNER.

Tabelle 27.2: Umgang mit Ordnern

Befehl	Beschreibung
ÖFFNEN	Der Ordner wird geöffnet und in Outlook angezeigt. (Entspricht dem üblichen Anklicken mit der linken Maustaste.)
IN NEUEM FENSTER ÖFFNEN	Öffnet den Ordner in einem eigenen Outlook-Fenster.

---

[1] Die wichtigsten Ordnerbefehle können auch über DATEI/ORDNER aufgerufen werden.

Befehl	Beschreibung
VERSCHIEBEN	Über diesen Befehl kann man den markierten Ordner verschieben. Den übergeordneten Zielordner kann man in einem Dialogfenster auswählen.
	Man kann Ordner auch direkt per Drag&Drop mit der Maus verschieben.
	Die vordefinierten Outlook-Ordner können nicht verschoben werden.
KOPIEREN	Über diesen Befehl kann man den markierten Ordner kopieren. Den übergeordneten Zielordner für die Kopie kann man in einem Dialogfenster auswählen.
	Man kann Ordner auch direkt per Drag&Drop mit der Maus kopieren, wenn man gleichzeitig die $\boxed{\text{Strg}}$-Taste gedrückt hält.
LÖSCHEN	Löscht den Ordner und seinen Inhalt.
	Sie können einen ausgewählten Ordner auch durch Drücken der $\boxed{\text{Entf}}$-Taste löschen.
	Die vordefinierten Outlook-Ordner können nicht gelöscht werden.
UMBENENNEN	Wechselt in den Editiermodus für den Orndernamen.
	Gleiches erreichen Sie, wenn Sie den markierten Ordnernamen nochmals anklicken.
	Die vordefinierten Outlook-Ordner können nicht umbenannt werden.
ZUR OUTLOOK-LEISTE HINZUFÜGEN	Legt am Ende der Outlook-Leiste eine Verknüpfung zu dem Ordner an. Die Verknüpfung kann in der Outlook-Leiste mit der Maus verschoben werden.
	Wenn Sie Outlook-Leiste und Ornderliste gleichzeitig geöffnet haben, können Sie die Verknüpfung auch erstellen, indem Sie den Ordner per Drag&Drop in die Outlook-Leiste ziehen. Dabei können Sie die Verknüpfung zu dem Ordner zwischen zwei beliebigen Verknüpfungen in der Outlook-Leiste ablegen.

Ordner konfigurieren

Über den Befehl EIGENSCHAFTEN aus dem Kontextmenü eines Ordners (beziehungsweise aus dem Untermenü DATEI/ORDNER) können Sie den Ordner in unterschiedlicher Weise konfigurieren – beispielsweise

- mit einem Eingabeformular verbinden
- mit einer Webseite verbinden oder
- ordnerspezifische Aktionen durchführen.

Hierzu verfügt der Eigenschaftendialog über die Registerkarten: *Allgemeines*, *Homepage* und verschiedene ordnerspezifische Registerkarten.[2]

Bild 27.6:
Registerkarte
ALLGEMEINES

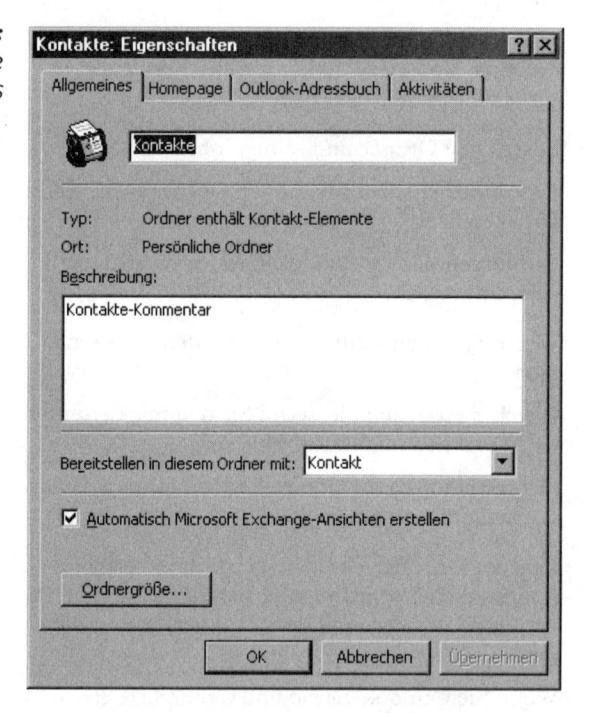

Auf der Registerkarte *Allgemeines* können Sie beispielsweise, wenn Sie dazu berechtigt sind:

- den Namen des Ordners ändern,
- eine Beschreibung des Ordners eingeben,

---

[2] Anwender, die den Microsoft Exchange Server einsetzen, finden in dem Dialog zusätzliche Seiten beispielsweise für die Vergabe von Zugriffsberechtigungen auf den Ordner.

➔ festlegen, ob Elemente dem Ordner nur über ein bestimmtes Formular hinzugefügt werden können.

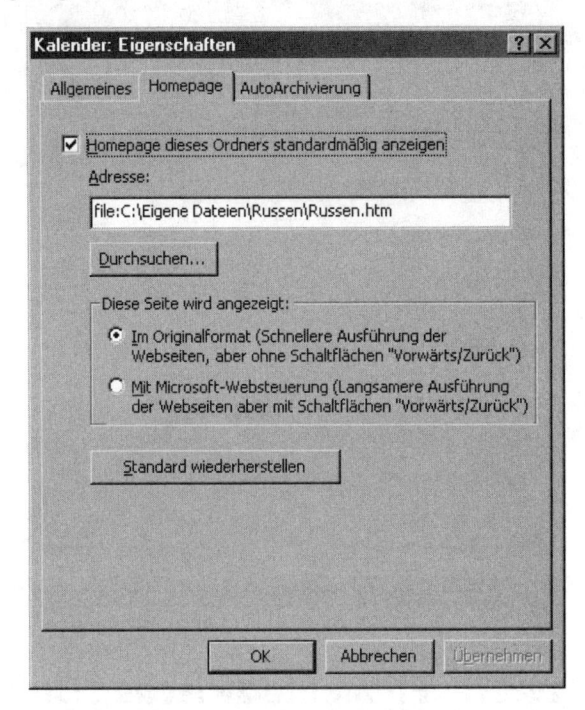

Bild 27.7: Ordner mit Homepage verbinden

Auf der Registerkarte *Homepage* können Sie die Adresse/URL einer Webseite angeben, die angezeigt wird, wenn Sie zu dem Ordner wechseln. Erst ein erneuter Aufruf des Ordners (noch einmal auf Symbol in der Outlook-Leiste oder Ordnerliste etc. klicken) öffnet den Ordner.

Wenn Sie die Option Homepage dieses Ordners standardmäßig anzeigen deaktivieren, wird die Homepage nicht automatisch angezeigt, sondern erst nach Aufruf des Befehls ANSICHT/ORDNER-HOMEPAGE anzeigen.

Die weiteren Registerkarten enthalten ordnerspezifische Optionen – üblicherweise die Einstellungen zur AutoArchivierung. (Nur Kontakte-Ordner haben stattdessen Registerkarten zu Adressbuch und Aktivitäten.)

Auf der Registerkarte *AutoArchivierung* können Sie festlegen, wann und wie veraltete Eintragungen im Ordner archiviert werden. Zusätzlich können Sie die archivierten Eintragungen automatisch aus dem Ordner löschen lassen (siehe Kapitel 28).

Bild 27.8:
Optionen zur AutoArchivierung

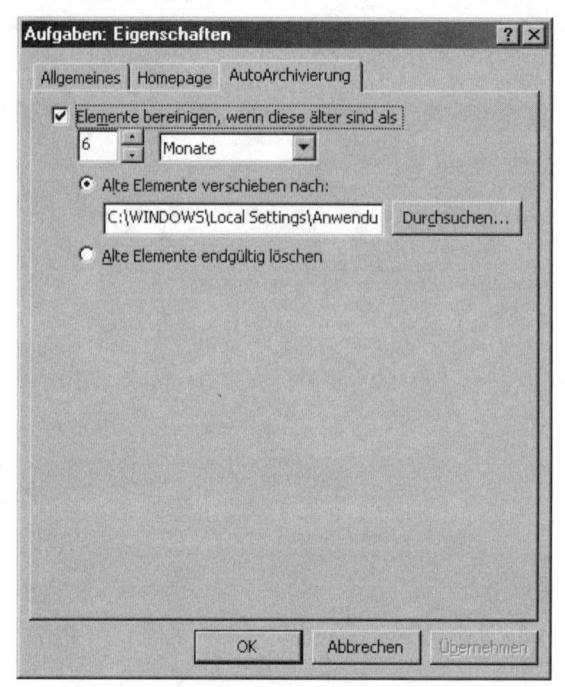

27.4 Elemente zwischen Ordnern kopieren

Wie Sie Dateien im Windows-Explorer von einem Ordner in einen anderen verschieben oder kopieren können, so können Sie auch Elemente aus Outlook-Ordnern von einem Ordner in den anderen verschieben oder kopieren.

Unterscheiden muss man dabei – nur vom Prinzip, nicht von der Ausführung her – zwischen dem Verschieben/Kopieren von Elementen zwischen Ordnern gleichen oder unterschiedlichen Typs.

Lassen Sie jetzt einmal die Ordnerliste anzeigen. Haben Sie zu einem der Outlook-Ordner bereits einen untergeordneten Ordner gleichen Typs angelegt? Wenn nicht, dann folgen Sie den Anweisungen im Abschnitt »Neue Ordner anlegen« weiter oben in diesem Kapitel. Klicken Sie auf den übergeordneten Ordner, um diesen zu öffnen. Im rechts gelegenen Arbeitsausschnitt von Outlook werden, je nach ausgewählter Ansicht, die Elemente in dem Ordner angezeigt (in Bild 27.9 beispielsweise für den Kalenderordner »Russ. Delegation«).

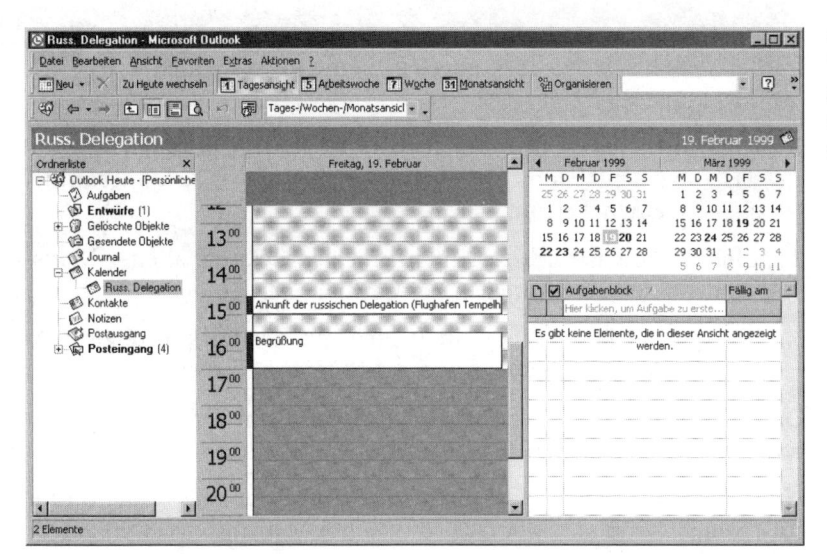

Bild 27.9:
Vorbereitung zum Verschieben von Ordnerelementen

Elemente zwischen Ordnern gleichen Typs verschieben

1. Klicken Sie einfach in der rechts gelegenen Ordneransicht auf das zu verschiebende Ordnerelement (in einem Kalenderordner also auf einen Termin).

2. Ziehen Sie das Ordnerelement mit gedrückt gehaltener linker Maustaste auf den Zielordner in der Ordnerliste.

3. Wenn das Maussymbol einen Pfeil mit Rechteck anzeigt, können Sie das Element in dem neuen Ordner ablegen.

Das Element wird verschoben, d.h. automatisch aus dem Ursprungsordner gelöscht.

Elemente zwischen Ordnern gleichen Typs kopieren

Diese Aktion läuft genauso ab wie das Verschieben, mit dem Unterschied, dass man vor dem Loslassen der Maus (sprich vor dem Ablegen), die ⌈Strg⌉-Taste drückt und gedrückt hält.

Elemente zwischen Ordnern unterschiedlichen Typs kopieren

dass man Termine von einem Kalenderordner in einen anderen Kalenderordner verschieben oder kopieren kann, ist nicht weiter ungewöhnlich. Kann man Termine aber auch in einen Ordner eines anderen Typs, beispielsweise den Postausgang, verschieben?

Man kann! Sie können jedes beliebige Outlook-Element von einem Ordner in einen anderen Ordner verschieben beziehungsweise kopieren – ungeachtet der Typen der Ordner.

Kapitel 27: Ordner, Arbeitsplatz und Dokumente

Sofern Quell- und Zielordner nicht dem gleichen Typ angehören, werden die verschobenen/kopierten Elemente in Elemente des Zielordners konvertiert.

1. Klicken Sie einfach in der rechts gelegenen Ordneransicht auf das zu verschiebende Ordnerelement (in einem Kalenderordner also auf einen Termin).
2. Ziehen Sie das Ordnerelement mit gedrückt gehaltener Maustaste auf den Zielordner in der Ordnerliste.
3. Wenn das Maussymbol einen Pfeil mit Rechteck anzeigt, können Sie das Element in dem neuen Ordner ablegen.

Das Element wird kopiert, also nicht wie beim Drag&Drop zwischen Ordnern gleichen Typs verschoben.

Hierbei spielt es auch eine nicht ganz unwesentliche Rolle, ob Sie zum Drag&Drop die linke oder die rechte Maustaste verwenden.

➔ Wenn Sie die Ordnerelemente mit der linken Maustaste ziehen, konvertiert Outlook die Elemente nach einem Standardverfahren. Wenn Sie beispielsweise einen Termin in einen E-Mail-Ordner kopieren, ruft Outlook das Nachrichten-Dialogfeld auf und trägt die Daten des Termins als Text in die E-Mail-Nachricht ein.

Bild 27.10:
Kopieren mit linker Maustaste

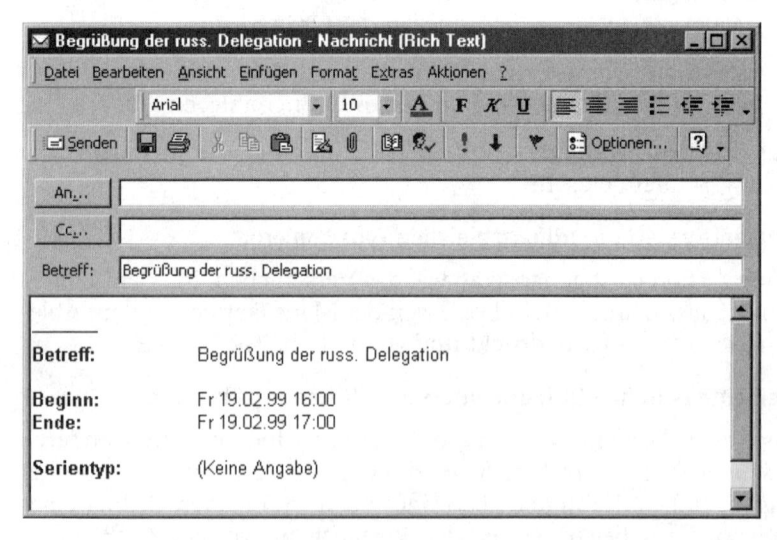

➔ Wenn Sie dagegen die Ordnerelemente mit der rechten Maustaste ziehen, öffnet sich beim Ablegen ein Kontextmenü, in dem Sie zwischen verschiedenen Konvertierungsmethoden wählen können. So können Sie beispielsweise bestimmen, dass ein Termin als Anlage an eine Nachricht angehängt anstatt als Text eingefügt werden soll.

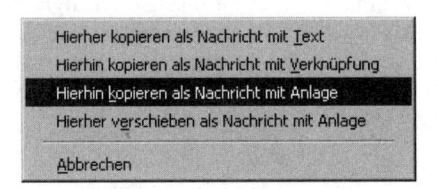

Bild 27.11: Kopieren mit rechter Maustaste

Elemente zwischen Ordnern unterschiedlichen Typs verschieben

Um Elemente zwischen Ordnern unterschiedlichen Typs zu verschieben, ziehen Sie die Elemente mit der rechten Maustaste, und wählen Sie beim Ablegen in dem sich öffnenden Kontextmenü den Befehl zum Verschieben aus.

27.5 Ordner exportieren

Fasst man den Begriff des »Exportierens« weit genug, so kann man darunter folgende Aktionen verstehen:

Tabelle 27.3: Verschiedene Exportmöglichkeiten

Aktion	Beschreibung	Ausführung
Drucken	Gelegentlich ist man darauf angewiesen, die Ordnerdaten (beispielsweise eine Kontaktliste oder ein Kalenderblatt) in ausgedruckter Form vor sich liegen oder dabei zu haben. Für solche Fälle kann man Ordnerinhalte ausdrucken.	Ordner in Ordnerliste auswählen und Befehl DATEI/DRUCKEN aufrufen. Mehr zu den Druckoptionen erfahren Sie in Kapitel 16.5 am Beispiel des Kalenders.
Als pst-Ordnerdatei exportieren	Zum Austausch von Ordnern zwischen Outlook-Anwendern. Als pst-Datei können Sie den Ordner auf Diskette kopieren oder über ein Netzwerk an andere Computer schicken. Sie können den Inhalt einer pst-Datei in einen bestehenden Ordner importieren (siehe Kapitel 27.6) oder die gesamte pst-Datei als neuen Ordner in die Ordnerliste aufnehmen (siehe Kapitel 27.8).	Befehl IMPORTIEREN/EXPORTIEREN im Menü DATEI. Näheres gleich weiter unten.

Kapitel 27: Ordner, Arbeitsplatz und Dokumente

Aktion	Beschreibung	Ausführung
In anderes Format konvertieren	Um aus anderen Programmen auf Outlook-Daten zugreifen zu können, exportieren Sie die Outlook-Daten in einem Format, das die Zielanwendung einlesen kann.	Befehl IMPORTIEREN/ EXPORTIEREN im Menü DATEI. Näheres gleich weiter unten.
	Einzelne Elemente können oft auch über die Zwischenablage oder per Drag&Drop zwischen den Anwendungen ausgetauscht werden.	
Archivieren	Zum Sichern von Daten und Archivieren älterer Elemente (beispielsweise nicht mehr aktuelle E-Mail-Nachrichten oder veraltete Kalendereinträge).	Befehl DATEI/ARCHIVIEREN. Mehr hierzu in Kapitel 28.

Ordner in eine Outlook-Ordnerdatei (.pst) exportieren

Um einen Ordner als Datei abzuspeichern, gehen Sie wie folgt vor:

Datei/Importieren/ Exportieren

1. Rufen Sie im Menü DATEI den Befehl IMPORTIEREN/EXPORTIEREN auf.

2. Wählen Sie im ersten Dialogfeld die Option *Exportieren in eine Datei*.

3. Wählen Sie im zweiten Dialogfeld die Option *Persönliche Ordner-Datei (.pst)*. (siehe Bild 27.12).

4. Danach wählen Sie den Ordner aus, der exportiert werden soll (siehe Bild 27.13).

   In dem Dialogfeld haben Sie des Weiteren die Möglichkeit festzulegen, dass untergeordnete Ordner in den Export mit einbezogen werden sollen beziehungsweise dass nur bestimmte Elemente aus dem Ordner exportiert werden sollen. In letzterem Falle klicken Sie auf die Schaltfläche *Filter*, die Sie zu dem *Filtern*-Dialog führt, den Sie bereits aus der Definition und Anpassung von Ansichten kennen (siehe beispielsweise Kapitel 16.9).

5. Im nächsten Schritt geben Sie einen Ordner und einen Namen für die anzulegende Datei an und legen fest, wie der Export-Assistent mit identischen Einträgen verfahren soll (siehe Bild 27.14).

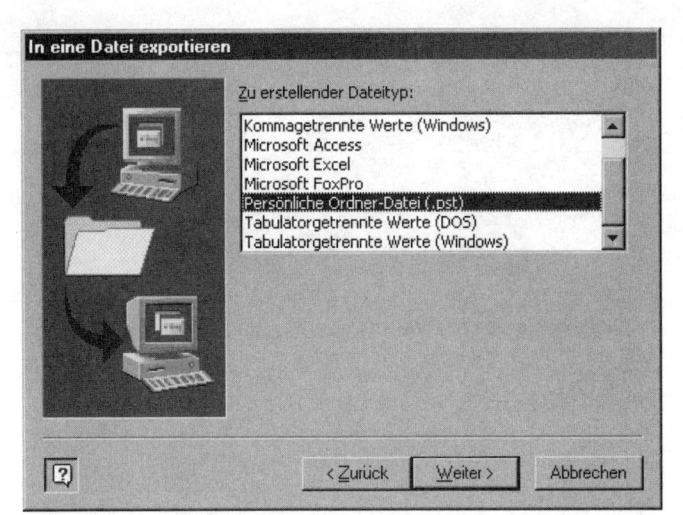

Bild 27.12:
Persönliche Ordner-Datei anlegen

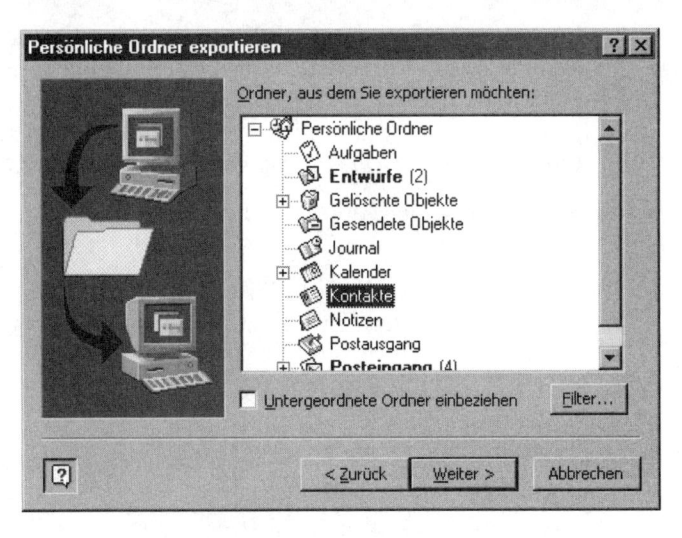

Bild 27.13:
Was soll exportiert werden?

6. Klicken Sie jetzt auf *Fertig stellen*, um den Export zu starten.

7. Als Antwort öffnet sich ein letztes Dialogfeld zur Konfiguration der zu erstellenden Exportdatei (siehe Bild 27.15). In diesem Dialogfeld:

    – Geben Sie einen Namen für den übergeordneten Ordner an, unter dem der exportierte Ordner in der Exportdatei eingetragen werden soll.

Kapitel 27: Ordner, Arbeitsplatz und Dokumente

*Bild 27.14:
Wohin soll exportiert werden?*

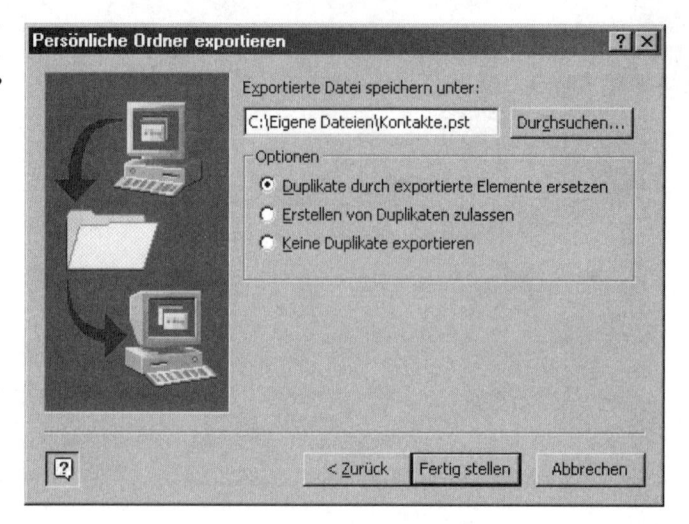

- In der pst-Ordnerdatei wird nämlich eine Ordnerhierarchie ähnlich der Ordnerliste von Outlook abgespeichert. Den *Namen*, den Sie im Dialogfeld *Persönlichen Ordner erstellen* eingeben, wird als Stammordner verwendet (vergleichbar dem Ordner *Outlook Heute (Persönliche Ordner)* aus der Ordnerliste).

- Wählen Sie eine Option für die Verschlüsselung der Ordnerdatei.

- Geben Sie bei Bedarf ein Passwort ein, um die Ordnerdatei vor unberechtigtem Zugriff zu schützen.

*Bild 27.15:
Ordnerdatei einrichten*

Persönliche Ordnerdateien (.pst) können Sie bei Bedarf später problemlos in Outlook zurückimportieren:

- Entweder, indem Sie den Inhalt der Ordnerdatei in einen bestehenden Outlook-Ordner importieren (siehe Kapitel 27.6)
- oder indem Sie die Ordnerdatei als Ordner in Ihre Ordnerliste aufnehmen (siehe Kapitel 27.8).

Sie können aber auch die Ordnerdatei an andere Kollegen oder Bekannte weitergeben, die ebenfalls mit Outlook arbeiten.

Ordner zur Verwendung in anderen Programmen exportieren

Wenn Sie einzelne Outlook-Elemente in andere Anwendungen übertragen wollen (beispielsweise eine Kontaktadresse in ein Word-Dokument), können Sie sich üblicherweise den Umweg über den Export in eine Datei sparen. Ziehen Sie das Outlook-Element einfach per Drag&Drop von Outlook in die Zielanwendung, oder probieren Sie den Austausch über die Zwischenablage (wie gut dies klappt, hängt vor allem von den Drag&Drop-Fähigkeiten der Zielanwendung ab).

Einzelne Elemente exportieren

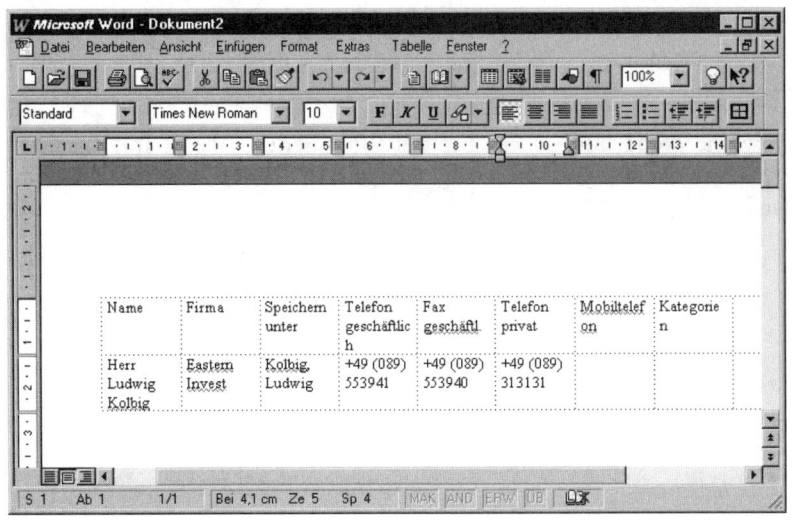

Bild 27.16: Kontaktadresse in Word (nach Umformatierung in eine Tabelle)

Für größere Datenmengen, also ganze Ordner oder bestimmte Elemente aus einem Ordner, ist dies aber zu umständlich. Wenn Sie die Outlook-Daten nicht selbst nutzen, sondern anderen zur Verfügung stellen wollen, nutzt Ihnen Drag&Drop und die Zwischenablage ebenfalls nichts. Für solche Fälle rufen Sie den Export-Assistenten auf:

Kapitel 27: Ordner, Arbeitsplatz und Dokumente

Datei/Importieren/ Exportieren
1. Rufen Sie im Menü DATEI den Befehl IMPORTIEREN/EXPORTIEREN auf.
2. Im ersten Dialogfeld des Export-Assistenten wählen Sie die Option *Exportieren in eine Datei* aus.
3. Im zweiten Dialogfeld wählen Sie das Format, in das Sie die Daten aus dem Ordner konvertieren wollen (siehe Bild 27.17).

Bild 27.17: Exportformat wählen

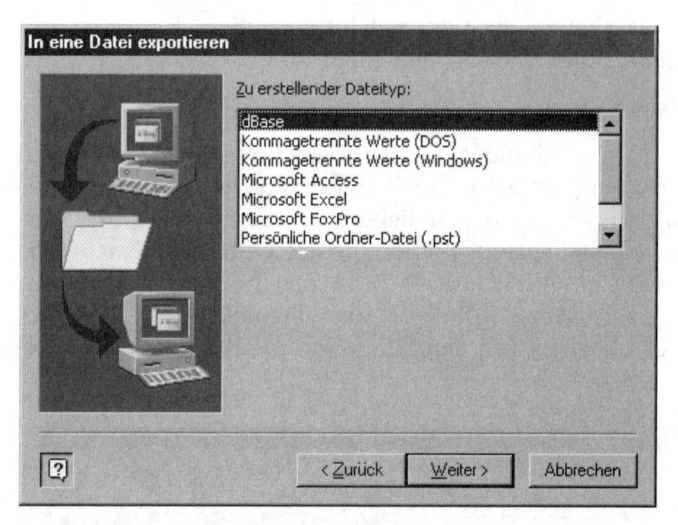

Wie Sie sicherlich schon bei der alltäglichen Arbeit mit Outlook gemerkt haben, sind alle Informationen in Outlook in Feldern organisiert.

Typische Felder eines Termins (Kalendereintrag) sind beispielsweise:

- Betreff
- Termin-/Besprechungsort
- Beginn
- Ende
- Serienmuster

Typische Felder einer E-Mail-Nachricht im Posteingang sind:

- Von
- Betreff
- Erhalten

Ordner exportieren | 643

> *Welche Felder insgesamt für die verschiedenen Outlook-Elemente zur Verfügung stehen, kann man den Dialogfeldern zur Anpassung der Outlook-Ansichten entnehmen (siehe beispielsweise Kapitel 16.9).*
>
> INFO

Auf der Organisation in Feldern beruhen aber auch Tabellen und Datenbanken. Outlook nutzt dies zum einem für seine tabellarischen Ansichten, zum anderen für den Export. Beim Export werden die Ordnerinhalte Element für Element und jedes Element Feld für Feld in einem generischen oder programmspezifischen Tabellenformat abgespeichert.

Programmspezifische Formate, die direkt von Outlook unterstützt werden, sind:

- dBase
- Microsoft Access
- Microsoft Excel und
- Microsoft FoxPro

Die generischen Formate lauten:

- Kommagetrennte Werte (DOS)
- Kommagetrennte Werte (Windows)
- Tabulatorgetrennte Werte (DOS)
- Tabulatorgetrennte Werte (Windows)

Nutzen Sie diese Formate, wenn Sie die Ordnerinhalte in Programme, die keines der programmspezifischen Formate einlesen können, exportieren möchten. Outlook speichert die Felder der Ordnerelemente einfach als durch Kommata oder Tabulatoren getrennte Liste.

Bild 27.18: Tabulatorgetrennte Werte – in Word sichtbar gemacht

Kapitel 27: Ordner, Arbeitsplatz und Dokumente

1. Nachdem Sie ein Dateiformat ausgewählt und auf *Weiter* geklickt haben, werden Sie gefragt, welchen Ordner Sie exportieren möchten.

2. Im nächsten Schritt geben Sie an, in welchem Verzeichnis und unter welchem Namen die exportierte Datei gespeichert werden soll.

   Outlook startet jetzt den Konverter. Sofern dieser auf Ihrem System installiert ist und die erforderlichen Treiber für die Konvertierung (beispielsweise Excel- oder Access-Treiber) vorhanden sind, beginnt jetzt die zweite Phase, in der Sie festlegen, welche Teile des ausgewählten Ordners exportiert werden.

3. Der Export-Assistent zeigt ein Dialogfeld an, das eine Schaltfläche namens *Felder zuordnen* enthält. Wenn Sie diese Schaltfläche anklicken, gelangen Sie in das Dialogfeld aus Bild 27.19, in dem Sie auswählen können, welche Felder exportiert werden sollen.

   - Verschieben Sie dazu die Felder einfach mit der Maus aus der linken Liste in die rechte Liste oder umgekehrt (die linke Liste zeigt die zu exportierenden Felder).

   - Mithilfe der Schaltfläche *Weiter* können Sie die einzelnen Ordnerelemente durchgehen und kontrollieren, wie diese exportiert werden.

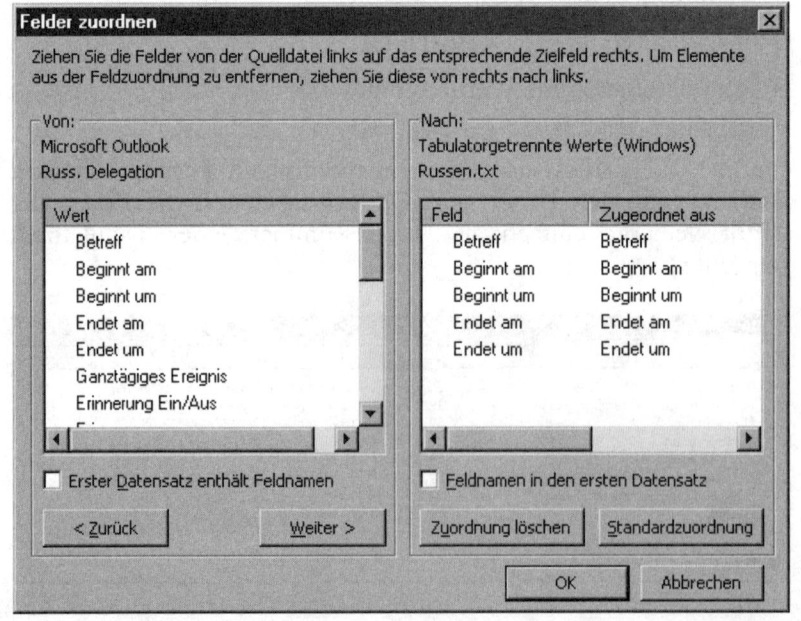

Bild 27.19: Auswahl der zu exportierenden Felder – hier für einen Kalender

4. Kehren Sie in das vorangehende Dialogfeld zurück, und klicken Sie auf die Schaltfläche *Fertig stellen*, um die Exportdatei erstellen zu lassen.

Für Kalenderordner können Sie danach noch angeben, welcher Zeitraum exportiert werden soll.

27.6 Ordner importieren

Ebenso wichtig wie das Exportieren von Ordnern ist das Importieren.

1. Rufen Sie den Befehl IMPORTIEREN/EXPORTIEREN aus dem Menü DATEI auf.

    Datei/Importieren/ Exportieren

2. Im ersten Dialogfeld wählen Sie eine der Import-Optionen. Wenn Sie sich für die Option *Importieren aus anderen Programmen oder Dateien* entscheiden, gelangen Sie in ein weiteres Dialogfeld, in dem Sie das Dateiformat wählen können, aus dem importiert werden soll – beispielsweise *Lotus Organizer 97*, *Microsoft Access* oder *Persönliche Ordner-Datei (.pst)*.

Die weiteren Einstellungen hängen von dem Dateiformat der zu importierenden Datei ab. Grundsätzlich geben Sie noch

- die zu importierende Datei und
- den Zielordner, in den die Daten importiert werden sollen,

an.

27.7 Ordner öffentlich zugänglich machen

Durch Exportieren eines Ordners können Sie den Inhalt eines Ordners sichern oder diesen per Diskette oder E-Mail an andere Anwender weitergeben. Gerade letzteres lässt sich in Outlook aber auch eleganter bewerkstelligen.

Nehmen wir an, Sie haben den Veranstaltungskalender eines in Ihrer Stadt stattfindenden Filmfestivals abgetippt und wollen diesen Kalender Ihren Kollegen auf der Arbeit zur Verfügung stellen. Je nach Organisation Ihrer Firma stehen Ihnen dazu verschiedene Wege offen.

Veröffentlichung in Firmen ohne Vernetzung

Kein Netz – keine Möglichkeit zur Veröffentlichung? Nein, ganz so düster sieht es nicht aus. Es stimmt zwar, dass Sie ohne Vernetzung keine der vielfältigen Outlook-Optionen zur Veröffentlichung von Ordnern nutzen können. Das heißt aber nicht, dass es nicht doch gangbare Wege gäbe.

Drucken

Drucken Sie den Kalender einfach aus, und verteilen Sie die Kopien. Ihre Kollegen haben dann zwar keine Möglichkeit, den Kalender selbst zu editieren (es sei denn, sie würden den Kalender selbst wieder abtippen), doch meist ist dies gar nicht nötig. In unserem Beispiel reicht es vollkommen, wenn sich die Kollegen die Filme, die sie sich anschauen möchten, im Ausdruck markieren und in den eigenen persönlichen Kalender übernehmen.

> *Im Falle eines Veranstaltungskalenders zu einem öffentlichen Ereignis wird man wahrscheinlich gleich mehrere Kalender vom Veranstalter anfordern, statt sich die Mühe zu machen, einen Kalender abzutippen und dann als Ausdruck zu verteilen. In anderen Fällen – beispielsweise, wenn Sie den Terminplan für den mehrtägigen Besuch von Vertretern eines wichtigen Kunden aufsetzen oder eine Kontaktliste erstellen, die allen Kollegen zur Verfügung gestellt werden soll – ist das Ausdrucken vielleicht der einzige, aber deswegen nicht unbedingt der schlechteste Weg.*

Ordnerdatei exportieren

Wenn Ihre Kollegen ebenfalls mit Outlook arbeiten, können Sie den Kalenderordner in eine pst-Datei exportieren (siehe oben) und per Diskette an Ihre Freunde und Kollegen verteilen.

Für Ihre Freunde und Kollegen hat dies den Vorteil, dass alle Daten elektronisch vorliegen und bei Bedarf bequem weiterverarbeitet werden können (und sei es bloß, dass sich Ihre Kollegen den Veranstaltungskalender ausdrucken).

Beide Vertriebswege, das Drucken wie die Ordnerdatei, haben aber zwei entscheidende Nachteile:

- Nachträgliche Änderungen stellen den Vertreiber des Ordners vor das Problem, wie er seine Kollegen/Freunde am besten über die Änderungen informieren kann.

↪ Eine gemeinsame Nutzung der Ordner ist quasi unmöglich. Dabei wäre es doch gerade im Beispiel unseres Filmkalenders ganz nett, wenn jeder, der sich Filme des Festivals anschaut, die Möglichkeit hätte, in den Notizen zu den einzelnen Filmen anzumerken, wie ihm der Film gefallen hat.

Veröffentlichung bei Vernetzung übers Internet

Ordner können per E-Mail über das Internet ausgetauscht werden. Einen Ordner, der auf diese Weise übers Internet zugänglich gemacht wird, nennt man in Outlook einen Netzwerkordner.

Um einen Ordner über das Internet zur Verfügung zu stellen:

1. Markieren Sie den Ordner in der Ordnerliste.
2. Rufen Sie den Befehl DATEI/FREIGEBEN/DIESEN ORDNER auf.
3. Folgen Sie den Anweisungen in den nachfolgend angezeigten Dialogfeldern. Dabei werden im Wesentlichen zwei Informationen abgefragt:
   - Welchen Personen (identifiziert durch Name und E-Mail-Adresse) der Ordner zur Verfügung gestellt werden soll.
   - Welche Zugriffsrechte diese Personen auf den Ordner haben sollen.

Netzwerkordner einrichten

Die Personen, die Sie als Empfänger ausgewählt haben, werden daraufhin per E-Mail darüber informiert, dass sie fortan auf Ihren Ordner zugreifen können. Die Personen können dem zustimmen oder es ablehnen. Die zugehörigen Schaltflächen für die Zu- oder Absage sind bereits in der E-Mail-Nachricht enthalten.

Netzwerkordner annehmen

Nimmt einer der von Ihnen bestimmten Empfänger die Zugriffsoption auf Ihren Ordner an, erhält er in regelmäßigen Abständen (Voreinstellung sind alle zehn Minuten) per E-Mail eine Aktualisierung Ihres Ordners zugesendet.

Um die Freigabe eines Ordner aufzuheben:

Freigabe aufheben

1. Markieren Sie den Ordner.
2. Rufen Sie den Befehl DATEI/FREIGEBEN/DIESEN ORDNER auf.
3. Klicken Sie auf die Schaltfläche *Diesen Ordner nicht mehr freigeben*.

Veröffentlichung bei Vernetzung mit Exchange Server

Wenn Sie in einer Umgebung arbeiten, in der Microsoft Exchange Server eingerichtet ist, gibt es noch mehr Möglichkeiten, um Ordner gemeinsam zu nutzen beziehungsweise anderen Mitgliedern der Arbeitsgruppe den Zugang zu einzelnen Ordnern zu gewähren:

- Öffentliche Ordner
- Zugriffsrechte vergeben
- Stellvertreter einrichten

Öffentliche Ordner

Wenn Sie unter Microsoft Exchange arbeiten, wird in Ihrer Ordnerliste (Befehl ANSICHT/ORDNERLISTE) ein übergeordneter Knoten *Öffentliche Ordner* angezeigt. Unter dessen Unterordner *Alle Öffentlichen Ordner* kann jeder Exchange-Anwender eigene Ordner veröffentlichen. Die veröffentlichten Ordner stehen allen Outlook-Ordnern zur Verfügung – jedoch mit unterschiedlichen Zugriffsrechten, die von Besitzer des Ordner vergeben werden.

Einen öffentlichen Ordner einrichten

Um einen neuen Ordner als öffentlichen Ordner anzulegen:

1. Rufen Sie den Befehl DATEI/ORDNER/NEUER ORDNER auf.
2. In dem erscheinenden Dialogfeld:
   - Geben Sie einen Namen für den neuen Ordner an.
   - Wählen Sie aus, welche Elemente der Ordner enthalten soll.
   - Speichern Sie den Ordner unter dem Knoten *Öffentliche Ordner/Alle Öffentlichen Ordner (siehe Bild 27.20)*.

Um einen bestehenden Ordner oder eine Kopie eines bestehenden Ordners zu einem öffentlichen Ordner zu machen:

1. Verschieben oder kopieren Sie den Ordner in der Ordnerliste (Befehl ANSICHT/ORDNER) einfach in den Ordner *Öffentliche Ordner/Alle Öffentlichen Ordner* – entweder durch Ziehen mit der Maus oder mithilfe der Befehle im Kontextmenü.

Zugriffsrechte vergeben

Nachdem Sie den öffentlichen Ordner eingerichtet haben, müssen Sie festlegen, mit welchen Rechten die anderen Exchange-Benutzer in Ihrer Arbeitsgruppe auf den öffentlichen Ordner zugreifen können.

Ordner öffentlich zugänglich machen | 649

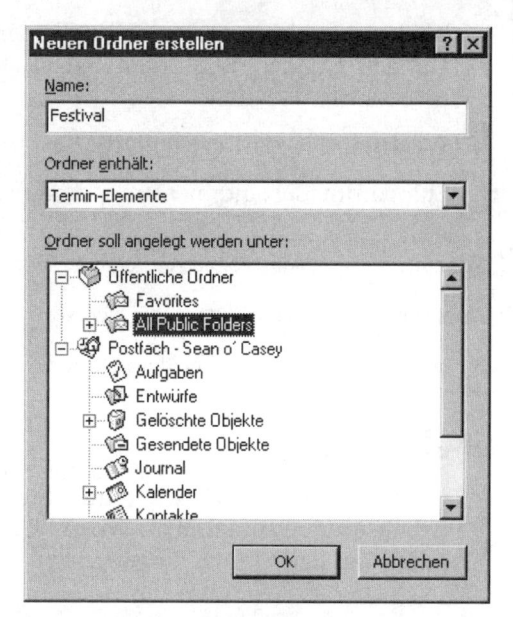

Bild 27.20:
Öffentlichen Ordner anlegen

Bild 27.21:
Zugriffsrechte festlegen

Kapitel 27: Ordner, Arbeitsplatz und Dokumente

1. Klicken Sie hierzu in der Ordnerliste mit der rechten Maustaste auf den Ordner, und rufen Sie im Kontextmenü den Befehl EIGENSCHAFTEN auf.

2. Wechseln Sie zur Registerkarte *Berechtigungen*.

   Standardmäßig sind hier unter dem Feld *Name* die Benutzer

Standard	Alle weiteren Exchange-Benutzer
Anonym	Gast-Nutzer, die sich von außerhalb einwählen
Sie selbst	Der angemeldete Outlook-Anwender

   eingetragen.

3. Über das Feld *Hinzufügen* können Sie weitere Kollegen aus Ihrer Arbeitsgruppe aufnehmen. Wozu? Um ihnen spezielle Zugriffsrechte auf den Ordner zu gewähren.

> **INFO** *Wenn Sie in der Liste einen der Namen auswählen, wird Ihnen im unteren Teil des Dialogs angezeigt, welche Zugriffsrechte für diesen Namen eingerichtet wurden. Wenn Sie Ihren eigenen Namen auswählen, wird die Berechtigungsstufe 8 angezeigt, die Sie als Besitzer des Ordners ausweist und Ihnen das Recht einräumt, die Berechtigung für andere Anwender festzulegen.*

4. Wählen Sie in der Liste den Namen des Anwenders aus, für den Sie die Berechtigungsstufe festlegen wollen. Die Rechte der verschiedenen Stufen können Sie an den Optionen im Dialog ablesen.

Tabelle 27.4: Berechtigungsstufen für Ordner

Stufe	Berechtigung
Keine	Kann den Ordner sehen
Stufe 1	Kann Objekte erstellen
Stufe 2	Kann Objekte lesen
Stufe 3	1 + 2 + kann eigene Objekte löschen
Stufe 4	3 + kann eigene Objekte bearbeiten
Stufe 5	4 + kann Unterordner erstellen
Stufe 6	1 + 2 + kann alle Objekte bearbeiten und löschen

Stufe	Berechtigung
Stufe 7	6 + kann Unterordner erstellen
Stufe 8	Alle Optionen, kann Berechtigungen ändern

Über die unter dem Feld Berechtigungsstufe *angezeigten Optionen können Sie auch eigene Berechtigungsmuster zusammenstellen.*

Öffentlichen Ordner einsehen

Hat einer Ihrer Kollegen einen öffentlichen Ordner eingerichtet, wird dieser sofort auch in Ihre Ordnerliste aufgenommen. Wenn Sie wissen wollen, welche Zugriffsrechte Sie auf diesen Ordner haben, klicken Sie ihn mit der rechten Maustaste an, und rufen Sie den Befehl EIGENSCHAFTEN auf.

Auf der Registerkarte *Ordnerübersicht* werden Ihnen Ihre Zugriffsrechte angezeigt sowie die Kontaktperson, bei der Sie sich beschweren müssen, wenn Sie weitreichende Zugriffsrechte eingeräumt haben möchten.

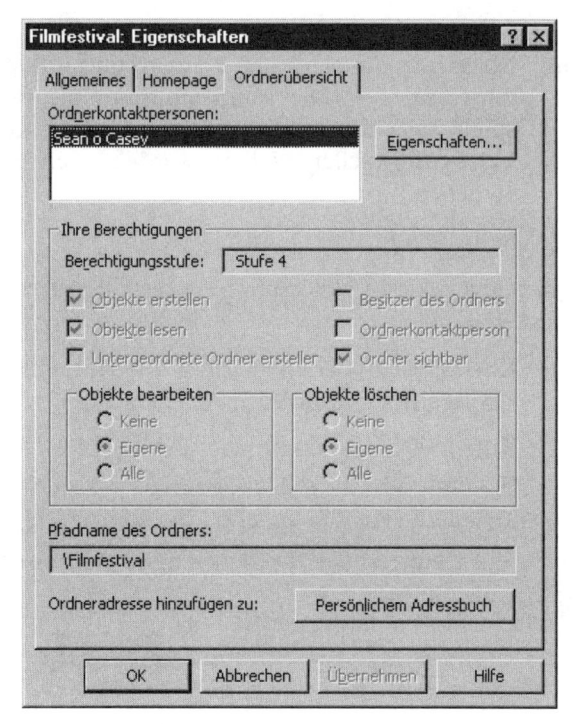

Bild 27.22: Welche Zugriffsrechte habe ich?

Ordner anderen zugänglich machen

Anstatt einen Ordner allgemein öffentlich zu machen, haben Sie auch die Möglichkeit, einzelnen Kollegen den Zugriff auf Ihre persönlichen Ordner zu ermöglichen. Dazu richten Sie für den betreffenden Ordner Zugriffsrechte für die Kollegen ein und teilen diesen danach mit, dass sie über den Befehl EXTRAS/DIENSTE Ihr Postfach in ihre Ordnerliste aufnehmen können.

Anderen Anwendern Zugriffsrechte einräumen

Zuerst müssen Sie den Anwendern zumindest minimale Zugriffsrechte auf Ihren übergeordneten Postfach-Ordner einräumen, damit diese den Ordner anzeigen und die Unterordner einblenden lassen können.

1. Klicken Sie in der Ordnerliste (Befehl ANSICHT/ORDNERLISTE) mit der rechten Maustaste auf den Ordner Ihres Postfachs (*Outlook Heute – [Postfach Ihr Name]*).
2. Rufen Sie im Kontextmenü den Befehl EIGENSCHAFTEN auf, und wechseln Sie zur Registerkarte *Berechtigungen*.
3. Nehmen Sie über die Schaltfläche *Hinzufügen* den oder die Kollegen auf, denen Sie den Zugriff auf Ihr Postfach gewähren wollen.
4. Markieren Sie dann den Namen, und wählen Sie eine Berechtigungsstufe aus. Dies kann ruhig eine niedrigere Stufe sein – beispielsweise die Stufe 4. (Für den Ordner, den Sie eigentlich zur Verfügung stellen wollen, werden noch eigene Zugriffsrechte vergeben.)
5. Schließen Sie die Dialogfelder.

Jetzt legen Sie in gleicher Weise die Zugriffsrechte für den Ordner fest.

1. Klicken Sie in der Ordnerliste mit der rechten Maustaste auf den Ordner, den Sie anderen Kollegen zur Verfügung stellen wollen.
2. Rufen Sie im Kontextmenü den Befehl EIGENSCHAFTEN auf, und wechseln Sie zur Registerkarte *Berechtigungen*.
3. Nehmen Sie über die Schaltfläche *Hinzufügen* den oder die Kollegen auf, denen Sie den Zugriff auf Ihren Ordner gewähren wollen.

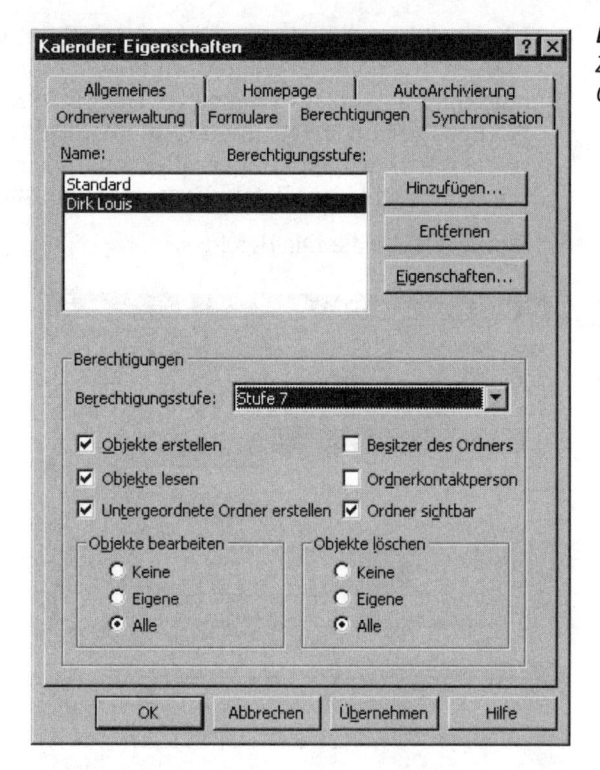

Bild 27.23:
Zugriffsrechte für Ordner vergeben

4. Markieren Sie dann den Namen, und wählen Sie eine Berechtigungsstufe aus. Diese muss nicht mit der Berechtigungsstufe des Postfachs identisch sein. Sie kann niedriger oder weitreichender sein.

5. Schließen Sie die Dialogfelder.

Auf Postfächer anderer Anwender zugreifen

Ein Kollege hat einen seiner persönlichen Ordner für Sie zum Lesen zugänglich gemacht und Sie darüber per E-Mail (oder ganz altmodisch beim Mittagessen) informiert. Jetzt möchten Sie natürlich auch gleich in den Ordner hineinschauen.

1. Rufen Sie den Befehl EXTRAS/DIENSTE auf.

2. Wählen Sie in der Liste der angezeigten Informationsdienste den Microsoft Exchange Server aus, und klicken Sie auf die Schaltfläche *Eigenschaften*.

3. Im Dialogfeld des Microsoft Exchange Servers wechseln Sie zur Registerkarte *Erweitert*, wo Sie eine Liste der zusätzlich zu öffnenden Postfächer finden.

Kapitel 27: Ordner, Arbeitsplatz und Dokumente

4. Klicken Sie auf die Schaltfläche *Hinzufügen*, und geben Sie den Namen des Kollegen ein, dessen Postfach Sie in Ihre Ordnerliste aufnehmen wollen. Wenn Sie sich in der Schreibweise des Namens vertun, zeigt Ihnen Outlook ähnliche Namen aus dem Adressbuch an. Sie können aber auch gleich in Ihrem Adressbuch nachschlagen: Befehl EXTRAS/ADRESSBUCH).

5. Schließen Sie die Dialogfelder.

Bild 27.24:
Auf freigegebene Ordner zugreifen

Stellvertreter einrichten

Ein Spezialfall der Einräumung von Zugriffsrechten für Ordner ist die Einrichtung eines Stellvertreters. Ganz allgemein gesprochen ist ein Stellvertreter einfach eine Person, der Sie mehr oder weniger weitreichend Zugriffsrechte auf Ihre Outlook-Ordner gewähren und die in Ihrem Namen E-Mails senden kann.

Dies kann jemand sein, der Sie in Abwesenheit vertritt, es kann aber auch Ihre Sekretärin sein, die für Sie Ihren Terminkalender führt, oder ein Assistent, der jeden Morgen für Sie Ihre E-Mail-Nachrichten sichtet.

Ein Mitglied Ihrer Arbeitsgruppe zum Stellvertreter ernennen

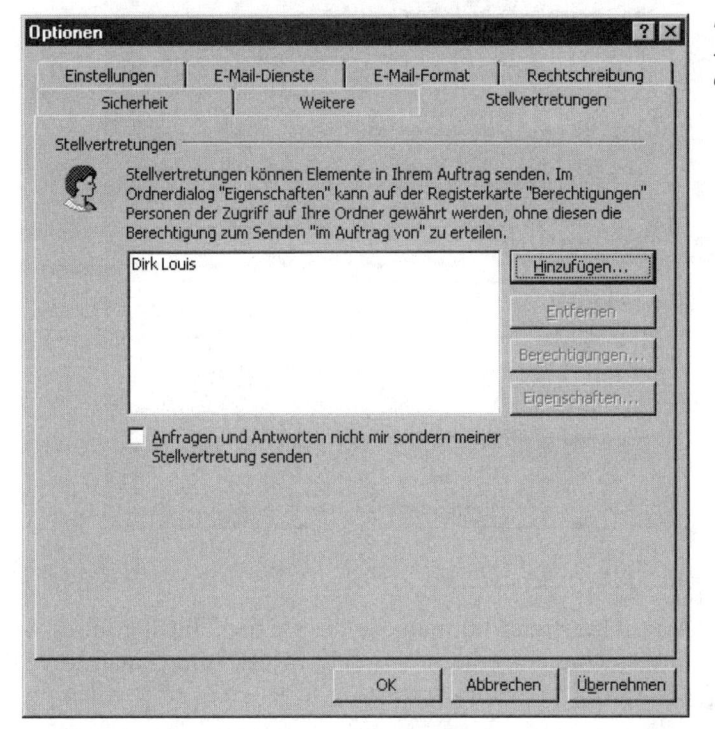

Bild 27.25:
Stellvertreter auswählen

1. Rufen Sie den Befehl EXTRAS/OPTIONEN auf, und wechseln Sie zur Registerkarte *Stellvertretungen*.

2. Klicken Sie auf die Schaltfläche *Hinzufügen*, und wählen Sie aus Ihrem Adressbuch den gewünschten Stellvertreter aus.

3. Wenn Sie das Dialogfeld bestätigen, erscheint ein weiteres Dialogfeld, in dem Sie die Stellvertretungsrechte für Ihren Stellvertreter festlegen können. (siehe Bild 27.26)

   Wenn Sie jetzt zur Registerkarte *Stellvertretungen* des Optionen-Dialogs zurückkehren, ist Ihr Stellvertreter eingetragen.

4. Sie können jetzt noch festlegen, ob Terminanfragen direkt an Ihren Stellvertreter gehen sollen. Wenn ja, aktivieren Sie die zugehörige Option auf der Registerkarte *Stellvertretungen*.

Um die Rechte eines Stellvertreters auszuweiten, zu beschneiden oder zu löschen, rufen Sie ebenfalls den *Optionen*-Dialog auf, wechseln zur Registerkarte *Stellvertretungen*, markieren den Stellvertreter und wählen eine der Schaltflächen *Entfernen* oder *Berechtigungen*.

Bild 27.26:
Stellvertretungsrechte festlegen

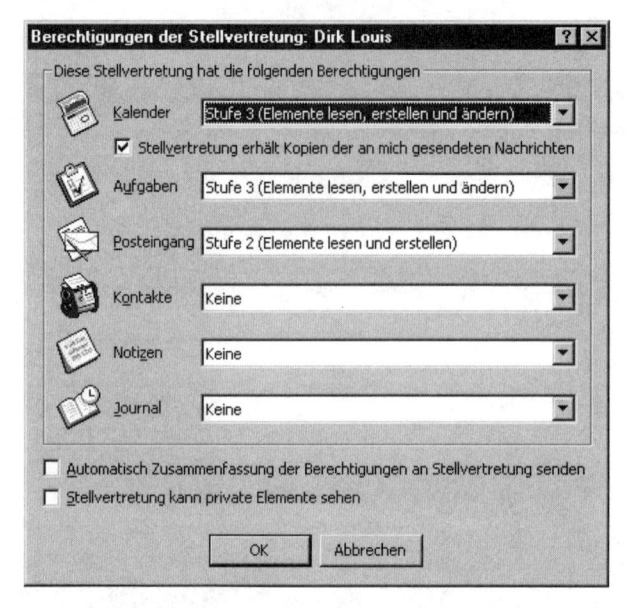

Als Stellvertreter auftreten

Als Stellvertreter können Sie die Ordner, für die Ihnen Stellvertretungsrechte eingeräumt wurden, öffnen und gemäß Ihrer Rechte in den Ordnern Elemente lesen, bearbeiten oder erstellen.

Um einen Ordner eines Kollegen zu öffnen, für den Sie als Stellvertreter auftreten:

1. Rufen Sie den Befehl ORDNER EINES ANDEREN BENUTZERS im Menü DATEI/ÖFFNEN auf.

2. In dem geöffneten Dialogfeld:

   – Geben Sie den Namen des Ordnereigentümers ein (oder klicken auf die Schaltfläche *Name*, um den Eigentümer aus der Liste der Kollegen auswählen zu können).

   – Wählen Sie den Ordner aus, den Sie öffnen wollen.

Wenn Sie tatsächlich über entsprechende Stellvertretungsrechte verfügen, wird der Ordner daraufhin in einem eigenen Fenster geöffnet.

Beispiel Nehmen wir an, Sie wollen im Namen eines Kollegen, der Sie zum Stellvertreter ernannt hat, eine E-Mail versenden.

1. Öffnen Sie den Posteingang des Kollegen. Voraussetzung ist selbstverständlich, dass Sie die Berechtigung für die Arbeit im Posteingang haben.

Ordner öffentlich zugänglich machen | 657

2. Klicken Sie auf die Schaltfläche *Neu*, um eine neue Nachricht aufzusetzen.
3. Setzen Sie wie gewohnt die Nachricht auf. Wählen Sie einen Empfänger aus (Feld *An*), geben Sie einen *Betreff* an, tippen Sie die eigentliche Nachricht ein.
4. Um dem Empfänger anzuzeigen, dass diese Nachricht von Ihnen in Ihrer Funktion als Stellvertreter für jemand anderen verschickt wurde, rufen Sie im Menü ANSICHT den Befehl »VON«-FELD auf. Das Feld wird in das E-Mail-Formular aufgenommen. Geben Sie in diesem Feld den Namen der Person an, als deren Stellvertreter Sie handeln.
5. Schicken Sie die Nachricht ab (Schaltfläche *Senden*).

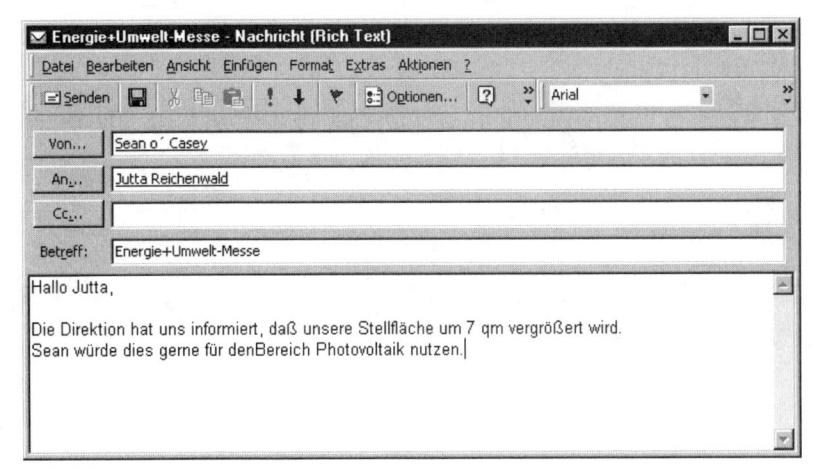

Bild 27.27:
Nachricht als Stellvertreter schicken

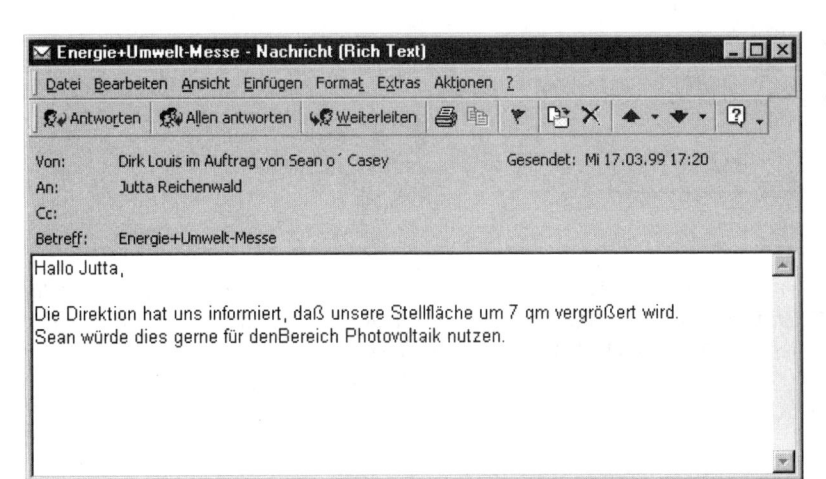

Bild 27.28:
Nachricht von einem Stellvertreter

Beim Empfänger angekommen, sieht die Nachricht dann wie in Bild 27.28 aus.

27.8 Ordnerdateien (.pst) in die Ordnerliste aufnehmen

Wenn Sie Outlook-Daten in Form einer Ordnerdatei (Extension .pst) vorliegen haben, können Sie diese in einen bestehenden Ordner importieren (siehe 27.6) oder direkt als eigenen Ordner in Ihre Ordnerliste aufnehmen.

Um einen Ordner aus einer Ordner-Datei in Ihre Ordnerliste aufzunehmen, gehen Sie wie folgt vor:

1. Lassen Sie sich die Ordnerliste anzeigen (Befehl ANSICHT/ORDNERLISTE).
2. Rufen Sie den Befehl DATEI/ÖFFNEN/PERSÖNLICHE ORDNERDATEI (.PST) auf.

Bild 27.29: Ordnerliste mit geöffneter Ordnerdatei RUSSEN

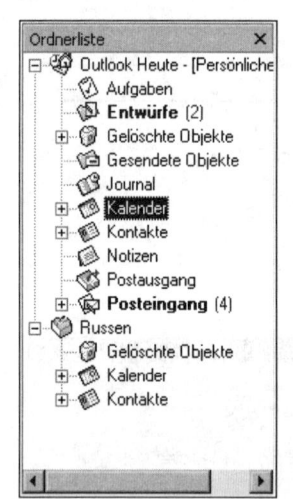

> **INFO**
> Um eine Ordnerdatei zu schließen, klicken Sie mit der rechten Maustaste auf den übergeordneten Knoten der Ordnerdatei und wählen im Kontextmenü den Befehl SCHLIESSEN »NAME DER ORDNERDATEI« aus.

27.9 Die Outlook-Leiste

Neben der Ordnerliste ist die Outlook-Leiste das wichtigste Organisations- und Navigationsinstrument von Outlook.

In der Outlook-Leiste können Sie Verknüpfungen zu Outlook-Ordnern anlegen. Wenn Sie sich dabei auf die wichtigsten Ordner beschränken, haben Sie in der Outlook-Leiste ein hervorragendes Mittel, um schnell zwischen den am häufigsten benötigten Ordner hin und her zu wechseln.

Was die Outlook-Leiste gegenüber der Ordnerliste weiter auszeichnet, ist:

- dass Sie die Verknüpfungen in der Outlook-Leiste in Gruppen organisieren können (standardmäßig sind die Gruppen c und *Eigene Verknüpfungen* und – je nach Installation – auch *Weitere Verknüpfungen* angelegt.
- dass Sie in der Outlook-Leiste auch Verknüpfungen zu Verzeichnissen Ihres Dateisystems herstellen können (siehe Abschnitt 27.10).

Verknüpfungen einrichten und löschen

Um in der Outlook-Leiste eine Verknüpfung zu einem Ordner einzurichten, gehen Sie wie folgt vor:

1. Öffnen Sie die Gruppe, in der Sie die Verknüpfung eintragen wollen (beispielsweise OUTLOOK-VERKNÜPFUNGEN oder EIGENE VERKNÜPFUNGEN).

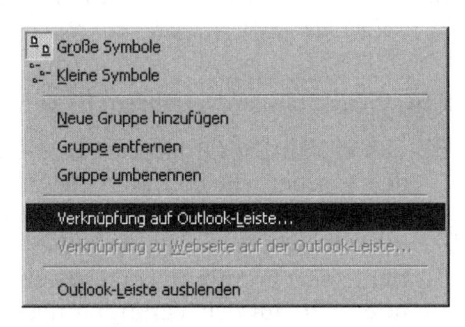

Bild 27.30:
Kontextmenü der Outlook-Leiste

2. Klicken Sie mit der rechten Maustaste in die Gruppe, um das Kontextmenü zu öffnen, und wählen Sie in dem Kontextmenü den Befehl VERKNÜPFUNG AUF OUTLOOK-LEISTE aus.

Kapitel 27: Ordner, Arbeitsplatz und Dokumente

Bild 27.31:
Verknüpfung
einrichten

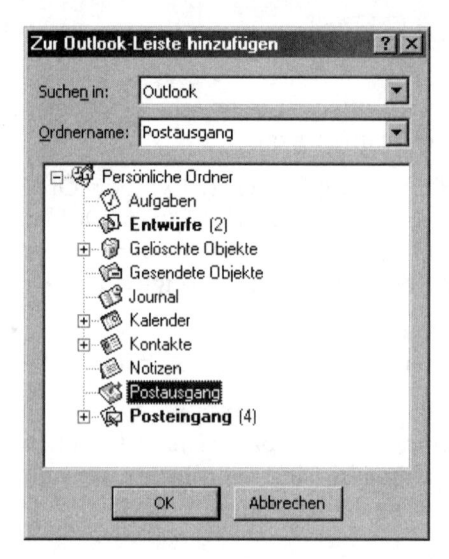

3. In dem erscheinenden Dialogfeld brauchen Sie den Ordner, zu dem Sie eine Verknüpfung einrichten wollen, nur noch markieren.

Wenn Sie möchten, können Sie im Feld *Suchen in* statt der Option *Outlook* auch *Dateisystem* wählen und eine Verknüpfung zu einem Verzeichnis oder einer Datei einrichten.

> *Die neue Verknüpfung wird an das Ende der Gruppe angehängt. Wenn Sie die Verknüpfung weiter oben in der Gruppe haben möchten, ziehen Sie das Symbol mit der Maus einfach nach oben.*

Soweit das Standardverfahren. Es geht aber auch noch bequemer.

- Öffnen Sie Sie Ordnerliste und Outlook-Liste, und ziehen Sie den Ordner, für den Sie eine Verknüpfung einrichten wollen, direkt aus der Ordnerliste in die Outlook-Leiste. (Sie können den Ordner nur zwischen, über oder unter den bereits eingerichteten Verknüpfungen ablegen – nicht in den Randbereichen und nicht auf den Verknüpfungssymbolen). Und wo wir gerade bei Drag&Drop sind: Sie können auch eine Datei oder ein Verzeichnis aus dem Windows-Explorer in die Outlook-Leiste ziehen und dort ablegen.

➔ Wenn Sie über den Befehl DATEI/ORDNER/NEUER ORDNER einen neuen Ordner anlegen, fragt Outlook Sie, ob Sie zu dem neuen Ordner auch gleiche eine Verknüpfung anlegen wollen.

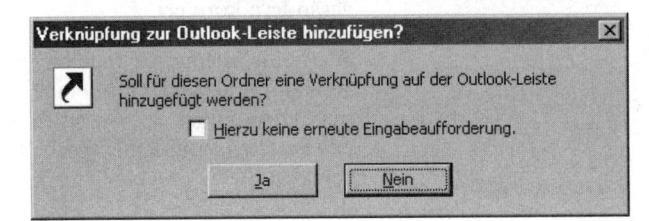

Bild 27.32: Verknüpfung zu neuem Ordner

Achten Sie darauf, Ihre Outlook-Leiste nicht mit unnötigen oder selten benutzten Verknüpfungen zu überfrachten – sonst mutiert die Outlook-Leiste zu einer billigen Kopie der Ordnerliste.

Um eine Verknüpfung zu löschen:

1. Klicken Sie die Verknüpfung mit der rechten Maustaste an.
2. Rufen Sie im Kontextmenü den Befehl VON OUTLOOK-LEISTE LÖSCHEN auf.

Gruppen einrichten und löschen

Um eine neue Gruppe für Verknüpfungen einzurichten:

1. Klicken Sie mit der rechten Maustaste in den Hintergrund der Outlook-Leiste (die Gruppe ist egal).
2. Rufen Sie im Kontextmenü den Befehl NEUE GRUPPE HINZUFÜGEN auf.
3. Die neue Gruppe wird im Fenster der Outlook-Leiste angezeigt. Sie können jetzt einen Namen für die Gruppe eingeben.

Um eine Gruppe zu löschen:

1. Klicken Sie mit der rechten Maustaste in den Hintergrund der Gruppe (nicht die falsche Gruppe erwischen!).
2. Rufen Sie im Kontextmenü den Befehl GRUPPE ENTFERNEN auf.

Gruppen konfigurieren

Jede Gruppe der Outlook-Leiste kann für sich konfiguriert werden.

Große, kleine Symbole	Im Kontextmenü der Gruppe finden Sie die Befehle *Große Symbole* und *Kleine Symbole*, mit denen Sie die Darstellung der Verknüpfungen verändern können.
	Wenn Sie in einer Gruppe mehr Verknüpfungen haben, als in der Outlook-Leiste mit großen Symbolen dargestellt werden können, und Sie des Scrollens mit den Pfeilschalter müde sind, schalten Sie doch einfach auf kleine Symbole um.
Gruppe umbenennen	Sie können die Gruppe umbenennen. Befehl GRUPPE UMBENENNEN in Kontextmenü.
Symbole verschieben	Sie können die Symbole der Verknüpfungen mit der Maus aufnehmen und verschieben und so die Reihenfolge der Verknüpfungen verändern.

27.10 Dateiverwaltung in Outlook

Zur Dateiverwaltung verwenden Sie üblicherweise den Windows Explorer. Outlook-Anwender können alle wichtigen Arbeiten, für die traditionell der Windows-Explorer benötigt wird, auch von Outlook aus erledigen.

Dies ist keineswegs bloß eine nette Spielerei, sondern durchaus sinnvoll, denn als ernsthafter Outlook-Anwender werden Sie Outlook bei jeder Sitzung an Ihrem PC geöffnet haben. (Höchstwahrscheinlich haben Sie Outlook sogar für den Autostart eingerichtet.) Wenn Sie Outlook neben dem Kommunikations- und Zeitmanagement auch noch für die Dateiverwaltung verwenden, sparen Sie sich das Aufrufen des Windows-Explorers.

Outlook für die Dateiverwaltung einrichten

Je nach Installation – beziehungsweise nach Vorgängerversion, über die Sie Outlook 2000 installiert haben – ist in Ihrer Outlook-Leiste bereits die Gruppe *Weitere Verknüpfungen* mit dem Symbol des *Arbeitsplatzes* sowie der *Eigenen Dateien* und *Favoriten* angelegt.

Sollte das *Arbeitsplatz*-Symbol bei Ihnen nicht installiert sein, holen Sie dies jetzt nach.

1. Öffnen Sie die Gruppe, in der Sie die Verknüpfung eintragen wollen. Gegebenenfalls sollten Sie eine eigene Gruppe für die Verknüpfungen zu Ihrem Dateisystem einrichten (Befehl NEUE GRUPPE HINZUFÜGEN aus Kontextmenü, siehe vorangehender Abschnitt).

2. Klicken Sie mit der rechten Maustaste in die Gruppe, um das Kontextmenü zu öffnen, und rufen Sie hier den Befehl VERKNÜPFUNG AUF OUTLOOK-LEISTE auf.

   In dem erscheinenden Dialogfeld wählen Sie im Feld *Suchen in* die Option *Dateisystem*.

   Jetzt können Sie das Verzeichnis beziehungsweise die Datei, zu der eine Verknüpfung angelegt werden soll – in unserem Falle also der Arbeitsplatz – auswählen.

3. Schließen Sie die Dialogfelder.

Bild 27.33:
Verknüpfung zu Arbeitsplatz einrichten

Dateiverwaltung in Outlook

Wenn Sie in der Outlook-Leiste auf das Symbol des Arbeitsplatzes klicken, wird in das rechte Fenster von Outlook das zugehörige Verzeichnis geladen.

Wenn Sie die Ordnerliste geöffnet haben oder jetzt nachträglich öffnen (Befehl ANSICHT/ORDNERLISTE), sieht Outlook schon ganz wie der Windows-Explorer aus (siehe Bild 27.34).

Kapitel 27: Ordner, Arbeitsplatz und Dokumente

Bild 27.34:
Dateiverwaltung
mit Outlook

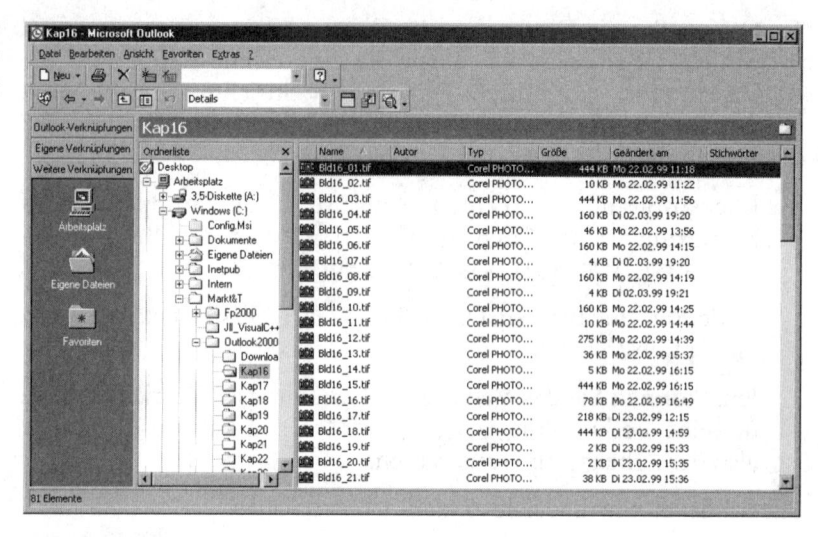

In der Ordnerliste von Outlook werden wie im rechten Feld des Windows-Explorers die Verzeichnisse (Ordner) angezeigt und im Ordnerfenster rechts daneben die Inhalte der Verzeichnisse (Unterordner und Dateien).

Outlook versucht nicht nur, das Erscheinungsbild des Explorers nachzuempfinden, auch die Funktionalität des Explorers und die Arbeit mit dem Explorer werden kopiert:

- Die Navigation im Dateisystem funktioniert ganz wie im Windows-Explorer.

- Auch das Verschieben, Kopieren, Umbenennen und Löschen von Dateien und Verzeichnissen erfolgt in den Outlook-Fenstern ganz so wie in den Windows-Explorer-Fenstern.

- Die Kontextmenüs zu den Dateien stehen – in leicht veränderter Zusammensetzung – ebenfalls zur Verfügung.

- Wichtige Explorer-Befehle wie DATEI/SENDEN AN oder die Netzwerkbefehle wurden in das Outlook-Menüsystem integriert.

- Manche Befehle, die es im Explorer wie in Outlook gibt, werden Outlook-spezifisch umgesetzt.

Zur letzteren Kategorie gehören beispielsweise die Befehle zum Anlegen neuer Verzeichnisse, zum Wechseln der Ansicht und zum Suchen nach Dateien.

Neue Verzeichnisse anlegen

Verzeichnisse heißen unter Windows allgemein »Ordner«, und der Befehl zum Einrichten eines neuen Verzeichnisses heißt wie im Explorer DATEI/NEU/ORDNER.

Zum Anlegen eines neuen Verzeichnisses:

1. Markieren Sie wie üblich im Ordnerfenster das übergeordnete Verzeichnis.
2. Rufen Sie den Befehl DATEI/NEU/ORDNER auf.
3. Im Unterschied zum Explorer erscheint in Outlook ein Dialogfeld, in das Sie den Namen für das neue Verzeichnis eingeben.
4. Bestätigen Sie das Dialogfeld, wird das neue Verzeichnis angelegt.

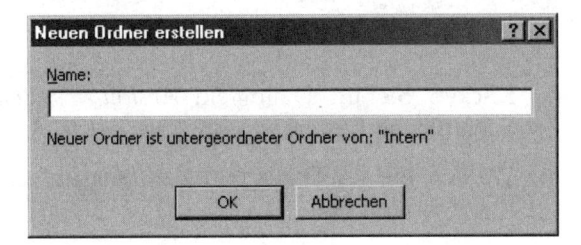

Bild 27.35: Neues Verzeichnis anlegen

Ansicht wechseln

Wenn Sie im Windows-Explorer das Menü ANSICHT öffnen, finden Sie darin Optionen zur Anzeige der Verzeichnisinhalte in Form von:

- Großen Symbolen
- Kleinen Symbolen
- Als Liste
- Als Detailansicht

Unter Outlook finden Sie von diesen vier Ansichten im Untermenü ANSICHT/AKTUELLE ANSICHT nur die Optionen *Symbole* und *Details*.

Darüber hinaus stehen Ihnen aber alle Outlook-typischen Möglichkeiten zur Anpassung und Definition von Ansichten zur Verfügung (siehe Kapitel 16.9).

Sie vermissen die Ansicht mit den kleinen Symbolen? Kein Problem!

Kapitel 27: Ordner, Arbeitsplatz und Dokumente

1. Rufen Sie den Befehl ANSICHT/AKTUELLE ANSICHT/ANSICHTEN DEFINIEREN auf.
2. Markieren Sie im Listenfeld des Dialogs *Ansichten für ...* die Ansicht *Symbole*, die Sie als Ausgangsbasis verwenden.
3. Klicken Sie auf die Schaltfläche *Kopieren*, und geben Sie im daraufhin geöffneten Dialogfeld einen Namen für die neue Ansicht ein.

Bild 27.36: Ansicht mit kleinen Symbolen anlegen

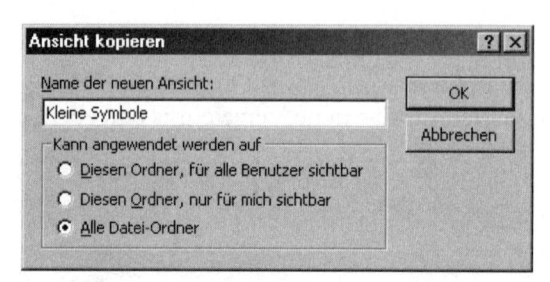

4. Klicken Sie im Dialogfeld *Ansichtseinstellungen für ...* auf die Schaltfläche *Weitere Einstellungen*.
5. Wählen Sie im Dialogfeld *Symbolansicht formatieren* die Option *Kleine Symbole* aus.

Bild 27.37: Kleine Symbole

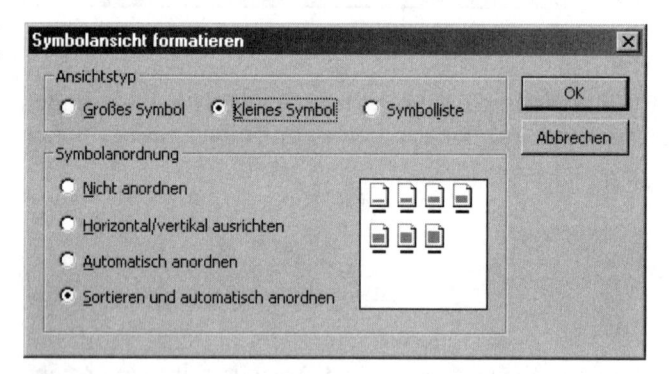

Suchen

Wenn Sie nach Dateien suchen wollen, rufen Sie den Befehl EXTRAS/ERWEITERTE SUCHE auf (siehe Bild 27.38).

Hier können Sie auf der Registerkarte *Dateien* wie gewohnt angeben, nach welchen Dateinamen und Dateitypen Sie suchen möchten:

- Mithilfe des Feldes *Suchen nach* können Sie nach Textstellen in Dateien suchen.

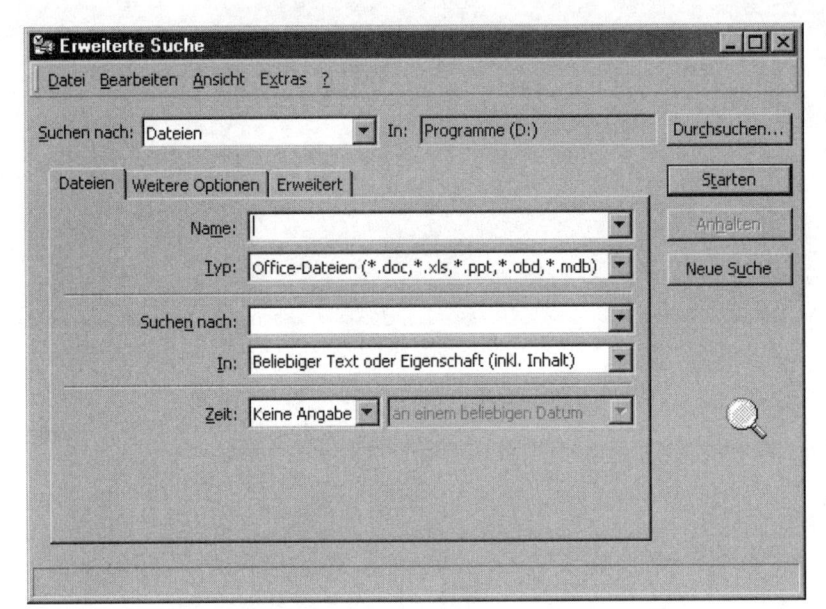

Bild 27.38:
Registerkarte
DATEIEN der
erweiterten
Suche

- Auf der Registerkarte *Weitere Optionen* können Sie die Unterscheidung nach Groß- und Kleinschreibung aktivieren.

- Auf der Registerkarte *Erweitert* können Sie feldbasierte Suchkriterien formulieren (siehe Kapitel 16.9 zur Definition von Filterkriterien für Ansichten).

Archivierung
Kapitel 28

Während Sie Tag für Tag Outlook zur Abfrage Ihrer E-Mails, zur Koordination Ihrer Termine und zur Aufgabenplanung nutzen, sammeln sich in Ihren Outlook-Ordnern stillschweigend mehr und mehr Daten an. Ein Großteil dieser Daten ist schnell veraltet – wen interessieren schon die Termine oder E-Mails von vor zwei Monaten?

Trotzdem schreckt man vor dem definitiven Löschen der Daten meist zurück. Veraltete, im Grunde nicht mehr benötigte Daten deswegen aber in dem Outlook-Ordner zu belassen, ist keine gute Lösung. Die Ordner werden nur unnötig aufgebläht, die Ansichten werden immer unübersichtlicher, Suchergebnisse werden mehr und mehr von uninteressanten Eintragungen durchsetzt, schließlich leidet sogar die Performance von Outlook.

Der richtige Weg, um diesem Problem Herr zu werden, ist die Archivierung der Daten.

28.1 Grundlagen der Archivierung

Letztendlich basiert die Archivierung auf dem Export von Ordnerinhalten in »Persönliche Ordnerdateien« (.pst). Wenn Sie also Daten aus einem oder mehreren Ordnern archivieren lassen, werden diese Daten in einer pst-Datei gespeichert.

Doch bevor es soweit ist, drängen sich eine Reihe von Fragen auf:

- Wie wird die Archivierung gestartet?
- Was wird archiviert?

- Wohin wird archiviert?
- Wie wird archiviert?

Wie wird die Archivierung gestartet?

Die Archivierung kann auf zwei Weisen gestartet werden:

- Durch Aufruf des Befehls DATEI/ARCHIVIEREN oder
- Durch Einstellung der AutoArchivierungs-Funktion von Outlook. Ist diese aktiviert (und per Voreinstellung ist sie es), startet Outlook in regelmäßigen Abständen (Standard ist alle 14 Tage) die Archivierung. Die Einstellungen für die AutoArchivierung werden über EXTRAS/OPTIONEN, Registerkarte *Weitere* vorgenommen (siehe Abschnitt 28.4).

Über den Befehl DATEI/ARCHIVIEREN können Sie einzelne Ordner manuell archivieren oder die AutoArchivierung anstoßen.

Was wird archiviert?

Zuerst ist zu klären, welche Ordner archiviert werden:

- Bei der AutoArchivierung werden alle Ordner aus der Ordnerliste archiviert, für die die AutoArchivierung aktiviert ist (Eigenschaften-Dialog des Ordners).
- Bei der manuellen Archivierung haben Sie dagegen die Möglichkeit, einzelne Ordner zu archivieren.

Welche Elemente der Ordner werden archiviert?

Sinn und Zweck der Archivierung ist es, veraltete und nicht mehr benötigte Elemente aus den Ordnern zu entfernen. Welche Elemente als »veraltet« gelten, können Sie dabei selbst festlegen:

- Bei der AutoArchivierung geben Sie für jeden Ordner an, wie alt die Elemente mindestens sein müssen, damit sie entfernt werden. Die Einstellung erfolgt über den Eigenschaften-Dialog des Ordners und gilt für alle nachfolgenden AutoArchivierungen.
- Bei der manuellen Archivierung geben Sie ein Verfallsdatum an.

Einzelne Elemente können über den Eigenschaften-Dialog der Elemente explizit von der Archivierung ausgenommen werden. Bei der manuellen Archivierung hat man aber die Möglichkeit, diese Einstellung zu übergehen.

Wohin wird archiviert?

Wie Sie bereits erfahren haben, wird in ganz normale pst-Dateien archiviert. Sie können aber auch verfügen, dass die zu löschenden Elemente nicht archiviert, sondern endgültig gelöscht werden – dies jedoch nur für die AutoArchivierung:

- Bei der AutoArchivierung können Sie festlegen, ob die Elemente in eine pst-Datei archiviert oder direkt gelöscht werden sollen (über EXTRAS/OPTIONEN, Registerkarte *Weitere*). In dem gleichen Dialogfeld können Sie eine pst-Datei auswählen oder angeben, in welche standardmäßig archiviert werden soll. Darüber hinaus können Sie in für jeden Ordner separat festlegen, in welche pst-Datei seine Elemente archiviert werden sollen (über die Eigenschaften-Dialoge der Ordner).
- Bei der manuellen Archivierung wird die pst-Datei vor dem Start der Archivierung abgefragt.

Wie wird archiviert?

Alle archivierten Elemente werden aus ihren Ordnern entfernt und in die betreffenden Archivdateien geschrieben. Für die AutoArchivierung kann man aber auch festlegen, dass die Elemente gar nicht archiviert, sondern nur gelöscht werden.

Wird mehrfach in ein und dieselbe Archivdatei geschrieben, bleiben die bereits archivierten Elemente in der Datei erhalten, die neuen Elemente werden hinzugefügt. Sie brauchen also keine Angst zu haben, dass durch eine nachfolgende Archivierung in die gleiche Datei diese überschrieben wird.

Archivierung und Sicherung

Eine Archivierung ist keine Sicherung, auch wenn durch die Abspeicherung in Archivdateien dafür gesorgt wird, dass die veralteten Daten nicht ganz verlorengehen.

Wichtige Daten sollte man auf jeden Fall unabhängig von der Archivierung unbedingt in spezielle pst-Dateien exportieren (siehe Kapitel 27):

- Weil eine Sicherung erst durch die Aufbewahrung einer Kopie gegeben ist.
- Weil Sicherungen meist auch aktuelle Elemente und Daten betreffen. (Zwar könnte man zu diesem Zweck über die Windows-Systemsteuerung den PC vordatieren, doch dürfte dies in den meisten Fällen weit umständlicher als das Exportieren der Daten sein.)

→ Weil die Archivierungsfunktion nicht immer ganz verlässlich arbeitet.

28.2 Ordner manuell archivieren

Zur Einstimmung in die Datenarchivierung sehen wir uns an, wie man Teile eines Ordners manuell archivieren kann. Outlook bietet Ihnen zwar auch die Möglichkeit, die Archivierung Ihren Wünschen gemäß zu automatisieren und sich so den Kopf für Ihre tägliche Arbeit freizuhalten, doch werden wir uns dieser Option erst weiter unten zuwenden, wenn Sie sich mit dem Mechanismus der Archivierung bereits vertraut gemacht haben. Zudem wird es Ihnen mit Sicherheit von Zeit zu Zeit angebracht erscheinen, Daten außerhalb des Zeitschemas für die automatische Archivierung abzuspeichern oder auszulagern. Dann sollten Sie wissen, wie Sie eine Archivierung von Hand durchführen.

Für die manuelle Archivierung stehen Ihnen zwei Optionen zur Verfügung:

→ Entweder führen Sie eine AutoArchivierung außerhalb des üblichen Zeitschemas aus,

→ oder Sie wählen einen zu archivierenden Ordner aus und geben an, welche Elemente archiviert werden sollen.

AutoArchivierung anstoßen

Von Haus aus ist Outlook so eingerichtet, dass alle 14 Tage eine AutoArchivierung vorgenommen wird. Sie können die Abstände zwischen den Archivierungen aber auch selbst vorgeben und beispielsweise auf 30 Tage heraufsetzen.

Sollten sich die Daten in Ihren Outlook-Ordnern dann doch einmal schneller als vermutet ansammeln, brauchen Sie nicht gleich das Zeitschema für die AutoArchivierung zu ändern, um eine Zwischenarchivierung durchzuführen. Behalten Sie das gewählte Zeitschema einfach bei und stoßen Sie von Hand eine direkt auszuführende AutoArchivierung an.

1. Rufen Sie dazu den Befehl DATEI/ARCHIVIEREN auf.

2. Aktivieren Sie im Dialogfeld *Archivieren* die Option *Alle Ordner gemäß ihrer AutoArchivierungseinstellung archivieren*.

3. Bestätigen Sie über *OK*.

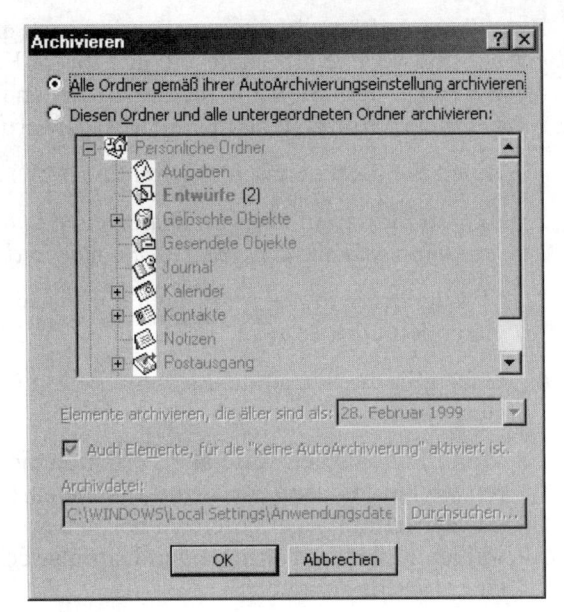

Bild 28.1:
AutoArchivierung manuell anstoßen

> Die Archivierungseinstellungen, auf die sich die Option im Dialogfeld Archivieren bezieht, sind die Einstellungen zur Archivierung der einzelnen Ordner und Ordnerelemente, die über die Eigenschaften-Dialoge der Ordner (beziehungsweise der Ordnerelemente) vorgenommen werden können. Mehr hierzu im Abschnitt 28.4).

INFO

Einzelnen Ordner archivieren

Die AutoArchivierung betrifft immer alle Ordner und richtet sich nach den Archivierungseinstellungen der einzelnen Ordner. Doch diese Einstellungen, die von Outlook vorgegeben werden und von Ihnen angepasst werden können (oder bereits angepasst worden sind), zielen auf den allgemeinen Fall ab.

So könnten Sie die Archivierungsoptionen für den Kalender beispielsweise so eingestellt haben, dass bei jeder AutoArchivierung alle Elemente, die älter als sechs Monate sind, archiviert und aus Ihrem Kalender entfernt werden. Ihr Kalender enthält dann – bei regelmäßiger Archivierung – im Wesentlichen immer die aktuellen und vor Ihnen liegenden Termine und die Termine der letzten sechs Monate. In bestimmten Situationen werden Ihnen diese allgemeinen Einstellungen aber nicht genügen. Vielleicht haben Sie gerade ein Projekt erfolgreich abgeschlossen und wollen Ihren Kopf und Ihren Schreibtisch jetzt radikal für neue Aufgaben frei machen. Im

Beispiel

Kapitel 28: Archivierung

Zuge Ihrer Aufräumarbeiten wollen Sie auch alle Termine, die länger als eine Woche zurückliegen, aus Ihrem Kalender streichen. In diesem Fall ändern Sie nicht die Einstellungen für die AutoArchivierung, sondern führen eine manuelle Archivierung durch.

1. Rufen Sie dazu den Befehl DATEI/ARCHIVIEREN auf.
2. Achten Sie darauf, dass im Dialogfeld *Archivieren* die Option *Diesen Ordner und alle untergeordneten Ordner archivieren* aktiviert ist.

Was?
3. Markieren Sie in der angezeigten Ordnerhierarchie den zu archivierenden Ordner aus.
4. Geben Sie an, wie alt die Elemente sein müssen, damit sie archiviert werden.

   Wenn Sie beispielsweise alle Termine eines Kalenders archivieren wollen, die länger als eine Woche zurückliegen, klicken Sie auf den abwärts gerichteten Pfeil neben dem Eingabefeld und wählen in dem aufspringenden Datumswechsler das Datum von einer Woche zuvor aus.

5. Legen Sie fest, ob alle Elemente ohne Ausnahme archiviert werden sollen.

   Wie Sie aus dem Grundlagenabschnitt dieses Kapitels wissen, können Sie einzelne Elemente über Ihren Eigenschaften-Dialog von der Archivierung ausnehmen. Wenn Sie aber die Option *Auch Elemente, für die »Keine AutoArchivierung« aktiviert ist* aktivieren, übergehen Sie diese Einstellungen.

> **STOP** *Vorsicht! Vermutlich haben Sie die Elemente aus gutem Grund von der Archivierung ausgenommen. Bedenken Sie auch, dass die manuelle Archivierung immer zum Löschen der Elemente im ursprünglichen Ordner führt.*

Wohin?
6. Geben Sie an, in welche pst-Datei archiviert werden soll.

   Wählen Sie eine bestehende pst-Datei aus oder geben Sie den Namen und Pfad einer neu anzulegenden pst-Datei an.

7. Bestätigen Sie über *OK*.

In der Statusleiste von Outlook wird nun der Fortgang der Archivierung angezeigt.

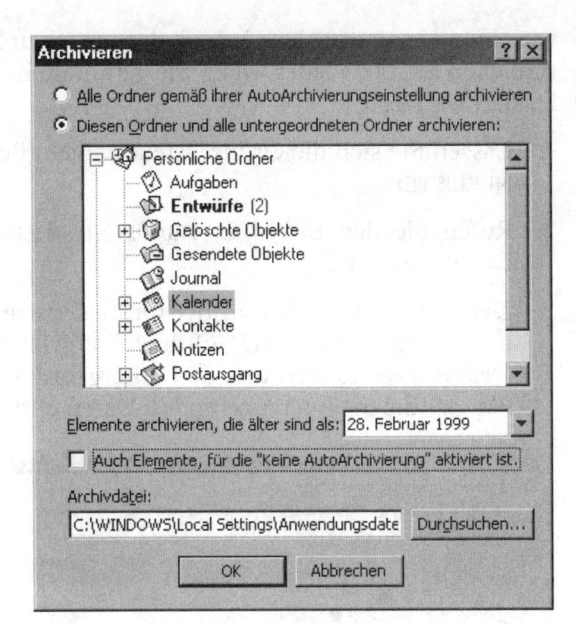

Bild 28.2: Einzelnen Ordner archivieren

Wichtige Daten sollten Sie nicht nur archivieren, sondern zur Sicherung auch in eigenen pst-Dateien abspeichern, sprich exportieren (siehe Kapitel 27).

28.3 Archivierte Daten reimportieren

Mit Outlook-Daten ist es wie mit allen Dingen: Kaum hat man sie weggepackt, braucht man sie wieder.

Nun, in Outlook stellt dies kein großes Problem dar. Alle archivierten Daten werden in pst-Dateien abgelegt – per Voreinstellung in einer Datei namens *archive.pst*. Diese pst-Dateien sind ganz normale Outlook-Ordnerdateien, die Sie wie jede Ordnerdatei:

- in die Ordnerliste aufnehmen können
- in einen Ordner importieren können.

Archivordner in die Ordnerliste aufnehmen

Wenn Sie nur einmal schnell nachschauen wollen, was im März letzten Jahres war oder was Sie einem Kameraden, Kollegen oder Kunden letztes Jahr per E-Mail geschrieben haben, so lohnt es sich nicht, die archivierten Daten wieder in Ihren Posteingang oder Ihren Kalender zu reimportieren. Öffnen Sie stattdessen den Archivordner

Kapitel 28: Archivierung

wie einen ganz normalen Ordner, durchsuchen Sie den Ordner, und schließen Sie ihn wieder, wenn Sie gefunden haben, woran Sie interessiert waren.

1. Lassen Sie sich die Ordnerliste anzeigen (Befehl ANSICHT/ORDNERLISTE).

2. Rufen Sie den Befehl DATEI/ÖFFNEN/PERSÖNLICHE ORDNERDATEI (.PST) auf.

Der Ordner wird nun in der Ordnerliste angezeigt – standardmäßig unter dem Titel »Ordner archivieren«. Sie können den Ordner expandieren und den untergeordneten Ordner auswählen, der die Sie interessierenden Daten enthält.

Bild 28.3: Ordnerliste mit geöffneter Archivdatei

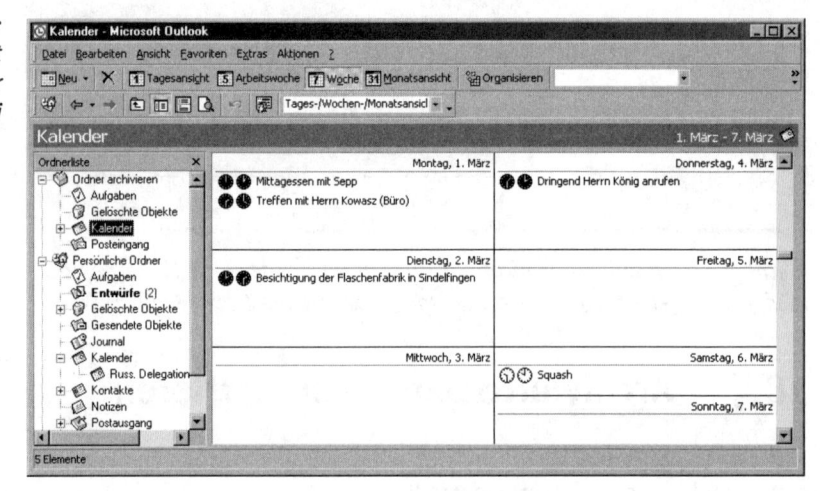

Selbstverständlich kann man die Daten aber nicht nur durchsehen. Die archivierten Daten sind immer noch ganz normale Outlook-Elemente, die auf die ihnen eigenen Weisen bearbeitet werden können. So können Sie – um nur einige Möglichkeiten zu nennen:

- Die Sie interessierende Kalenderwoche ausdrucken (Befehl DATEI/DRUCKEN).

- Eine wichtige E-Mail oder einen Termin mit wichtigen Anlagen an Ihren Chef weiterleiten (Befehl AKTIONEN/WEITERLEITEN beziehungsweise AKTIONEN/ALS iCALENDAR WEITERLEITEN).

- Den Adressaten einer E-Mail noch nachträglich als neuen Kontakt in Ihr Adressbuch aufnehmen (E-Mail öffnen, die E-Mail-Adresse im *Von*-Feld markieren und mit der Maus in den Kontakte-Ordner ziehen).

3. Um die Ordnerdatei zu schließen, klicken Sie mit der rechten Maustaste auf den übergeordneten Knoten der Ordnerdatei und wählen im Kontextmenü den Befehl SCHLIESSEN »NAME DER ORDNERDATEI« aus.

Archivdateien importieren

Wenn sich herausstellen sollte, dass Sie bestimmte Daten zu früh archiviert haben, können Sie diese Daten wieder in Ihre Ordner reimportieren.

Das Importieren von Archivdateien erfolgt über den Befehl IMPORTIEREN/EXPORTIEREN im Menü DATEI.

1. Rufen Sie den Befehl IMPORTIEREN/EXPORTIEREN aus dem Menü DATEI auf.
2. Im ersten Dialogfeld des Import-Assistenten wählen Sie die Option *Importieren aus anderen Programmen oder Dateien* aus.
3. Im Dialogfeld *Datei importieren* aktivieren Sie die Option *Persönliche Ordner-Datei (.pst)*.
4. Dann wählen Sie die pst-Datei aus, deren Inhalt Sie importieren wollen. In diesem Fall also die Archivdatei.

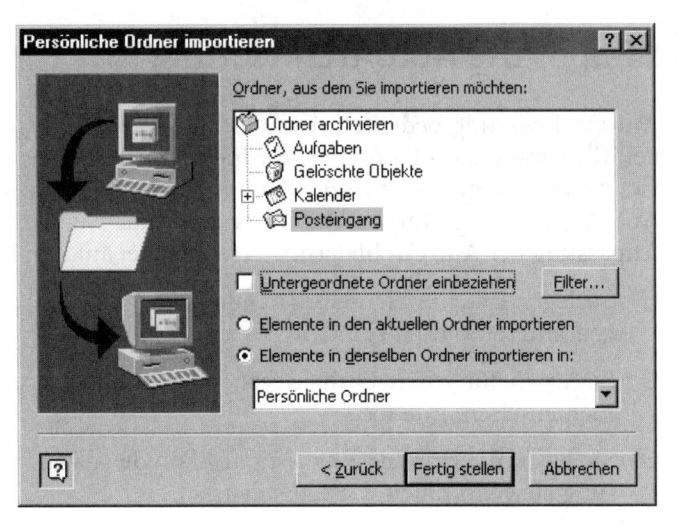

Bild 28.4:
Quelle und Ziel auswählen

5. Anschließend gelangen Sie in ein Dialogfeld (siehe Bild 28.4), in dem Sie den Quell- und den Zielordner für den Import spezifizieren:

- Im oberen Teil des Dialogfelds sehen Sie die Ordnerhierarchie der Archivdatei. Hier wählen Sie den Ordner aus, aus dem Sie importieren wollen.

- Wenn Sie nicht alle, sondern nur bestimmte Elemente aus dem Ordner importieren wollen, klicken Sie auf die Schaltfläche *Filter*. Sie können dann ein Filterkriterium definieren (siehe Kapitel 16.9).

- Schließlich wählen Sie den Zielordner, in den die Daten importiert werden sollen. Dies kann entweder der aktuell in Outlook geöffnete Ordner sein (der Ordner also, mit dem Sie vor Aufruf des Import-Befehls gearbeitet haben) oder ein gleichnamiger Ordner in einer anderen Ordnerdatei, die Sie aus der Liste der in Outlook geöffneten pst-Dateien auswählen können (üblicherweise werden Sie Ihren Standardordner »Persönlicher Ordner« wählen).

6. Klicken Sie auf *Fertig stellen*.

28.4 Die AutoArchivierung

AutoArchivierung bedeutet, dass Outlook in regelmäßigen Abständen die veralteten Inhalte Ihrer Ordner archiviert. Dies kann Ihnen viel Arbeit sparen, Sie müssen sich nur vorab die Mühe machen, die AutoArchivierung Ihren Bedürfnissen gemäß anzupassen. Die Anpassung der AutoArchivierung erfolgt dabei auf drei Ebenen:

- Sie legen fest, in welchen Abständen eine AutoArchivierung vorgenommen werden soll.

- Sie legen für jeden Ordner fest, wie alt die zu archivierenden Elemente sein müssen.

- Sie legen für einzelne Elemente fest, ob diese von der Archivierung ausgenommen werden sollen.

Allgemeine Konfiguration der AutoArchivierung

Von Haus aus ist Outlook so eingerichtet, dass alle 14 Tage eine AutoArchivierung vorgenommen wird.

Die AutoArchivierung

Dies sagt noch nichts darüber aus, ob, und wenn ja, welche Daten archiviert werden, es besagt nur, dass Outlook alle 14 Tage eine AutoArchivierung anstößt und prüft, ob veraltete Daten vorliegen, die archiviert werden sollen. Ob letzteres der Fall ist, hängt von den Archivierungseinstellungen zu den einzelnen Ordnern ab, denen wir uns gleich im nächsten Abschnitt widmen.

Sie können diese Einstellung aber auch ändern, wenn Sie Ihre Daten in kürzeren oder längeren Abständen archivieren lassen wollen.

1. Rufen Sie den Befehl EXTRAS/OPTIONEN auf, und wechseln Sie zur Registerkarte *Weitere*.
2. Klicken Sie auf die Schaltfläche *AutoArchivierung*.

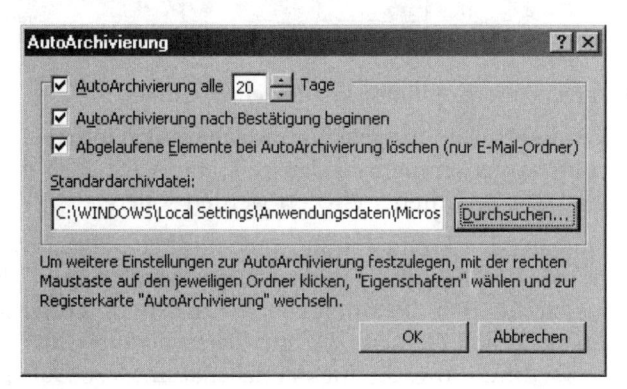

Bild 28.5: Optionen für die AutoArchivierung

- Über die Option *AutoArchivierung alle ... Tage* legen Sie fest, in welchen Abständen Outlook eine AutoArchivierung vornehmen soll.

- Wenn Sie die Option *AutoArchivierung nach Bestätigung beginnen* aktivieren, fragt Outlook Sie vor jeder AutoArchivierung, ob Sie diese wirklich durchführen wollen. Sie können das Bestätigungs-Dialogfeld aber auch als eine Möglichkeit zur Überwachung der AutoArchivierungs-Funktion von Outlook ansehen – sollte es verdächtig lange nicht mehr angezeigt worden sein, kontrollieren Sie die AutoArchivierungs-Einstellungen.

- Des Weiteren können Sie verfügen, dass veraltete E-Mails bei der AutoArchivierung gelöscht werden (betrifft nicht den Posteingang).

Kapitel 28: Archivierung

- Schließlich geben Sie noch die pst-Datei an, in die die Elemente archiviert werden sollen. (Später bei der Konfiguration der AutoArchivierung für die einzelnen Ordner können Sie für diese eigene Archivdateien angeben.)

3. Schließen Sie die Dialogfelder.

Bild 28.6: Bestätigungsdialog der Auto-Archivierung

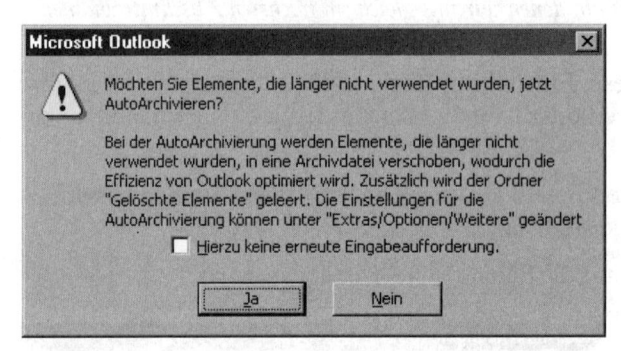

Archivierungsoptionen der einzelnen Ordner

Wir haben nun festgelegt, in welchen Abständen eine AutoArchivierung vorgenommen werden soll, aber wir haben noch nicht festgelegt, welche Daten archiviert werden sollen.

Aufgabe der Archivierung ist es, veraltete, derzeit nicht mehr benötigte Daten in eine eigene pst-Datei abzulegen und dabei meist auch gleich aus den »Persönlichen Ordnern« zu entfernen, damit diese übersichtlich bleiben. Welche Daten als »veraltet« gelten, legen wir selbst durch Angabe eines Verfallsdatums fest. Dabei kann und muss für jeden Ordner ein eigenes Verfallsdatum spezifiziert werden.

Dies führt uns zum Eigenschaften-Dialog der Ordner:

1. Klicken Sie in der Ordnerliste oder der Outlook-Leiste mit der rechten Maustaste auf den Ordner, für den Sie die AutoArchivierungs-Optionen einstellen wollen, und rufen Sie den Befehl EIGENSCHAFTEN auf.

2. Wechseln Sie zur Registerkarte *AutoArchivierung*.

3. Auf dieser Registerkarte:
   - Legen Sie zuerst einmal fest, ob die Elemente dieses Ordners überhaupt an der AutoArchivierung teilnehmen sollen. Wenn ja, aktivieren Sie die Option *Elemente bereinigen, wenn diese älter sind als*.
   - Dann geben Sie an, wie alt die zu archivierenden Elemente sein müssen. Outlook gibt als Anhaltspunkt Vorgabewerte für die verschiedenen Ordnertypen an.

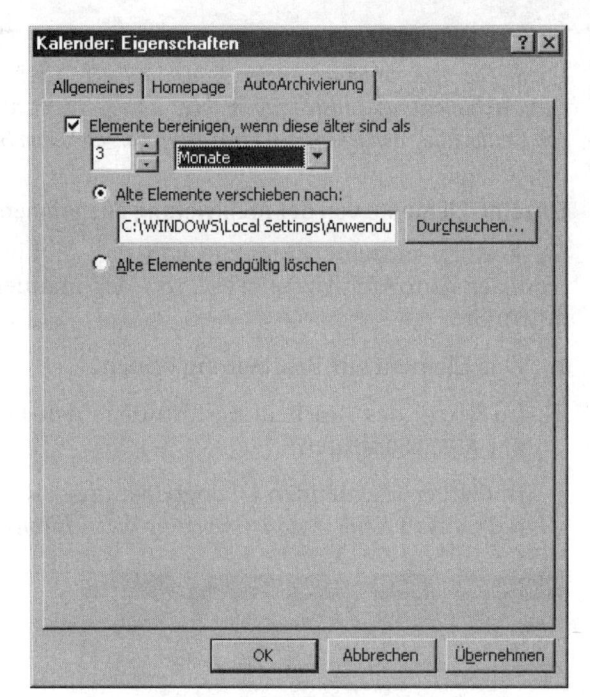

Bild 28.7:
Archivierungsoptionen für Ordner

Angenommen, Sie legen fest, dass Elemente, die älter als drei Monate sind, archiviert werden sollen. Was bedeutet dies genau? Es bedeutet, dass die Elemente archiviert werden, deren Fälligkeitsdatum mehr als drei Monate von dem Datum, an dem die AutoArchivierung vorgenommen wird, zurückliegt. Das Fälligkeitsdatum wiederum ist elementspezifisch: für Termine ist es das Enddatum, für Terminserien das Datum des letzten Termins der Serie, für E-Mails das Datum, an dem die E-Mail empfangen wurde. Kontakte sind die einzigen Elemente, die mit keinem entsprechenden Datum verbunden sind, weshalb Kontakte nicht archiviert werden.

4. Schließlich legen Sie fest:
   - Ob die veralteten Daten in eine Archivdatei verschoben werden sollen. Die Archivdatei wählen Sie über die Schaltfläche *Durchsuchen* aus, oder Sie geben den Namen und Pfad der Datei ein. Vorgabe ist die Archivdatei, die Sie bei der Konfiguration der AutoArchivierung ausgewählt haben (siehe vorangehender Abschnitt).
   - Oder ob die Daten direkt gelöscht (und nicht in eine Archivdatei gesichert) werden sollen.

Kapitel 28: Archivierung

> *Wenn Sie neue untergeordnete Ordner anlegen, übernehmen diese nicht die AutoArchivierungs-Einstellungen ihres übergeordneten Ordners, sondern die von Outlook für den jeweiligen Ordnertyp vorgesehenen Standardeinstellungen.*

Einzelne Elemente von der Archivierung ausnehmen

Sie können einzelne Elemente von der Archivierung ausnehmen (von der AutoArchivierung wie von der manuellen Archivierung), indem Sie:

1. Das Element zur Bearbeitung öffnen.
2. Im Menü des Bearbeitungsformulars den Befehl DATEI/EIGENSCHAFTEN aufrufen.
3. In dem erscheinenden Dialogfeld aus der Registerkarte *Allgemein* die Option *Keine AutoArchivierung dieses Elements* aktivieren.

Bild 28.8: Archivierungsoptionen für einzelne Elemente

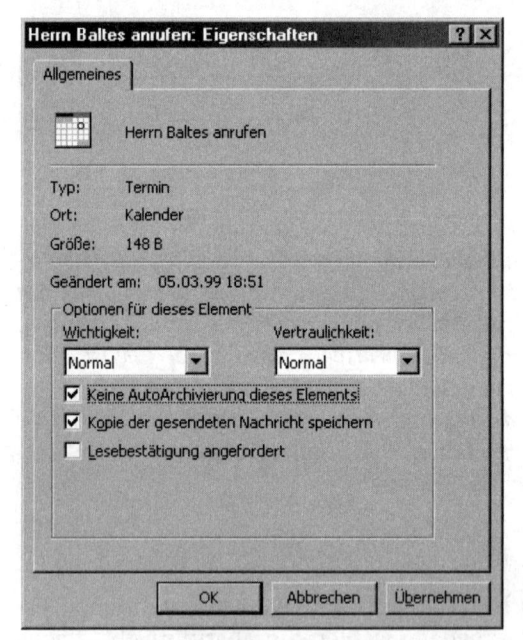

> *Bei der manuellen Archivierung können Sie diese Einstellungen übergehen, indem Sie im Dialogfeld* Archivieren *die Option* Auch Elemente, für die »Keine AutoArchivierung« aktiviert ist *aktivieren. Doch Vorsicht! Vermutlich haben Sie die Elemente aus gutem Grund von der Archivierung ausgenommen. Bedenken Sie auch, dass die manuelle Archivierung immer zum Löschen der Elemente im ursprünglichen Ordner führt.*

Outlook und PDAs

Kapitel 29

Im ersten Teil dieses Buches haben Sie bereits erfahren, wie Sie Outlook und Ihren Papier-Organizer sinnvoll zusammen einsetzen. Denn der größte Nachteil von Outlook ist, dass Sie nicht ständig auf Ihre Informationen zurückgreifen können.

Die wenig praktikable Lösung der mobilen Terminverwaltung wäre ein mit Outlook ausgestattetes Notebook, das Sie immer dabei haben. Allerdings beult dieses die Taschen Ihres Geschäftsanzugs doch deutlich stärker aus als ein konventioneller transportabler Terminkalender.

Stellen Sie sich nur bildlich vor, Sie sind gerade im Auto unterwegs und suchen eine Telefonnummer. In der einen Hand Ihr Handy, in der anderen Hand das Lenkrad und auf den Knien versuchen Sie, Ihrem Notebook einen Adresseintrag zu entlocken. Einmal davon abgesehen, dass Sie spätestens jetzt zum Telefonieren lieber an den rechten Fahrbahnrand fahren sollten, klingt diese Lösung nicht gerade optimal.

Die zweitbeste Lösung für die mobile Versorgung von Daten wäre wohl ein ordentlicher Ausdruck Ihrer Outlook-Informationen auf Papier, das Sie immer mit sich herumtragen. Schön gefaltet oder auf die richtige Größe geteilt, könnten Sie so immer über Termine und Adressen verfügen. Ein Datenabgleich mit Ihrer PC-Version gestaltet sich auch relativ problemlos, geben Sie einfach jeden Abend die geänderten Daten in Outlook ein.

Die beste Lösung, allerdings auch die teuerste, dürfte die Anschaffung eines »Personal Desktop Assistent« kurz PDA sein. Aber vielleicht befindet sich ein solcher kleiner Taschencomputer ja auch schon in Ihrem Besitz.

Kapitel 29: Outlook und PDAs

:-) TIPP

Ein solches Gerät bringt Ihnen allerdings nur dann den gewünschten Vorteil, wenn es mit einer PC-Schnittstelle ausgerüstet ist und Daten mit Ihrem PC synchronisieren kann.

Der Markt bietet eine Fülle solcher Geräte in den verschiedensten Formen an. Angefangen von der legendären Armbanduhr »Timex DataLink« bis zum ausgewachsenen PC-Handheld mit dem Betriebssystem Windows CE. Beim Datenaustausch zwischen PC und Taschencomputer ist zwischen der Synchronisierung und der bloßen Datenübertragung zu unterscheiden. Bei der Synchronisierung werden die neusten Daten vom PC zum Gerät überspielt und zugleich neue und geänderte Einträge vom Handheld zum Computer übertragen. Eine reine Übertragung funktioniert dagegen leider nur in eine Richtung. Meist erhält Ihr Taschencomputer die neusten Daten von Ihrem PC. Das transportable Geräte bietet häufig gar keine Möglichkeiten zur Dateneingabe, sondern dient nur dem Datenabruf oder der Terminerinnerung.

Zahlreiche Taschen-Organizer bieten heute die geeignete Software an, um nicht nur mit der den Geräten beiliegenden Software eine Datenaktualisierung durchzuführen, sondern die Daten auch mit Outlook abzugleichen. Denn der große Vorteil eines solcher Aktualisierung wäre verloren, wenn Sie Ihre Termine zusätzlich zu Outlook auch noch in einem weiteren Programm aktualisieren müssten. Häufig liegt diese Zusatz-Software zur Synchronisierung mit Outlook bereits den Paketen bei, teilweise muss sie allerdings auch zusätzlich erworben werden.

29.1 Timex DataLink

Bild 29.1: Die leichteste Lösung, um unterwegs Ihre Termine und Adressen griffbereit zu haben (Foto: Timex DataLink)

Die Timex DataLink bietet, als moderne Digitaluhr am Armband getragen, die wohl leichteste Lösung, um immer auf dem laufenden zu sein. Auch der Datenabgleich mit dem PC ist hier ohne Installation zusätzlicher Hardware denkbar einfach. Sie installieren lediglich die beiliegende Software, die schon für Outlook vorbereitet ist, starten den Vorgang und halten Ihre Uhr vor den Bildschirm. Der eingebaute Sensor in der Uhr reagiert auf die vom Monitor ausgesendeten Frequenzen, über die die Daten übertragen werden. Den großen Nachteil einer solchen Lösung haben wir schon angesprochen, zum Eingeben von Daten eignet sich die Uhr einfach nicht. Sie müssen sich also mit den in Outlook eingegebenen Daten zufriedengeben und notfalls Stift und Zettel für Notizen unterwegs mit sich tragen.

Die Speicherkapazität der Timex DataLink ist zudem sehr begrenzt. Maximal bis zu 150 Datensätze können übertragen werden. Je Datensatz sind dabei lediglich bis zu 31 Zeichen erlaubt. Dieser Terminkalender dürfte allerdings in einem Punkt sogar Ihrem konventionellen Papier-Organizer überlegen sein: denn mit dieser Uhr lassen sich Termine auch unter Wasser abrufen. Ob Sie dann allerdings noch das Alarmsignal hören, ist fraglich. Mit einem Preis von rund 200 DM ist die Armbanduhr zudem nicht viel teurer als andere Uhren, die »nur« die Zeit anzeigen können.

29.2 Windows CE

Bild 29.2:
Der Cassiopeia von CASIO als preiswerter Windows CE-Einstieg

In letzter Zeit setzen sich immer stärker Handheld mit dem so genannten »Windows CE« als Betriebssystem durch. Windows CE ist eine abgespeckte Windows-Version, auf der mit Einschränkungen auch einige normale Windows-Applikationen laufen. Und so existiert auch eine CE-Version von Outlook für dieses System.

Der große Vorteil ist, dass Sie auch unterwegs in (fast) gewohnter Windows-Umgebung arbeiten können. Ihr Outlook ist immer dabei und kann zu Hause problemlos mit der PC-Version des Programms

Kapitel 29: Outlook und PDAs

synchronisiert werden. Die Firma CASIO bietet mit ihrem Model »Cassiopeia« den preiswertesten Einstieg in die CE-Welt für rund 800 DM an.

29.3 PalmPilot

Bild 29.3:
Der beliebte
PalmPilot von
3COM

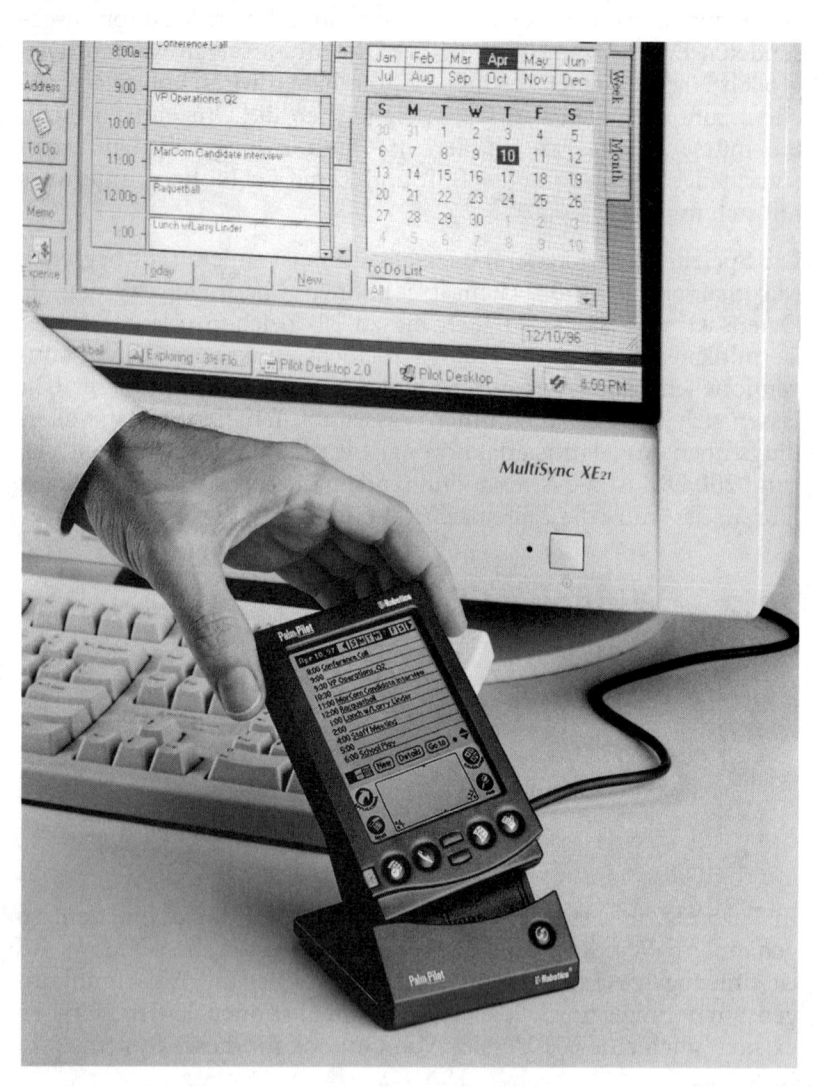

Die Firma 3COM setzt mit ihrem PalmPilot, der inzwischen schon in Version III erhältlich ist, ganz auf das eigene Betriebssystem und bietet dennoch volle Funktionalität in bezug auf Outlook an. So konnte sich der PalmPilot in den letzten Jahren mit einem Marktanteil von über 60 Prozent zum beliebtesten Handheld weltweit entwickeln. Bereits ab ca. 500 DM ist das Einstiegsmodell von 3COM zu erhalten. Mit rund 170 Gramm Gewicht ist es nicht viel schwerer als ein Handy und so durchaus »tragbar«.

Um Ihre Daten mit dem PalmPilot synchronisieren zu können, ist ein zusätzliches Programm notwendig. Die mitgelieferte Version des Programms »Palm Desktop« ist nicht in der Lage, Daten direkt mit Outlook auszutauschen. Sie dient nur dem Austausch mit der eigenen Termin- und Adressverwaltung.

Wir möchten Ihnen im Folgenden zwei Programme vorstellen, die Sie einsetzen können. Das zunächst vorgestellte Programm »Pocket Mirror« wird inzwischen meist mit dem PalmPilot III ausgeliefert. Benutzer älterer Versionen beispielsweise des PalmPilot Professional können auf das Programm IntelliSync zurückgreifen.

IntelliSync ist übrigens in zahlreichen Versionen praktisch für alle Handheld-Computer erhältlich und ermöglicht so nicht nur den Datenaustausch zwischen PalmPilot und Outlook.

Daten können immer nur zwischen Outlook und den entsprechenden Programmen auf dem PalmPilot ausgetauscht werden. In den Organizer sind folgende Anwendungen integriert:

- Terminkalender
- Adressbuch
- Aufgabenliste
- Notizblock
- E-Mail-Funktion (eingeschränkt)

In allen Fällen lassen sich die in Outlook wesentlich umfangreicheren Einträge nicht komplett, also mit allen Feldern, übertragen. So ist auch ein Austausch mit der Journalfunktion nicht möglich. Die Speicherkapazität von 2 Mbyte macht es allerdings möglich, zumindest alle Einträge der aufgezählten Bereiche zu synchronisieren.

Der Datenaustausch zwischen PalmPilot und PC funktioniert übrigens in allen Fällen sehr schnell und komfortabel. Sie lassen Ihr Gerät lediglich in die mitgelieferte und am PC angeschlossene Docking-Station einrasten und drücken den an der Erweiterung angebrachten Knopf. Die auf dem PC im Hintergrund laufende

Kapitel 29: Outlook und PDAs

Anwendung »HotSync« reagiert auf diesen Tastendruck und startet die Übertragung. Innerhalb weniger Sekunden sind die Daten auf beiden Seiten ausgetauscht und synchronisiert.

Einen weiteren entscheidenden Vorteil gegenüber Ihrem Taschenkalender aus Papier hat sein elektronisches Pendant übrigens in bezug auf die Sicherheit: das Gerät lässt sich mit einem Passwort vor unbefugten Zugriffen schützen, und im Falle eines Verlustes befindet sich eine Kopie Ihrer Daten immerhin auch noch auf Ihrem PC.

29.3.1 E-Mails austauschen

Um mit den gängigen E-Mail-Programmen, wie beispielsweise Outlook oder Outlook Express, Nachrichten austauschen zu können, ist zu-nächst noch kein spezielles Programm notwendig. Diese Funktion ist bereits in die Standardinstallation der PalmPilot-Software integriert.

Nach der erfolgreichen Konfiguration können Sie auf Ihrem PalmPilot Nachrichten lesen und auch schreiben. Neu erstellte Nachrichten auf dem PalmPilot werden bei der nächsten Synchronisierung in Ihr Outlook überspielt und können dann mit der nächsten Datenübertragung abgesendet werden. Achten Sie darauf, dass sehr viele und umfangreiche E-Mails den Speicher Ihres Pilots schnell füllen können.

Klicken Sie zur nachträglichen Konfiguration und Abstimmung Ihrer Pilot-Software mit Outlook den Befehl MAIL-SETUP in der Programmgruppe PALMDESKTOP an.

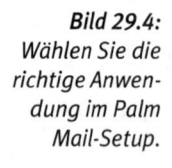

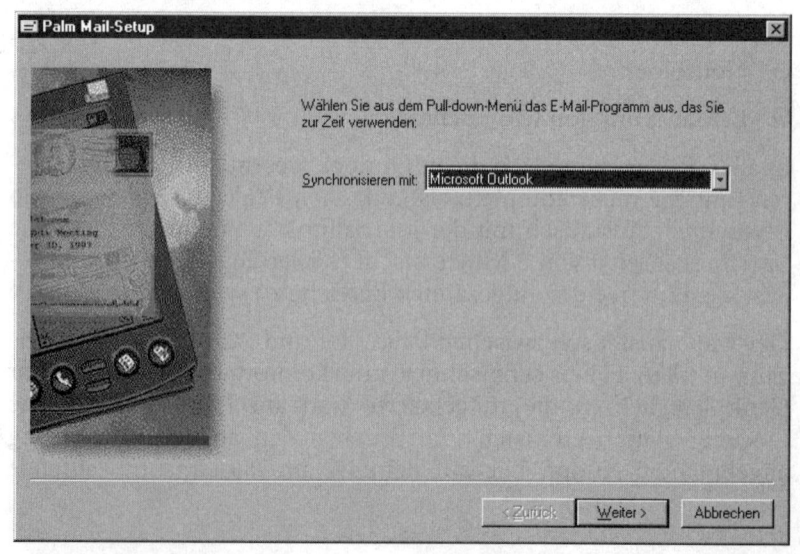

Bild 29.4:
Wählen Sie die richtige Anwendung im Palm Mail-Setup.

Wählen Sie Outlook als Ihr E-Mail-Programm aus, um Ihre elektronischen Nachrichten mit diesem Programm austauschen zu können.

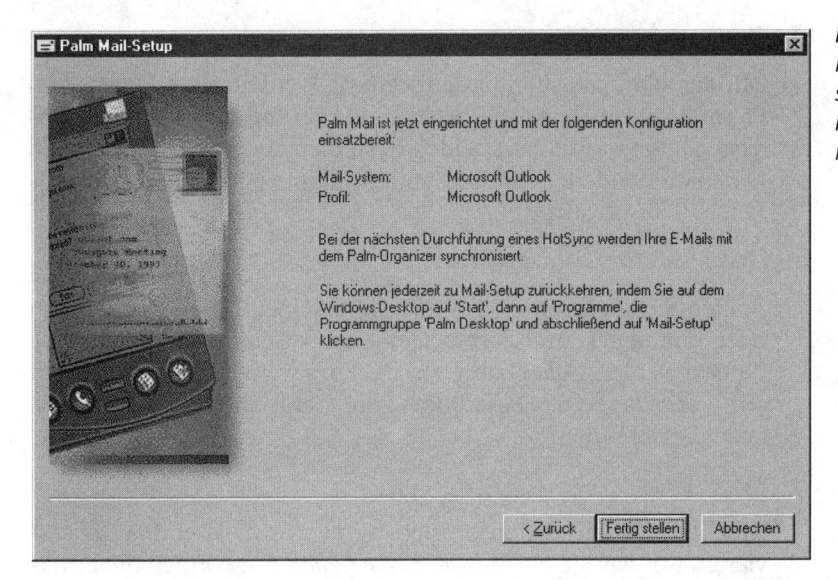

Bild 29.5:
Ihr Mail-System sollte jetzt korrekt eingerichtet sein.

Das war's schon. Die E-Mail-Funktion Ihres PalmPilots ist jetzt eingerichtet. Damit Ihre Daten beim nächsten »HotSync« mit übertragen werden, müssen Sie dies noch in den HotSync-Einstellungen auswählen. Rufen Sie in der Anwendung »PalmDesktop« den Menüpunkt BENUTZERDEFINIERT im Menü HOTSYNC auf.

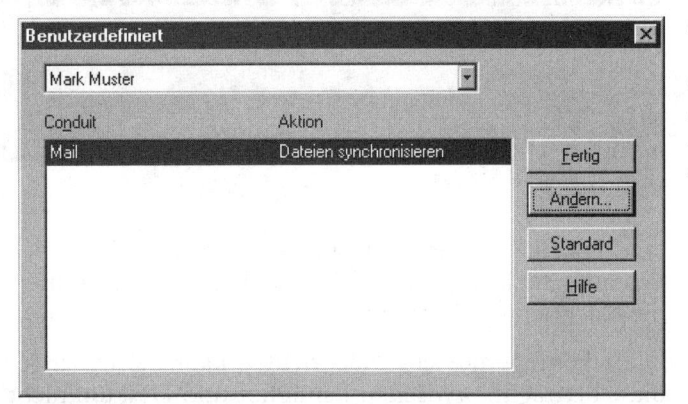

Bild 29.6:
Wählen Sie Mail aus, und klicken Sie auf die Schaltfläche ÄNDERN.

Im Dialogfenster werden die so genannten Conduits aufgelistet. Conduits sind Verknüpfungen mit Daten, die während des HotSync-Vorgangs aktualisiert werden sollen.

Kapitel 29: Outlook und PDAs

Sie können bestimmen, wie der Datenaustausch stattfinden soll und welche Daten überschrieben werden sollen. Drei Optionen stehen dabei zur Auswahl:

- *Dateien synchronisieren*

    Mit der üblichen Standardeinstellung werden neue Daten vom PalmPilot zum Desktop übertragen und umgekehrt. Auch geänderte Daten werden auf beiden Systemen ausgetauscht. Wurden Daten auf beiden Geräten geändert, dann »gewinnt« der Datensatz neueren Datums.

- *Desktop überschreibt Handheld*

    Sollten Sie auf Ihrem PalmPilot einmal einen Reset durchführen oder ein neues und leeres Gerät einsetzen, sollten Sie diese Option wählen. Alle Daten des Desktop werden ohne Rücksicht auf Änderungen des PalmPilots zum Gerät übertragen und notfalls überschrieben.

- *Keine Aktion*

    Möchten Sie die Synchronisierung der E-Mails einmal deaktivieren, wählen Sie die Option *Keine Aktion*. Sie können die Funktion dann jederzeit wieder aktivieren.

Nachdem alle Einstellungen vorgenommen sind, können Sie jetzt Ihre erste Testmail auf dem PalmPilot erstellen. Nach dem nächsten HotSync sind die Daten ausgetauscht.

Bild 29.7: Outlook nach dem Synchronisieren

Neu erstellte Nachrichten wurden vom Handheld in den Ordner Postausgang befördert. Bei der nächsten Mail-Übertragung werden die Nachrichten abgesendet.

Die Übertragung vieler Nachrichten kann relativ lange dauern, da die Übertragung zwischen PalmPilot und Desktop nicht besonders schnell ist. So kann die Übertragung durchaus einmal zwei bis drei Minuten in Anspruch nehmen. Ihr PC ist dann nicht abgestürzt, sondern sendet noch Daten. Nehmen Sie Ihren Handheld während dieser Aktion keinesfalls aus der Docking-Station.

Wenn Ihnen die Aktion gerade bei mehrmaliger täglicher Aktualisierung auf die Dauer zu lange dauert, dann deaktivieren Sie die Mail-Synchronisierung einfach wieder (wie oben beschrieben).

29.3.2 Pocket Mirror

Mit den meisten Paketen des PalmPilot III wird heute eine Zusatz-CD-ROM mit weiteren nützlichen Programmen ausgeliefert. Unter anderem beinhaltet diese auch das Programm Pocket Mirror zur Synchronisierung Ihres Handhelds mit Outlook.

Führen Sie zur Installation zunächst das beiliegende Setup-Programm aus.

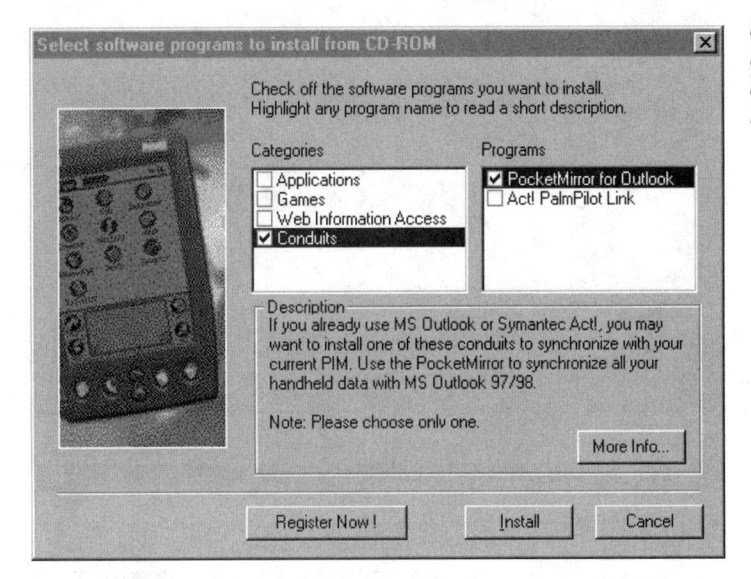

Bild 29.8:
Die Installationsroutine der PalmPilot Bonus-CD

Wählen Sie jetzt in der Kategorie *Conduits* das Programm »Pocket-Mirror für Outlook« aus.

Der PalmPilot kann ähnlich wie Outlook Terminen, Adressen oder Notizen zusätzlich Kategorien zuordnen. Im Gegensatz zur Funktion in Outlook besitzt er aber einige Einschränkungen:

- Der PalmPilot kann maximal nur insgesamt 15 Kategorien verwalten. Der Name jeder Kategorie darf außerdem nur maximal 15 Zeichen umfassen.

- In Outlook können jedem Eintrag beliebig viele benutzerdefinierte Kategorien zugeordnet werden. Auf dem PalmPilot ist die Zuordnung auf eine Kategorie pro Eintrag beschränkt.

Kapitel 29: Outlook und PDAs

Aufgrund dieser Einschränkungen haben Sie die Wahl: entweder arbeiten Sie in Outlook und dem PalmPilot mit dem verminderten Leistungsumfang, oder Sie deaktivieren diese Funktion auf dem PalmPilot. Wir empfehlen Ihnen die zweite Option. In diesem Fall lassen sich auf dem PalmPilot die Kategorien manuell eintragen und den einzelnen Einträgen zuordnen. Diese werden dann allerdings nicht mit Outlook synchronisiert. Dort können Sie die Funktion aber wie gewohnt in vollem Leistungsumfang einsetzen.

Bild 29.9: Achten Sie auf die Einschränkungen bei der Benutzung von Kategorien.

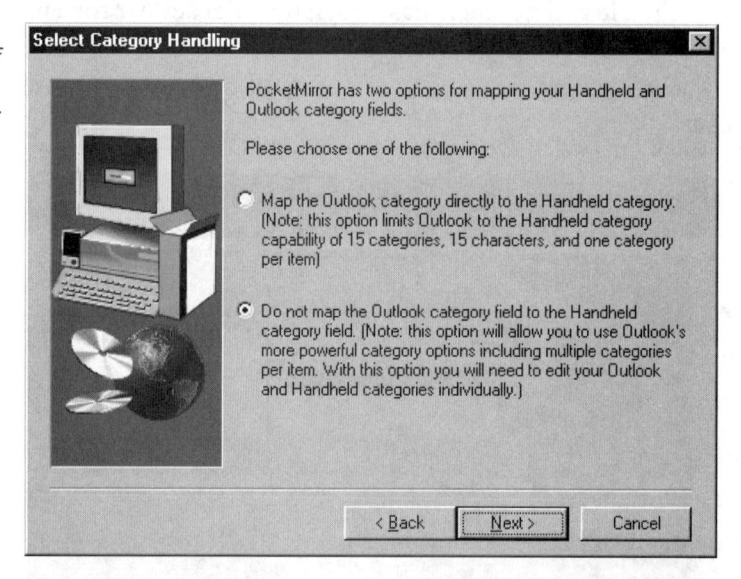

Bild 29.10: Wählen Sie die gewünschten Bereiche aus.

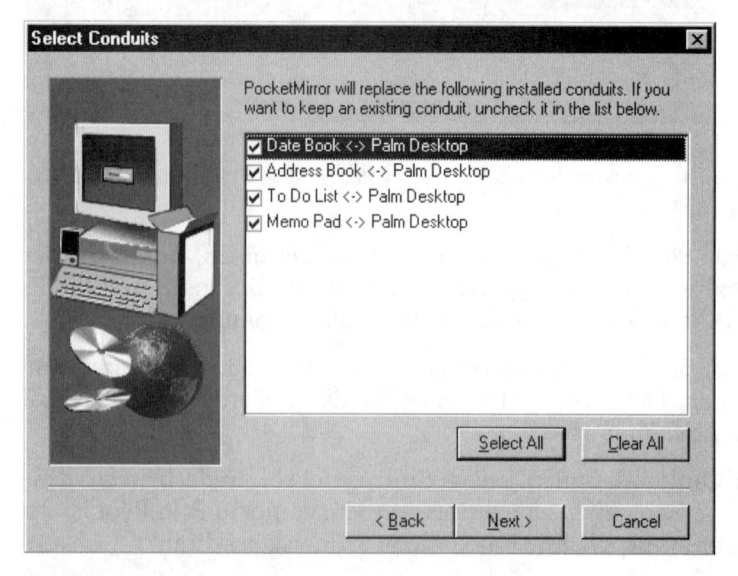

Als Nächstes müssen Sie entscheiden, welche Einträge zwischen PC und PalmPilot ausgetauscht werden sollen. Üblicherweise werden Sie alle Bereiche auswählen. Nutzen Sie aber beispielsweise in Outlook das Notizbuch gar nicht, oder möchten Sie unterwegs auf diese Einträge verzichten, dann deaktivieren Sie die Auswahl. Denn jeder zusätzliche Eintrag kostet letztendlich Zeit beim Synchronisieren der Daten während des HotSync.

29.3.3 IntelliSync

Da Sie IntelliSync nicht zu Ihrem PalmPilot kostenlos dazu erhalten, können Sie von diesem zusätzlich zu erwerbenden Programm natürlich mit Recht auch etwas mehr erwarten als eine einfache Synchronisierungsfunktion. Und so bieten sich einige interessante Zusatzfunktionen, die den HotSync-Prozess erst richtig perfektionieren. Aber zunächst zu den Grundfunktionen des Programms.

Aktuelle Informationen zum Programm IntelliSync finden Sie im Internet unter der Adresse *http://www.microbasic.de*.

Da Sie mit IntelliSync Ihren PalmPilot nicht nur mit Outlook, sondern einem ganzen Dutzend von Programmen synchronisieren können, müssen Sie nach der Installation zunächst den einzelnen Palm-Pilot-Anwendungen die entsprechenden Bereiche aus Outlook zuweisen.

Mithilfe von IntelliSync lassen sich so übrigens über einen kleinen »Umweg« auch Daten aus anderen Anwendungen in Outlook importieren. Das macht natürlich nur Sinn für Anwendungen, die Outlook nicht direkt importieren kann. Richten Sie dazu zunächst eine Synchronisierung beispielsweise mit dem Lotus Organizer ein. Dann führen Sie einen HotSync durch. Die Daten aus Ihrer Anwendung sind jetzt im PalmPilot gespeichert. Wenn Sie jetzt IntelliSync wieder auf Outlook umstellen, werden die Daten vom PalmPilot in Outlook importiert.

:-) TIPP

Aktivieren Sie die einzelnen Anwendungen, und weisen Sie ihnen über die Schaltfläche *Wählen* Outlook zu. Das war schon alles. Beim nächsten HotSync werden alle Daten aus Outlook übertragen.

Bild 29.11:
Weisen Sie den Anwendungen MS Outlook zu.

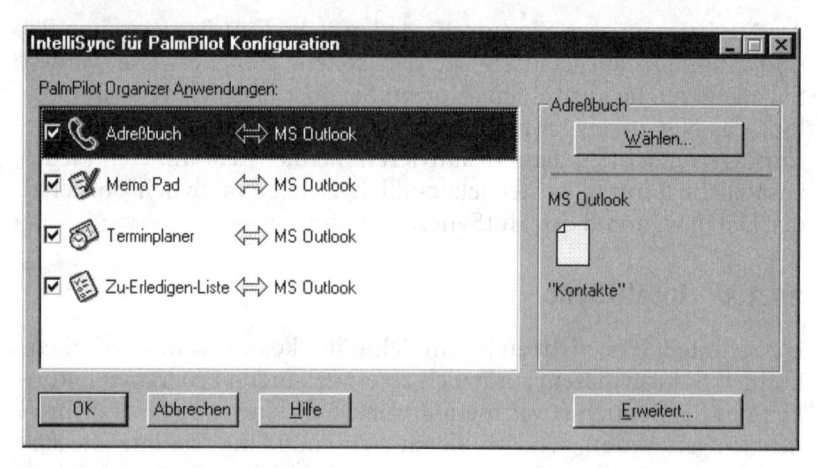

Zu den zusätzlichen Funktionen, die beispielsweise das Programm Pocket Mirror nicht bietet, gehören insbesondere:

- Konfliktlösung

    Sollte es bei der Datenübertragung zu Konflikten kommen, erscheint ein Dialogfeld, mit dem Sie das weitere Vorgehen bestimmen können. Konflikte liegen vor, wenn beispielsweise ein Datensatz seit dem letzten HotSync sowohl auf dem PalmPilot als auch in Outlook geändert wurde.

- Filtern

    Möchten Sie nicht Ihre gesamten Daten aus Outlook auf den PalmPilot übertragen lassen, dann können Sie gezielt einzelne Einträge herausfiltern. Beispielsweise könnten Sie darauf verzichten, private Einträge auf den PalmPilot zu übertragen.

- Feldabbildungen

    Outlook bietet eine Fülle von Feldern für jeden Bereich. Allein für einen Kontakt lassen sich Eintragungen in fast einhundert Feldern vornehmen. Neben dem Namen finden Sie hier den Spitznamen oder den Namen der Sekretärin. Dagegen ist die Anzahl der Felder für einen Datensatz auf Ihrem PalmPilot eher beschränkt. Bei Pocket Mirror besteht hier das Problem, dass die Verbindungen zwischen den Feldern vorgegeben sind. Mit IntelliSync lassen sich diese Zuordnungen genau definieren. Beispielsweise können Sie so auch die Mobiltelefonnummer in das Feld *Telefonnummer* eintragen lassen.

Konflikte lösen

Um Einstellungen in Bezug auf die Konfliktlösung individuell einstellen zu können, wählen Sie in IntelliSync zunächst die Anwendung (beispielsweise Adressbuch) und klicken dann auf die Schaltfläche *Erweitert*.

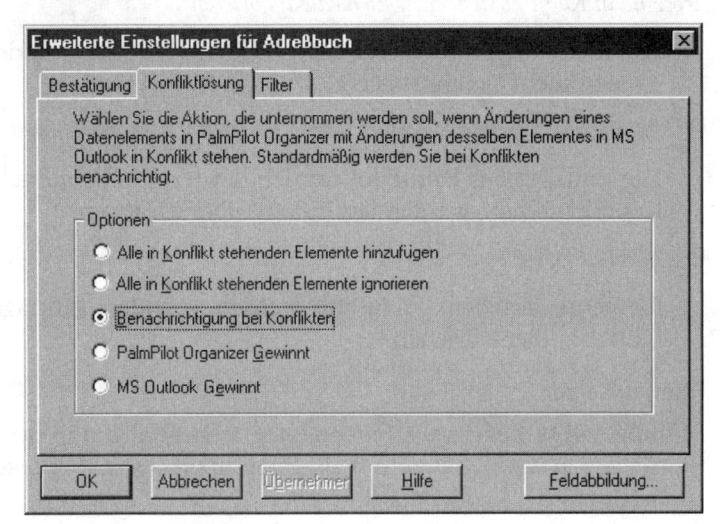

Bild 29.12:
Automatische
Konfliktlösungen

Sind Sie sich noch nicht so ganz sicher, welche Einstellung die richtige ist, dann wählen Sie hier einfach *Benachrichtigung bei Konflikten*. Sie werden dann bei jedem auftretenden Konflikt individuell gefragt. Ein Konflikt tritt immer dann auf, wenn die Datensätze auf beiden Systemen zwar im Schlüsselfeld übereinstimmen, sich in einem anderen Feld aber Abweichungen ergeben. Das Schlüsselfeld eines Eintrags ist das jeweils wichtigste Feld, beispielsweise der Name in einem Adresseintrag.

In erster Linie tritt ein Konflikt auf, wenn ein seit dem letzten HotSync neuer Eintrag auf beiden Systemen mit den gleichen Schlüsselfeldern angelegt wurde. Beispielsweise zweimal der Adresseintrag »Manfred Müller«, der aber auf beiden Systemen eine unterschiedliche Telefonnummer erhalten hat.

Der Konflikt tritt auch auf, wenn auf beiden Systemen vorhandene Einträge unterschiedlich geändert wurden. Folgende Lösungen für Konflikte lassen sich neben der individuellen Benachrichtigung auswählen:

Kapitel 29: Outlook und PDAs

- *Alle in Konflikt stehenden Elemente hinzufügen*

  Zwei in Konflikt stehende Elemente werden auf beiden Systemen hinzugefügt. Sie müssen anschließend selbst entscheiden, welches Element Sie behalten möchten.

- *Alle in Konflikt stehenden Elemente ignorieren*

  Die Elemente auf beiden Seiten bleiben völlig unverändert und werden nicht synchronisiert.

- *PalmPilot Oganizer Gewinnt*

  Die Einträge des PalmPilot werden bevorzugt. Elemente, die im Konflikt stehen, werden in Outlook überschrieben.

- *MS Outlook Gewinnt*

  Elemente auf dem PalmPilot werden von den Einträgen aus Outlook überschrieben.

Filter einsetzen

Mithilfe selbst definierter Filter lassen sich gezielt nur bestimmte Einträge von Outlook zum PalmPilot übertragen. Wechseln Sie zunächst zur die Registerkarte *Filter*.

Bild 29.13: Die Registerkarte FILTER

Nach der Installation von IntelliSync ist bereits ein Filter eingerichtet, der automatisch private Daten herausfiltert und nur öffentliche Einträge zum PalmPilot befördert.

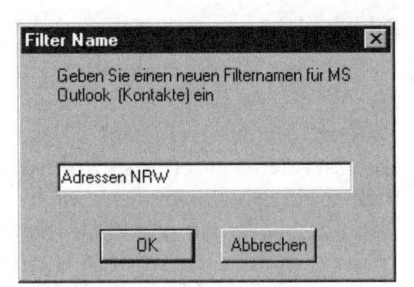

Bild 29.14:
Legen Sie einen eigenen Filter an.

Über die Schaltfläche *Neu* lässt sich ein eigener neuer Filter erstellen. Vergeben Sie zunächst einen Namen für den Eintrag. Wir erstellen in unserem Beispiel einen Filter, der nur Adressen zulässt, die im Bundesland Nordrhein-Westfalen angesiedelt sind.

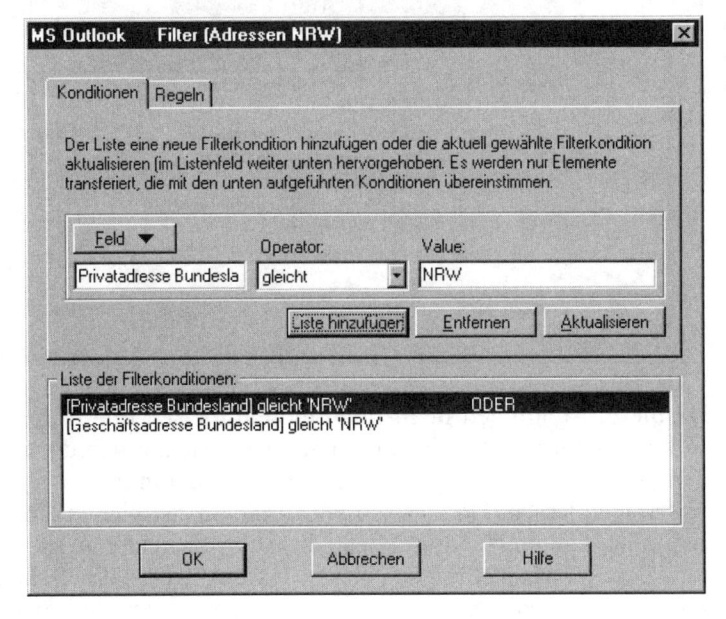

Bild 29.15:
Definieren Sie Ihren Filter.

Sie können beliebig viele Bedingungen für Ihren Filter vorgeben. Auf der Registerkarte *Regeln* legen Sie fest, ob die einzelnen Filterkonditionen mit einem logischen UND oder einem ODER verknüpft werden sollen.

Wählen Sie zunächst ein Feld aus, in unserem Beispiel »Privatadresse Bundesland«. Dann bestimmen Sie den Operator und geben den Wert »NRW« ein. Um auch Geschäftsadressen mit einzubeziehen, legen wir eine weitere Bedingung an und verknüpfen beide mit einem logischen ODER.

Feldabbildungen verändern

Klicken Sie in den erweiterten Einstellungen die Schaltfläche *Feldabbildung* an. Auf der linken Seite der Übersicht finden Sie nun alle Datenfelder des PalmPilot. Diesen Feldern können Sie jetzt die entsprechenden Felder aus Outlook zuweisen. Da Outlook wesentlich mehr Felder insbesondere für den Bereich *Kontakte* aufzuweisen hat, können Sie leider nicht alle Daten auf den PalmPilot übertragen. Wählen Sie die wichtigsten Elemente aus, und verbinden Sie diese mit beliebigen Feldern des PalmPilot.

Bild 29.16: Feldabbildungen

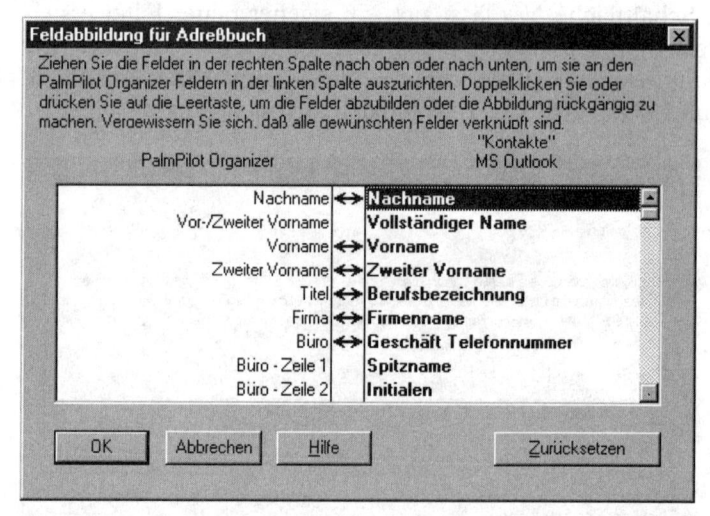

Da die Einstellungen nicht noch einmal logisch überprüft werden, sollten Sie hier vorsichtig vorgehen. Denn Sie können durchaus auf dem PalmPilot in das Feld »Name« die Faxnummer aus Outlook übertragen lassen. Da dies schnell zu einem ziemlichen Chaos führen wird, sollten Sie zumindest die Schlüsselfelder jedes Bereichs mit den Voreinstellungen belegt lassen. Über die Schaltfläche *Zurücksetzen* gelangen Sie jederzeit wieder in den Installationszustand zurück.

Mit Outlook programmieren

Teil VI

30. Ordner
31. VBScript und VBA

Was kann man sich unter der Programmierung mit Outlook vorstellen? Mit Outlook zu programmieren bedeutet, die vordefinierten Komponenten von Outlook an die eigenen Bedürfnisse anzupassen und wenn nötig, eigene Komponenten zu erstellen und in Outlook zu integrieren.

Welches sind die Komponenten, die man anpassen und in Outlook integrieren kann? Es sind die Formulare und Ordner.

Formulare	Als Formulare bezeichnen wir die Dialogfelder, die wir zum Erstellen und Bearbeiten von Ordnerelementen verwenden, also beispielsweise das Termin-Dialogfeld, in dem man Betreff, Beginn, Ende, Erinnerungsfunktion, Notizen und etliches mehr zu einem Termin angeben kann, oder das Dialogfeld zum Versenden von Nachrichten.
	Outlook erlaubt es uns, diese Formulare anzupassen. So kann man die Eingabefelder der Formulare umstellen, Eingabefelder löschen oder hinzunehmen, neue Registerkarten für Formulare erstellen, Formulare mit Schaltflächen ausstatten, die bestimmte Operationen ausführen, eigene Formulare für spezielle Ordner definieren.
Ordner	Daten werden in Outlook in Ordner verwahrt. Der Typ des Ordners gibt vor, welche Art von Daten in dem Ordner gespeichert werden können (beispielsweise Termine in einem Kalender-Ordner, Nachrichten im Posteingangs- oder Postausgangs-Ordner).
	Abgesehen davon, dass man natürlich in Outlook eigene Ordner erstellen kann, lassen sich eigene Ansichten für die Präsentation der Elemente im Ordner definieren, eigene Formulare für einen Ordner erstellen, Regeln für das Eintragen von Elementen in einen Ordner festlegen sowie Order mit anderen Outlook-Anwendern teilen und gemeinsam nutzen.
	Mit einem Wort: Wer will, kann für eine bestimmte Aufgabe einen eigenen Ordner anlegen und komplett mit der zugehörigen Funktionalität ausstatten.

Bei dieser Form der »Programmierung« mit Outlook braucht man noch nicht einmal einen eigenen Code zu schreiben – alle Anpassungen werden über spezielle, von Outlook zur Verfügung gestellte Befehle und Dialogfelder vorgenommen. Die eigentliche Programmierarbeit wurde uns gewissermaßen von den Outlook-Entwicklern abgenommen. Diese haben bei der Konzeption und Codierung von Outlook darauf geachtet, dass Outlook zu einem flexiblen und wandlungsfähigen Werkzeug wird, das auch von Anwendern, die über keinerlei Programmierkenntnisse verfügen, angepasst und »programmiert« werden kann.

Dass wir uns richtig verstehen: Es geht hier nicht um die übliche Konfiguration von Programmen – also ob der Hintergrund des Kalenders olivgrün oder hellblau sein soll oder ob von versendeten Nachrichten Sicherheitskopien gespeichert werden sollen. Worum es geht, ist, dass Outlook modular aufgebaut ist und dass der Anwender diese Komponenten nach eigenem Gutdünken mischen und neu zusammenstellen kann.

Am oberen Ende der Bausteinhierarchie stehen die Ordner. Die wichtigsten Module eines Ordner sind

- seine Formulare (zur Bearbeitung der Ordnereinträge),
- seine Ansichten (zur Präsentation der Ordnereinträge) und
- seine Regeln (zur Verarbeitung der Ordnereinträge).

Formulare, Ansichten und Regeln sind selbst wieder modular aufgebaut: aus Steuerelementen, Datenfeldern sowie Bedingungen und Aktionen.

Indem Sie aus diesen elementaren Bausteinen zuerst Formulare, Ansichten und Regeln und dann schließlich Ordner aufbauen, »programmieren« Sie Outlook für neue Aufgaben – beispielsweise zur Verwaltung Ihrer CD-Sammlung oder zur Durchführung und Auswertung von firmeninternen Umfragen.

Visual Basic

Wem diese Möglichkeiten nicht ausreichen, der kann immer noch zu den von Outlook unterstützten »echten« Programmierwerkzeugen greifen:

- Visual Basic Script – um in die Ereignisbehandlung der Formulare einzugreifen.
- Visual Basic für Anwendungen – um direkt mit Outlook und anderen Office-Anwendungen zu programmieren.

Ordner

Kapitel 30

Im Grunde genommen wurde in den vorangegangenen Kapiteln bereits fast alles zum Umgang und zur Arbeit mit Ordnern gesagt. In diesem Kapitel wollen wir nur noch einmal kurz wiederholen, was aus Sicht des Anwendungsentwicklers von Interesse ist.

30.1 Ordner aus Sicht des Programmierers

Die drei wichtigsten Komponenten eines Ordners sind:

- Die Elemente, die im Ordner verwahrt werden.
- Die Formulare, die zum Erstellen und Bearbeiten der Elemente des Ordners verwendet werden können.
- Die Ansichten, die zum Anzeigen der Elemente dienen und die unter Umständen auch eine direkte Bearbeitung der Ordnerelemente erlauben.

Hinzu kommen außerdem:

- Berechtigungen, über die der »Besitzer« eines Ordner festlegen kann, in welchem Umfang andere Anwender auf die Elemente in diesem Ordner zugreifen und diese bearbeiten können.
- Regeln, die festlegen, welche Bedingungen ein Element erfüllen muss, damit es im Ordner abgelegt werden kann (nur für öffentliche Ordner).

30.2 Ordner erstellen

Um einen Ordner zu erstellen, stehen Ihnen im Prinzip drei Wege offen:

Ordner ganz neu erstellen

1. Rufen Sie den Befehl DATEI/ORDNER/NEUER ORDNER auf.
2. In dem daraufhin geöffneten Dialogfeld geben Sie folgendes an:
   - den Namen des Ordners,
   - den Typ seiner Elemente und
   - den übergeordneten Ordner in der Ordnerliste.

Bestehenden Ordner kopieren

1. Markieren Sie in der Ordnerliste den Ordner, den Sie kopieren wollen.
2. Rufen Sie den Befehl DATEI/ORDNER/«ORDNERNAME« KOPIEREN auf.
3. In dem daraufhin geöffneten Dialogfeld wählen Sie den Ordner aus, unter dem die Kopie des Quellordners angelegt werden soll.

Design eines Ordners übernehmen

Wenn Sie in einer Arbeitsgruppenumgebung mit Microsoft Exchange Server arbeiten, können Sie das Design eines Ordners kopieren:

1. Markieren Sie in der Ordnerliste den Ordner, der das Design eines anderen Ordners übernehmen soll.
2. Rufen Sie den Befehl DATEI/ORDNER/ORDNERDESIGN KOPIEREN auf.
3. In dem daraufhin geöffneten Dialogfeld wählen Sie den Ordner aus, dessen Design kopiert werden soll, und bestimmen im Feld *Design kopieren von* diejenigen Designelemente, die übernommen werden sollen.

> **INFO** Der Zielordner behält dabei grundsätzlich sein altes Design bei und übernimmt zusätzlich die Designelemente aus dem Quellordner. Nur wenn es zu Konflikten zwischen gleichen Designelementen kommt, ersetzen die Designelemente des Quellordners die alten Einstellungen des Zielordners.

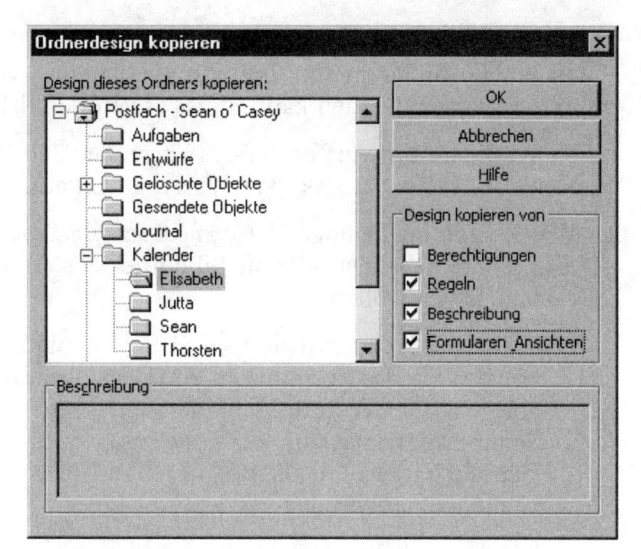

Bild 30.1:
Ordnerdesign kopieren

30.3 Formulare für Ordner

Von Haus aus nutzt jeder Ordner das zum Typ seiner Elemente passende Outlook-Standardformular zur Erstellung und Bearbeitung der Elemente.

Darüber hinaus kann man aber auch eigene Formulare für Ordner erstellen:

- Etwa eine leicht abgewandelte Form des Standardformulars, die in der Folge statt des Standardformulars genutzt wird (wie zum Beispiel das Kontaktformular aus Kapitel 30.8, bei dem das Geburtsdatum auf der ersten Registerkarte des Formulars angegeben werden kann).

- Oder Sie definieren zu einem Ordner ein zweites und ein drittes Formular, um spezialisierte Eingabeformulare für unterschiedliche Elemente zur Verfügung zu haben (etwa eigene Kontaktformulare für private und geschäftliche Kontakte).

- Oder Sie richten einen Ordner für eine spezielle Aufgabe ein, etwa einen Ordner, in dem Mitglieder Ihrer Arbeitsgruppe Eingaben für neue Produktideen einreichen können, und legen für diese Eingaben ein spezielles Formular an.

Formulare veröffentlichen

Damit ein Formular in Outlook zur Bearbeitung von Ordnerelementen verwendet werden kann, muss es veröffentlicht werden.

1. Rufen Sie im Entwurffenster des Formulars den Befehl EXTRAS/ FORMULARE/FORMULAR VERÖFFENTLICHEN auf.
2. Wählen Sie im Dialogfeld *Formular veröffentlichen unter* im Feld *Suchen in* den Ordner oder die Bibliothek aus, in der Sie das Formular ablegen wollen.
   - Während der Entwicklung und Erprobung eines Formulars können Sie das Formular in einer der Formularbibliotheken ablegen. Die Formularbibliotheken eignen sich auch als Sammelcontainer, in dem Formulare für den späteren Gebrauch (etwa um als Ausgangsbasis für weitere Formulare zu dienen) aufbewahrt werden.
   - Für den täglichen Gebrauch ist es sinnvoller, das Formular in dem Ordner zu veröffentlichen, in dem es gebraucht wird.
3. Geben Sie im Feld *Angezeigter Name* einen Namen für das neue Formular an. Der Name sollte aussagekräftig genug sein, um den Zweck des Formulars am Namen ablesen zu können.
4. Den *Formularnamen* können Sie nach Bedarf etwas kürzen. Achten Sie aber darauf, dass die Formularnamen, die auch intern für die Identifikation der Nachrichtenklasse herangezogen werden, eindeutig sind.

Formulare schützen

Um das Design eines Formulars, das für andere Outlook-Anwender zugänglich ist (beispielsweise ein Formular eines öffentlichen Ordners), vor der Überarbeitung durch andere Anwender zu schützen, können Sie im Entwurfsmodus auf der Registerkarte *Eigenschaften* ein Kennwort für das Formular vergeben.

Formulare verwenden

Über die üblichen Befehle zur Erstellung neuer Ordnerelemente (DATEI/NEU ..., AKTIONEN/NEUER ...-EINTRAG) wird das Standardformular des Ordners aufgerufen.

Um ein beliebiges Formular zur Eintragung eines neuen Ordnerelements auszuwählen, rufen Sie den Befehl EXTRAS/FORMULARE/FORMULAR AUSWÄHLEN auf und wählen das Formular in dem geöffneten Dialogfeld aus.

Um ein Formular als Standardformular eines Ordners einzurichten, das automatisch für alle neu angelegten Einträge aufgerufen werden soll,

1. Lassen Sie sich die Ordnerliste anzeigen (Befehl ANSICHT/ORDNERLISTE), und klicken Sie mit der rechten Maustaste auf den Ordner, dessen Standardformular Sie festlegen wollen.
2. Wählen Sie im Kontextmenü den Befehl EIGENSCHAFTEN aus.
3. Öffnen Sie auf der Registerkarte *Allgemeines* das Listenfeld *Bereitstellen in diesem Ordner mit*, und wählen Sie in der Liste der verfügbaren Formulare das Formular aus, das künftig als Standardformular zur Erstellung neuer Elemente aufgerufen werden soll.

30.4 Ansichten für Ordner

Von Haus aus ist jeder Ordner mit einer Reihe von Ansichten ausgestattet, über die man Ordnerelemente meist direkt, unter Umgehung des Eingabeformulars, in den Ordner eintragen kann, die aber vor allem der übersichtlichen Präsentation der Ordnerelemente dienen.

Wie Sie diese Ansichten anpassen (Befehl ANSICHT/AKTUELLE ANSICHT/AKTUELLE ANSICHT ANPASSEN) oder neue Ansichten definieren (Befehl ANSICHT/AKTUELLE ANSICHT/ANSICHTEN DEFINIEREN), wurde bereits in Kapitel 16.9 beschrieben.

Neue Formulare – neue Ansichten

Wenn Sie eigene Formulare erstellen, muss dies nicht bedeuten, dass Sie auch eigene Ansichten definieren müssen.

Generell kann man aber davon ausgehen, dass die Felder, die über die Formulare bearbeitet werden, auch für die Anzeige in den Ansichten besonders interessant sind, und deshalb wird man in den meisten Fällen für eigene Formulare auch passende Ansichten definieren.

Insbesondere wenn man für ein Formular eigene Felder definiert hat (siehe Kapitel 30.3, letzter Abschnitt), muss man erst einmal eine Ansicht definieren oder anpassen, die diese neuen Felder anzeigt.

1. Rufen Sie dazu den Befehl zum Anpassen oder Definieren der (tabellarischen) Ansicht auf (siehe oben), und klicken Sie im Dialogfeld *Zusammenfassung anzeigen* auf die Schaltfläche *Felder*.

Kapitel 30: Ordner

2. Im Dialogfeld *Felder anzeigen* wählen Sie im Listenfeld *Verfügbare Felder auswählen aus* die Option *Benutzerdefinierte Ordnerfelder* aus.

3. Markieren Sie das gewünschte Feld in der Liste der verfügbaren Felder aus, und klicken Sie auf die Schaltfläche *Hinzufügen*.

4. Über die Schaltflächen *Nach oben* und *Nach unten* können Sie das Feld in die Liste der angezeigten Felder einordnen.

Bild 30.2: Felder in Ansicht aufnehmen

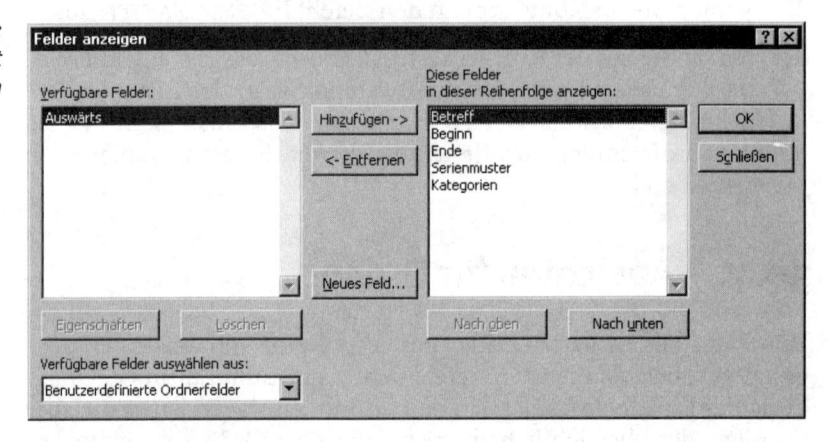

Ordnerspezifische Ansichten

Wenn Sie neue Ansichten definieren (Befehl ANSICHT/AKTUELLE ANSICHT/ANSICHTEN DEFINIEREN, Schaltfläche *Neu*), können Sie wählen, ob diese Ansichten nur für den aktuellen Ordner oder alle Ordner gleichen Typs verfügbar sein sollen.

Bild 30.3: Neue ordnerspezifische Ansicht erstellen

Wenn Sie einen Ordner für eine spezielle Aufgabe mit eigenem Formular und eigenen Ansichten angelegt haben, möchten Sie vielleicht die Standardansichten des Ordners ausblenden, so dass über das Menü ANSICHT nur die Ansichten aufgerufen werden können, die Sie speziell für diesen Ordner definiert und eingerichtet haben.

1. Rufen Sie dazu den Befehl ANSICHT/AKTUELLE ANSICHT/ANSICHTEN DEFINIEREN auf.

2. Aktivieren Sie im Dialogfeld *Ansichten definieren für* die Option *Nur die für diesen Ordner erstellten Ansichten anzeigen*.

30.5 Veröffentlichung und Berechtigungen

Wenn Sie einen Ordner mit anderen Kollegen oder der gesamten Arbeitsgruppe zusammen nutzen wollen (beispielsweise als Schwarzes Brett, Kummerkasten oder zur Veranstaltung von Umfragen etc.), müssen Sie den Ordner veröffentlichen und Zugriffsberechtigungen für die anderen Nutzer vergeben.

Der einfachste Weg, einen Ordner in einer Arbeitsgruppe, die über Exchange Server verbunden ist, zu veröffentlichen, besteht darin:

- Den Ordner in einen öffentlichen Ordner zu kopieren (siehe Kapitel 27.3) und

- Zugriffsrechte für die anderen Outlook-Anwender einzurichten (Registerkarte *Berechtigungen* des Eigenschaften-Dialogs des Ordners, siehe Kapitel 27.7).

Zugriffsrechte zeitweilig aufheben

Wenn Sie zur Wartung und Überarbeitung eines öffentlichen Ordners die bereits eingerichteten Berechtigungen für kurze Zeit aufheben wollen, brauchen Sie die Berechtigungen nicht zu löschen.

- Rufen Sie einfach den Befehl EIGENSCHAFTEN im Kontextmenü des Ordners auf, und wechseln Sie zur Registerkarte *Ordnerverwaltung*.

- Aktivieren Sie die Option *Nur Benutzern mit der Berechtigung 'Besitzer' (Stufe 8)*.

Bild 30.4:
Berechtigungen
zeitweilig
aufheben

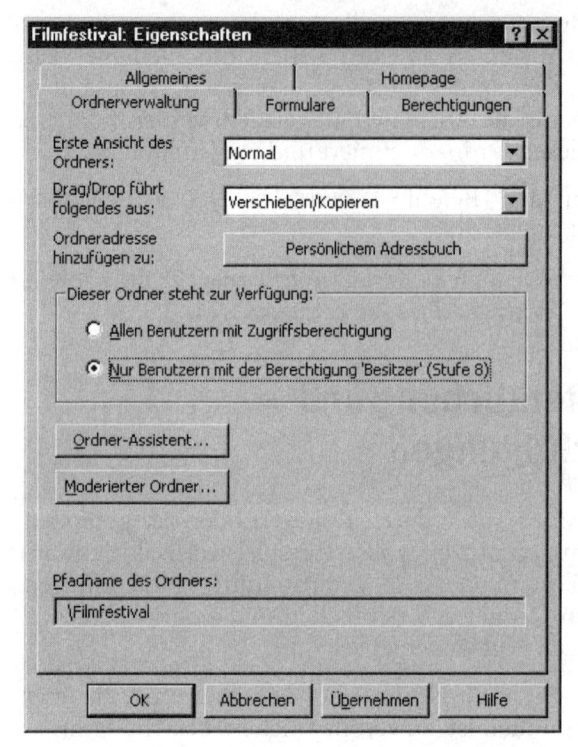

30.6 Regeln

Für öffentliche Ordner können Sie Regeln formulieren, die festlegen, welche Elemente in den Ordner eingetragen werden. Eine solche Regel besteht aus zwei Teilen:

- Einer Bedingung.
- Einer Aktion, die ausgeführt wird, wenn das Element die Bedingung erfüllt.

Zur Einrichtung einer Regel:

1. Klicken Sie in der Ordnerliste mit der rechten Maustaste auf den öffentlichen Ordner, und rufen Sie den Befehl EIGENSCHAFTEN auf.

2. Klicken Sie auf der Registerkarte *Ordnerverwaltung* die Schaltfläche *Ordner-Assistent* an.

3. Klicken Sie im Ordner-Assistenten auf die Schaltfläche *Regel hinzufügen*. Es erscheint das Dialogfeld *Regel bearbeiten*.

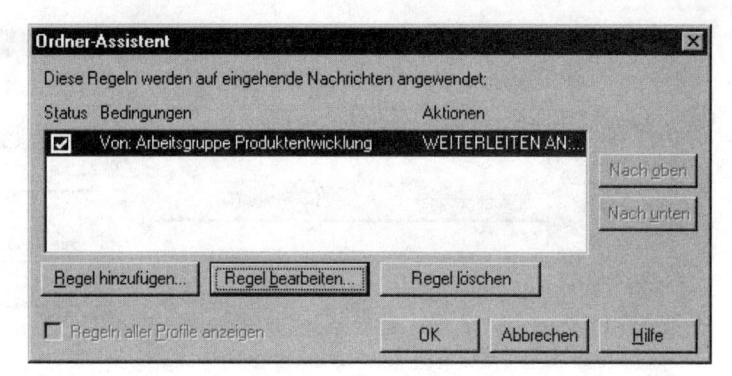

Bild 30.5:
Der Ordner-Assistent

Hier definieren Sie im oberen Bereich die Bedingung, nach der Sie die Elemente aussortieren wollen:

- Beispielsweise können Sie über die Schaltfläche *Von* eine Verteilerliste oder bestimmte Kontakte und Adressen auswählen, deren Nachrichten gesondert verarbeitet werden sollen.

- Über die Schaltfläche *Weitere Optionen* gelangen Sie in ein Dialogfeld mit weiteren Optionen zur Definition von Bedingungen. Hier können Sie beispielsweise eine »Deadline« angeben, ab der keine Nachrichten mehr akzeptiert werden, oder Sie können festlegen, dass dringende Nachrichten einer schnelleren Verarbeitung zugeführt werden.

- Ebenfalls sehr interessant ist die Option *Nur Objekte, die den ausgewählten Bedingungen nicht entsprechen*, durch deren Aktivierung Sie die definierte Bedingung negieren.

Um zum Beispiel alle Nachrichten von einer bestimmten Arbeitsgruppe an jemand anderen weiterzuleiten, erstellen Sie – falls nicht schon geschehen – für die Arbeitsgruppe eine Verteilerliste und wählen diese im Feld *Von* aus. Als Aktion wählen Sie *Weiterleiten*. Um umgekehrt nur Nachrichten von dieser Arbeitsgruppe zu akzeptieren, belassen Sie die Einstellungen und aktivieren die Option *Nur Objekte, die den ausgewählten Bedingungen nicht entsprechen*. Die Regel besagt dann, dass alle Nachrichten, die nicht von dieser Arbeitsgruppe stammen, weitergeleitet werden.

Beispiel

Im unteren Teil des Dialogfelds legen Sie fest, wie Nachrichten, die die Bedingung erfüllen, weiterverarbeitet werden sollen und ob nachfolgende Regeln auf diese Nachrichten noch angewendet werden sollen.

Bild 30.6:
Regeln definieren

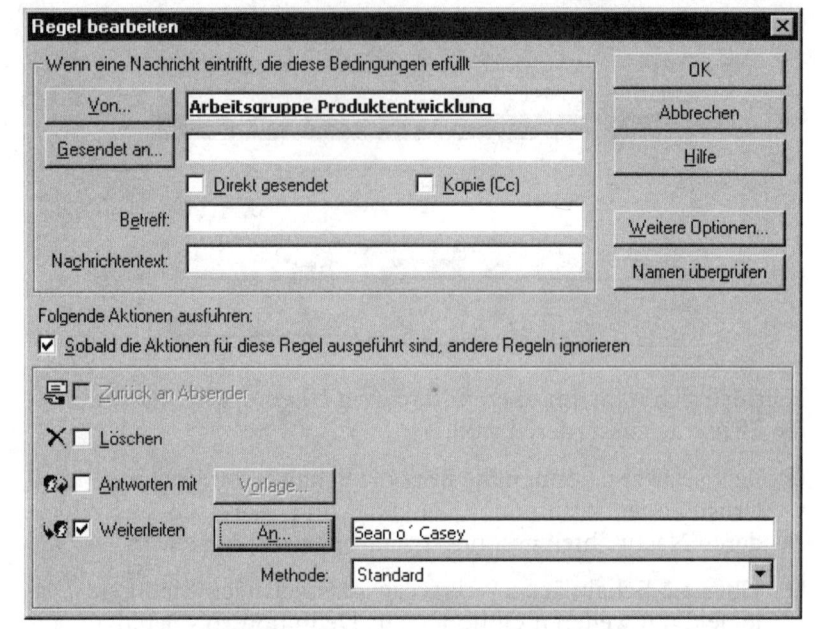

30.7 Einrichtung eines öffentlichen Ordners für eine Umfrage

Zur Demonstration werden wir uns jetzt die typischen Schritte ansehen, die zur Einrichtung eines Ordners für eine spezielle Aufgabe vonnöten sind. Als Beispiel dient uns ein Ordner, in dem wir Kommentare zu einer Umfrage (man könnte ebensogut Produktideen, Diskussionsbeiträge etc. nehmen) sammeln.

- Wir werden einen öffentlichen Ordner einrichten und den anderen Mitgliedern unserer Arbeitsgruppe Zugriffsrechte auf den Ordner einräumen.

- Wir werden ein Formular aufsetzen, mit dem jeder seinen Kommentar zu der neuen Bestuhlung der Büros in dem Ordner ablegen kann.

- Wir werden eine spezielle Ansicht definieren, die einen Überblick über die bereits eingegangenen Meinungen gibt.

Eine andere Möglichkeit, eine Umfrage zu starten, bestünde darin, ein Nachrichtenformular zu verschicken und ein entsprechendes Antwortformular (beziehungsweise die Leseseite) vorzugeben.

Öffentlichen Ordner einrichten

1. Rufen Sie den Befehl DATEI/ORDNER/NEUER ORDNER auf.
2. In dem daraufhin geöffneten Dialogfeld:
   - Geben Sie als Ordnername »Umfrage« ein.
   - Wählen Sie als Typ der Ordnerelemente *E-Mail-Elemente*.
   - Wählen Sie als übergeordneten Ordner »Alle öffentlichen Ordner« aus.

   Während wir an dem Ordner arbeiten, sollen keine anderen Arbeitsgruppenmitglieder auf den Ordner zugreifen.
3. Klicken Sie in der Ordnerliste mit der rechten Maustaste auf den neuen Umfrage-Ordner, und rufen Sie im Kontextmenü des Ordners den Befehl EIGENSCHAFTEN auf.
4. Wechseln Sie zur Registerkarte *Ordnerverwaltung*.
5. Aktivieren Sie die Option *Nur Benutzern mit der Berechtigung 'Besitzer' (Stufe 8)*.

Formular für Ordner aufsetzen

Als Ausgangsbasis für das Formular unseres Umfrage-Ordners verwenden wir das Diskussionsformular.

1. Markieren Sie in der Ordnerliste den Umfrage-Ordner.
2. Rufen Sie den Befehl EXTRAS/FORMULARE/EIN FORMULAR ENTWERFEN auf.
3. Wählen Sie aus der Bibliothek der Standardformulare das *Bereitstellen*-Formular aus (siehe Bild 31.7).

Jetzt gilt es, das Formular an unsere Vorstellungen anzupassen. Dazu tun wir folgendes:

- Wir nehmen das *Von*-Feld auf, in dem die Absender der Kommentare Ihre Kontaktinformation hinterlassen können.

- Wir definieren ein neues Feld namens *Bestuhlung*, in dem man als Bewertung für die Bestuhlung einen Wert zwischen 0 und 9 eingeben kann.

Kapitel 30: Ordner

Bild 30.7:
Das neue, unbearbeitete Diskussionsformular

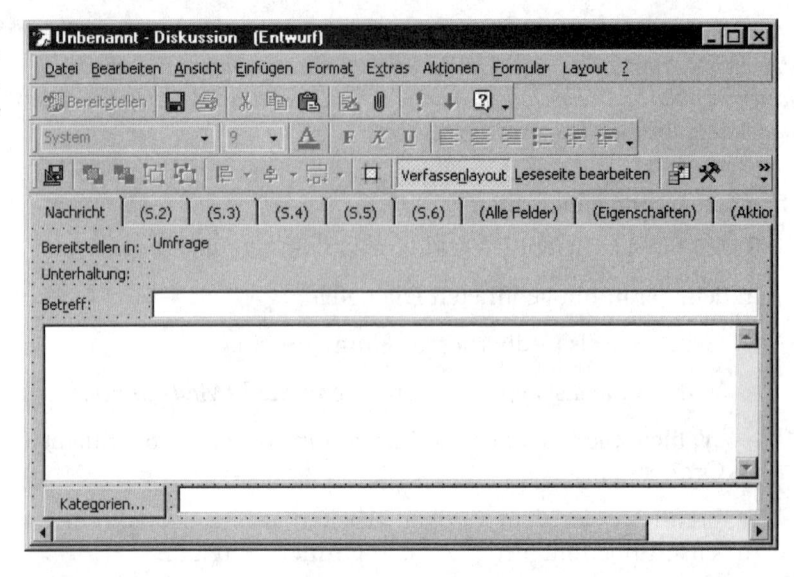

→ Wir versehen das Feld *Bestuhlung* mit einem Drehfeld, so dass die Anwender den Wert für das Feld über die Pfeilschalter des Drehfelds einstellen können.

→ Wir sorgen dafür, dass Bestuhlung- und Drehfeld nur Werte zwischen 0 und 9 akzeptieren.

Das fertige Formular sehen Sie in Bild 31.8

Bild 30.8:
Eigenes Diskussionsformular

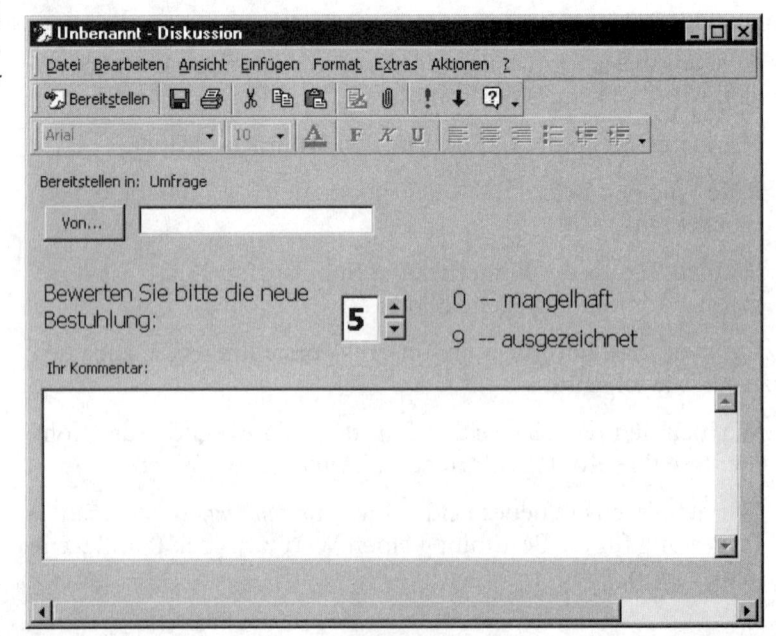

Von-Feld für Namen aufnehmen

1. Ziehen Sie aus der Feldauswahl (Aufruf über FORMULAR/FELD-AUSWAHL) das *Von*-Feld (zu finden in der Gruppe der «Häufig verwendeten Felder») in das Formular.
2. Platzieren und arrangieren Sie die Steuerelemente nach Ihren Vorstellungen.

Neues Feld für Bewertung definieren und einrichten

Bild 30.9: Neues Feld definieren

1. Klicken Sie in der *Feldauswahl* auf die Schaltfläche *Neu*.
2. Geben Sie als Name für das neue Feld *Bestuhlung* ein.
3. Wählen Sie als Typ *Nummer* aus.
4. Wählen Sie als Format *Ohne Dezimalteil* aus.
5. Ziehen Sie das neue Feld aus der Gruppe der *Benutzerdefinierten Ordnerfelder* in das Formular.
6. Bearbeiten Sie Größe, Position, Beschriftung, Schriftgröße.

Jetzt gilt es noch dafür zu sorgen, dass nur Werte zwischen 0 und 9 eingegeben werden können.

1. Klicken Sie mit der rechten Maustaste auf das Steuerelement für das Feld *Bestuhlung*, und rufen Sie im Kontextmenü den Befehl EIGENSCHAFTEN auf.
2. Wechseln Sie zur Registerkarte *Gültigkeitsprüfung*.
3. Geben Sie als Formel für die Gültigkeitsprüfung >= 0 AND <= 9 ein.
4. Geben Sie einen Text für die Fehlermeldung ein.

Bild 30.10:
Feldeingaben auf
Gültigkeit prüfen

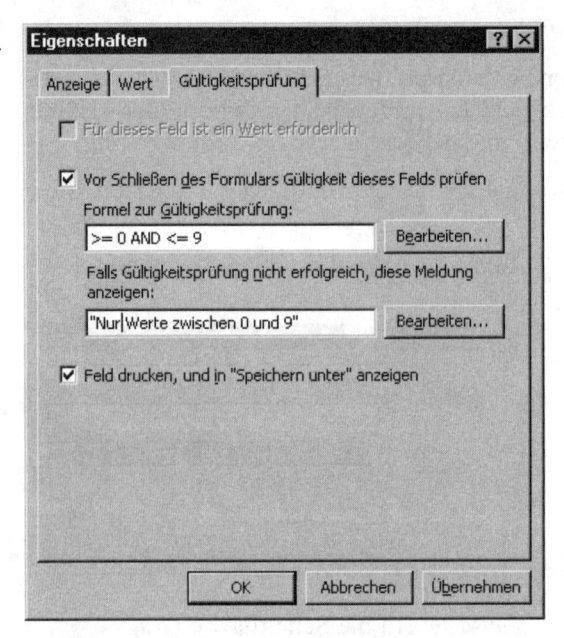

Drehfeld einrichten

1. Öffnen Sie die Werkzeugsammlung (FORMULAR/STEUERELE-MENT-TOOLBOX).

2. Ziehen Sie das Drehfeld in das Formular, neben das Steuerelement für das Feld *Bestuhlung*.

Um das Drehfeld mit dem Textfeld zu verknüpfen, binden wir es einfach an das gleiche Ordnerfeld wie das Textfeld – also an das Feld *Bestuhlung*. Bei Ausführung des Formulars bewirken Klicks auf die Pfeilschalter des Drehfelds eine sofortige Änderung der Anzeige im Textfeld.

1. Klicken Sie mit der rechten Maustaste auf das Steuerelement für das Feld *Bestuhlung*, und rufen Sie im Kontextmenü den Befehl EIGENSCHAFTEN auf.

2. Wechseln Sie zur Registerkarte *Wert*.

3. Klicken Sie auf die Schaltfläche *Feld auswählen*, und wählen Sie in der Gruppe der *Benutzerdefinierten Ordnerfelder* das Feld *Bestuhlung* aus.

4. Geben Sie einen *Startwert* für das Drehfeld ein.

Die Einstellungen für die Gültigkeitsprüfung werden daraufhin vom Textfeld übernommen.

Bearbeiten Sie auch die Leseseite des Formulars.

Formular testen

1. Rufen Sie den Befehl FORMULAR/DIESES FORMULAR AUSFÜHREN auf.
2. Testen Sie die Funktionsweise des Formulars.

Formular schützen

1. Um das Design des Formulars vor der Überarbeitung durch andere Anwender zu schützen, vergeben Sie im Entwurfsmodus auf der Registerkarte *Eigenschaften* ein Kennwort.

Formular mit Ordner verbinden

1. Rufen Sie den Befehl EXTRAS/FORMULARE/FORMULAR VERÖFFENTLICHEN auf.
2. Veröffentlichen Sie das Formular im Umfrage-Ordner (siehe Bild 31.11).

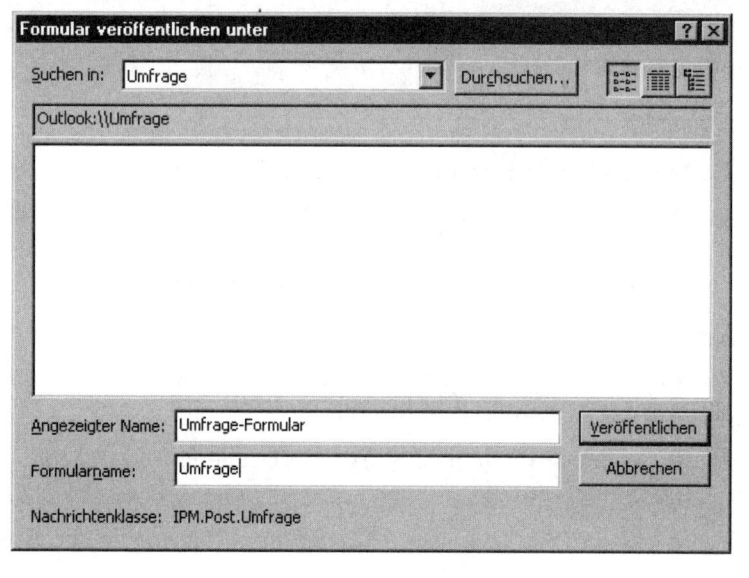

Bild 30.11:
Formular veröffentlichen

Damit das Formular als Standardformular zur Erstellung neuer Ordnerelemente verwendet wird:

3. Lassen Sie die Ordnerliste anzeigen (Befehl ANSICHT/ORDNER-LISTE), und klicken Sie mit der rechten Maustaste auf den Umfrage-Ordner.

Bild 30.12:
Formular zum Standardformular bestimmen

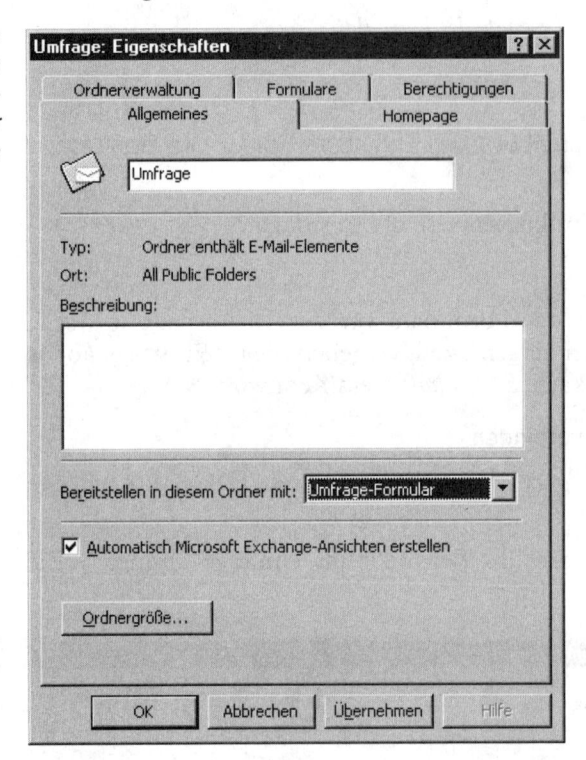

4. Wählen Sie im Kontextmenü den Befehl EIGENSCHAFTEN auf.
5. Öffnen Sie auf der Registerkarte *Allgemeines* das Listenfeld *Bereitstellen in diesem Ordner mit*, und wählen Sie in der Liste der verfügbaren Formulare das Umfrageformular aus.

Ansicht anpassen

Wir werden nun eine eigene Ansicht für den Ordner definieren und die anderen Ansichten deaktivieren.

1. Rufen Sie den Befehl ANSICHT/AKTUELLE ANSICHT/ANSICHTEN DEFINIEREN auf.
2. Markieren Sie im Dialogfeld *Ansichten definieren für* die Ansicht *Nachrichten mit AutoVorschau*.

3. Klicken Sie auf die Schaltfläche *Kopieren*.

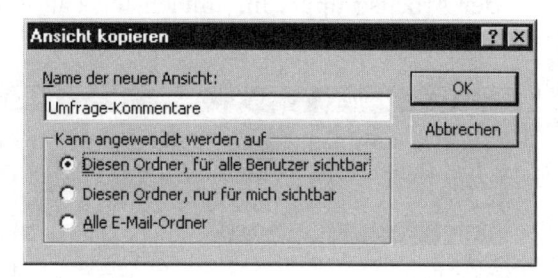

Bild 30.13:
Neue Ansicht erstellen

4. Geben Sie im daraufhin angezeigten Dialogfeld einen Namen für die Ansicht ein, und aktivieren Sie die Option *Diesen Ordner, für alle Benutzer sichtbar*.

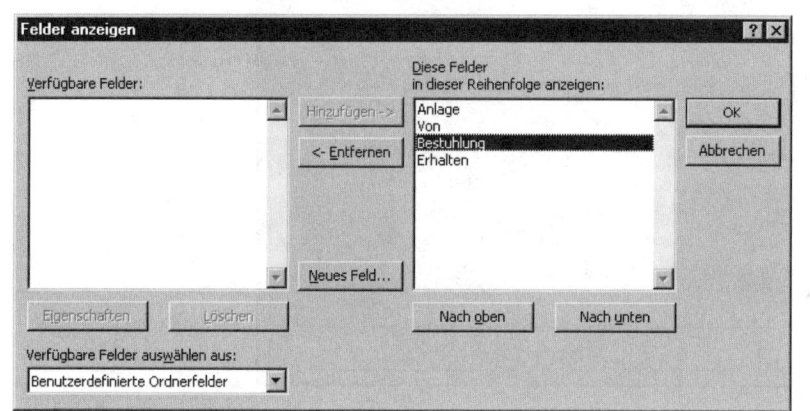

Bild 30.14:
Felder für neue Ansicht auswählen

5. Bearbeiten Sie vor allem die Feldauswahl für die Ansicht, und nehmen Sie das Feld *Bestuhlung* in die Liste der angezeigten Felder auf.

6. Zurück im Dialogfeld *Ansichten definieren für* aktivieren Sie die Option *Nur die für diesen Ordner erstellten Ansichten anzeigen*.

Zugriffsrechte vergeben

1. Klicken Sie in der Ordnerliste mit der rechten Maustaste auf den neuen Umfrage-Ordner, und rufen Sie im Kontextmenü des Ordners den Befehl EIGENSCHAFTEN auf.

2. Wechseln Sie zur Registerkarte *Ordnerverwaltung*.

3. Aktivieren Sie die Option *Allen Benutzern mit Zugriffsberechtigung*.

4. Wechseln Sie zur Registerkarte *Berechtigungen*.

Kapitel 30: Ordner

5. Vergeben Sie Zugriffsrechte für die verschiedenen Mitglieder der Arbeitsgruppe. Im einfachsten Fall weisen Sie einfach dem Namen *Standard* die Berechtigungsstufe 4 zu.

Bild 30.15:
Zugriffsrechte vergeben

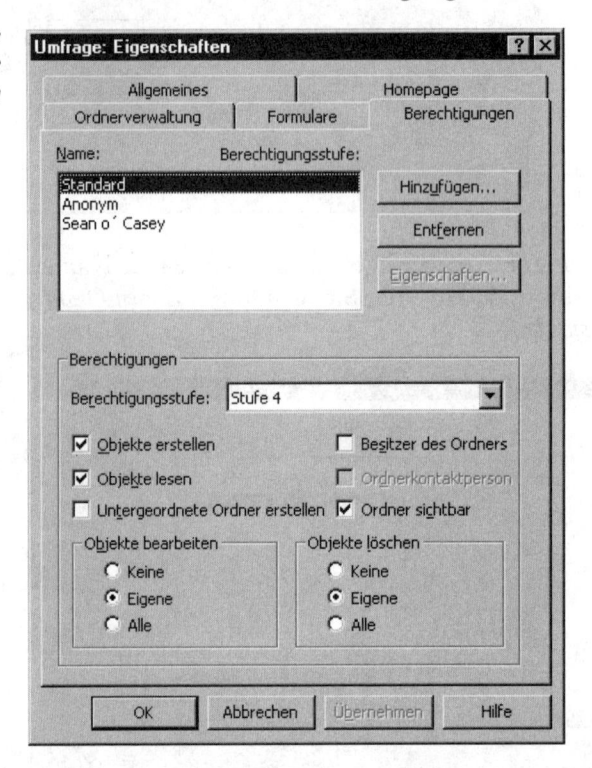

Fertig

Testen Sie den Ordner zusammen mit einigen Kollegen.

Bild 30.16:
Eingaben im Umfrage-Ordner

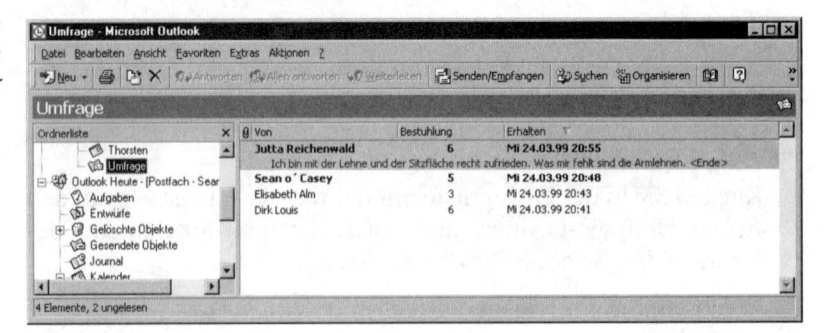

VBScript und VBA

Kapitel 31

Die »echte« Programmierung mit und für Outlook erfordert das Aufsetzen von Code in einer geeigneten Programmiersprache. Dies kann auf verschiedenen Ebenen mit unterschiedlichen Programmiersprachen geschehen:

VBScript	VBScript ist eine leicht abgewandelte, etwas eingeschränkte Version von Visual Basic für Anwendungen (VBA).
	Mit VBScript kann man Ereignisse von Outlook-Formularen (Klick auf eine Schaltfläche, Auswahl eines Elements in einem Listenfeld etc.) mit selbst geschriebenen Antwortprozeduren verbinden.
	Der Code der VBScript-Prozeduren wird direkt in den Outlook-Elementen gespeichert.
VBA	Visual Basic für Anwendungen ist eine Untermenge von Visual Basic.
	Mit VBA kann man Makros schreiben, mit denen man Outlook steuern und manipulieren kann. VBA-Code kann eine bestehende Anwendung, wie etwa Outlook, in ihrer Funktionalität erweitern, mit VBA kann man aber keine eigenständigen Programme schreiben.

Visual Basic	Visual Basic ist eine Programmiersprache, mit der man eigene Programme schreiben kann. Über die COM-Spezifikation von Microsoft kann man aus VB-Programmen auch mit Outlook-Komponenten programmieren.
C/C++, Delphi	Mit anderen Programmiersprachen wie C/C++ oder Delphi kann man ebenfalls über die COM-Spezifikation auf Outlook-Komponenten zurückgreifen.

Im diesem Kapitel konzentrieren wir uns auf VBScript und VBA. Eine vollständige Beschreibung dieser Sprachen und ihrer Einsatzmöglichkeiten ist im Rahmen dieses Buches leider nicht möglich. Sollte dieser kleine Einführungskurs Ihr Interesse wecken, können Sie weitere Hilfe und Anleitung in der entsprechenden Fachliteratur finden.

31.1 Visual Basic Script

Outlook verbindet die meisten Aktionen mit der Auslösung von Ereignissen. Zu diesen Aktionen gehören etwa das Öffnen oder Schließen eines Outlook-Elements, Wertänderungen in Ordnerfeldern oder Klickereignisse auf Steuerelementen in Formularen.

Mithilfe von VBScript kann man diese Ereignisse abfangen und als Antwort auf ein Ereignis eine VBScript-Prozedur ausführen lassen.

Entwickelt werden die VBScript-Prozeduren im Skript-Editor.

31.1.1 Ausprobieren der Beispiele

Um die VBScript-Codefragmente aus diesem Kapitel auszutesten, öffnen Sie ein Formular im Entwurfsmodus, und nehmen Sie eine Schaltfläche in das Formular auf. Rufen Sie den Skript-Editor auf (Befehl FORMULAR/CODE ANZEIGEN), und legen Sie das Grundgerüst für die Ereignisbehandlungsroutine zu der Schaltfläche fest:

```
Sub CommandButton1_Click
End Sub
```

In dieses Grundgerüst können Sie die Codefragmente einfügen. Zum Austesten lassen Sie das Formular über den Befehl FORMULAR/DIESES FORMULAR AUSFÜHREN ausführen.

31.1.2 Der Skript-Editor

Um in den Skript-Editor zu gelangen, müssen Sie zuerst das Formular, für das Sie Ereignisbehandlungsroutinen schreiben wollen, im Entwurfsmodus öffnen.

> *Zum Austesten reicht es, wenn Sie einfach ein Ordnerelement per Doppelklick in das Bearbeitungsformular laden und dann den Befehl* EXTRAS/FORMULARE/DIESES FORMULAR ENTWERFEN *aufrufen.*

Wie man neue Formulare erstellt, bearbeitet und veröffentlicht, können Sie in den Kapiteln 30 und 31 nachlesen.

Im Entwurfsmodus rufen Sie den Befehl FORMULAR/CODE ANZEIGEN auf.

Formular/Code anzeigen

Bild 31.1:
Der Skript-Editor

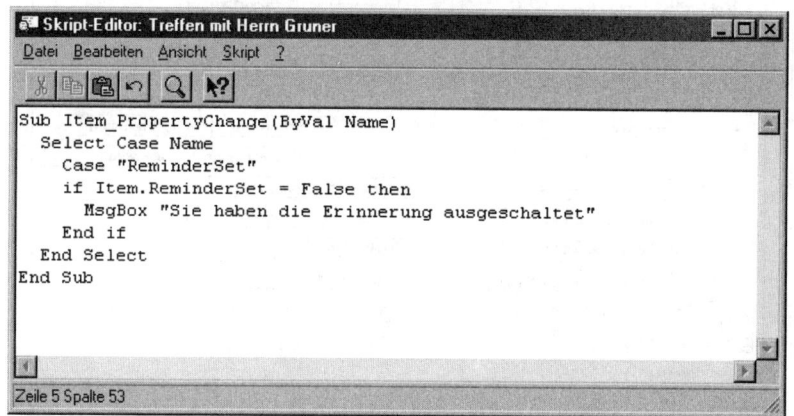

```
Sub Item_PropertyChange(ByVal Name)
   Select Case Name
      Case "ReminderSet"
      if Item.ReminderSet = False then
         MsgBox "Sie haben die Erinnerung ausgeschaltet"
      End if
   End Select
End Sub
```

- Im Skript-Editor tippen Sie den Code für Ihre Ereignisbehandlungsroutinen ein.

- Das Grundgerüst für die wichtigsten Formular- und Feld-Ereignisse können Sie über den Befehl SKRIPT/EREIGNISHANDLER einfügen lassen.

- Wenn Sie mehrere Ereignisbehandlungsroutinen entwickeln, schreiben Sie diese untereinander.

- Um den Skript-Code eines Formulars schrittweise auszuführen, lassen Sie das Formular ausführen (im Entwurfsmodus den Befehl FORMULAR/DIESES FORMULAR AUSFÜHREN wählen), und rufen Sie den Befehl EXTRAS/FORMULARE/SKRIPTDEBUGGER auf.

31.1.3 Das Objektmodell

Bevor man Ereignisbehandlungsroutinen aufsetzt, muss man wissen, wie man einen Code schreiben kann, der mit Outlook-Elementen operiert.

Für den Zugriff auf die verschiedenen Outlook-Elemente gibt es das so genannte Objektmodell.

Bild 31.2: Überblick über die Outlook-Objekte

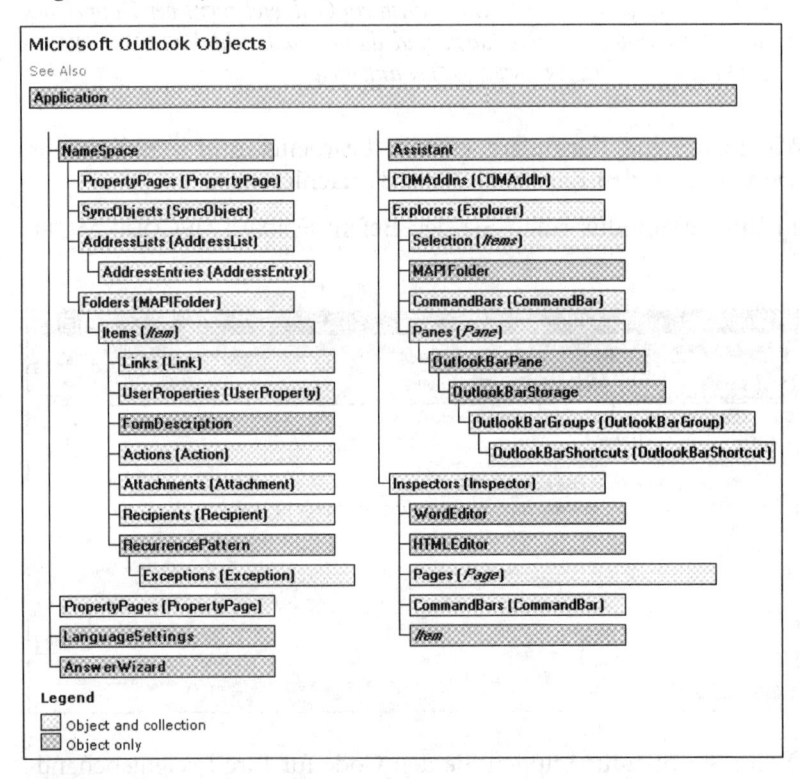

Jedes dieser Objekte präsentiert eine spezielle Outlook-Komponente. In der Grafik von Bild 32.2 werden im Übrigen nicht alle verfügbaren Outlook-Objekte angezeigt. So gibt es beispielsweise unter dem Objekt *Items* eigene Objekte für die verschiedenen Typen von Ordnereinträgen: *MailItem* (für Nachrichten), *MeetingItem* (für Termine), *TaskRequestItem* (für Aufgabenanfragen) und so weiter.

Jedes Objekt verfügt über:

- *Eigenschaften* (Properties), die den aktuellen Zustand des Objekts beschreiben (beispielsweise den Titel eines Fensters oder den Wert eines Steuerelements) und die über den Skript-Code gelesen und geändert werden können.

- *Methoden* (Methods), mit denen man einerseits die Objekte bearbeiten kann (beispielsweise die `Close`-Methode des `Explorer`-Objekts) und die uns andererseits die mit den Objekten verbundene Funktionalität zur Verfügung stellen (beispielsweise die `Item`-Methode des `Explorers`-Sammelobjekts).
- *Ereignisse* (Events), die man für ein Objekt abfangen kann.

> Eine vollständige Beschreibung aller Outlook-Objekte finden Sie in der Hilfe zum Skript-Editor im Kapitel »Visual Basic-Verzeichnis für Microsoft Outlook/Objekte«.

Tabelle 31.1: Beschreibung wichtiger Outlook-Objekte

Objekt	Beschreibung
Application	Repräsentiert die gesamte Outlook-Anwendung.
	Über dieses Objekt kann man auf die untergeordneten Outlook-Objekte zugreifen:
	`Set MeinFenster = Application.ActiveExplorer`
	Zudem kann man mithilfe der Objektmethode `CreateItem` neue Ordnereinträge erzeugen:
	`Set NeuerEintrag = Application.CreateItem(0)`
NameSpace	Das `NameSpace`-Objekt wird vornehmlich für den Zugriff auf die Outlook-Ordner benötigt:
	`Set MeinOrdner = Application.GetNameSpace("MAPI").GetDefaultFolder(9)`
	(Achtung: im VBScript-Code keine Zeilen durch Zeilenumbrüche trennen!)
	Für Outlook wird immer der Namensbereich »MAPI« verwendet.
Explorer	Repräsentiert das Outlook-Fenster.
	Wenn Sie mehrere Outlook-Fenster geöffnet haben, sind diese im `Explorers`-Sammelobjekt repräsentiert und können über die Methode `Items` ausgewählt werden.

Objekt	Beschreibung

	Über die `Explorer`-Methode `Display` kann ein Outlook-Fenster auf dem Bildschirm aktiviert (in den Vordergrund geholt) werden:
	
	`Set Fenster = Application.Explorers.Item(1)`
	`Fenster.Display`
	
	Die Methode `Application.ActiveExplorer` liefert das aktive Outlook-Fenster zurück.

Inspector	Repräsentiert ein Formular.
	
	Um sich ein `Inspector`-Objekt für das aktuelle Formular zurückliefern zu lassen, rufen Sie die Methode `GetInspector` des `Item`-Objekts auf:
	
	`Set Akt_Formular = Item.GetInspector`
	
	Mithilfe des `Inspector`-Objekts können Sie beispielsweise die einzelnen Registerkarten eines Formulars ein- oder ausblenden:
	
	`Sub CommandButton1_Click`
	`  Set Akt_Formular = Item.GetInspector`
	`  Akt_Formular.ShowFormPage("Alle Felder")`
	`End Sub`
	
	Des Weiteren brauchen Sie das `Inspector`-Objekt, um auf Steuerelemente im Formular zugreifen zu können:
	
	`Set Seite=Item.GetInspector.ModifiedFormPages("S.2")`
	`Set Steuerelemente = Seite.Controls`
	`Steuerelemente("TextBox1").Text = Eintraege.Count`

Folders	Ein Sammelobjekt, das alle Outlook-Ordner in einem übergeordneten Ordnerbereich enthält (der oberste Bereich ist der NameSpace). Einzelne Ordner können über einen Index oder ihren Namen identifiziert und als `MAPIFolder`-Objekt zurückgeliefert werden:
	
	`Set Bereich = Application.GetNameSpace("MAPI")`
	`Set O1 = Bereich.Folders. Folders("Persönliche Ordner")`
	`Set O2 = O1.Folders("Kalender")`
	`Set Eintraege = O2.Items`

Objekt	Beschreibung
MAPI-Folder	Repräsentiert einen einzelnen Ordner.
	Sie können sich einen Ordner über das `Folders`-Sammelobjekt (siehe oben) oder die `NameSpace`-Methode `GetDefaultFolder` zurückliefern lassen:
	``
	Set Bereich = Application.GetNameSpace("MAPI")
	Set Ordner = GetDefaultFolder(9)
	``
	`GetDefaultFolder` erwartet einen Index, der den gewünschten Standardordner identifiziert:
	3 = »Gelöschte Objekte«
	4 = »Postausgang«
	5 = »Gesendete Objekte«
	6 = »Posteingang«
	9 = »Kalender«
	10 = »Kontakte«
	11 = »Journal«
	12 = »Notizen«
	13 = »Aufgaben«
	16 = »Entwürfe«
	Über die Eigenschaft `Items` können Sie auf die einzelnen Einträge im Ordner zugreifen.
Items	Sammelobjekt, das als Eigenschaft von etlichen anderen Sammelobjekten verwendet wird.
	Besonders interessant ist das `Items`-Objekt eines Ordners (MAPIFolders), das die Einträge in dem Ordner repräsentiert.
	Das `Items`-Sammelobjekt definiert Methoden zum Erstellen, Löschen, Suchen und Filtern von Einträgen.
	Um auf einen Eintrag zuzugreifen, gibt es mehrere Möglichkeiten:
	➔ Index angeben – `Ordner.Items(1)`
	➔ Nach Betreff – `Ordner.Items("Treffen mit Jenny")`
	➔ Eine der Get-Methoden aufrufen – `Ordner.Item.GetNext()`
	➔ Suchen – `Ordner.Items.Find("[Betreff] = 'Ostersonntag'")`

Objekt	Beschreibung
	Sie können mit `Find` nicht in allen Feldern suchen, siehe VBScript-Hilfe zur `Find`-Methode.
	Die zurückgelieferten Einträge stellen entsprechend ihres Typs unterschiedliche Objekte dar: `MailItem`, `PostItem`, `MeetingItem` etc., die selbst wieder über objektspezifische Eigenschaften und Methoden zur Bearbeitung des Eintrags verfügen.
Control	Repräsentiert ein Steuerelement in einem Formular.
	Um auf ein Steuerelement zuzugreifen, muss man zuerst die Seite ansprechen und dann das Steuerelement identifizieren: entweder durch einen Index oder durch seinen Namen.
| | ```
Set Seite=Item.GetInspector.ModifiedFormPages("S.2")
Set Steuerelemente = Seite.Controls
Steuerelemente("TextBox1").Text = "Hallo"
``` |

31.1.4 Auf Ordnerfelder zugreifen

Der Ordnereintrag, der im Formular angezeigt wird, ist direkt über das vordefinierte Objekt `Item` verfügbar.

Über dieses Objekt können Sie den Feldern des Ordnereintrags direkt Werte zuweisen oder umgekehrt die Werte der Felder auslesen. Sie greifen aber nicht direkt auf die Felder zu, sondern auf die Eigenschaften des `Item`-Objekts, die mit den Feldern verbunden sind – etwa die `Subject`-Eigenschaft, die mit dem *Betreff*-Feld verbunden ist.

> *In der Online-Hilfe des Skript-Editors können Sie sich darüber informieren, wie die Eigenschaften für die Felder heißen. Öffnen Sie das Buch »Visual Basic-Verzeichnis für Microsoft Outlook« und darin die Unterkapitel »Objekte/Items-Objekt (Auflistung)«. In dem Hilfetext zu dem ITEMS-Objekt klicken Sie auf den Link »Outlook-Elementobjekte«, um sich eine Liste der verschiedenen Objekte für unterschiedliche Typen von Ordnerelementen anzeigen zu lassen. Klicken Sie auf den Objekttyp, der Ihrem Ordnerelement entspricht. In der Beschreibung des Ordnerelement-Objekts klicken Sie auf den Link »Eigenschaften«, um sich die Liste der Eigenschaften zu dem Objekt anzeigen zu lassen.*
```

Wert eines Feldes setzen:

```
Item.Subject = "Hallo"
```

Wert eines Feldes auslesen:

```
Meldung = Item.Subject
MsgBox Meldung
```

Um auf ein beliebiges Ordnerelement zuzugreifen, muss man den Umweg über

- Namensbereich
- Ordner
- Ordnereintrag

gehen:

```
Set Bereich = Application.GetNameSpace("MAPI")
Set Ordner = Bereich.GetDefaultFolder(9)
Set Eintrag = Ordner.Items.GetFirst()
Eintrag.Subject = "Hallo"
```

31.1.5 Auf Steuerelemente zugreifen

Um den Wert eines Steuerelements im aktuellen Formular abzufragen oder zu verändern, gehen Sie über

- den aktuellen Ordnereintrag
- das Formular
- die Registerseite
- die Liste der Steuerelemente auf der Registerseite

```
Set Seite = Item.GetInspector.ModifiedFormPages("S.2")
Set Steuerelemente = Seite.Controls
Steuerelemente("TextBox1").Text = "Hallo"
```

31.1.6 Konstanten und Variablen

Eine Variable ist eine Art Zwischenspeicher für Werte und Objekte. Indem man einer Variable einen Namen zuweist, kann man jederzeit über den Variablennamen auf den Inhalt des Zwischenspeichers zugreifen. In der Praxis sieht das so aus, dass ...

man die Variable definiert	`Dim text`
der Variablen einen Wert zuweist	`text = "Hallo"`
den Wert ausliest oder	`item.subject = text`
den Wert ändert	`text = "Auf Wiedersehen"`

INFO

Die Definition der Variablen ist nicht zwingend erforderlich, da sie gegebenenfalls automatisch bei der ersten Zuweisung eines Wertes an die Variable nachgeholt wird. Sie kann aber die Lesbarkeit des VBScript-Codes erhöhen und dazu genutzt werden, Variablen außerhalb von Prozeduren zu definieren.

Für die Variablennamen gelten folgende Regeln:

- Sie müssen mit einem alphanumerischen Zeichen beginnen.
- Sie dürfen keine Punkte enthalten.
- Sie dürfen nicht mehr als 255 Zeichen enthalten.
- Sie müssen eindeutig sein.[1]

STOP

Die Groß- und Kleinschreibung spielt bei den Variablennamen keine Rolle, ist aber bei Feldnamen zu beachten.

Die Zuweisung eines Wertes an eine Variable erfolgt mithilfe des Gleichheitsoperators (=).

Um einer Variablen ein Objekt zuzuweisen, muss das Schlüsselwort *Set* vorangestellt werden.

Konstanten sind:

- einfache Zahlenwerte (134, 3.1415) oder
- Zeichenketten, die in Anführungszeichen zu fassen sind (»Ich bin eine Zeichenkette«).

---

[1] Die Eindeutigkeit bezieht sich nur auf den jeweiligen Gültigkeitsbereich der Variablen. Beispielsweise stellt jede Prozedur einen eigenen Gültigkeitsbereich dar.

31.1.7 Operatoren

Visual Basic kennt verschiedene Operatoren, mit deren Hilfe man Berechnungen durchführen und logische Ausdrücke verknüpfen kann.

Op	Beschreibung	Beispiel	Liefert
Zuweisung			
=	Weist einen Wert zu	var1 = 30	var1 = 30
Mathematische Operatoren			
+	Addition	var2 = 10 + var1	40
-	Subtraktion	var2 = 10 - var1	-20
*	Multiplikation	var2 = 10 * var1	300
/	Division, die den exakten Wert notfalls als Bruchzahl zurückliefert	var2 = 100 / var1	3.333
\	Division, die eine – notfalls gerundete – Ganzzahl zurückliefert	var2 = 100 \ var1	3
^	Exponent	var2 = 10 ^2	100
mod	Rest einer Ganzzahl-Division	var2 = 100 mod var1	10
-	Negation	var2 = -var1	-10
Vergleichsoperatoren			

=	Gleichheit	var2 = var1
		if var2 = var1 then
		  MsgBox "A"
		else
		  MsgBox "B"
		end if
			A

<>	Ungleichheit	var2 = var1
		if var2 <> var1 then
		  MsgBox "A"
		else
		  MsgBox "B"
		end if
			B

Tabelle 31.2: Auswahl einiger wichtiger Operatoren

Op	Beschreibung	Beispiel	Liefert

>	Größer als ?	`var2 = var1`
		`if var2+1 > var1 then`
		`    MsgBox "größer"`
		`else`
		`    MsgBox "kleiner"`
		`end if`
			größer

<	Kleiner als ?	`var2 = var1`
		`if var2-1 < var1 then`
		`    MsgBox "größer"`
		`else`
		`    MsgBox "kleiner"`
		`end if`
			kleiner

Logische Operatoren

Op	Beschreibung	Beispiel	Liefert

AND	Verknüpfung zweier logischer Ausdrücke, die beide erfüllt sein müssen, damit der Gesamtausdruck wahr ist.	`var2 = var1`
		`var3 = 0`
		`if (var2 = var1) AND`
		`(var2 < var3) then`
		`    MsgBox "A"`
		`else`
		`    MsgBox "B"`
		`end if`
			B

OR	Verknüpfung zweier logischer Ausdrücke, von denen einer erfüllt sein muss, damit der Gesamtausdruck wahr ist	`var2 = var1`
		`var3 = 0`
		`if (var2 = var1) OR`
		`(var2 < var3) then`
		`    MsgBox "A"`
		`else`
		`    MsgBox "B"`
		`end if`
			A

NOT	Negiert den Wahrheitswert eines Ausdrucks	`var2 = var1`
		`if NOT(var2 = var1)`
		`then`
		`    MsgBox "A"`
		`else`
		`    MsgBox "B"`
		`end if`
			B

31.1.8 Kontrollstrukturen

Mit Bedingungen (if, select) kann man in Abhängigkeit von einem logischen Ausdruck zur Laufzeit entscheiden, welcher von mehreren möglichen Codeblöcken ausgeführt werden soll.

Mit Schleifen (for, do...loop) können wiederkehrende Aufgaben auf bequeme Weise programmiert werden. Die Anweisungen im Schleifenblock werden so lange ausgeführt, wie die Schleifenbedingung erfüllt ist.

Schleife	Funktionsweise

If ...
then ...
else ...
end if
	Der if-Codeblock wird immer dann ausgeführt, wenn die vorher abgefragte Bedingung true ist. Sollen für den Fall, dass die Bedingung false ist, alternative Anweisungen angeboten werden, werden diese in if ... else-Blöcken eingeschlossen.
	
	`if Item.ReminderSet = false then`
	`    Erinnerung = false`
	`    Else`
	`    Erinnerung = true`
	`end if`

select ... case ... case ... end select	Mithilfe der Select-Anweisung kann man abhängig von dem Wert einer Variablen oder eines nummerischen Ausdrucks mehrere alternative Codeblöcke anbieten. Nach den Schlüsselwörtern Select Case gibt man den Namen des Ausdrucks oder der auszuwertenden Variablen an. Danach folgen – jeweils mit dem Schlüsselwort case eingeleitet – die alternativen Codeblöcke. Für jeden Codeblock wird ein Wert angegeben, der bei Ausführung der Select-Anweisung mit dem Wert der Select-Bedingung verglichen wird. Bei Übereinstimmung wird der Codeblock ausgeführt (es wird immer nur ein Codeblock ausgeführt). Wenn man nicht für alle möglichen Werte einen eigenen Codeblock vorsehen will, kann man am Ende des Select-Blocks einen Case-Else-Block einfügen, der ausgeführt werden kann, wenn keiner der vorangehenden Case-Blöcke ausgeführt wurde.

Tabelle 31.3: Programmsteuerung

Schleife	Funktionsweise
| | ```
Zahl = 15
Select Case Zahl
Case 1,2,3,4,5
    MsgBox "Zwischen 1 und 5"
Case 6, 7, 8
    MsgBox  "6, 7 oder 8"
Case 9, 10
    MsgBox  "9 oder 10"
Case else
    MsgBox ">10"
End Select
``` |
| for... next | Die `for`-Anweisung wird so oft wiederholt, wie in der Schleifenbedingung angegeben wurde.<br><br>```
var = 1
for zaehler = 1 to 10      ' 10 Mal ausführen
   var = 2 * var - 3
next
``` |
| do...Loop | Die Schleife wird so lange ausgeführt, bis die Schleifenbedingung zu `false` ausgewertet wird. Bei der `do...loop`-Schleife dürfen Sie nicht vergessen, dafür zu sorgen, dass die Schleifenbedingung irgendwann nicht mehr erfüllt ist. Im nachfolgenden Beispiel wird zu diesem Zweck der Wert der Schleifenvariable `zaehler` in jeder Iteration um 1 erhöht.<br><br>```
var = 1
zaehler = 1
do while zaehler <= 10
   var = 2 * var - 3
   zaehler = zaehler + 1
loop
```<br><br>Die `do...loop`-Schleife gibt es in verschiedenen Varianten:<br><br>↪ do while Bedingung ... loop<br><br>↪ do ... loop while Bedingung<br><br>↪ do until Bedingung ... loop<br><br>↪ do ... loop until Bedingung |
```

31.1.9 Funktionen und Subroutinen

In VBScript werden die Prozeduren in Funktionen und Subroutinen unterschieden:

- Subroutinen werden mit dem Schlüsselwort *Sub* eingeleitet und mit *End Sub* beendet. Als Subroutinen werden beispielsweise die Behandlungsroutinen für die Klickereignisse der Steuerelemente implementiert:

```
Sub CheckBox1_Click
    MsgBox "Der Zustand des Kontrollkästchens wurde geändert"
End Sub
```

- Funktionen werden mit dem Schlüsselwort *Function* eingeleitet und mit *End Function* beendet. Funktionen haben die Besonderheit, dass sie einen Wert zurückliefern können. Dieser Wert wird innerhalb der Funktion dem Funktionsnamen zugewiesen und kann in anderen Prozeduren, die die Funktion aufrufen, verwendet werden:

```
Function Erinnerung()
    if Item.ReminderSet = false then
        Erinnerung = false
    else
        Erinnerung = true
    end if
End Function
```

Prozedur, die die Funktion Erinnerung aufruft:

```
Sub CommandButton1_Click
    MsgBox Erinnerung()
End Sub
```

Funktionen wie Subroutinen können beim Aufruf Argumente übernehmen. Die Argumente müssen dann aber in der Funktion, und zwar in den Klammern hinter dem Prozedurnamen, definiert werden:

```
Function MeineFunktion(Argument1, Argument2)
```

31.1.10 Meldungsfenster

Um ein Meldungsfenster auszugeben, verwenden Sie das Schlüsselwort MsgBox.

- Sie können MsgBox den auszugebenden Text übergeben:

```
MsgBox "Diesen Text ausgeben"
```

➔ Sie können `MsgBox` den Wert einer Variablen anzeigen lassen:

```
var = 12.5
MsgBox var
```

➔ Sie können `MsgBox` einen Text aus mehreren zusammengefügten Texten anzeigen lassen:

```
var = 12.5
MsgBox "Der aktuelle Wert der Variablen var ist: " & var
```

Bild 31.3: Meldungsfenster

> **INFO** *Die Ausgabe von Werten über Meldungsfenster kann gut zum Debuggen des Skript-Codes verwendet werden.*

31.1.11 Kommentare

Kommentare werden mit einem einzelnen Hochkomma eingeleitet:

```
Sub CommandButton1_Click
   var = 12.5      ' Variable initialisieren
   'Wert der Variablen ausgeben
   MsgBox var
End Sub
```

> **:-) TIPP** *Sie können das Hochkomma auch dazu verwenden, Code auszukommentieren, sprich den Code zu deaktivieren, ohne ihn löschen zu müssen.*

31.1.12 Klickereignis

Wenn Sie Schaltflächen in ein Formular einbauen, dann üblicherweise in der Absicht, mit deren Anklicken eine bestimmte Aktion zu verbinden. In diesem Fall müssen Sie eine VBScript-Prozedur aufsetzen, die automatisch aufgerufen wird, wenn die Schaltfläche angeklickt wird. Neben der Schaltfläche gibt es noch eine Reihe weiterer Steuerelemente, für die das Klickereignis definiert ist.

Steuerelemente, die ein Klickereignis auslösen, wenn sie angeklickt werden:

Schaltfläche	(CommandButton)
Umschaltfeld	(ToggleButton)
Kontrollkästchen	(CheckBox)
Optionsfeld	(OptionButton)
Rahmen	(Frame)
Anzeige	(Image)
Bezeichnung	(Label)

Steuerelemente, die ein Klickereignis auslösen, wenn der Anwender im Steuerelement ein Element auswählt:

Listenfeld	(ListBox)
Kombinationsfeld	(ComboBox)

Die Verbindung zwischen der Ereignisbehandlungsroutine und dem Steuerelement wird über den Namen der Subroutine hergestellt. Setzen Sie den Namen der Prozedur aus dem Namen des Steuerelements (standardmäßig der englische Name des Steuerelements und eine Nummer) und dem Suffix _Click zusammen:

```
Sub CommandButton1_Click
Set Ordner = Application.GetNameSpace("MAPI").GetDefaultFolder(9)
Set Eintraege = MeinOrdner.Items

Set Seite = Item.GetInspector.ModifiedFormPages("S.2")
Set Steuerelemente = Seite.Controls
Steuerelemente("TextBox1").Text = Eintraege.Count
End Sub
```

Analyse

Die obige Ereignisbehandlungsroutine soll die Anzahl der Einträge im Kalender-Ordner bestimmen und in ein Textfeld im Formular schreiben.

In der zweiten Zeile wird ein Objekt für den Kalenderordner erzeugt (vergleiche Tabelle 32.1, MAPIFolder).

In der dritten Zeile wird ein Objekt erzeugt, das die Einträge in diesem Ordner repräsentiert.

In der vierten Zeile wird ein Objekt für die Seite »S.2« des aktuellen Formulars erzeugt. Auf dieser Seite befindet sich das Textfeld.

In der fünften Zeile wird ein Objekt erzeugt, das alle Steuerelemente auf der Registerseite repräsentiert.

In der sechsten Zeile wird auf die Text-Eigenschaft des Textfelds zugegriffen und die Anzahl der Einträge im Kalender-Ordner in das Textfeld geschrieben.

31.1.13 Klickereignisse für Steuerelemente, die mit Ordnerfeldern verbunden sind

Für Steuerelemente, die mit einem Ordnerfeld verbunden sind (Kontrollkästchen, Optionsfelder, Listenfelder, Kombinationsfelder), werden keine Klickereignisse ausgelöst. In solchen Fällen müssen Sie das `PropertyChange`-Ereignis abfangen:

1. Rufen Sie den Skript-Editor auf (Befehl FORMULAR/CODE ANZEIGEN).

2. Rufen Sie im Skript-Editor den Befehl SKRIPT/EREIGNISHANDLER auf.

3. Wählen Sie den Eintrag *PropertyChange*, und klicken Sie auf *Hinzufügen*.

   Im Skript-Editor erscheint der Text für das `PropertyChange`-Ereignis:

```
Sub Item_PropertyChange(ByVal Name)
End Sub
```

4. In der Subroutine legen Sie eine `Select`-Verzweigung an, die den Wert des Arguments `Name` überprüft, welches den Namen des Feldes enthält, dessen Wert geändert wurde.

5. Legen Sie einen `Case`-Block für das Steuerelement an, das Sie überwachen wollen.

```
Sub Item_PropertyChange(ByVal Name)
  Select Case Name
    Case "ReminderSet"
    if Item.ReminderSet = False then
      MsgBox "Sie haben die Erinnerung ausgeschaltet"
    End if
  End Select
End Sub
```

> **INFO** Um weitere Felder zu überwachen, müssen Sie keine neue Subroutine anlegen, sondern brauchen nur die Select-Verzweigung um einen passenden Case-Block erweitern.

Die Namen der Felder müssen in den Case-Blöcken in Englisch angegeben werden. Um sich eine Übersicht darüber zu verschaffen, wie die Namen in Englisch lauten, rufen Sie im Skript-Editor den Objektbrowser auf (Befehl SKRIPT/OBJEKTBROWSER).

Objektbrowser

Bild 31.4: Objektbrowser

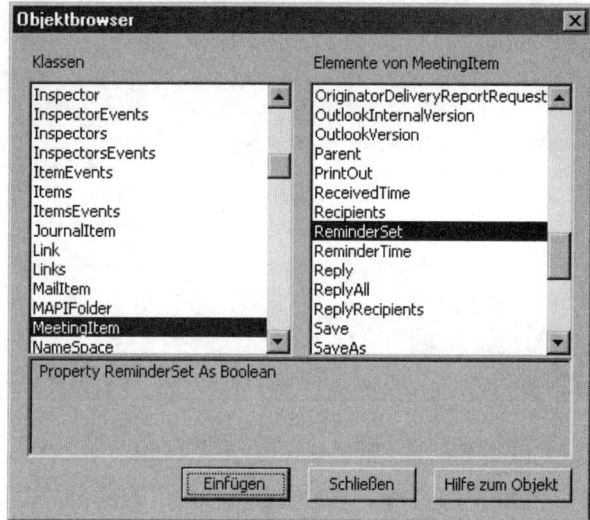

Wählen Sie links das Objekt aus, das die Ordnerelemente repräsentiert, mit denen Sie arbeiten (beispielsweise *MeetingItem* für Termine), und gehen Sie dann rechts die Liste der Elemente durch.

31.2 Visual Basic für Anwendungen

Mit Visual Basic für Anwendungen (VBA) können Sie einen Code entwickeln, der die Funktionalität von Outlook erweitert und nicht an einzelne Ordnerelemente oder Formulare gebunden ist.

So können Sie beispielsweise eine einfache Subroutine schreiben, die einen neuen Termineintrag erstellt und zur Bearbeitung in das Standardformular des Kalenders lädt.

Eine solche Prozedur von einem anderen Formular aus aufzurufen (dies wäre die Voraussetzung für die Implementierung mit VBScript), ist in den meisten Fällen ziemlich unsinnig. Mit VBA können Sie die Prozedur dagegen beispielsweise als Symbolschaltfläche in eine der Outlook-Symbolleisten aufnehmen, von wo aus die Prozedur jederzeit mit einem einfachen Mausklick aufgerufen werden kann.

31.2.1 VBA-Routine als Makro anlegen

Bild 31.5:
Makro anlegen

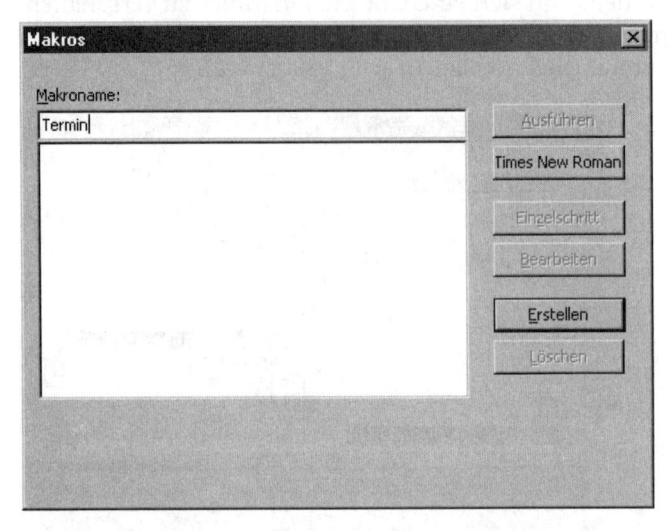

1. Rufen Sie den Befehl EXTRAS/MAKRO/MAKROS auf.
2. Geben Sie einen Namen für das neue Makro ein, und klicken Sie auf *Erstellen*, um den Visual Basic-Editor aufzurufen.

31.2.2 Im Visual Basic-Editor

Bild 31.6:
Visual Basic-Editor

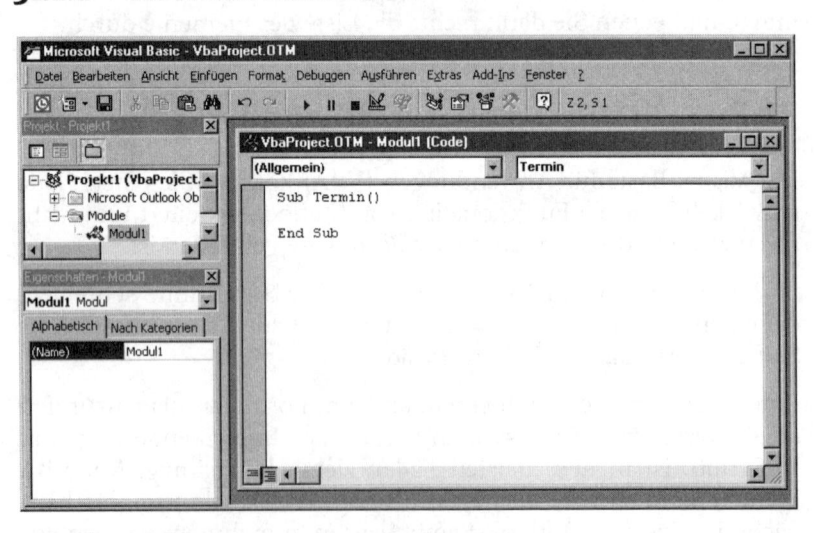

Der Editor hat bereits ein Projekt mit einem Modul angelegt, in dem der Code für unser Makro aufgesetzt wird.

Namen des Projekts ändern

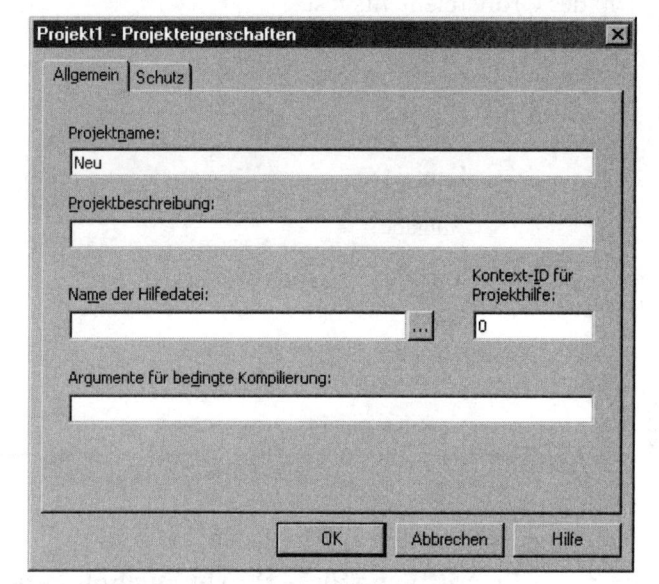

Bild 31.7: Projekteigenschaften bearbeiten

Um den Namen des Projekts zu ändern:

1. Klicken Sie im Projektfenster mit der rechten Maustaste auf den Projektknoten, und rufen Sie den Befehl EIGENSCHAFTEN VON auf.

2. Geben Sie im Dialogfeld *Projekteigenschaften* einen Projektnamen an, und klicken Sie auf *OK*.

Der Projektname wird standardmäßig zur Beschriftung der Symbolschaltflächen zu den Makros herangezogen.

Code für Makro schreiben

1. Geben Sie im Codefenster den Code für Ihre Makros ein.

Im einfachsten Fall rufen Sie die Application-Methode CreateItem zur Erzeugung des Ordnerelements auf und lassen das Element dann mithilfe der Methode Display zur weiteren Bearbeitung in das Standardformular des Ordners laden.

```
Sub Termin()
    Application.CreateItem(1).Display
End Sub
```

Kapitel 31: VBScript und VBA

Die Konstante, die Sie der Methode `CreateItem` übergeben, legt den Typ des Ordnerelements fest:

0	Nachricht
1	Besprechung
2	Kontakt
3	Aufgabe
4	Journal
5	Notiz
6	Diskussion
7	Verteilerliste

2. Speichern und schließen Sie das Projekt und den Editor.

31.2.3 Schaltfläche für Makro in Symbolleiste aufnehmen

Bild 31.8: Symbolschaltflächen für Makros

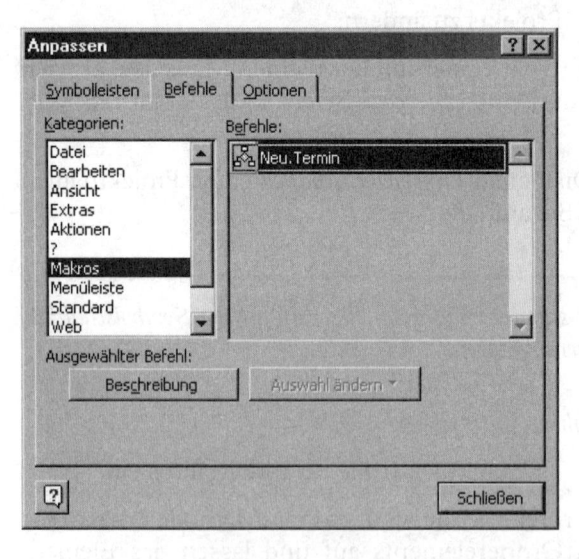

1. Lassen Sie sich die Symbolleiste, in die Sie das Makro aufnehmen wollen, anzeigen (Befehl ANSICHT/SYMBOLLEISTEN).

2. Rufen Sie den Befehl EXTRAS/ANPASSEN auf, und wechseln Sie zur Registerkarte *Befehle*.

3. Markieren Sie im Listenfeld *Kategorien* den Eintrag *Makros*.

4. Klicken Sie im Listenfeld *Befehle* auf den Eintrag des Makros (in unserem Fall *Neu.Termin*), und ziehen Sie ihn mit gedrückter Maustaste in die Symbolleiste. Der Mauszeiger wechselt in einen senkrechten Strich, um Ihnen die aktuelle Einfügeposition anzuzeigen.

5. Legen Sie das Makro ab.

Bild 31.9: Die Schaltfläche für das Makro

Um eine Schaltfläche aus der Symbolleiste zu entfernen, rufen Sie den Befehl EXTRAS/ANPASSEN auf, und ziehen Sie dann die Schaltfläche aus der Symbolleiste in das Dialogfeld Anpassen.

31.2.4 Makros korrigieren

Um ein bereits erstelltes Makro zu korrigieren, anzupassen oder weiter auszubauen:

1. Rufen Sie den Befehl EXTRAS/MAKRO/MAKROS auf.
2. Markieren Sie im Feld *Makro* das zu bearbeitende Makro.
3. Klicken Sie auf die Schaltfläche *Bearbeiten*.

Anhang A

A.1 Die CD-ROM zum Buch

Die beigelegte CD-ROM umfasst zahlreiche aktuelle Tools für die Benutzung mit Outlook. Außerdem sind einige Hintergrund-Grafiken für Ihr individuelles HTML-Briefpapier aufgebrannt.

A.1.1 Verzeichnis \backs

Hier finden Sie über 180 Hintergrund-Grafiken, die Sie in Outlook zum Gestalten von Briefpapier verwenden können

A.1.2 Verzeichnis \palm-out

In diesem Verzeichnis finden Sie die Shareversion des Programms Actioneer, mit dem Sie Daten zwischen dem PalmPilot und Outlook synchronisieren können. Actioneer unterstützt den dynamischen Datenaustausch von Kalender-, Notiz-, Journal- und Kontaktdaten.

A.1.3 Verzeichnis \tools

Dieses Verzeichnis enthält weitere Internet-Programme. Eine Demo-Version des Mailprogramms »Eudora« als Outlook-Alternative, »CuteFTP« zum Dateitransfer sowie einen leistungsfähigen Newsreader finden Sie hier.

A.2 Glossar

@

Der »Klammeraffe« wird als (engl.) »at« gelesen. Er wird häufig bei Adress- oder Domainangaben verwendet und kann – je nach Zusammenhang – mit »in«, »bei« oder »von« übersetzt werden.

Account

Ein Account richtet Ihnen Ihr Internet-Provider ein, wenn Sie sich dort anmelden. Er besteht aus einem Benutzernamen und einem individuellen Passwort

AKA

Abkürzung für »also known as« (auch bekannt als). Damit werden alternative IP-Adressen eines Systems bezeichnet.

Akronyme

Begriff für »Abkürzung«. Um Tipparbeit und Datenmenge zu minimieren, werden bestimmte Floskeln abgekürzt, beispielsweise »HTL« für »hold the line« (sinngemäß »Bitte einen Moment warten«)

Agent

Ein Agent durchkämmt das Internet nach neuen Inhalten und ist damit gewissermaßen ein im Hintergrund arbeitender, persönlicher Assistent.

Alias

ein kurzer und leicht zu merkender Name, der für einen längeren Begriff steht und meist für längere Zeichenfolgen verwendet wird

Analog

Im Gegensatz zur digitalen Datenverarbeitung sind hier nicht nur die Zustände Null und Eins möglich, sondern eine Reihe von Zwischenabstufungen. Analoge Signale sind in der Regel nicht so exakt wie digitale, können aber mehr Informationen aufnehmen. Telefongespräche werden (außer bei → ISDN) analog übertragen. Computer arbeiten intern mit digitalen Daten.

ANSI-Code

Abkürzung für *American National Standard Institute*. Der ANSI-Code bezeichnet eine Reihe von Bildschirmsteuerbefehlen und ist vor allem bei der Datenübertragung mit einem Terminal-Programm wichtig.

Anchor

übersetzt *Anker*. Der Startpunkt eines *Hyperlinks* wird Anchor genannt.

Anonymous FTP

Bei vielen FTP-Servern können nicht angemeldete Anwender auf einen Teil ihrer Daten zugreifen. Weil der Teilnehmer nicht bekannt ist, heißt diese Art des Zugriffs »anonym«.

AOL

Abkürzung für *America Online*, dem größten amerikanischen Onlinedienst.

API

Abkürzung für *Application Programming Interface*. Die API ist eine genormte Schnittstelle, über die der Programmierer direkt die Funktionen des Betriebssystems nutzen kann (zum Beispiel von Windows).

ASCII-Code

Abkürzung für *American Standard Code for Information Interchange*. Zeichencode auf 7-Bit-Basis. Der ASCII-Code wird praktisch von jedem PC verwendet. Häufig wird heute der auf 8 Bit erweiterte Code benutzt. So sind neben den Standardzeichen auch Sonderzeichen und landesspezifische Zeichen ergänzt worden. Insgesamt sind dadurch 256 Zeichen nutzbar (statt 127 beim 7-Bit-Code).

Applet

einfaches Java-Programm, das Bestandteil einer HTML-Seite ist

Archie

Ein *Archie-Server* sucht aktuelle Dateien im Internet. Mit einer Spezial-Software können diese dann auf die eigene Festplatte kopiert werden.

ARPAnet

kurz für *Advanced Research Projects Agency Network*. Das ARPAnet ist die Basis für die Netzwerkarchitektur des Internets und damit gewissermaßen dessen »Mutter«.

Asynchron

Bei der asynchronen Datenübertragung wechseln sich Sender und Empfänger mit der Übertragung ab. Der Empfänger bestätigt jeweils nach dem Erhalt der Daten den korrekten Empfang, während der Sender dieses Signal abwartet und erst dann die nächsten Daten sendet (→ Synchron).

Authentifizierung

Um auf Daten des eigenen Internet-Providers zugreifen zu können, durchäuft der Anwender zunächst die Authentifizierung, während der die Identität des Benutzers festgestellt wird.

Backbone

englischer Begriff für *Rückgrat*. Die Haupt-Datenleitungen des Internets werden als Backbone bezeichnet. Sie erreichen in Deutschland Datentransferraten von etwa 2 Millionen Bits pro Sekunde (2 MBit/s).

Bandbreite

Die Bandbreite ist ein Maß für den möglichen Frequenzgang eines Übertragungsmediums. Glasfaserkabel verfügen über Bandbreiten von über 500 Mbit/s und sind die derzeitige Spitze des technisch möglichen.

Baudrate

Baudrate ist die physikalische Geschwindigkeit einer Datenleitung, die häufig mit der Datentranferrate verwechselt wird. Auf analogen Leitungen sind Werte zwischen 2400 und knapp über 300 Baud möglich.

Betaversion

Die verschiedenen Entwicklungsstadien einer Software werden oft mit griechischen Buchstaben bezeichnet. Eine Betaversion ist nach der Alphaversion die erste wirklich lauffähige Version. Sie ist noch mit Fehlern behaftet und wird einem kleinen Publikum von Testern zur Beurteilung im normalen Betrieb vorgelegt.

Bibliothek

Eine Bibliothek ist eine Datei, in der sich abgeschlossene Programmfunktionen befinden, die von verschiedenen Programmen eingesetzt werden können. So müssen Standardroutinen nicht immer neu entwickelt werden. Unter Windows nennen sich solche Bibliotheken → DLLs.

Binär

Binär wird ein zweiwertiges Zahlensystem genannt, es sind also nur die Zustände Null und Eins möglich. Computer verwenden zur internen Verarbeitung dieses System (→ digital).

Bit

Ein Bit enthält eine digitale Information und kann den Zustand »ein« oder »aus« (entsprechend Null oder Eins) annehmen. (→ Byte)

Bookmark

englisches Wort für *Lesezeichen*. Der Browser kann häufig besuchte WWW-Sites in einer internen Liste verwalten und diese per Mausklick abrufen.

Bounce

Defekte Teile eines IP-Pakets, die via ICMP an den Absender zurückgesendet werden, werden als Bounces bezeichnet.

Browser

Ein Browser ist die zentrale Kontroll- und Steuer-Software für die Bedienung des Internets. Primär decodiert er HTML-Sequenzen und stellt diese auf dem Bildschirm dar; außerdem umfassen die meisten Browser weitere Dienste, beispielsweise E-Mail-Clients oder Newsreader.
Die bekanntesten Browser sind der Netscape Communicator 4 und der Internet Explorer 4.

Buffer

Speicher, der zur kurzzeitigen Zwischenspeicherung von Daten dient. Diese Daten können nach unterschiedlichen Modellen verwaltet werden (Beispiele → LIFO → FIFO).

Byte

Ein Byte besteht aus zwei Halbbytes zu je vier Bit. Mit acht Bit kann man 2^8 verschiedene Bitmuster und damit 256 Zeichen darstellen.

Bug

Da die ersten Rechner noch mit Relais-Schaltern arbeiteten, kam es vor, dass ein Bug (engl. für »Wanze«) einen solchen Schalter blockierte. In mühsamer Arbeit wurde dieser Fehlerverursacher dann gesucht. Auch heute noch nennt man daher Programmfehler nach diesen Tierchen.

Cache

In einem Cache werden häufig verwendete Daten gespeichert, beispielsweise Grafiken und Textbausteine. Er ist Bestandteil des Browsers, so dass dieser beim Anwählen einer Website im Cache abgelegte Elemente verwenden kann. Die Datenlast wird damit minimiert.

CAPI

Kurzform für *Common Application Programming Interface*. CAPI ist ein »Modemsimulator« für das digitale ISDN-Netz. Es verbindet beispielsweise in Windows-Umgebungen die ISDN-Karte mit dem Internet

Carbon Copy

englischer Slangausdruck für »Durchschlag«, Abkürzung CC. Wird eine E-Mail als Kopie an mehrere Empfänger gesendet, werden diese Carbon Copies als digitale Kopien zugestellt.

CE-Norm

Seit Anfang 1996 müssen laut Gesetzgebung der Europäischen Vereinigung alle elektronischen Geräte oder Komponenten den Regeln der *Conformité Européen* entsprechen. Hersteller von ISDN-Adaptern und Modems müssen ebenfalls CE-Konformität nachweisen.

CERN

Das Kernforschungszentrum in Genf hat Anfang der 90er Jahre die heutige Killerapplikation des Internets, das World Wide Web, ins Leben gerufen.

CGI

kurz für *Common Gateway Interface*. CGI ist eine Programmier-Skriptsprache, die das Erstellen von interaktiven Webdokumenten erlaubt. Mit CGI können auf einfache Weise elektronische Formulare und Cyber-Gästebücher realisiert werden. Frontpage bietet vorgefertigte CGI-Skripts als WebBots an.

Chat

englischer Begriff für *Unterhaltung*. In einem virtuellen Chatraum können sich Internet-Anwender zu einem Meinungsaustausch verabreden und via Tastatur miteinander kommunizieren.

CIS

Kurzform für *Compuserve Information Service*. Compuserve ist der älteste Online-Dienst Amerikas und war lange Zeit unabhängig vom Internet aktiv. Er unterhält weltweit Einwahlknoten und ist auch in Deutschland bundesweit zum Ortstarif präsent. Seinen Status als Weltführer des Onlinegeschehens hat Compuserve unter zunehmendem Konkurrenzdruck jedoch eingebüßt.

Cookies

Ein Cookie (»Keks«) ist eine Indexdatei, die ursprünglich verwendet wurde, um den Status eines Benutzers in Bezug auf eine Website zu fixieren.
Erreicht ein Anwender beispielsweise ein bestimmtes HTML-Dokument, wird auf der Festplatte ein Cookie erzeugt, das beim nächsten Aufruf abgefragt wird.

Crossposting

Eine Crosspost-Mail ist eine Newsgroup-Nachricht, die in mehreren Foren gleichzeitig abgelegt wurde. Oft sind dies Werbemails, die entsprechend bei Usenet-Anwendern unbeliebt sind.

D/A-Converter

Englisch für *Digital-/Analog-Wandler*. Dieser Baustein wandelt → digitale Informationen in ein → analoges Signal um (Gegenstück zum Analog-/Digital-Wandler). Im Modem werden z.B. die digitalen Informationen in analoge akustische Signale umgewandelt.

DAC

Abkürzung für → *Digital-Analog-Converter*. Grafikkarten besitzen z.B. einen DAC zur Umwandlung der digitalen Bildinformationen in analoge Monitorsignale.

Dämon-Prozess

Hintergrundprozesse von Unix-Rechnern, die als Shell ablaufen, werden als Dämon-Prozesse bezeichnet. So kann ein länger dauernder Dateidownload einem Dämon-Prozess überlassen werden, der beispielsweise nachts die gewünschte Datei überspielt.

DARPA

kurz für *Defence Advanced Research Project Agency*. Der »think tank« des amerikanischen Militärs wurde mit der Entwicklung eines sicheren Netzwerks beauftragt, aus dem später das Internet hervorgegangen ist.

DES

Abkürzung für *Data Encryption Standard*, einem Standard-Verschlüsselungsverfahren

Dial-on-Demand-Verbindung

Eine Dial-on-Demand-Verbindung baut automatisch dann eine Internet-Verbindung auf, wenn ein Anwender auf das Internet zugreift. Die Internet-Leitung bleibt damit solange inaktiv, bis auf sie zugegrifffen wird.

Dialup-Verbindung

Von einer Dialup-Verbindung wird immer dann gesprochen, wenn ein Computer den Internet-Provider über eine analoge oder digitale Telefonleitung kontaktiert. Im Gegensatz zu Standverbindungen sind Dialup-Verbindungen sehr preiswert.

Digital

Gegenteil von → Analog.

DIP

Abkürzung für *Dual Inline Package*. Ein DIP-Gehäuse ist eine bestimmte Chip-Bauart, bei der sich jeweils zwei Reihen von Pins an den längeren Außenseiten befinden. Im Gegensatz dazu steht ein SIP (Single Inline Package), das nur eine Reihe von Pins besitzt. DIP-Schalter finden in einigen Fällen bei der Konfiguration von Modems und ISDN-Adaptern Anwendung.

DIP-Schalter

Beim DIP-Schalter sind sehr kleine Schalter in einem Kunststoffgehäuse untergebracht. Normalerweise findet man mehrere Schalter nebeneinander in einem Gehäuse. Sie werden zum Einstellen von bestimmten Optionen, z.B. bei Druckern oder auf Motherboards, eingesetzt und können meist nur mit einem spitzen Gegenstand verstellt werden.

DIN

Abkürzung für *Deutsches Institut für Normung* (mit Sitz in Berlin). Für den Bereich Kommunikation und Datenverarbeitung gibt es beim DIN eigene Ausschüsse, die in einem festgelegten Verfahren Normen aufstellen. Die Aufgaben des Instituts reichen von der Normung von Schnittstellen über die Festlegung von Fachbegriffen, bis zur Zusammenarbeit mit anderen Normungsinstituten (z.B. CCITT).

DNS-System

kurz für *Domain Name System*. Das DNS-System ist gewissermaßen das »Telefonbuch des Internets«; es übersetzt WWW-Adressen in computerlesbare IP-Adressen.

Spezielle DNS-Server im Internet speichern Listen, in denen einer WWW-Adresse eine oder mehrere IP-Adressen zugewiesen werden.

Domain-Adresse

Domain-Adressen bilden die Basis für eine effiziente Adressierung im Internet. Sie werden am Ende der Adresse beginnend interpretiert. Die Top-Level-Domain gibt den Standort oder den Typ des Servers an, während die Second-Level-Domain vom Anwender selbst reserviert und verwendet werden kann.

Download

Als Download wird das Übertragen einer auf einem Server gespeicherten Datei bezeichnet. Die Datei befindet sich anschließend auf der eigenen Festplatte und kann weiterverwendet werden.

DSP

Abkürzung für *Digital Signal Prozessor*. Ein auf ISDN-Karten eingesetzter Prozessor, der die CPU des Computers von den rechenintensiven Digitalisierungsarbeiten entlastet.

Duplex

Der Duplexbetrieb stellt ein Verfahren zur Datenübertragung dar. Es können hier auf nur einem Datenkanal sowohl Informationen gesendet als auch empfangen werden (daher auch: Vollduplexverfahren). Im Gegensatz dazu steht der → Halbduplexbetrieb.

Dynamische IP-Adressierung

Um teure IP-Adressen einzusparen, weisen fast alle Internet-Provider ihren Benutzern dynamisch IP-Adressen zu. Diese wechseln daher bei jeder Neuverbindung. Ein DHCP-Server verfügt über einen IP-Adresspool, aus dem er angeforderte IP-Adressen vergibt.

E-Mail

Kurzform für *Electronic Mail*, einer elektronischen Nachricht. Im Gegensatz zur normalen Briefpost sind E-Mails sehr schnell und innerhalb einiger Sekunden weltweit dem Empfänger zugestellt. Außerdem sind E-Mails preiswert; außer den Verbindungskosten zum Internet-Provider fallen im Allgemeinen keine weiteren Gebühren an.

Emoticons

kurz für *Emotional Icons*. Um in E-Mails Gestik und Mimik ersetzen zu können, werden Emoticons verwendet. Sie können dem Empfänger Ärger, Freude, Aufmerksamkeit usw. signalisieren.

FAQ-Dokument

Abkürzung für *Frequently Asked Questions*. Neueinsteigern wird die Möglichkeit geboten, Antworten auf häufig gestellte Fragen in einem Textdokument nachzulesen. In dieser FAQ wird außerdem Grundlagenwissen vermittelt, das für Anwendung eines Dienstes notwendig ist.

FIFO-Speicher

Abkürzung für *First-In/First-Out-Speicher*. Bei diesem Speicher werden die zuerst gespeicherten Daten auch als Erste wieder ausgelesen (Durchgangsspeicher). Auf diese Art verwaltete Speicher werden z.B. als Zwischenspeicher für Druckausgaben verwendet (→ UART → LIFO).

Finger

Mit dem Internet-Dienst Finger lässt sich die Identität eines Internet-Benutzers herausfinden. Der Benutzer eines Internet-Servers kann eine Visitenkarte ablegen und diese bereitstellen.
Weil dieser Dienst aus datenschutzrechtlicher Sicht bedenklich ist, wird Finger heute nur noch von wenigen Servern bereitgestellt.

Firewall

Ein Firewall ist ein Rechner, der ein Intra- vom Internet physikalisch trennt und damit unbefugte Zugriffe unterbindet. Ein Firewall-System besteht aus einem Servercomputer und einer speziellen, mehrere zehntausend Mark teuren Spezial-Software.

Formular-Seiten

Formular-Seiten sind HTML-Dokumente, die dem Anwender eine direkte Interaktion mit einem Internet-Angebot gestatten. Ähnlich einem gewöhnlichen Formular kann der Besucher Daten in eine vorgebene Maske eintragen und auf diese Weise beispielsweise weiterführendes Informationsmaterial anfordern.

Fossil-Treiber

Abkürzung für »Fido/Opus/SEAdog Standard Interface Layer«; Low-Level-Treiber für die serielle Schnittstelle. Gängige Fossils sind X00.SYS und BNU.COM

Frames

englischer Begriff für *Seitenrahmen*. Frames unterteilen eine HTML-Seite in mehrere kleine Segmente, die unabhängig voneinander ausprogrammiert werden können.

Mit Frames ist eine sehr individuelle Gestaltung von Internet-Seiten möglich. Die Frame-Spezifikation ist jedoch erst in der HTML-Norm 3.0 enthalten, kann jedoch von allen zeitgemäßen Browsern interpretiert werden.

FTP

kurz für *File Transfer Protocol*. Das auf TCP/IP fußende Dateitransferprotokoll des Internets ermöglicht den Download von Dateien. Wenn beispielsweise ein neuer Hardware-Treiber im Internet bezogen werden soll, wird dieser via FTP auf die eigene Festplatte überspielt.

Gateway

Übergang von einem Netz in ein anderes. Die Poll- und Mailformate werden durch geeignete Software (»Gatesoft«) ineinander konvertiert.

GIF

kurz für *Graphics Interchange Format*. Der Onlinedienst Compuserve hat das GIF-Grafikformat entwickelt, um Grafiken, Scans und Bilder effizient und ressourcensparend über das Internet transferieren zu können. Es lässt eine Farbtiefe von bis zu 256 Nuancen zu und wird heute vielfach in HTML-Dokumente als multimediales Elemente eingebettet.

Gopher

Gopher ist ein Text-Retrievalsystem, mit dessen Hilfe nach Texten im Internet gefahndet werden kann.

Im Gegensatz zu WWW-Suchdiensten sind Gopher-Dienste völlig textorientiert und infolgedessen nur wenig bedienerfreundlich. Deutsche Gopher-Server sind sehr selten und finden vor allem für wissenschaftlich-technische Zwecke Einsatz.

GS-Siegel

Abkürzung für *Geprüfte Sicherheit*. Ein Siegel mit diesem Aufdruck befindet sich auf den meisten technischen Geräten. Es besagt, dass diese Geräte von einem unabhängigen Prüfinstitut auf elektronische Sicherheit und Ergonomie hin überprüft wurden.

Halbduplex

Der Halbduplexbetrieb stellt ein Verfahren zur Datenübertragung dar. Es können hier auf einem Datenkanal gleichzeitig nur entweder Informationen gesendet oder empfangen werden. Im Gegensatz dazu steht der → Duplexbetrieb.

Handle

Ein Handle wird statt dem Realnamen verwendet, um die Identität des Benutzers geheimzuhalten. Es findet vor allem im Internet Relay Chat Verwendung, in denen Realnamen im Allgemeinen nicht verwendet werden.

Hayes-Standard

Die Firma Hayes setzte die Steuerung der Modems durch AT-Befehle durch ihre weite Verbreitung und hohe Qualität zum Quasi-Standard. Noch heute sind alle gängigen Modems Hayes-kompatibel.

Header

Im Header einer E-Mail sind technische Informationen zu finden, die beispielsweise den Absender, Sendedatum und -uhrzeit sowie eine eindeutige Mailkennung enthalten.

Hertz

Mit der Maßeinheit »Hertz« wird die Frequenz bezeichnet (Schwingungen pro Sekunde). Benannt ist sie nach dem deutschen Physiker Rudolf Hertz. Die Taktgeschwindigkeit des Prozessors wird z.B. in Megahertz (MHz) angegeben.

Hexadezimal

Dieses Zahlensystem auf der Basis 16 wird zur einfacheren Darstellung von Binärzahlen genutzt. So lässt sich mit einer zweistelligen Hexadezimalzahl eine achtstellige Dualzahl darstellen. Im Computerbereich wird eine solche Zahl oft zur Bezeichnung einer Speicheradresse eingesetzt.

Hit

Aktionen, die Anwender auf einer Website durchführen, werden als Hits bezeichnet. Jeder Klick auf einen Hyperlink, jede Auswahl eines Frames und jeder Dateidownload wird als Hit registriert.

Hits sind für die Bewertung der Zugriffshäufigkeit von Bedeutung. Anbieter von Sites, auf die häufig zugegriffen wird, können ihre Werbefläche teurer veräußern.

Homepage

Die Homepage ist die höchste hierarchische Seite eines Webangebots. Von ihr wird auf alle weiteren Angebote verzweigt, beispielsweise auf Unterkategorien. Eine Homepage wird als gewöhnliches HTML-Dokument abgelegt und umfasst meist eine Begrüßung und einen kurzen Überblick über das Webangebot.

Host

Synonym für Server, einem Rechner, der über eine Standleitung mit dem Internet oder Intranet verbunden ist und anderen Computern, den Clients, Daten bereitstellt.

Hot Java

Sun Microsystems präsentierte 1995 den weltweit ersten Java-fähigen Browser Hot Java, der interaktive Java-Programme ausführen konnte.

HTML

kurz für *Hyper Text Markup Language*. Ähnlich dem DOC-Format von Word für Windows handelt es sich bei HTML um ein Dokumentformat. Als Seitenbeschreibungssprache sind neben Textpassagen auch Steuerinformationen, so genannte Tags, untergebracht.

In einem HTML-Dokument, das an der Dateiendung HTM oder HTML zu erkennen ist, sind Querverweise auf andere Dienste und Angebote im Internet sowie auf Grafik- und Audiodateien verankert. HTML-Seiten sind gewöhnlicher ASCII-Rohtext, der entsprechend mit jedem Texteditor bearbeitet werden kann.

HTML 2.0

frühe Version des HTML-Standards, den inzwischen alle auf dem Markt befindlichen Browser interpretieren können. Dieser Standard wurde von höheren HTML-Versionen abgelöst.

HTML 3.0

Neue Funktionen heben die Version 3 von vorhergehenden HTML-Versionen ab. So können beispielsweise Imagemaps definiert und damit Grafiken als Querverweise festgelegt werden. Außerdem sind Frames möglich.

HTML 4.0

Die neueste HTML-Version unterstützt weitere leistungsfähige Funktionen, darunter dynamische HTML-Seiten (Dynamic HTML). Diese noch junge HTML-Version wird von Frontpage 2000 und den meisten Browsern noch nicht unterstützt.

HTTP

kurz für *Hyper Text Transfer Protocol*. HTTP ist ein Übertragungsprotokoll, das auf TCP/IP aufbaut und HTML-Dokumente überträgt. Die Verwendung des Protokolls ist am Präfix http:// erkennbar.

Hub

Der Hub ist eine Ebene in der Routinghierarchie einiger Netzwerke. An einen Hub sind mehrere Server angeschlossen; er übernimmt für die angeschlossenen Server die Aufgabe eines Mailverteilers.

Hyperlink

englisch für *Querverweis*. Hyperlinks sind zentrale Bestandteile des HTML-Codes, die auf andere Informationen, Dienste und Textstellen des gleichen Dokuments verweisen.
Meist sind Hyperlinks, die ein Besucher noch nicht angewählt hat, blau und unterstrichen vom Fließtext abgehoben, während bereits besuchte Links rot hervorgehoben werden.

Hypermedia-Dokumente

Hypermedia ist ein Begriff, der die Multimedialität eines HTML-Dokuments beschreibt. Hypermedia-Dokumente sind HTML-Dateien, die außer normalem Text auch multimediale Elemente enthalten. So lassen sich Grafiken, Fotos und Bilder einbinden, aber auch komplexere Elemente wie Audio- und Videosequenzen.

Hypertext

Ein Hypertext ist ein Text, in dem bestimmte Worte mit einem Hyperlink versehen sind. Im Gegensatz zu normalem Fließtext kann der Anwender detailliertere Informationen abrufen, indem er auf ein farbig abgehobenes Wort klickt.

IMHO

Abkürzung für »in my humbly opinion« (meiner bescheidenen Meinung nach) oder auch »in my honest opinion« (meiner ehrlichen Meinung nach).

Internet

Das Internet ist die Kommunikations-Infrastruktur, die einige tausend Computer weltweit miteinander verbindet. Es ist damit das größte Netzwerk überhaupt. Die Basis für die Kommunikation bietet auf grundlegender Ebene das Übertragungsprotokoll TCP/IP.

Internet Explorer

Weitverbreiteter Internet-Browser des Herstellers Microsoft. Der Internet Explorer stand lange im Schatten des Marktführers Netscape, hat aber in der aktuellen vierten Version Marktanteile wettmachen können.

Der Internet Explorer 4 bietet neben dem Browser auch andere Internet-Clients, beispielsweise eine E-Mail- und News-Funktion und einen HTML-Editor für die Realisierung eigener Internet-Auftritte. Er ist kostenlos erhältlich und wird bei der Installation in das Windows-Betriebssystem integriert.

Internet-PC

Ein Internet-PC ist ein simpler Computer mit sehr preiswerter Hardware, der allerdings keine Datenträger enthält. Er wird beim Einschalten automatisch mit dem Internet verbunden und erhält Programmdaten direkt von einem verbundenen Server. Eigene Daten, beispielsweise Tabellen und Textdokumente, werden ebenfalls auf der Festplatte eines Servers abgelegt.

InterNIC

Abkürzung für *Internet Network Information Center*. Die InterNIC verwaltet weltweit alle IP-Adressen und Domänennamen. Ihr unterstehen die regionalen NICs, die im Allgemeinen für einen Staat verantwortlich sind. Die deutsche Organisation DeNIC beispielsweise vergibt Domänennamen und IP-Nummern unterhalb der Top-Level-Domäne DE.

Intranet

Ein Intranet ist ein lokales, nach außen geschlossenes Netzwerk, das beispielsweise innerhalb eines Unternehmens zur Kommunikation verwendet wird. Über ein Gateway-System kann ein Intranet jedoch Kontakt mit dem Internet aufnehmen und damit weltweit sehr preiswert Daten austauschen.

IP-Paket

kurz *Internet-Protocol-Paket*. Das Internet Protocol ist wichtiger Bestandteil des TCP/IP-Protokolls. Informationen, die über das Internet transferiert werden sollen, werden von TCP/IP in IP-Pakete überführt, die selbständig den optimalen Weg zwischen Sender und Empfänger auswählen.

IP-Adresse

IP-Adressen sind eindeutige Rechnernummern, anhand derer ein am Internet angeschlossener Computer identifiziert wird. Sämtliche Internet-Dienste fußen auf dem IP-Adresssystem.
Eine typische IP-Adresse ist beispielsweise: 45.67.128.45. Eine IP-Adresse umfasst entsprechend vier Segmente, die durch einen Punkt voneinander getrennt sind und deren Zahlenwerte zwischen 0 und 255 liegen müssen.

IP-Adresse/nächste Generation

Weil IP-Adressen weltweit knapp geworden sind und das bisherige System einige technische Probleme enthält, wurde IPnG (kurz für IP-Adressen der nächsten Generation) entwickelt. Der offizielle Standard heißt IPv6 (IP-Adressen der sechsten Version) und stellt wesentlich mehr IP-Adressen bereit.
Die achtsegmentige Adresse trennt einzelne Zahlen durch Doppelpunkte voneinander.

IRC

Im *Internet Relay Chat* können Internet-Anwender live via Tastatur miteinander kommunizieren. Jeder Teilnehmer erhält beispielsweise eine Textfarbe zugewiesen, die ihn als Absender eines Kommentars identifiziert.

ISDN

kurz für *Integrated Services Digital Network*. Das ISDN-Netz der deutschen Telekom ist ein diensteintegrierendes Breitband-Digitalnetz, das die herkömmlichen Telefonleitungen zunehmend ersetzt.
Es eignet sich optimal für die Übertragung von Daten, weil Binärsignale nicht erst mittels eines Modems in Analogschwingungen umgesetzt werden müssen. Die erzielbaren Datenübertragungsraten sind sehr hoch; über einen einfachen ISDN-Kanal können bis zu 64.000 Bits in einer Sekunde übertragen werden.

ISO

Abkürzung für *International Organisation for Standardization*. Dieser Ausschuss arbeitet an der Normierung im internationalen Rahmen. Ihm gehören heute etwa aus 90 Ländern stammende Normeninstitute an (z.B. → DIN).

ISP

kurz für *Internet Service Provider*. Der Service Provider stellt Ihnen den Internet-Zugang bereit. Im Gegensatz zu den Großanbietern AOL, CompuServe oder T-Online werden als ISPs nur kleinere, regional tätige Provider bezeichnet.

Java Applet

Java Applets sind kleine Java-Programme, die auf einem Server hinterlegt werden und durch einen Java-Interpreter ausgeführt wird. Die meisten aktuellen Browser integrieren bereits Java-Interpreter, so dass sie Java-Applets ausführen können.

Java

Java ist eine betriebssystemunabhängige und architekturneutrale Programmiersprache, deren Syntax C++ ähnelt. Die von Sun entwickelte Sprache hat vor allem Verbreitung im Internet-Raum gefunden, in dem sehr viele unterschiedliche Hardware-Plattformen miteinander kommunizieren. Java-Programme benötigen für die Ausführung keinen Browser, sondern werden durch einen Java-Compiler in ein ausführbares Programm übersetzt.

JavaScript

JavaScript ist ein einfaches Java-Derivat, dessen Vorteil in der einfachen Programmierung liegt. Es bietet keinen leistungsfähigen Funktionsumfang wie etwa Java, wird dafür aber direkt in den HTML-Code eingebunden und ist leicht erlernbar.

JPEG

kurz für *Joint Photographic Experts Group*. Diese Expertengruppierung hat ein Grafikformat definiert, das sich ausgezeichnet an die Erfordernisse der geringen Datenmengen im Internet anpasst.
Zwar eignet sich die Wiedergabequalität nicht für professionelle Fotoarbeiten, aber für Standard-Internetanwendungen hat sich JPEG als De-facto-Standard durchsetzen können. JPEG-Grafiken können von den meisten Browsern verarbeitet werden und sind an der Dateiendung JPG erkennbar.

Katalogdienst

Im Gegensatz zu Suchrobotern verstehen sich Katalogdienste als redaktionell gepflegte Indexkataloge im Internet. Während Suchroboter aktiv auf der Suche nach neuen Angeboten und Schlagworten die Datenpfade des Internets ständig durchkämmen, sortieren Redaktionsteams Hyperlinks in Kategorien ein.

Die Suchroboter-Verzeichnisse sind durchweg umfassender, dagegen sind die realen Trefferquoten bei der Eingabe eines Suchbegriffs in Katalogdiensten höher.

LIFO-Speicher

Abkürzung für *Last-In/First-Out-Speicher*. Aus diesem Speicher werden die zuletzt gespeicherten Informationen als Erste wieder ausgelesen (Stapelspeicher). Vergleiche → FIFO-Speicher.

Link

Kurzform für Hyperlink, der englischen Bezeichnung für Querverweis

Listserver

Bezeichnung für einen Internet-Server, der *Mailing-Listen* bereitstellt

Logprotokoll

In einem Logprotokoll notieren Webserver jeden einzelnen Zugriff auf die internen Datenbestände. Auf diese Weise können die Benutzerfrequenz und weitere Daten erfasst werden, außerdem können Systemfehler erkannt und behoben werden.

Logprotokolle werden meist täglich vom Webmaster ausgewertet und auf markante Einträge untersucht.

Mail Bombing Run

Internet-Anwender werden heute von zahlreichen Werbebotschaften in elektronischer Form belästigt.
Eine verbreitete Möglichkeit, auf unerwünschte Mails zu reagieren, sind Mail Bombing Runs. Die Ursprungsnachricht wird dabei durch eine Software hundert- oder tausendfach vervielfältigt und an den Absender zurückgesandt. Der Mailserver bricht unter der Last einiger tausend Mails, die viele Empfänger zur gleichen Zeit zurücksenden, zusammen.

Mailing List

In einer Mailing List können Anwender ihre E-Mail-Adresse eintragen lassen, um sich beispielsweise über Produktinformationen, Softwareupdates oder andere Neuerungen informieren zu lassen.

Mailing Lists werden durch Systeme wie Majordomo erzeugt und können vom Benutzer selbstständig bearbeitet werden. So kann sich der eingetragene Benutzer selbst löschen, wenn er die Informationen nicht länger beziehen möchte.

MIME-Mailerweiterung

kurz für *Multipurpose Internet Mail Extension*. Das Standard-Mailformat lässt lediglich die Übertragung von Rohtexten zu. Um einer E-Mail Binärdateien wie Grafiken, Geschäftsberichte oder ein Spiel anhängen zu können, wird die MIME-Mailerweiterung verwendet. Über MIME können Dateien außerdem klassifiziert und damit interaktiv mit einem Anwendungsprogramm verknüpft werden. Die Einbindung länderspezifischer Sonderzeichen wie Umlaute und das »ß« wird ebenfalls über MIME koordiniert.

Mirror-Server

Internet-Ausdruck für *Spiegelserver*. Große Server, auf die sehr häufig zugegriffen wird, kopieren ihren Daten-Gesamtbestand auf weitere Server. Die Last verteilt sich damit auf mehrere Server, so dass die Zugriffsgeschwindigkeit steigt.

Modem

Kunstwort aus *Modulator/Demodulator*. Das Modem verbindet die digitale Welt des Computers mit dem analogen Telefonnetz. Es wandelt Digitalsignale in elektrische Schwingungen um, die im Telefonnetz transferiert werden. Die Gegenstelle muss ebenfalls ein Modem betreiben, um die Schwingungen in Digitalsignale zurückzuübersetzen.
Moderne Modems übertragen Daten mit Geschwindigkeiten von knapp 60.000 bps.

MPEG

kurz für *Moving Pictures Experts Group*. Ähnlich dem JPEG-Standard haben Experten auch einen Standard für die Übertragung von digitalen Videosequenzen festgelegt.

MSN

kurz für *Microsoft Network*. Das Microsoft Network ist ein von Microsoft initiierter Onlinedienst, der neben einem eigenen redaktionellen Angebot auch einen Internet-Zugang bietet.
In Deutschland hat MSN eine geringe Bedeutung; sowohl AOL, CompuServe als auch T-Online konnten mehr Kunden für sich gewinnen.

Nameserver

Andere Bezeichnung für DNS-Server. Ein Nameserver setzt Domänennamen wie www.wielage.de in IP-Adressen, beispielsweise 196.45.123.89, um. Daten aus dem Internet werden mithilfe der IP-Adresse von einem Server angefordert.

Netiquette

Kunstwort aus *Net* und *Etiquette*. In der Netiquette sind ähnlich dem »Knigge« Umgangsregeln für ein höfliches und freundliches Miteinander im Internet festgelegt.
Sie legt unter anderem fest, wie Mails innerhalb des Usenets zu verfassen sind.

Netscape Communications

Die Firma Netscape Communications mit Sitz in Mountain View, Kalifornien, ist der Marktführer für Online-Software. Netscape-Entwickler haben die Kommunikations-Suite Netscape Communicator programmiert, die als Internet-Standard-Software gilt.
Neben dem Internet-Markt ist Netscape auch im Intranet-Segment vertreten. Die Server-Software »SuiteSpot« gilt auf der Anbieterseite seit langem als Standard.

Netscape Communicator

Der Netscape Communicator in der Version 4 ist der direkte Nachfolger des legendären Navigators. Die Online-Suite integriert neben dem Navigator 4, einem Internet-Browser, auch zahlreiche andere Clients für die wichtigsten Dienste im Internet.
Der Communicator umfasst unter anderem den E-Mail-Client »Messenger«, den Newsreader »Collabra«, die Push-Software »Netcaster« sowie den HTML-Editor »Composer«.

Newbie

Slangausdruck für einen Usenet-Neuling. Newbies wird durch erfahrenere Benutzer hilfreich unter die Arme gegriffen.

Newsgroup

Das Usenet ist mit einem weltweit verbreiteten, öffentlichen »Schwarzen Brett« vergleichbar. Das interaktive und dynamische Diskussions-Netzwerk besteht aus einzelnen Newsgroups, die thematisch gegliedert sind.

Newsreader

Client-Software, die den Zugriff auf das Usenet ermöglicht. Microsoft bietet mit »Internet Mail« einen Newsreader an, und auch der Netscape Communicator ist mit dem »Collabra«-Client Usenet-fähig.

Nickname

Pseudonym, unter dem eine Diskussionsteilnehmer im Usenet agiert. Der Realname wird im Usenet nur selten verwendet.

Nullmodem-Kabel

Das Nullmodem-Kabel bietet eine einfache Möglichkeit, zwei PCs über die seriellen Schnittstellen zu miteinander zu verbinden. Dieses Kabel darf nicht alle Leitungen einfach durchleiten, sondern die

Sende- und Empfangsleitung muss innerhalb des Kabels getauscht werden. Auf diese Art ist eine einfache Datenübertragung mit geringen Geschwindigkeiten von bis zu 115 KByte/s möglich.

OEM-Version

Abkürzung für *Original Equipment Manufacturer*. Ein OEM-Hersteller setzt Software- und Hardware-Komponenten anderer Hersteller ein und vermarktet sie als eigene Geräte. Bei Software stellt sich oft das Problem, das der Software-Hersteller bei OEM-Versionen keine Service- oder Updateleistungen anbietet. Oft muss der OEM-Anbieter auch eigene Handbücher erstellen. Dafür ist diese Software natürlich entsprechend preisgünstiger.

OLE

Abkürzung für *Object Linking and Embedding*. Das OLE-Verfahren wurde von Microsoft entwickelt, um den Austausch von Daten zwischen verschiedenen Windows-Anwendungen zu ermöglichen. OLE ist eine Erweiterung der → DDE-Schnittstelle. Die Besonderheit hier ist, dass die in andere Anwendungen eingefügten Daten mit ihrer Ursprungsanwendung fest verbunden bleiben.

Packet Switching

Als Packet Switching wird die Methode der Datenübermittlung im Internet bezeichnet. Die zu übermittelnde Information wird zunächst in IP-Pakete zerlegt, die individuell mit der Empfängeradresse versehen werden und unabhängig voneinander im Internet bewegt werden. Der Empfänger setzt die IP-Pakete in einer definierten Reihenfolge wieder zusammen und erhält damit die Originalinformation.

Parität

Die Quersumme eines Bytes, die Parität genannt wird, kann entweder Null oder Eins betragen. Sie wird zur Fehlerüberprüfung bei der Speicherung oder Datenübertragung genutzt.

PGP

kurz für *Pretty Good Privacy*. Das PGP-Verfahren des Amerikaners Phil Zimmerman dient der sicheren Datenverschlüsselung. Anhand eines öffentlichen und eines privaten Schlüssels kann der Absender einer Nachricht eindeutig identifiziert werden und einer Nachricht damit eine eindeutige Signatur (»digitale Unterschrift«) aufgeprägt werden.

PING

kurz für *Packet Internet Grouper*. Mithilfe des PING-Systems wird die Erreichbarkeit eines Internet-Servers überprüft und dessen Antwortzeit gemessen. PING ist integraler Bestandteil der meisten Betriebsysteme, darunter Unix unter Windows 95/NT 4.

Plug And Play

Dieses System soll den Einbau von Erweiterungskarten erleichtern, ganz nach dem Motto »einstecken und loslegen«. Im Einzelnen meint das den Verzicht auf Jumper oder komplizierte BIOS-Einstellungen, darum kümmert sich das Plug-And-Play-System automatisch. Voraussetzung dafür sind nur ein entsprechendes BIOS und PnP-Adapterkarten.

Plug-In-Module

Plug-In-Module sind Programme, die nachträglich zur Unterstützung fortgeschrittener Funktionen im Browser eingebunden werden können.
Weil die meisten Browser serienmäßig bestimmte Dateiformate, beispielsweise das PDF-Dokumentformat, nicht handhaben können, muss der Benutzer ein Plug-In-Modul einbinden. Browser können auf diese Weise individuell an die Bedürfnisse des Anwenders angepasst werden.

PNG

kurz für *Portabel Network Graphics*. PNG ist ein richtungsweisendes Grafikformat, das technisch herausragende Innovationen implementiert. Neben guten Kompressionsraten bietes es hohe Farbtiefen und wird in der Zukunft anderen Grafikformat wie JPG und GIF Konkurrenz machen.

POP-Mailprotokoll

kurz für *Post-Office-Protocol*. Das POP-Mailprotokoll dient der Übermittlung von Nachrichten vom und zum Nachrichtenserver. Mit einem Mailclient, der beispielsweise mit Windows 95 ausgeliefert wird, können neu eingegangene Nachrichten abgerufen werden.
POP existiert in drei Versionen, die entsprechend mit den Abkürzungen POP, POP2 und POP3 belegt wurden. Alle POP-Versionen sind zueinander abwärtskompatibel. POP3 wird von allen größeren Internet-Providern als Standard-Mailprotokoll unterstützt.

Portnummern

Damit die über TCP/IP in ein System gelangenden Daten entsprechend ihrem Dienst klassifiziert werden können, werden Portnummern verwendet. Eine Portnummer wird dabei genau einer Internet-Anwendung zugeordnet, die entsprechend ausschließlich Daten des entsprechenden Ports abgreift.
Das World Wide Web beispielsweise ist über den Port 80 realisiert, während das File Transer Protocol über die Portnummer 21 arbeitet.

Postmaster

Der Postmaster ist jener Systemadministator eines Webservers, der für die gesamte E-Mail-Kommunikation verantwortlich ist. Er ist meist unter den zentralen Adresse postmaster@server.de erreichbar.

Posting

Posting bezeichnet das Senden einer Newsgroup-Nachricht in das weltweite Usenet.

PPP

kurz für *Point-to-Point Protocol*. Das PPP-Verfahren verbindet den Computer des Anwenders mit dem Serverrechner des Internet-Providers und ist für die fehlerfreie Übertragung des Datenstroms zuständig. Es hat das ältere SLIP-Protokoll mittlerweile nahezu vollständig verdrängt.

Proxy-Server

Ein Proxy-Server fungiert als Übergang zwischen Anwendern eines Internet-Providers und dem Internet. Proxy-Server finden weitreichende Verbreitung auch im Intranet, in dem Proxy-Server mit dem Intranet/Internet-Gateway verbunden sind.
Proxy-Server sind meist auch mit einer Cache-Funktion ausgestattet, die häufig angeforderte Daten des Internet auf einem lokalen Datenträger ablegt und damit deutlich schneller bereitstellt.

Provider

Bezeichnung für eine Organisation, die Anwendern einen Internet-Zugang bereitstellt (engl. »to provide« = »bereitstellen«). Zwar ist die Nutzung des Internets generell kostenfrei, der Provider erhebt jedoch eine monatliche Gebühr für die Bereitstellung des Internet-Zugangs. Große Internet-Provider sind beispielsweise America Online, CompuServe und UUNet.

Re

Kürzel für *Regards to* oder für *Reply*. Einer Antwortnachricht im E-Mail-System wird automatisch dieses Kürzel vorangestellt, um eine Nachricht als Antwort zu kennzeichnen.

Realname

Der Realname wird im Gegensatz zum im Usenet verbreiteten Pseudonym vor allem für die E-Mail-Kommunikation verwendet. Er entspricht dem tatsächlichen Namen des Anwenders.

Router

Ein Router leitet IP-Pakete des Internets an den Empfänger weiter. Er greift IP-Pakete ab und identifiziert anhand der IP-Adresse die Herkunft sowie den Bestimmungsort.
Router sind gewissermaßen das »Postsystem« des Internets und zentraler Bestandteil der Kommunikations-Infrastruktur.

Routing

Routing bezeichnet das Verfahren, mit dem IP-Pakete den schnellsten und effektivsten Weg zwischen Absender und Empfänger wählen. Programme im Router ermitteln dabei die aktuelle Datenlast bestimmter Leitungen des Internets und leiten die IP-Datenpakete schnellstmöglich an den Empfänger weiter.

RS232-Interface

Die RS232-Schnittstelle ist der verbreiteteste Standard für die → serielle Schnittstelle. Die meisten Computer sind heute mit einer solchen 9- oder 24-poligen-Steckverbindung ausgerüstet. Geräte wie Maus oder Modem können hier angeschlossen werden.

Server

Ein Server ist eine Einrichtung, die anderen Systemen Daten zur Verfügung stellt. Bei einem physischen Server handelt es sich um einen Rechner, an dem andere Computer, die so genannten Clients, angeschlossen ist. Ein Server konzentriert damit die Daten eines Netzwerks auf einem Datenträger.
Software-Server werden auf physischen Servern installiert und stellen angeforderte Daten auf der Programmebene zur Verfügung.

Signaturzeile

Signaturzeilen werden jeder E-Mail automatisch angehängt und enthalten Informationen über den Absender. Sie können vom Anwender beliebig gestaltet werden und sollten zur Vermeidung überflüssiger Datenmengen möglichst kurz gefasst sein.

Klassische Signaturzeilen enthalten beispielsweise den Namen des Absender und dessen Kontaktdaten, beispielsweise Telefonnummer oder Adresse der Homepage.

Site

Als Site oder Website wird das gesamte Internet-Angebot bezeichnet, das sich aus einzelnen HTML-Dokumenten, Binär- und Steuerdateien zusammensetzt.

Shareware

Shareware ist kostenfrei im Internet erhältliche Software, die der Anwender auf die eigene Festplatte kopieren und dort benutzen kann. Entspricht das Programm den Erwartungen des Anwenders, muss er eine Registrierungsgebühr an den Programmierer überweisen; andernfalls muss die Software von der Festplatte gelöscht werden. Shareware ist damit »Prüf-vor-Kauf«-Software und eine faire Möglichkeit des Software-Verkaufs.

SLIP

kurz für *Serial Line Internet Protocol*. SLIP ist ein Protokoll, mit dem ein Internet-Computer an dessen Provider angebunden wird. Ihm ist TCP/IP überlagert; SLIP ist damit ein hardware-naher Übertragungsstandard. SLIP wird zunehmend durch das modernere PPP ersetzt.

Smileys

Ein Smiley charakterisiert die Emotionen, die der Verfasser einer E-Mail- oder Newsgroup-Nachricht dem Empfänger übermitteln möchte. Die auch als »Emoticons« bezeichneten Symbole sind als Gesicht erkenntbar, wenn der Betrachter den Kopf um 90 Grad nach links neigt. Zwei typische Smilies sind:

:-) (lachendes Gesicht)

;-) (lachendes Gesicht mit zwinkerndem Auge)

Suchmaschine

Die Aufgabe einer Suchmaschine ist die Erzeugung eines Internet-weiten Indexverzeichnisses. Damit der Anwender nach Schlagworten fahnden kann, müssen die Inhalte möglichst vieler Websites katalogisiert werden.
Suchmaschinen »durchkämmen« das Internet laufend nach neuen Inhalten und legen eigene Hyperlinks an. Anwendern stehen diese Dienste, die sich durch Werbebanner finanzieren, kostenfrei zur Verfügung. Bekannte und große Suchdienste sind beispielsweise:

Anhang A: Anhang

- www.altavista.de
- www.lycos.de
- www.yahoo.com
- www.excite.de
- www.web.de (Suchdienst, der lediglich deutschsprachige Einträge beinhaltct)

Tags

Neben reinem Fließtext umfassen HTML-Dokumente auch Formatierungsanweisungen, die als *Tags* bezeichnet werden. Tags weisen den Browser bei der späteren Darstellung eines HTML-Dokuments an, bestimmte Inhalte in definierter Weise abzubilden.
In Tags sind auch Hyperlinks eingebunden. HTML-Tags sind an einem einleitenden Symbol, der spitzen Klammer, erkennbar. Ein Beispiel für einen typischen Tag ist </BODY>.

TCP/IP

kurz für *Transmission Control Protocol / Internet Protocol*. TCP/IP ist das Kommunikationsprotokoll des Internets, das die Grundlage der Datenübertragung zwischen am Internet angeschlossenen Computern bildet.

Telnet

Telnet ist einer der ersten Dienste, die im Internet zur Verfügung standen. Er dient gewissermaßen dem »Fernsteuern« eines Computers und ermöglicht den Zugriff auf Rechenressourcen von einem weit entfernen, steuernden Computer.

T-Online

T-Online ist der Internet-Provider der Deutschen Telekom AG. Er ist Deutschlands größter Onlinedienst und bietet neben dem Internet-Zugang auch interne Angebote, die teilweise gebührenpflichtig sind.

T-Online ist bundesweit unter einer einheitlichen Telefonnummer zum Ortstarif erreichbar.

Trojanisches Pferd

Als *trojanisches Pferd* wird ein Programm bezeichnet, das über das Internet auf die Festplatte eines Rechners überspielt wurde und dort Dateien über einen E-Mail-Kanal versendet. Über trojanische Pferde ist Wirtschaftsspionage möglich; sensible Daten können von der Festplatte an Unbefugte übertragen werden.

Troubleshooting

Troubleshooting bezeichnet die gezielte Suche nach Fehlern in Hard- und Software.

Trumpet Winsock

Trumpet Winsock war das erste und verbreitetste Programm, das auf Windows basierte und dort das TCP/IP-Protokoll bereitstellte.
Winsock-Programme sind heute überflüssig, weil moderne Betriebssysteme wie Windows 95, Windows NT 4 oder OS/2 bereits das TCP/IP-Protokoll integrieren.

Upload

Als *Upload* wird die Übertragung von Daten der eigenen Festplatte auf einen Internet-Server bezeichnet. Der Upload ist damit das Gegenteil des Downloads.

Usenet

Die Newsgroups im Internet bilden das *Usenet*.

UUCP

Kurzform für *Unix-to-Unix Copy Protocol*, dem Standard-Protokoll in Unix-Rechnernetzen zur Datenübertragung

URL

kurz für *Uniform Resource Locator*. Das URL-Format ist gewissermaßen das »Dateisystem« im Internet. Es spezifiziert die Pfad- und Protokollangabe zu einem Dienst und zu einer Datei im Inter- und Intranet.
Eine typische URL-Adresse ist beispielsweise *http://www.mut.com/buch*.

VERONICA

kurz für *Very Easy Rodent-Oriented Netwide Index to Computerized Archives*. Veronica ist eine software-seitige Schnittstelle zur Suche nach Dateien auf Gopher-Servern.

VRML

kurz für *Virtual Reality Modeling Language*. Mit VRML, das mittlerweile in der Version 97 vorliegt, können dreidimensionale Umgebungen im Internet simuliert werden.

Statt eine zweidimensionale Fläche auf dem Bildschirm zu projizieren, kann der Benutzer einen Raum interaktiv durchschreiten, Gegenstände betrachten etc.

WAIS

Mit dem *Wide Area Information System* können HTML-Seiten in einer Volltextrecherche durchsucht werden.

Webmaster

Der Webmaster eines Angebots ist für die Technik eines Webservers verantwortlich. Tauchen Probleme bei der Anwendung des Internet-Angebots auf, fungiert der Webmaster als erste Kontaktperson. Er ist unter der zentralen Adresse *webmaster(at)server.com* erreichbar.

Winsock

Abkürzung für *Windows Socket*. Der reale Zugang zum Internet wird nicht von jedem Programm eigenständig realisiert. Winsock ist ein TCP/IP-Stack, der im Hintergrund geladen wird und den gesamten Datenaustausch regelt. Ein Browser greift zum Beispiel auf den Socket zurück.

WWW

kurz für *World Wide Web*. Das WWW ist die »Killerapplikation« im Internet, das oft, jedoch sachlich falsch, mit dem Internet synonym verwendet wird. Es wurde Anfang der 90er Jahre am Schweizer CERN entwickelt und integriert Querverweise und multimediale Element in eine komfortable Bedieneroberfläche.

WYSIWYG

kurz für *What you see is what you get*. Ein WYSIWYG-fähiges Programm stellt ein Dokument so dar, wie es später auf dem Drucker ausgegeben wird. Im Internet-Bereich meint WYSIWYG darüber hinaus, dass ein Web-Publishing-Tool eine Seite derart gestaltet, dass das Layout während der Gestaltung der späteren Darstellung eines Browsers entspricht.

A.3 Kommunikation im Internet: Das OSI-Referenzmodell

A.3.1 Zielsetzung

Netzwerke in den heute bekannten Formen waren lange Zeit eher die Ausnahme als die Regel. Die in den späten sechziger Jahren konstruierten Modelle entbehrten jeder offenen Struktur, so dass Anwender auf die normierenden Entwickler angewiesen waren und eigene Erweiterungen eines implementierten Systems nur in Ausnahmefällen möglich waren.

Die *International Standards Organisation (ISO)* sah sich 1977 in der Pflicht, einen verbindlichen Standard zu spezifizieren, der als Modell für Netzwerke bis heute weite Verbreitung gefunden hat. Unter dem Namen *Open Systems Interconnection* oder kurz *OSI* definierte die ISO ein Modell, das auf hierarchische Weise die Kommunikation innerhalb eines Netzwerks festlegt und mittlerweile verbindlich von allen Herstellern als bindende Referenz weltweit anerkannt wird.

Damit Computer unterschiedlicher Hardware-Plattformen und Betriebssysteme miteinander kommunizieren können, sind bestimmte Regeln erforderlich, die das OSI-Referenzmodell festlegt. Einige der Ziele, die die ISO mit ihrem Referenzmodell anstrebte, sind in der folgenden Liste zusammengetragen:

- Interaktion zwischen Netzwerken verschiedener Protokolle. Sollen Netzwerke der unterschiedlichsten Protokolle untereinander in Kontakt treten, müssen Übergänge geschaffen werden. Das OSI-Modell definiert Regeln für protokollübergreifende Kommunikation.

- Übertragung auf physikalischer Ebene. Der Transport von Datenbits über physikalische Prinzipien werden ebenfalls festgelegt.

- Datenkontrolle. Eine wichtige Aufgabe des Referenzmodells besteht darin, gesicherte Datenkontrollmechanismen zu entwickeln. Damit ist sichergestellt, dass fehlerhafte Datenbits transparent korrigiert werden können.

- Festlegung von Datendonator und Datenakzeptor. Das Referenzmodell beschreibt ebenfalls, wie und wann Netzwerk-Equipment Daten sendet oder empfängt und wie ein fließender Übergang zwischen Senden und Empfangen zu realisieren ist.

- Realisierung der physikalischen Übertragung auf Ebene der Medien. Das Referenzmodell legt verbindliche Normen für Anschlüsse, Kabel, Adapter und Buchsen fest.

- Zuordnung von Netzwerkkomponenten in einzelne Ebenen. Router, Bridges, Multiplexer und Transceiver sind einige Beispiele für Netzwerkequipment, das sich in das OSI-Referenzmodell einfügt. Hersteller dieser Hardware haben damit eine exakte Definition dessen, was eine bestimmte Komponente leisten können muss, um problemfrei im Netzwerk arbeiten zu können.

Als theoretisches Schema liegt das OSI-Referenzmodell mittlerweile jedem Netzwerk zugrunde und damit auch dem Internet, das für theoretische Betrachtungen mit jedem anderen Netzwerk gleichgestellt werden kann. Mit den realen Verhältnissen hat das Referenzmodell nichts gemein; vielmehr ist es ein rein gedankliches Modell, dem Realisierungsprozesse folgen müssen, um ein funktionsfähiges Netzwerk einzurichten.

A.3.2 Das Layer-Modell

Bei der Festlegung der einzelnen Aufgaben eines Netzwerks, die die Basis für eine störungsfreie und normierte Kommunikation bilden, hat die ISO sieben Schichten (*Layer*) beschrieben. Jede Schicht kommuniziert auf streng definierte Weise mit dem jeweils hierarchisch über- und untergeordneten Layer; die Kommunikationsprotokolle zwischen den Schichten sind ebenfalls definiert.

Bild 1.1:
Das OSI-Referenzmodell der ISO in der Schemadarstellung

7	Anwendungsschicht
6	Darstellungsschicht
5	Kommunikations-Steuerungsschicht
4	Transportschicht
3	Netzwerkschicht
2	Verbindungsschicht
1	Physikalische Schicht

Tasks, Subtasks, Protokolle

Innerhalb des Schichtenmodells übernimmt jeder Layer eine definierte Aufgabe (*Task*), die sich im Gesamten zu einer funktionsfähigen Kommunikationsinfrastruktur ergänzen. Jeder Task kann frei mit Subaufgaben (*Subtasks*) versehen werden, um die Aufgabe der jeweiligen Kommunikationsschicht zur erfüllen.

Protokolle dienen der Kommunikation zwischen Subtasks. Sie können zu Protokollgruppen zusammengefasst werden und bilden dann einen Protokollstapel (*Protocol Stack*). Die Protokolle eines solchen Stacks sind streng hierarchisch gegliedert; deren Aufgaben innerhalb des Kommunikations-Gesamtsystems sind exakt definiert.

Innerhalb des Stapels empfängt eine Protokollschicht Daten der hierarchisch niedrigeren Schicht und sendet Daten an den entsprechend höherhierarchischen Layer. Wird die Schicht n als Bezugspunkt festgelegt, dient in einer kurzgefassten mathematischen Beziehung die Schicht $n-1$ als Datenakzeptor, während der Layer $n+1$ als Datendonator fungiert.

Kompatibilität

Einher mit der strengen Definition geht eines der Primärziele des Modells, die hardware- und betriebssystemunabhängige Kommunikation. Zwei Rechnersysteme können immer dann miteinander in Kontakt treten, wenn sie mit den gleichen Protokollstapeln arbeiten. Jede Schicht, der eine bestimmte Aufgabe übertragen wurde, tauscht Daten mit anderen Rechnern ausschließlich auf der gleichen Protokollebene aus. Ist eine Schicht nicht imstande, eine an sie gerichtete Aufgabe ordnungsgemäß zu erfüllen, wird diese an eine andere Schicht delegiert.

Rechner können aufgrund dieses Modells auch dann miteinander Daten austauschen, wenn sie über völlig unterschiedliche Architekturen verfügen. Ein Windows-Rechner, der mit einem bestimmten Protokollstapel arbeitet, kann mit einem Unix- oder Macintosh-Rechner in Kontakt treten, sofern dieser mit dem gleichen Protokollstapel arbeitet. Diese Art der gleichrangigen, layerabhängigen Kommunikation wird als *Peer-Layer-Kommunikation* (*PLC*) bezeichnet.

Header und Datenpakete

Wenn eine Information von einem Rechner zu einem zweiten übertragen werden soll, durchläuft das Datum zunächst den Protokollstapel des sendenden Rechners. Jede durchlaufene Schicht des sendenden Rechners prägt dem Datum administrative und für den Transfer erforderliche Informationen auf, die als *Header* zu Beginn der Binärinformation gespeichert werden. Der empfangende Rechner liest die vorhandenen Header, interpretiert diese und leitet die angehängte Information damit an die gewünschte Schicht weiter. Die Header werden damit schichtweise wieder abgetragen, bis das Datum den Ziellayer erreicht hat.

Der Header und die eigentliche, zu übermittelnde Information werden zusammen als Datenpaket oder kurz Paket bezeichnet. Je nach Layer, in dem sich das Datum aktuell zur Bearbeitung befindet, werden die Datenpakete unterschiedlich benannt. Einen Überblick vermittelt folgende Tabelle.

Tabelle 1.1: Terminologie der Datenpakete gemäß OSI-Referenzmodell

Layer-Nr.	Layer-Bezeichnung	Datenpaket-Bezeichnung
7	Anwendung	Messages
6	Darstellung	H1-Packets
5	Kommunikationssteuerung	H2-Packets
4	Transport	Segments
3	Netzwerk	Datagrams
2	Verbindung	Frames
1	physikalisch	Bits

A.3.3 Die physikalische Schicht

Die unterste Schicht der hierarchischen Kommunikation befasst sich mit der digitalen Übertragung der Informationen, die von den nächsthöheren Schichten bereitgestellt werden.

Die siebte, physikalische Schicht definiert unter Anderem Schwellenwerte für die binäre Null-Eins-Unterscheidung. Ein bestimmter Spannungspegel wird dabei als Null interpretiert; wird dieser Pegel überschritten, weist die physikalische Schicht den Wert Eins zu. Diese Form der Umwandlung digitaler Signale in (analoge) Schwingungen ist eine der wichtigsten Aufgaben der physikalischen Schicht.

Zu den Normungen der physikalischen Schicht zählen auch Netzwerktopologien wie Stern, Bus oder Ring und Synchronisationsmethoden, um Störungen und daraus hervorgehende Datenverluste auszuschließen. Die Basis- und Breitbandmethoden zur unterschiedlichen Verwendung des Schwingungsspektrums sind ebenfalls Bestandteil der physikalischen Schicht.

In der physikalischen Schicht sind außerdem passive Netzwerkkomponenten wie die gesamte Verkabelung, Adapter, Stecker, Buchsen und auch Transceiver und Multiplexer anzusiedeln.

1980 wurden in Anlehnung an das OSI-Referenzmodell wichtige Normungen in Bezug auf die physikalische Datenübertragung von Netzwerken festgelegt, die ausschließlich für die siebte Schicht von Bedeutung sind. Das *Institute for Electrical and Electronic Engineers* (*IEEE*, gesprochen »I triple E«) hat ein Expertengremium konstituiert, dass im Februar 1980 erstmals zusammentrat und entsprechend unter der Bezeichnung *Arbeitsgruppe 802* ihren Dienst versah.

Die IEEE-802-Normen sind auch heute noch von weitreichender Bedeutung, nicht zuletzt, weil sie in völligem Einklang mit dem OSI-Referenzmodell spezifiziert wurden. Zwölf Normen hat das Expertengremium erarbeitet; die wichtigsten dieser Standards sind in der folgenden Tabelle zusammengestellt.

IEEE-Nummer	Bezug
802.1	Internetworking
802.2	logische Verbindungssteuerung
802.3	CMSA/CD (Zugriffsverfahren, um Datenkollisionen auf der physikalischen Ebene zu unterbinden)
802.7	Breitband-Norm
802.5	Token-Ring-Netzwerke
802.8	Glasfaser-Übertragungsstandard
802.10	Netzwerksicherheit

Tabelle 1.2: Wichtige IEEE-802-Normen

A.3.4 Die Verbindungsschicht

Der sechste Layer, die Verbindungsschicht, gibt die von höheren Protokollebenen gesendeten Daten an die physikalische Schicht weiter. Netzwerkkarten sind im OSI-Referenzmodell auf dieser Stufe einzugliedern; außerdem zählen Hubs und Bridges, nicht jedoch Router dazu.

Im Header der Verbindungsschicht finden sich Informationen, die das Routing beeinflussen; außerdem wird hier der Datenrahmentyp aufgeprägt, was den erzeugten Datenpaketen den Namen *Frames* verlieh.

Defekte Pakete werden auf der Verbindungsschicht ausgesondert. Hierzu dient ein mathematisches Prüfverfahren namens *Cyclic Redundancy Check (CRC)*, mit dessen Hilfe eine Kontrollsumme gebildet wird. Die Verbindungsschicht kann ein unvollständig oder fehlerhaft übertragenes Paket selbstständig von der physikalischen Schicht anfordern und aufgetretene Fehler damit transparent beheben.

Die Entwickler haben die Verbindungsschicht in zwei weitere Subsysteme (*Sublayers*) unterteilt, die spezifische Aufgaben übernehmen. Während die LLC-Schicht direkt unterhalb der Netzwerkschicht angeordnet wird, korrespondiert die MAC-Schicht mit der ihr übergeordneten LLC-Schicht und sendet ihrerseits Daten an die physikalische Schicht.

Media Access Control

Damit Programme, die Daten an höhere Schichten übergeben, gleichzeitig auf die der Verbindungsschicht zuzuordnenden Netzwerkkarte zugreifen können, kontrolliert die Medienzugangssteuerung (*Media Access Control*) die Zugriffe und erteilt Schreib- und Leseberechtigungen. Damit können mehrere Anwenderprotokolle gleichzeitig an einen Netzwerkadapter gebunden werden, wie dies höherentwickelte Betriebssysteme gestatten.

Die IEEE-Standards 802.3 und 802.5 befinden sich auf dieser Subebene der Verbindungsschicht.

Logical Link Control

Die Logische Verbindungssteuerung (*Logical Link Control*) stellt Zugriffsports (Service Access Points, SAP) zur Verfügung. Hier können Programme Daten einspeisen oder abrufen, um spezifizierten Netzwerkanforderungen zu entsprechen. Die IEEE-Normen 802.1 (Internetworking) sowie die Norm selbst (802.2, LLC) sind in dieser Subschicht einzugliedern.

A.3.5 Die Netzwerkschicht

Die fünfte Schicht analysiert Datenpakete und prüft die Empfänger-ID. Befindet sich diese innerhalb des eigenen Netzwerksegments, kann das entsprechende Paket intern verarbeitet werden; ansonsten wird es an tiefere Schichten zurückgegeben.

Die Netzwerkschicht ist notwendig, damit höhere Schichten sich nicht mit den (logischen) Entfernungen zwischen Sender und Empfänger befassen müssen. Über einen Router, der in der Netzwerkschicht angesiedelt ist, können logische Netzadressen in physikalische Adressierungen übersetzt werden. Über einen solchen Gateway-Dienst ist es möglich, Datenpakete im heterogenen Netzwerk auszutauschen.

Der Router analysiert außerdem die Leitungsqualität und legt eigenständig den optimalen Weg fest, sofern mehr als eine Verbindungsleitung zur Verfügung steht.

A.3.6 Die Transportschicht

In der vierten, der Transportschicht, wird die Integrität gesendeter und empfangener Daten festgestellt. Sie ist dafür verantwortlich, dass gesendete Pakete in einer definierten Reihenfolge gesendet werden; ist der Datenrahmen zu klein, kann die Transportschicht zu große Pakete in mehrere kleine aufteilen.

Indexmarkierungen ermöglichen es der Transportschicht des Empfängers, die Datenpakete wieder entsprechend den Angaben der Indexmarkierungen zusammenzufügen.

Sie kann darüber hinaus Empfangsbestätigungen an die Transportschicht eines Senders initiieren, um eine datenintegre Verbindung zu gewährleisten.

A.3.7 Die Kommunikationssteuerungsschicht

Den dritten Layer bildet die Kommunikationssteuerungsschicht. Hier wird die Multisessionfähigkeit realisiert, infolgedessen höherwertige Protokollschichten parallel Daten an die Kommunikationssteuerungsschicht übermitteln können.

Hier greift in enger Kooperation mit der Transportschicht ein weiterer Mechanismus zur Fehlerkontrolle. Pakete werden in Blöcken unterteilt und die Blockgröße dem CRC übermittelt, so dass bei variierender Leitungsqualität auch die CRC-Blockgröße angepasst werden kann. Durch diese Funktion wird ein Leistungsoptimum aus hoher Datentransferrate einerseits und einem hohem Maß an Transfersicherheit ermöglicht.

Greifen mehrere Anwendungen höherer Protokollebenen gleichzeitig auf die Kommunikationssteuerungsschicht zu, erhalten diese Systemressourcen zugeteilt. Die dritte Schicht vergibt Sende- und Empfangs-Zeitscheiben und übernimmt damit auch die notwendige Datensynchronisation.

A.3.8 Die Darstellungsschicht

Die hierarchisch zweithöchste Schicht wird durch die Darstellungsschicht gebildet. Sie ist bereits sehr anwendungsnah und kommuniziert entsprechend direkt mit der Anwendungsschicht des Betriebssystems.

Die primäre Aufgabe der Darstellungsschicht besteht in einer Konverterfunktion. In der zweiten Schicht erhält der Protokollstapel Daten der Anwendungsschicht und überträgt diese in ein netzwerkkompatibles Format. Hier finden auch Datenverschlüsselungsmechanismen und Datenkompressionsalgorithmen Anwendung.

Auf dieser Ebene der Kommunikation greift auch der Redirector, der gewissermaßen ein Simulator für nur logisch existierende Netzwerkressourcen ist und die Existenz lokaler Ressourcen simuliert. Anwendungsprogramme der obersten Schicht können über den Redirector ohne weiteres Netzwerkressourcen verwenden.

Die Darstellungsschicht arbeitet für den Anwender wie alle tieferen Schichten völlig transparent.

A.3.9 Die Anwendungsschicht

Diese oberste Schicht des Referenzmodells wird vornehmlich durch Anwendungsprogramme gebildet, die Benutzerdienste bereitstellen.

E-Mail-Clients oder Internet-Browser sind zwei Beispiele für Systeme, die auf der Anwendungsschicht eingegliedert werden. Auch Textverarbeitungen, Tabellenkalkulations-Software oder Datentransferprogramme sind mitunter Ressourcen der Anwendungsschicht, sofern diese direkt netzwerkfähig sind.

Programmierer können über Programmbibliotheken komfortabel auf Netzwerkressourcen zurückgreifen, ohne dabei tiefere Schichten des OSI-Referenzmodells berücksichtigen zu müssen. Es genügt die Implementierung einer Schnittstelle zur Anwendungsschicht.

HTTP, FTP, SMTP und NNTP sind typische Vertreter von Hochebenen-Protokollen, die die Anwendungsschicht bilden.

A.4 Dateiendungen

Dateiendungen oder »Extensions« geben oft Aufschluss darüber, von welchem Programm eine Datei erstellt oder genutzt wird. Frontpage 2000 versteht den Großteil der Datentypen, die wir in der folgenden Tabelle zusammengestellt haben.

Endung	Abkürzung für	Programm	Bedeutung
$$$	temporäres File	verschiedene Programme	zeitweise angelegte Hilfsdatei
1ST	First	verschiedene Textverarbeitungen	First Infos Zuerst lesen!
ARC	Archiv-Compression	»ARC« Archivierungsprogramm von System Enhancement Ass.	komprimiertes Datenarchiv
ARJ	Archiv R. Jung	»ARJ« Archivierungsprogramm Shareware von Robert Jung	komprimiertes Datenarchiv
AVI	Audio-Video-Interleave	»Video für Windows« Windows-Erweiterung von Microsoft	Audio-Videodokument
BAK	Backup-File	verschiedene Programme	Sicherheitskopie einer Datei
BAS	Basic-File	z.B. »Quick-Basic« von Microsoft (in MS-DOS enthalten)	enthält den Quelltext eines Basic-Programmes
BAT	Batch-File	»MS-DOS«	Stapeldatei enthält DOS-Befehle
BMP	Bitmap	z.B. »Microsoft Paint« (in Windows enthalten)	unkomprimierte Bitmap-Grafik
CDR	Corel-Draw	»Corel-Draw« vektororientiertes Zeichenprogramm	Vektorgrafik

Endung	Abkürzung für	Programm	Bedeutung
CFG	Configuration	verschiedene Programme	Programm-Konfiguration
DAT	Data	verschiedene Programme	Datenfile
DBF	dBase-File	»dBase« Datenbank	Datenfile
DLL	Dynamic-Link-Library	»Windows« oder »OS/2«	Objectbibliothek
DOC	Document	Textverarbeitungen z.B. »Microsoft Word"	Textdokument
DRV	Driver	verschiedene Betriebssysteme	Gerätetreiber
EPS	Encapsulated Postscript	verschiedene vektororientierte Grafikprogramme	Grafikdatei
EXE	Executable	verschiedene Betriebssysteme	ausführbares Programm
FAQ	Frequently asked questions	verschiedene Textviewer	Textdatei mit »häufig gestellten Fragen« (und Antworten)
FAX	Fax	verschiedene Faxprogramme	gesendetes oder empfangenes Faxdokument
FOX	Fox-Pro	Datenbank »Foxpro« von Microsoft	Datenfile
GIF	Graphics Interchange Format	verschiedene Grafikprogramme	komprimierte Bilddatei
HLP	Help	»Microsoft Windows« und Anwendungen	Hilfsdokument für die Online-Hilfe
HTML	HyperText Markup Language	beliebiger WWW-Internet Browser	Hyper-Text Dokument

Endung	Abkürzung für	Programm	Bedeutung
ICO	Icon	»Microsoft Windows«	kleines grafisches Symbol
IDX	Index	verschiedene Datenbanken	Indexfile
INI	Initialisierungs-Datei	verschiedene Programme u.a. »Microsoft Windows"	Initialisierungs-Konfiguration
JPG	Joint Photographic Group	verschiedene Grafikprogramme	komprimierte Bilddatei
LOG	Logfile	verschiedene Programme	Protokolldatei
MID	Music Instruments Digital	verschiedene Musikprogramme	MIDI-Musikdatei
MOD	Module	verschiedene Musikprogramme	Sound-Modul
MOV	Movie	verschiedene Videoabspielprogramme	Videodatei
MPG	Moving Pictures Group	verschiedene Dekoderprogramme	komprimierte Videodatei
PAS	Pascal	Programmiersprachen »Turbo Pascal« oder »Delphi«	Quellcode
PCD	Photo-CD	Kodak Photo-CD Viewer	Bilddatei
PCX	Pixelfile	verschiedene Grafikprogramme	Bilddatei
RTF	Rich-Text-Format	verschiedene Textverarbeitungen	formatiertes Textdokument

Endung	Abkürzung für	Programm	Bedeutung
SCR	Screensaver	»Microsoft Windows«	Bildschirmschoner
SIK	Sicherheitskopie	verschiedene Programme	Sicherheitskopie einer Datei
SWP	Swap-File	»Microsoft Windows«	Auslagerungsdatei für Windows
TMP	Temporäres File	verschiedene Programme	zeitweise angelegte Hilfsdatei
TXT	Text	verschiedene Textverarbeitungen	Textdokument ohne Formatierung
XLS	Excel	»Microsoft Excel«	Tabelle

Stichwortverzeichnis

A
Account 746
Adressat eingeben 238
Adressen Siehe Kontakte
Adresseneinträge 240
Agent 746
AKA 746
Akronyme 746
Alias 746
Allgemeine Arbeiten
– Anlagen zu Outlook-Elementen 425
– Ansichten anpassen 390
– Ansichten definieren 398
– Befehle für Ordner 630
– Datumseingaben 359
– drucken 371
– Elemente auf dem Desktop ablegen 591
– Elemente kopieren und konvertieren 634
– Elemente per Tastenkombination anlegen 587
– erweiterte Suche 366
– exportieren 637
– filtern 409
– importieren 645
– Kategorien 428

– Outlook-Eintragungen in Excel auswerten 579
– sichern 638
– sortieren 408
– suchen 363
– Vorlagen 619
Amtskennzahl 200
Analog 746
Anchor 747
Anlagen speichern 294
Anonymous FTP 747
Anruf protokollieren 82
Anschlusseinstellungen 200
Anschlusskennung 179
Ansichten
– anpassen 398
– definieren 398
– der Notizen 589
– des Aufgabenblocks 498
– des Journals 573
– des Kalenders 355
– des Kontakte-Ordners 534
– Elemente filtern 409
– Elemente gruppieren 407
– Elemente sortieren 408
– Felder auswählen 405
– kopieren 405

– neu anlegen 402
– nur ordnerspezifische Ansichten anzeigen 359
– Standard wiederherstellen 400
ANSI-Code 746
Antwortadresse *175*, 184
Antwort-E-Mails gestalten 296
Antworten senden 258
Anzeige
– Autovorschau 223
– nach Absender 225
– Nachrichten 223
– Nachverfolgung 223
AOL 747
API 747
Applet 747
Applets 146
Arbeitsgruppe 181
Archie *134*, 747
Archivierung 669
– Archivdateien einsehen 675
– Archivdateien importieren 677
– AutoArchivierung 678
   konfigurieren 678
   manuell anstoßen 672
– einzelne Ordner archivieren 673
– Grundlagen 669
– manuelle Archivierung 672
– versus Sicherung 671
ARPANET 100, 102, *747*
ASCII-Code 747
Assistent für den Internetzugang 174
Asynchron 747
Attachment 148
Aufgaben 38, 74, 487
– % Erledigt 491
– Abrechnungsinfo 497
– Ansichten 498
– anzeigen 497
– Aufgabenanfragen 503
   ablehnen 506
   akzeptieren 506
   verschicken 504
   weiterleiten 506

– Aufgabenserien 510
   anlegen 510
   Aufgaben auslassen 512
   Einstellungen ändern 511
   in Aufgabe umwandeln 512
   in Aufgabenliste 511
   konfigurieren 510
   löschen 512
– Bearbeitungsbeginn 490
– Bearbeitungsstatus 490
   festhalten 493
– Betreff 489
– Buchhaltungsinformationen 495
– delegieren 503
– direkt in Aufgabenblock eingeben 491
– drucken 513
– Einstellungen für delegierte Aufgaben 514
– eintragen 488
– Erinnerung 490, 502
– Erledigt am 495
– Fälligkeitsdatum 489
– farbliche Kennzeichnung 514
– geschätzter Gesamtaufwand 495
– Kategorien 491, 500
– Konfiguration 513
– Kontakte 491
– löschen 513
– öffnen 513
– Priorität 490, 500
– private Aufgaben 491
– Reisekilometer 496
– suchen 502
– tatsächlicher Gesamtaufwand 496
– und Termine 508
– voreingestellte Erinnerungszeit 513
– weiterleiten 513
– Zuständigkeit 491
Aufgabenanfragen 503
– ablehnen 506
– akzeptieren 506
– verschicken 504
– weiterleiten 506
Aufgabenblock *64*, 353

Aufgabenserien 78, **510**
- anlegen 510
- Aufgaben auslassen 512
- Einstellungen ändern 511
- in Aufgabe umwandeln 512
- in Aufgabenliste 511
- konfigurieren 510
- löschen 512
Authentifizierung 748
Autoarchivierung 91, 274, 678
AutoDatum 91
Automatik-Übertragung 266
Automatische Installation 181
Automatische Rufannahme 334
AutoName 91
AutoVorschau 90, **223**, 226

B
Backbone 748
Bandbreite 748
Baudrate 748
Benutzername 179
Benutzerprofile erstellen 211
Besprechungen 453
- Besprechungsanfragen
  auswerten 470
  automatisch beantworten 469
  beantworten 466
  verschicken 465
- Besprechungsserien 472
- Frei/Gebucht-Informationen 459
  abrufen 461
  auswerten 461
  zugänglich machen 459
- löschen 471
- NetMeeting 473
- Online-Besprechungen 473
  beenden 486
  Chatten 482
  Dateien freigeben 484
  Dateien senden 486
  Mikrofon und Video 482
  Programme fernsteuern 484
  skizzieren am Whiteboard 483
  starten 478

- planen 454
- Ressourcen 458
- stornieren 471
- Teilnehmer auswählen 455
- Teilnehmer einladen 465
- Termin automatisch finden 463
- Termin finden 459
- verschieben 471
Besprechungsanfragen 465
- auswerten 470
- automatisch beantworten 469
- beantworten 466
- verschicken 465
Besprechungsserien 472
Betaversion 748
Betreff-Zeile 242
Bibliothek 748
Binär 748
Bit 748
Body 152
Bookmark 749
Bounce 749
Browser 141, 749
Buffer 749
Bug 749
Byte 749

C
Cache 749
CAPI 750
Carbon Copy 750
Cassiopeia **686**
CE-Norm 750
CERN 750
CGI 145, 750
Chat 750
Chronoplan 615
CIS 750
Common Gateway Interface 145
Communicator 4, 141
CompuServe 180
Cookies 751
Crossposting 751

D

D/A-Converter 751
DAC 751
Dämon-Prozeß 751
DARPA *100*, 751
Dateiverwaltung 662
Datenbits 200
Datenpakete 200
Datensicherheit 153
Datenteil 105
Datumseingaben 359
Datumswechsler 64, *351*
DENIC 114
DES *154*, 751
DHCP-Server 116
Dial-on-Demand-Verbindung 752
Dialup-Verbindung 752
Digital 752
DIN 752
DIP 752
DIP-Schalter 752
DNS 120
- -Auflösung 121
- -System 752
Domänenname 121
Domain Name Service 120
Domain-Adresse 753
Download 753
Dringlichkeitsstufen 76
Drucken 370
- Auswahl der Daten 371
- Druckformate 372
- eigene Druckformate 375
- Seitenansicht 376
Druckformate anpassen 617
Druckfunktionen 615
DSP 753
Duplex 753
dynamische IP-Adressen 115
dynamische IP-Adressierung 753

E

effektive Organisation 28
eigene Ordner erstellen 230
Eigenschaften 262
Eingabemaske für E-Mails 237
Einrichtung *161*, 167
Einstellungen der E-Mail ändern 175
Elemente drucken 616
E-Mail *171*, 753
- Ansicht 219
- im Intranet einrichten 181
E-Mail-Adresse gestalten 238
- -Anzeige 223
- -Anzeige gliedern 222
- -Eigenschaften festlegen 250
- -Funktion 217
- -Konten einrichten 171
- -Konto bei CompuServe 180
- -Konto bei T-Online 178
- -Konto einrichten 183
- -Protokolle 147
- -Text eingeben 243
- -Vorlagen 245
E-Mails
- abrufen 54
- beantworten 296
- bei Internet-Providern 178
- empfangen 279
- erneut senden 275
- im Postausgang deponieren 264
- im Posteingangsfenster 281
- im Posteingangsfenster lesen 282
- in Kategorien sortieren 260
- löschen 234
- suchen 290
- übertragen 265
- verfassen 53, *236*
- versenden 53, *264*
- verwalten 290
- weiterleiten 298
- zurückholen 276
Emoticons 138, *612*
empfangene E-Mails lesen 282
Ereignisse 413, *446*
- einrichten 447
- Feiertage 450
- in Termin umwandeln 448
- Option Ganztägig 448
Erinnerungsfunktionen 69, *419*

Etiquette 609
Excel (zur Auswertung) 579
Exchange 149
Exchange-Server 181
Exchange-Server-Dienst nachträglich
   installieren 186

F
FAQ-Dokument 754
Fax absenden 326
Fax empfangen 334
Faxabruf 336
Faxdienst 325
Faxdienst installieren 202
Faxen unter Outlook 325
Fax-on-demand 336
Fax-Polling 336
Fax-Viewer 334
Feiertage 63, *395*, 450
Feldabbildung *698*
FIFO-Speicher 754
File Transfer Protocol 129, *156*
Filofax 27
Finger 754
Firewall 754
firmeninterne Netzwerke 181
Footer 152
Formaten drucken 615
Formulare
– Definition 700
– Drehfeld einrichten 716
Formular-Seiten 754
Fossil-Treiber 754
Frames 754
Frei/Gebucht-Informationen 459
– abrufen 461
– auswerten 461
– zugänglich machen 459
Freizeichen 200
FTP 129, *156*, 755

G
Gateway 755
Geschichte 93
gesendete Nachrichten speichern 259

GIF 755
Gopher *134*, 755
Grußformeln 206
GS-Siegel 755

H
Halbduplex 755
Handle 756
Hardware-Voraussetzungen 167
Hayes-Standard 756
Header 105, *152*, 756, 775
Hertz 756
Hexadezimal 756
Hit 756
Homepage 144, *206*, 756
Hops 111
Host 757
Hot Java 757
HTTP 140, 757
HTTPS-Protokoll 154
Hub 758
Hyper Text Markup Language 142
Hyper Text Transfer Protocol 140
Hyperlink 139, 758
Hypermedia-Dokumente 758
Hypertext 758

I
iCalendar 386, *439*
ICMP 111
IETF 117
IMAP 172
IMHO 758
Informationsfenster 33
Installation *161*, 167
IntelliSync 687, 693
International Standards
   Organisation 773
Internet 758
Internet Control Message Protocol 111
Internet Engineering Task Force 117
Internet Explorer 758
Internet Explorer 4 142
Internet Message Access Protocol 172
Internet-Account 211

Internetkonten 173
Internet-Paketadresse 112
Internet-PC 759
InterNIC 759
Intranet 759
INWG 102
IP
– Header 105
IP-Adresse *112*, 759
IP-Adresse / nächste Generation 760
IP-Nummer 184
IP-Paket 759
IP-Pakete 105
IRC *135*, 760
ISDN 760
ISO 760
ISP 760

J
Java 761
Java Applet 760
Java-Programme 146
JavaScript 761
Journal 38, 82, *559*
– Ansichten 573
– auswerten 572
– automatische Journaleinträge 569
– automatische Protokollierung einstellen 570
– Bearbeitung von Office-Dokumenten 571
– Betreff 563
– Dauer der Aktivität 564
– drucken 582
– Einträge aus Outlook-Elementen 572
– Eintragstyp 563
– Element öffnen 582
– erster Aufruf 560
– in Excel auswerten 579
– Journalfunktion 560
– Kategorien 577
– Konfiguration 583
– kontaktbezogene Aktivitäten 569
– löschen 582

– manuelle Journaleinträge 562
– öffnen 582
– suchen 578
– Telefonate protokollieren 565
– Verwendungszweck 559
– weiterleiten 582
– Zeit der Eintragung 564
– Zeitmessung *565*, 567
– Zeitskala 575
  Datum wechseln 576
  formatieren 576
  Skalierung ändern 575
Journaleinträge 83
JPEG 761
Junk Mail *208*, 605

K
Kalender 38, 61, 229, *343*
– als Webseite 387
– anpassen 390
– Ansicht auswählen 358
– Ansichten 355
– Arbeitswochenansicht 348
– Aufgaben 487
– Aufgabenblock 353
– Besprechungen 453
– Datum wechseln 359
– Datumswechsler 351
– drucken 370
– Ereignisse 446
– exportieren 379
– Farbe 395
– Feiertage 395
– Gebrauch 356
– Geburtstage 449
– importieren 384
– Kalenderoptionen 392
– Komponenten 344
– Konfiguration 390
– Monatsansicht 350
– Ordnereigenschaften 396
– suchen in Kalender 362
– Tagesansicht 345
– Termine 413

– Termine bearbeiten 357
– Termine senden 386
– Terminserien 440
– Überblick 344
– veröffentlichen 386
– Wochenansicht 349
– Zeiteinteilung 393
– Zeitzone 393
Katalogdienst 761
Kategorien 76, **428**
– Hauptkategorienliste 428
– in Ansichten 430
– nach Kategorien suchen 429
– neue Kategorien einrichten 428
Kategorien vergeben 260, **293**
Kennwort ändern 206
Kennwort in der Kennwortliste 206
Kennwortauthentifizierung 188
Kommentare 206
Kommunikationsverhalten 218
Komponenten 37
Konfiguration
– Aufgaben 513
– AutoArchivierung 678
– Journal 583
– Kalender 390
– Kontakte 556
– NetMeeting 475
– Notizen 597
– Ordner 632
Konfiguration des Faxmodems 198
Konfliktlösung **694**
Kontakte 38, 70, **229**, 515
– Adresse 523
– Adressierung von E-Mails 542
– Adresskarten 534
– als Basis für andere
  Outlook-Elemente 545
– als Zusatzinformation für
  Outlook-Elemente 543
– Ansichten 534
– anzeigen 534
– auf Landkarte orten 548
– berechnete Felder 530

– Beruf 525
– drucken **540**, 556
– eigene Felder definieren 530
– E-Mail-Adresse 524
– erfassen 516
  Registerseite Aktivitäten 526
  Registerseite Alle Felder 528
  Registerseite Allgemeines 521
  Registerseite Details 525
  Registerseite Zertifikate 527
– erstellen
  aus E-Mail-Absender 532
  neu 516
  weitere Firmenkontakte 531
– exportieren 550
– Firma 522
– Firmenkontakte 531
– Frei/Gebucht-Informationen 525
– Geburtstag 525
– importieren 550
– Kategorien 525
– Konfiguration 556
– Kontaktfelder 528
– kopieren 531
– löschen 556
– mehrfach belegte Eingabefelder 519
– mit E-Mail senden **541**, 551
– Nachverfolgung 546
– Name 522
– NetMeeting-Einstellungen 525
– nutzen 540
– öffnen 556
– Position 522
– Relation Eingabefelder – Kontaktfelder
  520
– Speichern unter 522
– Spitznamen 525
– suchen 537
– telefonieren mit Kontakten 552
– Telefonnummern 523
– Verteilerlisten 553
  bearbeiten 555
  einrichten 553
  verwenden 555

- Visistenkarten 551
- vorgegebene Eingabeformate 517
- Webseite 524
- weiterleiten 556
Kopfzeileninformation ausblenden 227

L
Lautsprecher 199
Layer-Modell 774
Lesebestätigung 254
LIFO-Speicher 761
Link 761
Logprotokoll 762

M
Mail Bombing Run 762
Mailentwürfe 277
Mailfunktionen gestalten 219
Mailing List 762
Mailkonfiguration 269
-Mail-Netiquette 609
Mailorganisation 233
Mails 128
Makros
- anlegen 740
- korrigieren 743
- Schaltfläche in Symbolleiste 742
Maus, Klickgeschwindigkeit 432
Memoformat 616
Menüleiste 33
Messenger 149
Microsoft Exchange Server 181
Microsoft Faxdienst 325
- konfigurieren 197
Microsoft Mail 181
- nachträglich installieren 190
MIME 148
MIME-Mailerweiterung 762
Mirror-Server 763
MIT 102
Modem 763
Modem an einer Nebenstelle 200
Modem anschließen 198
Modem installieren 198

Modemtypen 179
Modemverbindung 185
MPEG 763
MSN 763

N
Nachrichten 301
Nachrichten senden 258
Nachrichtenformate 272
Nachverfolgungskennzeichen 224
Nameserver 763
Navigator 3 141
NetBEUI 104
Netfax 137
Netiquette 763
NetMeeting 473
- Anrufe annehmen 480
- beenden 486
- Chatten 482
- Dateien freigeben 484
- Dateien senden 486
- Konfiguration 475
- Mikrofon und Video 482
- Programme fernsteuern 484
- skizzieren am Whiteboard 483
- starten 478
- Verzeichnisdienstserver 475
Netscape 141
Netscape Communications 764
Netscape Communicator 764
Network News Transfer Protocol 155
Netzwerkadresse 113
Netzwerkordner 647
Netzwerkverbindung 177, **185**
Neuen Ordner anlegen 56
Newbie 764
Newsgroup 130, 155, **301**, 764
- abonnieren 305
- Nachrichten abrufen 308
- Nachrichten verfassen 314
- Newsreader 301
- Sendeoptionen 317
- Weiterleiten von Nachrichten 319
Newsreader 764

News-Server 306
Nickname 764
NNTP 155
Notizen 38, 86, **585**
- Ansichten 589
- auf dem Desktop ablegen 591
- aufsetzen 585
- drucken 597
- Empfehlungen für Notizen 586
- Farbe ändern 596
- farblich markieren 592
- Kategorien 593
- Konfiguration 597
- löschen 597
- öffnen 596
- Standardfarbe 597
- suchen 595
- Systemmenü 587
- weiterleiten 597
Nullmodem-Kabel 764

O
Objekten verknüpfen 246
Objektmodell 724
Öffentliche Ordner
   (Exchange Server) 648
- einrichten 648
- einsehen 651
- Zugriffsrechte vergeben 648
OEM-Version 765
Offlineordner 188
OLE 765
Online-Besprechungen 473
- Anrufe annehmen 480
- beenden 486
- Chatten 482
- Dateien freigeben 484
- Dateien senden 486
- Mikrofon und Video 482
- NetMeeting einrichten 475
- Programme fernsteuern 484
- skizzieren am Whiteboard 483
- starten 478
Online-Knigge 610

Online-Verbindung aufbauen 279
Ordner *623*, 703
- Ansichten 707
- Archivierung 669
- Autoarchivierung 633
- Daten für Office-Dokumente
  aufbereiten 641
- Design kopieren 704
- drucken 637
- Elemente kopieren 634
- erstellen **230**, 704
- exportieren 637
- Formulare 705
- gemeinsam nutzen
  (Exchange Server) 652
  Zugriff 653
  Zugriffsrechte einrichten 652
- importieren 645
- in andere Dateiformate
  konvertieren 641
- in neuem Fenster öffnen 630
- in Persönliche Ordner-Datei
  speichern 638
- Konfiguration 632
- kopieren 631
- löschen 631
- mit Webseite verbinden 633
- Netzwerkordner 647
- neu anlegen **629**, 704
- Öffentliche Ordner
  (Exchange Server) 648
  einrichten 648
  einsehen 651
  Zugriffsrechte vergeben 648
- öffnen 630
- Ordnerliste 625
  permanent anzeigen 628
  temporär einblenden 627
- Ordnertypen 624
- Outlook-Elemente 623
- Outlook-Leiste 659
  Gruppen einrichten 661
  Gruppen konfigurieren 661
  Verknüpfung einrichten 659

- Persönliche Ordner-Datei (PST) 638
- Persönliche Ordner-Dateien in Ordnerliste aufnehmen 658
- Regeln 710
- Stellvertreter (Exchange Server) 654
  als Stellvertreter agieren 656
  Stellvertreter bestimmen 655
  Stellvertreterrechte festlegen 655
- übers Internet austauschen 647
- umbenennen 631
- Umgang mit Ordnern 630
- veröffentlichen 645
- verschieben *231*, 631
- zur Outlook-Leiste hinzufügen 631
Ordner Posteingang 220
Ordnerliste 33, *625*
- permanent anzeigen 628
- Persönliche Ordner-Dateien aufnehmen 658
- temporär einblenden 627
Ordnerprinzip 229
Organisieroptionen 604
Ortskennzahl 179
OSI-Referenzmodell 772
Outlook automatisch starten 51
Outlook contra Filofax 27
Outlook Express. 149
Outlook Heute 38
Outlook und Office 92
Outlook-Crashkurs 49
Outlook-Express 40
Outlook-Leiste 33, 37, *221*, 659
- Gruppen einrichten 661
- Gruppen konfigurieren 661
- Verknüpfung einrichten 659
Outlook-Umgebung 33

P

Packet Switching 765
PalmPilot 686
Parität 200, 765
persönliche Einrichtung 205
Persönliche Ordner 205, *230*

Persönliche Ordner-Dateien
  (PST) 638, 658
PGP 154, 765
PING *118*, 766
Plug And Play 766
Plug-In-Module 766
PNG 766
Pocket Mirror 691
POP 149
POP3 172, 185
POP3-Server 176
POP-Kontoname 178
POP-Mailprotokoll 766
Port 107
Portnummer *177*, 767
Ports 106
Portsystem 107
Post Office Protocol 172
Postausgang 219
Postausgangsserver 176
Posteingang 38, 52, *219*
- Ansicht gestalten 221
- aufrufen 221
Posteingangsfenster gestalten 284
Posteingangsserver 176
Postfachkennwort 191
Postfachnamen 191
Posting 767
Postmaster 767
Postoffice 190
PPP 767
Printdokumente 217
Profile auswählen 212
Profile einrichten 211
Programmierung
- Beispiele ausprobieren 722
- Formulare
  Drehfeld einrichten 716
- Objekte
  Application 725
  Control 728
  Ereignisse 725
  Explorer 725
  Folders 726

Inspector 726
Items 727
MAPIFolder 727
Methoden 725
NameSpace 725
Übersicht 724
- Objektmodell 724
- Ordner 703
  Ansichten 707
  Berechtigungen 709
  Design kopieren 704
  erstellen 704
  Formulare 705
  neu anlegen 704
  Regeln 710
  veröffentlichen 709
- Steuerelemente
  Drehfeld einrichten 716
- Symbolschaltflächen für Makros 742
- VBScript 722
  auf Formulare zugreifen 726
  auf Ordner zugreifen **725**, 726
  auf Ordnerelemente zugreifen 727
  auf Ordnerfelder zugreifen 728
  auf Registerseiten zugreifen 726
  auf Steuerelemente zugreifen 729
  Beispiele ausprobieren 722
  debuggen 723
  do-loop 734
  Ereignisbehandlungsroutine 737
  Ereignisse 736
  Find-Methode 728
  for 734
  Funktionen 735
  GetDefaultOrdner 727
  if 733
  Klickereignisse **736**, 738
  Kommentare 736
  Konstanten 730
  Kontrollstrukturen 733
  Meldungsfenster 735
  neue Ordnerelemente erzeugen 725
  Objektbrowser 739
  Objektmodell 724

Operatoren 731
Outlook-Fenster aktivieren 726
PropertyChange-Ereignis 738
Registerseiten ein-/ausblenden 726
select 733
Skript-Editor 723
Subroutinen 735
Variablen 729
- Visual Basic 722
- Visual Basic für Anwendungen 739
  Makros anlegen 740
  Makros korrigieren 743
  neue Ordnerelemente anlegen 741
  Projekteigenschaften 741
Projektmanagement 219
Protocol Stack) 774
Protokoll 103
Protokollpräfix 140
Provider 767
Proxy-Server 767
PST-Dateien **638**, 658
Push-Technologie 147

Q
Quoting 298

R
RAND Corporation 100
Re 768
Realname 768
Rechneradresse 113
Rechtschreibprüfung 245, **273**
Regelassistent 89, **219**, 601
Ressourcen 458
Rich E-Mail 150
Rich Text Format 244
Ringbuch 27
RIP 109
Router **109**, 768
Routing **108**, 768
Routing Information Protocol 109
RS232-Interface 768
RSA 154

S

Schriftart 226
Second-Level-Domain 124
Secure Password Authentication 184
serielle Schnittstelle 198
Server 768
Serverinformationen **176**, 184
Shareware 769
Signatur 206
Signaturauswahl 207
Signaturzeile 768
Simple Mail Transfer Protocol 172
Site 769
Skript-Editor 723
SLIP 769
Smileys 612, 769
SMTP 147, **172**, 185
SMTP-Server 176
Snailmail 217
SPA 184
SSL-Verbindung 177
statische IP-Adressen 115
Stellvertreter (Exchange Server) 654
– als Stellvertreter agieren 656
– Stellvertreter bestimmen 655
– Stellvertreterrechte festlegen 655
Steuerelemente
– Drehfeld einrichten 716
Stoppbits 200
Stundeneinteilung 63
Subnetzes 113
Subtasks 774
Suchdienste 132
Suchen 362
– einfache Suche 363
– erweiterte Suche 366
– Filterkriterien 368
– Kategorien 367
– neue Suche 370
– Suchergebnis 369
Suchmaschine 769
Suchmodus 291
Symantec WinFax StarterEdition 202

Symbolleiste 33
– anpassen 742
Synchronisieren **684**
systematische Planung 28

T

Tabellenformat 616
Tagesansicht 345
– Arbeitszeit einstellen 347
– Tag auswählen 346
– Termin eintragen 346
– Zeiteinteilung anpassen 347
Tags 770
Task 774
Tastenkombinationen, für Outlook-Elemente 587
TCP/IP **105**, 770
– Ports 107
Telefonnummer 179
Telefonverbindungen automatisch aufbauen 84
Telnet **131**, 770
Terminbereich 62
Termine 413
– als E-Mail senden 437
– Anlagen 425
– bearbeiten 432
– Betreff **415**, 418
– Dauer **417**, 418, 433
– drucken 436
– einrichten 414
– Erinnerung 415, **419**
– iCalendar **437**, 439
– in Dateien speichern 437
– in Ereignisse umwandeln 448
– in Terminserien umwandeln 441
– Kategorien 428
– kopieren 433
– löschen 435
– Notizen 417, **424**
– Ort 415
– Priorität 427
– private Termine 426
– Status 422

– stornieren 435
– Terminserien **440**
– verschieben 433
– weiterleiten 437
Terminplanung 61
Terminserien 67, 440
– ändern
  ab einem bestimmten Datum 445
  einzelne Termine 444
  Serieneinstellungen 445
– anzeigen 444
– bearbeiten 444
– Dauer der Serie 442
– eintragen 441
– in Termine umwandeln 441
– löschen 446
– Zeitabstände 442
Time To Life 110
Time-System 27
TimeSystem 615
Timex DataLink **685**
Titelleiste 33
T-Online **178**, 770
Top-Level-Domain 122
Traceroute 119
Transfer Control Protocol 103
Transmission Control Protocol 102
Trojanisches Pferd 770
Troubleshooting 771
Trumpet Winsock 771
TTL 110

U
Übertragungsprotokoll 103
und Konfiguration der
   E-Mail-Konten 171
ungelesene Nachrichten 225
Universal Resource Locator 140
Unterhaltungsthemen 224
Upload 771
URL **140**, 771
Usenet 130, **155**, 771
UUCP 771

V
VBScript 722
– auf Formulare zugreifen 726
– auf Ordner zugreifen 725, **726**
– auf Ordnerelemente zugreifen 727
– auf Ordnerfelder zugreifen 728
– auf Registerseiten zugreifen 726
– auf Steuerelemente zugreifen 729
– Beispiele ausprobieren 722
– debuggen 723
– do-loop 734
– Ereignisbehandlungsroutine 737
– Ereignisse 736
– Find-Methode 728
– for 734
– Funktionen 735
– GetDefaultOrdner 727
– if 733
– Klickereignisse 736, **738**
– Kommentare 736
– Konstanten 730
– Kontrollstrukturen 733
– Meldungsfenster 735
– neue Ordnerelemente erzeugen 725
– Objektbrowser 739
– Objekte
  Application 725
  Control 728
  Ereignisse 725
  Explorer 725
  Folders 726
  Inspector 726
  Items 727
  MAPIFolder 727
  Methoden 725
  NameSpace 725
  Übersicht 724
– Objektmodell 724
– Operatoren 731
– Outlook-Fenster aktivieren 726
– PropertyChange-Ereignis 738
– Registerseiten ein-/ausblenden 726
– select 733

– Skript-Editor 723
– Subroutinen 735
– Variablen 729
Verfallsdaten 256
Verknüpfungsleiste 221
Verlaufkontrolle 270
VERONICA 771
Verschieben in Ordnern 231
Verteilerlisten 553
– bearbeiten 555
– einrichten 553
– verwenden 555
Vertraulichkeit 253
Verzeichnisdienstserver 475
Videokonferenzen 138
Virtual Reality Modeling Language 145
Visitenkarte 206
– eletronische 551
Visual Basic 722
Visual Basic für Anwendungen 739
– Makros anlegen 740
– Makros korrigieren 743
– neue Ordnerelemente anlegen 741
– Projekteigenschaften 741
Vorlagen 619
– erstellen 620
– verwenden 621
Vorschaufenster 33, **227**
VRML **145**, 771

W
Wählverbindung 185
Wahlparameter 201
WAIS **134**, 772
Webmaster 772
Webphoning 136
Webseiten
– aus Kalender 387
– für Ordner 633
Website 144
Wichtigkeit 251
Windows CE **685**
Winsock 772
World Wide Web 127
WWW **127**, 139, 772
WYSIWYG 772

Z
Zeitlimit des Servers 177
Zeitskala 575
– Datum wechseln 576
– formatieren 576
– Skalierung ändern 575
Zeitskala-Ansicht 225
Zertifikate 527
Zonendatei 121
Zukunft 93
Zweckform Chronoplan 615

Windows 2000

Bestell-Nr. 25608
ca. 1000 Seiten, 1 CD-ROM
DM 89,95

Bestell-Nr. 25678
ca. 360 Seiten
DM 33,00

Bestell-Nr. 25647
ca. 1000 Seiten, 1 CD-ROM
DM 49,95

Bestell-Nr. 25654
ca. 400 Seiten
DM 29,95

Bestell-Nr. 25700
ca. 400 Seiten
DM 44,00

Markt&Technik-Produkte erhalten Sie im Buchhandel, Fachhandel und Warenhaus.
Pearson Education Deutschland GmbH · Martin-Kollar-Straße 10–12 · 81829 München · Telefon (0 89) 4 60 03-0 · Fax (0 89) 4 60 03-100
Aktuelle Infos rund um die Uhr im Internet: www.mut.de

Pearson Education

KOMPENDIUM

Bestell-Nr. 25487 · **DM 89,95**

Bestell-Nr. 25572 · **DM 89,95**

Bestell-Nr. 25516 · **DM 89,95**

Bestell-Nr. 25354 · **DM 99,95**

Markt&Technik-Produkte erhalten Sie im Buchhandel, Fachhandel und Warenhaus.
Pearson Education Deutschland GmbH · Martin-Kollar-Straße 10–12 · 81829 München · Telefon (0 89) 4 60 03-0 · Fax (0 89) 4 60 03-100
Aktuelle Infos rund um die Uhr im Internet: www.mut.de

Pearson Education

KOMPENDIUM

Groß · Stark · Intelligent

XML
XML für Einsteiger und Profis
Komplette Darstellung des Standards
Praktischer Einsatz von XML anhand zahlreicher Beispiele
Bestell-Nr. 25516 · **DM 89,95**

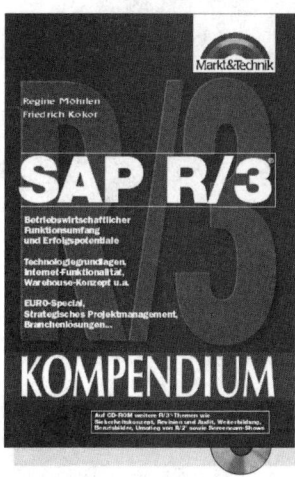

Red Hat Linux 6
Umfassende Einführung in die Arbeit mit Red Hat Linux 6
Systemverwaltung und Internet-Dienste
Datensicherheit
Bestell-Nr. 25684 · **DM 99,95**

SAP R/3
Betriebswirtschaftlicher Funktionsumfang und Erfolgspotentiale
Technologiegrundlagen, Internet-Funktionalität, Warehouse-Konzept u.a.
EURO-Spezial, Strategisches Projektmanagement, Branchenlösungen...
Bestell-Nr. 25313 · **DM 99,95**

C/C++
Bewährtes, umfassendes Grundlagenwerk in aktueller Auflage
Einführung in die objektorientierte Programmierung
Alle Beispiele mit Microsoft- und Borland-Compilern getestet
Bestell-Nr. 25669 · **DM 99,95**

Markt&Technik-Produkte erhalten Sie im Buchhandel, Fachhandel und Warenhaus.
Pearson Education Deutschland GmbH · Martin-Kollar-Straße 10–12 · 81829 München · Telefon (0 89) 4 60 03-0 · Fax (0 89) 4 60 03-100
Aktuelle Infos rund um die Uhr im Internet: www.mut.de

Pearson Education

KOMPENDIUM

Groß · Stark · Intelligent

Word 2000 KOMPENDIUM
Bestell-Nr. 25505 · **DM 79,95**

Excel 2000 KOMPENDIUM
Bestell-Nr. 25375 · **DM 79,95**

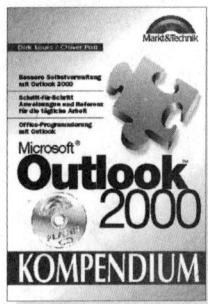

Access 2000 KOMPENDIUM
Bestell-Nr. 25373 · **DM 89,95**

PowerPoint 2000 KOMPENDIUM
Bestell-Nr. 25517 · **DM 79,95**

Outlook 2000 KOMPENDIUM
Bestell-Nr. 25504 · **DM 69,95**

Frontpage 2000 KOMPENDIUM
Bestell-Nr. 25487 · **DM 89,95**

Office 2000 KOMPENDIUM
Bestell-Nr. 25506 · **DM 89,95**

Markt&Technik-Produkte erhalten Sie im Buchhandel, Fachhandel und Warenhaus.
Pearson Education Deutschland GmbH · Martin-Kollar-Straße 10—12 · 81829 München · Telefon (0 89) 4 60 03-0 · Fax (0 89) 4 60 03-100
Aktuelle Infos rund um die Uhr im Internet: www.mut.de

Pearson Education

M&T TRAINING

Ihr idealer Begleiter für Schulungen und zum Selbststudium

Anhand praxisorientierter Projekte werden Sie mit bebilderten Arbeitsschritten von Lektion zu Lektion geführt. Übungsfragen und Lösungsteil runden dieses Schulungskonzept ab!

M&T Training gibt es zu folgenden Themen:

Einführung:

Access 2000
Borges u.a.
ISBN 3-8272-5493-0

Access 97
Borges u.a.
ISBN 3-8272-5329-2

Excel 2000
Borges u.a.
ISBN 3-8272-5492-2

Excel 97
Borges u.a.
ISBN 3-8272-5326-8

Lotus Notes 5.0
Oliver Reinl
ISBN 3-8272-5464-7

Lotus Notes 4.6
Oliver Reinl
ISBN 3-8272-5372-1

Lotus Notes 4.5
Oliver Reinl
ISBN 3-8272-5272-5

Outlook 2000
Borges u.a.
ISBN 3-8272-5491-4

Outlook 97
Malte Borges
ISBN 3-8272-5379-9

PowerPoint 2000
Borges u.a.
ISBN 3-8272-5495-7

Windows NT 4
Borges u.a.
ISBN 3-8272-5328-4

Windows 95
Borges/Elser
ISBN 3-8272-5338-1

Word 97
Borges u.a.
ISBN 3-8272-5327-6

Word 2000
Borges u.a.
ISBN 3-8272-5494-9

128 Seiten Je DM 19,95

Intensiv:

Excel 2000
Borges u.a.
ISBN 3-8272-5498-1

Excel 97
Borges u.a.
ISBN 3-8272-5562-7

Lotus Notes 5.0
Oliver Reinl
ISBN 3-8272-5526-0

Office 2000
Borges u.a.
ISBN 3-8272-5496-5

Windows 98
Malte Borges
ISBN 3-8272-5463-9

Windows 97
Borges u.a.
ISBN 3-8272-5561-9

Word 2000
Borges u.a.
ISBN 3-8272-5497-3

224 Seiten Je DM 29,95

Markt&Technik-Produkte erhalten Sie im Buchhandel, Fachhandel und Warenhaus.
Pearson Education Deutschland GmbH · Martin-Kollar-Straße 10–12 · 81829 München · Telefon (0 89) 4 60 03-0 · Fax (0 89) 4 60 03-100
Aktuelle Infos rund um die Uhr im Internet: www.mut.de

Pearson Education